通向繁荣的政策

凯恩斯主义论文集

〔美〕詹姆斯·托宾 著
何宝玉 译

Policies For Prosperity:
Essays in a Keynesian Mode

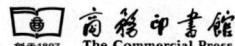
商务印书馆
The Commercial Press

James Tobin
POLICIES FOR PROSPERITY
Essays in a Keynesian Mode
本书根据麻省理工学院 1989 年版翻译

译者前言

20世纪60年代美国经济的普遍繁荣和持续增长，迄今仍然是一段空前的历史，是什么原因造就了这段美好的历史？托宾、赫勒等人在60年代初期发展起来的、以"潜在的国民生产总值，充分就业，需求管理，收入政策"等基本概念为核心内容的新经济学，以及由此采取的凯恩斯主义财政与货币政策，是不是美国60年代通向繁荣的政策？为什么70年代美国经济（以及世界经济）又陷入了深度的滞胀而不能自拔？这是不是凯恩斯主义产生的恶果？80年代里根奉行的供应学派经济政策能不能拯救美国经济？从更一般的意义上说，通货膨胀与失业孰轻孰重？坚决地紧缩货币是不是医治通货膨胀的良方？凯恩斯主义者心目中的凯恩斯主义，与人们通常所说的凯恩斯主义有什么不同之处？

上述这些问题，正是这本《通向繁荣的政策》的主题。本书论述的是美国80年代的经济政策，但是，读者只要看一下它的目录，再回想一下20世纪90年代我国经济学界关于通货膨胀与失业的不同观点和争论，就不难发现，它与我国80年代末以来的经济政策选择，也是密切相关的。本书中的观点，不论读者是赞成还是反对，都是值得重视的。

本书作者詹姆斯·托宾（James Tobin）是世界著名的美国经济

学家，1981年诺贝尔经济学奖获得者。他于1918年3月生于美国东部的伊利诺伊州，1940年毕业于哈佛大学，获硕士学位。二战期间曾经在美国海军服役，战后重返哈佛大学学习，并于1947年获得博士学位后留校任教。1950年到耶鲁大学执教，1968年后长期担任该校经济系主任。1958年他被选为美国计量经济学会会长，1971年被推选为美国经济学会会长。此外，他还是众多学会的重要成员和众多大学的客座教授。更重要的是，托宾教授不仅是一位经济理论家，而且积极参与经济政策的制定和实施，他在1961～1962年担任肯尼迪总统经济顾问委员会成员时，就亲自参加了制定和推行凯恩斯主义者倡导的新财政-货币政策。并且，从那以后，他就一直是美国经济政策的最有影响的评论家之一。

托宾教授也是美国新凯恩斯主义新古典综合派的一位重要代表人物。他认为，只有在政府的经济政策指导下，才能促进经济的稳定增长，摆脱经济衰退。他坚决主张，政府应当积极地干预经济，要相机运用财政与货币政策的配合来调节总需求，实现经济增长和充分就业。特别是，在经济衰退期间，政府应当增加开支（即使是赤字开支，也在所不惜），刺激经济，从而增加生产，减少失业。因为在经济衰退时期，生产和就业比通货膨胀更重要。因此，1961年当他被肯尼迪总统邀请加入总统经济顾问委员会并负责财政和金融事务后，便与赫勒等人一起积极主张国家干预经济，推行凯恩斯主义的财政货币政策，建立了新经济学，并使其在60年代成为美国经济政策的理论基础。即使在70年代凯恩斯主义受到严厉批评的时候，托宾教授仍然相信，凯恩斯主义理论能够加以扩展和完善，并用来处理80年代的宏观经济问题。或许正是因为如此，一向信奉国家干预经济、崇拜肯尼迪的克林顿总统，在1992年上任伊始就再次请托宾教授为振兴美国经济出谋划策。

托宾教授的研究领域比较广泛。他的主要成就，除了发展和完善凯恩斯主义之外，就是对货币理论、投资选择理论、新失业理论的研究。1981年托宾教授由于"对金融市场的研究，以及对金融市场与支出决定、就业、生产、价格的关系的研究"取得的突出成就，而荣获诺贝尔经济学奖。托宾教授自认为，他对经济学的主要贡献是：阐明和扩展了凯恩斯关于货币需求、通货膨胀、消费和储蓄，以及财政政策与货币政策的宏观经济模型，发展了有价证券投资选择理论，把货币和通货膨胀纳入了增长理论等。本书中的论文就分别反映了托宾教授的上述理论和思想，而且更侧重于这些理论和思想在经济政策领域的运用。

托宾教授的主要著作几乎全部都是以论文和演讲集的形式发表的。除本书以外，他的主要文集还有：《国民经济政策》(1966年)，《十年来的新经济学》(1974年)，《资本积累与投资活动》(1980年)，《经济学论文集：宏观经济学》(1974年)，《经济学论文集：消费和计量经济学》(1975年)，《经济学论文集：理论和政策》(1982年)，《充分就业与经济增长》(1996年)等。

这本《通向繁荣的政策》是托宾教授20世纪80年代前后撰写的有关经济政策的论文集，比较集中地体现了他的经济理论思想以及在经济政策领域的运用。全书分为六个部分：第一部分是凯恩斯主义经济学理论和政策。他以一位凯恩斯主义代表人物的身份，阐述、补充，甚至批评了凯恩斯主义理论，同时也批评了货币主义、理性预期学派等反凯恩斯主义理论。70年代以来凯恩斯主义受到了广泛的批评，迫使凯恩斯主义理论也在发展变化、修改、完善。这一部分可能为我们批判凯恩斯主义，竖起了一个比30年代的凯恩斯主义更为恰当的靶子；第二部分是对里根经济学和供应学派的批评。他认为里根经济学及供应学派的理论是混乱的，政策是极端的，不可能拯救美国经济，只能造成经济衰退；第三部分是财政政策理论，主要论述了就业、失业、财政赤字、债务、利率和预算平衡等问题；第四部分是货币与金融政策，论述了不稳定世界的货币政策；金融创新、取消管制、货币主义以及金融体系的效率；第五部分是通货膨胀理论，他认为通货膨胀有不同的起因和类型，控制通货膨胀必须对症下药。一味地紧缩货币，抑制经济增长，绝不是控制通货膨胀的良策，反而会造成经济的持续衰退和长期失业，而失业比通货膨胀更值得关注。同时，他还提出了医治通货膨胀的收入政策；第六部分是政治经济学，包含了几个不同方面的文章，在更广泛的领域里反映了他的政治经济学理论。其中论述了60年代给美国带来普遍繁荣和低通货膨胀的经济政策及其理论，指出了70年代的能源危机可能给美国人民的生活带来的影响，并且表明了他对社会公平的高度重视。

翻译这样一本涉及面比较广的著作，困难之处是不言而喻的。尽管译者查阅了不少论著，为便于读者更好地理解，在有的地方加了译注，对于某些拿不准的词汇则附上原文，但由于水平所限，书中难免有一些不当甚至错误之处，祈望读者指正。

何宝玉

目　　录

前　言 ……………………………………………………………1

第一部分　凯恩斯主义经济学：理论与政策

1. 凯恩斯主义政策的理论与实践 ……………………………8
2. 凯恩斯主义经济学的前途 …………………………………23
3. 《就业法》指导下的财政与货币政策 ……………………37
4. 凯恩斯主义经济学的理论基础
　　——兼评卡尔多勋爵的《五十年后的凯恩斯主义经济学》…59
5. 帕廷金论凯恩斯的货币思想 ………………………………75
6. 对凯恩斯主义经济学的时髦挑战
　　——兼评瑟洛的《危险的倾向》 …………………………81

第二部分　里根经济学

7. 里根经济学透视 ……………………………………………104
8. 经济政策的保守主义反革命 ………………………………136
9. 里根主义：复兴还是倒退？ ………………………………153
10. 里根的经济计划：供应学派、预算和通货膨胀 …………162
11. 是的，弗吉尼亚，是有拉弗曲线 …………………………182

12. 供应学派经济学：它是什么？怎样发挥作用？ …………… 191
13. 财政革命：混乱的前景 ……………………………………… 202
14. 美国的货币-财政政策组合 ………………………………… 216
15. 里根经济学的遗产 …………………………………………… 253

第三部分 财政政策

16. 财政政策重要吗？ …………………………………………… 264
17. 创造就业机会，削减财政赤字 …………………………… 279
18. 失业、利率、赤字与货币 ………………………………… 283
19. 谁挤出了什么？ ……………………………………………… 318
20. 反对平衡预算和税收限制修正案 ………………………… 322
21. 一位学究式作家的批评
    ——评《赤字中的民主》 ………………………………… 334

第四部分 货币和金融政策

22. 不确定世界的货币政策 …………………………………… 355
23. 金融创新与取消管制 ……………………………………… 376
24. 货币主义：一种正在衰退的潮流？ ……………………… 391
25. 通货膨胀、利率和股票价值 ……………………………… 405
26. 论金融体系的效率 ………………………………………… 414

第五部分 通货膨胀、滞胀、失业与收入政策

27. 通货膨胀 …………………………………………………… 441
28. 通货膨胀有三种类型，我们有两种 ……………………… 471

29. 通货膨胀：货币与结构原因及其疗方 ················· 477
30. 控制通货膨胀是整个社会的首要任务 ··················· 500
31. 通货紧缩之后又怎么办？ ··································· 513
32. 反通货膨胀的策略
   ——兼评费尔纳的文章"货币政策的现状" ········· 542
33. 收入政策的例证 ·· 551
34. 以激励为基础的收入政策：序言 ·························· 561
35. 80年代的失业：宏观经济学诊断与疗方 ··············· 568
36. 奥肯论宏观经济政策 ··· 611

第六部分　政治经济学

37. 60年代的政治经济学 ·· 621
38. 美国的经济稳定政策 ··· 646
39. 能源危机会危及美国的生活方式吗？ ··················· 668
40. 能源战略与宏观经济政策 ··································· 680
41. 索厄尔论种族与经济学 ······································ 696
42. 关于税收与公平的思考 ······································ 704
43. 推动经济在低失业、少贫困的轨道上运行
   ——评主教们关于天主教的社会教义与经济的公开信 ···717

致　谢 ··· 727

前　言

　　这本书包含了我在过去12年里撰写的43篇以政策为导向的论文。这些论文有长有短，既有公开发表在报刊上的短论，也有我为各种座谈会、研讨会和论文集而准备的长篇文章。多数论文是直接面对非经济学专业听众的演讲稿，所以，我相信，对于真正有兴趣的读者，不论他们是否具有丰富的经济学知识，这些文章总体上说都是可以理解的。当然，我不能声称：读这些文章就像读一份报纸或一本畅销小说那样容易。如果这些论文不要求并激发某些智力上的努力，它们就不能达到写作的目的。论文中都尽可能少地运用技术性经济学知识，不过，经济学家们，包括研究生和本科生们，仍然将会隐含地、有时是明确地看到他们所采用的分析工具。

　　本书的副标题已经表明，选中的论文都属于"凯恩斯主义的类型"。这些论文几乎都是关于宏观经济学的，即整个国民经济的行为，自从1936年凯恩斯发表他的鸿篇巨著以来，它就是一个重要的课题。1936年正是我开始学习经济学的一年，在我过去50年的学生、学者和国家公务员的生涯中，凯恩斯的思想一直强烈地影响着我——我希望它没有奴役我。最近这些年里，凯恩斯主义理论和政策，不论在经济学专业领域里，还是在更广泛的舆论和政治学领域里，都受到了抨击。本书中的许多论文都关系到这场思想之战，并且我力图阐明我的凯恩斯主义观点。

这些论文是为各种各样的场合准备的，而不同的场合有不同的东道主、不同的听众和不同的出版媒介。因此，它们不可避免地包含了观点、论据和表达方式上的某些重复。虽然我已经删去了一些多余的文字，但也有不少还是保留下来了。我认为，任何一篇论文再次出版时，仍然应该能够独立成篇，因此，这样做是适宜的。所以，除了删掉某些重复的材料和一些只适合于发表演讲或初次出版的评论以外，这些论文基本上都是按照首次发表时的文字在此重印的，只是作了某些编辑上的、而不是实质上的校正。

彼得·杰克逊（Peter Jackson）教授最先建议我挑选一些政策导向的论文汇集起来，出版一本文集，他还极其谦和地自愿帮助我选择论文，并把论文汇集成书。如果没有他的最初建议和他在选编工作上的大力协助，我可能就不会花时间选编出版这本书了。我非常喜欢他的建议，因为这些论文广泛地分散在各种特定的出版物上，只有我才能看出它们共同一致的主题。当然，对于本书中的观点、论据等方面，包括所有的错误，只能由我个人承担责任。

我非常感谢爱德华·埃尔加（Edward Elgar）先生和他在麦束书屋有限公司的同事们，他们一直鼓励彼得·杰克逊教授和我从事这项工作，而且耐心地等待我选编定稿。

我在耶鲁大学和其他学校的学生和同事们，也在智力上给了我很大的帮助；他们人数太多，我无法在此一一列举。耶鲁大学以及它的经济系和考尔斯经济学研究基金会，多年来一直是我的家，它们在智力上和后勤方面总是给我提供慷慨的、无法估价的支持。本书中收录的许多论文，都是在劳拉·哈里森（Laura Harrison）小姐担任我的秘书以后才写作的,她高效率、专心致志地承担了和我的教学、写作、演讲和旅行等十分繁忙的生活有关的全部秘书工作。马琳·费尔德曼(Marlene Feldman)小姐接替她的工作后同样勤勉尽职,她做了大量的工作,帮助我把书稿准备好,及时送交麦束书屋出版。对她们的工作,我在此深表谢忱。

第一部分

凯恩斯主义经济学：理论与政策

导　言

约翰·梅纳德·凯恩斯出生于1883年,他的革命性著作《就业、利息和货币通论》(后文简称《通论》)出版于1936年。为庆祝凯恩斯诞生100周年和《通论》出版50周年而举行的各种纪念活动,为人们提供了很多纪念和评价他及其著作的机会。本书第1、第2和第4篇论文就是分别为三次纪念会准备的。正巧,1946年美国国会通过《就业法》时,恰好是凯恩斯的著作出版10周年之际,《通论》肯定是《就业法》的原始思想根源,它促使国会将联邦政策确定为维持"最大生产量、就业量和购买力水平"。第3篇论文则是专门为纪念《就业法》通过40周年而写的。把这四篇论文放在一起,目的是向读者表明,凯恩斯主义思想和政策在80年代同样是适用的。

第一部分的其他两篇论文都是书评文章。第5篇论文评论帕廷金(Patinkin)的著作,主要是论述凯恩斯的货币思想以及它与古典教条、货币主义学说之间的差别。第6篇论文评述瑟洛(Thurow)的著作,叙述并批评了近些年来出现的几种反凯恩斯主义动态——瑟洛称之为经济学中"危险的倾向"。不同学说之间的斗争不仅仅是学术上的,因为在整个70年代和80年代里,这些现代反凯恩斯主义倾向都指导着美国、英国和世界其他一些国家的政策。

1 凯恩斯主义政策的理论与实践*

一、潮流的转变

纪念约翰·梅纳德·凯恩斯诞生100周年,就像他的《通论》出版发行时一样,又遇到了一个世界性萧条时期。正当凯恩斯的诊断和他所开的处方,比30年代大萧条以来任何时候都更明显地可信的时候,历史再次提醒人们注意到凯恩斯。目前的经济萧条是悲剧性的,但时间选择的巧合可能是幸运的。它将有助于在经济学专业领域以及在更广泛的公共领域里,重新恢复对凯恩斯主义分析和政策的信任。它甚至有助于增大在这10年内经济复苏的希望,增大在更长时期内经济稳定和增长的希望。

当然,我们还有许多事情要做,包括恢复世界的繁荣;恢复现实主义的共识,以进行有关经济政策的讨论和决策。不过在今年,主要是在美国出现的复苏苗头,则给凯恩斯主义政策带来了荣誉,不管其是难得的、姗姗来迟的,还是漫不经心的。大约在一年之前,

---

* 1983年9月,我在纽约州亨普斯特德参加了由赫夫斯特拉大学主办的一个题为"约翰·梅纳德·凯恩斯的政策后果"的座谈会,本文是我在会上所做的基调演讲。后选入哈罗德·瓦泰尔(Harold Wattel)编辑的著作《约翰·梅纳德·凯恩斯的政策后果》,纽约,阿蒙克:M. E. 夏普出版公司1985年版,第1~21页。

我们的联邦储备系统终于对经济施予慈悲心肠,中止了它的货币主义目标。它推行的宽松的货币政策,把世界金融体系从十分危险的危机之中解救出来,并且扭转了经济活动进一步衰退的局面。与此同时,美国的财政手段也开始对总需求施加强有力的扩张性影响。可以说,这种凯恩斯主义政策,从时间选择上说是幸运的,从它的动机而言,却是无意的。它是一个削减税收与增加国防支出的混合措施,根据反凯恩斯主义的供应学派的观点加以合理化。不管人们对这些措施在分配上的公平和在资源配置上的效率有什么想法,它们确实在不断地增加着用于购买商品和服务的私人和公共支出,并且创造着就业的岗位。每一位受雇于人的经济学家和预测人员都很清楚,即使他的老板的言谈中,也在悲叹联邦赤字是对经济复苏的主要威胁。

经济学家们以及富有思想的一般民众的思想和愿望,也已经发生了变化。撒切尔(Thatcher)夫人在英国推行的政策以及1979年10月以后联邦储备委员会主席沃尔克(Volcker)在美国推行的政策,它们产生的破坏性影响,已经引起了许多人的注意。只要政府当局决定坚定地施行通货紧缩政策,并且事先明确地公告于众,得到公众的理解,那么,通货紧缩就是没有痛苦的,这种观点已被证明是一种幻想,凯恩斯主义者早就这样预言过。货币主义,不论是较早期的弗里德曼(Friedman)型——它强调要固守货币流通量目标,还是新的理性预期变体,都严重地丧失了信誉。目前的状况,为恢复凯恩斯主义诊断和处方的名誉,提供了活动舞台。当然,我并不是说存在着某些凯恩斯主义真理,带来了1936年或者1961年的经济繁荣,因而经济学家和政策制定者将会或者现在就应该重新采用它，而根本不考虑在过去动荡不安的15年里经济学本身的发展，以及经济事件的历史教训。我的意思是说，我希望并预期在宏观经济政策方面会出现新的理智的综合，以取代引起不和的争论和混乱的辩驳，在新的综合里，凯恩斯主义思想将占主导地位。

凯恩斯主义政策的成功，有着颇具说服力的事实证据。实际上，自从第二次世界大战以后，所有发达的民主资本主义国家，都在不同程度上采取了凯恩斯主义的需求管理策略。这个时期直到1973年为止，它肯定是历史上少有的繁荣时期之一，经济增长迅速，世界贸易大规模扩张，经济稳定，失业率低，经济周期平稳。70年代里，由于采取反通货膨胀政策而造成的通货膨胀、滞胀、经济衰退和失业，人们大失所望，凯恩斯主义政策因此失去了信誉。但是，归根到底，越南战争时期出现的通货膨胀，是因为约翰逊（Johnson）总统否决了凯恩斯主义经济学家们的建议，拒绝增加税收以应付战争支出。在美国，1971～1973年和1975～1979年的经济复苏，最终以两位数的通货膨胀而告结束。不过，1973年的赎罪日战争，[1] 石油输出国组织提高油价以及阿亚图拉·霍梅尼（Ayatollah Khomeni）的伊斯兰革命，都只不过是这些复苏，或者是促进或适应复苏的货币与财政政策的内生后果。其实，目前人们之所以对经济复苏抱悲观主义态度，其主要原因是，由于对70年代现象的误解或反应过于强烈而过分地小心谨慎，这可能会妨碍我们在80年代为争取复苏而采取适当的政策。如果这样的话，我们将

---

[1] 赎罪日战争（Yom Kippur War），即1973年10月6日埃及、叙利亚和巴勒斯坦游击队反击以色列的第四次中东战争。

要在失业、生产下降、投资停滞等方面付出沉重的代价,才能确保不会再次爆发高速通货膨胀。

然而,假如我们凯恩斯主义者没有感到被迫需要道歉的话,我们也没有资格自鸣得意。对于如何避免在充分就业的情况下出现不稳定的通货膨胀,凯恩斯本人并没有提供有效的秘方,多年来,他的各种追随者也没有做到这一点。这个两难问题虽然在过去15年里变得惊人的严重,但它却是一个古老难题。在40年代初期,一些凯恩斯主义者,比如英国经济学家琼·罗宾逊(Joan Robinson)和阿巴·勒纳(Abba Lerner),就已经认识到并且预示过这个问题,那时战争刚刚结束,信奉充分就业的政策,似乎是很有希望的,实际上,在整个战后时期,它一直是政策制定者关心的焦点。迄今为止,它仍然是宏观经济政策的主要问题。我认为,凯恩斯主义者不能接受、也不愿接受现代民主政纲——货币主义者提出的解决上述难题的方案,它不过是重新指出,不论失业率有多高,充分就业似乎都是确保价格稳定的必要条件。但是,我们绝不能忽视,简单地把宏观经济政策归结为达到一定的就业率水平——按照其他一些标准判断它好像是"充分的",这样做很可能产生通货膨胀的后果。现代民主政治恐怕也不允许这样。在后文中,我还要回到这个中心问题上。

二、凯恩斯的宏观经济政策

现在,我们来看一看凯恩斯主义政策究竟是什么。《通论》本身实际上并没有提出多少具体的政策建议,在很大程度上留给读者去推理。不过,在20世纪20年代和30年代,凯恩斯当然是英国政策辩论中的一个积极参与者。他写作《通论》的一个明显的意图,就是为他在这些辩论中鼓吹的政策主张,提供专业性分析基础。下面,我们回顾他的一些主张。

凯恩斯反对英国在1925年重新恢复1914年英镑与黄金、英镑与美元的平价。他的论点概括在《丘吉尔先生的经济后果》一书中,当时,丘吉尔(Churchill)任英国财政大臣。凯恩斯更多地得益于严酷的现实,而不是理论,他把自己的反对意见建立在这样一种观点的基础上,即他在《通论》中所详细阐释的货币工资向下变动的刚性,结果,他正确地预言,为校正英镑的过高定值而使工资成本降低,是很困难的,社会上会造成混乱,经济上代价高昂。他认为,工人们及其工会可以接受通过降低英镑的交换价值、提高进口价格而实现的较低的实际工资;同时,他们将抵制通过削减货币工资而进行的等价调整。后来,当政府采取了他所反对的、带来灾难的决策时,凯恩斯又力图说服政府领导人,促使名义工资平缓地下降。然而,他的这项建议再一次被置之不理。英国从此进入了一个长期的工业冲突、大规模失业和经济衰退时期。

1929年,由劳埃德·乔治(Lloyd George)领导的自由党在选举失败后,提出了一项公共工程计划,目的是缓解失业。凯恩斯在与H. D. 亨德森(Henderson)合写的小册子《劳埃德·乔治能做到吗?》中,支持乔治的提案。在这本书中,以及随后他向麦克米伦委员会作证时,凯恩斯都驳斥了所谓的"财政部观点"。用现代的说法,这种观点就是依靠借债筹资的公共工程支出,将会百分之百地"排挤"私人借贷、投资和就业。英国财政部,与其他国家其他时期里"排挤"学说的代表者一样,根本没有看到闲置的资源与充分使用的资源之间的区别。凯恩斯指出,公共工程活动产生的公共和私人储蓄,以及向外国借贷,将会减轻财政部所担心的排挤效应,并指出英格兰银行应如何调节。当然,只有在凯恩斯的学生 R. F. 卡恩(Kahn)的那篇关于乘数的著名论文《国内投资与失业的关系》发表之后,凯恩斯才为自己的主张建立了完善的理论基础。卡恩的论文也是受这场争论的激发而写的。

正在当权的政府既不会调整汇率,也不会采用扩张性财政措施。因此,出于宏观经济的原因,凯恩斯赞成一种普通税率,即实际上只在商品交易中贬值英镑。1931年,当英国最终被迫贬值英镑的时候,凯恩斯却失去了对汇率的兴趣,而不管它是怎样确定的。凯恩斯肯定清楚地意识到了贬值货币和关税所产生的"损害他人利益"的后果,但在讨论英国政策时,他是站在不列颠人立场上的。好在《就业、利息和货币通论》阐述的是一个封闭经济,可以解释为整个世界,因此,把民族主义的解决办法排除在外了。

从上述例子中,可以明确地看出凯恩斯政策干预理论的一般特征。凯恩斯始终如一地强调实际经济成就,他把名义变量和财政变数,如价格、利率、汇率,都放在次要地位。凯恩斯自然而然、毫无疑问地赋予政府相应的权力和责任,即增进宏观经济实绩。他是一个现实问题的解决者,总是可以随时指出,在当时的情况下应该怎么办。在他出版《通论》后制定政策的经历中,以及他对英国战时财政和国际货币体系做出的有效贡献中,都充分体现了这些特征。

《通论》本身提出了什么政策呢?长期以来,人们一直认为,财政政策是凯恩斯主义的主要政策工具。但在《通论》中，财政政策只是作为加强低弱的国民支出倾向的一种措施而间接提出的。针对过分稳健的偿债基金造成的预算盈余，凯恩斯提出了警告。他倡导通过国库进行再分配，使之有利于具有较高消费倾向的穷人。他对公共投资表示欢迎，同时又悲叹这样一个政治事实：商人反对生产性公共投资，从而限制了他们的用武之地；不过，如果某些工程直接或间接使用的资源原本是闲置的，那么，这类本质上作用不大的工程，却会使整个社会更加富足。凯恩斯的财政政策理论得到了其他一些学者的深化和发展，其中最引人注目的是阿尔文·汉森（Alvin Hansen）以及他的哈佛财政政策研究组的同事们。

凯恩斯的货币政策是含混不清的。在《通论》出版后的 15 年或 20 年里，许多经济学家（其中，英国的比美国的多）利用该书的权威性来驳斥或贬低货币在宏观经济中的重要性。他们的依据主要有两点：(1)显而易见，在 30 年代期间，投资和储蓄对利率的反应都不敏感；(2)观察表明，在同一时期，利率对货币供应量反应也很迟钝。凯恩斯本人的观点更让人捉摸不定。虽然他是"流动性陷阱"的创始人，并且在他从理论上抨击"古典"失业理论的时候，又进行了认真考察，可是，他在讨论货币政策时，却并没把它当作一种有代表性的情形，或者当作中央银行反应迟钝的一个理由；他也不认为利率对于投资决策不起什么作用。凯恩斯的怀疑主义态度来自他的一种看法：他认为，长期预期决定着资本的边际效率，而长期预期是极容易反复变化和无规则的，因此，中央银行根本不能依靠利率的调整来抵消预期的无常变化。而且，他还认为，在成熟的投资繁荣期，中央银行应当努力降低利率、设法延长繁荣期，而不能采取货币紧缩政策予以扼杀。

同样的看法也使凯恩斯在《通论》中提倡一定程度的投资"社会化"。他对这种思想没有给予详细的说明。很明显，凯恩斯关注的不仅是公共资本的形成和影响私人投资的税收政策，而且包括，通过合作对私人投资决策进行更广泛的干预。并且，他不仅关注周期稳定性，还重视一种长期推动，即促使经济充满资本和"食利者的安乐死"。被誉为"欧洲之父"的让·莫内（Jean Monnet）二战后在法国推行的"指导性计划"，正是凯恩斯所关注问题的一个例子。当时在法国，政府组织社会各阶层共同商讨对策，以战胜悲观主义，鼓励投资。这方面的另一个例子是瑞典推行的减少投资的周期性变化的政策。

最后，我要指出凯恩斯的习惯看法，即认为工资的决定要服从于"政策"。这种观点在《通论》以及前面提到的小册子里，都是显而易见的。在《通论》中，凯恩斯把固定的与弹性的货币工资作为一个留待社会选择的问题来讨论。他认为，名义工资的周期稳定性，不仅更接近于事实，而且比弹性货币工资更为可取。他在非常著名的一节里指出，货币膨胀和削减工资是达到更高就业水平的两种完全等价的方法，只有"愚笨的"和"没有经验"的人，才会选择后者而放弃前者。凯恩斯在"工资政策"方面经常被引用的文章，与他在《通论》开篇设定的目的并不十分一致；他的目的是，把非自愿失业理论建立在马歇尔经济学的竞争基础之上。不过，在政策方面，凯恩斯却是一个敏锐的、讲求实际的观察者，从他的一些暗示中可以推断出，凯恩斯期望并且提倡，在决定工资的过程中由政府进行直接干预；这种推断绝不是牵强附会的。

三、凯恩斯主义宏观政策的基本原则

宏观经济政策理论是目前正在激烈争论的问题，它实际上是第二次世界大战后以及凯恩斯去世后发展起来的。人们所说的凯恩斯主义政策的基本原则，由战后"新古典综合派"的保罗·萨缪尔森（Paul Samuelson）等人做过详细阐述。直到过去15年里富有挑战性的货币学派和新古典反革命派崛起之前，它们一直占据着主流经济学的地位。在肯尼迪-约翰逊当政时期，这些原则也是美国官方政策的智囊基础，那时候，大众传播媒介予以大量宣传报道，并且多少有些令人误解地称之为"新经济学"。在1962年肯尼迪总统经济顾问委员会的经济报告中曾对此做过论述。

下面，我们联系到一些目前正在热烈争议的术语，来考察这些原则。其中有些术语遭到美国政策制定者的明确反对，其他国家的决策者也是如此，最需要指出的是英国的撒切尔政府。

凯恩斯主义的第一个原则，就是明确地用宏观经济政策工具去实现实际经济目标，特别是充分就业和国民总产出的实际增长。当然，不论在理论上，还是在实践中，这并不意味着那些名义结果（特别是价格飞涨）被忽略了。例如，在60年代早期，选择失业率与实际国民生产总值目标时，都十分谨慎地考虑到通货膨胀的危险。然而，时至今日，一个颇为流行的反凯恩斯主义观点却认为，宏观经济政策能够，也应该把目标仅仅指向名义目标，如价格和（或者）名义国民生产总值，让私人"市场"决定实际经济变量的结果。

第二，凯恩斯主义的需求管理是能动的（activist），它能够对实际观察到的经济状况以及不同政策选择下发展道路的设计,做出灵活的反应。反凯恩斯主义的反革命派嘲笑能动的宏观经济管理是"微调"和"停停走走",并且断言,它是不稳定的。这种意见分歧,部分地涉及不稳定震荡的根源。凯恩斯及其追随者认为,在市场资本主义中,这种震荡是特有的流行性的,政府决策者观察到这种震荡及其影响,可以部分但有效地加以抵消;由成功的需求管理所引致的预期,其本身将是稳定的(当然,凯恩斯主义绝不是完全依赖于相机反应的政策,他们也努力在财政和金融体系中设计并建立内在的自动稳定器)。反对派却认为,在一个原本稳定的体系中,政府本身就是不稳定震荡的主要根源,政府决策者的智能及其个人意图,都是不能完全信赖的,非相机规则(non-discretionary rules)支配下的政策,对现实事件和预测都是盲目无知的,我们所能做的最好也只是保持这类政策的稳定性。把这种观点与集中关注名义结果的做法结合在一起,人们便不难理解撒切尔的英国和沃尔克的美国最近的遭遇所产生的后果。

第三,凯恩斯主义希望确定协调一致的财政与货币政策,以实现宏观经济目标。在战后初期,残留的对货币政策的相关性和有效性的怀疑态度都烟消云散了,在英国是如此,在美国更是如此。凯恩斯主义者无疑也反对用宏观经济上不相关的标准(如预算平衡)作为政策的指南。他们指出,货币政策与财政手段相结合,可以提供充分的自由,以实现需求管理目标,同时实现其他目标——不管该目标是什么,只要它是一个民主国家里优先考虑和选择的目标。举例来说,凯恩斯主义的经济稳定政策,不论政府部门是大还是小,不论采用累进的还是累退的税收和转移支付结构,不论投资和储蓄占充分就业的国民生产总值的比例是高还是低,都能顺利推行。在这些方面,后来的凯恩斯主义者要比《通论》的作者乐观得多,他们认为,创造就业机会的措施不一定必然是浪费性的,也不必完全地致力于提高国民消费倾向。如果某个国家的优先重点是资本形成,那么,就可以选择财政-货币政策的组合,以加速其资本的形成,这种观点是所谓的"新古典综合派"的一个贡献。自1980年以来,忽视这个观点,正是美国宏观经济政策遇到的许多现行问题的根本原因,这些政策不仅对于促进复苏而言是不恰当的,而且与社会目标背道而驰:当全社会普遍地认为应当优先为未来的发展提供更大投资的时候,这些政策却抑制了国民投资。

第四,我早就注意到,凯恩斯主义者并没有乐观地认为,需求管理的财政和货币政策本身,就足以实现名义的和实际的双重目标,即同时获得充分就业和价格或通货膨胀率的稳定。凯恩斯主义者也不打算用只要求实现充分就业,而不管稳定价格政策造成的失业率是多高的方式,解决上述两难问题。货币主义者、新古典经济学家和政府决策者却经常试图解决这个难题。

从肯尼迪总统到卡特(Carter)总统之间的每一届美国政府,可能要把福特(Ford)总统排除在外,都感到需要某种形式的工资-价格政策。这个古老的两难选择,仍然是我们面临的最大挑战;凯恩斯主义经济学家之间的分歧,以及他们与不同的宏观经济学流派之间的分歧,就在于如何解决这个问题。具有讽刺意义的现实可能是,由于遇到了好运气,加上大萧条的严重性,在80年代的经济复苏期间,正当决策者非常害怕通货膨胀的时候,幸好通货膨胀不太可能卷土重来。50年代后期,艾森豪威尔(Eisenhover)当政期间发生的两次经济衰退,为 60 年代初期没有通货膨胀的凯恩斯主义复苏铺平了道路,沃尔克的萧条期可能起到了相同的作用。不过,如果期望,甚至假定问题已经永远地消失不见了,那无疑是很愚蠢的。

在《通论》中已经暗示,除了财政政策和货币政策之外,还需要第三种政策手段,即"工资政策",在我看来,这种暗示是很明白的。我们能够,而且应该采取其他措施,降低非加速通货膨胀失业率的预期值。这些措施包括标准的劳动力市场、人力政策和人力资本政策;包括批评立法机关的神圣不可侵犯的威胁,即对某些工资和价格规定最低限额,并且提高价格对总需求刺激的反应程度;包括鼓励对劳动报酬做出重新安排,以雇员的工作成绩和运气决定工资,取代过去完全屈从政府制定或谈判达成的工资标准的做法;还包括促使集体谈判更多地关心那些失业风险更大的工人的措施。但是,就算我们已经做了在这些方面实际上能做到的一切事情,包括政治上和经济上的,我认为,在我们的政策清单上,仍然要加上收入政策。我们面对的挑战是,如何制定合适的政策,使劳动者和管理者双方,都愿意为了获得更好的宏观经济成绩而接受它,这些政策产生的宏观经济影响(如对经济配置效率造成的损害)不能太僵硬、太严重。我认为,界标[①] 提供了最大的妥协,以税收为基础的

[①] Wage-Price Guideposts:工资-物价界标,也译作工资-物价指导线。它是 1962 年肯尼迪总统当政时美国政府提出的各种工资和物价的标准,政府通过发布工资和物价界标,大体上指出政府认为经济上适宜的工资和物价涨幅,目的是为各个企业自主地决定产品价格和提高工资,提供一种可以参考的标准,以防止发生通货膨胀。这些界标不是指令性和强制性的,因而,不是企业必须服从的标准。但是,政府可以采取一些奖励或惩罚措施,比如对服从界标的企业和职工给予税收优惠,来诱导企业服从界标。在托宾看来,制定工资-物价界标,是一种典型的凯恩斯主义收入政策。——译注

奖励，诱导人们服从它。但归根到底，问题仍未得到圆满解决。

这些政策在凯恩斯主义者的政策清单中被遗漏了，在他们设计出这类政策之前，我们还不能从理论和历史上充分地确信，凯恩斯主义政策比目前推行的反凯恩斯主义政策更加优越。

四、政治和意识形态

凯恩斯的《通论》首次出版后的近半个世纪里，凯恩斯主义宏观经济学一直被认为，在政治上和意识形态上属于自由主义，这里指的是"自由主义"的现代含义，而不是它在19世纪的含义。1979年以前，保守主义政府——在美国是共和党，在英国是保守党——一直推行凯恩斯主义的需求管理政策，虽然如此，凯恩斯主义的主要支持者却是自由党，在美国是民主党，在英国是工党，在其他国家则是社会民主党。尽管一些组织，如美国的经济发展委员会，曾经努力对凯恩斯的思想进行过实用主义的综合，但可以肯定，在商业和金融界的意识形态神殿里，从来都没有接受凯恩斯。分界线画得甚至比现在还要清晰，意识形态上明确地谴责凯恩斯和凯恩斯主义政策的保守主义运动，已经获得了影响和权力。

商业阶层反对凯恩斯的原因还不十分清楚。凯恩斯本人的看法是，他的理论的含义具有适度的保守主义。他没有发现资本主义制度配置资源的方式有什么缺陷。（时至今日，由于外部经济效应越来越明显和危险，他或许不那么充满自信了。）他希望使用更多的资源——为了利润追求者，也为了到处寻找工作的人们，经验反复证明了这一点。凯恩斯提出异议并且常常奚落的财政和金融习惯，不仅影响工人们的福利，也是普遍繁荣的障碍。对30年代大萧条期间资本主义的失败提出批评的学者很多，与这些批评家们预示的革命性制度变迁相比较而言，凯恩斯提出的改革确实是温和的、保守的。保守主义的本能回归，或许是因为人们怀疑：政府免除了传统标准的约束，又规定政府对总体经济成绩拥有权力并负有责任，可能会带来一系列出乎预料的社会、政治和经济危险。或许，商人们担心，充分就业会提高劳动者的谈判能力，从而使他们所受的损失比他们从普遍繁荣中获得的好处还要大。或许，他们直观地感觉到，他们实际上正在从文明世界的神殿上被撤下来。

有组织的劳动者发现了凯恩斯主义经济学对其适用的部分。凯恩斯主义宏观经济政策强调的充分就业，正好符合他们的利益。可是，劳动者支持价格递增的措施，以及工会只代表年长的在职工人的利益而不惜牺牲失业工人的利益，反而恶化了工资与就业的交替抉择，使充分就业政策更加痛苦，也更加无效。因而，至少可以说，让劳工们接受并支持收入政策，是很困难的。信奉凯恩斯主义政策的政党，也是那些主要依靠非商业利益集团赢得竞选支持的党派。一般公众根本不能明确区分经济学家们的派别，许多人把凯恩斯主义经济学与各种令人疑惑的宏观经济干预联系在一起。

不管怎样，从一定的意义上看，凯恩斯主义经济学是自由主义的天然同盟者。在《通论》中，凯恩斯证明了资本主义不存在资源配置无效率的问题；在同一节里，他又批评资本主义财富分配的不平等以及长期失业。第二次世界大战以来，每一个民主资本主义国家都在或大或小的程度上走向福利国家，凯恩斯主义对于福利国家没有特别的评论。在社会保障、医疗社会化、食品券等诸如此类的争论中,凯恩斯主义宏观经济学家可以站在任何一边。不过,凯恩斯主义经济学至少许可采取福利国家的措施,以及实现财富再分配的其他政府政策。因为它坚信,宏观经济的稳定和繁荣,与广泛的社会政策可以兼容,现代资本主义和民主是稳固的,足以带来繁荣和进步,同时也是人道的和平等的。这种信仰与极左派和极右派的幻想是针锋相对的,极端派认为,极端的富有和贫困,极端有保障和无保障,是资本主义制度运行中不可避免的。过去,凯恩斯主义政策帮助我们挫败了这些令人忧郁的预言。我相信,它将再次发挥同样的作用。

2　凯恩斯主义经济学的前途[*]

对老人们来说,这些纪念活动是一个紧接着一个。三年前是凯恩斯诞生,也是熊彼特(Schumpeter)诞生和马克思(Marx)逝世100周年纪念;去年又是美国经济学会成立100周年以及《社会保障法》通过50周年纪念;今年则是《就业法》通过以及美国总统经济顾问委员会成立40周年纪念,今天在这里,我们又召开了《通论》出版50周年纪念会。

这些纪念会,大部分都是在许多年之后,人们重新记起被纪念的伟人和组织的时候召开的,而不是在这些伟人和组织在专业领域和社会上享有很高声誉的时候召开的,这使我感到有些悲哀,也使类似的纪念会蒙上了一种考古的、怀旧的和道歉的特征,这可能部分地说明了为什么与会者大都是上了年纪的人,我确实很想听一听二十七八岁的年轻人的发言,他们将来为宏观经济学的发展所要做的工作比我多得多。

对于我个人来说,这也是一个值得纪念的日子。1936年我还是大学二年级的学生,正是那时,我开始学习经济学。因为我在哈佛大学里的年轻辅导员对经济学的了解不太深,于是,我便开始钻

---

* 1986年4月,东部经济学会,即费城。即将发表于《东部经济学杂志》。

研凯恩斯的《通论》。在有些人看来，从那以后，我就没有学到什么东西了。

一、革命、反革命与宏观经济学的综合

凯恩斯主义经济学有前途吗？考察经济学领域，我看到一些迹象表明，它的衰退已经"走出了谷底"，出现了轻微的复苏倾向。我们不应该期望凯恩斯主义经济学恢复到1968年以前的地位。这不是智力周期怎样起作用的问题。我们从主流经济学流派的这些摇摆中，也学到了一些东西，新的综合取代了原来争议的双方。50年代和60年代里所谓的新古典新凯恩斯主义综合派，与新古典宏观经济学正统派（凯恩斯对它很反感）不同，与1940年达到顶峰的凯恩斯革命也有差别。今天的新古典宏观派，不仅是先前正统综合派的一次反革命，而且是一种改进了的凯恩斯主义之前的正统学说的翻版。宏观经济学永远也不会与凯恩斯之前或者理性预期学派的卢卡斯（Lucas）之前的宏观经济学完全一样。

专业经济学的周期性循环与政治和民意的流行变化非常相似，两者都受到突发事件和简单化解释的巨大影响。这种相似并不能充分保证一个专业里充满科学的主张。60年代中期，人们对国民经济的成就充满了幸福感，凯恩斯主义理论和政策——这里指前述新古典综合派萨缪尔森等人阐述的理论，当时在经济学界和公众中都受到高度的尊重。但随后出现的通货膨胀和滞胀，却使社会大众转向了货币主义学派、新古典宏观派，甚至供给经济学，即供应学派。

值得庆幸的是,1979年之后美国和整个欧洲的经济衰退,已经使新古典-新货币主义者的以下观点名誉扫地了,他们认为,只要提前宣布货币紧缩肯定是不可避免的,那么,反通货膨胀(disinflation)就不会太痛苦,或者不会持续太长时间。80年代以来,欧洲推行正统的反凯恩斯主义政策带来了滞胀,而美国运用财政政策刺激总需求取得了明显的成效,两种现实甚至使年轻的理论家们都滋生了怀疑情绪。从更科学的角度来看,新古典理论没能通过计量经济学的检验。目前,许多宏观经济学家都认为,凯恩斯主义理论不是好理论,但好理论不能适应现实。我们尚需看一看,经济科学究竟怎样在死胡同里绝处逢生。

二、新古典经济周期理论:真实的与不真实的

凯恩斯主义经济学是有前途的,原因之一是,目前还没有能与它分庭抗礼的经济波动理论。

最近几年里,经济学的争论主要集中于名义价格和工资及其变化率的惯性、适应性预期或者没有完全指数化的隐含契约或明确契约的非理性、菲利普斯曲线以及它提供的政策交替选择的现实性和持久性等问题上。卢卡斯的"供给曲线"为菲利普斯型的统计关系提供了一种解释,即除了货币政策的意外变化会引起人们对相对价格产生暂时的错误理解之外,货币政策没有任何实际作用。这些疏忽及信息的不对称,从本质上讲太脆弱,不足以支持一种能够

适应程式化事实的经济周期理论。最近以来，人们很少讨论这种经济周期理论。其实，老的短期菲利普斯曲线，似乎又从废墟中复活了。

新古典宏观派一直坚持另一种可以替代的经济波动理论，即"均衡的"或"真实的"经济周期理论。周期只不过是一种伴随着经济在不同时期得到充分的一般均衡而出现的运动。货币和其他名义变量，只是一些无关紧要的枝节问题。新古典理论家和计量经济学家们的当务之急是，要看一种纯粹真实的理论怎样解释程式化的事实。

有趣的是，我曾经仔细考虑过，凯恩斯也有一种纯粹真实的均衡理论，只是他的均衡指的是需求约束型失业的情形。凯恩斯指出了名义工资和价格的黏性带来的问题，一些人对这些问题全神贯注，使许多现代经济学家，特别是那些从来没有读过我们正在庆祝的这本书的学者，完全忽视了凯恩斯的另一个关于货币工资的论断。他断言，货币工资的弹性不能医治失业。在工资和价格具有弹性的地方，仍然可能出现总需求的不足。他运用了一种非常经典的理由，即实际需求应当独立于绝对价格。早期的凯恩斯主义经济周期模型是没有货币的，这正是它们遭到批评并逐渐过时的原因。它们没有考虑到刺激需求的实际财政政策，当然，在这方面，它们与新古典模型也有区别，在新古典模型中，劳动力市场始终是结清的。

利率效应和财富效应明显地驳倒了凯恩斯的中性论断。不过，这些效应或许太微弱了，难以克服价格的弹性对总需求产生的不稳定的预期效应。通货紧缩（deflation），甚至反通货膨胀对需求都有消极影响,只有名义工资和价格暴涨到均衡值之上时,才能避免这些影响。当然,动态分析的引入就抛弃了凯恩斯关于失业的均衡理论。我个人对此一点也不惋惜。几年前,我建立了简单的"凯恩斯主义衰退和萧条模型"[1],在其中,价格的弹性不能避免均衡中失业的延长时期,或者,甚至不能保证充分就业均衡的普遍稳定性。

我想大胆地做出没有很大把握的预言:新古典宏观经济学提出的上述两种"经济周期理论",都不能看成是对今后几年里的经济波动做出的认真的、可信的解释。在新的综合中,不管出现什么样的经济周期理论,必将具有重要的凯恩斯主义成分。在后文中,我准备讨论《通论》中的另一个相关的,但略有差别的主题,并讨论它与反凯恩斯主义反革命的相互关系,即短期总需求对长期投资的依赖性,长期投资的可能收获本来就是不可预测的。不过,我想首先对新古典反革命派的方法论作些评论。

三、现代宏观经济学的"微观基础"方法论

凯恩斯的《通论》奠定了基础,使宏观经济学成为理论和经验研究中的一个引人注目的课题。它确立一般均衡模型作为基本方法,用来研究经济周期、货币和财政政策以及其他经济事件。当然,

---

[1] 《美国经济评论》,1975年5月号,第195～202页,重印于我的《经济学论文集》第3卷《理论与政策》,坎布里奇,马萨诸塞,麻省理工学院出版社1982年版,第5章。

这是指专业程度较低的一般均衡理论。宏观模型采用了许多捷径，做出了许多简化的假设；其结构方程式不一定是专业程度较高的一般均衡理论〔比如瓦尔拉（Walras），或者后来的阿罗（Arrow）和德布鲁（Debreu）建立的均衡理论〕的必然结论。一般来说，它们也不会违反这些高深理论的基本原则。我认为，即使是黏性货币工资，也可以归罪于"货币幻觉"[1]而加以辩护。要获得有意义的并经得起检验的结论，捷径和简化是不可避免的代价；在充分发展的一般均衡中，根本不需要这些。

自从凯恩斯以后，宏观模型的建立者在详细列举各经济行为者的行为关系式的时候，都以其行为的新古典理论的标准范例为基础。你如果怀疑这一点，我提醒你去阅读或者重读一下凯恩斯的《通论》中关于消费倾向的那些章节。攻读消费函数的学生们，在50年里提出的有关消费和储蓄行为的各方面问题，在凯恩斯最初的讨论中都已经出现了。但是，凯恩斯及其追随者们却不得不利用有关经济行为者行为的信息和假设，而不用最优化理论的结论。第一，他们可以求助于经验观察或者对可能性的推测，取代对单个行为的限制。第二，总体关系式是许多经济行为者的多种多样的行为加总的结果，宏观结构方程式则把关于单个行为的假设与关于总体行为的假设结合在一起。第三，宏观模型的建立者针对他们描述的经济制度和结构，采用了某些现实主义态度。这些虚构的经济，不能遵从高度专业化的一般均衡（例如，完全和全面竞争的市场）的假设。纯粹的理论家自然会发现，宏观模型从美学观点看没有吸引

---

[1] 参看本书第4篇文章。

力，从智力上说是混乱的。可是，一旦这些纯理论家，像其他报刊读者们一样，对预算赤字和贸易逆差感到好奇的时候，那么，他们在研究所的午餐桌边又向谁请教呢？

"微观基础"正是方法论上针对凯恩斯主义经济学，实际上是针对整个宏观经济学的反革命复兴的口号。它的创始人抱怨，没有明确地从最优化中推导出宏观行为方程式，他们提出，要建立一种新的宏观经济学，稳固地并清晰地以个人理性为基础。他们坚持认为，唯有建立在这些微观基础上的关系式，在实际运用中才可能是稳定的，这里的运用，不仅要预测政策干预和其他外生变量产生的影响，还要进行有条件的预测；宏观经济学就是要研究上述问题。最近这种反革命在经济学领域里大获全胜。可以毫不夸张地说，任何论文如果没有运用"微观基础"的方法，就根本不能在任何主要经济学杂志上发表；任何研究报告如果被怀疑违背了"微观基础"的戒律，就逃脱不了同行的批评；一个新获得博士学位的学者，如果不能表明博士论文中假设的行为关系式是用"微观基础"方法推导出来的，他就很难在学术圈子里找到理想的工作。

方法论的反革命经历了15年或20年之后，今天处于什么情形？你在这次转变中的所得，正是你在下次迂回中的所失。加总是一个难以解决的问题，所以只能以技巧取胜。你若假定整个私人经济可以用一个经济行为者（或者在第二时期中作为两个只在年龄和禀赋方面有所差别的行为者）来体现，就很容易显示出明确的微观基础。这个行为者，或者许多相同的行为者，在竞争市场上经营，市场价格是可变的；不过，在这些市场上，当然没有交易发生（除非每两个时期就是一生的话，在第二时期可能会有交易）。我们在市场上实际看到的巨大数量的资产和商品交易,只能不做解释。对于凯恩斯和其他宏观理论家所关注的各种协调和交流问题,如储蓄者与投资者,贷款方和出贷方,证券交易中的多头与空头,风险爱好者与风险回避者等之间的差别,则完全被忽视了。

我至今仍然不明白,为什么这种"代表性经济行为者"的假设,比起早期的宏观模型建立者以及当今的宏观计量经济学家们提出的干预模型,倒是一种不那么专业化、却更容易辩护的简化?我已经注意到这种方法论造成的一些偏见。单一经济行为者的抽象,使社会福利与单个经济行为者的福利完全相同。根据定义,它排除了个人最优状况与社会最优状况之间的任何差异,特别是由于非自愿失业造成的净损失,以及15年前促进宏观经济学形成的市场失灵。"微观基础"方法论把政府看成是政府与人格化的私人部门进行的二人博弈中的一个局外人;在这场博弈中,政府不可理解地企图把私人部门抛离最优解,同时,私人经济行为者也试图从智能上战胜呆傻的或可恶的政府决策者。这些偏见正向着保守主义和乐观主义的方向发展,其政治含义,在抽象的高度专业化的一般均衡理论中,没有表达出来,该理论的充满智慧的设计者和实践者们,也没有说明这种含义。

我在这里多少有点夸大其词。实际上,越来越多的理论文章正在运用新的方法,建立新的模型结构,在其中,有关事项不是按最好的可能设计出来的,政府甚至会起到一些有益的矫正作用。不过,我必须指出,这种作用很少是凯恩斯主义的,因为凡是政府能够矫正的扭曲,几乎都不属于市场结清的失败。而且,这些论文的方法论,与赞扬"看不见的手"采用的方法论相似,只是一种逻辑练习，而不是严格地建立模型，以图认真地描绘现实世界的经济。

在杂志、研究班、讨论会和教室里，宏观经济学的讨论已经变成了喋喋不休地重复各种寓言。这些寓言往往只是阐明了某一类程式化的事实，比如，在周期性波动中名义价格与实际产出之间的关系。它们通常都不能适应其他类型的程式化事实，该学派论文的作者们显然也没有考虑过这些事实。上述寓言总是依赖于个人在不同时间和自然状态下达到最优化。与它们阐明的对技术、市场或信息施加的随意性制度限制完全不同。

为了在分析上易于处理，即使个人的最优化问题也做了简化和限制。效用函数和生产函数采取参数的形式。根据惯例，方程式是线性的或对数线性的，或者是近似的。"微观基础"的全部要点，只是找出稳定的关系式，包含政策变量、外生冲击和时间推移。可是，我们还没有证据从经验上相信下面的情形，一个人的效用函数与他实际经历的环境没有什么关系，在他的一生中都保持不变。我们肯定也没有理由假定，一个效用函数中包含着一个有关回避风险的固定比例，它便为不同时期的选择和涉及风险的选择提供了一个稳定的基础。

今天，在学院里的宏观经济学与适应现代经济活动和政策的宏观经济学之间，存在着巨大的鸿沟。如果由你领导国会预算管理局或者总统经济顾问委员会，下面两类人哪一类对你更有用处：是专门告诉你各种经济学格言的专家；还是过时的 *IS/LM* 分析法，以及按照这种方法建立的结构性计量经济模型的实践者？我想，两者之间的鸿沟应该也将会缩小，这正是我相信凯恩斯主义经济学有发展前途的一个原因。

四、高投资经济的不确定性

现在,我从方法论转向实质内容。

凯恩斯写作《通论》时,"均衡"一词,在其完整的和精确的意义上,意味着一种反复的稳定状态,其实是一种静态,不考虑人口增长和技术进步。凯恩斯早就看出,发达的资本主义经济的储蓄倾向太高,不允许存在一种稳定状态的充分就业均衡。这里面临着两种极端的可能性。一种是,在相当高的失业水平上推动经济的运行,降低净储蓄额,使之等于零。〔有必要指出,正是这种低水平稳定状态,庇古(Pigou)坚持认为它不能达到均衡,他的那篇论述"庇古效应"的文章,就采用了"古典静态"的标题。〕另一种可能是,推动经济在充分就业的水平上运行,经济中有净投资和不断增加的资本存量,凯恩斯认为,这是一种充满了不确定性的方案。其原因可以归纳如下。

第一,我首先要提醒读者注意,早在1939年,英国经济学家哈罗德(Harrod)就把这方面的讨论从静态转向稳定增长的状态。他把凯恩斯的问题重新表述为,有"保证的"增长率超过了"自然"增长率。和凯恩斯的看法一样,他也认为,产生差异的原因是储蓄倾向太高。哈罗德遵循凯恩斯的思想,声称在这种状况下,充分就业最终必然会变得难以维持,因为资本的增长快于产出的增长,将会导致资本的边际效率潜在地低于利率的流动性最低限度。在他看来,高投资维持的充分就业,是一种刃锋不稳定状况,任何偏离都会触发向下的加速器-乘数螺旋式运动;古德温(Goodwin)、希克斯(Hicks)和其他学者，后来又详细地阐明了这种思想。在50年代，一些更年轻的学者，包括罗伯特·索洛(Robert Solow)和我，又提出了不同的方法，可以避免前述的不确定性。大家公认的一点是，由于资本的深化，货币政策不得不适应于投资的边际效率的不断下降，即使没有流动性陷阱，也仍然存在着货币主义的问题。

我想顺便指出，凯恩斯和哈罗德都没有把持续的通货膨胀看成是解决流动性陷阱的方法。为什么呢？凯恩斯可能有一个理由，那就是：一旦出现通货膨胀倾向，工资就将指数化。在短期，工资不会是黏性的，依靠提高价格，从而降低实际工资来增加就业，看来是行不通的。凯恩斯认为，货币工资的黏性是经济的一个值得期望的稳定化特征。

凯恩斯特别关心较高的国民储蓄倾向，就美国和其他成熟经济当今的情况来看，显然有些不得要领；这些国家已经找到了有效的方法维持公共和私人消费。他们利用的制度和手段，在宏观经济的意义上属于凯恩斯主义，我们这些曾经参加过战后综合派的人，迫切希望使凯恩斯主义经济学洗掉偏向消费、反对资本形成的污名。无论如何，当今的80年代，在日本、德国和其他国家，依然显示出了凯恩斯30年代在美国和英国看到的高储蓄倾向，这些国家同样也显示出了凯恩斯在50年前所看到的滞胀和萧条倾向。

现在我谈到了要点之处。凯恩斯细心地考察了一种经济，其短期需求依赖于高投资和资本增长，他注意到一个比前述增长和周期理论家们考虑的更难处理的总的要点。一种反复的静态包含的风险很小，这里的风险是弗兰克·奈特(Frank Knight)所说的风险，运用概率进行计算，原则上是不能保险的——人们也可以说，按照凯恩斯的《概率论》而言，是可以计算的。约瑟夫·熊彼特称这种状况为"循环流动"，并且认为，它没有吸引力。高投资的经济必然要迈向未知的领域，充满了奈特或凯恩斯所说的真正的**不确定性**，它与实际上不能获知其概率的风险有明显的区别。不确定性来自未曾试验过的新技术、以前的经验未涉及的生产要素比例，并取决于现行投资对未来投资的性质和规模产生的后果。所有这些不确定性，即使在长期维持充分就业的情况下也会出现。它们与总需求的不确定性混合在一起。

凯恩斯非常明确地指出，缺乏完善的期货市场，使生产者难以确定对其产品的未来需求。假设有一位消费者，为了增加储蓄以备未来消费，决定今天不吃午餐，这并没有提供任何引导生产者为她的未来消费做好准备，并进行必要投资的信号。她节约并储存的，是一般化的金融形式即货币，因此，她以后完全可以自由地选择消费哪种商品和什么时候消费。

如果计算是不确定的，人们的态度，信任、乐观主义和生气都将影响投资。正因为如此，凯恩斯认为，投资大部分是外生的，对于用依靠调整利率的货币政策来控制投资的行为，他并没有无条件地充满自信。他还建议，为了稳定资本主义经济，有必要建立一些中央投资机构。或许，他所想象的，类似于战后法国的计划，即使整个经济的各个部门在对宏观经济的未来形成的共同看法之内，利用各自的顾客和供应者的未来计划信息，来确定它们的投资数量和时间。也有可能，他想象的类似于"日本股份有限公司"的通商产业省和其他机构首创的协调和企划方法。

两年前的夏天，我听到一位颇有些影响的年轻宏观经济学家，把凯恩斯主义经济理论描述为"没有预期的经济学"。对于那些没有人情味的正规模型而言,他的看法可能是对的,我们当中的许多人都用过和教过这类模型。对于《通论》而言,他无疑是错的,在《通论》中,长期预期发挥决定性的作用。实际上,凯恩斯认为这些预期不能内在地产生,他并不认为,对于相同的未来,每个人都有(或者由推理和例证,促使每个人形成)相同的预期。他指出,有组织的证券市场,给企业家和管理人员提供的指示信号很少,因为居于支配地位的商人,倾向于依靠预测其他商人的想法获得短期收益,而不想打好长期的基础。

凯恩斯与熊彼特是针锋相对的,他们对许多事情的看法都不同。但他俩却都强调,资本主义的增长——熊彼特称之为发展——从性质上与稳定状态或循环流动是截然不同的。

一个社会能否选择一种带有长期高失业率的稳定状态,而放弃高投资的增长,宁愿忍受长期的资源利用不足,而考虑由此产生的储蓄和充分就业的不确定性?直到70年代中期和80年代,似乎才有了这种可能。而西欧似乎是一个恰当的例子。以德国为主,欧洲宁愿把储蓄倾向引向不断增加对其他国家特别是美国的安全要求,或者使它们陷入高失业和低经济成就,而不愿接受国内创新和投资的冒险。日本也处于同样的情形,虽然日本的增长率高得令人妒忌,但从其潜力看,仍是较低的。在这些国家里,出口(主要是出口到借用其储蓄的那些国家)产生的需求刺激是唯一可接受的、愉快的需求刺激。

这些低水平的政治、社会和经济均衡,在一种非常重要的意义上说,应属于凯恩斯主义。另一方面,熊彼特在预言资本主义必然腐朽时预见到的一些制度，也有助于维持上述均衡，过度的福利和劳资关系的变化，倾向于把周期性凯恩斯主义失业转变成古典的和结构性失业。令人啼笑皆非的是，同一个保守政府曾经指责上述过度和刚性是经济停滞的根源，却又拼命地维持它们，因为它们可以使政府宏观经济的天然反对者缓和对立情绪。

美国则完全是另一幅景象。在正常的环境下，我们几乎从来都不是一个高储蓄的社会，我们的保守政府正忙于大规模地向公众借债。因而，我们为外国的储蓄找到了一条出路，我们的外国朋友不想利用，或者不知道怎么利用这些储蓄。里根政府被供应学派的思想方法冲昏了头脑，无心地选择了一种极端的凯恩斯疗方，来对付高失业、高公共消费和私人消费。凯恩斯可能认为，这比欧洲长期两位数的高失业率更好。但是，这种疗方肯定不能得出他偏好的结果，因为我们国内筹资的公共和私人资本形成率要高得多。凯恩斯和熊彼特都理解里根的总统职位带来的高昂士气，以及在商业社会里产生的热情。令人遗憾的是，那种幸福感的潜力，早已被这十年来货币政策和财政政策的稀奇古怪的混合所浪费殆尽。

确实，凯恩斯主义经济学是有前途的，因为要很好地解释和理解过去和现在的一系列观察和经验，它是必不可少的；而且，其他可以选择的宏观经济方法迄今还没有详细阐明。这些经济方法包括不确定性和预期对经济活动的影响，它无疑还包括经济周期波动、财政政策和货币政策。

3 《就业法》指导下的财政与货币政策[*]

在今天《就业法》颁布实施40周年的纪念日里，我们看到，它的未来是喜忧参半。从消极的方面看，《就业法》赋予联邦经济政策的目标——努力使就业量、生产量和购买力最大化，无论是口头上还是行动上，在国会和政府的决策者们中间获得的支持都微乎其微。总统经济顾问委员会是根据《就业法》建立的主要机构，其任务就是推动上述目标的实现。但它已逐渐失去了原有的地位和影响。它的注意力已转向更次要的小目标。联合经济委员会倒是更忠实于最初的授权，可是，由于缺乏立法功能，一直面临障碍，很难使它的声音引起人们的注意。自1980年以来，支配着经济政策的思想方法否定了《就业法》的依据，也否认联邦政府的干预能够增进经济的成就。

从积极的方面看，在可以预见到的未来，经济环境要比过去20年来更加宽松。1966～1981年期间，世界历史上发生了许多令人惊奇的事件，其中最引人注目的是越南战争和70年代的两次能源

---

[*] 1986年1月，美国国会联合经济委员会纪念《就业法》实施40周年专题讨论会，华盛顿。编入戴维·奥贝（David Obey）和保罗·萨班斯（Paul Sarbanes）合编的《转变中的美国经济》，布劳克韦尔出版公司1986年版，第3章。后来经过缩写，以《复兴〈1946年就业法〉的最好时机》为题，发表在《挑战》（*Challenge*）杂志上，见《挑战》1986年5～6月合刊，第4～12页。

危机，这些外部冲击迫使决策者们全神贯注；现在，世界上已不存在这类威胁了，石油输出国组织卡特尔正在瓦解，能源价格正在下降。唯一所缺乏的，是充分利用这十年的良好环境的诺言和信心。

对于过去18个月里经历的经济停滞，政府是满足的、放任自流和漠不关心的。1982年第四季度开始的经济复苏，到1984年6月停止下来，当时失业率达到7%，生产能力大约利用了80%。我一向尊敬的校友，也是我在总统经济顾问委员会的同事赫伯特·斯坦（Herbert Stein）解释说，这种经济状况意味着，上述数字都是均衡值，"自然率"。我惊愕地发现，他竟然赞同乐观主义的宏观经济学。在我看来，这种低水平的稳定，并不反映一种最优的均衡，而是反映了货币管理机关的粗心大意或者过分谨慎。毫无疑问，《就业法》的起草者，以及那些在该法颁布后的前25年里认真实施它的人们，肯定对现状不会满意。对于实际国民生产总值的增长仅仅快得足以保持高失业率不致进一步上升，他们不会自吹自擂，也不会庆贺自己避免了彻底衰退。如果看到工资和价格的增长率在下降，在经济领域里不存在瓶颈或短缺，那么，他们将努力推动经济以深思熟虑的速度发展，提高现有生产能力的利用率。

一、失业与通货膨胀

《就业法》中没有具体提出失业的任何数量目标。这样做是明智的，因为适宜的目标随着时间的变化而有所不同，将来也会变化。某一届政府当局和国会可以选择并公布一些失业率的数字——比如，肯尼迪政府提出的 4%，但这只是根据经验确定的暂时目标。国会在《汉弗莱-霍金斯法》(Humphrey-Hawkins Act)即《1978年充分就业与经济增长法》中隐含着失业和通货膨胀的数量目标，这是一个很大的错误，因为与 60 年代的情况不同，两个目标放在一起，在 70 年代显然是无法实现的。其后果是，决策者不仅忽视数字目标，甚至忽视了促成这些目标的精神实质。

财政与货币政策直接影响对商品和服务的总需求，《就业法》首先就指向这些政策。对于利用需求刺激降低失业率、提高生产能力利用率，通货膨胀是影响全局的约束因素。过去 30 年里美国遭遇的六次衰退中，只有一次可以归因于人为的政策，即为了降低通货膨胀率，而采取了限制总需求的措施（这次例外发生在 1960 年，实际上应归咎于决策者们对预算赤字和黄金外流的恐慌）。反通货膨胀目标普遍地实现了，但代价是经济增长的中止、长时期的高失业和生产能力的大量过剩。美国广大民众具有一种明显的强烈政治倾向，那就是厌恶通货膨胀率的不断提高，其实是厌恶通货膨胀率持续地高于 5%。有鉴于此，显然存在着很好的理由，使劳动力市场和产品市场保持适当的萧条状况，以规避风险，避免触发不断加速的价格螺旋式上涨。

前面提到的自然失业率，从概念上讲，是指依靠扩大总需求能获得的"没有通货膨胀危险"(inflation-safe)的最低失业水平，也就是财政与货币政策预期能达到的最低失业率。在这个失业率水平上，失业或许、也很可能仍然是过多的，但是，进一步减少失业则要求，在推行财政与货币需求管理的同时，也进行结构性改革。

通货膨胀对需求管理的限制，在实践中到底意味着什么，搞清这一点非常重要。第一，没有人能肯定，在确定的环境下，在任意的失业率水平上，通货膨胀的危险究竟有多大，只能说失业率为7%的时候，通货膨胀危险比失业率为8%时更大，失业率为6%时，比失业率为7%时更大。第二，甚至没有人能保证确实存在着通货膨胀风险为零的情形。使经济在大量资源闲置不用的情况下运行，以保证通货膨胀风险可以忽略不计，这样做既是愚蠢的，也是浪费的。第三，需要避免的风险是价格持续地、不断加速地上升。无论如何都难以避免某种价格，甚至是一般价格指数出现一次性暴涨，特别是在周期性复苏的过程中，即使它会使按年度计算的通货膨胀率在统计数字上暂时显得高些，也不是一个问题。

今天，就算我们同意"没有通货膨胀危险"的失业率概念，应该意味着多么小的通货膨胀风险，我们仍然不知道，这个失业率究竟是多少。我不知道，赫伯特·斯坦不知道，保罗·沃尔克也不知道。在失业率持续提高的同时，通货膨胀率也在不断上升，从60年代后期的3%～4%上升到1973年的5%，1979年又增长到6%，这些事实无疑是今天的决策者过分谨慎的一个颇有影响的原因。不过，我认为，对于我们今后10年的政策而言，上述事实只是无用的例证。对于今天的劳动力市场和产品市场，它并没有提供有意义的参考。即使它提供了什么自然率，那也只是在艰难的70年代里能源消费和石油进口的"自然率"。

现在，我们有充分的理由相信，自然失业率远低于目前的失业率7%。工资和商品价格的上涨速度都在下降。工人和工会仍然非常害怕失去工作。雇主们则害怕失去市场，在许多情况下，更担心破产。工人和雇主都害怕外国的竞争。产业结构和竞争优势的变化，特别使这样一类工业和工会处境艰难，它们的价格和工资行为过去习惯于在大部分经济部门建立过分奢侈的价格和工资模式。只要上述宽松的条件继续存在，我们就应当坚持逐渐地减轻经济中的萧条状况。

今天的境况使我想起了60年代早期。1957～1958年和1960年发生的两次经济衰退，把失业率从大约4%提高到6%或7%，使通货膨胀率从50年代中期的最高峰4%～5%，降低到2%以下。尽管如此，联邦储备系统和其他部门里有影响力的看法，却反对采取扩张总需求的措施，他们的理由是，这类措施是通货膨胀性的，而且，失业的增加是结构性的，不是周期性的。1961～1965年的经济扩张证明，这些判断和担心均属毫无根据的，当时把失业率降到了4%，同时通货膨胀率却没有感觉得到的增长。在目前看来，4%的失业率不是总需求政策的一个现实的目标，不过，我们肯定可以把通货膨胀率降低到6%或者更低。

人们目前还没有充分理解和意识到使经济复苏以及扩大利用现有生产性资源的好处。失业会使受影响的人们贫困化，常常把他们推到贫困线以下；失业补偿不管是在物质上还是精神上，都没有使他们恢复原状。许多失业者甚至没有被选举资格；然而，从社会的观点来看，不论失业的人是否遭遇生活的艰辛，失业总归是生产性资源的一种浪费。

失业率正好是宏观经济成就的一个便利的周期性晴雨表。生产量、生产能力利用状况，以及收入额都与劳动力利用不足存在着强烈的负相关。它们与贫困也存在同样的关联，这里指的是广义的贫困,远远不止因失业陷入贫穷的人。国内生产总值增长2%～3%,即大约1亿美元,可以使失业率下降1个百分点。其中,4000万～5000万美元是企业、居民户和政府的储蓄——联邦财政赤字将减少2500万美元——加上国内投资或减去国外借款。没有其他任何税收刺激,或者其他供应学派妙策,能够使储蓄和投资增加得如此之多。基于这个原因,1946年的《就业法》中提出的高就业要求是至关重要的,实际上,它对于长期经济增长也是必不可少的。

二、需求管理与结构政策

为什么在"充分就业"的情况下失业率还是如此之高？也就是说,为什么没有通货膨胀危险的失业率会这么高？怎样解释过去20年来失业率还在令人苦恼,显然也是无情地上升呢？或许,"自然"失业率不过是实际失业率的移动平均数；或许,70年代里为了对付通货膨胀震荡而策划的衰退,给我们留下了一个痛苦的遗训。正如前面指出的,今天的自然失业率,也许比人们普遍认为的数字要低得多。不管怎么说,它确实太高了。

不下雨的时候才是修理屋顶的好时机。结构性失业是宏观经济的需求政策无能为力的,它不匀称地折磨着一些脆弱的人群,如青少年、未成年人和刚刚走上工作岗位的年轻人。劳动力市场处于很不完全的竞争状态。在决定工资的决策和谈判中,失业的局外人的利益很难有所体现,在职工人和少数公务员的要求获得了过分的优先考虑。在1981年之前,政府当局和国会至少还关心这些问题。

它们通过劳动力市场和工资-价格政策，使问题有所缓解，当然不能肯定它们非常成功。今天，这些方法都已经过时了，但问题依然如故，悲剧还会重演。

我觉得这是一个很好的题目，可以列入联合经济委员会的重大研究课题。议事日程上可以列上许多主意，目的是降低没有通货膨胀危险的失业率。比如：改善公共教育；放宽最低工资法律和其他规章的限制，它们约束了工资和价格向下浮动的灵活性；鼓励在劳动合同中把工资与企业的收入、利润或劳动生产率挂钩；计征失业保险附加税，惩罚那些不负责任的雇主，他们在解雇工人的同时，或者在当地失业率很高的时候，却提高工资；每年公布整个经济的工资和价格界标，并以税收为基础予以奖励或惩罚，引导企业遵从界标等。

三、需求学派、供应学派

清楚地认识宏观经济政策，要求把总需求与总供给区别开来，把政策对需求的影响与对供给的影响区别开来。潜在的实际国民生产总值，是在失业和生产能力利用率都处于没有通货膨胀危险的水平上的时候，整个经济能够生产出的产值。它的增长趋势依赖于生产性资源、劳动力和资本的增长，也依赖于不断提高生产率的技术进步。前面已经指出，它的水平还取决于萧条的次数，即经济中确实需要用来遏制通货膨胀的萧条。结构改革，包括"供应学派"的措施，可以增加潜在国民生产总值和（或者）它的增长率。但是，经验表明，这种影响既小且慢，难以识别和预测。生产率增长的源泉很难捉摸，70年代里生产率的下降，对于该学科里最富有想象力的研究者，也是一个未解之谜。80年代采取的供应学派措施，在提高潜在的国民生产总值方面，已经取得了一些成效。

其实，实际国民生产总值围绕着潜在趋势的不规则波动，一般会对需求的震荡或者政策诱致的总需求变化做出反应。联邦政府容易采取的两种需求管理政策是财政与货币政策。在可以利用的各种财政与货币手段中做出的选择，也会影响未来而不是现时的潜在国民生产总值。我们必须把短期需求稳定化与潜在产出量的长期增长区分开，并且分别搞清各种政策对这两类目标产生的影响。

四、需求管理的财政政策

《就业法》的起草人希望把财政政策作为短期需求管理的主要手段，事实上，它也经常被运用。在最近的1979～1982年发生的衰退之前，几乎每一次衰退中，政府都审慎地运用财政刺激，包括暂时或持久的刺激，来促进经济复苏。财政手段采取的具体形式包括，增加对商品和服务的购买力（例如公共工程），或者增加转移支付（例如扩大社会保障福利或失业补贴），或者减税。1964年正处于经济复苏期间，为保持经济富有生机，政府削减了所得税。有好几次，在繁荣期间，政府采用财政手段限制总需求。在朝鲜战争期间，税收急剧增加；在越南战争期间，税收的增长已经太迟了。

有时候，为了保持宏观经济的稳定，经过认真考虑后，可能改变预算方案和收入立法，这与内在地自动促进联邦预算的稳定完全不同。没有预算的或立法上的行动，征税收入在衰退时就会下降，在经济复苏和繁荣期间，则将上升。类似地，某些支出项目，特别是给失业者、穷人和困难时期的其他牺牲者的转移支付，更是反周期的变动。它造成的后果是，在萧条时期，私人购买力比商业活动下降得少；在繁荣时期也增加得少。内在稳定器不能阻止或颠倒这种周期性摆动，但可以减轻它们摆动的幅度。

人所共知的联邦预算赤字或盈余的反周期变动，恰好正是私人购买力局部稳定的镜像。庞大的预算赤字，实际上是整个经济中总需求疲软的消极征兆，而不是积极的财政刺激日益增强的指示器。"高就业的预算赤字"现在又重新流行起来，并改称为"结构性赤字"，它矫正这些周期性影响，用以衡量：在现行预算方案、支出授权和税收法典下，假若经济按照潜在产出量的固定利用率来运行，预算会出现什么结果。这类赤字的变化（过去常常是出现盈余）是一个相当精确的衡量尺度，用于测量财政政策导致的总需求的变化，不管政策的目标稳定与否。

为推行需求管理，内在稳定器越强，就越没有必要求助于结构性预算的随意性变化。肯尼迪和约翰逊两任总统都试图增强自动稳定器，提出了一些半自动的起动器，以改变某些税收和支出项目，实现反周期性的稳定；但是国会没有按照他们的建议行事。

运用财政工具推行需求管理，不一定会促使联邦预算偏向于长期出现高额赤字，或出现长期的高支出和高税收。可以肯定，相对于国民经济而言，从第二次世界大战以后，联邦赤字确实比以前高得多。这是因为，美国国内和国际的安全保障负担一直非常重，加上国内社会保障、国家对老年及残疾人的医疗照顾制度和对低收入家庭的医疗补贴计划的支出，以及其他转移支付计划的支出迅速增大。同样可以肯定，预算的规模增大，假定支出是稳定的或反周期性的，而税收收入是周期性的，那么，两者都将强化内在稳定器，推进相机抉择的需求管理。直到1981年为止，结构性赤字额一直不大，一般要低于潜在国民生产总值的1%，而且经常是负数。公债增长得比经济更慢，公债占国民生产总值的比例从二次世界大战结束时的大于100%，降到70年代的25%。预算的规模和增长速度，包括预算支出和预算收入，会带来政治上的问题，即国家需要优先考虑的究竟是各种公共开支计划，还是纳税人的私人利益。这些和运用财政政策实行宏观经济管理截然不同；后一类职能，不论联邦赤字比目前的数额高得多还是低得多，都可以履行。

五、需求管理的货币政策

货币政策由联邦储备系统制定并负责实施。货币政策也可以对总需求起作用（尽管是间接的），它发挥作用的途径很多，比如：改变居民户、企业、联邦政府和地方政府获得信贷的可能性和成本，升高或降低它们的现有资产和债务的价值，影响美元的外汇价值和美国产品在世界市场上的竞争力，影响各种经济活动者对上述所有变量的预期。目前较多地采用后两种办法。原则上说，在广泛的限度内，财政政策对总需求产生的任何影响，货币政策同样也能做到，或者使之恢复原状。虽然财政政策与货币政策的副效应，包括它们对潜在产出量长期增长的影响，可能是截然相反的，但它们在推行需求管理方面可以互相替代。作为政策工具，它们的制定在技术上——在今日的美国，从行政管理和政治上看同样——是相互独立的，从这个意义上说，它们也可以互相代替。没有人强迫联邦储备系统印制纸币，来弥补政府的财政赤字，它完全能够做相反的事情，即当财政刺激比较强的时候，它只购买较少的公债，并且收紧它的货币政策。

两种政策可以相互替代，这一点具有非常重要的意义，人们目前对此还缺乏充分的认识。在对总需求产生等价影响的情况下，相对于价格来说，财政政策与货币政策非常接近于对产量产生同样的影响。"自然"率对需求扩张的限制依然是大致相同的，不管它是靠货币刺激还是财政刺激达到的。我们找不出任何办法，靠改变货币与财政政策配方的混合比例，使有利于产量和就业的结果，与抑制价格和工资上涨的结果，巧妙地结合在一起。特别是，在确定的经济环境下，没有什么事情在货币膨胀时比等量的财政刺激内在地具有更大或更小的通货膨胀性。我在下文中讨论财政-货币组合的国际影响时，还要给这些论断提出一个限制条件，但是，中心论点依然是不变的。

在过去的40年，特别是过去15年里，货币政策已经压倒了财政政策，成为宏观经济状况的主要调节器。在整个40年代里，许多凯恩斯主义经济学家因为经历了30年代灾难性的大萧条，因而，他们对货币手段的效力感到怀疑，同时热衷于新发现的、对总需求实行财政管理的潜力。（我觉得，他们误解了凯恩斯的思想。）直到1951年，联邦储备委员会依然是其战时职责的忠实履行者，仍致力于维持联邦证券的票面价格。实质上，在利率冻结的情况下，它们不可能制定独立的货币政策。即使1951年的一致协议①解放了联邦储备委员会之后，其"倾向"周期性趋势的策略，在很大程度上还是一种货币内在稳定器，而不是对经济的积极调控。在60年代，特别是在70年代，由于货币学派批评家们的压力，联邦储备委员会扮演了一个更积极和更独立的角色。归根到底，联邦储备委员会处于非常有利的地位，成为宏观经济发展的主要调节者。联邦公开市场委员会一年要向国会的预算决策者们提出10项或者更多的措施。

六、补偿性财政政策的衰退

在过去40年里，相机抉择的积极的财政政策，在决策者和经济学家眼中的价值大大降低了。做出决策及实施决策的迟缓，都意味着支出的变化，甚至税收和转移支付的变化产生的影响都太迟了，难以很好地达到期望的目的，还可能会起坏作用。新的理论强调预期在消费者和商人的行为中具有的重要意义，并对临时财政措施的有效性产生了疑问。举例而言，1968年，约翰逊总统为时已晚

---

① 1951年3月前，联邦储备委员会对美国政府发行的债券实行"钉住政策"，即联邦储备系统必须按照0.375%的贴现率，把财政部发行的、销售不出去的政府债券全部收购，以保证政府债券的价格不致下降。这就使联邦储备委员会做出决定时，特别是决定利率时，必须考虑到对政府债券产生的不利影响，因而左右为难。于是，经过反复协商，终于在1951年3月4日，由财政部长和联邦储备委员会主席共同宣布，双方对政府债券的经营和金融政策达成充分一致的看法：既要保证有效地为政府的需要提供必要的资金，又要把政府债券货币化的数量减少到最低限度。据此，双方达成协议，即联邦储备委员会今后不再承担维持政府债券的票面价值的义务，但仍要努力促进政府债券的发行。这就使联邦储备委员会可以在不考虑对政府债券产生什么影响的情况下，自主地决定提高贴现率，从而为50年代美国利率的逐步提高铺平了道路。——译注

地竭力说服国会予以通过的征收临时所得税附加费的提案，对纳税人支出产生的影响很小，令人失望。在70年代里，国会每年的预算决策过程变得越来越复杂，由此产生的延误，淡化了宏观经济上的考虑在决策过程中的重要性。这是不幸的，令人啼笑皆非。与此同时，预算程序也进行了改革，要求国会自觉地把预算作为一个整体做出决定，并且通过新建立的国会预算局，向议员们提供更多的经济和预算知识，使议员们掌握的信息比以前任何时候都多。这样改革的目的是，增强预算决策的理性。

在同一时期，货币政策对经济的控制也日益加强。随着联邦储备委员会转向货币主义，并把它们的政策指向事先公布的货币总量增长率目标，委员会的政策更坚定地倾向于随波逐流，越来越少地与财政刺激协调一致。金融体系的结构也变得更加货币主义。货币流通速度对利率的反应变得十分迟钝，其原因是多方面的。名义利率高的时候，企业和居民户得到强烈的刺激，减少手中持有的现金数量，根本不考虑利率的边际变化。同时，银行也得到强烈的刺激，来决定存款（包括交易账户）的实际利息支付额。目前，给储户支付的利息，还没有法律上的限制能够加以管制。

对运用财政政策推行需求管理的最大打击，是1981年开始的里根政府的预算。税收的剧烈削减，加上国防开支的迅猛膨胀，单靠压缩行政开支根本无济于事，由此造成的赤字，包括实际赤字和结构性赤字，相对于经济而言，比以往任何和平时期都大得多。在四年内，联邦债务大幅度增加，达到国民生产总值的40%左右。

里根的预算方案在几年里分步骤实施，在1982年后期开始的那次经济复苏期间，里根的预算对于总需求施加了有力的刺激。这是一种彻底的反周期的财政政策。当然，这只是偶然碰上了运气；人们公认，里根政府蔑视凯恩斯主义的需求管理思想。里根的预算有两个截然不同的动机因素。一个是供应学派的自信，认为降低税率就等于打开了努力工作、储蓄和事业心的巨大贮备库，因而，会大大地加速经济的发展，甚至会平衡预算。即使它能够成功，这种策略也更多地关系到长期的潜在国民生产总值，而不是短期的需求复苏。另一个是削减税收。这是一个政治策略，目的是实现里根政府基本的意识形态目标：精简政府机构；然后，再利用公众对由此产生的赤字的强烈不满情绪，迫使国会同意削减非军事支出。

针对国家的赤字问题，格拉姆（Gramm）和拉德曼（Rudman）两位议员提出的"解决办法"，并没有恢复财政政策在需求管理上的有效合作关系。恰好相反，它如果付诸实施，至少只要它继续存在，那么，它很可能是致命的一击。无疑地，我们已经可以肯定，为了实用的目的，巨额的结构性赤字把反周期性财政政策排除在考虑之外。目前，为对付经济衰退而采取任何额外的财政刺激，都肯定是不可想象的。格拉姆-拉德曼法[①]不仅无能为力，而且使事情变得更糟糕。如果疲软的经济又遇上预期的赤字，这个立法则迫使政府进一步缩减支出，使之符合事先规定的减少赤字的时间表（这里的赤字，是指实际赤字，而不是结构性赤字）。这样削减支出，将会使经济更加衰弱。因而，为我们很好地服务了40年的内在财政稳定

---

① 格拉姆-拉德曼法（Gramm-Rudman Act），即美国国会1985年12月12日通过的《平衡预算和赤字紧急控制法》。该法规定了1986年起每年的赤字限额，到1991年实现预算平衡。如果某年的赤字超过限额，则依法自动强制削减支出。关心财政赤字的读者，有必要认真研究这个法律及其实施结果。——译注

器，则被强迫性破坏稳定器所取代。当然，在法律中确实留有一些应急办法，但它们不适用于阻止上述违背意愿的反应。

在可以预见到的未来，联邦储备委员会的货币政策将成为宏观经济政策。没有内在的和相机抉择的财政稳定器，货币当局就不得不更大胆地采取行动，在面临不可避免的意外事件时，维持经济的稳定。不幸的是，自从1982年联邦储备委员会转变政策以后，它已经变得相当实用主义了。

在70年代，特别是1979年10月以后的3年里，联邦储备系统把它的目标确定为中介货币总量M_1、M_2的增长速度等。它把整个希望都寄托在金融市场上，以图实现上述目标；所以，即使这样做会造成无意的、不希望的宏观经济后果，联邦储备委员会也不情愿偏离那些目标。1982年，货币流通速度出现了出乎意料的连续下降，这表明，仍旧死钉住货币总量目标，将会造成名义的和实际的国民生产总值进一步严重下降；在这种情况下，上述两难问题变得更加尖锐，更具有危险性。终于，保罗·沃尔克和他的同事们向经济中注入过量M_1，经济紧张状况普遍缓解，又不失可靠性。这一政策使经济从衰退转向复苏，从那以后，联邦储备委员会的政策更多地注重宏观经济成绩——用具有实际意义的变量来衡量，包括国民生产总值、价格、汇率、利率等；不像以前那样重视货币流通量的增长率目标了。联邦储备委员会已经认识到，货币流通速度极易变化，由于最近的制度、技术和规章的变化，它更容易变化。因此，委员会准备调整货币增长率，以抵偿货币流通速度的持续变化，即使这样做要求超过和修正它提出的货币流通量目标值，委员会也决心不改变态度。

在过去的一年半里,联邦储备委员会果然允许经济一直处于停滞状态,不过,这一点似乎反映了它的宏观经济判断,并不表明它内在地关心货币流通量目标。其必然结果是,国会将对"什么是实际国民生产总值和失业的适宜的增长(或降低)途径"做出自己的判断,并通报给联邦储备委员会。不管怎么说,这些都是联邦政府做出的最重要的经济决策。尽责的民选官员不应该回避这些问题。联邦储备委员会每年必须向国会的有关委员会汇报两次,报告它们在未来两个季度的货币目标,以及它们对国民生产总值、价格和失业水平所做的"计划"。既然联邦储备系统把重点转向了宏观经济状况,而不注意货币流通量的增长,那么,我们就可以把这些计划看成是联邦储备系统的基本目标。国会的有关委员会在听证会上应当认真地对待这些目标,不管在事前或事后。(1985年下半年,美国经济没有达到联邦储备委员会在2月和7月对国民生产总值所做的预测。)

直接的挑战是,怎样过渡到一种更紧的财政状况和一种更好的政策组合。不能让经济出现衰退或者长期的停滞。按照格拉姆-拉德曼法或正常的立法过程,如果财政政策趋向于严重的紧缩,联邦储备系统应该显著地降低利率,在过渡期间,这可能需要高额增加货币。果真如此,也只有如此,我们才能获得由于改进财政政策与货币政策的组合而带来的好处。

七、货币政策与财政政策组合的现在与未来

里根经济的财政政策造成了一种极端的货币-财政组合,超过

了适宜的和可以容忍的限度。在过去三年里，美国经济依然萧条，即使如此，联邦储备委员会仍感到，常常有必要依靠大规模财政刺激，来维持经济复苏的速度。因而，在联邦储备系统改变调子，转向促进经济复苏以后，实际利率，甚至美国国库券的税后利率，一直都高于经济的长期增长率。1979～1982 年之后，在联邦储备委员会推动的衰退性反通货膨胀改革运动中，国库券的利率上涨得极高。这种组合是一张处方，用于解决联邦赤字和债务占国民生产总值的比率不断加速提高的问题。债务的利息成本很高，仅这一点就可以导致这种不稳定性，更不用说，基本赤字（primary deficit）占国民生产总值的 2.5% 左右，又加剧了不稳定。目前，债务占国民生产总值的比率已经高达 40%，虽然这个数字不是灾难性的，但是，这个比率节节上涨，造成灾难则为时不远了。

前文中已经强调指出，各种不同的货币与财政政策组合，都可以得到总剂量相同的需求刺激。产出量、就业和价格的短期结果，将是相同的。但主要的副作用则完全不同。最根本的差别在于如何运用国民总产出，特别是私人消费与公共消费的相对比例，一方面是两种消费与实际投资的相对比例；另一方面，是面向当前与面向未来的经济活动的相对投资比例。一般地说，松财政-紧货币的政策组合鼓励当前消费，抑制对未来的投资。80 年代里美国采取的政策，就是这样一个极端的例子。

这里，针对面向未来和面向增长的政策与紧预算的同化问题，我应该作一些说明，以免误解。一些增加赤字的支出是面向未来的，例如，在基础设施、科学研究、教育、环境保护等方面的公共投资。如果依据愚昧的意识形态信仰——即只有私人资本形成才能在未来促进经济的生产力，就把这些支出削减下来，那将是愚蠢的。应该用这类支出的优点来衡量它们，比较它们与私人部门中的购物中心和小别墅，与自控导弹和计算机的相对重要性。国民经济研究局的罗伯特·艾斯纳（Robert Eisner）在这一点上是对的，国会联合经济委员会应该率先坚持为美国经济中的公共部门提供资本，美国大概是目前尚未这样做的唯一的文明国家。再进一步来看，某些形式的减税会增加赤字，但它同时增加了私人投资而不是私人消费（或者，有时候也增加一些）。要评价某种具体的财政-货币组合，就必须十分细致地考虑政府预算的内容。无论如何，上面这些说明并不能使最近几年来美国的政策组合免于承担下述责任：即这些政策组合鼓励消费，反对增长。

1978年是正常繁荣结束的前一年，把1984年与1978年相比较，我发现，实际最终销售（国民生产总值减去存货投资）的增长量中，用于私人消费或者政府购买商品和服务的，两者竟占97%。里根的宏观经济策略完全失败了，根本没能达到自己的目标，即国民总产出的分配向私人投资倾斜，以便加速提高生产率。国内固定投资的增长量，大约相当于实际国民生产总值增长额的23%，但同时，美国的外国投资，也就是我们的净出口额，也大幅度下降；两者大体上完全抵消。国内资本形成抵押给外国人以后，对我们的子女没有什么利益，对我们的后代也不会有什么好处。

1981年的税收立法（1982年又做了修改）产生的影响是两方面的。在长期，它刺激私人储蓄和投资；但它的即期和直接影响却是大大增加了政府的债务。后一种短期影响，完全淹没了前一种长期效应。何况，没有证据表明，减税的确提高了居民户的储蓄倾向。

尽管新的税收刺激在1983年和1984年可能有助于恢复商业投资（连这一点也是值得争议的），然而，很高的实际利率在向其他方向起作用，特别是把投资引向不能享有类似特权的住宅建设。

利用更少的财政刺激，也完全可以促发同样的经济复苏，并且把赤字限定在战后时期经历的正常范围内，把实际利率降低几百个基点[①]。国内投资会增加，外国投资则更多。其结果，我们可能没有大的贸易赤字，正是这些赤字损害了美国的制造业和农业。

美国宏观经济政策的这些国际影响，已经成为这几年经历中最令人吃惊和烦恼的特征。虽然它们在性质上符合经济学家们的教科书，不过，我们还没有准备好对它们的数量大小进行分析。有一种强有力的新机制，通过这种机制的作用，高利率会降低对商品和服务的需求。它是浮动汇率制度的一个产物，1971～1973年浮动汇率制取代了布雷顿森林体系的固定汇率平价，它与对利率十分敏感的资金具有的高度国际流动性相结合，不受汇率的控制，以不可思议的技术效率在世界范围的市场上流动。在80年代，美国的高利率吸引大量资金变成美元，提高了美元的外汇价值，使美国的商品在国内和国外都缺乏竞争能力。美国的进口大大超过出口（逆差额占国民生产总值的3%），已经成为总需求的一个重大障碍，也是贸易保护主义的反生产性政治压力的根源。

就在同一时期，商品的美元价格与不可兑换的外国货币价格相比有所下降，这些价格在美国价格指数中占有一定的权重，所以，

---

① 基点（Basis Poin），是计算期票利率和债券收益变动的一个计量单位。一个基点等于0.01%。——译注

美元的升值帮助我们紧缩通货——1980～1984年，消费者价格指数的下降幅度中，大约有10%可以归因于此。这种影响是我前述规则的一个例外情况，这个规则是，要想对总需求产生一定的影响，价格与数量结果的组合，与需求管理政策的组合无关。松财政-紧货币的政策组合，在相同的产出量下可以得到稍低的价格。当然，只有推行这种政策组合的国家，才能获得上述收获。由于美元升值，我们的贸易伙伴们不得不暂时忍受额外的通货膨胀，使他们遭受痛苦的是，用美元开列清单的商品（包括石油，不管是哪里生产的），其本地价格都非常高。基于同样的原因，最近几年里，我们不能从美元升值中继续获得这些通货紧缩性收获。随着美元的贬值，我们的产品在世界市场上失去的竞争能力也有所恢复，我们将不得不偿还原先得到的好处，即让借钱给我们的那些国家紧缩其通货。因而，在我看来，上述规则的例外，并不是近十年来美国不知不觉地陷入稀奇古怪的政策组合的一个有说服力的证明。

八、总结与结论

（1）应当把《就业法》确定的目标，恢复到联邦经济政策中的最优先位置上。失业率令人忧郁地不断上升，现在正是扭转这个趋势的大好时机。经济环境是有利的，70年代里滞胀的震荡，已经被抛在了我们的后面。目前还看不到通货膨胀压力的任何信号，不管是工资成本推动的，还是需求拉动的通货膨胀；而失业率高达7%，在这种情况下使经济停滞下来，实在过分谨慎了。只要这些宽松的环境还存在，联邦需求管理政策就应当致力于逐渐降低失业率和过量的生产能力。在目前的条件下，这个任务只能由联邦储备委员会的货币政策来完成。

(2)从1982年之后，联邦储备委员会的政策已经不那么关注货币流通量目标，更多地转向宏观经济状况。联邦储备委员会每隔半年提出的国民生产总值的预测值，可以认为是一种指示器，表明了它所希望的经济增长路径。国会应当欢迎并加强这种倾向，把国会提出的经济目标转告联邦储备委员会，让其承担责任，对宏观经济实绩负责。宏观经济实绩可以用实际相关的一些变量来衡量，如国民生产总值的增长速度、价格、失业率。

(3)可以肯定，没有通货膨胀危险的失业率，比现行的失业率更低，但它究竟是多少，在目前情况下，只能靠未来的经验进行测算，即便那时候，也充满了不确定性。它可能太高了，会危害国民经济的健康发展。将来有必要推行结构政策和结构改革，使需求管理政策有可能把目标确定为降低失业率。这些与政府管制、劳动力和产品市场、决定工资和价格的制度等，都紧密地联系在一起。国会联合经济委员会获得了一个设计这些结构变化的良好机会。天晴时才是修缮房顶的大好时机。

(4)1979～1982年采取的反通货膨胀性紧缩货币的立场，加上1980年以来里根政府的财政计划，已经为美国的需求管理政策，提供了一种前所未有的、极端的、稀奇古怪的政策组合。紧货币-松预算的政策组合，在长期是行不通的。它会导致公债的实际利率高于经济足以维持的增长率。这倒是一剂药方，可以制止公债占国民生产总值的比率不断地提高，特别是因为，基本预算也有赤字。这种政策组合与长期增长背道而驰，因为它实际上鼓励国民生产总值的现期使用，不重视面向未来的使用。这种组合也会造成美国国际贸易中的经常项目出现大量赤字，也就是，美国从世界其他国家大规模地借入净值债务。虽然美元升值可以给我们带来额外的反通货膨胀利益，但是，好处只能得自于我们的贸易伙伴，而且最终也不得不返还给他们。所以，暂时的反通货膨胀利益，并不能证明我们的政策组合是正确的，它们的逆转，同样不应该阻止我们转向一种更正常、更好的政策组合，或者完成我们目前已经陷入停顿的经济复苏。一种较紧的财政与较松的货币相结合的政策组合，将会降低利率，贬值美元，增强美国工业和农业的竞争能力。它也可能对长期增长更为有利。所有这些结果，都是颇受欢迎的。

（5）财政政策曾经是需求稳定化的中坚手段，目前则是货币政策的帮手。目前和未来的预算都有数额巨大的赤字，包括实际赤字和结构性赤字，这就完全排除了把预算变化作为反周期手段的可能性。格拉姆-拉德曼药方几乎比疾病本身还要糟糕，因为它在财政刺激方面提出了周期性的变动。为了确保在转向较紧财政政策的过程中不至于使经济陷入衰退，更彻底地说，为了完成经济的复苏并且维持经济增长，联邦储备系统需要更积极，更大胆。

（6）一旦完成了转型的过程，我们有充分的理由乐观地相信，本世纪今后的日子将是一个稳定和增长的时期，如果注重实效的实用主义态度取代了经济管理的意识形态，那就更是如此。我作为《就业法》的理论根据的一位年长的老资格卫道士，对于人们完全拒绝1980年以前的经济思想和政策的各个方面，当然不可避免地感到沮丧。我期待着有一天，一些早已被人遗忘的"古老思想财富"将被重新发掘出来，并被当作"新"的金科玉律备受欢迎。

4 凯恩斯主义经济学的理论基础
——兼评卡尔多勋爵的《五十年后的凯恩斯主义经济学》[*]

能够参加这次庆祝会是一种荣誉,我十分珍惜这份荣誉,特别是因为我长期地钻研凯恩斯的《通论》。我18岁那年是哈佛大学的一名二年级学生,有一天,我的年轻的辅导老师对我说:"我这里有一本新书,可能十分重要,刚在英国出版,让我们俩一起学习它,作为今年的辅导课程吧。"从那时候起,我才真正开始学习经济学。靠着初生牛犊不怕虎的精神,我开始埋头研读。在坎布里奇读研究生的那段时间,也是一段令人兴奋的时期,凯恩斯的思想在研究生们中间广泛传播。它是对粉饰的和脱离现实的正统观念,提出的一次智力上的革命性挑战,为新思想的传播打开了秘密通道,并且许下诺言要拯救世界。

感谢年轻教师的那次指导,我把自己一生的大部分时间都花在凯恩斯主义经济学上——努力把它的思想阐述清楚,并为它的关键

---

[*] 1983年7月,凯恩斯诞辰100周年纪念会,坎布里奇,皇家学院。选入戴维·沃斯威克和詹姆斯·特里维西克(David Worswick and James Trevithick)合编的《凯恩斯与现代世界》,坎布里奇,哈佛大学出版社1984年版,第28~37页。标题是新加的。

等式提供更稳固的基础；用经验研究充实它的内容；把它运用到经济政策中；教授这门课程；还要针对其他学派的批评，为它辩护。我的大部分工作是从细节上批评凯恩斯，但我想，在精神实质上是忠实的。尽管我不喜欢被人分门别类，但我很自豪能被贴上凯恩斯主义者的标签，尤其是现在。

讨论尼基·卡尔多（Nicky Kaldor）的文章是一种特殊的荣誉。从我当学生的时候起，我读到他的每一篇文章都受益匪浅。他还有许多著述，我都应该认真阅读。有时，我可能不同意他的观点，但仍然有所收获。即使在这些情况下，我后来也得到了一些更深刻的启示，开始的时候却没有注意到，在阅读凯恩斯的著作时，我也有同样的感受。卡尔多和凯恩斯一样，把富有想象力和洞察力的理论，对现实世界的高度关注，与对公共政策的富有成效的贡献结合起来，集于一身。他当今的论文，就像他在国会特别委员会召开的听证会上所作的广博证言一样，充分表明了他仍属于领先地位。

凯恩斯主义经济学曾经度过了艰难的日子，无论在公共领域，还是在经济学专业领域。滞胀是一个明显的原因，它错误地引导人们丧失了对凯恩斯主义理论和政策的信任。它加剧了长期存在的专业怀疑主义。卡尔多的论文指出，长期以来，经济学领域里对《通论》的看法一直众说纷纭，我也想把它作为自己的论题。

为什么会出现如此混乱的看法？从根本上说，我认为，它来自凯恩斯的论断与理论范例之间存在的明显差异，这些理论范例是我们的学科戒律的中枢部分。那就是一般竞争均衡理论，在其中，理性的个人追求最优化，并且，所有商品的市场同时由一组价格完全结清。在瓦尔拉派的模型中，不会偏离充分就业，更不必说偏离充满过量供给的持久均衡。

由于社会学的和心理学的原因（我不想在这里详细说明这些原因），上述模型构造，对于被吸引到经济科学上来并具有最好的分析头脑的那些人，特别是在大萧条以后研究经济学的人，具有非常强烈的迷惑力。那些凭训练直觉认为"看不见的手"确实会很好地发挥作用的理论家们，根本不相信凯恩斯在《通论》中提出的大量市场失灵。他们反而认为，凯恩斯主义的论断建立在下面的基础上，即把非理性的行为归于经济行为者所为——例如，货币幻觉，或者误解政府政策等行为，因此，他们拒绝接受这些论断。

战后十年的早期出现的所谓新古典综合派，从来都没有倾向于完全的一致。最近几年里，人们对各种政府干预大失所望，从而更加坚定了对"市场解决办法"的最优性的信任。对宏观经济学的"微观基础"所抱的怀疑态度日益滋长，提供证明的沉重负担，就落到了提出市场失灵的学者肩上。现代的古典理论家们已经把辩论变成了一种战斗手段，而且是比凯恩斯的古典目标和50年前的反对者们更强有力的手段。

凯恩斯确实提出了大量系统的市场失灵，其规模之大，要比标准福利经济学编目中对市场结果最优性持有异议的那些条目更严重。根据凯恩斯的看法，相互联系的市场失灵，在劳动力市场和资本市场上都会出现。我把他的观点提炼并解释如下：即使工人们在实际工资不高于他们的边际生产率的情况下仍愿意工作，即使工人们及其雇主愿意购买他们的劳动产品——假若资本市场能够正确地调整利率，使之符合不同时期的偏好的话，工人们依然会失业。

在《通论》出版以后的这些年月里，一般均衡理论本身也不断地被精心推敲和精练。瓦尔拉的设想曾经得到了严格的证明，但却以显著地降低其适用性为代价。追随其后的著名理论家们——奥地利的沃尔德（Wald）、美国的阿罗和德布鲁是其中最主要的几位——使瓦尔拉的思想更严密，他们被迫引入了严格的限制性假设，从而使"看不见的手"变得比亚当·斯密或瓦尔拉、马歇尔或庇古，或者哈耶克的想法，都更加不那么确实可靠。现在，要用范例的语言来描述凯恩斯提出的市场失灵的根源，比凯恩斯在1936年的时候容易得多。正如卡尔多指出的，即使凯恩斯不是瓦尔拉的学生，他对于其他学派的敌对思想也会有很深刻的了解，甚至出人意料。

凯恩斯主义的市场失灵可以归咎于几个相互补充的原因：(1) 市场的不完全，尤其是期货及或有交易（future and contingent deliveries），缺乏阿罗和德布鲁所说的市场；(2) 预期的内在不确定性，在缺乏上述市场的情况下，经济行为者必须依据这些预期采取行动；(3) 本质上的货币非中性，在一个完全的瓦尔拉-阿罗-德布鲁模型中，它确实起不到什么作用；(4) 不同个人的效用或偏好，具有相互依赖性，这个现象在个人主义的一般均衡模型中，被随意地排除在外了；(5) 竞争的不完全性，以致有许多行为者不是价格的接受者，而是价格的制定者。

除上述第(5) 个方面以外，凯恩斯对其他几方面都相当清楚。卡尔多却把最后一点，即竞争的不充分，看成是宏观经济困境的唯一原因。他说，纯粹竞争意味着充分就业均衡；而不完全竞争，则意味着凯恩斯主义宏观经济学。因此，他责备凯恩斯没有看到，或者至少没有明确地指出来，在凯恩斯的一般理论所必需的微观基础中，包含着递增的规模收益，因而理所当然地包含垄断、卖主寡头垄断,或者垄断竞争。

当凯恩斯对宏观经济学进行彻底革命的时候,就在同一年里,他的同事和追随者们也发动了微观经济学的革命,为什么凯恩斯没有深入推动微观经济学革命呢?这肯定是一个难解之谜,卡尔多也持有这种看法。试图在对方最擅长的领域里与他们的标准著作竞争,并想赢得胜利,显然是一个错误。但是,大西洋两岸忠实的新古典主义者们,都没有后悔把不完全竞争排除在宏观经济理论之外,而把它作为一种无关紧要的例外情形,用于证明纯粹竞争的规则。如果凯恩斯把他的宏观经济学建立在不完全竞争的基础上,新古典主义者恐怕不会发现凯恩斯的宏观经济学有任何更吸引人之处。卡尔多认为,在凯恩斯进行论证的某些阶段,竞争的不完全是必要条件,我也同意他的看法。但是我不能肯定,它是不是充分条件。无论如何,其他四个偏离了现代瓦尔拉主义的原因,也是最基本的原因,我怀疑它们足以造成某些宏观上的困境,即使所有的外部市场都恰当地被弹性价格结清,也可能如此。

卡尔多不无赞赏地引用麻省理工学院经济学教授马丁·威茨曼(Martin Weitzman)的研究结论,即规模收益不变意味着,任何一个失业工人都可以通过复制经济中的微观世界,实现自我就业,虽然原来的微观经济世界把他排除在外了。这表明,根据卡尔多和威茨曼的观点,规模收益递增,是失业的一个必要条件。然而,难道失业的工人还需要其他生产要素吗?何况,假若他有财富或存款来购买他所需要的生产要素,那么,还有什么因素阻止失业工人在生产同质产品或者不同产品的行业里,建立具有U型成本曲线的独立企业或合作企业呢?

在目前的文献里，威茨曼的解释是许多富有创见的非瓦尔拉主义见解之一。它们的优点是，指出了在追求最大化的理性行为者中，是怎样产生凯恩斯之类问题的。它们一般显示出，在一个均衡族的下级元中，经济是如何陷入进退两难的。但是，这些观点通常都是完全依据实际变量来表述的；我认为，它们遗漏了宏观经济学基本的货币特征和跨时特征。

下面，我再回到前面列出的四方面原因。我想争辩的是，在凯恩斯的《通论》中，已经相当明确地指出了这些原因。首先，缺乏大部分期货以及或有交易的市场，引用凯恩斯的以下论述就足以说明了：

一个人的储蓄行为意味着——好比说吧——一种决定：今天不吃正餐。但是，这不一定就是决定在一个星期或一年之后去吃正餐，或购买一双长筒靴；或者在任何特定的日子，消费某个特定的项目。因此，它减少了准备今日正餐的营业，却没有刺激准备未来某种消费行为的营业。它并不是用未来的消费需求来代替目前的消费需求——它是目前消费需求的净减少……如果储蓄不仅仅是节制目前的消费，而是同时由一种特定目的的未来消费所取代，其效果肯定有所不同。因为在这种情况下，人们对投资的未来收益产生的预期将会得到改善，从而，用于准备目前消费的资源被释放出来以后，将会转向准备未来的某项消费。

麻烦就由此产生了，因为储蓄行为并未表明，要用增加未来的某项消费来代替所节约的目前消费，而且，准备未来消费所需的资源，正好在价值上等于节约的、准备即期经济活动需要耗用的资源；相反，它表明了一种积累等量'财富'的愿望，也就是，希望拥有一种在未来不确定的时间、消费某种不确定项目的潜在能力。

在凯恩斯眼里，货币的非中性有两个衡量尺度：

1. 不管是在有组织的市场上，还是通过价格制订者和协商者，价格经常都被作为社会的名义记账单位。大量的金融资产和债务也是如此——货币的期货市场确实非常发达。这是货币经济的自然特征，它使社会能够获得一种"公共品"的好处，即全社会共用同一种记账单位。但是，它也会促成名义财富资产和债务的惯性，而且，如果价格本身就是单个行为者的决策变量，它还会促成名义价格路径的惯性。

2. 货币和其他名义上的票面资产，只是其他价值贮藏手段（包括实物）的不完全替代品，包括实际商品贮藏。货币流通量和其他名义资产，不管是内部的还是外部的，以及它们的实际报酬率的预期，都影响用于消费和投资的商品需求。所谓的古典二分法，对于货币分析和政策来说，是一种误导。它肯定不能适用于传统的中央银行业务或者资产交易，通过资产交换，商业银行和其他金融机构可以调整储蓄的数量。这不能等同于简单的和普遍的改变记账单位，它们不能同比例地改变现有每个人目前和未来的状况。

凯恩斯着重强调长期投资的收益具有的无法计算的不确定性，以及由此产生的商业信心——动物精神（animal spirits）——的外生性因素，正是商业信心推动资本投资。在英国的剑桥大学，许多学者，其中最负盛名的是琼·罗宾逊和卡尔多，一直非常正确地强调这一点。不过我想，它还不足以得到大西洋另一边的承认，因为其中包含着两种不确定性。一种是关于未来需求和目前适当投入某种资本货物的未来收益的不确定性，在前面的引文中已经指出了这一点。另一种是关于资产价格的不确定性。节约者或储蓄者愿意为今天的资产支付多少，取决于他们对未来的购买者愿意向他们支付的数额所作的猜测，而后者又取决于未来的购买者所作的有关猜测，如此等等。泡沫现象（bubble phenomena）就像流行性地方病。凯恩斯的论述敲响了一记现代警钟。我们考虑一下目前颇为风行的交叠世代模型，其中，每一代人为了在退休后有所消费，必须把他们的一部分资产卖给下一代。最近的统计研究发现，股票和债券的价格变化，要比支出的可变性所证明的变化，具有更大的易变性[①]。

凯恩斯和现代的古典宏观经济学家们一样，都认识到了预期的重要性，尽管如此，凯恩斯可能不同意他们的顽固看法，即"理性的"预期能够取代前述缺乏的市场。在凯恩斯主义经济学里，为什么它要与老的和新的货币主义采取不同的态度，把外部需求冲击看成是商业波动的一个重要根源？为什么错误的政府政策不是造成不稳定性的唯一根源？为什么有可能，而且也有必要推行补偿性需

[①] 参看本书第26篇文章。

求管理？这就是一个根本的原因。更进一步看，正如卡尔多所强调的，潜在供给的增长，并不能自动地产生相应的需求。

我之所以把效用的相互依赖性列为第四个原因，是因为它在凯恩斯主义工资理论中所起的作用，下文还要具体论述。从凯恩斯的消费倾向中，也可以看出一些暗示，凯恩斯认为，消费倾向是一种社会-心理现象；而不是个人行为的一种简单汇总。一般均衡模型传统上倾向于个人主义，因为偏好或者技术方面的外在性，在分析时很不方便。然而，理性并没有排除一个消费者的偏好对其他人的实际消费的依赖性。

劳动力市场为什么不能总是由工资结清呢？凯恩斯以这个中心问题作为《通论》的开始。他的答案通常被解释为，它取决于名义工资的一种特别的名义刚性或粘性，因而，可以归咎于工人们非理性的"货币幻觉"。这种解释正是新古典理论家们否认凯恩斯主义宏观经济学的主要原因；当然，对凯恩斯主义抱有好感的、凯恩斯的解释者们不用对此承担任何责任。

不过，我现在却认为，凯恩斯提出的一种理论洗刷了这个污点。至少他几乎做到了，卡尔多的建议提醒人们注意劳动力市场和产品市场上的非竞争因素，从而帮助凯恩斯弥补了他的不足之处。这并不是说，可以证明一种包含着非自愿失业的长期均衡。这并不是一个重要的实际运用问题。只要名义工资和价格的惯性持续足够长的时间，失业就会变成一个严重的社会问题，一种代价高昂的经济浪费，那么，需求管理政策就会发挥作用。

在这种理论中，包含着下述几个基本要素：

(1) 工资按照名义记账单位确定或协商。凯恩斯意识到，如果工资按照劳动者生产的商品来确定，或者彻底与消费品价格挂钩，那么，结果就是另一回事了。

(2) 工资的确定是分散化的。

(3) 工人们主要关心相对工资——这里引入了效用的相互依赖性。价格在整个经济范围内普遍上涨，则导致每个人的实际工资以相同的比例下降，比起局部地降低工人的货币工资，前者更容易被每个阶层的工人所接受，因为工人们领悟到，单独降低工人工资，实际上损害了他们的相对地位。劳动经济学中积累的证据，强烈地支持凯恩斯的论点：相对工资具有根本的重要意义。

上述三个假设放在一起便可以解释，为什么用提高价格的办法降低实际工资，比用降低货币工资的办法达到同样目的更容易；根本不需要求助于任何"货币幻觉"。凯恩斯早在批评丘吉尔先生重返旧的黄金平价时，就已经看到了这一点。在《通论》中，凯恩斯的论点是完全清楚的，我不知道为什么竟被如此广泛地忽略了。

可惜，凯恩斯的论点不够完全。上面指出的三个假设并不能说明，为什么失业工人宁愿闲着也不选择相对货币工资或实际工资较低的工作；或者，为什么雇主们不雇用或威胁说要雇用失业工人，来代替那些要求较高相对工资的雇员呢？假若劳动力市场是竞争性的、按照工资拍卖的市场，结果就是这样。事实上，劳动经济学家们的另一种久经检验的观点是，在工厂大门外排队等待就业的队伍，对于工厂内支付给工人的工资，几乎没有多大直接影响。在雇主处于这样一种财政困境，即内部在业工人的工作岗位确实有丢掉的危险之前，工资模式不会受到破坏。但对于内部工人的权力，我们有必要略加说明，凯恩斯没有具体提出，只是暗示，他实际上关心确定工资的机制，而不是拍卖市场。

卡尔多告诉我们，凯恩斯对"企业家经济"与"合作社经济"之间的区别颇有兴趣。企业家经济的特征是，大规模的生产单位雇用大量的雇佣劳动者。这表明，工资标准是决策变量或谈判协商变量，已经赋予了惯性。工人们不是一天一天地雇用和重新雇用的，而是根据对连续性的共同期望，一次性长期雇用的。工人们在工作岗位上的训练，使他们分别地或共同地获得了适用于某个企业的人力资本。频繁地更换工人，会打乱工作的配合，损害生产效率。在企业内就业的工人们，即使没有组成工会组织或者打算建立工会的威胁，也能深刻地领会上述事实——当然，加入工会的工人，比没有组织工会的工人，理解得更好。不管是通过合同，还是凭雇主单方面的决定，周期性地重新调整工资标准，几乎总是要明确地或隐含地同现有的雇员们进行协商。这样的话，"市场"的非竞争性和递增的规模收益等特征就被遗漏了，而它们才是凯恩斯的名义工资惯性理论的必不可少的组成部分。

由于以平均成本为基础的非竞争性产品定价模式盛行，上述情形还会进一步增强。这些价格也是被制订的，而不是被迫接受的，并且，这里还会出现另一种情形，即行为的理性明显地偏离了瓦尔拉的假设。举例来说，寡头垄断的竞争对手们，搞不清楚销售量或者订单的减少，究竟是地区性的，部门性的，还是整个经济范围的（罗伯特·卢卡斯，这位领导潮流的新古典理论家，在另外的著作里也利用了这种模糊)。因而,竞争的双方都不愿降低销售毛利和价格,以免触发竞相跌价的价格战。他们的行为本身又加强了劳动者抵制削减工资的力量。

过剩的资本与劳动者的失业具有高度的相关性,过剩资本也是均衡理论家们面临的一个问题。他们仅仅指出,机器和工厂闲置不用,是因为工人们喜欢寻找工作,或者领取失业救济金。我们可以争辩指出,不论什么时候,由于什么原因,就业量下降了,技术上的互补性就会使一些生产能力闲置。但是,在新古典模型中经常假定的,即生产要素具有可替代性,实际生活中常常也是这样。一些企业家预期,劳动力供给以及实际工资会出现波动,他们将安排好自己的生产设备,以便在必要时相互替代。凯恩斯的《通论》中关于边际使用者成本的附录里,就非常担忧这个问题。他的观点是,在经济不景气的时候,企业家将闲置一部分生产能力,因为使用这部分生产能力,在更有利的未来会损害他的生产率。在竞争性产品市场上,企业不断地使价格等于边际成本,这使凯恩斯陷入了一个难解之谜。他的上述观点,未能为这个难题提出一个使人心悦诚服的答案。

凯恩斯的工资和失业理论还包含着一个辅助论据,它表明,货币工资的向下弹性,并不是说在任何情况下都能消除由于总需求不足而造成的失业。产品价格将追逐工资的下降,不会产生任何刺激促使企业主扩大产量和就业量。权威的批评是:这种看法,只有在陷入流动性陷阱的时候,才是正确的;即使在庇古-帕廷金实际余额效应发挥作用的情况下,也是不正确的。凯恩斯本人在《通论》的后文中,似乎也承认了这一点。批评的后半部分有些令人怀疑:

债务人与债权人对财富的边际消费倾向的差别，完全淹没了基础货币和公共债务的实际价值增大而产生的刺激。正如凯恩斯所看到的，在实践中重要的是，通货紧缩或反通货膨胀的特殊过程，可能反常地改变对商品和劳动力的需求，这是一种破坏稳定的效应，即使名义利率的下降有充分的余地，这种效应也会发生。这绝不是偶然的，即使是在过去的美好日子里，即在尚未受到政府保护的农业是主要的产业，价格和工资都具有很大弹性时，通货紧缩时期也是极其难熬的时期。

一旦人们认识到，不管出于什么原因，货币工资和价格不能结清市场，更不能持续地结清市场，那么，其他一些替代的或补充性机制就会开始发挥作用，使供给等于需求。《通论》的一个重大贡献是，它认识到，数量调整可以起到这种作用，并且它发展了计算方法，把整个系统作为一个整体，进行数量调整并加以计算。剑桥大学经济学教授理查德·卡恩（Richard Kahn）首先指出了这一点。一批打着"失衡理论"旗号的数理经济学家最近的重新发现，给凯恩斯和凯恩斯主义者们长期以来的认识，增加了一点宝贵的宏观经济意义。凯恩斯的有效需求原理把这一切都表述得相当清楚：你的需求受到的约束只是你实际上能卖出多少东西，而不是由你愿意按照通行价格售出和购买多少来决定的。瓦尔拉主义的批评恰好相反，凯恩斯把消费与实现的收入联系起来，而没有把消费与工资水平和价格联系在一起，这绝不是一个一般的错误。

卡尔多关于"货币主义者的反击"的论述，大部分我都赞同。凯恩斯和凯恩斯主义者不加批判地和粗心大意地默认，在系统阐述中，货币流通量 M 是一个由政策决定的外生变量，这确实是一个策略上的失误。特别是，如果 M 在经验上与大部分由"内生"货币构成的总量相一致，如果中央银行本身不是按货币主义者的规则运行，而是"随风而动"，那就更是一个错误。使经济不再服从固定汇率平价，显然同样也是一个错误。M 的内生性，解释了许多伪简化型（pseudo-reduced-form）相关关系，这些关系推动了米尔顿·弗里德曼的货币主义日益大众化。但是，或许有比卡尔多认识到的更多的错误都已经得到了纠正，因为，他的观点是在 60 年代美国展开对货币主义的辩论时提出来的。

我在这里想插入一个凯恩斯主义观点，它在 30 年代与现实经济密切相关，与当今的实际可能也很有关系。它关系到储蓄者与投资者、债务人与债权人之间的可察觉风险和预期的不对称性。凯恩斯可能不赞成目前十分流行的模型，其中，所有的行为者在兴趣偏好、预期和环境方面，都是完全一样的（在有些模型中，年龄可能不一样）。他们使金融市场上的大量日常交易，变得难以解释。凯恩斯担心，债权人的预期，即恢复到"正常"利率，在经济不景气的时候，会使长期利率保持在高水平上；但债务人却没有相应的预期，即以能获得正常收益来证明，在这个利率水平上，借贷和投资是正确的。若短期利率非常接近于零，这时候，货币当局就不能通过调整短期利率，进一步对长期利率施加向下降低的压力。不过，我感觉到，凯恩斯可能认为，债权人的预期和担心是经济复苏的一大障碍，与短期利率的最低数额无关。目前，债权人与债务人的预期之间存在一种类似的不对称性，似乎也是美国经济复苏的一个障碍。而且，债权人担心扩张性货币措施会进一步推动通货膨胀，以及中央银行对这些担心的担忧，又强化了这个障碍。

我认为，货币需求的利率弹性，不像卡尔多所说的那样，与货币主义者的争论没有什么关系。就财政政策的影响，以及经济对实际需求冲击和金融震荡的反应而言，至关紧要的正是希克斯的流动性偏好-货币数量（LM）曲线的斜率。该斜率取决于货币供给与货币需求的利率弹性，而供给弹性则取决于存款机构的行为，也取决于中央银行的政策。不管怎么说，我同意这种看法：货币主义者与凯恩斯主义者在这方面的争论，比起在卡尔多大多数文章和我的论文中所论述的失业、通货膨胀和需求管理等问题，远不是那么重要。

关于充分就业与价格稳定性的兼容性，卡尔多说："解决的办法……可能要求，关于国民产品在不同集团和不同社会阶层之间分配的制度安排，发生深刻的变化……"这种说法使我们如坠五里雾中。在这段话之前，他引用了另一段颇有力量的论述，也是关于类似问题的，1943年发表在伦敦的《时代》上，一般认为是琼·罗宾逊说的。它至今依然是重大的政策难题。收入政策被人们曲解，并招致了重大失败，任何一位经济学专业的学生在试卷上都可以这样写。好在这些都必须与大量的市场失灵带来的社会成本相比较来予以评价，凯恩斯和凯恩斯主义者，都十分注意市场失灵问题。

作为实证的理论，凯恩斯主义宏观经济学与它的老的和新的古典派相比，都具有一个很大的优点：它可以解释反复观察到的经济周期的主要特征，而它的对手们却不能；作为政策的指南，自第二次世界大战以来，资本主义国家的成功经历足以证明，凯恩斯主义宏观经济学显然是可以信赖的。凯恩斯主义思想在这场反革命中必将立于不败之地。我可以预期,从各种挑战中脱颖而出的新综合,在理论上将比早先的"新古典综合"更能为经济学领域所接受。经济理论的危机,在微观经济学和宏观经济学方面都同样严重,必须在非瓦尔拉主义的基础上进行系统的重建,才能使经济学最终摆脱危机。

5　帕廷金论凯恩斯的货币思想*

这确实是一个令人惊奇的故事。凯恩斯不仅是一位声名卓著的教师、学者和作家，一位很有影响的世界事务评论家，一位经常为其所在国政府提供咨询意见的专家，而且还是一位党派政治的天才活动家，一位在商业和金融领域大获成功的经营者，等等。在他47岁的时候，凯恩斯出版了他的伟大作品，即两卷本的《货币论》，提出了在他的整个专业领域里得出的成熟结论。这一份热切期待的成果，在经济学领域里激发起了浓厚的兴趣，同时也招致了相当多的批评。凯恩斯本人对他的著作并不太满意。甚至连《货币论》的墨迹还没有干，他的思想又发生了变化，并准备编写续集。这个任务变成了一个合作计划，参加这项工作的，不仅有颇具批评才能的同事，还有许多忠实的支持者，这是学术史上天才的年轻学者们的一次最引人注目的大聚会。各种讨论会和演讲的内容，很快地从设计整个计划，转向如何撰写新著作的草稿。经过5年持续不断地与人会谈和通信，凯恩斯及其年轻的追随者们，还有经过挑选的批评家，包括友好的和不那么友好的批评者，共同

---

* 1981年2月，《政治经济学杂志》，第89卷第一期，第204～207页。评唐·帕廷金的著作《凯恩斯的货币思想：其发展的研究》，北卡罗来纳州，达勒姆，杜克大学出版社1976年版。

提出了新的学说。他和他的追随者们从未怀疑过,他们至少描绘出了世界实际上是怎样运转的,他们确信已经解决了困扰他们的先辈们整整一个世纪的难题。他们不依赖于经验结论、统计推断、历史研究或者数学创新,而是依靠纯粹的逻辑和深刻的洞察力。他们狭隘地自信,已经掌握了方圆 40 英里范围内产生的各种值得知道的真理,这却是无知的自负,远没有得到证明。最终,新书出版了,并且带来了它的作者们所预期的革命,不仅在随后的几十年里主导着经济学领域的注意力,而且对各国的政策和政治产生了深远的影响。

这两本书当然是指凯恩斯的《货币论》(1930 年)和《就业、利息和货币通论》(1936 年)。英国皇家经济学会出版《约翰·梅纳德·凯恩斯文选》之后,上述过程的许多细节都公之于众;在剑桥大学的马歇尔图书馆里,还可以看到凯恩斯的许多没有公开发表的文件和论文。一位伟大的货币理论家唐·帕廷金(Don Patinkin)展开了积极的研究,专门研究货币理论的历史,特别是凯恩斯的货币思想。在帕廷金所著的《凯恩斯的货币思想:其发展的研究》一书中,他通过凯恩斯的三本主要著作,追踪凯恩斯的货币思想及宏观经济思想。他从凯恩斯的《货币改革论》(1923 年)开始,重点放在前文概略叙述的后两本书形成过程中的思想演变。凯恩斯在科学领域和公众生活的多重角色,有助于他对当时的理论发展与现实问题以及政策争论之间相互作用的研究。凯恩斯的智能以及他的人际关系,都是学术界很吸引人的插曲,包括凯恩斯与他的老同事如庇古、罗伯逊(Robertson)、霍特里(Hawtrey)、哈耶克(Hayek)的关系,与他在剑桥的年轻门徒如卡恩、琼·罗宾逊、奥斯汀·罗宾逊(Austin Robinson)、斯拉法(Sraffa)和在牛

5 帕廷金论凯恩斯的货币思想

津的年轻追随者如哈罗德、米德(Meade)的关系,以及凯恩斯与其他学者如包括卡尔多、勒纳、缪尔达尔(Myrdal)、俄林(Ohlin)和希克斯的关系。帕廷金的简要叙述激起了我们的兴趣,使我们联想到温奇(Winch)、莫格里奇(Moggridge)和豪森(Howson)一起烹制丰盛的宴席所做的工作。

帕廷金在这里强调的主要是理论。他清楚地阐明了上述三本著作和有关文章里的论断,并进行了比较,他在努力探寻凯恩斯思想转变的原因。用帕廷金的观点来看,在《通论》中,凯恩斯的"实际含义"究竟是什么?大部分读者对这一点怀有特殊的兴趣。但是,帕廷金没有按照今天的理论和知识这些事后认识,甚至是他自己的认识,来解释或者评价凯恩斯,他的这种自我约束精神令人赞赏。

在《货币改革论》中,帕廷金发现,凯恩斯完全沉迷于那个时代的国内与国际问题和政策,而在货币经济学方面的叙述,不过是剑桥学派货币数量论的翻版。帕廷金还发现,《货币论》是枯燥无味的、机械的——"一个不相称的凯恩斯,一个试图扮演教授角色的凯恩斯,而且仅是一个德语的教授而已"(见《凯恩斯的货币思想》,第24页)。著名的基本方程式根本上是有缺陷的,解释产量波动的目的,必然会受到回避这样一种理论的制约,该理论用于解释一定产量下的价格和利润,但却缺少决定产量的方程式。正是这个空白点,促使凯恩斯提出了有效需求理论,按照帕廷金的观点,该理论是《通论》的中心思想。对于《通论》以及凯恩斯一生的贡献,帕廷金是一个名副其实的热衷者。目前,凯恩斯在经济学领域和一般公众心目中的地位,正处于周期性的低潮,人们把这个世界上的所有灾难,都归罪于凯恩斯的作品及其影响。在这种时候,学生们和年轻的经济学家们阅读帕廷金的著作,肯定会取得非常有价值的收获。

我赞同帕廷金所作解释中的几个主要观点。(1)对凯恩斯提出的建立一种带有非志愿失业的均衡的主张,不应该看得太认真,尽管这种主张排斥了如此之多的经济学家,他们的思想中已经慢慢灌输了新古典本能。凯恩斯描述的实际上是一个处于失衡中的经济,或者是一个处于受暂时均衡约束的连续的经济,运用比较静态方法作为当时的分析手段。他的坚强信念和他的真正要旨是,整个经济中自动的自以为是的机制,是作用缓慢的、低效率的和靠不住的。过量的供给可以持续很长的时间,不管人们是否把这种状况称为均衡状态。(2)凯恩斯并没有假定货币工资的刚性或者货币幻觉。他坚决主张,工资应缓慢地向下调整——要比价格向上运动的速度更慢。他还对整个经济范围内降低工资会不会产生就业效应,表示怀疑。正如帕廷金指出的,凯恩斯把工资和价格的缩减,看成是货币膨胀的等价物。但在经济萧条的时候,两者都不能把利率降到足够低的水平上,以刺激并恢复投资。(3)凯恩斯强调经济及货币的非政策性失调。企业主和投资者的"长期预期状态",是决定有效需求的一个主要因素。既然这些预期关系到基本上不可知的和非概率性的未来事件,包括未来的企业主和投资者的预期,那么,所有的预期只能是随意的和易变的。在《货币论》中,凯恩斯也强调,储蓄者与投资者之间、证券投机中的多头与空头之间,或者债权人与债务人之间在看法上的差异,具有重要意义。(4)希克斯的投资储蓄-流动性偏好货币数量($IS\text{-}LM$)分析法,很好地抓住了凯恩斯著作中的一般均衡特征,但它简明的形式主义,却没有公平地评判上述见解和其他观点。(在凯恩斯《货币论》的早期草稿里和凯恩斯的演讲里,他用符号代表预期或者"时事状况",作为函数的自变量,但书稿付印后却没有了符号,希克斯也就无从发现了。)

我与帕廷金的考察出现的分歧是次要的。(1)帕廷金研究了《通论》中的金融方面(见《凯恩斯的货币思想》,第81页),把它归结为一种三类资产模型(货币、债券、股票),与《货币论》中的两类资产模型(货币、股票)大不相同。这似乎是被曲解了。在我看来,《通论》中实际上只有两类资产(货币、其他各种金融资产)。无论如何,只有一种内生的利率,在这个利率水平上,通过投资的变化(一种存量-流量混合)估算的资本边际效率趋于相等,勒纳早就看出了这一点。在确定资产组合,并从股票与货币价值固定的资产两者之间做出选择方面,在考虑市场如何把空头与多头召集到一起方面,我认为《货币论》胜人一筹,它研究更有趣、也更重要的事情,而不是怎样进行债券利率的投机。(2)帕廷金赞赏地指出(见《凯恩斯的货币思想》,第36页),凯恩斯在《货币论》里步《货币改革论》的后尘,彻底放弃了货币数量论的假设,即货币手段首先改变货币的数量,只有在此之后,通过这种中介,才能影响支出、利润、价格和产量。在《货币论》里,中央银行改变利率,从而同时影响所有的变量,包括货币的数量。在这方面,《通论》好像是一种退步。(3)财富与资本收益有所区别,凯恩斯忘记了把财富作为决定消费的一个因素,帕廷金对此大惑不解(见《凯恩斯的货币思想》,第110页)。凯恩斯实际上认识到了生命周期的影响,他可能不太希望把计划的或预期的储蓄积累,当作另一个决定因素。但是,为什么他没有认识到货币平衡上的实际收益或损失?答案还不太清楚。或许是因为，凯恩斯的任何理论著作，都没有考虑剧烈的或持续的单向价格变化。与当今的其他货币理论一样，关键的问题是决定货币的均衡价值，这就是价格水平，而不是通货膨胀率或者任何其他动态的价格路径。在这种思想倾向下，凯恩斯自然而然地会认为，短期价格变化太短暂了，而且容易反转过来，因此，不能进入消费者财富的计算过程。同样的思想倾向也可以说明，为什么即使在名义利率非常接近其最低限值的情况下，凯恩斯也不把通货膨胀当作降低实际利率的一种手段。(4)更应该特别强调的重点是，凯恩斯不加批判地接受了新古典竞争模型。他假定，在垄断竞争或寡头垄断中，企业在拍卖市场上是价格的接受者，而不是价格的制定者，这就使他更难以证明其持久失衡的想象，因而也未能协调一致、相互交流和调整。30年代里流行的不完全竞争，是经济学的另一次革命，它的基地之一，就是凯恩斯所在的剑桥，这次革命的两个代表人物琼·罗宾逊和斯拉法，正是凯恩斯小组里的成员。然而，由于某些不可思议的原因，这两次革命从未紧密配合起来。

据帕廷金说，凯恩斯曾经计划写一本《就业、利息和货币通论注释》，但他未能这样做。帕廷金意识到，第四本书将进一步延伸并澄清《通论》。其实，凯恩斯没有理由像他对待《货币论》那样重新思考《通论》。

在当今的几种凯恩斯主义传统中，哪一种真正有根有据？都是还是全都不是？帕廷金没有陷入这个危险的领域。我们希望他能在其他适当的场合告诉我们。同时，我们也热切期望看到更多的像《凯恩斯的货币思想》这样的著作，把引人入胜的叙述与经济史、思想史以及深奥理论的清晰说明，很好地结合在一起。

6　对凯恩斯主义经济学的
　　　时髦挑战
　　——兼评瑟洛的《危险的倾向》*

最近这些日子里，大众宣传媒介为了追求新奇和制造冲突，把经济学家们的不同意见和过分简单化的经济问题戏剧化。在 60 年代初期，新闻工作者把肯尼迪总统的经济顾问提出的凯恩斯主义建议，称之为"新经济学"，并且极力夸大它的新奇之处，它的主张以及它的成功。可是，在约翰逊总统的越南战争时期，通货膨胀取代失业，成为最引人关注的经济问题，大众宣传媒介立即抛弃了新经济学，转而吹捧米尔顿·弗里德曼的货币主义。在 70 年代里，供应学派又逐渐流行起来。（具有讽刺意义的是，"供应学派"这个词，本来是尼克松总统的经济顾问委员会主席赫伯特·斯坦怀着嘲弄的目的首先提出来的，没想到这反而使他所嘲笑的思想广为传播了。）从而使阿瑟·拉弗（Arthur Laffer）带着他的鸡尾酒-餐巾纸曲线，成为商业会议圈子里的明星经济学家。货币主义与供应学派都

---

* 1983 年 11 月，《哈珀》第 64～68 页。是为莱斯特·瑟洛的著作《危险的倾向：经济学现状》所写的书评文章。该书于 1983 年由纽约的兰登书屋出版。版权 1983 年由《哈珀》杂志社所有。经过特别准许，在此重印。

是以不同的方式、针对凯恩斯主义经济学的反革命；仅仅在40年前，凯恩斯经济学本身也是一场智力上的革命，但是现在，却墨守成规地在编辑上加以修改，在政治辩论中丧失了信誉。

第三种反革命更加稳固地扎根于经济学科之中，但同样也渗入了公共领域。这就是新古典宏观经济学，它与"理性预期"的思想紧密联系在一起。这种理论的乐观主义结论是，在这种情况下，宏观经济成效几乎总是好得不能再好了，因此，依靠通常的凯恩斯主义财政与货币手段，肯定不能再加以改善。针对凯恩斯主义经济学的第四种反革命，实际是早就陈旧过时的思想：一些正统的经济学家、金融家和政治家，自从凯恩斯受到关注和富兰克林·德兰诺·罗斯福（Franklin Delano Roosevelt）当政的时候起，一直都在强烈地攻击政府的赤字和债务。里根经济学（Reaganomics）便是上述四种截然不同的反凯恩斯主义教条的一种模糊的混合物。

在美国经济学会的20000名会员中，只有少数几个学者，比如莱斯特·瑟洛（Lester Thurow），才是这场批评和争论的明显参与者。瑟洛是一位颇有地位和成就的职业经济学家，专家们阅读、讨论并且尊重他的学术著作和论文。与此同时，国会的有关委员会听取他的证词，流行的杂志和畅销的报纸刊载他的文章，《新闻周刊》的订购者阅读他的专栏，新闻工作者报道他的观点，一般听众则倾听他的演讲。瑟洛具有非凡的天才，他很善于把深奥复杂的经济分析，转化为优美的和通俗易懂的语言。

这种双重生活在经济学领域里有着长期的非常著名的传统。经济学中大部分经得起时间检验的科学内容，都来源于对现实事件的解释，来自于在公共政策上展开的争论。亚当·斯密（Adam

6 对凯恩斯主义经济学的时髦挑战

Smith)批判重商主义;大卫·李嘉图(David Ricardo)促进自由贸易和完全通行的货币;约翰·梅纳德·凯恩斯就失业的原因和对策问题,与冯·哈耶克和英国财政部展开了争论。专业经济学、意识形态、政治经济学,与经济政策是交织在一起的。经济学家们的观点,影响着政治家和有影响力的公民们的思想,有时候是直接的,但常常都是逐渐渗透的、微妙的。另一方面,经济学家们的兴趣和观点,又是对现实事件和公众意见的反映。日常的经济学研究和教学既造就了学生们的思想,他们将来可能变成经理、银行家、官僚、选举人和国会议员,也培养经济学家们经过训练的本能,这些经济学家可能成为政府代理机构和华尔街的公司雇员,为《纽约时报》和《华尔街日报》提供昨天的报价统计资料。课堂、教科书和经济学专业杂志、技术性研究报告等,也反映同样的教条倾向,它们主宰了当前的公众议论。

瑟洛的新著作把它们称为"危险的倾向",它们既危害当今以及未来的公共政策,也有害于经济学本身的健康发展。他直接地给经济学家和一般公众敲响了一记警钟。经济学正变得越来越枯燥无味,它不关心现实世界,反而醉心于在幻想中形成的空洞构架,只是为了智力上的便利。从这些想象中的构架里推导出的结论,对于美国经济和其他现实经济的政策而言,无疑是招致不幸的错误指导。瑟洛抨击上面描述的各种反凯恩斯主义教条,正是在发展这种空中楼阁般的理论。不过,这并不意味着,瑟洛是一个不加批评的凯恩斯主义者,他的其他著述早就表明,他不属于任何学派。

瑟洛认为,这几种危险的倾向产生于一个共同的根源,它是经济学的神经中枢。用瑟洛的话来说,这就是"竞争均衡"的范例以及"根据竞价拍卖的市场"的范例。它可以追溯到亚当·斯密的"看不见的手",这是智力史上的一个伟大的思想:每个人理性地、自私自利地、缺乏远见地行事,但集体的结果却是国民财富的最大化。这个奇迹是依靠自由市场上的竞争来实现的。在这种"根据竞价拍卖"的市场上,供给与需求在一组价格上同时相等,价格转而为消费者、生产者、投资者和劳动者提供他们所需的全部信号,足以使他们采取对个人和社会而言均属最佳的行动。根本不需要中央计划;实际上,政府的干预不在考虑之中,甚至,对财产权和合同的强制,从社会的角度看,也是反生产性的(counter-productive),在意识形态和政治学领域里,这种思想,作为19世纪的自由主义和20世纪的保守主义的经济要旨,曾经盛行一时。在经济理论领域里,它得到了严格的表述和证明,精确地阐明了它的必要条件和充分条件,并且充分地指出了它的许多限制条件。

在更严格和抽象的伪装下,竞争均衡理论变成了范例,它证明,人们宣称经济学是一门"硬"社会科学,而它的相邻科学则是"软"科学,这是完全有道理的。与亚当·斯密的观点一样,通过拍卖市场,资源得到有效的配置,在拍卖市场上,价格自由地变化,以便使需求与供给趋于相等。有多少种商品,就会有多少种市场,多少种价格,而且所有的市场都同时"结清"。对许多经济学家来说,或许今天比以前更多,这种结构属于假设的参考论点。证明的责任可以归之于任何一个人,只要他认为:现实世界中的市场,不能获得从全社会的意义上看最优的结果;或者认为:政府的干预总是能够增进福利。如果有可能增进福利,那么,难道理性的人不会自愿地采取措施,使他们互相都处于更佳境地吗?

与这种假设相反,凯恩斯总是面对困难的工作。他指出,即使工人们愿意工作,而实际工资不高于他们的生产率;即使工人们愿意在目前或者未来购买他们的劳动产品,工人们仍然会失业。一些理论家假定,工人们以及雇主们都理性地采取行动,市场平稳地结清。可是,甚至这些理论家们也仍然怀疑,如此大量的市场失灵是否会出现。他们很难解释清楚诸如30年代大萧条之类的惊心动魄的事件。好在随着它在人们记忆中的逐渐减退,不论在经济学领域还是公共领域,人们越来越信奉那些支持"看不见的手"的假设。然而,现实经济中,不管是个人还是集体,人们并没有理性地行事;市场也不是竞争性的,大多数市场并没有以弹性价格完全结清,许多市场甚至根本不存在。面对这些显而易见的例证,忠实的信仰者试图做出复杂的解释,设法使自动实现市场均衡的竞争模型,符合观察到的现实。比如说,失业就被解释为失业者偏好休闲,不爱多劳动;或者失业者暂时需要一段时间,寻找更合意的工作;或者说是失业者愿意领取失业救济金。

瑟洛正是针对这些现代的发展——使竞争均衡模型更加确实、更无批判力,远超过以往的经济学家们的所作所为——提出批评的。他指出,这种信念没有得到任何证据的支持,没有例证表明,把现实经济描述为一系列同时结清的"竞价拍卖市场",比以前的描述有任何进步。它只能从下面这种温和的观点中获得信任,即约翰·梅纳德·凯恩斯以及他倡导的政策,应当对过去15年里出现的通货膨胀和滞胀负责。瑟洛也指出,经济学家们难以避免地要受到非专业领域的倾向性意见的影响,而且难以抵制诱惑,说一些普通观众喜欢听的话,而这些话并不一定正确。

这本书的主题是：建立在"竞价拍卖"范例基础上的经济学，作为科学它是离题的，作为政策它是危险的。我担心，头脑简单的读者恐怕很难从瑟洛先生的枯燥无味的叙述中，提炼出真正重要的信息。书中的要点不是集中地、连贯地加以阐述，而是零乱地散布于整个书里。如果它们对"看不见的手"这种思想方式在当今以不同姿态到处流行变得怀疑起来，如果它们在政策问题上变得更加现实主义，更加弱化意识形态，那么，这本书将会写得很精彩。专业读者将看到，书中的基本理论都是正确的。他们最可能出现的反应是询问瑟洛先生究竟提出了什么范例、什么方法，来取代现行策略，他们认为现行策略是唯一的。这显然不够公平。这本书完全可以单单敲响警钟而不提什么建议，这就足够了，它的目的是希望唤醒一些年轻经济学家，使他们抛弃狭隘的偏见，转而进行不抱偏见的研究。在该书的最后一章里，瑟洛先生提醒经济学家们，从所谓的较软的社会科学中可以学到很多东西，而谦虚地商讨则是很好的忠告。

这本书的中心内容经过了瑟洛本人思想的点缀，包括他的实证经济学观点、他对上述几种"危险的倾向"提出的批评及其反对的理由、他对70年代和最近的历史上出现的滞胀所做的解释、他对现代计量经济学方法的怀疑态度，以及他在收入不平等和人力资本方面的研究结论。这些内容，特别是最后一个题目，没有很好地组织起来，或者没有很好地与主题结合起来。书中写得最好的，也最切题的，是第7章，该章细致地阐明了为什么劳动力"市场"背离了竞争市场模型，并且没有涉及任何非理性行为，仍然还支持凯恩斯关于失业的基本论断。

像其他任何专业读者一样，我作为一个评论者，对本书在细节上可以提出许多不同意见。针对现代宏观经济理论和政策而展开的各种争论，大部分都关系到低失业与低通货膨胀的协调一致。货币主义者与新古典经济学家把这两者的矛盾看得最轻。他们把目标确定为低通货膨胀，并且确信竞争的市场将使失业率达到工人们实际所希望的那么低。凯恩斯主义者看到了这两个目标之间存在的更难处理、也更令人痛苦的矛盾，其原因，瑟洛先生在书中已充分地和雄辩地阐述清楚了。有这样一种世界：价格不是在拍卖市场上非个人地决定的，而是由大企业的经理们确定的，它包括全部成本加上正常利润；在许多产业里，体现的是大量竞争者的特征，而不是垄断和寡头垄断的特征；工资标准则由大企业主确定，或者由企业主与工会谈判达成长期契约来确定；政府对农产品价格提供最低价格保证，农产品价格上涨得快，而下降得慢一些；通货膨胀的模式，即使在十分艰难的日子里，也会顽固地存留下来。面对这样的世界，在不明显地降低就业量和生产量的前提下，单独采取货币措施，要想把通货膨胀保持在控制之内，显然非常困难。这也证明，今年5月在威廉斯堡（Williamsburg）举行的七国集团峰会上，出席会议的各国首脑担心会重新点燃通货膨胀的烈火，因而不愿意刺激经济复苏，是有一定道理的。收入政策的内容很广泛——从制定工资和物价上涨的非正式界标，到完全彻底的控制——人们已经倡导并且采用过这些收入政策，达到了缓和上述矛盾的目的。我没有想到，瑟洛先生根本未加思考，就否决了收入政策，其原因则完全没有说服力；同时，他也没有提出其他可以替代的任何政策措施。

瑟洛先生对"危险的倾向"提出的批评，也有一些不足之处。我在这里只想指出三点。第一，他在不同的地方使用的"供应学派"

一词，实际上具有双重含义，读者很容易混淆。这个词首先出现在第 3 章，作者正在讨论形成通货膨胀的供给-价格因素：工资推动、商品短缺及石油输出国组织带来的冲击。导致价格上涨的这些非货币原因，与第 5 章里讨论的危险的教条倾向，没有什么关系，这种危险的倾向，指的是供应学派经济学，它是里根政府的税收和预算策略的理论基础。

第二，在该章里，作者指责均衡的"竞价拍卖"经济学，认为它应对极端的拉弗曲线和肯普-罗思-里根立法*负责。这是不公平的，因为"竞价拍卖"经济学的许多理论家和实践者，都不赞同对供应学派运动的刺激效应特性所做的夸大的经验估算，或者不赞成累退的分配结果。

第三，书中第 6 章暴露了作者令人震惊地误解了理性预期学派。瑟洛先生在书中第 143 页里明确指出："理性预期学派的那些经济学家们，比如卢卡斯和萨金特（Sargent），也与供应学派和货币主义者不同，因为理性预期学派认为，货币政策对通货膨胀产生的影响微乎其微。与供应学派一样，理性预期学派也认为，政府不能改善均衡的竞价拍卖市场的运行状况。但与供应学派不同的是，理性预

---

* Kemp-Rose-Reagan Legislation——肯普-罗思-里根立法，又称减税和加速折旧立法。早在 1974 年众议员肯普（Kemp）就在国内鼓吹减税，1977 年他联合参议员罗思（Roth）提出减税法案，要求把最高税率从 70% 降到 50%。1979 年他们又正式提出《1979 年减税法案》，要求在 3 年内全面减税 30%，并建议使税率指数化。这些法案在卡特当政时未获重视。1980 年里根在大选中全盘接受供应学派理论，作为其竞选纲领。同年 9 月 9 日他在芝加哥提出了名为《80 年代的经济增长和稳定战略》的经济计划，吸收了肯普和罗思提出的 3 年减税 30% 的建议，作为其经济政策纲领的核心。1981 年 7 月国会通过了《经济复兴税收法》。这是美国历史上幅度最大、范围最广、影响最深远的一次减税。——译注

期学派认为,政府不能系统地损害市场的成效……(并且)他们也不认为,完全取消了政府的干预,并不能系统地改善市场的成效"。这段话令人难以置信,而且完全错了。

理性预期学派的宏观经济学家就属于货币主义者,其实比货币主义者还要货币主义。他们认为,货币供应量的增加和减少,完全反映在通货膨胀和通货紧缩上,没有其他任何好的或坏的影响。他们确信,非货币的政策和事件(比如说,调整税收,石油输出国组织卡特尔的冲击),对于一般价格水平不会产生明显的影响,这就体现出一般价格水平与不同商品之间的相对价格水平的区别。但是,它们会产生重要的实际后果。罗伯特·卢卡斯等人曾经说过,改变货币流通量的政策,如果公众能够预期到的话,就不会产生任何实际的影响,因为在拍卖市场上,理性的私人行为者将简单地、同时地提高或者降低他们的美元工资和价格,直到实际的货币数量(也就是购买力)维持相同的水平为止。基于同样的理由,能够被人们正确地领悟到的货币政策,对于生产量、就业量、实际利率或者其他的实际变量,都不会带来什么影响。

根据这种理论,货币制度的运行造成的实际影响,只是暂时的,也就是说,只有当一般公众还搞不清楚货币当局(在美国是联邦储备系统)正在做什么或者正准备做什么的时候,才会有影响。毫无疑问,这种理论正是美国和英国最近出现的,被称为"可信的威胁(credible threat)"的反通货膨胀战略的智力基础:如果玛格丽特·撒切尔和保罗·沃尔克清醒地认识到,货币增长量将被无情地削减,而不管它对生产量和就业量带来什么后果,然后,价格和工资的上涨率将迅速地下降,以致生产量和就业量将不会遭受明显的损害。

不过，这里又一次与瑟洛先生的观点相反，理性预期理论不一定排除供应学派的改革。该理论并不否认，采取财政手段和其他形式的实际政府干预，或者取消已经实施的这些措施，都会影响实际经济成就。可以肯定，它们不能照凯恩斯的样子，使就业更加充分一点，因为劳动力市场，像其他所有的市场一样，被假定总是处于按价格结清的均衡之中。但是，不难想象，它们可以改善或者恶化效率，即经济充分使用其资源的效率。

虽然这些令人吃惊的错误并没有影响到瑟洛先生对理性预期学派的基本批评的有效性，不过，同时令人遗憾的是，它们可能会损害瑟洛先生的观点的可信性。

近几年来，里根经济学以及它的几种教条原理，并没有很好地发挥作用。供应学派经济学的信誉，就像它当年贸然升起一样，现在又骤然跌落下去了。货币主义在1982年差一点把美国经济以及世界经济推向大灾难的边缘，直到联邦储备系统停止执行它的货币主义目标，才得到了普遍的缓解。这时候，货币主义才从经济学领域和公众领域逐渐隐退。所谓经过审慎考虑的、无情的反通货膨胀的货币政策，已经被证明是非常痛苦的，它带来的失业增加、生产量下降、生产能力过剩等不利后果，比理性预期理论所预期的要严重得多。以前的竞争者，凯恩斯主义和已经过时的财政保守主义，又重新回到了经济学大舞台的中心。在专业领域和公众领域里，对现实事件和潮流的敏感性经常发生变化，现在正向着有利于瑟洛先生观点的方向发展。但是，瑟洛先生的观点仍然是及时的、重要的。

第二部分

里根经济学

导　言

1980年的美国总统大选给华盛顿送来了这样一位总统及其政府，他在思想意识上就致力于在经济和社会政策方面进行激进的改革。自富兰克林·德兰诺·罗斯福总统以后，这大概是美国政治上发生的最重大的变化。尽管在其他发达的资本主义民主国家里，也同样地发生了保守主义的反革命，但是，里根的革命却与众不同，因为供应学派经济学的唯一组成部分，被包容在里根的保守主义意识形态中。在本书第二部分里，共收录了我写的9篇论文，它们都是针对里根当政以来发生的重大事件和争论、里根政府的教条和政策而写的。其中第1篇文章是我最近刚写的，主要是从整体上评价里根经济学。这是为加拿大的听众所做的一次演讲。

接下去的5篇文章都是1981年写的，我想它们足以表明，从一开始，我就很好地理解了里根政府政策的目标、策略以及可能发生的后果。不过，我最初只看到了政府当局的结构性预算估计具有的表面上的价值，只是在后来才真正认识到，里根政府过低估计了支出的增长，特别是国防支出和公债利息支出，同时又过高地估计了经济的增长，正如我所意识到的。第13和第14篇文章讨论的是里根政府的财政政策发生的激进变化；里根的预算，加之，中央银行因为担心财政刺激过分强烈而相应采取的紧缩货币政策,迫使政府转变财政政策。在本书第三和第四部分里将继续对这些政策展开讨论。

在批判地讨论里根的财政政策的过程中,我一直尽可能保持全面和公正。许多批评家都已经看出,只要经济处于就业不足的状态,并且能够用增加的生产量和就业量,而不是用通货膨胀来响应需求刺激,那么,赤字支出就不是无法避开的灾难。但是,如果联邦储备系统愿意全力促进经济的复苏,采用扩张性货币政策同样也会带来经济复苏,而且1981年以前的35年里,联邦赤字也较小。里根-沃尔克的财政与货币政策组合,不论是对于美元的价值、美国的对外贸易,还是对于全世界的利率及美国国内储蓄的不足,都会带来巨大的不健康的副作用。联邦债务与联邦赤字永无休止地增加,其增长速度比国民生产总值还要快,仅此一点,便可以说明,里根-沃尔克的政策组合,在长期根本行不通。目前正处在矫正的过程中,尽管矫正的方法过分严厉,甚至有可能威胁到经济的健康发展,以及必不可少的政府计划的有效性。

里根总统把他的经济政策产生的结果,吹嘘成一个"经济奇迹"。作为这一部分的开场白,我在这里向读者呈现几幅图,用于比较里根总统当政的5年,与20年前肯尼迪-约翰逊政府当政的前5年的经济发展情况。

1961年1月与1981年1月在许多方面都十分相似。在这两个时刻,执政的党派均发生了变化,两届新政府也都强调,要改变经济哲学和策略。1981年奉行的新的政策导向,在大多数方面都与

1961年针锋相对,而且也完全与1981年以前的政策背道而驰。同样,在这两个时刻,每一位新任总统都面临着一个经济上的乱摊子。1957～1958年以及1960年分别发生了两次接踵而至(back-to-back)的经济衰退,肯尼迪总统举行就职典礼的时候,美国经济正处在后一次衰退的波谷;而里根总统则是在1980年和1981～1982年的两次经济衰退之间的短暂片刻走马上任的。在上述两种情况下,几次经济复苏,在相当大的程度上,都是反通货膨胀性货币政策的副产品。

下面的9幅图分别就前述两个时期的主要宏观经济变量作了对比,从就职典礼前的两年(8个季度或24个月),扩展到6年以后(即基期之后的23个季度或71个月,这里以就职典礼的时间作为基期,在图中就是零时期)。

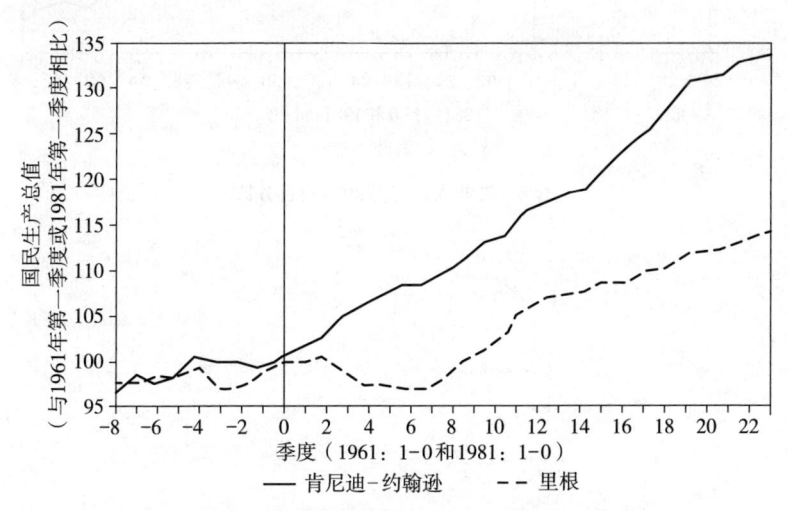

图1 国民总产品(按1982年美元价格计算)

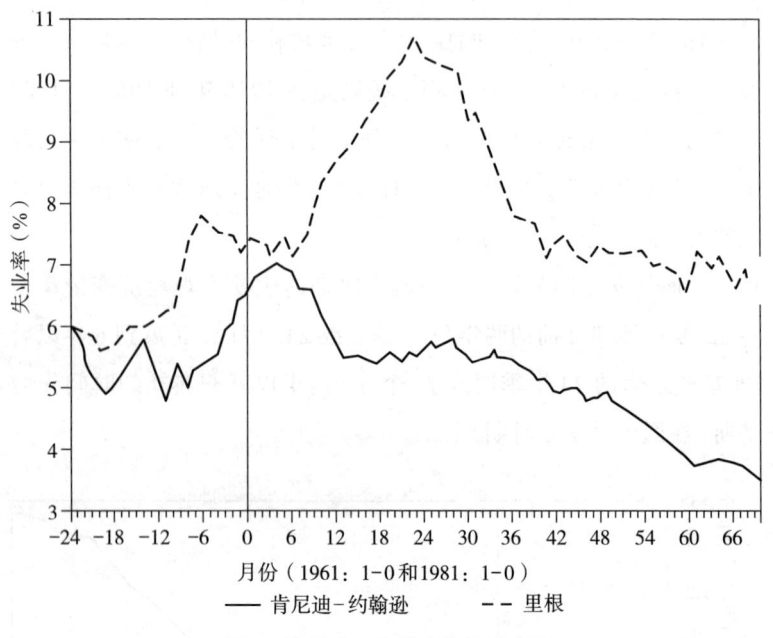

月份（1961：1-0和1981：1-0）
—— 肯尼迪-约翰逊　　-- 里根

图2　失业人口占劳动力的百分比

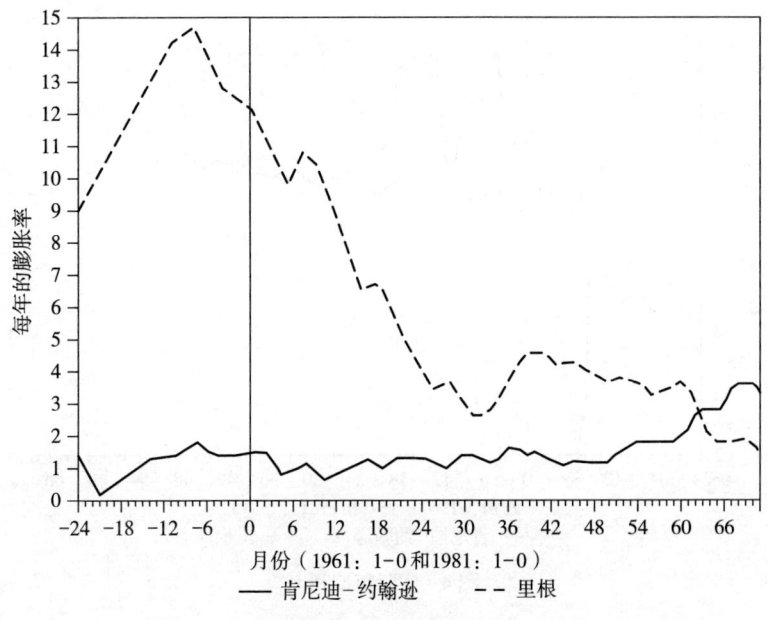

图3 消费者物价膨胀率

注：图中显示的是每月对消费者物价指数的膨胀率进行的修匀估算。具体估算的是，以当月为中心，消费者物价指数三个月的移动平均数，比上年同月增长的百分比。里根继承的通货膨胀率，要比肯尼迪继承的通货膨胀率高得多。在里根当政的前六年里，通货膨胀率已经降低了10个百分点；而肯尼迪-约翰逊总统当政的前五年里，通货膨胀率却略有提高，但是，在1965年通货膨胀率却比1985年低得多。当然，在约翰逊总统当政的越南战争时期，即1966～1969年期间，通货膨胀率却上升了3个百分点。从这幅图中，可以看出1966年通货膨胀率上升之初的变化。

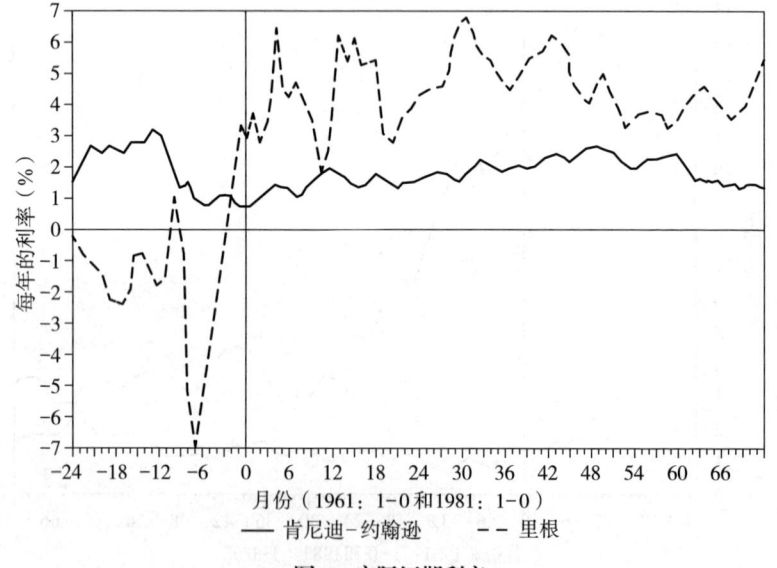

图 4 实际短期利率

注：这里绘出的"实际利率"，是当月的三个月期短期国库券的每年平均利率，与同月消费者物价指数膨胀率的修匀估算之间的差别。在图 3 中已经绘出了估算结果，并在其注释中说明了估算方式。

图5 长-短期利率差别

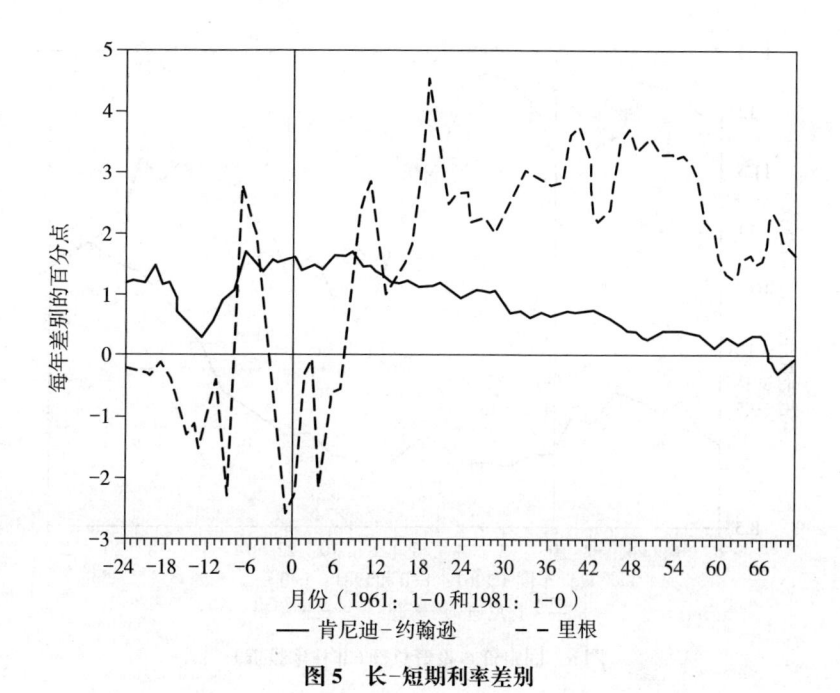

注：长期与短期利率的差别，一般被认为，关系到占主导地位的市场预期、希望以及对利率水平变动的担心。一种正的差别则象征着这样一种情绪，即未来的名义利率会更高，可能是因为预期通货膨胀会更高，也可能是因为预期实际利率会上升。

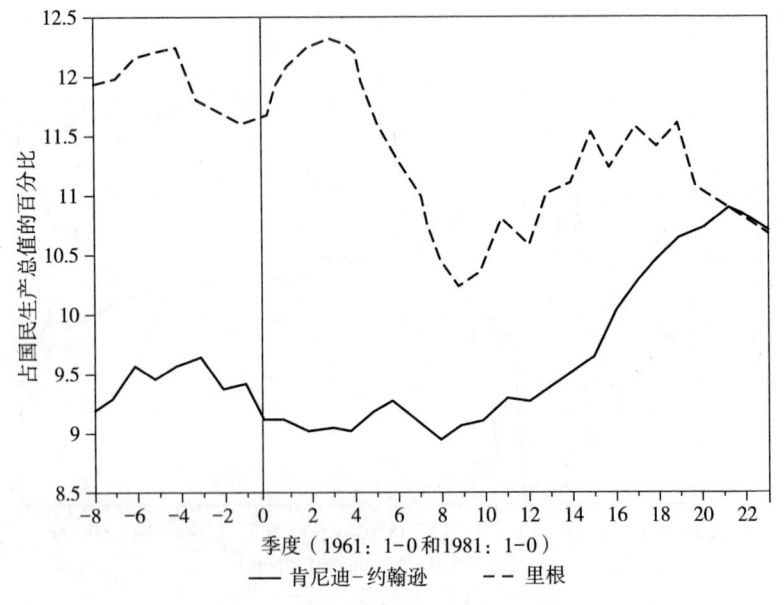

图 6　固定资本投资总额（非住宅投资）

注：非住宅类固定资本的私人投资总额占国民生产总值的份额，在 70 年代后期和 80 年代，要比 60 年代更高。1961～1966 年期间，这个份额要比前 10 年高一些，部分地是因为投资税收优惠和加速折旧的采用。也请看图 7。

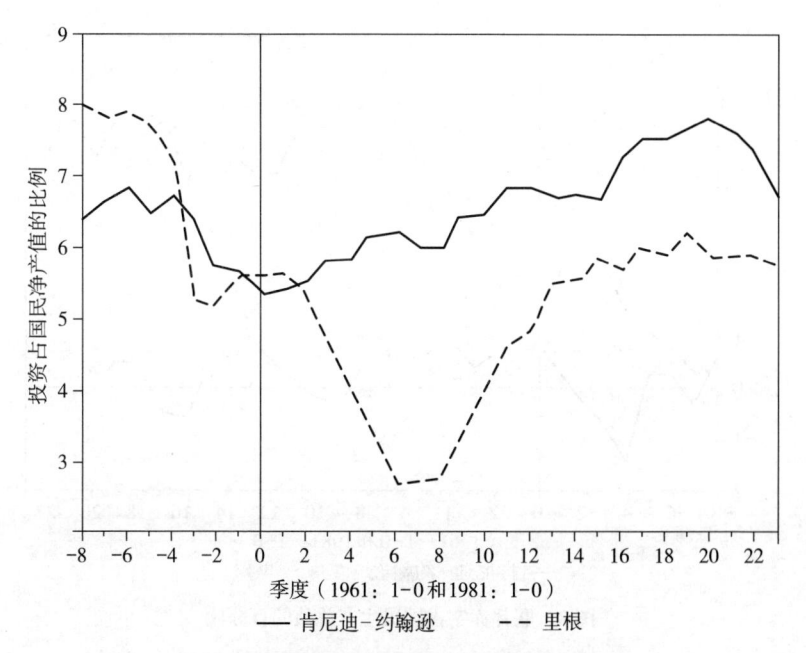

图7　净固定资本投资占国民净产值的百分比

注：这里与图6不同，固定投资包括住宅投资和非住宅类资本形成。但是，主要的差别是，净投资比总投资低一个资本消耗的补偿额（对通货膨胀进行了调整），该补偿额是商务部在国民收入与产品账户中对经济折旧的估算值。国民净产值也比国民生产总值低同样的数量。把图7与图6相比较，证实了人们普遍流传的印象，即在最近这段时期里，总投资中的较大部分是短期设备的购买和重置。

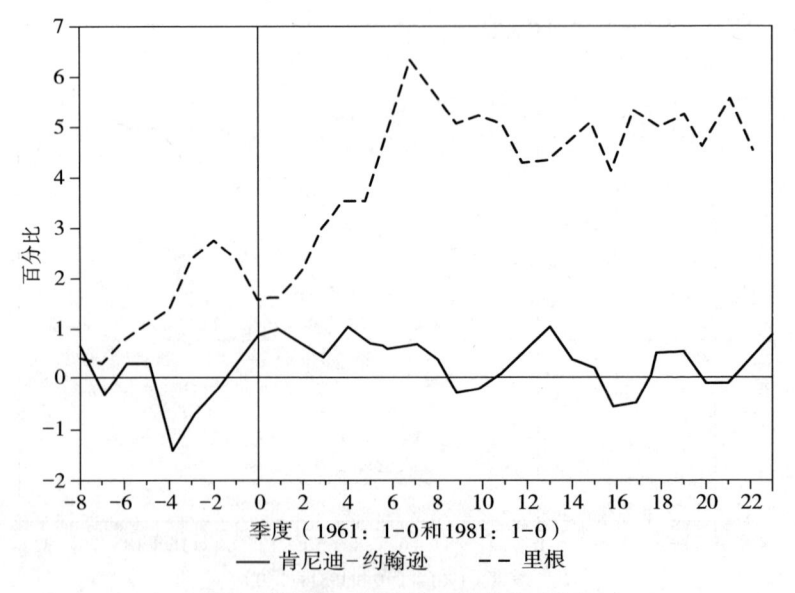

图 8 联邦赤字占国民生产总值的百分比

注：这里戏剧性地描绘了里根的财政革命。大约有一半的全国私人净储蓄由联邦债务抵消了。

导　言　　　　　　　　　　　　　　　*103*

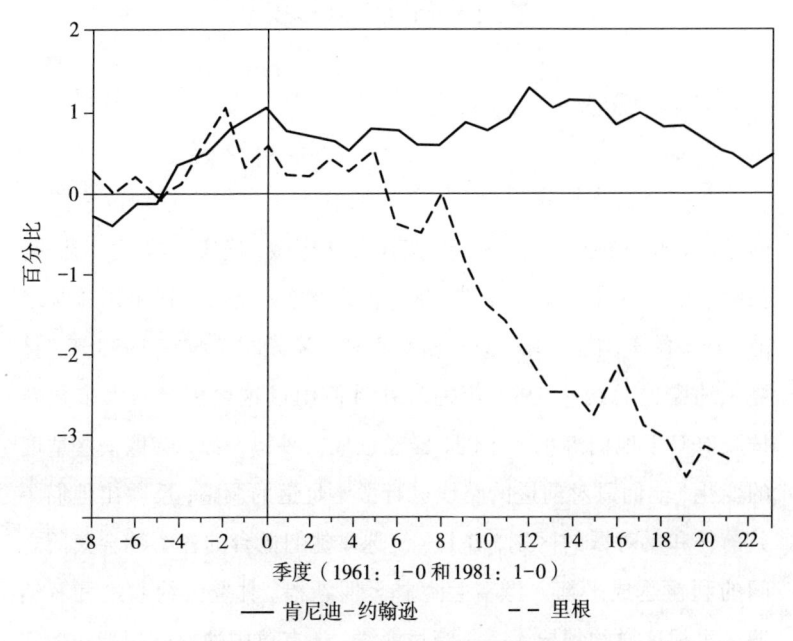

图9　经常账户占国民生产总值的百分比

横轴：季度（1961：1-0 和 1981：1-0）
纵轴：百分比
图例：—— 肯尼迪-约翰逊　　- - - 里根

注：图中描绘的是美国与世界其他国家往来交易中出现的净盈余或赤字。往来交易包括商品和服务的出口与进口，包括从过去的投资上获得的和支付的收入。有盈余则增加了美国的经济单位对世界其他国家的净债权存量，出现赤字则减少了这种国民财富的组成部分。在整个80年代里，以国内固定资本的形式而积累的国民财富中（见图7和图8），大部分都被整个国家净国外资产的减少抵消了。

7 里根经济学透视[*]

在一个民主国家里,一届新政府官方决定根本性地改变前进的路线,并且得到了选举人的授权去这样做,确实是极其少见的。在我生活的几十年里,直到1981年罗纳德·里根就任美国总统之前,众多的美国总统中,只有富兰克林·罗斯福总统在1933年,林登·约翰逊总统在1965年拥有并且使用过这种机会。大多数新任政府对于他们继承下来的、已经达成的妥协一致,会做一些适度的变化,他们只对前进的路线进行微不足道的调整,反映出他们与其前任和反对派的区别,并且,使选举他们上台的各个社会集团之间的利益达成平衡。像富兰克林·罗斯福、林登·约翰逊和罗纳德·里根这样的领导人——跨过海洋,还有英国的玛格丽特·撒切尔夫人——则要彻底地改变整个政策取向。在他们背后,中间派的一致意见永远是不同的,后任者将会偏离这些意见。

罗纳德·里根来到了华盛顿,也带来了一种强烈的、独具特色的社会和经济的思想方式。罗斯福和约翰逊两位总统都是实用主义者,肯定不属于空想理论家。他们都能针对自己面临的境况,果

---

[*] 1986年3月,在加拿大西安大略大学美国研究中心所做的演讲,未公开发表。1987年2月又作了修改。

断地并富有想象力地做出反应。新政和伟大社会,都不是他们的倡导者依据任何信奉的教条信念预先设计好的。自由主义,按照它在19世纪的含义来说,是一种松散的处世态度和价值观念体系,而不是一种严密的意识形态。但是,现在,这里有一种现成的右倾的意识形态,1981年里根带着纲领性的议事日程来到华盛顿,入主白宫了。

一、里根政府的经济思想体系

罗纳德·里根总统到底给华盛顿带来了什么样的经济思想体系呢?

当然,从根本上说,它仍然是19世纪"自由主义"的古老主题,赞颂亚当·斯密的"看不见的手"产生的奇迹,即自由市场、自由企业的自由放任的功效。长期以来,美国的右派一直奉行这一思想。自从第二次世界大战以后,保守主义的知识分子、商业界领袖和政治家,即使在保守主义被逐出公众舆论的时候,仍然重整旗鼓,拉起这杆旗号。1964年,共和党总统候选人巴里·戈德华特(Barry Goldwater)成了他们的大英雄,但约翰逊总统却把他彻底打垮了。于是,罗纳德·里根凭着他的特殊才能,即善于通过广播和电视传播思想意识,凭着他的通用电力公司保证人的身份,变成了一个引人注目的人物,一个潜在的政治领导人。

1. 看不见的手

自由市场意识形态,是经济理论中心范例的一个极端的翻版。

现代一般竞争均衡理论及其定理——这种均衡在一定的意义上说，是一种最优社会福利状况——使亚当·斯密以及随后的古典和新古典理论家们的直观推测，变得更加严密。经济学家们都知道这些证明的限制条件，他们都能做出标准的防止误解的说明和限定的条件。在政治学和公众舆论领域里，已经列出了这些说明和条件，并且，经济学家们又作了越来越详细的解释。与此同时，由于相同的原因，保守主义意识形态逐渐获得了公众的青睐，在经济学领域里，其他的经济理论却受到了越来越多的批评。

每一次意识形态上的变革，都不过是历史的翻版，在历史上都能找到其原型。就像里根所说的那样，1981年，当他入主白宫开始拯救美国经济的时候，美国经济陷入一片混乱。他把所有的不幸和困难，都归罪于他的前任们，即第二次世界大战以后美国历届政府采取的联邦经济政策：长期的财政赤字、过重的税收负担、庞大的并且还在日益膨胀的政府官僚机构、松弛的货币政策、宏观经济的"(fine tuning)微调"、强制侵入的管制、官僚主义的浪费、误入歧途的福利救济，如此等等。在这里，对于50年代和60年代里美国经济取得的举世瞩目的成就，他根本就视而不见，也完全没有考虑70年代里石油输出国组织卡特尔提高油价、伊朗革命，以及其他外部冲击所产生的重要影响。

2. 政府成了庞然大物

在新生的保守主义教条中，政府"本身就是问题所在，而不是解决问题的办法"。在70年代里，这种说法赢得了十分广泛的听众，因为在这10年里，由于越南战争、水门事件和经济衰退，人们的希望普遍地破灭了。根据候选人和后来的总统里根的看法，政府的管制和征税，严重地束缚了公民们的才能和创造性。政府，特别是中央政府，已经变成了一个庞然大物，正在吞噬国家的资源。政府已经膨胀得太大了，远远超过了履行其正当职责的需要，这类职责包括国家防卫、国内秩序、保护财产所有权，以及强制履行契约。除了为确实贫困和生活水平极低的人，建立最低限度的"安全网"之外，政府根本没有必要进行收入与财富的再分配。即使建立最低限度的"安全网"，也应当主要依靠私人慈善事业，由地方政府予以辅助。

从执政的一开始，里根政府最优先的目标，就是缩减联邦政府机构和相对于经济而言的政府预算的相对规模。这意味着，必须严厉削减联邦行政支出，因为里根同时也许下诺言，要大幅度增加国防支出。实际上，非国防预算的增长超过了国民生产总值的增长；其中，增长最快最多的，主要是社会保障福利支出，包括老年人和残疾人的补贴、老年人的医疗保险和健康保险，1966年林登·约翰逊总统建立了这些福利制度。享受这些福利，是符合条件的人们的普遍权利，不需要查验，这类福利支出的增长，基本上都是由指定专门用途的人头税税收支付的。社会福利的增加是一系列社会因素的反映，如人口统计学的趋势，即老年人口有所增加，经济的发展，财政上的错误计算，以及政治上的慷慨大方，其中最著名的代表，是尼克松-福特政府以及民主党控制的国会。里根政府班子里的专家们，都清楚地知道这些事实，但是，里根总统却更愿意对此保持缄默，只是笼统地指出，总的来看，政府预算的规模实在太大，而闭口不谈，到底哪些项目花费得太多了。

3. 减税优先策略

联邦预算的增长不能超过国民生产总值的增长，这种思想并不新鲜。福特总统和卡特总统两人都为自己确立了这样的目标。不过，里根总统已经磨刀霍霍，准备宰杀先前的各届政府和国会认为在政治上神圣不可侵犯的母牛[①]。他同样也准备采取新的策略，这是他的前任们认为行不通而故意避开的策略。那就是，首先削减税收，暂时接受由此造成的赤字；然后，利用政治家、金融家和普通公众对赤字支出的强烈憎恶，作为一支大棒，迫使国会同意削减行政支出。同时缩减预算，削减行政支出，并且减少税收，正是里根政府的基本目标。

只有一位保守主义的共和党总统，才能选择这样一种策略，而没有诱发金融界的强烈反应及金融市场的消极反应。这种反应曾经迫使吉米·卡特总统一次又一次地修改他的预算提案。举例来说，1978年1月他提出的1979财政年度的预算建议案中，联邦财政赤字为600亿美元。金融界的强烈抗议，迫使卡特总统修改预算，显著地降低了预期的赤字，放弃了一些支出动议，按比例地降低了一些减税项目。虽然里根总统和他的新闻发言人，总是不厌其烦地在口头上强调古老的保守主义预算平衡教条，但是，实际上，它显然总是一个次要的目标。里根总统经常用这样一个口头禅来解释他的减税优先策略，他说，父母要想制止子女超支乱花钱，最好的

[①] 原文 Sacred Cow，一般译为圣牛。语出印度崇拜牛的婆罗门教，比喻社会上神圣不可侵犯的人物、事物或传统。这里是指里根总统准备削减一些传统项目如福利费、农产品价格支持等的支出。美国总统和议员普遍认为，削减这些项目的支出，会带来政治上的麻烦。——译注

办法是减少给子女的零花钱。

不幸的是,这一策略并没有按照里根总统所期望的方式发挥它的作用。尽管国会勉强同意大幅度地削减行政开支,而不是削减社会保障福利支出,但这仍然不足以把联邦赤字限制在控制之内。里根总统成功地做到的只有一件事,即任何人如果希望联邦税收收入有较大的恢复,从政治上看,都是不可能的。1984年,里根在选举中以压倒的优势战胜瓦尔特·蒙代尔(Walter Mondale),取得了胜利,因为蒙代尔勇敢地、不计后果地告诉选民们,必须增加税收。里根的这一胜利,关闭了在可预见的未来通向健全财政的道路。最终,里根总统被迫向他在国会里的反对派做出让步,把他的野心勃勃的国防支出预算的增加额,砍去了将近一半。即使这样,仍然留下了"大得不能接受"的赤字。1985年的格拉姆-拉德曼法认识到了这种绝境。它的目的就是,迫使总统与国会商定,在1987～1991的5个财政年度里怎样消除赤字。否则的话,国防支出和行政支出都要面临不容商议的自动削减,两者的削减量大致相同。

4. 供应学派经济学和预算

里根总统提出,减税的速度应快于他希望的削减支出的速度,供应学派经济学又为他提供了另一个论据。这个论据与前面讨论的策略并不完全一致,不过,意识形态与政治经济学,不一定必须保持一致。这个论据是,降低税率实际上会增加税收收入,这个论断使提出它,并且使它有名的人,也名扬四海了。阿瑟·拉弗(Arthur Laffer)先生是应国会议员杰克·肯普(Jack Kemp)的要求,在一次鸡尾酒会的餐巾纸上画出这条曲线的。该曲线描述了一个无可辩驳的真理，即超过某个点之后，提高税率将会强烈地抑制应纳税的经济活动，以致税收收入实际上会减少。然后，拉弗和肯普匆匆忙忙地得出了一个未经证实的结论：美国的税率已经到了这样的关键点上。这种看法自然在保守主义的政治和商业圈子里，引起了一阵短暂的轰动，把它当成是著名科学权威提出的、他们非常乐意相信的结论。罗纳德·里根相信它，现在他依然相信。他接着说，增加税收将损害美国经济。他继续指出，削减税收推动经济增长，将会平衡预算。里根政府班子里，有些人却不这么认为，并且有直言不讳的勇气，他们现在都已经离开了政界，投身私人活动。比如总统经济顾问委员会主席马丁·费尔德斯坦（Martin Feldstein），他从来都不赞成拉弗的指导方针；再比如行政管理和预算局局长戴维·斯托克曼（David Stockman），他曾经赞成过，但他从中学到了更多的东西。

拉弗、肯普和里根所信奉的供应学派财政经济学，不由得使人想起一些凯恩斯主义支持者提出的极端看法，减税本身会得到报偿，因为减税促使经济活动扩张，从而会增加税收收入。他们坚持认为，这种扩张是"需求学派"的。他们的计划是，在一个拥有大量失业工人和过剩的工业生产能力的经济里，减税的支出将会用增大开支刺激经济复苏。理智的凯恩斯主义者认为，削减税收——或者额外的政府开支——在一个不景气的经济中，确实会刺激经济活动，但却不足以避免赤字的增长。

"供应学派"的称谓，与其理论迅速引起了人们的注意有很大关系，它是由尼克松总统经济顾问委员会主席赫伯特·斯坦（Herbert Stein）讽刺性地杜撰出来的，目的是区分他所说的供应学派财政主义与老的凯恩斯主义需求学派。从逻辑上看，它们两者有几处不同。从需求学派的观点来看，额外的政府支出，至少像私人支出一样具有扩张性，大部分只是用于消费，是由于削减税收而诱致的。不过，供应学派的经济学家们却坚决主张，降低税率和削减公共支出都是刺激经济的。供应学派的药方，试图给私人的单个行为者更大的税后刺激，促使他们更努力地工作，更多地储蓄、投资、发明创造，更勇于承担风险——而不是去消费。据认为，行为者的这些反应会提高生产率，在既定的劳动力就业水平上，会增强经济的生产能力。与此相反，需求学派的财政刺激，却企图使用更多的可利用的劳动力，在既定的生产能力下，提高经济的生产量。拉弗的理论如果站得住脚的话，那么，即使失业率达到或者停留在充分就业的最低失业水平上，它也应该能够发挥作用，但是，凯恩斯主义的财政主张，却只准备作为经济衰退的疗方，或者作为一次不彻底经济复苏的刺激因素。

这些差别并不能阻止供应学派的倡导者们声称，1964年肯尼迪-约翰逊的减税是一个先例，即使它的动机和后来的成功应属于需求学派的，即使实际上并没有可靠的证据可以证明，减税会导致财政赤字的净减少，他们仍这么认为。也没有任何逻辑，可以阻止他们沽名钓誉地声称，1983～1985年美国经济的复苏完全归功于他们，尽管这次复苏正好适合于一个标准的凯恩斯主义情形。

当然，这只是一种不那么华丽，不那么新奇，但却具有专业性的供应学派经济学，也就是逻辑性很强的宏观经济学。能够对公众意见产生一定影响的所有经济学家，都已经认识到，税收和转移支付既会产生刺激作用，也会产生抑制作用。他们在一些政策上也认识到了这一点，例如，肯尼迪政府采取的投资税收优惠，以及约翰逊和尼克松当政时采取的灵活政策，即福利补贴和食品券的数量，根据接受者自己的财产数量而灵活变动。马丁·费尔德斯坦经过10年的苦心钻研，专门研究资本收益税对投资和储蓄的影响，然后加入了里根总统的政府班子。里根的思想家努力的方向是正确的；但是，就像卡特总统经济顾问委员会主席查尔斯·舒尔茨（Charles Schultze）所说的那样，麻烦之处在于，他们把合理的经验量值扩大了10倍。

5. 货币主义

货币主义是1981年大获成功的保守主义意识形态的另一个重要组成部分。严格地控制货币供应量的增长率，是反通货膨胀的一个必要和充分条件，这个观点已被人们广泛接受；联邦储备系统应当牢牢盯紧非通货膨胀性目标 M，并且管住它。供应学派的经济学家们可能有些不舒服，他们担心，联邦储备系统可能难以调节它们的政策本身造成的扩张。政府当局无力地试图证明，货币紧缩会管住价格，同时，供应学派的刺激则将提高产出量。归根到底，通货膨胀只是"太多的货币追逐太少的商品"，他们的政策将会紧缩货币而提高产出量。

过了不久，供应学派经济学家变得彻头彻尾地敌视联邦储备系统了。他们指责联邦储备委员会主席保罗·沃尔克，埋怨他应对供应学派的方案没有完全获得成功负责任；沃尔克先生在吉米·卡特总统当政时就任联邦储备委员会主席，里根总统上台后，再次任命他继续担任这项要职。他们和一些凯恩斯主义者掺和在一起，共同呼吁采取更具有适应性的货币政策，并且要求降低利率。与凯恩斯主义者不同的是，供应学派也抨击现行的国际货币制度，即浮动汇率制，并要求重新返回到金本位制，或者布雷顿森林会议确定的固定汇率平价制度或其变种。在供应学派的早期领袖哥伦比亚大学的罗伯特·芒德尔(Robert Mundell)及其推广者《华尔街日报》副主编裘德·万尼斯基(Jude Wanniski)的讲台上，这些总是必不可少的政策要点，这两位学者对于肯普、斯托克曼和拉弗，都产生了非常重要的影响。总统显然没有认真考虑过这种思想，他的政府班子里的实用主义者，到目前为止，一直没有把这种思想变成认真的政策措施。信奉里根经济学的知识分子们既偏向货币主义，又赞成浮动汇率制度，正是这种矛盾心理，使他们与当今世界上最著名的保守主义经济学家米尔顿·弗里德曼之间，拉开了一段距离。

供应学派的思想与里根经济学的区别，还体现在另一方面：当今，世界其他国家的政府，最明显的是日本和联邦德国，它们确定欧洲的基调；还有英国，它们都采用更正统的保守主义来指导政策。这些国家的政府和里根政府一样信仰自由放任，但它们同时也赞成传统的预算节俭和坚定的货币主义。里根经济学的倡导者以1982年以来美国经济的更大复苏作为证据，证明他们遵循的保守主义，要比传统的保守主义更优越。

二、1981～1985年的宏观经济管理

1981年，国会两院接受总统的经济和预算计划达到了使人惊愕的程度。民主党在名义上继续保持对众议院的控制，以及在参议院的接近多数。但是，民主党在总统大选中惨遭重大失败，从而迫使他们温顺地同意对方的政策。按照国民生产总值的3%这个数量削减

税收的提案获得了通过,在今后3年里分阶段实施。与此同时,国防支出也开始增加,按照计划,最终将把国防支出占国民生产总值的比例,由5.5%提高到8%。(政府当局指出,即便如此,国防支出占国民生产总值的比例,仍将比50年代和60年代低2～3个百分点。)行政支出的削减计划,也在国会获得通过,削减的数量几乎与国防支出的增长额相等。不过,社会保障福利支出仍在继续增长。政府当局内部对于是否应承受如此之高的福利支出展开了争论,然而,抨击的炮火很快使政府当局清醒地认识到,社会保障是反对派能够、并将提出辩护的一个古老的纪念碑。于是,政府迅速退了回去,不再争论了。

1981年官方对美国经济和预算的预测是非常乐观的。一方面,预测是虚假的,行政管理和预算局局长斯托克曼在一次会见《大西洋报》记者的时候,无意中承认了这一点,总统也把这件事当成了他的话柄,在斯托克曼辞职后所写的著作中,对此作了更详细的说明。一方面,这种预测也反映出了一种对经济的盲目乐观主义,在当时,大部分私人预测机构也同样怀有一种没有根据的乐观情绪。

1979年10月,保罗·沃尔克建立了一种严格的货币主义管理办法,目的是摆脱伴随着第二次石油危机而产生的高度通货膨胀。1980年春,开始出现衰退——可以归因于吉米·卡特的失败,但在年底,又出现了轻微的复苏。任何人只要领会了沃尔克的政策,他就应该知道,这是一个暂时的信号:我理解联邦储备委员会的意图。仅仅在总统就职典礼的几个月之后,经济又重新开始了猛烈的衰退,新政府在预算和经济预期中,根本无法把它们考虑在内。

到1981年下半年,人们开始逐渐认清了现实;未来的预期赤字,可能会达到新的更大的数量。而且,赤字不是周期性的,而是结构性的，也就是说，即使经济在正常的失业率和生产能力利用率水平上正常运行，并且带来政府收入，赤字仍会继续出现。其中，一个重要原因是，联邦债务的利息支付在不断增长。高利率，部分的又是前所未有的财政刺激的结果，再加上联邦储备委员会的货币政策；而高利息支出又扩大了赤字——两方面合在一起，形成了一种恶性的螺旋趋势。

金融界以及国会里针对预期赤字敲起的警钟，激发起了一些严肃认真的努力，试图控制赤字。1982年，国会通过了《税收公平和财政责任法》（简称TEFRA），总统也不太情愿地签了字，从而增加了一些收入，尤其是收回了1981年通过的《经济复苏税收法》（简称ERTA）赋予公司法人的一些异乎寻常的好处。更进一步，由艾伦·格林斯潘（Alan Greenspan）担任主席的社会保障改革委员会，达成了一种折中意见，要求确保社会保障福利的"偿付能力"，为国会与行政机关之间、两个政党之间和不同利益集团之间进行具有政治家风度的合作，提供了一个很好的范例。该委员会的妥协决定在1983年获得通过，其中包括减少福利支出，增加工薪税，还有其他一些条款，用以保证财政账户在今后几十年里都有盈余[1]。其实，在

---

[1] 里根总统上台后不久就宣布，要大刀阔斧地改革社会福利制度，引起了部分工人的恐慌，也遭到了民主党的强烈抨击。因此，里根政府被迫放弃了在1987年进行全面改革的打算，并决定建立以艾伦·格林斯潘为主席的两党联合工作组，即社会保障改革委员会，研究解决社会保险的财务问题。经过一年多的研究，工作组达成了一项妥协方案，决定在不改变社会保险制度基本格局的前提下，筹集1600万美元资金，用于解决1983～1989年社会保险资金不足的问题。在具体措施上，两党都作了让步：共和党同意增加工薪税，民主党则同意把1983年7月起实施的生活指数津贴推迟到1984年执行。这个折中方案于1983年3月25日在国会两院通过，4月21日由里根总统签署。——译注

90年代统一联邦预算中，社会保障信托基金将使盈余增加到占国民生产总值的2%。1981年之后，几乎在每一年里，国会都对联邦赤字指手画脚，要求削减支出，并且"增加财政收入"——这只是强制性增加税收的委婉说法。这些努力日积月累，直到现在，即使没有格拉姆-拉德曼法，结构性赤字也将下降。

1982年夏末，联邦储备委员会调整了政策，几个月以后，经济衰退宣告结束。下降的趋势比联邦储备委员会预期的更深远、更迅速，它使失业率上升到接近11%，比1981年1月里根总统举行就职典礼时，高3.5个百分点。货币流通速度出人意料地减缓了，这使得联邦储备系统的货币增长率目标比其预期更受限制。第三世界的债务国，以及美国和其他发达国家里为他们提供贷款的银行，都已经濒临金融危机的边缘。国会通过了《税收公平和财政责任法》，用于表明国会对联邦预算问题的关注；同时还取消了一些财政刺激，因为联邦储备系统认为，这些刺激有些过分。

到1983年和1984年，在沃尔克使美国经济转变方向之后，1981年提出的税收和国防支出计划开始付诸实施了，从而为总需求提供了大量的财政刺激。这正好为采取空前剂量的凯恩斯主义经济复苏政策提供了良机。当然，这一次也恰好碰上了好运气。政府当局没有预期会首先出现一点儿衰退，因而，根据原则否定了反周期性的需求管理。幸运的是，对于商业活动来说，纳税人似乎并没有认识到，他们正在参与其中的减税，是供应学派的措施，目的在于增进储蓄，而不是消费支出。国防采购与订货合同也渗透到整个经济中。对需求实行的财政刺激，有时候竟会带来如此迅速的经济复苏，以致联邦储备系统感到，有必要踩紧货币制动器。结果，利率，也就是经过通货膨胀校正的市场利率，依然保持在高水平上，如果把1981年以前采取的财政政策与现行货币政策结合起来，达到同样的复苏，那么，其利率肯定低得多。

美国的经济政策已经不知不觉地陷入了一种稀奇古怪的、极端的组合，即紧货币政策与松财政政策的组合。它已经造成了一些令人忧虑的后果：在可以预见到的未来，联邦债务的增长将快于国民生产总值的增长，因为债务利息这一项，就会促使债务的增长速度高于经济的持续增长率，而同时，即使经济完全复苏了，除债务利息以外的其他支出，也会超过政府收入。高利率则导致一个净资本流入，并且要贬值美元到足够的程度，才能获得一个等值的经常性账户上的赤字。结果，造成经济复苏是不平衡的：制造业和农业遭受可怕的国际竞争劣势，而服务业和其他不能进行交易的部门，却繁荣起来。在不景气的部门里，要求保护就业岗位和市场的压力，威胁到政治上的一致，而政治的一致性，长期以来，一直支撑着美国的自由主义商业政策。

对于1981年美国财政政策的转变所具有的激烈性质，任何人都不应低估。在过去40年里，美国联邦政府的财政确实很少出现盈余，但是，在1981年之前，联邦赤字一直是适度的，事实上，总是不超过国民生产总值的2%。而在里根当政这几年里，联邦赤字已提高到国民生产总值的4%～5%。在1981年之前，周期性的经济复苏曾经把财政赤字降低到接近于零，结构性的"高失业率"预算经常出现盈余。目前，美国的结构性赤字却高达国民生产总值的3%～4%。在1981年之前，债务占国民生产总值的比率已经明显下降，从第二次世界大战结束后的100%，降低到70年代的25%。

但在美国奉行里根经济学的 5 年里，这个比率已经上升到接近 4%。上述数字本身并不是一个大灾难，可是，它的前景，即不断加速的无休止的增长，却显然预示着未来的灾难。

"政治经济周期"假说的支持者们，将会引用里根政府施政的前 5 年，当作一个极其恰当的例证。里根总统当政的前 5 年，经历了将近两年的令人痛苦的反通货膨胀衰退，然后，接着正好在 1984 年总统选举阶段，出现了经济复苏。相反，运气不佳的吉米·卡特总统上任后，首先就是经济复苏，然后是新的一轮通货膨胀浪潮，接下去，直到他参加下一任总统竞选，美国经济一直处在衰退之中。里根的成功，也是他的不可思议的好运气的又一个例子。如前所述，具有决定性意义的需求管理政策是沃尔克采取的，不应归功于任何一位总统。里根总统对于复苏所做的财政上的贡献，则完全是无意之中的。这不要紧。1984 年，里根总统仍在努力恢复繁荣，好像 1981～1982 年在一些前任的关注下发生的情形。实际上，在 1984 年 10 月，即总统大选之前，失业率与 1980 年 12 月是相同的，那时候正是里根总统举行就职典礼的前夕。

三、我们目前面临什么处境？

1. 没有完成的复苏

时至今日，经济仍然没有完全复苏。美国比七国集团的其他六个国家做得更好一些。尽管如此，在整个 1986 年里，美国的失业率一直维持在高水平上，比 1978～1979 年吉米·卡特总统当政时经济复苏过程中的最高失业率还高1个百分点,比1973年尼克松当政时的最高失业率高2个百分点,与1981年出现的短期复苏的最高失业率相同。工业生产能力的利用率仍停留在80%左右,而前几次繁荣时期,利用率都达到85%～87%。

通货膨胀率的下降是一个伟大的胜利——目前,通货膨胀率是4%,或者更低。而70年代两次石油危机之后,通货膨胀率达到了9%或10%(国民生产总值缩减指数的逐年变化)。对往事稍有点记忆的人,都不难回想起来,在1973年之前,通货膨胀率达到4%～5%,这是相当不可忍受的,而这往往都是采取反通货膨胀政策的大好时机。但是,在另一方面,保罗·沃尔克决定,在战争期间,只要通货膨胀率能降低到5%以下,就可以宣称取得了胜利;对此,也很少有人持有异议。更何况,通货膨胀是稳定的,或者,甚至是不断下降的;在整个复苏期间,它都表现得很好。美元的贬值可以得到信贷,达到1981～1985年期间通货紧缩的1/3。这些援助——它正是我们的高利率政策组合的一个可取之处——是从我们的贸易伙伴那里借来的,在美国出现高度通货膨胀时,再用贬了值的美元来偿还。在另一方面,石油价格的不断下跌,已经使美国的物价指数向着良性的方向发展,这又一次证明了里根的"侥幸的运气"。我们可以期望看到一场滞胀危机的反转,国内消费需求增加,同时,价格也有所下降。不过,1985～1986年期间,国内石油钻探和开采的大幅度下降,对国内总需求是一个强烈的不利打击。关于石油的新闻,似乎又是坏消息,不管它报道的是石油富余,还是石油紧缺。好在,听到这类消息,已经不是第一次了。

目前,宏观经济政策的制定者实际上是联邦储备系统,它所面临的主要问题是，是否允许或者亲自发动一场需求扩张运动，以便把失业率降低到6%或者更低。联邦储备委员会似乎对7%的失业率感到满意，但从1984年5月以后，美国经济就处在停顿之中。不管怎么说，我们几乎没有什么理由认为，7%的失业率就是没有通货膨胀危险的最低失业率。在美国经济中，目前没有出现任何明显的瓶颈、短缺，或者国内工资和价格膨胀的信号。

于是，联邦储备委员会把它的贴现率下调了3.5个百分点，从1984年11月的9%，调整为1986年8月的5.5%。其他短期利率也一起下降。长期利率虽然也有明显的下降，但它附带一种升水，它随着对赤字和通货膨胀的市场预期在乐观主义与悲观主义之间的摆动，而围绕200个基点上下波动。因为通货膨胀在持续减轻，事后的实际利率并没有降低多少；不过，与以前的周期性波动相比，利率仍然是比较高的。无论如何，利率的下降还不足以震动经济，使之摆脱萎靡不振的状态。

美国的贸易赤字在1986年已经达到国民生产总值的3.5%，这个棘手的难题，成了总需求的一个巨大的制动器。联邦储备系统的利率政策要达到的目的是，把美元的价值从它的最高值，降低到联邦储备系统的紧政策所确定的数值。可是，美国的出口和进口却充满痛苦地缓慢做出反应。联邦储备委员会担心美元进一步贬值，特别是美元价值的"自由下降"，因为外国产品的美元价格太高，终将反映在美国的价格指数上，从而，很有可能使外国投资者失去兴趣。1981～1985年期间实行的高汇率，可能已经对美国许多工业的竞争能力造成了持久的损害，以致如果不进一步贬值美元，美国的对外贸易账户就无法校正。美国政府当局强烈要求欧洲和日本扩展国内需求，重新点燃它们的呆滞的"火车头"经济。但是，这些国家的政府似乎不愿意付出足够的努力，使贸易不平衡的状况出现值得注意的改善。他们转而埋怨，美元价值的下跌，正在损害他们的出口者和他们的经济。美国经济陷入了停滞，在国内面临着预算赤字的政治困境，在国际上，又面临着国际贸易赤字的政治僵局。

2. 削减赤字的前景

美国现在的财政-货币政策组合仍然是错误的，不过，也逐渐出台了一些矫正措施。格拉姆-拉德曼的戏剧还没有演完谢幕。1986年夏天，美国最高法院在鲍舍诉西纳尔案（Bowsher v. Synar）确认了下级法院的判决，宣布这样一些法律条款是违反宪法的，这些法律条款规定，在每个财政年度开始的时候，如果总统与国会之间没有就预算达成一致意见——这个预算必须和预先规定的削减赤字的时间表保持一致，那么，按照该条款的规定，则应自动地削减支出。尽管联邦总统与国会都公开表明，他们忠诚于格拉姆-拉德曼法的目标，但是，他们似乎听任于不予履行。国会和总统远远没有认识到国防支出、行政支出和税收收入在削减赤字中应当起到的作用。

不过，考虑到华盛顿的既定基调——格拉姆-拉德曼法只是这种基调的一个征兆，结构性赤字在今后几年里很可能不断降低。其中，最大的有利因素是利率的下降，这就消除了财政赤字爆炸性增长的一个根源。另一个有利因素是，国会成功地冻结了国防支出的实际规模。

联邦储备委员会可能会承担一项愉快的任务，即补偿一些被抽回的财政性需求刺激,人们必然会希望,残留的货币主义将不会挡道。在这10年剩下的日子里,如果出现了经济衰退或者增长速度下降,联邦储备系统会毫不迟疑地大胆地采取行动,因为按照目前华盛顿的基调,即使周期性的赤字,也被解释为形势严峻的原因。

3. 供应学派处方的失败

供应学派处方的实验结果非常令人失望。预算的结果表明,我们并没有处在拉弗曲线的错误斜率上。这大概不会让人吃惊吧。1981年里根政府政策的一个更可信的目标是,把国民生产总值的构成成分,由私人和公共消费转变成私人投资,特别是在工厂和设备上的商业投资。1978年是里根总统当政之前最近的一个经济正常年份,把1985年与1978年的实际最终销售额(即国民生产总值减去存货投资)加以比较,我发现,最终销售的增长额中,95%以上都属于个人消费和政府购买。在1981年和1982年,里根经济学的批评者们说,削减税收带来的政府债务,要比增加的私人储蓄更多。事实证明,他们的警告是正确的。个人储蓄占个人可支配收入的百分比,实际上已经从70年代后期的7%左右,降低到1985年的5%以下,1986年又下降到4%。个人消费占税前个人收入的百分比,从1978年到1986年却提高了将近两个百分点,同期的消费者利息支出,也增加了1个百分点。

在1983～1984年的经济复苏中,商业性固定投资很好地发挥了作用,但是,考虑到它是从经济最不景气的情况下开始起作用的,因而,它的作用并不比其他周期性波动时显得更令人瞩目。获得最大好处的是工业设备、计算机和汽车,《经济复苏税收法》对它们产生的刺激是微不足道的。在随后的两年里，投资的激增减缓下来。在里根当政的年月里，私人国内投资的增长，完全抵得上美国的经常项目上赤字的增加。美国对世界其他国家的净债权明显下降了，现在已经变成了负数，它给后代人造成的不利后果，与国内资本形成比率低的后果是一样的。尽管政府提供了新的税收刺激，但是，私人的研究与开发支出仍然有所减缓。在基础教育和民用性研究与开发方面的公共支出，却成了联邦预算紧缩的牺牲品。

没有迹象表明，里根经济学的措施增加了劳动力的供给，当然，要根据正常的周期性效应进行必要的校正。平均工作时间的长期下降趋势一直持续下来，从未明显地中断过。男性劳动者的参与率实际上降低了；长期以来，女性劳动力的参与率不断提高，现在仍在继续提高，可是，提高的幅度显然减小了。

就供应学派经济学而言，最根本的要求是生产率的提高。在70年代里，生产率出现难以理解的下降，这正是这10年里最致命的令人失望之处。可是，天哪！目前没有任何征兆显示出，生产率又回到每年增长2.5%～3%的速度上，这是1973年以前美国经济的增长特征。80年代里的经济衰退和复苏，对所计算的劳动生产率通常会产生周期性影响。如果把这些因素考虑在内，生产率的增长趋势只有1%或者更低。自从度过了经济衰退的低谷之后，已经增加了1000万个就业岗位，尽管这比1981年政府当局预测的数字低200万个，但仍是一个好消息。但同时，还有一个坏消息，即增加的就业机会生产出来的国民生产总值，并没有达到它应该达到的数量。

4. 贫困与两极分化的加剧

在里根总统当政的这些年里，美国的贫困和两极分化日益加剧。里根总统曾经许下诺言：供应学派的刺激政策，将会创造出一股"不断上涨的潮水"，它将"抬高所有的航船"。可惜，这个诺言没有实现。经过了3年的经济复苏，即使到1985年，全美国仍有14%的人生活在贫困家庭里，其家庭收入低于官方公布的贫困线水平。这个数字与1981年相同，而1978年只有11.4%，1969年只有12.1%。80年代里，两极分化也在不断加剧，完全颠倒了自1960年以来的两极分化逐渐缩小的趋势。在1980年之前的20年里，20%的最低收入家庭获得的收入之和占全国家庭总货币收入的比例，一直保持在5.2%～5.5%；40%的最低收入家庭的收入之和占全国家庭总货币收入的比例，则保持在16.8%～17.6%；20%的最高收入家庭的收入之和占全国家庭总货币收入的比例，大约是40.9%～41.6%。而1984年，20%的最低收入家庭的相应比例数字，不超过5%，40%的最低收入家庭的相应比例数字，也低于16%，但是，20%的最高收入家庭的相应比例数字，却高达43%。这些收入数字都是指税前现金收入。1981年的税收变化，又给高收入集团带来了绝对的和相对的利益。1986年的个人所得税改革，也会起到同样的作用（参看下文的详细论述），尽管这次改革也将把一些贫穷的低收入家庭，从纳税人名单上抹掉。

像我这样喜欢冷嘲热讽的人必然会注意到，供应学派的减税和改革运动的重点，实际上放在降低最高等级的所得税税率上。着重强调边际刺激，已经把政府当局的转移支付政策完全颠倒过来了，向穷人的转移支付项目需要进行的各种审查更加严格了,隐含的税率明显地提高了(福利的丧失造成的后果是,设法增加额外的劳动收入)。在社会福利领域,拉弗曲线又得到了默里法则(Murray's Law)的配合,该法则认为,削减福利支出将会减轻贫困。正是由于美国企业研究所的保守主义学者查尔斯·默里(Charles Muray)的著作《正在丧失的基础》(*Losing Ground*),使默里在保守主义传统的代言人圈子里,成为备受欢迎的宠儿,甚至里根总统在他的福利改革提案中,也明显地融进了默里的哲学。

5. 所得税改革

面对日益增长的联邦债务和国际债务,里根总统与国会之间,对于如何解决这些棘手的难题,未能取得一致意见,于是,总统与国会被迫在1986年进行个人所得税和公司所得税的改革。在大多数客观的观察者看来,最迫切需要的是增加联邦收入。可是,里根总统却坚持认为,税制改革的结果必须是收入中性的,国会勉强地同意了。未来的经济史学家们在谈到这种颠倒优先秩序的做法时,将会遗憾地摇摇头。

这段立法历史令人迷惑,也具有讽刺意味。早在1984年之前,已经有两份税收改革提案提交给国会了。其中,一份是共和党的议案,主要提案人是众议员肯普和参议员卡斯滕(Kasten);另一份是民主党的议案,提案人是参议员布拉德利(Bradley)和众议员格普哈特(Gephardt)。两份议案都提出,要降低税率,扩大税基,堵塞税收漏洞,并且声称是收入中性的。在一个竞选年份里,为了勉强地获得在税制改革问题上的议案创制权,里根总统只得命令财政部提出自己的提案。于是，财政部几乎占用了整个 1984 年，才完成了任务，这就使税制改革变成了一件在大选之前没有什么政治意义的事情。财政部最后拿出来的提案，称为财政部一号提案，它的显著特点是与政治无关。这个提案是由一批具有奉献精神的专家草拟的，他们得到的指示是，要使提案在经济上保持中性，而不仅仅是收入中性的。他们在提案中力图纠正的扭曲，大部分是《经济复苏税收法》中的有关条款。具有讽刺意义的是，仅仅在 3 年之前，就是这同一届政府，还在认真实施这些法律条款。尔后，由于从这些条款中得到好处的商人们和其他相关利益集团的极度痛苦的呼吁，又导致了 1985 年财政部二号提案的出台，它是一种政治妥协的产物，牺牲了一号提案的纯正性和刺激中性。在众议院审议通过的时候，又变成了一种不同的政治妥协，更加接近于一号提案。

1986 年参议院又重新提起了这件事情，提交给参议院的议案，在一个共同的策略上已经发生了变化。议案的基本目标是降低边际税率，减少税率等级的数量。里根总统毫不动摇地坚持一个游戏规则，那就是，必须把个人所得税的最高边际税率，从 50% 降低到 35%，或者更低。在 1981 年以前，非劳动收入的最高边际税率为 70%，而在 1971 年以前，所有收入的最高税率都是 70%，或者更高。按照设想，由于降低税率而造成的税收损失，可以通过扩大税基，消除或者限制减税、免税、税收抵免、避税等途径加以弥补。同样的策略，也适用于公司所得税。税率降低了，但扩大应税税基的措施主要是：逐步取消投资税收抵免、加速折旧和设备投资的课税扣除，以及其他的投资刺激。对投资实行减税优惠，是从肯尼迪总统当政时期开始的。除此以外，其他的"漏洞"则全部属于 1981 年

《经济复苏税收法》的一部分,通过该法时,里根总统和国会正在极其努力地促进投资。另一个共同的特征是,把税收的负担从个人税转移给公司税。因为扩大个人所得税税基在政治上的可行性,难以保证政府单靠这项措施沿着保持收入中性的道路推行改革;而把负担放在公司税上,普通的个人恐怕都难以认识到由于公司税更高给他们带来的间接负担。

即使这样,一些院外活动集团的成员仍试图阻止参议院通过一项众议院和总统都赞成的议案,因为他们所代表的纳税人虽然从1981年的税法中得到了一些应得的利益,但是,他们同时也成了税率降低的牺牲品。但是,一位共和党人、参议院财政委员会主席帕克伍德(Packwood)在参议员布拉德利的帮助下,竟然闯过了难关,成功地创造了一次政治上的奇迹,使该议案得以通过。其中的奥秘是,同意在议案中大幅度降低个人所得税税率,使最高边际税率下降到32%,最高平均税率降低到28%,这种诱惑将会消除反对派的所有反对意见,只剩下无懈可击的税率豁免。虽然如此,议案的提案人仍然不得不拉了许多国会议员的选票,条件是,议案中被迫同意一笔数额空前的特殊化"暂时"豁免额,由此损失的收入总计达到140亿美元。在税收立法的令人讨厌的历史上,这是一段最令人厌恶的插曲。当这个法案获得通过,并经总统签字生效后,总统以及两党的参议员和众议员们谁都不否认他们狂欢般地自我庆祝了一番。

1986年的税制改革,从不同纳税人之间的公平性、经济中立性和经济效率方面,改进了个人所得税和公司所得税立法。它堵塞了无耻的避税行为,即富有的纳税人可以设法逃税,而靠工资收入为生的人却不能漏税。举例来说，富翁们可以扣除加速折旧额和利息支出额，从而按照高数额申报不动产投资的账面损失，然后，高价卖出这些财产，并按较低的税率交纳资本收益税。在公司税法中取消了特许经营的投资刺激，同时，新的税法中，有效地把不同产业之间以及不同类型、不同耐久性的固定资产之间的利润税税率，更加统一起来。累退地削减税率，是改进税制付出的一种很高的政治代价。没有任何例证能够说明，降低最高税率，将会刺激企业家精神、发明创新和努力工作。美国经济以及其他许多国家的经济，都曾经在实施累进税率等级表的时候繁荣起来。认真回顾1981年以来这几年的历史，我从中发现，1981年降低了最高等级税率，同时，作为预期的补偿，税收漏洞却一点也没有减少，实际上，新制定的法律条款会进一步侵蚀税基。从这种新的状况出发，1986年富人们又成功地进一步降低了最高税率，他们付出的代价是所谓的堵塞税收漏洞——从来都没有得到过证明。

四、里根经济学的遗产

1. 遭到削弱的公共部门

罗纳德·里根将给他的后继者留下一个受到严重削弱的联邦政府。他试图把野心勃勃的国防支出增长挤入预算之中，与此同时，他又在预算中削减税收收入。两党的国会议员们对此也负有一定的责任，因为他们中的大部分人更了解情况，而他们却懒惰地屈从于总统的计划。

约翰逊总统的国内社会政策,赢得了一定的声誉和历史地位,但是,他使美国卷入越南战争所犯的悲剧性错误,使他丧失了在历史上应有的地位。他在财政政策上的附带错误是,他坚决主张推行"大炮加黄油"政策,他没有及时采取行动增加税收,以支付战争费用;总之,约翰逊总统的这些失误,灾难性地破坏了1966年之前实现的经济稳定。越南战争的教训,可能挽救了里根总统和美国,使总统对中美洲地区共产主义威胁的忧虑,没有演变成一种危险的论点:美国军队应当干预。然而,里根总统在历史上很可能被认为同样犯了"大炮加黄油"的错误。

里根总统认为,美国完全有能力承担得起他所要求的军备扩张,在这一点上,他的看法是正确的。至于它是否有必要,是不是一项好的国民经济政策,则是一个新难题,经济学家们对此也没有特殊的经验。假若扩充军备是必要的,它就不应当成为控制预算赤字的牺牲品。它的负担也不应当狭隘地放在其他政府项目及其受益者身上。一个富裕的国家,确实能够负担得起它所必需的国防支出,但它同样也能够承担得起其他许多公共开支,包括国会图书馆、公共广播网、真实可靠的统计资料、环境保护、人道地对待穷人和残疾人等。里根的"黄油"与约翰逊总统的不同,里根总统的"黄油"主要是减税,他决定要保护的,主要是这个国家里较富有的公民们的利益。这项政策产生了十分不利的宏观经济后果,我在上文里已有论述,其中最值得注意的是贸易赤字。这项政策也把联邦预算决策,引入了政治上的死胡同,上文也有论述,最后,以完全丧失了理性的格拉姆-拉德曼法而告终。

很久以来,所得税一直是联邦收入的重要来源。所得税收入占国民生产总值的比例，1959年是11.3%，1969年是13.3%，1979年是11.6%。可是，到1989年，所得税收入占国民生产总值的比例，可能只有10.7%。确实，工薪税收入占国民生产总值的比例，估计将由1959年的2.4%，上升到1989年的6.8%。不过，这些收入都被指定用于社会保险福利，其中大部分用于老年人和遗嘱保险。社会保障费用必须自给自足，在今后20年里，它可能会有剩余，用于建立一笔信托基金，在下一个世纪里将需要这笔基金。目前，这些账目在官方看来，还是"预算外项目"。经常性的"预算内"政府活动，还是要靠所得税收入——或者靠赤字。1979年国防支出和国债利息两项合计，已经占国民生产总值的6.4%，因此，所得税收入除了支付这两项费用以外，能够用于其他活动的，只有国民生产总值的4.1%了。到1989年，据估算，国防支出和国债利息两项支出，将占国民生产总值的8.7%，所得税收入中，将只有国民生产总值的2.0%用于其他活动。

由此导致了行政经费预算捉襟见肘，它带来的社会代价和危险性显而易见。下面就是一些生动的例子。

联邦政府正在废弃"收入分享"政策，并且取消了联邦政府向各州政府和地方政府在基础设施建设投资、教育和社会计划投资等方面提供的补助。各州政府和地方政府也不得不采取种种对策做出反应。一种对策是直接削减这些项目的支出——这正符合里根政府当局的意图；另一种对策是增加本地区自己的税收——一般要比联邦所得税更具有累退性质。

当时的美国国务卿舒尔茨(Shultz)，抱怨美国国会未能提供足够的资金用于对外援助，用于在世界各国开展有效的外交活动，用于承担美国对各个国际组织的义务。他无疑是正确的。不过,他还应该向白宫提出这些抱怨。

里根总统亲口答应加拿大总理马尔罗尼(Mulroney),要对酸雨采取必要的行动。可是,在总统的预算中,却遗忘了采取行动所必需的资金。里根总统和里根夫人曾经庄严地宣称,要全力以赴向滥用成瘾药品开战,成了当时报刊的头条新闻,可是,在最近的预算年度的预算中,里根总统却将这场战斗的经费支出削减下去了。美国的民用航空站和飞机越来越拥挤,但却没有资金扩修机场设施,增加空中交通管制人员和安全强制措施。全国的交通干线路况严重恶化,但是,为了降低赤字,预算中的汽油税,除了指定专门用于维修和改善公路交通,还要求有剩余。联邦政府依赖可以减免课税的私人捐赠,达到越来越多的目标。比如说,在整个世界上推进民主事业,授予白宫和国务院有权力接受外国显要人物赠送的、配得上一个伟大的富裕共和国的设备。削减联邦统计项目,损害了学术研究者、工商界人士和其他一些需要相关统计资料的人们。我们的国家公园遭到严重损坏。联邦政府对教育和科学的财政支持明显不够。与私人部门相比,联邦政府工作人员的工资明显偏低,而同时,政府主要领导还责骂他们是一群寄生的、权力欲很强的官僚。(最近,我在给一个研究生班的研究生讲课的时候,曾经提到了这一点:保罗·沃尔克可以说是当今世界上最重要的经济官员,但是,他的工资甚至低于一个年轻的商学院毕业生,而这个年轻人却是被人雇用,专门猜测保罗·沃尔克下星期会怎么做的!)

里根的理论认为,美国经济面临的问题是,公共部门太庞大。不论是从公共部门的实际经济活动来看,还是从公共部门福利状况的转变来看，都没有任何理由相信里根的理论。根据上述两个方面来计算，美国的公共部门，相对于经济的规模而言，比其他发达的资本主义民主国家更小，除了日本和澳大利亚。政府当局认为，只有私人工商业形成的物质资本，才能有助于创造一个国家的未来；这完全是一个庸俗的错误，它牺牲了在人力资本（教育和健康）上的公共投资、自然资源以及公共基础设施，如建立购物中心和奢侈的娱乐性场所。

目前的保守主义流行的风尚是"私有化"。里根政府的预算决策者忽然发现，出售联邦的资产，是一个聪明的技术性措施，看起来似乎符合格拉姆-拉德曼法。很显然，没有任何一位商业会计会认为，出售联邦资产所得，是降低赤字的经常性收入。但是，不管怎样，私有化受到自由市场理论家的欢迎。尽管有些私有化可能是合理的，节省成本的，但是，现有的私有化计划则不过是预算的化妆品，只反映出教条主义原则，而不是一件一件地仔细考察它们的长期成本和收益。

在过去6年里削减或取消的一些政府计划项目，确实值得让斯托克曼的大斧砍一砍；里根总统提出的1988财政年度的预算建议案中，有些目标也应当砍一刀。在前任的政府当局和国会推行的"照常营业（business as usual）"的预算政策下，上述那些支出，可能不那么容易受到攻击。此外，按照自由市场的原则，还有一些威胁，也应该消除，但却至今仍使人惊恐不安。最昂贵的例子是联邦农业政策，这一届美国政府在农产品价格支持和有关的补贴上花费的美元数量，已经创下了历史最高纪录。另一个例子关系到加拿大人的利益，就是我们的海洋政策。在这两个例子中，伴随着限制竞争的政府管制，美国政府支付了数额巨大的预算补贴。

在卡特总统当政的时候，美国就开始取消了一些管制措施，主要是能源、空中运输和陆地运输，以及财政方面的管制。后来的总统得以继续和发展。里根总统的政府取消管制的重点，没有集中在取消反竞争的管制政策上，而是着重于放宽那些为实现环境和社会目标而制定的政策措施。加拿大人认为，很难使美国总统对酸雨感到担心，正如黑人们都知道，美国政府反对"肯定性行动"。[1] 看来，他们的看法都是对的。

针对贸易保护主义者的压力，里根政府竭力为自由贸易政策辩护，这是值得称道的。但也正是里根政府的宏观经济政策，即美元升值，导致美国的生产者在国际贸易中缺乏竞争力，并且招致了贸易保护主义者的指责，他们来自于无可救药的工业和被迫流离失所的工人。更何况，政府的花言巧语，比它的行动更自由主义。像他的前任们一样，里根总统也对一些受到强烈冲击的工业，确定了进口配额和特殊关税。

2. 被遗漏的议事日程

有两个重大的经济问题，根本没有被列入里根总统的议事日程。第一个是宏观经济问题，与失业和通货膨胀有直接的关系。美国经济实现充分繁荣所面临的最大基本障碍是，决策者（在中央银

---

[1] 原文 affirmative action，通常译为肯定性行动，是美国为了照顾黑人而采取的一项行动计划，即在学校教育、就业等方面，对黑人提供强制性定额照顾，规定必须接收一定数量的黑人。因此，也称为照顾行动计划，70年代后得到广泛推行。但是，不少人认为，这与美国人一贯奉行的机会平等观念相悖，是一种逆歧视。——译注

行和各种政府机构里的官员们)以及有影响力的公民们担心,重新把失业率降低到 70 年代里经济繁荣时达到的水平上,可能会触发又一次通货膨胀螺旋。这种担心或许早已陈旧过时,也不能认为是合理的,不过,它毕竟是一种现实。如果这种担心是有道理的,那么,没有通货膨胀危险的失业率就太高了,达到 6% 或者更高,我们就应该积极地寻求结构性改革,来降低失业率。改革的内容包括:制定有利于竞争的劳动力市场政策;修改工会立法;采取刺激性措施,促使企业主和工人们选择分享利润或者分享收入的劳动契约;制定工资-物价界标,并且以税收为基础给予奖励,诱导企业主遵从。在这里,不适宜深入探讨具体的建议。我只想简单地指出,里根政府对于这个根本性的问题漠不关心。

第二个问题是,城市中的少数民族聚居区的病态发展,在那里居住着黑人和其他少数民族。这个问题在里根总统的议事日程里,显然也被遗忘了。这些聚居区及其所在的城市,还有生活在其中的少数民族,确实是"正在丧失的基础"——这里借用前述默里先生著作的书名。"向贫穷开战"以及"伟大社会"计划,都没能阻止或抑制这些地区和居住其中的人们,陷入日益悲惨的恶性循环之中。后来,政府干脆忽视或者减少了为救济他们而提供的实际公共资源,但同样也没能拯救他们。时至今日,政府当局对这个问题做出的唯一反应是,进一步削减向这些地区的福利支出,因为政府当局认为,这样做既能减少他们对福利的依赖性,又能减轻贫困。与此同时,纽约市较贫穷的布朗克斯区和哈莱姆区、波士顿市的罗克斯布拉区、芝加哥市的伍德劳恩区和西部区,以及其他许多大小城市里的类似区域,已经与同一座城市里中心地区显示出的富足生活方式,与全国的电视里炫耀的奢侈，形成了一种不光彩的和危险的鲜明对比。里根总统喜欢把美国比喻成"小山（hill）上的一座阳光灿烂的城市"。在我住的纽黑文市就有一个希尔（Hill）区，遗憾的是，那里可不是阳光灿烂的。

起初，我把罗纳德·里根总统列入这样一类政府领导人，他们实质地和持久地改变政策航线和政治辩论的中心话题。然而，最后，对于右倾的里根主义反革命取得的成效，我却产生了一些疑问。在伊朗门丑闻曝光之前，民意测验显示出，罗纳德·里根的支持率很高，在他当政的第六个年头里仍能获得如此之多的支持，可以说得上是空前的。作为一个普通人，他显然仍受到了普遍的欢迎，即使是那些对他在最近揭露出来的丑闻中所扮演的角色提出批评的人，也还是喜欢他。虽然如此，民意测验也表明，在少有的几个特殊问题上，和里根总统站在同一边的人不多。理所当然地，一位反政府的总统留下的公共纪念物肯定不多。里根总统恐怕不能留下任何东西，足以与罗斯福总统的社会保障，或者约翰逊总统的公民权利和健康保险相媲美。

里根经济学从一开始就是一场骗局，这真是一个非常可怕的事实。里根经济学的失败以及它留下来的遗产，给我们提供了一个教训，那就是，一旦一个国家把她的政府和经济托付给一个看问题简单化的思想家，不管在电视上反映出来的成就是多么辉煌，这个国家都要付出沉重的代价。

8 经济政策的保守主义反革命[*]

里根政府的经济计划,就像英国撒切尔政府的计划一样,显示出了一种在经济政策上的保守主义反革命,包括经济政策的理论、意识形态和实践诸方面。这场反革命的目的是,减少政府,特别是中央政府的经济影响,相对地扩大私人企业和自由市场的力量。有几种政策是至关重要的,它们分别是:

(1)宏观经济稳定化——运用财政政策、货币政策和其他政策,影响国民总产出、就业量、价格和其他变量,它们都具有宏观经济意义;

(2)经济的不平等——运用公共财政对收入和财富进行再分配;

(3)资源配置——在不同的公共品和私人物品中,确定国家的优先重点;

(4)对经济活动和市场进行规制。

一、稳定政策的演变

我已经提到了一次反革命,所以,我应该提醒读者,它究竟反

---

[*] 1981年10月,纽约大学150周年校庆纪念会。原载《纽约书评》1981年12月3日。经《纽约书评》杂志社许可,在此重印。版权:1981年,《纽约书评》杂志社。

的是哪一次革命。这次革命大约在35～45年之前，也就是第二次世界大战的前后，发生在美国以及其他西方资本主义民主国家。当时，在经济政策的实践和政治经济学理论上，都发生了激进的变化。人们对30年代大萧条的活生生的记忆，形成了一种广泛的共识，即政府必须承担责任，维持经济的繁荣，并且保护市场经济中的每一个人，不致遭受不可避免的生活无保障之苦。美国实行的新政和欧洲的社会民主运动，就是这些变化的典型代表。他们还扩大政府在学校、住房、运输和其他公共品上的投资，并且增强工人、工会和农民相对于工商业者的市场力量。经过战后30多年的发展，在很大程度上，这些变化已经被所有的主流政治党派所接受，并且被不同政治色彩的政府延续下来。尽管在过去的15年里，不满意的吵嚷声越来越大，但是直到最近，反革命派才获得了政治上的权力。

在下面的讨论中，我将把自己主要限定在美国，以及革命和反革命的两个主要内容，即宏观经济的稳定和收入与财富的再分配。美国国会通过的两个法律，是那次革命的象征。1946年的《就业法》赋予联邦政府广泛的权力，以获得"最大就业量、生产量和购买力"。在这10年之前，根据国会通过的《社会保障法》，联邦政府承担了一项义务，在每个公民遭遇个人经济上的灾难时保护他们；这些灾难包括：工人失业，老年人没有生活来源，幼儿失去父亲等。罗斯福总统推行的新政已经迫使联邦政府参与管理社会福利和失业救济、银行存款和抵押保险以及其他"安全网"。可是，到了1947年，联邦政府又承担了这样的责任，既要维持普遍繁荣，又要保险和保障最不走运的人能够承受大萧条和经济变化的损害。

这些确实都属于新的职责。在30年代后期以前，并没有明显地要求财政和货币政策致力于实现宏观经济的稳定。在1929～1934年期间，胡佛（Hoover）总统和罗斯福总统都增加税收，徒劳无功地试图平衡联邦预算。他们深感忧虑的是经济衰退对预算的影响，而不是预算对经济的影响。在整个1929～1932年的危机期间，货币政策在美国经济中只占有次要位置，当时的基本重点，是保卫美国的黄金储备，维持美元的黄金价值——直到1932～1933年的大灾难迫使罗斯福总统中止黄金的可兑换性，并且使美元贬值。至于如何救助那些大萧条中的牺牲者，罗斯福总统认为，那主要是私人慈善事业和地方政府的责任，不是联邦政府财政部的任务。当然，不可否认，罗斯福本人是基督教教友会的一名信徒，第一次世界大战以后，他很好地指导了救助欧洲遭破坏地区的工作，这项工作为他赢得了举世闻名的慈善家的声誉。幸运的是，罗斯福总统是一个实用主义者。

类似地，在30年代和40年代里，其他发达的民主国家也重新确定了中央政府的经济责任。在英国，由贝弗里奇爵士（Lord Beveridge）主持提出的两份战争期间的报告，一份是关于社会保险的《社会保险和相关服务》，另一份是关于充分就业的《自由社会的充分就业》。这两份报告确立了战后英国宏观经济策略和"福利国家"立法的新阶段。

这些政治上的发展，都有重要的理论著作和基础。1936年约翰·梅纳德·凯恩斯出版的《就业、利息和货币通论》，开始引发了一场宏观经济学和货币与财政政策理论的革命，并且在说英语的国家里流传起来，战争结束以后，又流传到欧洲大陆。凯恩斯的著作为一些国家授权政府维持充分就业提供了理论基础，同时，还为具体运作提供了指导意见。正统派经济学家和马克思主义经济学家一直都认为,经济周期是资本主义不可避免的和制度上的特征。如今,这种看法已经过时,人们普遍接受的观点是,经济周期不是资本主义的特征。根据凯恩斯主义理论,经济活动出现全国性或世界性波动是破坏性的。不过,只要政府进行积极的财政和货币干预,也就是推行所谓的稳定政策,经济波动就可以避免。

凯恩斯究竟是赞成,还是反对福利国家的措施呢?从凯恩斯主义宏观经济学中,不能从逻辑上推断出任何结论。但是,再一次与右派和左派的观点相反,他肯定不是认为,对于资本主义来说,通过税收和转移支付对收入和财富进行再分配,是致命的不幸,或者,甚至说是有害的。按照凯恩斯个人的看法,"我们生活在其中的这个经济社会的最大缺陷是,它没能提供充分的就业,以及它在财富和收入分配上的随意性和不平等"。凯恩斯确信,两个缺陷都可以纠正,同时又不会牺牲市场资本主义的效率和进步。凯恩斯和他的古典先辈及现代同事们一样推崇市场资本主义。20年以后,凯恩斯主义和新古典理论综合派变成了美国经济学的正统主流学派,该学派的主要缔造者保罗·萨缪尔森,非常明确地表达了这种乐观主义观点:

> 一个社会能够实现充分就业,同时也能够达到它所需要的资本形成率,并且能够把所有这些方面,同它在伦理道德上期望达到的实现收入再分配的税收水平,很好地协调起来。

换句话说,凯恩斯和萨缪尔森都认为,资本主义和社会民主的一种混合物，是有生命力的和强健的。与此相反，不管极左派还是极右派都坚持认为，资本主义不能承受平均主义政策，或者说，在这种政策下难以生存。

战后的历史阶段，特别是战后25年的经历，似乎证明了凯恩斯和萨缪尔森的乐观主义。历史上没有任何一段时间，可以与这25年相比，在这么长的时期内，人均生产率和生活标准提高得如此之快，或者总产出量和总就业水平如此稳定地增长，或者世界贸易总量扩展得如此之大。与50年代和60年代相比，过去的10年则是令人心寒的10年。但是，我们不应该对前途丧失信心。

对凯恩斯革命产生失望和挫折情绪的主要根源，正是70年代的滞胀，它是高通货膨胀率和高失业率的混合物。即使是凯恩斯革命明显取得成功的年月里，他的充分就业政策和反周期性稳定政策，也使人们长期地担心出现通货膨胀。其实，从40年代开始，革命的倡导者们自己就提出了警告，他们指出，取消了失业强加给工人们的工资戒律，同时又消除了解雇的威胁之后，实现的充分就业，可能与价格的稳定性产生矛盾。他们中的有些人已经预见到，必须直接地管制工资和价格，才能把这两个目标协调一致起来。他们看出，如果经济普遍繁荣的时候，在迅速扩大的工业里工资和价格任意地上涨；而当经济出现短期衰退时，在不断萎缩的工业里工资和价格却全部缓慢地下降，那么，经济将会有一种长期的通货膨胀倾向。

而且，社会福利立法又加剧了通货膨胀倾向。可以说，是战后历届政府和国会——不管是哪个政党主政的——延续并扩大了通货膨胀倾向，其中，最引人注目的是，从60年代末期约翰逊总统推行

"伟大社会"计划开始的。社会保险在一定程度上削弱了对寻找并接受工作岗位的刺激,特别是报酬较低或缺乏吸引力的工作岗位。

或许,更主要的是,我在本文开头所列的第四类政策的发展。罗斯福主义政治联盟又让那些原先被排除在外的大集团,参与已经过时的、不同利益集团之间的政治斗争之中。像其他各国的政府一样,我们的联邦政府总是专门迎合私人工商业集团,赋予他们政治影响力;从美国历史上的关税征收、修电道路等国内改进、土地转让、银行特许和补助金的发放等事件上,可以很清楚地看到这一点。从30年代起,美国的工会得到了联邦的保护,工人们可以自由组织工会,并与雇主讨价还价。工人们的工资水平、工作时数和工作条件,都必须服从联邦政府规定的标准。农民们不仅得到了政府的补贴,而且组成了受联邦管理的卡特尔。约翰·肯尼思·加尔布雷思(J. K. Galbraith)和其他一些学者证明,加强工会和农民组织的垄断力量是合理的,因为它们可以成为大企业垄断权力的抗衡力量,这对于整个社会来说,是有益的。加尔布雷思的这个值得怀疑的论断,与开明的凯恩斯主义者主要热衷于充分就业和减轻不平等,从来就没有什么相同之处。无论如何,这些所谓的抗衡力量都将增强通货膨胀倾向。工人们,不论是有组织的还是无组织的,都有了更大的权力,在经济繁荣时要求增加工资,或者在经济萧条时拒绝削减工资。农业价格支持措施弱化了食物和原材料价格的下降趋势和周期性降低,在20年代和更早的时期,这一点非常有利于价格的稳定。

在60年代后期之前,美国的通货膨胀纪录一直很好。在越南战争期间,由于依靠赤字融资,使已经按照最大生产能力运行的经济变得过热，这对于任何一位经济学家来说，都毫不奇怪，不管是凯恩斯主义者，还是货币主义者，或者是古典经济学家。在70年代里，尽管为了制止通货膨胀而采取的货币政策引发了三次经济衰退，尽管失业率比前两个十年都更高，可是，通货膨胀还是不断加速。于是，人们对凯恩斯主义理论和政策大失所望，从而使经济政策步入了反革命的阶段。许多评论家解释说，70年代滞胀的根本原因，是一系列外部冲击，其严重程度是前所未有的，它们损害了世界经济。这些冲击包括：1971年尼克松总统宣布停止用美元兑换黄金之后造成的美元贬值；1973年世界范围内的商品短缺和投机的兴旺；1973～1974年和1979年石油输出国组织制造的两次石油大涨价。也有一些人指责1972～1973年和1977～1978年采取了过分刺激的财政-货币政策。迄今为止，这场争论仍没有得出决定性的结论。但是，里根政府却对自己的判断确信无疑：70年代的经济挫折，是战后以来推行的错误政策造成的不可避免的后果。

二、反革命

针对35～45年前发生的凯恩斯革命来说，里根经济学无疑是一场政治上和意识形态上的反革命，英国的撒切尔主义也属于同一类型。当年，凯恩斯主义理论激发了一场革命，同样的，在今天，经济学专业领域里，批评凯恩斯主义和新古典教条综合派的反对派理论，又支持了一场反革命。如前所述，新古典综合派在60年代变成了美国经济学的正统主流学派。当然，在这两个例子中，经济理论、流行的意识形态和实际政策之间,都有许多不同之处。然而,在这两种情况下,都有一种共同的舆论倾向,淹没在学术杂志、大众传播媒介、政治辩论、国会或议会的争论之中,并且有一种指导总统或总理的哲学。不论是正确的,还是错误的,人们指责凯恩斯革命造成了70年代令人失望的滞胀,造成了高失业率、高通货膨胀率和高利率,以及萧条的股票市场、生产率和资本形成率的增长都很缓慢。旧的教条和政策——在40年前是新的——已经名誉扫地,取而代之的是新的教条和政策——在40年前却是旧的。

关于经济的稳定,新的教条认为,积极的财政和货币干预——被描述或讽刺为"微调"——正是问题所在,根本不是解决问题的办法。政府应该断然否定反周期的政策,让人们确信,政府的政策将是稳定的,从而让市场经济自行实现稳定。因而,中央银行应该遵从或者被迫遵从一个固定的货币增长率规则,货币增长率应当独立于经济的运行。同样的道理,联邦税收和支出立法,也不应随着商业条件的变化而改变。目前,有各种各样的建议,要求宏观经济政策不必过多地考虑周期性的波动,包括修改宪法的建议,要求每年均需达到预算平衡,并限制政府支出和货币量的增长;这些建议纷纷提交给政府当局和国会,里根政府则温和地看待这些建议。

反对过去实施的反周期性政策的理由之一是,据认为,推行这种政策会加速通货膨胀。因为在经济衰退期间,它会消除对工商企业主和工人们的刺激,使他们不必依靠降低价格和工资的办法就能保住自己的销售额和就业岗位。为什么不坐以等待,直到政府重新鼓动起需求呢?在英国,玛格丽特·撒切尔已经使英国的男女公民们注意到,他们要想重新恢复在最近的衰退中失去的就业岗位和经济繁荣,唯一的出路是紧缩通货。英王陛下的政府,对此将无所事事。

在美国,联邦储备委员会主席保罗·沃尔克,也曾经不厌其烦地反复提出了同样的警告,但他没能很好地说服他的听众——同样是政府首脑的里根总统,因而,很不幸,他的警告没有起什么作用。里根总统也没有使那些确定工资和物价的人们,充分地相信沃尔克提到的威胁;相反,里根总统暗中破坏,许下诺言要实行没有眼泪(即痛苦)的通货紧缩,实现短期的突发性迅速增长,降低失业率,减轻通货膨胀。果不其然,他的财政部长唐纳德·里甘(Donald Regan)最近不慎陷入了旧的凯恩斯主义"错误"之中,迫切要求联邦储备系统稍微放松一点,以阻止刚刚出现的衰退苗头。在另一方面,政府没有向着反衰退的方向微调它的财政政策;恰好相反,政府目前进行的微调,正在走向另一个方向——试图抵消经济衰退对财政赤字的影响,在30年代初期,胡佛和罗斯福两位总统都是这么做的。[值得庆幸的是,里根政府的行政管理和预算局局长戴维·斯托克曼(David Stockman)最近发表的一项声明显示出,政府开始意识到,在一个衰弱的经济中,把政策的目标对准特定的预算赤字,只能是徒劳无功的。]

放弃稳定政策意味着,假若实际施行这类政策,政府就不再具有诸如就业量和失业率、国民总产量及其增长率这样的实际经济变量目标。当然,任何政治派别的政府,都会公布它的计划、方案和期望。但是,如果政府避开正确的措施,不去努力使它们变成现实,那么,这些计划和方案就没有任何意义。撒切尔政府和里根政府都

8 经济政策的保守主义反革命

声称,他们正在建立一种稳定的货币和财政构架,在这个构架内,私人企业和自由市场将恢复繁荣和没有通货膨胀的经济增长。换句话说,不论私人经济行为者在这个构架内带来什么结果,按照定义,它都是最优的。这就是总统经济顾问委员会现任主席默里·韦登鲍姆(Murray Weidenbaum)提出的主张,尽管他的委托人里根总统还没有完全搞清楚。

显而易见,这是1946年《就业法》授权的一个一百八十度的大转弯,更不用说1945年的《充分就业法》和1978年的《充分就业和平衡增长法》(即汉弗莱-霍金斯法)。的确,很长时间以来,就业目标一直被忽视了。在朝鲜战争结束时,失业率是3%;50年代中期达到经济繁荣的波峰时,失业率是4%,当时,联邦储备系统踩动了制动器;在60年代达到下一个经济周期的波峰时,失业率是5%。肯尼迪-约翰逊政府正式地选择了充分就业的目标,即失业率达到4%,1965年政府实现了这个目标,在越南战争期间,则超额地实现了目标。在整个70年代期间,政府采用的失业率目标不是那么明确,但是,政府的政策走向揭示出的隐含的失业率目标是5%,然后提高到6%,现在可能达到7%或者更高。当然,遗忘了失业率目标也反映出,政府的首要任务变成了向通货膨胀开战,战斗无疑会遭受挫折。可是,我表示怀疑,如果政府能取胜,当政府胜利的时候,联邦储备系统以及政府当局,是不是又会被迫把货币的龙头打到足够大的流量,使高达7%~8%的失业率有明显的下降?这样做则将重新燃起新一轮通货膨胀!他们更有可能满足于继续采用正常的、按照现行生产能力利用率可以维持的实际增长率,并且不为暂时的较高增长提供融资,以吸收在反对通货膨胀的战斗期间出现的经济萧条。顺便指出，这种方案在英国财政部的计划中，已经明确地提出来了。

在当今的美国，宏观经济政策的前景，主要是由联邦储备系统的货币政策决定的。里根政府当局把反通货膨胀的任务转交给联邦储备委员会，指责委员会领导人过去犯了错误，并且强烈要求他们变得强硬一些。联邦储备委员会确实正逐渐强硬起来，委员会主席沃尔克也不断反复地指出，他们准备每一年都逐渐地、坚决地变得更加强硬，直到通货膨胀率基本上接近于零为止。沃尔克和他的同事们，要比里根总统和他的助手们认识得更透彻：这样一来，联邦储备系统的货币政策，将不给实际经济增长留下任何余地，除非工资和物价的膨胀每年能被消化掉1个或2个百分点。考虑到工资和成本膨胀固有的刚性，在这几年的转型期间，几乎可以肯定会出现相当大的经济困难和损害。政府当局根据原则，否定任何直接的工资和价格政策，不论是正式的，还是非正式的，甚至连总统提出的富有说服力的呼吁也不行。由于缺乏这些政策措施，通过货币减速产生反通货膨胀作用的唯一机制，只能是制造出充足的经济困难，迫使工人和企业主们，为了不顾一切地保住就业岗位和企业的偿付能力，不得不接受低于现行水平的工资和价格增长速度。在大西洋的彼岸，我们可以清楚地看到，上述过程正在付诸实践。撒切尔夫人走这条中间道路的5年期间，失业率停留在两位数上，达到了创纪录的高水平；而通货膨胀率也依然盘踞在两位数上不肯下来，不过，好在它正缓慢地下降。

撒切尔夫人的方案与里根政府的计划还不大一样。实行"供应学派"的减税主张，目的是想释放出一股投资、企业家精神和生产性努力的洪流。传统的保守主义正统教条认为,税收刺激只有等到预算平衡和通货紧缩之后,才能真正起作用。供应学派的学者们对这个教条很不以为然。他们利用民主党与共和党在国会展开的激烈斗争,成功地达到了削减预算的目的,并且,削减的数额远远超过了令人敬畏的斯托克曼先生的预想。可是,在联邦储备委员会,税收法案只不过更加坚定了沃尔克主席的决心,他要在一场财政-货币的激战中获得胜利。证券市场上已经显示出,这种状况是第22条军规[①]。因为不可能把利率降得太低,低得足以维持膨胀,除非使经济陷入衰退。

三、收入与财富的再分配

现在,我们来探讨第二类反革命的政策,即联邦税收和转移支付政策,如何影响收入和财富的分配。

机会平等是我们美国人的理想和美国人的解释。实行民主政体的资本主义的理想是,从一个公平的起点开始,进行公平的竞赛。跑得最快的人,得到大的奖励;但是,所有的参赛者都得到了奖励——每个人跑得越快,得到的奖励越多。实际上,经济的和社会的结果,是非常不平等的。对此,我们的解释是,所有参赛者都有同样的机会,但却得到了不同的奖励,而且,对所有参赛者的奖

[①] 第22条军规(Catch-22)。源出约瑟夫·海勒撰写的一部反映第二次世界大战的长篇小说《第22条军规》。该条军规是,精神错乱者经本人申请可获准免于飞行;但能提出申请就表明其精神正常,应执行飞行任务。人们常以第22条军规比喻自相矛盾的或与其他方面发生冲突的事物,有时指遇到了不可逾越的障碍。——译注

励也不断增大。

在现实生活中,机会远不是平等的。我们美国人虽然避开了旧世界的封建主义等级制度,但我们却树立了自己的种族的、宗教的和伦理道德的障碍。即使我们克服了这些障碍,残酷的事实依然存在:父母如果具有较高的经济和社会地位,他们的子女就会有一个更优越的起点——在家里和学校受到更好的教育、更好的营养和医疗照顾,还会得到更多的礼物和继承更多的财物。在传统上,为了给自己的子女提供这些优势,确实是父母们拼命地工作、储蓄和富有创新精神的一种强有力的动机因素。

财富会创造财富,而贫穷则滋生贫穷。虽然在传奇故事中有一些令人激动的社会流动性的例子,流浪汉突然间变成了百万富翁,但在现实生活中,一代人的不平等的结果,一般来说,都将是后代人的不平等的机会。美国政府正采取措施,比如提供免费的公共教育,推行社会保险,"向贫穷开战",实行累进征税等,努力阻止不平等的势头。在其他民主国家里,也在进行同样的努力。

1981年美国的财政预算和税收立法,是政府政策的方向和目标的一次历史性的转折。现有制度承担的义务和各种"安全网",不可能迅速地彻底取消,但是它的教训已经相当清楚了。机会的不平等,不再是联邦政府关心的焦点。

许多人主张,对于不同代人之间转移的财富,应当计征税收,政府当局完全拒绝了这些要求。转移的资产获得的资本收益,也免于征收所得税,现在,其中的大部分资产也免于计征遗产和赠予税。共和党与民主党在国会进行的激烈斗争,有利于富有的选举人,国会随便地解除了政府对这些税收的管制,根本没有认真考虑到未受控制的不同代人的财富差别和机会不平等。

与工资收入相反,资本收入越来越多地免于计征联邦税收。即使按照1981年之前的税收法律,根据财政部的计算,只有1/3的资本收益,作为可征税的个人收入表现出来了[①]。应税的资本收益很少变现成收入;到现在,资本收益实现后,其最高税率只有20%。有些人为了应付退休后的生活,愿意储蓄一定的收入,对这部分储蓄延期征税,可以有效地免除对这些储蓄的利息收入征税,而且一般来说,还会使储蓄的本金移向更低的纳税等级。通过雇主或者"自助"计划,延期征税是很容易的。对所有储蓄者进行新的免税验证没有什么风险,还会缓和目前的通货膨胀,使之降低几个百分点。政府当局的货币-财政政策是一个高利率秘方;新的税收法结束了适用较高税率等级的纳税人的痛苦,他们的利息收入可以逃避纳税,与此同时,还主张对于抵押贷款、消费债务和其他贷款的利息,给予减税优待。老谋深算的富翁们知道,怎样把折旧和利息扣除,与特惠的资本收益率混在一起,使工薪和自雇收益逃避征税;即使他本人不知道,但他也认识熟知这些避税窍门的律师。据认为,税率太高会抑制储蓄和投资,因此,他们成功地降低了较高等级的税率,虽然在这种努力的过程中流下了不少眼泪,特别是最高税率已从过去的70%,突然地下降到现在的50%,但是,符合这个税率等级的居民中,现在仍然没有多少人真正按该税率纳税,或者真正打算按该税率纳税。

[①] 尤金·施托尔利(Eugene Steuerle):"资本收益计征个人所得税吗?",美国财政部税收分析司文件第42号,1980年10月。

在工商企业中，政府也是一个合伙人，最近的立法损害了它的股东权益——几乎到了这样的程度，即财政部在投资成本和风险成本中所占的比例，要超过它在预期收入中的比例。这是多方面因素混合在一起造成的结果。一种因素是大大地加速折旧，"15年—10年—5年—3年"折旧完毕。另一种因素是投资税收抵免，许许多多的回租协议又显著地扩大了它的数额，还有一个因素就是利息的减税。

联邦政府过去为增加处在经济底层的穷人的收入和机会所做的种种努力，现在则被完全放弃了。至于联邦政府为社会福利、食品券计划、医疗补贴计划、就业和培训计划、教育援助计划等提供的资金，以及"向贫穷开战"计划余下的资金，有的被削减，有的被合并到一揽子补贴中，谁能成为受益者，则完全取决于地方立法者和纳税人的任意支配。这个过程只不过才刚刚开始。1984年，税收收入大约已经损失了1500亿美元，而且，由于税率等级指数化，不可能再依靠今后的通货膨胀重新收回一个美元。面对这种情况，里根总统决定对他的预算平衡梦孤注一掷，他向国会施加压力，要求国会兑现他许下的诺言，进一步削减预算，削减的幅度比以前规定的数额还要大。但是，国防支出、公共债务利息支出，或者甚至社会保障福利支出，都不能削减，只是在社会计划上的支出将大大削减；联邦政府在更大的程度上实行"新联邦主义"，把这些社会责任和为其提供资金的任务，都推卸给了各州和地方政府。

里根的经济计划曾经大肆宣传，要医治通货膨胀和失业的顽疾，重新复兴生产率和投资，促使人们努力工作，厉行节俭。实际上，它恐怕不能赢得这些令人羡慕的结果。它肯定能够做到的是，把财富、权力和机会，重新再分配给那些已经十分富有和大权在握的人们及其继承人。如果这就是它的基本后果，那么，公众很快就将从梦幻中清醒过来。

里根政府虽然推崇自由市场的意识形态，可事实上，它并没有采取多少具体措施，来取消一些不必要的管制和补贴，这些管制和补贴是代价高昂的，无效率的，并具有通货膨胀倾向。农业计划不仅要为生产者提供补贴，而且补贴的形式是提高农产品的消费者价格。美国的纳税人、消费者和供应商，则被迫为高成本、非竞争性商业海运支付更高的费用。卡特政府取消了空中交通管制，但对陆地交通实行的类似管制措施，却原封未动地保留下来。政府当局也做好了充分的准备，如果反对的社会准则是保护消费者或者保护环境，就放宽或中止对商业的管制。这绝不是说，要如此强调市场自由、竞争和消费者的利益，以致竟然向主要的企业主、劳工和农业选民提出挑战。这些政治上的圣牛（Sacred Cow）久已存在，直到现在，还没有哪一届政府当局敢于鼓起勇气，产生杀死它们的愿望或力量。不过，既然里根政府声称自己得到了民众的授权进行一次反革命，那么，它显然不应该让旧秩序中最令人讨厌的特征依然如故，不受任何损伤吧！

四、80年代的展望

展望80年代的美国经济，既有一些令人振奋的方面，也有一些前景暗淡的方面。从振奋人心的方面看，首先，美国和整个世界在80年代里，恐怕不会再次受到像70年代那样强烈的外部震荡的打击。其次，虽然目前石油供过于求的状况不一定能持续下去，但是，美国人民现在已经能够很好地适应较高的石油价格，并且做好了更充分的准备，以对付石油价格的再次上涨。再次，70年代的能源危机，加之人们还搞不清楚应该怎样适应石油涨价，所以，生产率和资本形成率都踟蹰不前；就此而论，在80年代里，生产率和资本形成率应当反弹，并不断提高。从令人担忧的方面来看，一是纯粹采用货币处方来医治通货膨胀，可能会抑制美国经济在80年代后半期萎缩不振，由于实际利率太高或对未来利润的预期令人沮丧，或者两者兼而有之，资本形成也受到抑制。二是"新联邦主义"对于许多州和地方政府的财政资金，对于他们提供的服务，特别是面向穷人的服务，都将产生破坏性的影响；人们现在刚刚开始认识到这一点。三是，与此同时，削减税收将会进一步扩大穷人与富人的两极分化，在征服滞胀的过程中，也没有希望得到任何补偿。最后，我认为，一个实行民主政体的国家，将不会容忍它的政府和中央银行，去实行一种与本国经济的现实状况没有什么关系的经济战略。

9 里根主义：复兴还是倒退？*

里根总统请求国会议员和一般大众支持他的经济复兴计划，他提出的根本理由是，这种新的开端是美国经济的出路，也是唯一的出路，只有这样，才能减轻通货膨胀，让失业的工人重新走上工作岗位，并且加速经济增长。滞胀毫无疑问是70年代和80年代里造成经济不断衰弱的大灾难，我们当前迫切需要一种对症下药的处方。里根总统说，他开的这副处方必须削减对联邦国库特定支出的要求，美国人民也准备相信他，并且打算做出这些牺牲。可是，推行里根的计划，怎样才能获得计划许诺的、美好的财政和经济前景呢？这倒是一件令人费解的事情。即使该计划的编撰者和支持者们表示赞成，也只是为了表示忠诚。实际上，该计划文不对题，它与滞胀几乎毫无关系。国会和美国人民，应该根据计划的真正目标和它的可预测到的影响来加以判断，计划目标与可能的结果会有很大的差别。

里根总统的计划主要由两个部分构成。一个是照原样复制的斯托克曼先生的预算削减清单，一个是肯普-罗思减税。工商企业

---

* 1981年3月，本文曾以"智力的变戏法"为题发表在1981年3月21日出版的《新共和》(The New Public)杂志上，第13～16页。经《新共和》杂志许可，在此重印。版权：1981年，新共和有限公司。

打算加快折旧的销账速度,而联邦储备系统准备继续按紧货币旋钮。主要的宏观经济策略是含糊不清的,但是,国家的优先秩序的倒转,却是相当清楚的。社会资源将从公共部门转向私人利用,从政府的民用支出转向国防支出,从联邦政府转向州政府和地方政府的控制。财富和权力将再分配给那些富有的和握有权势的人们。

在过去半个世纪里,美国和其他民主国家都已经形成了一种实用主义的混合制度,把私人的和公共的社会和经济制度结合在一起。虽然它们还不够完善,但是,这些制度已经使资本主义变成了一种更公平、更有生命力的制度,比前一个世纪里的制度更加优越。这些制度也已经得到了广泛的政治上的支持,持有异议的,只有极端右派和极端左派。尊重这些传统的人们,应当努力捍卫它们,尽管里根总统歇斯底里地夸大其词,可实际上,当前没有什么紧迫的经济灾难,迫使我们要倒行逆施。

如果根据它们自身的优点来评价的话,提出的许多预算节约措施,都还必须接受效率与公平的检验。举些例子来说,如牛奶和乳制品的价格支持、学生贷款的补贴、为"联邦影响的"学校区提供的援助、免费地使用空气和水、贸易调整援助。在提出这些措施的计划里还有很多,在下一个循环中可能开始付诸实践(比如说,其他农产品的价格支持和补贴,海运船只和造船业的补贴,伤残的退伍军人的医疗照顾等)。即使是社会保险福利,也超过了指标,还是免税的,值得让斯托克曼先生进行仔细的检查,其中大部分福利,都发放给了那些远远超过"安全网"水平的人们。他把注意力集中到其他"免税支出(tax expenditures)"的受惠者身上,毫无约束地许可纳税人随意处理潜在的联邦收入(扣除抵押利息,不包括州政府和地方政府的债务利息、慈善的扣除、能源税收优惠)。一位总统(里根总统)既然能够勇敢地宣称:"政府的征税权力……决不能用于管制经济,或者造成社会的变化",那就可以肯定,在决定为私立学校的学费提供税收优惠之前,他一定会三思而行的。

但是,福利、食物和就业计划的削减,与高度的累退税减税结合在一起,确实太猛烈了,难以很好地管理。富人的边际税率降低了,以刺激他们努力工作,增加投资。同时,政府当局越来越给穷人和穷苦劳工增设更大的障碍,在审查他们能否得到食品券和其他福利时越来越严格。州政府在管理福利和医疗补助计划方面的自治权日益增大,这是一种退步。不同地区在享受福利的数额和资格标准,以及政府管理的公平性等方面的差异,将变成一种导致更大的贫困、不平等和迁移流动的根源。联邦援助的削减,将使各州和地方政府出现严重的财政危机,由此将迫使州和地方政府增加税收,发行更多的债务,减少它们提供的服务。

而且,里根-斯托克曼的一些预算削减措施,是思想僵化的产物,带有惩罚性。美国是一个富甲天下的多元论国家,完全能够承担得起将一部分税收收入用于空间开发、发展艺术和人文科学、建设非商业性的广播,以及基础性社会科学研究(在总计10亿美元的全国科学基金中,削减的目标数额从4000万美元降低为1000万美元)。

不管它们的直接成本和收益分别有多大,这些预算和税收建议,都不是医治滞胀的处方。为什么呢?原因有两点:第一个原因是,1981年和1982年的税收和支出提案对需求产生的净影响,正好完全地相互抵消了。这里所说的需求，包括对商品和服务的需求，以及资本市场上对资金的需求。当然，国会可以想方设法改变这种相互抵消的状态。按照政府的实施方案，在随后几年的减税，将使预算变成扩张性的。它们究竟是一种颇受欢迎的刺激经济复苏的有利因素，还是一种不受欢迎的造成高价格和高利率的根源，目前还不能肯定。

第二个原因则更重要得多。那就是，里根政府的计划，未能坚决地正视当今美国存在的顽固的工资和成本膨胀。工资率和其他美元收入每年增长10%。在生产成本的顽固上涨趋势得到根本扭转以前，通货膨胀就不可能永久地平息下来。这是一个残酷的算术事实，不管是在供应学派经济学的是非颠倒的世界里，还是在货币主义者或凯恩斯主义的模型中，它都是绝对可靠的事实。

月复一月和年复一年的实际消费者价格上涨率，要比工资和成本膨胀的基础核心更容易变化。它是一系列事件的综合反映，包括石油和其他商品的世界价格、美国农业的收成和出口量、抵押利率、社会保障和销售税的变化、美元对其他货币的升值或贬值以及其他许多经济事件。它们对通货膨胀产生的影响毫无规律性，而且常常是短暂的和可以逆转的；这里，我们用消费者价格指数来衡量通货膨胀。因而，在石油输出国组织卡特尔大幅度提高油价和石油供应中断的时候，消费者价格指数就显示出了令人恐惧的高通货膨胀率；而当石油市场被遏制住以后，通货膨胀率就低于平均水平。在信用崩溃和食品短缺的时候，消费者价格指数会大大升高；当它们恢复正常的时候，指数的增长便缓慢下来。在今后4年的不同时间里——或许，如果总统运气好的话，会赶在选举年里——里根总统

9 里根主义：复兴还是倒退？

将会报告一些关于通货膨胀的好消息。不过，这不会是最后的好消息，除非工资和成本的膨胀显著地平息下来。

里根总统的经济计划在5年内把消费者价格膨胀率降低9个百分点。即使是一个对生产率、食品价格和能源价格抱有乐观主义看法的学者，也不敢预期价格会有如此大幅度的下降（何况，石油管制已经解除，石油输出国组织卡特尔依然存在），除非工资的上涨率至少降低5个百分点。当然，将来也有可能会下降得更多。可是，里根总统的经济复兴计划中，到底提出了什么措施，以把它的目标变成现实呢？

可以肯定，不能采用古典的断然行动的"直截了当（cold turkey）"处方，因为它会造成深刻的经济衰退和高度失业，并且会一直延续下去，直到工人们被迫不顾一切地保护自己的工作岗位，企业主们濒临破产，因而只得接受削减工资和价格时为止。里根总统不打算，也不期望出现任何这类事情。他夸下海口，要创造出1300万个新的就业机会，到1985年把失业率降低到6%。英国首相撒切尔夫人提醒难以控制的广大民众，在他们纠正通货膨胀方针之前，英国永远也享受不到再次的繁荣了。她所说的就是我们的上述观点。可惜，罗纳德·里根不是玛格丽特·撒切尔。

里根总统和他的顾问们把征服通货膨胀的艰巨任务，转交给了联邦储备系统。他们极力主张，联邦储备系统应该逐渐地、可以预见地放慢货币增长速度，直到货币增长速度慢于商品和服务的增长速度为止，也就是说，直到货币增长速度低到不会带来通货膨胀时为止。联邦储备委员会主席保罗·沃尔克认为，他已经走上了这条道路。但是，除非工资、成本和价格的膨胀同时一致地减弱，否则,这就是"直截了当"处方(正是这种处方),给我们带来了最近的两次信用紧缩和经济衰退。与此相反,政府当局希望促成一次强健有力的经济复苏。难处在于,只要工资和成本的膨胀不受控制地继续下去,要想为里根的经济复苏提供足够的资金,就必须有更多的货币和信贷,所需数量比沃尔克愿意提供的要多,甚至比政府当局所说的、它希望联邦储备系统提供的数量还要大。总统可能希望,把反通货膨胀和经济复苏两个目标区别开来,然后,如果实现不了这两个目标,则把责任归咎于联邦储备系统。其实,里根总统不敢正视这两个目标之间存在的矛盾,才是他的经济复兴计划的致命缺陷。

关于两个目标之间的矛盾,政府发言人总是尽可能地缄默不语。但是,记者们有足够的察觉力追究到底,引出了一种解决办法。在计划的方案中,包含较低的通货膨胀和财政-货币戒律的威胁-承诺(threat-promise)。里根的计划希望降低通货膨胀预期,从而直接地融化工资和成本膨胀的坚硬核心,简化撒切尔主义的充满痛苦的戒律。我们说,通货膨胀将会减弱,于是,人们将预期通货膨胀会减弱,所以,他们将愿意得到较低的工资收入,或者价格上涨得较慢,结果,通货膨胀果真会减弱。

如果说这种策略是预期理论的极端化,那么,总统和他的经济班子则正在尽最大的努力,不把这种策略告诉那些至关紧要的人,他们的决定和行动,是总统的策略取得成功的基础;这些人不是纽约、波士顿和旧金山的金融界奇才俊杰,而是伍斯特、密尔沃基和圣迭戈之类地区的工商企业经理、工人和工会领导人等。他们甚至不知道保罗·沃尔克到底是谁,或者根本不明白 M_{1A}、M_{1B} 和 M_2 的目标，与他们的销售额和就业岗位究竟有什么关系。他们只是听到了白宫以前所做的乐观主义预测，即通货膨胀会降低，所以，在它们起作用之前，他们很可能坐以等待和观望。里根总统把造成滞胀的罪责，全都归咎于联邦政府的极度浪费，他实际上是在告诉人们，他们在政府设计的解决办法中没有任何作用或责任，只需要兴高采烈地接受总统建议的预算削减的后果。作为这种想法的一个象征，里根总统采取的第一个行动，就是宣布解散工资和物价稳定委员会。

美国的核心通货膨胀，在1970年以来的三次经济衰退中一直拒不下降，在两次经济复苏的过程中还有所上涨。它坚定地固守在长期工资契约里，随着双方不断地重新签订契约，工资赶上或超过当时的通货膨胀率，从而使通货膨胀永久化。如果期望迅速地侵蚀那些维持这种通货膨胀的制度模式和预期，那只不过是在黑暗中吹口哨，为自己壮胆而已。像撒切尔夫人推行的那类政策则要求政府，如果必要，而且只要有必要的话，应该说服国民确信他们愿意忍受"直截了当"药方，来医治通货膨胀。这种理论的期望是，由于存在一种"可信的威胁"，工资和成本的膨胀很快被消化掉。这种政策在美国还没有试验过，我担心，即使果断地、明确地公布于众，它的结果也将像在英国一样缓慢和不确定。里根政府甚至不敢充分地试一试。

里根总统指责那些对他的复兴计划抱有怀疑态度的人，要求他们提出更佳的替代选择，否则的话，最好保持沉默。他成功地使批评者们缄默不语。例如，《纽约时报》(*The New York Times*)公开地宣布停止批评。难道批评苦杏仁苷、炼金术和占星术的人，因为他们不能提出医治癌症、提炼黄金和算命卖卜的其他更好的方法，就应该闭口不言吗？难道那些真正看到皇帝身上确实一丝不挂的人们，就应该因为担心他们的眼睛欺骗了自己而保持沉默吗？里根总统在他精心准备的2月10日的炉边谈话中，过分地夸大了美国面临的经济困难，他很不光彩地误用了统计资料，来证明他的看法有道理。他大肆宣扬，他开的药方就是医治通货膨胀和失业这两种顽疾的最佳处方。不过，如果他的处方只是作为"伟大社会"的解毒药到处兜售的话，他的许多病人恐怕不会吞咽他开的药丸。

无论如何，对付滞胀还有更好的、更可靠的方法。这就是由政府组织，共同协调一致地缩减工资、成本和涨价幅度。宣布一个时间表，在今后5年的时期内，逐步降低工资增长的界标。对于遵守界标的工人，还有企业主——如果他们涨价的百分比没有增加的话，则给予税收折扣，予以奖励。这些将抵消增加的工薪税，而且也是建设性地使用税收收入，里根政府推行的肯普-罗思减税方案，却打算牺牲这部分税收收入。然后，由联邦储备系统公布，并且按照一种与界标相一致的时间表，实施相应的货币政策，促使商品和服务的货币需求的增长率逐渐降低。像这样一种灵活的、以税收为基础的收入政策，不会束缚经济，使经济套上全面管制的紧身衣。与货币政策协作，它可以避免过去的某些收入政策的致命缺点；它不是货币戒律的一个替代品，也不准备隐蔽过量需求的通货膨胀征兆。它要依靠实际经验，而不是靠充满希望的想法或者口头的威胁和诺言，来改变牢牢印入人们记忆中的预期和模式。总统的职责要求他努力促成政治上的一致意见，以支持这种政策。

现任政府当局的意识形态,坚决地排除了任何这类方法。新上任的总统显然有能力成为新型的、多少年来在白宫里"第一流的操纵台"上还没有看到过的政治领导人。整个国家都沉浸在一种寻找新开端的精神状态之中。糟糕的是,如此宝贵的大好机会被白白浪费了,更糟糕的是,这个绝好的机会竟被用于发动了一场社会的反革命。

10　里根的经济计划：供应学派、预算和通货膨胀*

一个演讲者如果声明，他对里根总统的经济复兴计划抱有怀疑态度，那么，他很可能就会像在婚宴上遇到的鬼一样不受欢迎。在国会参众两院的联席会议上，当里根总统展示他的精神恢复能力和他的演说家魔力的时候，国会议员们显示出了异常的欢欣。看到这些，我真不情愿做一位泼冷水的扫兴者。我真希望这能够成为一个理由，使我也能和他们一样感到欢欣。我也很想热情地欢迎新开端的曙光。

我们可以采取不同的方法，来考察里根的计划方案。我们可以检查它的微观经济学，它是怎样重新安排国家的优先问题的，是怎样重新配置国家资源的，是怎样在不同的个人、社会利益集团和不同地区之间进行收入、财富和权力再分配的。这些可能是最重要的问题、最基本的新趋向。里根总统的反革命，建议把国家的经济资源从公共部门转向私人部门，从政府的民用支出转向国家防卫支出，从联邦政府转向州政府和地方政府，从社会福利计划的受益人转向纳税人，从穷人和接近贫穷的人转向富裕和极端富有的人。这

---

* 1981年5月，旧金山联邦储备银行，发表在旧金山联邦储备银行主办的刊物《经济评论》的增刊上，1981年5月号，第5～14页。

10 里根的经济计划：供应学派、预算和通货膨胀

些建议值得一项一项地详细考察，并且根据它们的经济效率和公平性予以评价。

但是，政府当局主要是把它的经济计划，作为一种宏观经济政策予以公布和宣传。里根总统和他的发言人请求公众支持他们，进行反革命性资源重新配置和财富再分配，他们提出的理由，不是这样做具有什么内在的优点，而是因为这样做对于解决滞胀问题而言，既是必要的，也是充分的条件。这样，总统等于在告诉我们，这是一张很好的处方，也是医治高失业、高通货膨胀和低增长、落后的生产率的唯一处方。总统要求我们吞下他开的微观经济药剂，不是因为它的味道好，而是因为它对于治疗我们的疾病有好处。到目前为止，国会、新闻出版界和一般公众，似乎都准备接受里根总统的计划，把它视为医治我们的宏观经济疾病的必要疗方。

我准备认真探讨的，正是里根总统的经济计划的宏观方面。我想首先提醒读者注意，在此之前，几乎没有什么国际经验可以证明，成功的宏观经济管理与政府机构的规模、税收负担的轻重、公债数额的大小和社会转移支付的多少，呈负相关关系。我们对一些国家的宏观经济成就颇感羡慕，但在这些国家里，却存在着更大得多的公共部门、更慷慨的社会福利计划、更沉重的税收负担，以及更大的预算赤字。

作为宏观经济政策，里根总统的经济复兴计划包括两个方面，即财政方面和货币方面。两者结合在一起，试图完成通货紧缩和实际经济增长的任务指标，这些指标分别列入表 10.1 的第(4)和第(5)栏，以及表 10.2 的第(1)和第(3)栏中。

表 10.1 货币增长目标与里根的通货膨胀预测和货币流通速度实际增长率的推测（每年百分比，年度平均）

年份	(1) 货币量 (M_{1B}) 的增长 ($\frac{\Delta M}{M}$)	(2) 货币流通速度的增长 ($\frac{\Delta V}{V}$)	(3) 名义国民生产总值的增长率 ($\frac{\Delta \$GNP}{\$GNP}$)	(4) 价格膨胀率 ($\frac{\Delta P}{P}$)	(5) 实际国民生产总值的增长率 ($\frac{\Delta Q}{Q}$)
1980 实际	6.7	2.2	8.9	9.0	−0.1
	公布的政策	由其他栏推测	里根政府的预测 *		
1981	3.5～6	7.6～5.1	11.1	9.9	1.1
1982	3～5.5	9.8～7.3	12.8	8.3	4.2
1983	2.5～5	9.9～7.4	12.4	7.0	5.0
1984	2～4.5	8.8～6.3	10.8	6.0	4.5
1985	1.5～4	8.3～5.8	9.8	5.4	4.2
1986	1～3.5	8.3～5.8	9.3	4.9	4.2

* 在(3)与(4)+(5)之间的差别来源于原始资料。产生差别的原因是，分季度复合的二阶效应采取了四舍五入的办法。

资料来源：行政管理和预算局：《1982 财政年度预算修订稿》，1981 年 3 月，第 13 页，表 6。

表10.2 实际国民生产总值和失业：里根方案与传统估算的比较（1980～1986年）

	（1）国民生产总值（按1980年价格计算，单位：10亿美元）	（2）	（3）失业率（%）	（4）	（5）对里根的失业率进行传统估算得出的国民生产总值（按1980年价格计算，单位：10亿美元）	（6）里根方案的国民生产总值与传统估算的比较
	里根方案	估算的潜在数额（按失业率6%计算）	里根方案	国会预算局的另一方案		
1980年	2629	2746	7.2	7.2	—	—
1981年	2658	2815	7.8	7.8	2663	0.998
1982年	2769	2886	7.2	7.9	2802	0.988
1983年	2908	2958	6.6	7.8	2914	0.998
1984年	3039	3032	6.4	7.7	3001	1.013
1985年	3167	3108	6.0	7.5	3108	1.019
1986年	3300	3185	5.6	7.2	3217	1.026

说明：(1)和(3)来源于行政管理和预算局《1982财政年度预算修订稿》，1981年3月，第13页，表6。根据同一方案中预测的缩减指数，把国民生产总值转换成为1980年的美元值。

(2)和(5)是作者的估算。其中假设：(a) 潜在的国民生产总值每年增长2.5%；(b) $Y^* - Y = Y[0.025(u-6.0)]$，式中，$Y^*$ 是潜在国民生产总值(2)，u 是失业率的百分比(3)，0.025是假定的奥肯定理系数。对于给定的 Y 值，可以解出方程，得到"实际的"国民生产总值(5)。

(6) $= \dfrac{(1)}{(5)}$。对1986年，里根方案中的实际国民生产总值，比根据该方案的失业率做出的预测高出2.6%；在传统的奥肯定理计算中会表明这一点。

(4)是国会预算局以里根的预算为条件，根据不那么乐观的经济预测估算出的失业率。见国会预算局：《对1982财政年度里根总统的预算修订稿的分析》，工作人员研究报告，1981年3月，摘要表3，第18页。

一、一个不伦不类的财政组合

按照传统的总需求分析方法来看,在里根制定的5年计划期内,财政政策既不像是一种重要的刺激手段,又不像是一种真正有影响力的紧缩手段。具有重要意义的是,要正确地判断财政政策对于去年和今年所做的或正在做的事情,会产生哪些影响,而不是利用卡特总统的一月预算,作为一种假设的参考途径。卡特总统的预算,由于没有采取减税措施以抵消财政拖累(fiscal drag),所以,在今后几年里,可能推行令人瞩目的紧财政政策。国会预算局把里根总统的预算计划,与一个更现实的基线预算进行了比较,这个基线预算是对卡特总统提出的1982年度和1983年度的预算进行适当的修改而形成的,修改的内容包括:适当降低营业税、个人所得税削减10%,以及未特别指定的减税,以便在1983年之后维持实际税率不变。国会预算局的估算和比较表明,里根总统的预算与基线预算,在宏观效果上几乎没有什么差别。如果说真有差别的话,那就是,里根的预算计划,比假设的基线预算略微紧一些,里根的预算支出少,但征税也少,其净效果是接近于中性的。

实际上,按照里根总统的计划方案,在今后的几年里,高就业水平下的预算赤字(比如说,以6%的失业率为目标)会略有下降,即使用国会预算局和私人模型设计者的更加悲观的价格预测(见表10.3),来取代政府当局的乐观主义通货膨胀方案,结果也是如此。这些都是传统的凯恩斯主义计算方法,其中没有包含供应学派的乐观主义。(我们推荐给私人工商业采用的通货膨胀会计方法,也不能适用于联邦政府,这种会计方法自然会告诉我们,即使是决算,也已经是平衡的。)

表 10.3　1980～1984 年联邦赤字（支出、收入、赤字、高就业赤字）

	(1)	(2)	(3)	(4)	(5)	(6)
	预算支出(10亿美元)			预算收入(10亿美元)		
	里根的估算	国会预算局对里根的方案进行的估算	按6%的失业率和国会预算局的通货膨胀率进行的估算	里根的估算	按6%的失业率和国会预算局的通货膨胀率进行的估算	国会预算局的另一种通货膨胀方案，按国民生产总值缩减指数的增长百分比
1980年	580	580	577	520	554	
1981年	655	660	657	600	662	10.3
1982年	695	708	716	650	710	9.2
1983年	732	740	761	709	765	8.6
1984年	770	782	812	771	827	8.1

	(7)	(8)	(9)
	赤字(10亿美元)		高就业赤字(10亿美元)
	里根的估算	国会预算局对里根方案进行的估算	按6%的失业率和国会预算局的通货膨胀率估算
1980年	60	60	23
1981年	55	60	−5
1982年	45	58	6
1983年	23	31	−4
1984年	−1	11	−15

说明：(1)，(4)，(7)国会预算局：《对1982财政年度里根总统的预算修订稿的分析》，工作人员研究报告，1981年3月，第13页，摘要表1。

(2)，(8)里根的估算加上备择方案假设得出的小计额。开支率和其他因数，请看国会预算局前引报告，第21页，摘要表4。

(6)国会预算局以里根的方案为条件而进行的另一种通货膨胀预测，见前引报告，摘要表3，第18页。与里根方案中表1的第(4)栏相对照。

(3)等于第(1)栏加上国会预算局前引报告摘要表4中的重新估算总额。作者的估算中支出降低得比较少,这是因为国会预算局的失业率预测(见前引报告摘要表4),与6%还有差额。原则上,第(3)栏与第(1)栏的差别在于:(a)加上一些支出,这是由于国会预算局估算的通货膨胀率和利率更高;(b)减去一些支出,主要是失业补偿,这是由于预测的失业率高于6%。

(5)等于第(4)栏乘以〔$1+1.5(x-1)$〕,其中,x是表10.2的第(2)栏与第(1)栏的比率,也就是潜在的国民生产总值与预测的实际国民生产总值的比率。同时假定,收入关于国民生产总值的弹性是1.5。

(9)等于(3)-(5)。负数表示盈余。

预算的构成,以及预算收支总额和预算的平衡,都会影响到它的宏观经济效果。按照里根总统的计划,联邦政府购买的商品和服务有所增长,因为国防支出增加了。转移支付和税收却减少了。预算构成的变化较大,但是,我认为,这些变化并没有改变上面指出的宏观状况。就相同的预算收支总额来看,转移给国防购买的数额是扩张性的。在另一方面,从清偿能力有限却具有较高消费倾向的受让人那里,转移给收入更高的纳税人的购买力,适当地有所压缩。一些经济学家认为,国防支出本质上就具有高度的通货膨胀性,并且引证预知的事实,即从百分比上看,里根总统计划增加的国防支出,与约翰逊总统在越南战争时期的支出增长是可比的。这种推断很不恰当。因为,目前经济面临的衰退局面比1966年1月严重得多,而且,那时候的越南战争给经济带来了强制性的预算约束和忽视成本——忽视它必然会付出很大的代价,目前的美国经济却没有这种强制力量。所以,两次增加国防支出是不可比的。

对于当前的美国政治舞台,每一位观察者都禁不住要对两大政党的角色讽刺性地相互颠倒评头品足。目前,民主党竭力反对有计划的赤字;共和党则为之辩护,并且提倡减税,其目的不是制止衰退，而是支持刚刚开始的经济复苏，同时抵制民主党的提案，该提案要求，减税必须以牺牲个人利益为代价，进一步将减税的好处向工商企业倾斜。从1977年以来，正是民主党的总统深思熟虑地拒绝提出减税建议，并以此补偿财政拖累和纳税等级的偏移，他假装虔诚地发誓，要果断地抛弃反周期的财政措施，以便克服当时面临的经济衰退。目前，国会中的民主党人非常急迫地发出警告说，即使在失业率高达7.5%、生产能力的利用率只有80%的情况下，依靠3年的减税刺激经济，极有可能产生通货膨胀效应。在另一方面，正是共和党人在到处宣扬，试图通过越来越高的实际税率，达到平衡预算的目的，这既是白费力气，也是自拆台脚——不过，倒是其中有些共和党人，确实还没有彻底地信仰他们的新信条。最后的讽刺是，这是一份共和党人的预算，却由一位被视为自由企业的大英雄的总统提出来，对于这个预算，证券市场马上自动地记下了不信任的一票。

不论是自由的民主党人，还是保守的投资银行家，都在责备这份预算，他们指责说，预算中减税如此之多，完全是一次不计后果的赌博。这种看法，并不等于赞同极度浪费的政府当局所宣称的结果，即它们的政策会提高国民储蓄倾向；而只是说，它不会降低国民储蓄倾向。显而易见，削减税收之后，如果不同时降低支出，这本身就将降低储蓄相对于国民生产总值的比率。这种看法，也不等于赞同拉弗派的观点：削减税收实际上将会维持或增加收入。这是最不可能的事，下文中我将对此做出解释。

政府财政组合的宏观经济效果，在或大或小的程度上说，是无关紧要的。对于这种判断，我不敢苟同。我有宏观经济上和分配上的反对理由，但是，我在这里主要将把自己限定在两个宏观经济上的限制。其一，我再一次重复指出，政府正在失去很好的机会，利用削减税收，战胜通货膨胀。我们可以削减这样一类税收，它们直接提高劳动力成本和价格，比如说，降低工薪税。我们还可以更进一步，为通货膨胀性工资和价格行为提供税收诱因。其二，我们能够依靠一种不同的财政-货币混合政策，一种更好的组合，来加速资本形成和经济增长。按照我的观点来说，它应该包括一种更紧的预算政策，同时实施一种能够降低实际利率的货币政策，予以补偿和配合。

二、货币政策：联邦储备系统的职责是反通货膨胀

现在，我转向货币政策。里根总统的经济复兴计划中最重大的不协调之处，就出现在这个方面。里根总统和他的政府当局把通货膨胀的责任归罪于联邦储备系统。他们实际上等于说，你管理好价格，我们将使经济再次前进。里根总统和他的经济决策者们批评联邦储备系统过去的拙劣枪法，并且要求联邦储备系统，在今后 5 年里将货币增长率缩减一半。这早就是联邦储备系统的政策了，任何人只要听到过保罗·沃尔克的演讲，自然就明白这一点。现在，有贝里尔·斯普林科尔（Beryl Sprinkel，当时是联邦财政部主管货币事务的副部长）和其他货币主义者在监督他，如果不是坐在侧厅里等待的话。

表 10.1 中第(1)栏里列出了联邦储备系统和政府当局确定的货

币目标。有一种观点认为,货币和价格可以分离开来,并且委派中央银行管理;同时,国会和行政系统则各自独立地管理预算、税收和就业、产量,这种观点是一种明显的谬论,常作为经济学初学者的入门考试题。现在,这种谬论却上升成为里根总统的信条。在纽黑文火车站有两条铁路线,如果美国国家铁路客运公司在纽黑文站将一列火车两头的火车头都卸下来,我们就还有一条铁路线——挂上一个火车头可以向西运行,直到纽约,挂上另一个火车头则可以向东运行到波士顿。可是,我们如果大加宣传说,火车可以同时到达纽约和波士顿两个地方,大多数人都会表示怀疑。现在,里根总统在机车的一端挂上沃尔克的火车头,同时又在另一端挂上斯托克曼-肯普的火车头,并且告诉我们,经济的列车将载着我们同时达到充分就业和通货紧缩。

表10.1中清楚地表明了这种不协调。表中第(3)栏是政府当局规划的官方名义国民生产总值增长率,它等于第(4)栏与第(5)栏之和,这两栏分别列出了里根总统的计划方案中通货膨胀和实际国民生产总值增长率的数据。从第(3)栏的名义国民生产总值增长率中,减去第(1)栏的货币增长目标,就得到了货币流通速度的隐含增长率,即第(2)栏。这一栏的两个数据,分别对应于货币增长目标的上下限。

从来都没有过在两年期间货币流通速度的平均增长率曾经超过5%的时候。然而,为了把里根总统的复兴计划变成现实,在今后5年的每一年里,都必须使货币流通速度的增长率达到7%、8%,甚至9%,这必然使经济陷入困境。因为上述这些增长速度都创造了历史上的最高速度,即使最近10年里出现了前所未有的金融创新，也没有达到这么高的速度。金融是一个特殊的部门，在金融部门里，美国人的技术在全世界仍然是最先进的，也不能排除在节约现金的技术方面，出现更快进步的可能性。但是，如果货币流通速度出现了奇迹，或者更彻底地说，如果未来的规章变化，拯救了我们的决策者，那么，他们将用影子代替物质，用想象代替现实。尽管联邦储备系统可能会受到任何一条逃路的诱惑，逃出它们自己掺和进去的可信性绝境，不过，我还是假定，联邦储备系统实际上打算做的事情，确实不会比它们的目标所指的事情更多，甚至于，如果政策的精神实质要求它们少做事，它们确实会做得更少。

不管政府当局是否认识到了这一点，这将改变目标数字，使名义国民生产总值的增长率，明显地低于官方的计划[表10.1中的第(3)栏]。当然，实现高货币流通速度的经济增长的另一种方法，是计划实行高利率，使名义利率和实际利率都高于我们目前的水平。问题是，它们肯定与里根总统允诺的、名义和实际国民生产总值的明显复苏不一致。在另一方面，如果政府当局计划的通货膨胀率和利率(表10.1中第(3)栏和第(5)栏)得以实现的话，货币流通速度就会放慢。

三、误入歧途：一种反通货膨胀策略

前面指出的不一致，对于里根总统的经济复兴计划的可信性，无疑具有破坏性；除此以外，计划的本身还包含了一个更致命的缺陷。这就是名义国民生产总值[表10.1中第(3)栏]在通货膨胀率[表10.1中第(4)栏]与实际国民生产总值的增长率[表10.1中第

(5)栏]之间的分配。它完全蔑视历史的经验,竟然期望价格膨胀率会按照表 10.1 中第(4)栏的数字迅速下降,同时国民生产总值却按表 10.1 中第(5)栏的数字增长。历史的经验告诉我们,如果考虑到现存通货膨胀模式的顽固惯性,这是最不可能实现的组合。经验还告诉我们,实现通货紧缩要造成经济衰退,延长经济萧条,带来高失业。我不明白,政府当局有什么依据竟然会期望,在长达 5 年的时间内,既要把通货膨胀率降低一半,而国民生产总值的增长速度又要比经济可以维持的潜在速度更快呢?

从华盛顿慢慢吞吞地透露出来的唯一答案是,呼吁民众自我实现政府的预期。广大公众将会看到表 10.1 中第(5)栏的数字,从而观察到新政府做出的果断的预算变动,并且相信它们确实像政府宣传的那样,真是医治通货膨胀的对症处方,然后,公众将会采取行动,使预期或政府的期望变成现实。这就意味着,广大民众将会在讨价还价中同意接受较低的工资,并且放慢价格的增长速度。白宫以前所作的乐观的通货膨胀预期,从来还没有自我实现过,甚至也没有以其他方法实现过。不过,这一次,或许会来一个破天荒呢!

这是一种预期论断,但肯定不是一种理性预期理论。理性预期需要有一个合理的模型,它恰当地把政策措施与各种结果联系起来。理性预期不仅会产生,而且会从这样一种模型中产生。在我们目前的情况下,不存在这样一个模型。罗伯特·卢卡斯(Robert Lucas)和罗伯特·霍尔(Robert Hall)(他们都是理性预期学派的权威经济学家),恐怕会像莱恩·柯克兰和萨姆·丘奇(Lane Kirkland and Sam Church,他们都是工会领导人)一样,根本不相信政府的预期,不会按照政府宣传的通货紧缩行事。

世界上两个重要的讲英语的民主国家，都在推行保守主义经济策略，但是，玛格丽特·撒切尔在英国实施的政策和公众态度，与罗纳德·里根在美国推行的政策和公众的反应，有很大的差别。英国的撒切尔首相威胁工人们、管理人员和普通老百姓，就像一位独裁主义的女校长训斥不守规矩的学生们一样：如果你们不停止提高工资和价格，你们就没有工作、利润或者经济繁荣。我们的里根总统却许下诺言，要实行没有任何痛苦眼泪的通货紧缩，并且会实现经济繁荣。他鼓励工会和工商企业管理部门像往常一样，不要对此做什么努力。归根到底，通货膨胀只是政府的过错，唯一要求我们一般公民所做的只是接受税收的糖果，并且绝不再放纵穷人。联邦储备系统确实想遵循一种类似撒切尔实施的政策，但只是在私下里嘀咕，成千的美国人曾经听到和阅读过保罗·沃尔克的报告，我便是其中之一，所以，我知道 M_{1B} 不是一支军用步枪。我也注意到亨利·沃利克（Henry Wallich，他是联邦储备委员会的成员，以鹰派反通货膨胀观点而闻名美国）。我相信，他们所说的，正是他们要做的，因此，我感到非常担心。假如我是莱恩·柯克兰（Lane Kirkland，他是美国劳工联合会-产业工会联合会的主席），我将认真看待货币威胁的严重性，并且告诉我的选举团不要紧张。

联邦储备系统的无声的威胁，与联邦储备委员会的一位要员的公开说法大相径庭。这位要员站在议会大厅里，面对整个美国说，联邦储备系统不关心失业率有多高，会持续多长时间，或者，实际经济增长率或下降速度是多高。相反，联邦储备系统将全力以赴消除通货膨胀，不管这样做会带来什么痛苦，需要花费多长时间。里根从来没有说过诸如此类的话，而在伊利诺伊州的小域皮奥里亚

10 里根的经济计划：供应学派、预算和通货膨胀   *175*

（Peoria）或者华盛顿州斯波坎市（Spokane）这类地方的商店和办公室里，可能很少有人知道保罗·沃尔克是谁，但是，工资和价格却正是在这些商店和办公室里确定的。联邦储备系统的威胁，在金融圈子里听起来都满意，但是，证券市场似乎没有反应。总而言之，里根总统的反通货膨胀策略如果依赖于预期，那么，可以说政府当局什么都没做。甚至没有说过要做任何事情，使预期向着有利于政府的方向发展。

让我们丢掉幻想吧！在美国，只要工资水平每年向上增长10%，那就没有任何办法降低通货膨胀。可以预见，不可能出现生产率的奇迹，能够证实货币工资会出现一种下降的趋势。我们的生产率增长每年失去2%的趋势，可能会重新出现，就像它的消失一样不可思议。如果我们非常、非常幸运，加速投资以及研究与开发的政策，将另外加上半个或者一个百分点，不是今年或明年，而是数年之后才实现。但是，即使我们遇上了最好的运气，我们仍会有高达7%～8%的国内核心通货膨胀（core inflation），除非货币工资的模式被打破——一旦工人们声称，能够依靠提高生产率获得更多的收入，要打破工资模式就更困难了。我们也必须预期，贸易条件可能发生不利的变化，使美国的劳动密集型产品与资源密集型产品（包括从外国进口的和美国国内生产的）之间的贸易条件更加恶化。平均来说，这可能等价于工人的生产率下降半个或1个百分点。

我想强调的是，在美国经济中的非农业"固定价格"的部门里，货币工资存在着持久的惯性趋势，因为没有任何最终的解决办法，能够消除通货膨胀，除非能产生更接近生产率的可维持的趋势。在短期，特别是一月一月和一季度一季度的，一般价格指数围绕这个核心通货膨胀率发生广泛的变化，通过可变价格的权数，松散地与美国的工资水平联系起来。例如，在今后的 18 个月里，消费者价格指数中容易变化的组成部分，可能是有利的，政府当局或许能够指出一些在打击通货膨胀的战斗中取得了明显的成功之处。如果抵押利率保持不变，或者下降，那么，住宅价格部分推动消费者物价指数上涨的速度，就会比 1979～1980 年更慢。也许，当需要依靠向沙特阿拉伯出售机载警戒和控制系统，以及放慢经济的增长速度和忍耐今年早些时候经历过的国内石油价格管制，才能度过石油危机，我们就会努力争取暂时的稳定。当前，美国的紧货币政策，如果没有起到其他作用的话，至少，它使美元相对于其他货币而言出现升值；这可能会破坏美国的出口与进口地位，但它却降低了一些进口产品和世界贸易商品的美元价格。食物价格的前景总是不确定的，考虑到谷物禁运时代的结束，以及世界食物储备的水平较低，未来的食物价格可能不那么有利。我的目的不是想预测价格，而是要提出警告：价格指数中易于变化的组成部分出现的短暂运气，并不意味着最后的胜利；1979～1980 年通货膨胀加速，这段不那么短暂的逆运已经证明，人们对奔马式通货膨胀的恐惧，是有道理的。

在本文的开始，我已经指出，最近这些年来，确实有些国家的通货膨胀纪录值得全世界羡慕，这些国家不一定就是那些推行类似里根总统的财政政策的国家。如果说这些取得成功的国家有什么共同特征的话，这个特征就是，它们都采取相同的方式做出货币工资的决定。

在当今的美国，不管谁是 1980 年 11 月的总统大选中的胜利者，我想，这都是一个极其宝贵的机会，利用新一任总统当政之初美国人普遍抱有的良好情绪，控制住我们的工资-物价螺旋式上升。为了实现通货紧缩，同时又不会使紧缩药方的剂量太大，造成延长经济衰退和经济停滞的后果，我认为，很有必要使每个人确信，每一个人都将紧缩通货。否则的话，每个社会利益集团都会担心和怀疑，他们会失去实际收入或相对收入。这种怀疑，就会促使他们坚决固守现行的通货膨胀性模式。因此，我们有强硬的理由采取一种撒切尔式的政策；甚至有更强有力的理由实施一项紧缩性政策，同时没有明确的、可信的威胁。

由于这个原因，我赞成预先公布一个时间表，在5年的转型期内，逐渐地降低工资增长的速度。制定工资界标，并且提供引导，在遵守界标的企业里，可以给雇员的工薪税提供打折扣的优惠，如果雇主的毛利润百分率没有提高的话，也给予上述优惠，从而促使他们遵从界标。界标的清单与一种宏观经济的紧缩性政策相一致，行政当局、国会和联邦储备系统，则将严肃地和明确地保证支持紧缩政策。既然名义国民生产总值的增长率与工资-成本膨胀率一致地下降，那么，经济中既没有被抑制的需求拉动型通货膨胀，也不会因为削减货币需求增长率、同时货币成本持续上涨，从而损害实际经济成就。

这样一种政策显然要求，首先要让劳工、工商界人士与政府达成一致的看法，而这种一致看法显然又需要一位受到广泛欢迎的总统，具有坚强的、有说服力的领导能力。今年，我们又失去了机会，我们原来已经失去了采取一种"直截了当"政策的机会，采取这种政策，我们很有希望较快地消除通货膨胀，这个速度比以往统计资料使我们相信的速度还要快。

四、供应学派经济学:没有免费的午餐

尽管这样,从最近的发现中,我们能否希望经济具有供给学派的特征?虽然我在前面已经指出,里根总统的财政计划作为宏观策略,实际上并不依赖于拉弗-肯普的计算,但是,这种值得注意的新发现,在宣扬里根计划的合理性的辩述中,起着很大的作用。官方的宏观经济方案只包含了很少一点供应学派的魔法。到5年计划时期结束时,相对于计划的失业率而言,实际国民生产总值要比遵从"奥肯定理"的观点(国民生产总值每增加1%,就业率大约上升0.5%)所能达到的水平略为高一点[表10.3中第(6)栏]。平均来说,实际增长率每年大概额外增加半个百分点,超过正常情况下伴随失业率下降而出现的结果。只是,我还不太清楚,到底设想从哪里得到这些好处呢!

从劳动力供给上吗?供给学派的观点是,边际个人所得税税率的上升趋势,会造成生产性劳动力供给的枯竭。美国经济中,特别是从1977年以来,就存在这样一种趋势,这是不可否认的——虽然不像通常宣称的那么厉害。利用布鲁金斯学会的税收数据库,可以计算出联邦个人所得税的边际税率,把各个税率等级平均计算,一个养家糊口的男人以及他的妻子和两个孩子,他的边际个人所得税税率是:1960年为18.8%,1965年为15.9%,1970年为18.2%,1975年为18.0%,1980年为21.6%。同样地,也很难找到有力的证据,说明最近几年里劳动力供给的倾向更微弱。劳动力的参与率、超时加班工作、一人身兼数职、根据不同工业中劳动力组合的

10 里根的经济计划：供应学派、预算和通货膨胀

变化进行校正以后的每周工作时数等，所有这些指标中，没有一个指标看起来与50年代和60年代以来的趋势和周期性影响不相一致。不管你相信与否，美国目前的700万失业大军中，许多人确实想工作，还有许多"不是劳动力"的老人或未成年人，也想参加工作。最后，我还发现，虽然政府当局的税收提案中降低了纳税人的边际税率，特别是适用高税率等级的纳税人，可是，它的预算削减方案将严重地损害对低收入家庭和个人努力工作的刺激，这部分人靠补助、食品券和其他转移支付而生存。

我相信，一条曲线可以建立起一种理论，因此，我以劳动力供给对税后实际收入的反应为基础，严格地推导出了一种拉弗曲线。其实，我推导出了两条拉弗曲线，一条是关于税收收入的，另一条是关于国民储蓄的。这些结果，请参看本书第11章："是的，弗吉尼亚，是有拉弗曲线"。对于合理的参数值，两条曲线的最高峰分别是在税率为5/6和3/4时达到的。我怀疑，我们现在是不是处在任意一条拉弗曲线的错误斜率上，我希望，我们不要误入歧途。

一个更可靠的供给导向的（supply-oriented）政策是刺激非建筑行业的固定资产投资，并且期望相对于产出量和劳动力而言，加速资本的增长，将会提高生产率。作为肯尼迪政府班子的成员之一，我在一定程度上赞同这个目标，1962年肯尼迪当政时，开创性地推行了投资税收优惠政策。显然，我没有时间深入地讨论里根政府的投资刺激措施，所以，我只准备做出四点简单的评论：

第一，以前我已经说过，我很遗憾，美国没有选择一种合适的宏观经济政策，即财政政策与货币政策的配合，它将改变产出量的

构成，使之转向资本形成。为什么没有这样选择呢？主要的原因其实很简单，那就是政府当局信奉的货币主义教条，联邦储备系统成了它的抵押品。这就使我们局限于一种包含特定的货币总量的特定道路上，货币量也不随着财政政策和其他宏观经济环境的变化而改变。

第二，存在着各种从营业税收上提供投资刺激的方式，这不会造成经济效率和税收公平的混乱，目前的加速折旧提案就是这个目的。如果意图是想修正对应纳税利润的过高估计，高估的原因是历史成本的折旧，那么，还有更直截了当的方法达到目的，而且，不会在税收法典中冻结某种折旧体系，即使当通货膨胀消除的时候，这个体系依然如故。无论如何，这类抑制投资的措施，将被税收法典中的另一种通货膨胀扭曲（即名义利率的可推断性）部分地或完全地抵消。

第三，不管我们目前实行哪种投资刺激措施，都应该是立即见效的。应该像政府当局建议的那样，分阶段地逐步采用，以便淡化它产生的影响，因为它会带来一种诱导因素，引导投资者推迟对项目投资的时间。

第四，工厂和设备并不是唯一的社会资本。如果我们希望造就更加美好的社会整体的未来，我们就应该认真关注人力资本、自然资源的保护和改善，关注公共部门的设备和基础设施，以及所有那些在里根总统的预算中成为牺牲品的各种社会资本。这个范围近年来不断扩大，原因是，美国到处都流行着这样一种意识形态：只有私人商业资本才是生产性的。

我认为，美国经济的未来前景，恐怕还是继续的滞胀，在经济的各个主要方面，仍会面临让人失望的结果——通货膨胀率高、失业率高、实际产出量增长慢、利率高，而资本形成率低。我们将放手推行"伟大社会"，对收入进行累退的再分配，收回联邦对于保护环境的许诺，而且，我们只会取得很小的，或者根本没有宏观经济的进步。政府当局的计划将无法实现它的诺言，而只有履行了诺言，才会使美国人民支持它。

11 是的，弗吉尼亚，是有拉弗曲线[*]

一、内容提要

目前蜚声美国社会各界的拉弗曲线，显示的是税收收入与税率之间的关系，它考虑到了税收基础对税率的内生反应。按照它的倡导者的思想精神，我把上述反应，看成是应税就业人员中生产要素供给的变量，并且假定，总需求自动地进行调整，或者被动地调整，以保证充分地利用现有的供给。我只以劳动供给为基础，把资本存量视为常数，推导出了一条拉弗曲线。这些都是理论上的计算，目的只是为了展示策略行为参数，以及它们在决定曲线的形状方面所起的作用。不过，我也想亲自享受一下这个工作的乐趣，根据一些似乎合理的经验参数值，进行了一些计算。

拉弗曲线曾经被用于证明降低税率是正确的，理由是，降低税率实际上会增加税收收入。原则上说，拉弗曲线有一个最大值（至少有一个），处在税收收入为零与税收为100%两个极端之间的某一点或某些点上，我随后会阐明这个结论。但是，这个明显的事实，并不能证明某些人的观点，他们宣称，1981年美国推行的减税，或

---

[*] 1981年，未公开发表，其结论被其他论文所用。

者其他任何现实经济的减税，将会提高税收收入。当然，这要取决于，我们在税收曲线上处在离其最大值有多远的地方。

无论如何，我还搞不清楚，为什么税收收入的最大化应该成为任何一个人的社会目标呢？米尔顿·弗里德曼在任何经济环境下都赞成削减税收，但是他却说，他绝对希望，减税将不会增加税收收入。[①] 经济学家们一般都赞同这一观点，提高扭曲的税收超过了最大税收收入点，肯定会造成福利的损失。之所以强调"减税会增加税收收入"这种观点，还有一个政治上的原因，那就是要消除反对派的怒气：反对派非常担心，减税会扩大政府赤字。

减税有理的另一个论据，直接关系到"供应学派"，它是关于通货膨胀的。有人断言，一种诱致的供给扩张，将会降低价格，这无疑是一个简单化的总计上的谬论，J. B. 萨伊早在150年之前就批驳过。萨伊定理本身也有它的问题，但他的一个观点，即供给总量的额外增加，也会诱致额外的需求，则是毫无疑问的。可以按照下面的方式提出一个合情合理的问题：额外的供给，在稳定不变的利率下，会不会产生额外的国民储蓄呢？如果能够的话，就会有下面的作用：(1)消除对资源的不正常利用或超过自然水平的利用，减轻通货膨胀性过量需求的压力；或者，(2)为额外的投资提供资金资助，同时，货币当局降低利率，直到低得使投资者能够利用额外的储蓄。不管在哪种情况下，正确的计算方法都是，把充分就业的国民储蓄，或者潜在的投资，与税率相对比。这可能为国民储蓄刻画出第二条拉

---

① 《新闻周刊》，1981年2月23日。

弗曲线,这条曲线对于制定政策来说,可能更有意义,更恰当有用[1]。

读者请注意,"国民储蓄"是私人储蓄加上政府储蓄,或者再减去政府债务。如果说,我们正处在上述第一条拉弗曲线的最大值处,那么,减税将使政府的储蓄保持不变,但却有可能增加私人储蓄;这样看来,总起来说,它会增加国民储蓄。所以,第二条拉弗曲线的最高点(峰值)所对应的税率,要低于第一条拉弗曲线。同时还请读者注意,私人储蓄的增加,并不一定必然就意味着国民储蓄的增加。没有牢记这些基本要点,是目前公众讨论减税问题时得出主要的和普遍流行的谬论的根本原因,这个谬论认为,减税是一种刺激储蓄和投资的措施。削减税收肯定会增加政府的债务,债务的增加量,肯定比由此导致的私人储蓄增长量更大。在这种情况下,我们则处在两条拉弗曲线最大值的低税率的那一边。

二、需求学派的题外话

下面,我想暂时离开主题,向读者介绍一下凯恩斯主义"需求学派"对上述两个问题的答案。假定:税收收入$\overline{TR}$是国民总产品Y的一个线性函数:

$$\overline{TR} = T_0 + TY \tag{11.1}$$

再假定:消费量(C)与个人收入呈正相关关系,与税收收入呈负相

---

[1] 据报道,联邦财政部副部长诺曼·图雷(Norman Ture)曾经说过,肯普-罗思税收提案本身,不能靠足够的增加税收来弥补它造成的税收损失,但它将产生足够的税收加储蓄,为政府支出提供资金,而不必挤出任何私人投资。因此,在我看来,他就是在谈论第二条拉弗曲线。

关关系：
$$C = c_0 + c_1 Y - c_2 \overline{TR} \tag{11.2}$$
请回想一下国民总产品的恒等式：
$$Y = C + G + I \tag{11.3}$$
式中：G是政府购买的商品和服务，I是私人投资。

三个方程式放在一起，就构成了乘数方程式
$$Y(1 - c_1 + c_2 T) = c_0 + I + G - c_2 T_0 \tag{11.4}$$
$$\frac{\partial Y}{\partial T} = \frac{-c_2 Y}{1 - c_1 + c_2 T} ; \frac{\partial \overline{TR}}{\partial T} = \frac{Y(1 - c_1)}{1 - c_1 + c_2 T} \tag{11.5}$$

如果$1 - c_1 + c_2 T > 0$，则政府支出和削减税收的乘数就是正的。给定这个条件，如果$c_1 \geq 1$，那么，降低税率才可能增加税收收入，或者使之保持不变。根据经验数字来判断，即使经过重新解释，使诱致的"消费"中包含一定的投资，$c_1 \geq 1$也几乎是不可能的。一般而言，该模型表明，降低税率会增加国民总产品，但是却会降低税收收入。至于国民储蓄，方程式(11.4)只是简单地说明，私人储蓄加上政府储蓄等于投资。
$$(Y - \overline{TR} - C) + (\overline{TR} - G) = I \tag{11.4a}$$
如果投资是一个常数，与收入无关，那么，削减税收，就仅仅只是用私人储蓄代替政府储蓄。

另一个略有差别的问题，关系到在充分就业水平上储蓄的供给。假若方程式(11.4)和(11.4a)反过来解释的话，把Y固定在它的充分就业水平Y^*上，同时设定I是内生变量，那么，削减税收则毫不含糊地降低投资，而有利于消费：
$$\frac{\partial I}{\partial T} = c_2 Y^* \tag{11.6}$$

这种凯恩斯主义模型的观点，不是毫无关系的，因为肯普-罗思议案的支持者们援引了1964年的肯尼迪-约翰逊减税运动，将其作为一个先例。支持这项立法议案的头脑清醒的人，以及对历史经验的明智评论家们，都没有声称这项立法增加的税收收入足以弥补它造成的税收损失。主要的理论基础是需求刺激。1962年的收入法案中引入了投资税收优惠制度，联邦财政部放宽了折旧的界标数字。这些措施的目标是，在短期，刺激投资需求；在长期，增加美国经济的资本存量和潜在产出量。

三、拉弗曲线的导数

现在回到拉弗曲线上来。假定生产量服从于柯布-道格拉斯函数，其中包含资本存量（在短期是固定的）和劳动力：

$$Y = K^{\alpha} N^{1-\alpha} \tag{11.7}$$

劳动力的税前边际产品和税前工资等于$(1-\alpha)K^{\alpha}N^{-\alpha}$，于是，工资率就是$(1-\alpha)Y$，或者$(1-\alpha)K^{\alpha}N^{-\alpha}$。按照税率$T$计征一种比例所得税，征集的税收收入为$TY=TK^{\alpha}N^{1-\alpha}$。劳动力的供给则根据税后实际工资$w$做出反应，劳动力供给的弹性是$1/\beta$：

$$N = (aw)^{1/\beta}, \ N^{\beta} = aw \tag{11.8}$$

式中，a是一个任意大小的参数。

税后的工资率是：

$$Nw = \frac{1}{a} N^{1+\beta} = (1-T)(1-\alpha) = K^{\alpha} N^{1-\alpha} \tag{11.9}$$

因而，令$u = 1 - T$，我们得到：

$$\log N = \frac{1}{\beta+\alpha}\log u + \frac{1}{\beta+\alpha}\log(1-\alpha)aK^\alpha \qquad (11.10)$$

税收收入则由下式给定:

$$\log \overline{TR} = \log(1-u) + (1-\alpha)\log N + \log K^\alpha \qquad (11.11)$$

$$\log \overline{TR} = \log(1-u) + \frac{(1-\alpha)}{\beta+\alpha}\log u + 常数$$

我们感兴趣的是,税收收入对于税率 $T=1-u$ 所作出的反应:

$$\frac{\partial \log \overline{TR}}{\partial T} = \frac{1}{T} - \frac{(1-\alpha)}{\beta+\alpha}\frac{1}{1-T}$$

$$\frac{\partial \log \overline{TR}}{\partial T} = \frac{\beta+\alpha - T(1+\beta)}{T(1-T)(\beta+\alpha)} \qquad (11.12)$$

这正是第一条拉弗曲线的斜率。很明显,只有 $T^* = \frac{(\alpha+\beta)}{(1+\beta)}$ 的时候,它才是正的,其中,$\overline{TR}$ 有一个最大值。当 $T^* > \frac{(\alpha+\beta)}{(1+\beta)}$ 时[①],它则为负数。

对于第二条拉弗曲线,假定靠工资养家糊口的工人,消费掉他们的税后工资 $u(1-\alpha)Y$ 中的一部分 c_w,而资本家也消费掉他们的税后利润 $u\alpha Y$ 中的一部分 c_k。投资额就是生产量与公共消费加私人消费之和的差额。这里,假定公共消费 G 是恒定不变的。

$$I + G = Y[1 - c_w u(1-\alpha) - c_k u\alpha] = K^\alpha N^{1-\alpha}[1 - c_w u(1-\alpha) - c_k u\alpha]$$

$$\log(I+G) = (1-\alpha)\log N + \log[1 - c_w u(1-\alpha) + c_k u\alpha] + 常数$$

$$(11.13)$$

$$\frac{\partial \log(I+G)}{\partial u} = \frac{1-\alpha}{\beta+\alpha}\frac{1}{u} + \frac{-c_w(1-\alpha) - c_k\alpha}{1 - u[c_w(1-\alpha) + c_k\alpha]} \qquad (11.14)$$

---

① 原书中 T^* 为 Ts,疑误。——译注

$$\frac{\partial \log(I+G)}{\partial u} = \frac{(1-\alpha)-u(1+\beta)(c_w(1-\alpha)+c_k\alpha)}{u(\beta+\alpha)[1-u(c_w(1-\alpha)+c_k\alpha)]}$$

这个斜率是零,而且,当 $u=u^{**}$ 时,$I+G$ 是最大值:

$$u^{**}\frac{1-\alpha}{(1+\beta)[c_w(1-\alpha)+c_k\alpha]} = 1-T^{**} \tag{11.15}$$

举例来说,假设 $\alpha=\frac{1}{3}$,$c_w=0.8$,$c_k=0.4$。再设定劳动力供给量对于工资的弹性为 $\frac{1}{3}$,则有:$\beta=3$。经验例证表明,劳动力供给弹性不可能有这么高。再者,当 $u^{**}=\frac{1}{4}$ 时,$T^{**}=\frac{3}{4}$。换句话来说,只要 T 小于 0.75,我们就会知道,削减税收会减少国民储蓄用于私人投资的供给量。

更不必说,减税会降低税收收入。其实,按照同样的参数值来计算,当 $T^*=0.833$ 时,第一条拉弗曲线的斜率也为零。

图 11.1 显示出了两条拉弗曲线。图 11.2 则分别表明了两条曲线的导数。

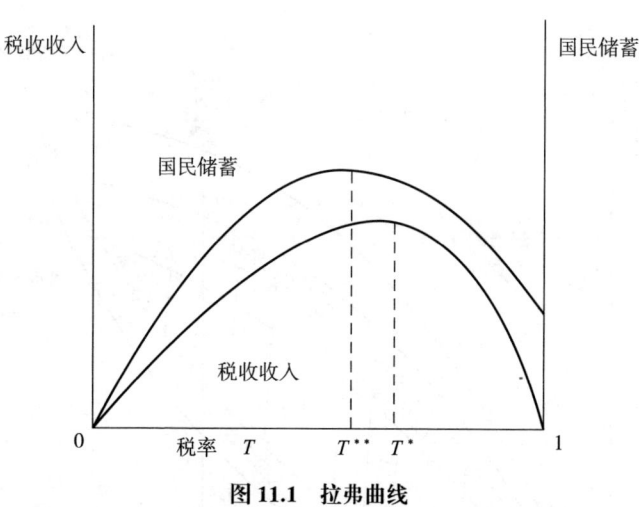

11 是的，弗吉尼亚，是有拉弗曲线 189

图 11.1 拉弗曲线

说明：α = 资本占产出的比例

$\frac{1}{\beta}$ = 劳动供给弹性

c_k = 资本收入的边际消费倾向

c_w = 劳动收入的边际消费倾向

$T^* = \frac{\alpha+\beta}{1+\beta}$,

$T^{**} = 1 - \frac{1-\alpha}{(1+\beta)[c_w(1-\alpha)+c_k\alpha]}$

如果 $\alpha = \frac{1}{3}$，$\beta = 3$，$c_w = 0.8$，$c_k = 0.4$，那么，就有 $T^* = \frac{5}{6}$，$T^{**} = \frac{3}{4}$。

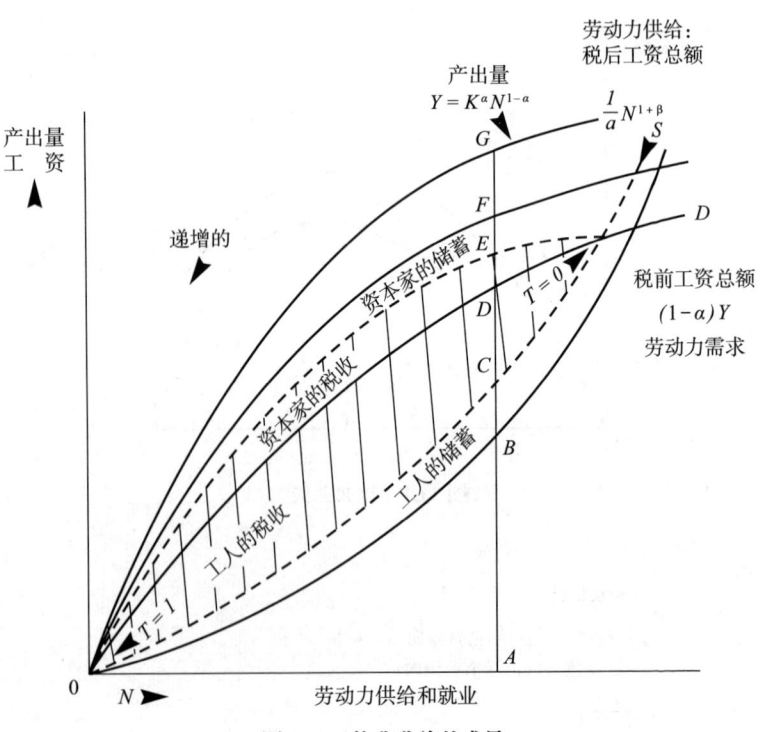

图 11.2 拉弗曲线的求导

说明：AB：工人的消费
BC：工人的储蓄
CD：工人的税收
DE：资本家的税收
EF：资本家的储蓄
FG：资本家的消费
BF：可用于政府购买和私人投资（$G+1$）的税收和储蓄
CE：税收收入

就业量是针对每一个税率 T 确定的，以使劳动力的供给 S〔计算公式是 $\frac{1}{\alpha}N^{1+\beta}$〕加上税收，等于劳动力的需求 D〔计算公式是 $(1-\alpha)Y$〕。这里，D 和 S 都是根据工资总额来计算的。阴影区域的垂直距离就是税收收入，包括取之资本家的和工人们的税收。

12 供应学派经济学：它是什么？怎样发挥作用？*

经济学领域里的革命和反革命，都是极其罕见的。它们一般是按照30年到60年的间隙周期而发生的，对公众舆论和政策产生的影响，大约要持续几十年。凯恩斯革命于1935年发端于一本令人望而生畏的理论著作，它逐渐地通过学术界传播到普通的知识分子，大众传播媒介的权威评论家们，工商界巨头和劳工领袖，政府机构的官僚人员和政治家；最后，成功地站稳了脚跟。经过了大量的批评和修改以后，约翰·梅纳德·凯恩斯的思想，终于在1961～1965年明确地变成了美国宏观经济策略的理论基础，报纸杂志欢呼拥称它们为"新经济学"。

一、最近的经济反革命

发明创新的步伐是不是越来越快啦？自从1965年以来，已经有三次反革命席卷经济学领域，吸引了大众传播媒介的大量注意力，并且引起了那些能够影响社会舆论的权威人士和制定公共政策

---

* 1981年7月，《美国经济前景》，密执安大学调查研究中心，1981年夏季号，第51～53页。

的官僚们的强烈关注。第一次反革命是货币主义，这本是一个古老的教条，从50年代开始，米尔顿·弗里德曼使之披上现代化的外衣，并且进行了富有说服力的宣传。在60年代后期和70年代，新经济学好像不能解释或者控制通货膨胀。正在这个时候，弗里德曼的另一种理论吸引了大量的追随者。第二次反革命是所谓的"新古典宏观经济学"，它的理论基础是优美的、具有感染力的理性预期理论。70年代，在罗伯特·卢卡斯和其他一些知名学者的领导下，这场运动使许多理论家和实践者都怀疑凯恩斯主义的希望，即财政政策和货币政策能够消除经济周期波动[1]。

第三次反革命是供应学派经济学，仅仅在几年之前，它不仅成为一种强制性的口号，而且变成了联邦政府的哲学。尽管这三次反革命各有不同，但它们也有共同之处，即都含有保守主义思想，在今天的政治气候下，这种思想颇为流行。政府的干预，不管怀有多么美好的动机，都是有害的，不是好事情。政府干预导致了通货膨胀，经济不稳定，效率低下，并且降低生产率。凯恩斯主义政策已经失效，这种政策的理论基础也名誉扫地了。

供应学派经济学是目前最盛行的反革命，它也是最杂乱无章的。因为没有一个像凯恩斯、弗里德曼或卢卡斯之类的权威学者，所以，该学派缺乏一本神圣的教科书来详细地阐明它的理论基础。它更多地体现出的，只是它的精神实质、态度和意识形态，而不是

---

[1] 对这次反革命的说明和批评，请看《理性预期》，这是美国企业协会公共政策研究部主办的一次讨论会的论文集，载《货币、信贷与银行杂志》，1980年11月份，请看第二部分，特别是B. T. 麦卡勒姆（McCallum）、R. C. 卢卡斯、J. 托宾和A. M. 奥肯的论文。

紧密结合在一起的理论教条,它的支持者是一群具有各种不同思想的人。概括起来说,他们的共同点是,都认为近40年来,由于受到了凯恩斯主义一心关注需求的恶意迷惑,经济分析和经济政策已经误入歧途,完全忽视了供给方面。他们共同强调的主题是,工作努力程度、生产率、储蓄、投资和企业创新精神,对于税后报酬的敏感性有多高。想象力最丰富的供应学派权威,经济学家阿瑟·拉弗和国会议员肯普都预期,降低税率会创造出生产和经济增长的奇迹。可是,里根政府经济政策的一些更理智的设计师们,却不敢许下诺言说,他们的减税措施本身就能带来足够多的财政收入,相反,他们预言要根本持久地重新恢复美国经济的生命力。

二、供给、需求和均衡

所有的经济学派都要让供给与需求达到平衡,一代又一代研读经济学的学生们,对此甚至到了厌腻的地步。凯恩斯主义经济学当然也不例外。分派划类只是大众传播媒介的一种有趣的和无害的消遣,并没有认真严肃地看待。大家都知道,生产和消费受到了供给的限制,包括劳动力、资本设备和其他生产性资源的供给,还有技术知识的供给。几乎所有的经济学家,不管是凯恩斯主义者还是古典派,或者折中主义者,都赞成这种观点:在长期,这些供给因素将会发号施令定调子,需求则将与之相适应。他们一般也赞同,短期的经济波动,基本上属于需求的波动;整个经济范围内的生产能力的变化,是缓慢的、平稳的。凯恩斯指出,在劳动力和其他资源利用不足的情况下,供给会对需求作出反应。60年代盛行的新经济学，既强调需求政策，以便恢复和维持充分就业；同时又强调供给措施，以便加速长期的增长。后一类措施中包括：投资税收优惠、人力培训和再培训。

对新古典凯恩斯主义综合派提出一个严峻的智力上的挑战的，是一种新古典的观点，即一个竞争的市场经济，总是连续地处于"需求等于供给"的均衡之中。美国经济可以看成是这类市场经济的一个合理的近似。因此，失业和闲置的生产能力，不是作为病态出现的，而被看成是在现行价格和税率下的自愿选择。医治它的处方——如果还需要医治的话，不是凯恩斯主义的需求刺激，而是改进刺激的方法，比如说，不那么慷慨大方的失业保险金，让工人、商人和投资者实得的收入更多。完全忘记了微调、反周期的财政政策和货币政策。建立一个良好的稳定框架，其中包括刺激因素、价格信号和市场，倾向于取消管制，将会同时达到短期的稳定化和长期的经济增长。按照这个精神，资深的经济学家，如国会预算办公室主任鲁道夫·彭纳（Rudolph Penner），干脆简单地把供应学派经济学定义为良好的微观经济学[1]。它包含的扭曲最小，或者反对造成扭曲，即税收、补贴和管制注入市场选择的扭曲——工作的收入要交税，而休闲却无须纳税；储蓄的收入要被征税两次，而消费掉的收入却只征税一次，等等；然后，它接受出现的长期和短期结果，不管是什么结果。

---

[1] 见"影响储蓄和投资的政策"，提交给"经济政策的选择"学术讨论会的论文，这次讨论会于1981年6月10～12日在华盛顿特区举行。该文收入《经济政策的选择学术讨论会论文集》，即将由会议秘书处出版，纽约市。

三、收入效应与替代效应

攻读经济学的学生们都知道,这些结果在理论上是不可预测的,甚至不能指出它们的方向。价格和税收的变化,既产生收入效应,也产生替代(刺激)效应,而且,两种效应经常是相互矛盾的。实际得到的收入的增加,是一种诱导因素,刺激人们在每年里工作更多的时数;可是,在另一方面,既然收入增加多多少少都会使工人们略微富足一些,所以,也就鼓励他们拿出更多的时间休闲。税后实际所得的增加,也是一个刺激因素,促使人们储蓄更多的美元;但在另一方面,由于财源茂盛的富翁们更加富有,他们在目前和未来都会消费掉更多的美元。标准的微观经济学理论,根本不允许假定替代效应居于主导地位;肯定也没有人宣称,收入效应根本不存在或是无效的。然而,联邦财政部副部长诺曼·图雷却勇敢地做出了这种断言[1]。

供应学派的削减预算、减税和其他措施,是否能够像他们宣传的那样,引导美国经济从滞胀走向经济繁荣、高生产率、高增长的新纪元呢?这要取决于收入效应和替代效应的经验值,而这些数字却很难估算。供应学派经济学家对于我们的经济病所做的诊断,并不符合事实。

---

[1] 见"供应学派分析与公共政策",提交给"经济政策圆桌会议"的论文,未公开发表。莱尔曼研究所(Lehrman Institute),1980年11月2日。

四、政府吃掉多少？

有一种说法是，政府从国民产品中拿走的太多供自己使用，给私人的用处留下的太少太少。实际情况是，在整个 70 年代期间，联邦政府从国民生产总值中吸走的比例是下降的。1980 年政府使用占 7.5%，但在 50 年代和 60 年代，却分别为 10% 和 11%。其原因在于，国防支出占国民生产总值的比例不断下降，现行的政府当局正在把这种趋势颠倒过来。州政府和地方政府的民用购买，得到联邦政府转移支付的补助，才填补了差额，但是，所有的政府使用总计占国民生产总值的比例，却保持不变，在越南战争前的 1956 年和 1980 年，都占 20%。一些可比的、劳动密集型公共品的相对成本不断提高，但是，经过校正之后，政府购买相对于私人购买而言，目前要比 50 年代和 60 年代更小。[1]

自从 1965 年以后，到底发生了什么事？在 70 年代里，由于林登·约翰逊总统推行了"伟大社会"计划，两个党派的继任总统和民主党控制的国会，又进一步扩展了约翰逊总统的计划，结果造成了转移支付的大膨胀，其中主要是退休保险和伤残保险、老年人医疗照顾和公共医疗补贴。即使这样，联邦税收的负担还是比 1969

---

[1] 这两段的分析和数字，请参看我的论文："建议对财政政策实施宪法限制引起的反响"，编入肯尼斯·D. 博耶（Kenneth D. Boyer）和威廉·G. 谢泼德（William G. Shepherd）合编的著作：《经济管制：纪念詹姆斯·R. 纳尔逊论文集》，东兰辛：密执安州立大学出版社，1981 年版。收集到 1980 年的资料扩展文中的表格后，并不改变论文的立论和结论。

年更轻，比1956年和1965年也只高2个百分点。各级政府的税收总计，与1969年大体相同，但是，其中州政府和地方政府的征税，比1956年和1965年高4～5个百分点。与其他发达的资本主义民主国家相比，美国的税收属于低的一边。

五、税收与劳动力供给

供应学派的倡导者特别感到痛惜的是，由于通货膨胀与累进税率结构的相互作用，会造成联邦个人所得税边际税率的提高。确实，这种情况出现得很快，比国会降低税率的速度要快得多，特别是从1977年以来。根据布鲁金斯学会税收资料库的计算，一个养家糊口的人带着他的妻子和两个孩子一起生活，他每多获得一美元的收入，由联邦政府征收的所得税加上工薪税的平均税率，1960年为18.0%，1965年为15.9%，1970年为18.2%，1975年为18.0%，1980年为21.0%。[①] 不论人们认为目前提交给国会的个人收入所得税减税方案属于哪一类，现在都是减税的又一个很好的机会，以便阻止税率等级的潜变和财政拖累。

可是，我们很难检查出微弱的劳动力供给倾向的证据。有关劳动力参与率、超时加班工作时间、一人身兼数职、每周的工作时数的数字，经过对不同工业的具体情况进行校正后，这些数字与前几十年的资料显示出来的趋势和周期性影响，是完全一致的。计量经济学家们要想搞清实际税后收入对劳动力供给的显著影响，恐怕需

---

① 我感谢约瑟夫·A.佩奇曼(Joseph A. Pechman)帮助我计算出了这些数字。

要付出很大的努力。[①]他们发现，受影响最大的，主要是来自低收入家庭的第二类工人，目前建议的减税与削减转移支付相结合的办法，实际上将会减弱对他们努力工作的刺激。

六、税收、储蓄与投资

供应学派的理论家们也指责税收过高，他们尖锐地批评通货膨胀，认为高税收造成了美国经济中储蓄率和资本投资率都比较低。公众讨论一般所得税减税对国民储蓄的影响，都已经搞混淆了，或者正在混乱之中。纳税人既会花销得更多，也会储蓄得更多。在政府当局的提案中，支出效应在一定程度上有所减缓，因为它把收益以可支配收入的形式，过多地分配给了富有的纳税人，而这些人的储蓄倾向显然高于平均边际储蓄倾向。但是，它不会颠倒过来。就给定的国民生产总值来说，居民储蓄会有所增加，增长的部分就等于减税额中的一部分，但同时，政府债务也将增长相同的数量。因而，减税本身降低了政府和私人的国民储蓄倾向。在里根的经济计划中，由于削减预算，加之通货膨胀和经济增长带来的隐含的税收增长，总起来看，减税与上述两方面因素大体是平衡的。计划作为一个整体来看，它造成的净影响可能是，在既定的国民生产总值下，国民储蓄会有少量增加。

关于劳动力的供给，它对居民储蓄的刺激效应的计量经济学例

[①] 见杰里·A.豪斯曼(Jerry A. Hausman)的论文："劳动力供给"，选入亨利·阿伦(Henry Aaron)和约瑟夫·A.佩奇曼合编的《税收怎样影响经济行为》一书，华盛顿：布鲁金斯学会，1981年版，第27～84页。

证是微弱无力的。[①]想利用税收减让来刺激储蓄,实际上,它不仅会产生通常的、有利于消费的收入效应,而且,它限制特定种类和数量的储蓄的作用肯定不大。大多数纳税人将会简单地把其他储蓄,转移到享受优惠的种类上。国会曾经宣布,对于为了退休后养老、购买自住房屋和子孙利益的储蓄,扩大免税额或者可以延期纳税,国会的这个行动很快就造成了上述的那种情况,即储蓄的大转移。这个事实本身就使人们无法相信,可以用高税率来解释居民储蓄的不断下降。

在整个70年代,除建筑业以外的商业投资稳步增长,比那些热衷于诡辩的人所建议的猛涨要好得多。在这10年的不少年份,如1970～1972年和1975～1978年的经济衰退期间,非建筑性商业投资涨势微弱,究其原因,用紧货币政策和能源危机这两方面,便可以做出充分的解释。1979年工厂和设备投资占国民生产总值的11.6%,超过了战后经济周期达到最高峰的数字。由于多方面的原因,有些是经济原因,有些是税收会计方面的原因,目前对重置设备的投资净额所做的估算,比以前的经济高峰值要低些。

七、误入歧途的政策建议

由于受到供应学派意识形态的激励,政府当局以及国会中的两党议员们,正在竞相地施惠于工商业主和大富翁们,把减税和提供补贴,看成是刺激投资的理性方法。这只是一知半解的建议,它将

[①] 见乔治·M. 冯·弗斯滕伯格(George M. Von Furstenberg)的论文"论储蓄",编入前注中所引著作,第327～402页。

造成的效率和公平的扭曲,比它可能校正的扭曲还要多。旨在减轻"税收加通货膨胀"扭曲的改革,已经改过了头。但是,无论是里根的折旧计划,还是民主党的备择建议,都不是对症下药的处方,它们将把折旧和债务指数化。两项建议均包括高昂的补偿费,即使通货膨胀减轻了,这些补贴依然存在。通货膨胀降低了减税额相对于历史成本折旧的实际价值,另一方面,通货膨胀也从债务利息上增大了减税的实际价值。后者部分地又被抵消了,因为名义利息支付增加后,还要多交纳个人所得税。但是,大部分这类收入从来都未出现在应税收入中。[1]政府的计划扭曲了不同类型和不同周期的投资项目之间的选择,它向得自现有资本的收入和现有投资将来产生的收入,提供了减轻税负的优惠,因而,浪费了税收收入。其结果很可能是,不能实现政府的目标,即提高商业投资在国民生产总值中的比例,估计还差 2～3 个百分点。原因之一是,供应学派的刺激将会造成一种严峻的宏观经济气候,其中起主导作用的是紧缩性货币政策。

反通货膨胀的策略是,降低货币流通量的增长速度,与此同时,提供新的刺激,扩大商品的供给;因为大量货币正在追逐匮乏的商品。确信政府的计划方案将会带来通货紧缩以及经济繁荣,而不会造成经济衰退和滞胀,这种盲目信任,只不过是从其他两次反革命,即货币主义和新古典宏观经济学那里移花接木过来的。凯恩斯主义者、折中主义者和传统的保守主义者都怀疑,牢固确立的通货膨胀模式,竟然会如此毫无痛苦地被破解了。在石油和食物价格、汇

---

[1] 见尤金·斯托尔利(Eugene Steuerle):"资本收益计征个人所得税吗?",美国财政部税收分析司文件第 42 号,1980 年 10 月。

率等方面遇到的好运气，使我们的一般物价指数暂时看起来很好，但是，通货膨胀不可能有持久的改进，除非工资和价格的上涨趋势得到遏止或者被扭转过来。①

八、供应学派革命的基本教训

供应学派政策产生的唯一可以肯定的后果是，对收入、财富和权力进行令人迷惑不解的再分配——从政府转向私人企业，从工人转向资本家，从穷人转向富人。正在进行的革命一切顺利，它更像一场社会的和政治的革命，而不是一场经济革命。一个简单的象征是，在华盛顿，几乎普遍地热情支持，从联邦税收制度中撤去对不同代人转移财富征税的所有伪装。这种资本主义民主，从来都没有许诺要实现结果的平等。但是，我们必须实现机会的平等。40多年来，我们的经历已经表明，一个本质上属于资本主义的经济，完全能够繁荣和成长，同时，社会集体地出现适当的两极分化，有富裕的，也有贫穷的；有享有特权的，也有被剥夺权利的；有握有权势的，也有无保障的；有繁荣时期，也有萧条时期。凯恩斯以及受他影响的一代经济学家们坚信，资本主义具有足够强大的生命力繁荣昌盛，并且实现民主与平等和上述两极分化的妥协。可是，极左派的批评家，以及极右派的保守主义者，却总是否认这一点，他们的观点是供应学派反革命的根本教训。

---

① 对里根政府的宏观经济和反通货膨胀策略的讨论，请看我的另一篇论文："里根的经济计划：供应学派，预算和通货膨胀"，原载旧金山联邦储备银行的《经济评论》季刊，1981年5月。编入本书第10章。

13 财政革命：混乱的前景*

长期的经历使我明白，政府赤字的问题是一个特殊的难题，一个经济学家与一位普通听众，很难就政府赤字问题展开讨论。政府的预算、赤字和债务反映出来的问题，都包含着强烈的政治和意识形态上的言外之意。政治家们、报纸杂志的专栏作家们、工商业管理人员、银行家、工会领导人，甚至是普通的投票人，常常需要从经济学家们那里得到简单的答案：是或者不是，好的或者坏的。他们需要的答案，经常就是他们自己已经持有的坚定意见。不论出于什么原因，他们有时候对于"它取决于"之类答案，很不耐烦，而我们却感到，有许多无奈紧紧地包围着我们的答案。这是一种先天的无能：有一次，哈里·杜鲁门总统的首席经济顾问反复再三地告诉总统，"一方面是这样，另一方面是那样"，使杜鲁门总统大为恼火，马上命令他的办公厅主任，去另找一位单向思维的经济学家来当顾问。但是，政府的财政活动产生的经济影响，确实是复杂的。比如

---

* 1984年10月，加拿大-美国商业前景讨论会，蒙特利尔。会议由加拿大-美国商业协商会议和纽约州立大学加拿大研究中心联合主办，普拉茨堡。本文编入该研究中心的专题出版物第1号：《加拿大-美国的商业前景：1984年》，1985年1月。原标题是"政府赤字与经济"。这里重印的修订版发表在《挑战》上，1985年1～2月合刊，第12～16页。

说，影响的大小取决于国内和国外的经济环境，以及中央银行的政策，而且，在一个经济周期的短期与几十年的长期，产生的影响也各不相同。

美国的财政政策今天已经成了长期被激烈抱怨的对象，在美国以及整个世界，都是这样。它们要对各种国内的和世界性的问题负责任，从艾奥瓦州农民的困境，到欧洲的滞胀，到第三世界国家的债务危机。美国在80年代的政策，与前几届美国政府的政策，以及世界其他发达国家的现行政策，是一种令人注目的倒行逆施。在本文中，我将描述这些差别，并且评价不同的指控。

一、1981年前美国的财政政策

与上述看法相反，许多冷嘲热讽的诡辩者却认为，从第二次世界大战结束到1981年，美国的财政政策具有相当程度的保守主义倾向。要搞清楚这一点，最好的和最迅速的方法是，考察联邦债务占国民生产总值比例的变化趋势。为什么说这个比例是一个很恰当的概括性统计数字呢？国民生产总值是一个综合指标，它反映出一个国家的储蓄能力和支付税收的能力，因而也反映出它处理债务的能力。在长期，私人储蓄的存量，大体上与收入和消费是成一定比例的，既然如此，债务与国民生产总值的比率就表明，私人储蓄存量中有多少被公共债务吸走，"挤出"了资本投资，包括国内和国外投资，以及储蓄的其他使用途径。

1946年，战争留下的联邦债务等于15个月的国民生产总值。30年之后，债务占国民生产总值的比率已经从1.25降低到并且稳定在0.25，债务大约等于3个月的国民生产总值。可以肯定，除了短期的周期性中断以外，债务的增长会使国民生产总值增长得更快。赤字却是反周期性的。在经济衰退期间赤字增加，有两方面的原因。一个原因是，税收收入和一些权利保障支出(entitlement outlays)，如失业救济金，对商业活动产生的自动反应；另一个原因是，国会和两党主政的几届政府审慎地采取的补偿性税收和支出措施。平均来看，联邦赤字低于国民生产总值的1%，而国民生产总值本身也按照每年3.5%的速度不断增长，这个速度是对通货膨胀率进行了校正之后的实际增长率。这些数字的含义是，不管什么时候只要它超过0.285或者1/3.5，债务占国民生产总值的比率就会不断下降。

把1981年以前的财政政策看成是保守主义的，许多人对此颇感吃惊，甚至是愤慨，结果常常证明，他们牢记在心头的趋势，不是债务相对于国民生产总值的比率。他们引用的是美元数字。不管怎样，在这段时期，债务的绝对数字毕竟增长了4倍，因而，必须有大量的赤字来支持巨大的债务。我在前面曾经说过，债务同国民生产总值的比率，才是经济上密切相关的测量尺度。美元数字必须对通货膨胀进行校正。根据实际购买力计算，由于消费者价格增加了5倍，债务实际上有所下降。但是，抱有怀疑态度的人可能会争辩说，赤字和美元债务的增长引致了通货膨胀，单是通货膨胀还可以保持债务是易于管理的，但是，却要以牺牲购买者对政府债券的信任为代价。大部分经济学家可能会说，债务的增长并不是非常具有通货膨胀性，除非中央银行，在美国是联邦储备系统，把债务货币化。联邦储备系统实际上把政府债务货币化的比例，在70年代比以前的几十年要低得多，虽然在70年代的不少年份出现了通货膨胀。70年代发生的大部分通货膨胀，都是由石油输出国组织卡特尔的外部冲击所引起的。联邦储备系统为了遏制这些滞胀性冲击而采取行动，结果造成了经济衰退，正是在这次衰退期间，出现了这10年中最大的赤字额。

历史怀疑论者经常提到的另一个方面，是联邦预算的增大，它是指收入和支出两者的绝对规模，而不是它们两者之间的差额。在40年代后期，联邦预算大约只占国民生产总值的16%，到1980年已经提高到21%。其中的一个重要因素是，在过去的15年里，用于社会保障的联邦转移支付急剧增加，包括总统就职典礼的费用，以及老年及残疾者的医疗照顾和对低收入家庭的医疗补助等费用的增加。

预算的规模肯定是一个在经济上和政治上都具有重要意义的问题。确实，美国的各界人士从政治和意识形态上产生不满的根本原因，可能正是预算规模问题，而不是预算赤字和政府债务问题。它涉及社会的优先事项、资源配置，以及收入、财富和权力的再分配。预算以多种方式，包括积极的和消极的方式，影响经济的效率。当然，这些"供应学派"的影响，在很大程度上要取决于支出和税收收入的构成。我认为，它们可以与赤字和政府债务产生的问题区分开来，并不是说，我要放弃而不考虑这些问题。显而易见，无论社会选择一个小规模预算，还是选择一个大规模预算，它同样也能在预算赤字、预算平衡和预算盈余中做出相应的选择。

二、1981年的财政改革

1981年发生了什么革命？从那以后，债务占国民生产总值的比率又提高到了36%。根据目前的支出计划以及现行有关税收和转移支付的立法，在80年代末期，债务占国民生产总值的比率将提高到46%，并且还将进一步升高，目前，还看不出有停止增长的迹象。即使按照乐观的计划方案来看，再过两三年，经济完成它的复苏，没有衰退，走上一条持续增长的道路，失业率为6%，这也不能改变上面预测的前景。因而，先前在预算赤字和政府债务上的保守主义趋势，已经急剧地颠倒过来了。

它究竟要做什么事情？里根政府提出了几项创议——必须指出，大部分创议，国会中反对派的大多数成员都予以默认了。公司所得税和个人所得税剧烈地削减了；国防支出开始出现了显著的增长。政府当局举着令人可怕的大斧，追逐在民用支出的后边，但是，大斧砍下来的支出，远远不足以抵偿政府计划中增加赤字的项目的增长。相机决定的社会支出以及需要检验的津贴都被缩减了，不过，这些项目的支出额本来就不大，压缩它们也不会带来多大的好处。真正花费大量美元的津贴项目，即老年保险和医疗保险，却是无需检验的，也是唯一的项目，从政治上看，它们完全是不容置疑的。里根总统本来可能希望把它们列入第二类项目，可是，他在最近的竞选活动中许下的诺言，使他又很难这么做。

削减税收即使可以通过随后的立法，部分地得到回偿，也会损失不少财政收入，在这个财政年度内，由此放弃的税收收入大约占国民生产总值的3.5%。国防支出的激增，导致支出占国民生产总值的比例又提高了1%，最终将再提高1.5%。民用支出的削减，大体上与国防支出的增加相互抵消。最后的净结果是，造成高额的结构性基本赤字，大约占国民生产总值的2%，再过4年，还将提高到

3%。这些数字，在和平时期是前所未有的。基本这个词，从概念上把债务利息支出和有关的交易往来排除在外；基本的赤字是指，在没有未偿清的债务时我们的经济中所出现的赤字。结构性这个词则排除了周期性的成分、收入的不足、过量的津贴——超过因国民生产总值偏离一个正常的参考趋势的津贴。具体地说，结构性赤字是指，如果失业率为6%，按照既有的税收和有关津贴立法，在现有的预算方案中将会出现的赤字。据估计，在目前的财政年度里，实际预算赤字中的周期性成分，约占国民生产总值的1.8%。

三、利率与财政赤字

在上面描述的爆炸性财政扩张中，政府债务的利息支出也是一个重要因素。债务还本付息的净成本，已占联邦支出总额的12%，占国民生产总值的3%，而且还在逐步升高。债务成本还要加上基本赤字，包括实际的和结构性的赤字，才能得出赤字总额。导致债务利息成本迅速增加的主要因素有两个。一个因素是债务本身的不断增加。自从1979年以来，周期性赤字长期积累的后果是，债务迅速增加，债务的利息支付也随之增大。另一个因素是，债务的利率也非常高。这里，相关的利率是实际利率，已经扣除了通货膨胀率，而且考虑到有一部分利息支出又会返回到财政部，它是税后的，同时，考虑到中央银行持有的政府债券获得的利息收入，几乎100%地回到了财政部，它还是货币化的。

在1980年以前，债务还本付息成本的这些量度，几乎总是接近于零，经常是负值，因而远远低于经济的国民生产总值的趋势增长率。复利率的动态变化，有利于逐步地降低债务占国民生产总值的比率。现在，这种关系已经颠倒过来了。债务还本付息的实际净利息成本，超过了实际国民生产总值的可维持的增长率。即使基本赤字为零，复利率也将使债务占国民生产总值的比率急速提高；更不必说，基本赤字为正数，并且数额较大的时候了。（这个过程的数学演算，与描述一个第三世界国家的外债困境的计算方法完全一样。当这个国家的外债利息超过了它的出口收入的增长时，它便被迫在自己的对外账户上，冲掉一笔很大的"基本"盈余，从而使它的债务负担越背越沉重。）

为什么利率会上升得如此之高？美国的财政政策本身，并不能做出全面的解释。1979～1980年期间，美国的通货膨胀率高达两位数，在1980年的总统大选之前，美国联邦储备系统为了显著地降低通货膨胀率，采取了它认为必要的行动，结果却把利率推到了现在的高水平上。当时，各个主要的中央银行共同一致地实行通货紧缩，他们的努力获得了成功，但是却付出了沉重的代价，即失业率上升，生产的增长率下降。

1982年夏末，联邦储备系统给美国经济和世界经济带来了幸运。它操纵利率下降了3个百分点，使美国经济出现了大转变。联邦储备系统害怕利率会进一步下降，担心为已经迅速发展的复苏火上浇油，并重新点燃通货膨胀的余烬。一些税收和支出会带来赤字，但同时也会刺激经济复苏。从这一点来看，至少它们有助于收紧1982年以后的货币政策。不过，如果是由一种自发的私人支出大爆炸，来促成相同的经济复苏的话，货币政策很可能还是一样的，现在（1984年）的利率也差不多相同。

四、里根经济学：一个保守主义教条

上面，我试图说清楚，财政政策到底发生了哪些彻底的变革。为什么会发生这些变化呢？1981年出笼的里根经济学，并不是几种保守主义信条的一个完全协调一致的混合物：在国家安全保障和外交政策上，是鹰派的立场；在政府的经济作用方面，是一般的自由放任主义观点；一种比中央银行还更严格的货币主义；一种坚定的许诺，要从预算分类账的两边，缩减政府的规模；一种反常的信仰，相信通过税收和转移支付进行的"累进的"再分配，已经走得太远了。一种"供应学派"的观点认为，降低边际税率会诱导人们更多地工作、储蓄、投资，更好地发挥创造性，从而将会使美国经济活跃起来。

大多数保守主义者一直保持着对预算平衡的依恋之情，虽然如此，仍有许多人——包括里根总统本人——难以忍受陈旧的策略，即延期推行减税，直到同时削减支出能够抵消税收的下降时，再真正付诸实施。无论如何，降低联邦政府的重要性是他们的基本目的。他们十分审慎地掌握着一种新的政治策略：首先，剧烈地削减税收；然后，利用举国上下普遍担忧预算会失去平衡这种态势，迫使国会同意削减民用支出，并且支持一个宪法修正案，要求国会平衡预算，同时，增加税收收入的速度，不得超过国民生产总值的增长率。供应学派最普遍流行的著作，"供应学派"经济学，又为这种政治策略，添上了一条富有感染力的经济论断。按照该学派的热心倡导者，包括经济学家阿瑟·拉弗、国会议员杰克·肯普和其他一些人的说法，削减税收会引发经济活动和联邦收入出现大爆发式的增长，以至于预算本身，无论用什么方法，很快又会再次实现平衡。当然，他们所说的，肯定不会是过时的、已经"声名狼藉"的凯恩斯主义需求学派的理由！这些理由可以说明，削减税收是扩张性的。他们谈论的，只是经济效率和生产率的波动。

结果究竟怎么样？这种策略在两个方面，即政治上和经济上，都陷入困境之中。国防支出的大幅度增加，为反对派，特别是鸽派和那些支持大刀阔斧地削减民用项目的人，开创了一个先例，于是，他们也利用财政的完整性和政府的节俭为借口，来实现他们自己的优先目标，而不是总统的目标。在经济方面，联邦储备系统的政策、里根经济学中的货币主义派系又强化了它的政策，因而造成了深度的经济衰退——在新政府1981年制定的计划方案中从未设想过的衰退。我在前文中已经解释过，高利率和经济衰退的一个后果就是，在未来的财政年度里，债务还本付息的数额大幅度激增。

然而，时至今日，这个策略却似乎显得令人不可思议地获得了成功。颇具讽刺意义的是，刺激性的财政措施恰好在最需要的时候，才真正完全发挥作用。当时，经济衰退已经结束，强有力的需求刺激，正好是医生开的良方。略显遗憾的倒是，这些措施恰好是地地道道的凯恩斯主义需求学派政策，并不是供应学派计划的复苏。不过，这没有什么关系。反正投票人既不清楚，也不关心令人难以捉摸的经济学教条，而且，他们非常健忘。在选举年的晚秋的晴暖气候中，人们尽情享受繁荣带来的幸福；预示着未来财政风暴的片片乌云，看起来还非常遥远。

五、美国的政策与世界经济

美国的财政政策不仅正在改变过去政策的方向,而且,也与其他大多数经济发达的民主国家的政策相对立。这些国家的政府,在意识形态上也属于保守主义的,但是,他们把传统的财政戒律放在比激进的供应学派策略更优先的地位上。在第二次石油危机之后出现的世界性萧条中,这些国家的经济有所下降,在这种情况下,他们大胆地削减本国的财政赤字。于是,里根总统和沃尔克把美国的周期性赤字转变成了结构性赤字;与此同时,他们在英国、德国和日本的伙伴们——甚至也包括法国,密特朗总统当政头一年单独地推行扩张主义失败之后,法国也改弦更张了——却把他们的周期性赤字,转变成了结构性盈余。正当这些国家的经济处于大萧条的深渊之中的时候,税收的增加和支出的减少,打击了他们的经济。这提醒我这个老年的观察者想起了,胡佛总统和罗斯福总统都曾采取过类似的行动,尽管罗斯福总统掌握了更多的情况之后改变了策略。此外,德国总理布吕宁(Bruening),在向希特勒屈服并逃往哈佛之前,也曾采取这类行动。

把7个"经济最发达"国家放在一起来看,它们的财政政策从1980年以后就是中性的,是北美的刺激与欧洲和日本的反刺激之间的一种平衡。事情的发展,正如老的凯恩斯主义教科书中所说的。在美国,凯恩斯主义处方即需求刺激,被假冒成为供应学派的灵丹妙药,非常幸运地由一位反凯恩斯主义的医生所采用,结果,使痛苦的病人恢复了健康。在其他国家里,却采取了紧缩性财政政策，虽然美国的需求溢出到国外市场，对这些国家产生了一定的积极作用，但是，结果还是延长了他们的经济衰退，妨碍或推迟了经济复苏。

那么，为什么外国政府要喋喋不休地抱怨呢？联邦储备系统为了配合美国的经济复苏，维持了很高的实际利率，它像一块磁铁一样吸引外国的资金；使美元贬值，相对于我们的贸易伙伴国家的货币而言，美元实际上贬值30%以上；并且摧毁了我们的出口工业和那些与外国进口品展开竞争的行业。外国政府通过进一步降低本地利率，使之更加低于美国的利率，并且使它们的货币相对于美元而言，进一步贬值，这样做，甚至可以夺走更多的美国需求。这些国家之所以没有选择这样做，主要有两个原因。中央银行感到，他们自己确定的货币主义目标是作茧自缚。他们还担心，进一步提高用美元结算的进口产品（包括石油）的本地价格，可能会产生通货膨胀效应。

从这种意义上说，美国的高利率几乎没有给整个世界带来什么宽慰。第三世界债务国的后果，已经变得特别严重。在另一方面，他们的出口也能从美国带动的经济复苏中获得好处。他们的最终出路，要依赖于各发达国家出现强有力的持续的复苏，依赖于普遍的放松利率。

外国的抱怨不应该仅仅针对美国的预算政策，而且针对我们的货币与财政政策组合。没有任何一个国家的利率，准备抑制美国的经济复苏。国内和国外的批评家不应该，特别是目前不应该，要求全面地抽回财政刺激，而应该提倡一种不同的药剂配方，少一点财政刺激，多一点货币灵丹。改变配方，需要中央银行与行政当局和国会中的财政部门之间进行密切的配合。直到现在,联邦储备系统的地位仍旧是,在这场博弈中把责任完全推在了其他参与者的肩上。

在两种配方中抵消的变化,将使经济复苏持续下去。在美国国内,配方的变化将会带来重要的有利后果。利率会下降,美元的外汇价值也会下降。贸易平衡目前是令人担忧的负数,将来会有所改善;我们的摇摇欲坠的大烟囱工业,将会得到名副其实的拯救。那些债务缠身的农民们,将会重新获得一部分农产品市场,贸易保护主义者的不满情绪也将有所减弱。国民产出的构成将得到改善,因为较低的利率诱使国内投资去取代消费——较高的税收剥夺的消费。在国外,放松世界的利率,将会受到普遍的欢迎。

六、校正财政政策的长期理由

如果我们考虑到更长的时期,就会有更充分的理由,推行一种截然不同的政策组合。我在前面概略地说明了赤字与政府债务发展变化的动态过程,并且解释了:为什么说目前的财政政策参数,即实际利率和预期的经济增长,是债务占国民生产总值的比率迅速地、无休止地提高的一条秘诀。为什么这样一种前景是混乱的?不是因为它预示着一个世界末日的到来,一次既不可控制,又不可逆转的、突然的、造成灾难的经济和金融崩溃。许许多多的卡珊德拉[①]两年

[①] 原文为 Cassandras,特洛伊国公主,即荷兰史诗《伊利亚特》中被联军围攻的特洛伊国王普利安的女儿,据说她能预卜凶吉。——译注

前针对赤字发出了十分严厉的警告，现在，他们早已失去了听众。

真正的原因却更使人厌倦，即古老的"挤出"传说。当经济中还有闲置劳动力和资本可以投入使用的时候，挤出就不是一个值得大惊小怪的问题。纳税人的消费、军事采购和私人资本形成，可以一致地扩大。随着收入的增加，用于为投资和政府赤字提供融资的储蓄，同样也会增加。不过，一旦经济复苏彻底完成，并且具有一种长期的特征，就业率和生产能力的利用率都比较高，我们相信，国民产出和储蓄都会受到限制。尤其是，私人部门积累的财富数量相对于国民生产总值的比例，肯定有一个上限。公共债务是对这有限的储蓄提出的一种要求，它与生产性资本——不管是商业工厂和设备、住房和耐用消费品、公营铁路，还是市立学校；与在国外挣取收入的资产，相互争夺资金。政府许诺实现更多的私人消费或者公共消费，由此造成的公共债务负担，实际上就是让后代人继承较少的生产性资产。

我们没有必要夸大其词。私人的财富总量已经超过了国民生产总值的3倍。即使债务占国民生产总值的比率提高到1∶1，美国也不会陷入贫困。利率越升越高，债务紧随其后，以高于经济增长率的速度，越来越快地无限期地增长，这种前景在可以预见到的将来，可能不会出现。总有一天，它会得到校正，既然它会自我造成完全没有必要的损害，这一天还是来得越早越好。

进行校正就会要求增加税收或削减国防支出，或者双管齐下。如果认为，随着经济的增长，债务问题终将烟消云散；或者认为，进一步节省民用支出，将解决债务问题，那都不过是自我壮胆而已。进行校正也要求中央银行的协作，使它们认识到降低利率颇受欢迎也是必要的，只有这样，才能使较紧的财政措施真正行得通。利率的降低，转而使财政校正变得更容易。

我讨论的问题，似乎命中注定要支配总统与国会的国内议事日程。政府的政策存在着改善财政前景状况的巨大压力。在里根总统的竞选期间，为了把自己与他的挑战者拉开距离，他再次重申，自己坚信供应学派的教条，并且毫不动摇地反对增加税收。他仍然墨守低税的策略，并且利用预算的不平衡，来削减联邦政府的规模。但是，在过去这段时间里，他已经实用主义地改变了政策。总统与国会在未来四年多的时间里将会怎样进行调整，以适应财政状况的现实，想必一定是一场很有趣的，能引人入胜的好戏。在80年代余下的几年里，在世界经济发展的进程中，再没有什么比这更重要的问题了。

14 美国的货币-财政政策组合[*]

货币政策与财政政策的组合,在当今的美国是一个重要的实践问题。[①]首先,我想简要地介绍一下,宏观经济理论针对这个问题究竟说了些什么,将其作为背景材料。然后,我想描述一下目前在美国实施的政策,并且提出一些理由,赞成另一种明显不同的政策组合。

一、货币政策必需独立于财政政策

一种政策组合的基本思想是,预先假定:政府和中央银行能够共同地享受一些选择的自由,它们可以相互独立地采取财政和货币措施。在大部分国家的经济中,这个条件都难以在任何明显的程度上得到满足。但是,在比较发达的大国里,可以满足这些条件;这些国家的经济政策和成绩,决定性地主宰着世界经济发展的

---

[*] 1982年3月,1984年4月修改。W. A. 马金托斯演讲(Mackintosh lecture),安大略,金斯顿,女王大学。从这次演讲到本文修改之间的这段时间里,经济计划和政策都根据现实事件进行了调整。本文的主要内容仍然是1982年3月的演讲稿,在修改时,依据后来的发展作了一些补充,凡是补充的内容,均加上方括号以示区别。另外,本文前面5个部分取之于我1985年1月在印度储备银行所做的纪念C. D. 德姆赫(Desmukh)演讲,后来,这篇演讲用法文被编入安德烈·格里杰比内(Andre Grjebine)主编的著作:《政治经济学理论的危机》,巴黎,瑟约出版社1985年版,第270~290页。

[①] 也请读者参看本书第3、第7和第16篇文章。

进程——它们是北美和西欧的"火车头",即美国和联邦德国以及日本。

当然,即使在这些国家里,每个国家的政策选择,在一定的程度上也要受到国际条件的约束,因而,也就是说,要受到其他主要经济强国的政策的制约。但是,美国肯定可以在一系列不同的财政和货币手段的组合中,比较自主地做出选择。联邦德国是欧洲经济共同体的主要成员国,它也可以自主选择;此外,还有日本,也可以这么做。这三个"火车头"国家,或者更广泛地说,每年参加七国集团峰会的7个国家的政府,或者,再广泛一些来说,凡是经济合作与发展组织的成员国;总之,正是这些国家,决定了发达的资本主义民主国家集团的财政-货币政策组合。

要具备挑选一种政策组合的能力,显然要求政府不能完全依赖印制货币来弥补财政赤字,不论是靠中央银行增印基础货币,再借贷给政府;还是由其他银行创造出"效力更低的"货币。必须有对付公共债务的手段,既不是货币措施,也不是自动的可以货币化的措施。这些手段,作为银行储备,不一定必须是基础货币的完全替代品;或者,作为支付手段,不一定必须是通货和银行存款的完全替代品。他们的价格和利率必须是可变的,不受中央银行或银行系统做出的、无限制地买卖它们的承诺的约束。在期限、度量单位和资本损失的风险等方面,这些手段必须与基础货币极其相近的替代品,有所区别。在缺乏这些手段以及相关的金融制度、金融市场和技术的地方,预算赤字就决定着货币供给量的增长速度,财政政策与货币政策也就无法区分了。

即使一种独立的货币政策在技术上完全行得通,也不存在相应的政治措施和意愿,去运用那些与公共借债要求毫无关系的货币政策手段。准宪法性条款的规定,把中央银行与政府区别开来,但它常常倒是提供了必要的措施和意愿,以割断财政-货币之间的联系。重新进行安排,指定由不同的决策者分别进行财政和货币决策,这样做的代价是,今后不可能再进行有意识的协调一致的政策组合的选择。

一般来说,在宏观经济学里,区分长期与短期是非常必要的。在经济活动的短期波动中,采取的政策措施会影响总需求、生产量、失业率、生产能力利用率、利率和价格。在更长的时期,一旦产出量受到了可变资源及其生产率的约束,而不是受需求的限制,那么,政策组合则将影响资本的积累、经济增长的路径和价格趋势。我首先从短期开始分析。

二、需求管理政策的有效性

最近一段时间以来,任何一位经济学家,只要他认真地看待短期需求管理理论和稳定化政策,他首先就会表明,自己认识到了颇为流行的理论,即经济不是可以管理好的,系统的需求政策必然是无效的,经济周期是均衡移动的轨迹。这些结论都是自我标榜的新古典宏观经济学的论断,从逻辑上看,它是把陈旧过时的竞争性价格结清的市场,与花样翻新的理性预期理论掺和在一起,推导出上述结论的。新古典经济学的这个优美的竞争对手,即理性预期理论,确实吸引了经济学专业理论家,并且加强了他们的分析工具。但是,它对于共同观察到的经济波动这个事实做出的解释,却是拐弯抹角的，说不通的。

最近的事态发展与这种新理论并不相符合。理论家们强调指出，既然只有突然袭击式的货币量变动，才会对产出量和就业量产生实际的影响，那么，一个预先广而告之的可信的货币紧缩政策，将会带来没有一滴眼泪的通货紧缩。但是，撒切尔夫人在英国坚定地推行的紧缩，以及保罗·沃尔克在美国推行的广为宣传的货币收缩——这里只举两个例子，对他们国家的经济造成的实际损害，一点也不比以前可恶的凯恩斯主义时代的通货紧缩性经济衰退更小。按照凯恩斯主义的原本设计，在过去 26 个月美国经济的复苏过程中，需求管理也发挥了很好的作用。与此相反，欧洲国家的经济，甚至是日本，他们的政府经过深思熟虑后，努力地避开了扩张性宏观经济政策，但他们的经济状况却不如美国，这是值得关注和富有启发的。因此，在下文中，我将遵照这样一个假设进行分析：需求管理政策既是重要的，也是有效的。

三、货币与财政政策的衡量尺度

讨论财政-货币政策的组合，原则上说，首先需要确定两类政策的衡量尺度。由于两类政策中每一类政策都包括几种政策手段，所以，严格说来，根本不可能用一个单一的衡量尺度，来描述任何一类政策。不过，就货币政策来说，基础货币或者银行储备的供给量，作为一个衡量标准，大体上可以满足要求。

对于财政政策而言，问题要严重得多。我们比较倾向的衡量尺度是，预算方案对总需求的直接分担额，或者等价的，对国民投资总额超过国民储蓄总额的部分的分担额。为了达到这个目的，经济学家们普遍地采用"预算赤字"这个标准，可是，由于多方面的原因，预算赤字只能是一个糟糕的衡量尺度。因为，赤字是内生的：同一个预算方案，也就是说，同一项立法授权的支出和计征的税收，在经济增长微弱的时候，就会比经济增长十分强劲的时候产生更高额的财政赤字。"结构性"的赤字——这是一种现代的说法，在过去那些更幸福和更乐观的年月里，被称为充分就业赤字——是一个略有改进的衡量标准。它根据一个固定不变的失业参考水平来估算赤字，从而消除了周期性的内生性。但是，它没有考虑到下面这个事实：预算中的不同项目，即使它们对结构性赤字所起的作用完全一样，它们对需求的影响也不相同。削减税收和转移支付的支出乘数，与商品和服务支出的乘数并不一样，一般来说会更低，在那些范围比较广泛的预算类别中，还存在着具体的差异。按照各个项目的具体乘数，确定它们在预算中的权重，然后调整赤字，由此得出的结构性赤字，是一个比较好的衡量尺度，可惜它一直没有流行起来。

四、需求管理中货币与财政手段的替代

实际上，是否有可能依靠不同的货币与财政政策组合来维持总需求呢？财政刺激是否确实属于货币刺激的一个有效替代品？标准的凯恩斯主义论断是，财政扩张，即政府额外地购买商品和服务或转移支付或减税，像对总需求的其他任何积极的冲击一样，将会提高基础货币总量或其他货币总量的流通速度。这个机制的一部分，是利率的提高，包括工商企业、居民和其他经济行为者，将节省

他们手中持有的货币。按照我的理解——明显地抱有一些成见，60年代里货币主义与凯恩斯主义之间争论的结果就是，经济学领域里以理论和经验为根据，一致地接受了对货币需求的利率弹性。但是，美国的金融体系的形成，具有更多的货币主义特征，因为它对于可用支票存款支付的利率，由市场决定。

怀疑财政措施的需求刺激到底会有多大作用的另一个原因，是赞同下述观点：政府的债务"不是净财富"，因为纳税人将会预期，未来的纳税义务等于服务的现值，或者偿清这些债务。在另一本著作里，[1] 我详细地列出了一些理由——流动性的限制，人类的必死性，风险分担，以及其他理由——用以说明，为什么对于李嘉图-巴罗的论断（Ricardo-Barro Proposition），在实际生活中不应该那么较真。

就在这同时，宏观经济计量模型却不断地显示出，财政措施实施几年，都表现出了显著的乘数。或许，甚至更具有说服力的是，在 1983～1984 年期间，里根政府运用大量的财政刺激促使美国经济复苏，已经取得了明显的成效。尽管预期和宣传的，都是一大包供应学派的刺激药，但实际上，这项计划被证明是一次时机选择得很恰当的凯恩斯主义需求刺激，刺激量之大，甚至连任何一个赞成反周期性需求管理政策的政府当局，都从没有敢达到过。可是，不管怎样，它确实发挥了很大作用。

当然，在保持需求刺激或约束的总剂量不变的同时，用货币政策取代财政政策，或者反之，这种可能性还是存在着一定的限制。

---

[1] 参看拙著《资产积累与经济活动》，第 3 章。

如果凯恩斯的"流动性陷阱"行为把利率确定在最低水平，或者，对于一个实行固定汇率制度的开放的小国来说，由于国际资本的流动性使它的利率降到最低，那么，货币手段就是至关重要的。如果利率已经很高，以至于需求的冲击不会诱致货币需求的任何进一步反应，那么，财政手段则更为重要。每一位经济学学生，只要能够熟练掌握教科书里的"IS"和"LM"曲线（即投资储蓄－流动偏好货币数量曲线），上述两种极端都是十分明显的。在两个极端之间，还留有很大的余地。

五、在实践中财政－货币政策组合是怎样确定的？

改变政策组合，公认是一件微妙的和不确定的事情。没有人能够精确地知道，贸易条件将怎样变化，或者，对两类政策的变化做出反应的速度有多快。在实际工作中，当今的财政决策活动，远不如货币决策那么经常。预算一年才投票表决一次，税收和支出立法决定着财政的结果，它们甚至会影响到几年之后的预算。

相反，中央银行几乎是连续不断地采取行动——美国的货币政策决策机关即联邦储备系统，每年必须定期召开9次会议，而且，如果必要，还可以更经常地聚会。中央银行可以迅捷地对有关经济运行状况的信息和计划做出反应，同时也考虑到现实的和预期的财政政策，还有其他相关的资料。

在美国，财政政策的决策者是政府当局和国会。假设政府和国会与中央银行，对于值得期望的宏观经济路径达成了一致意见，那么，将会有可能按照下面的过程改变政策组合：税收和支出立法将会改变原先设计的预算，然后，中央银行将会持续地采取必要的行动，以确保经济始终沿着期望的产出量和价格路径发展。政策之间的相互替代将会逐渐地发生，并且经过反复试验，错了再试。如果中央银行死死地墨守纯粹的货币目标——它与实际经济事件和预测都不相关，那么，上述过程就无法运行。

六、需求管理政策及其目标

根据丁伯根-锡尔（Tinbergen-Theil）的经济政策理论，可以达到的政府数量目标的独立变量的数量，不能超过政府能够掌握的政策手段的数量。既然我们现在拥有大量的财政与货币政策手段，所以，我们可能希望一次实现许多目标。比如说，我们甚至希望打破价格膨胀与失业之间的短期联系。我们究竟能不能依靠适当的选择货币与财政手段的组合，来实现并且维持充分就业和价格稳定呢？真是很不幸，这种完美的理想境界，是我们无法实现的。丁伯根-锡尔提出的政策手段的数量要求，只是一个必要条件，而不是一个充分条件。如果两个或三个政策手段的影响，以完全相同的方式对许多目标的结果起促进作用，那么，相对于这些目标而言，它们实质上只是一个政策手段。正是需求管理政策处方的总体规模——不论它是怎样组合的，决定着就业（或者产出量）与通货膨胀结果的组合。相对于这些目标来说，货币手段与财政手段，其实不是相互独立的手段。

在一个实行浮动汇率制度的开放经济里，我们可以发现这种不可能性定理的一个很好的证明，我把这个定理称为"共同递减"定理。中央银行采取的紧货币政策，提高了国内利率，吸收了外国资金，升值了本国货币，降低了国际贸易商品的国内价格。由于高利率对国内投资产生的通常影响，加上货币升值恶化了贸易平衡状况，相对地缩小了外国投资净额，因而，它本身就降低了总需求。扩张性财政政策可以抵消总需求的下降。在既定的实际产出和就业的增长路径上，实行一种紧货币-松预算的政策组合，可能是降低价格上升速度的一个办法。对于任何一个国家的经济来说，特别是在这个广大世界上的一个小国经济，这可能是一种可行的策略。但是，它不是那种可以定期重复使用的策略。一种给定的高于国外利率的国内利率，随着资产组合的调整逐步完成，其吸引资金的能力也会日益降低，只有新储蓄流量的分配才是至关重要的。无论如何，对通货膨胀率——与价格水平有所区别——的持久影响，必然要求一个不断上升的利率、一种持续恶化的贸易平衡状况、一个永远增加的政府赤字。运用这种策略对价格水平产生的有利影响，不会再次出现。

对于像美国这么大的国家来说，还存在着进一步的限制。短期的价格影响会逐渐淡化，因为国际贸易产品的价格，在相关的价格指数中的权重很小，同时，这类大国的价格，在决定国际价格方面占有较大的权重。进而可以看出，当这类大国调整它们的宏观经济政策时，其他国家不会束手静观。归根到底，一种货币的升值，就是其他货币的贬值；一个国家造成的通货紧缩，就是其他国家的通货膨胀。我们正在讨论的政策组合，在价格上是一种"损人利己的"政策，就像通货贬值在就业方面是"损人利己的"政策一样。如果所有的国家都试图一起采用这种策略，那么，谁也不可能取得成功。

预期的影响是一个更重要的约束因素。市场将会理性地认为，这种政策组合造成的贸易赤字是难以忍受的，并且预期汇率将有所下降。果真如此的话，它将逐渐地下降；汇率下降针对利率优势而发挥作用，吸引资本流入。

运用宏观政策组合，来改善通货膨胀与失业之间存在的令人不快的短期联系，如果我们不情愿彻底放弃这种希望，我们可以把需求管理政策的选择，划分成两个分开的决策。第一个决策关系到总的政策影响，它必须足以达到期望的总需求路径，因而，一方面，要考虑到它对总产出和就业产生的共同后果；另一方面，还要考虑到价格水平和通货膨胀率。第二个决策是，在各种不同的政策组合中进行选择，这些政策组合都能支持预期的路径。后一类决策允许并且确实需要采用一些超出需求稳定化目标之外的衡量标准。

额外的标准可能包括长期的经济增长率。对于一个开放经济而言，它们可能包括外部的考虑，即外汇的收支平衡。它们可能关系到国民总产出的构成，及其在政府使用与私人使用之间的分配，或者在投资与消费之间的分配，或者在国内投资与国外投资之间的分配。它们还可能关系到财富与收入的分配。

由保罗·萨缪尔森提出的一个重要的和著名的"新古典-新凯恩斯主义"论断指出：我们可以做出一种关于稳定化的决策，把总需求管理的剂量固定在一定水平上，使价格目标与就业目标之间，达到一种预期的平衡。这些选择是相互独立的，我们可以尊重自己关于资源配置和财富与收入的分配方面的优先重点。为了实现充分就业，我们并没有被迫使政府要求使用的资源，占国民生产总值的较大比例，因为我们可以通过降低税收，提高转移支付，或者降低利率，获得必要的需求。我们并没有被迫使收入与财富的分配向富人们倾斜，以鼓励投资和增长，因为我们可以采用其他的财政与货币手段，来实现这些目标。我们也没有被迫依赖那些靠工资收入养家糊口的人或穷人们的消费，来充分地使用我们的所有生产性资源，因为我们能够以其他方式刺激总需求。

关于政策组合的标准讨论，不像萨缪尔森的观点那样具有普遍性。它关系到产出量在两方面之间的构成，即一方面是资本形成，另一方面是消费，包括公共消费和私人消费。这种构成以一种相当明显的方式依赖于货币-财政政策组合：一种更适当和具有刺激性的货币政策，会获得一种较低的实际利率，并且鼓励投资。它产生的总需求效应，可以被一种足够紧的财政政策所抵消，并为这类刺激带来的投资留下余地。据有人声称，这将会形成一种产出组合，它偏重于投资和资本形成，而消费所占的比例不大。当然，这些结论假定，财政约束主要适用于消费，不管是政府本身的消费，还是削减税收的受益者们的消费。提高资本形成在国民收入中所占的比重，还有一个更重大的目的，那就是，要提高经济的潜在产出量的增长率——至少在一段中长期时间里是这样，或者，实际上是用未来的消费替代目前的消费。

基于国际收支平衡或者汇率上的考虑，如前所述，有时候，也有人倡导或者选择了完全相反的政策组合，即紧货币-松财政政策。举例而言，在60年代初期，总统经济顾问委员会最感兴趣的问题是，如何促进资本形成和经济增长以及如何使美国经济从1957～1958年和1960年的衰退中摆脱出来，走向复苏。但当时，美国承担了义务，推行一种汇率平价，它使美元定值过高，因而，美国的国际收支中面临着一个基本的赤字。显然可以看出，确实需要限制资本的流动，并达到足以降低利率的程度，从而迫使政府当局依靠扩张性财政政策，刺激总需求。把国际收支平衡的约束放在首位，就被迫带来一种新的政策组合，它与增长导向的政策组合恰好相反。

由于财政手段变量的多样性，选择的范围也略有扩大。在一定的限度内，削减税收以及它给工商界和居民们带来的刺激，既可以直接针对投资，或者，也可以直接针对消费。1962年采用的投资税收优惠政策，部分地缓解了上面描述的、美国在60年代初期面临的两难困境。它是一种专门针对投资的刺激，更深入地说，它特别鼓励国内投资，因为美国公司在国外的投资不能享受税收优惠。

最近，总统经济顾问委员会主席马丁·费尔德斯坦提出了一种政策组合，它的焦点是财政与货币政策各自偏向的投资类型。像20年前投资税收优惠的倡导者一样，他也特别关心，怎样提高商业投资和设备投资在国民生产总值中所占的比重。为了达到这个目的，他建议的税收减让（tax concession）甚至超过了投资税收优惠，在很大程度上消除或抵消了无意识的额外征税收入——即由于通货膨胀，对更高的营业利润，计征更多的税收收入。他并且看到，通货膨胀扩大了我们的税收法规提供给住宅投资的好处：名义抵押利息是可以扣减的；房屋所有者所得到的实物"租金"收入是不征税的；住自有房屋者的资本收益实际上是免税的。在费尔德斯坦看来，这些扭曲的结果恰好证明，一种紧货币-削减税收的政策组合是恰当的。高利率将会阻止住宅投资或消费——它们本来就是由现有住宅的资本收益刺激起来的。商业投资不仅免受了高利率的威慑性影响，而且确实通过慷慨的税收减让，获得了积极的刺激。1981年美国选择的政策，部分地证实了费尔德斯坦的处方是正确的。

七、今日美国的政策组合

现在，我们来考察美国目前推行的政策组合。我认为，政策组合已经变成非常紧的货币政策与过分松的财政政策相结合，从这个意义上说，美国的货币政策和财政政策，都是极端的。前不久，一位充满智慧的理论家和实践家曾经指出，两种政策都应该停留在路径的中间，这样才能为实现需求稳定和其他目标留下变化的充分余地。他赞成中间组合的另一个原因是风险规避。当政策手段的运行比较接近现实经验的时候，我们对政策产生的影响就比较自信。可是，我们目前的政策组合的作用，与人们普遍赞同并且着重强调的关于产出量构成的目标，正好背道而驰，这点颇有讽刺意义。里根政府本身也强调，当前迫切需要增加资本形成，以提高生产率的增长速度，以及为未来提供资本。然而，政策的组合决定着资本形成，不论在它的绝对数量上，还是在它占国民生产总值的相对比例上，均是如此。

在失业率高、生产能力大量过剩的时候，宏观经济政策组合的总体刺激力量，比起政策组合的具体方式，显然更重要得多。国民生产总值的总规模，要比它的具体构成重要得多。即使政策的基本目标是资本形成的最大化，这种看法也是正确的。在劳动力和现有资本利用不足的情况下，比如像1982年那样，政府和消费者要求使用一定数量的、供给缺乏弹性的自然资源，并不会限制资本投资。

需求的扩张，使闲置的生产资源得到了利用，因而，会增强对投资的刺激，并且会产生一定数量的储蓄，来资助投资。在美国，失业率每降低2个百分点，将使国民生产总值增长5%左右。在国民生产总值的新增部分中，大约有40%将是额外的国民储蓄，其中的大部分又会用于增加商业投资。这部分投资占潜在国民生产总值的比例将提高1个百分点以上。如果国民生产总值和失业率保持不变的话，要靠牺牲消费来达到同样的增长幅度，就要求剧烈地扭曲货币和财政手段，这是根本不可能的。

目前(1982年3月)，宏观政策的总体刺激力量，还不足以造成总需求的充分扩张，实现一次像样的经济复苏。在此同时，如果恢复的繁荣抑制了今天的投资，那么，极端的货币-财政组合的威胁，将会阻碍资本形成。更进一步看，在金融界、工商界和政治圈子里，人们普遍地赞成这样一种观点：政策组合必须、也将会发生变化，尽管人们对于怎样变化和何时变化，还在众说纷纭地争论不休。由此造成的不确定性，本身就会削弱工商投资者的信心，使经济繁荣的前景更加暗淡。

八、美国的货币政策

联邦储备委员会主席保罗·沃尔克已经反复地、直截了当地描述过货币政策的极端情形。货币总量的增长将逐渐地、但却不情愿地降低，直到它不高于一个特定水平，这个水平与无通货膨胀的持久经济增长相一致。货币总量确实出现过诸如此类的下降，如表14.1中所示。该表中列出了1978～1981年期间货币供给量M_1的

表 14.1　1973～1986 年货币供给量、名义国民生产总值和货币流通速度的增长

每年增长的百分比
（当年第四季度与上年第四季度相比）

	年份	M_1（例如 M_{1b}）	名义国民生产总值	货币流通速度 =	$\dfrac{\text{名义国民生产总值}}{M_1}$
实际	1973	5.8	11.8		5.7
	1974	4.7	7.0		2.2
	1975	5.1	10.0		4.7
	1976	6.2	9.3		3.0
	1977	8.2	12.2		3.7
	1978	8.2	14.2		5.6
	1979	7.5	9.9		2.2
	1980	7.3	9.4		2.0
	1981	4.9	9.3		4.2
平均	1973～1981	6.4	10.3		3.7
预测	1982	2.5～5.5[a]	10.4[b]		7.7～4.6
	1983	2.0～-5.0[c]	11.0[b]		9.0～6.0
	1984	1.5～4.5[c]	10.0[b]		8.5～5.5
	1985	1.0～4.0[c]	9.4[b]		8.4～5.4
	1986	0.5～3.5[c]	9.1[b]		8.6～5.6

说明：a：公布的目标范围。

b：总统预算咨文中的预测，1982 年 2 月。

c：联邦储备系统公布的政策是逐渐降低目标。假设渐进主义意味着每年降低半个百分点，这个假设是保守的。联邦储备系统可能会更迅速地降低其目标。每年半个百分点大体上对应于政府当局在 1981 年初公开表示的愿望，以便在五年的时间内把 1980 年的货币增长率削减一半。

每年增长率，可以看出，它是逐渐下降的。表14.1还表明，如果在随后的年份里，即1982～1986年期间继续推行这种政策，预期的M_1增长率将是多少。在每一年里，M_1增长的目标范围都比上一年更低。表14.1中的数字显示出，从1981年之后，M_1增长的目标范围每年大约下降半个百分点。但是，联邦储备委员会在国会的证言以及其他有关声明中却暗示出，M_1增长的目标范围每年应该下降1个百分点。

这种状态的一个重要方面是，不管经济生活中发生了什么事情，都必须推行货币紧缩计划。这是一种故意的盲目政策。根据它的理论基础，中央银行的官员们不要打算看一下窗外的世界，看一看失业大军和破产的企业；他们只管做出决定，提供更多的货币，降低利率。这个策略有赖于公众（债权人、债务人、工会和企业主等）的理解。经济的繁荣和创造更多的就业机会，都取决于压缩价格、工资和利率的速度，中央银行不会使现行的通货膨胀模式合法化，而完全放弃它在这方面应负的责任。根据这种理论，如果前述威胁对于所有的人而言都是可信的，那么，货币限制将会更迅速、更可靠、更少痛苦地净化经济，清除通货膨胀。

〔在这方面，联邦储备系统对1982年8月开始实施的政策，还有些不同意见。那时候，事情已经很明显，衰退正使美国经济变得越来越糟，乐观主义的经济预测，即经济将在年中开始复苏，并没有实现。利率继1981年底有所下降之后，到1982年春天重又开始上升了。国内和国外的许多债务人，包括一些外国政府，都没有能力偿还到期的债务，对于银行和其他金融机构而言，这是一个令人烦恼的威胁。事实证明，货币供给量M_1和M_2的流通速度，远远低于联邦储备委员会预想的数字。究其原因,一方面是,易变的和悲观主义的公众,日益增强了对流动性的偏好;一方面是,取消管制以及金融创新,使得包含在货币总量之中的存款,变成了更有吸引力的资产。联邦储备系统对货币流通量 M 的含义及其流通速度的变化,认为是理性的,因为它考虑到,允许货币总量超过联邦储备委员会以前宣布的数量目标。委员会主席沃尔克坚持认为,这并没有从基本的目标(即逐渐地但却坚定地实行通货紧缩)向后退。不过,很明显,联邦储备委员会从来也没有预期,或者打算造成名义国民生产总值的增长率如此严重地下降——像它的货币总量目标所造成的那么严重。〕

当然,经济会出现什么情况,名义国民生产总值将增长得多快?这不仅取决于联邦储备系统允许 M_1(或者其他货币总量)增长多快。它还取决于,一标准货币数量的美元,每年转手并购买一个单位国民产出的次数,也就是说,取决于货币流通速度。在表14.1的第2栏里,列出了名义国民生产总值每年的增长率,并且根据政府当局在1982年2月的预算咨文中所作的官方预测,延伸到1981年以后。(由于1982年美国的经济成绩令人失望,名义国民生产总值仅仅增长了4%,远低于预计的10%。所以,政府当局1983年2月提供的预算咨文中预计的数字,普遍都比较低。其中,预计1983~1986年名义国民生产总值的增长率,分别从表14.1中所列速度降低到6.7%、9.3%、9.1%和8.8%。)在表14.1中的第3栏里列出了货币流通速度(V)的增长率,它必须与第1栏里的 M_1 增长率,以及第2栏里的名义国民生产总值的增长率相互一致起来。货币流通量 M_1 的流通速度有一种向上提高的倾向,平均每年大约提高 3.7%。但是，流通速度相当容易变化，表 14.1 中的数字以及图 14.1 都说明了这一点。

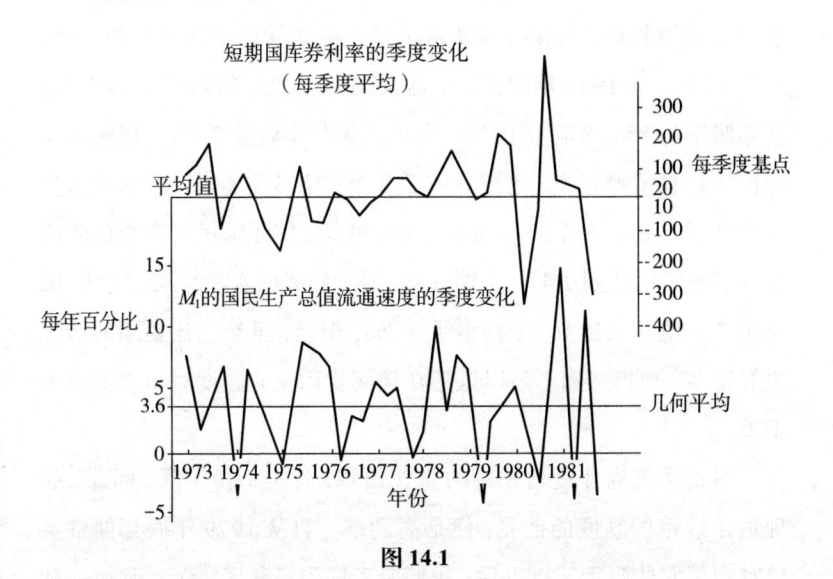

图 14.1

显而易见，预计的货币流通量 M_1 的目标，与预计的国民生产总值增长率并不一致，除非我们的货币流通速度增长率远远地高于一般水平，远远地高于实际经历的尤其是最近几年经历的最高增长速度。历史的记录也表明，只有利率上升到特别高的水平，因而诱导人们更少地持有 M_1，在这种情况下，货币流通速度才有可能大幅度地提高。既然这样的话，利率很可能会达到如此之高，以至于会阻止国民生产总值的增长。〔结果，从 1981 年第四季度到 1982 年第四季度，货币流通量的增长率是 8.5%，货币流通速度实际下降了 4.7%。〕

如果不会出现货币流通速度的奇迹，我们还可以寄希望于出现价格的奇迹，来解决上述矛盾。这就是说，实行一种比政府当局预测的速度还要快的通货紧缩，从而使一个低于预期水平的名义国民生产总值增长率，与保持预期水平不变的实际产出增长率相一致。按照政府当局1982年的预计，名义国民生产总值增长10.4%，通货膨胀率为8%，实际国民生产总值的增长率就是2.4%。即使名义国民生产总值增长率，比预计值低2个或者3个百分点，如果通货膨胀率只有6%或者5%，而不是8%的话，实际国民生产总值的增长率仍然可以达到2.4%。〔那一年，通货膨胀的实际结果，按照"国民生产总值缩减指数"来衡量是4.7%，但是，虽然它比预期的情况要好得多，却仍然远不足以抵消在预测货币流通速度时出现的重大偏差。〕

对货币流通速度增长率的隐含预测，肯定不切实际，因此，表现货币政策的紧度的征兆，便是高利率。自从1979年联邦储备系统宣布了它的政策转折以后，我们一直饱受高利率之苦。它是一种高实际利率，自30年代初期的通货紧缩以来，从来都没有经历过这么高的实际利率，当时，价格每年降低6%，名义利率只有3%。高实际利率促成了1980年以及1981～1982年的两次经济衰退，即使在衰退的谷底，实际利率依然很高。在1982年2～3月份，优惠银行贷款利率为16%——它已经有所提高，而且很可能会进一步上升——同时，预计的通货膨胀率是8%，这意味着实际利率为8%，对于一个负有纳税义务的债务人来说，略微低一点。在计算应纳税收入的时候，他可以扣减利息成本。与此相反，从第二次世界大战到目前的时间里，实际的优惠贷款利率一般不超过2%。〔由于联邦储备系统的政策变化，最近，名义利率有所下降，通货膨胀也

得以减轻。尽管这样,实际利率仍保持在特别高的水平上,特别是,对于一个处于萧条深处的经济而言,确实太高。〕

1980～1981年,在1980年以及1981～1982年两次经济衰退之间发生的一段简短的小插曲表明,美国经济已经难以忍受这些高利率了。高利率正在破坏对利率比较敏感的支出,主要是住宅建设支出,非住宅的工厂和设备支出,以及存货。如果今年下半年利率又开始上升——很有可能是这样,那么,就会再一次陷入高利率的难题之中。结果,经济复苏会再一次受到阻碍或者中途失败。〔1982年11月,经济开始复苏,利率也有所下降,但依然很高。随着经济复苏越来越强劲,利率将会发生什么变化,则要取决于联邦储备系统愿意配合多长的时间,允许货币流通量的增长超过目标数字多少。〕

狭义的货币供给量 M_1 ——公众手中持有的支票存款加上通货——作为货币量目标,已经被联邦储备系统以及该目标的解释者和批评家们反复地强调过。目前,人们已经普遍地认识到,M_1 已经失去了它过去常用的含义,如果说它还有一种稳定含义的话。甚至连波士顿联邦储备银行的总裁都公开宣称,M_1 作为一种富有意义的政策目标已经死亡。联邦储备系统也已经正式地承认,一系列专门的统计上的重新定义,已经使 M_1 发生了根本的变化。他们的目的是,面对金融技术、金融制度和管制的显著变化,保持一个可以比较的时间序列。比如说,联邦储备系统企图校正它的目标,使之考虑到管制的变化:允许按照管制的利率向支票存款支付利息。它们的理由是,存款会因此引起注意,它并不具有 M_1 的增长所显示出的正常的货币含义。简而言之,这些创新改变了 M_1 的流通速度。因而,联邦储备系统终于承认,真正至关重要的是 M 乘以 V,

而不是 M 本身。〔1982年12月和1983年1月，金融管制进一步变化，允许向支票存款支付不受管制的利息，从而，又进一步破坏了 M_1 和其他货币流通量作为政策目标的作用。〕

用货币总量增长作为政策目标，其主要问题是，货币流通速度变化无常，而又不可预测。虽然如此，正是货币总量增长的反复无常，常常吸引了更多的注意力，也招致了更多的批评。联邦储备系统一直承受着货币主义的强大压力，比如说，那些自认为组成了影子公开市场委员会的人们的压力，要求它改变操作的程序，以便对 M_1 实施更紧的控制。在1979年10月，货币主义者取得了一个重大的胜利，因为联邦储备系统采用了新的操作程序，包括利用不出贷的银行储备而不是联邦储备基金的利率作为手段，指导每周的公开市场业务。随后，利率和货币总量每月的无常变动，都比过去更大。货币主义者自然还不够满意。他们竭力劝说或者威胁联邦储备系统，对同期存款、而不仅是两周之前的存款，提出基本准备金要求。他们希望联邦储备系统根据市场利率，把它的贴现率指数化，因为银行按照一个固定的利率借入储备的能力，只是偶尔地不连续地变动，从而允许在不出贷的准备金与存款之间相互滑动。他们赞成向准备金支付利息；允许银行自由地确定利率，不受任何管制〔后面这一条正准备施行〕。

毫无疑问，这些变化使联邦储备系统能够把它的货币增长目标规定得更加一致，尽管出现滑动和错误的其他根源依然存在，举例来说，公众在通货与存款之间的选择。但是，这些担心大部分是毫不相干的。按照联邦储备系统现行的操作程序，（就这一点来说，按照它1979年前遵循的程序也行，）它在3个或4个季度内，完全可以实现它愿意达到的货币供给量 M_1。真正至关紧要的正是这一点，而不是消除每周和每月的差异。有人批评联邦储备系统说，错误的短期射击术，是高利率以及利率变化反复无常的根源。我认为，联邦储备系统不应该遭受这种批评。如果全部采用货币主义者建议的政策，又没有更好的目的，需要靠利率来实现，那么，利率肯定会更加无常地变动。货币的流通速度也会反复地变化，实际上，真正重要的是在商品和服务上的货币支出。

或许，联邦储备系统实际上想要控制的是名义收入和支出，即 MV。M_1 只不过是有助于达到目的的一种工具，联邦储备系统之所以坚持采用这个工具，是因为它过去曾经毫无疑问地信任过 M_1 目标。随着"M_1 已经没有意义了"这种看法越来越明显，并且被日益广泛地接受，联邦储备系统将会抛弃它，转而偏向名义收入。如果（或者，一旦）联邦储备系统明确地这样做了，那么，选择一个足够高的名义收入（MV）目标，以促进经济复苏，将是十分重要的。假如 MV 的增长率低于经济衰退时的数字，甚至低于表 14.1 中显示的 1981 年的增长率 9.3%，那就将在今后几年里，使美国经济陷入停滞的困境。

九、美国的财政政策

美国的财政政策也处于一个极端——极端的松。高就业的预算赤字，一般把标准定为失业率低于 6%，这是一种手段，用于净化对收入和支出产生的明显的周期性影响。由于某些原因，人们现在把高就业的预算赤字称为结构性赤字。这种赤字正在蒸蒸日上。在1981财政年度里,它占潜在的(即失业率为6%时的)国民生产总值的0.7%。〔在1983财政年度,它已占2.4%,预计到1988财政年度将达到5%,这是根据现行的或目前计划的服务、税收和津贴估算的。〕结构性赤字不断增长,其原因是多方面的。

第一,国防计划的支出显著地增加,这是总统坚决提出来的。在今后5年里,美国将把国防支出占国民生产总值的比例,由5.5%提高到8%。这还不是历史上最高的——在和平时期,这个比例也曾经超过10%,即艾森豪威尔当政的时期以及60年代的初期。但是,在80年代里,国防支出增长得更迅速;平均来说,实际国防支出每年将提高9%。国防支出占联邦预算的比例,将由25%上升到37%。

第二,政府当局与国会几乎不能采取什么行动来制止津贴的增长,其中最主要的是社会保障支出。预期这类支出实际每年增加1%。它们已占联邦预算的45%。其主要支出已经根据生活费用指数实行了指数化,在政治上又得到了强大的全体中产阶级选举人团的保护。〔在1983年,根据一个由艾伦·格林斯潘(Alan Greenspan)担任主席的委员会提出的一份报告,开始实施一项社会保障融资计划,该计划获得两党支持,并且,国会与政府当局达成了折中方案。其目的是,为老年保险、遗嘱保险和伤残保险的支出寻找资金,把工薪税的收入纳入今后10年的规划中。因而,它是在维护一个长期以来形成的传统,即这些项目计划不应该出现资金亏空。这个折中方案包括,适度降低未来的福利,加速工薪税的增长。上述传统得到了加强,它使社会保障不可能对降低总体预算赤字起到什么积极作用。如果削减了福利支出,工薪税也将随之减少。〕

14 美国的货币-财政政策组合

在里根政府当政的头一年，政府大大地压缩了相机决定的（discretionary）民用支出。压缩的项目包括食品券、福利支出和社会服务支出，主要的打击对象是美国人民中较穷的那些人。剩下的就没有什么可以削减的了。除了国防支出、福利支出和债务利息支付以外，其他支出项目加起来还不到联邦支出的1/5。政府当局的策略是，要让剩下的这部分支出预算，承担起财政约束的全部负担，国会则成功地抵制了政府当局的这个策略。

1981年通过的《经济复苏税收法》规定，个人所得税和公司所得税都要大幅度削减，预定在几年内完全生效。〔其中的一些税收减让，最突出的是原定营业税削减近一半，在1982年通过的《税收公平与财政责任法》中又被收回去了。即便如此，联邦收入仍被削减到低于以前的税收法规确定的水平，这个水平是，大约占国民生产总值的3%。实际的和预期的预算赤字，都将近占国民生产总值的5%左右。〕另外，《经济复苏税收法》还规定，从1985年开始，个人所得税的各个税级档次实行指数化。结果通货膨胀对于预算没有什么益处，预算将彻底变成通货膨胀中性的；再也不能从通货膨胀中获得财政盈余了。

更为严重的是，由于经济复苏和动态经济增长带来的财政盈余，目前已经不足以消除联邦预算赤字，或者，甚至不能把联邦赤字限制在一定的水平上，这个水平足以阻止联邦债务的增长速度，使它不高于国民生产总值的增长率。政府当局的政策急剧地改变了联邦财政状况及其前景。除了重大的战争年份以外，美国经济第一次陷入了一种特殊的赤字困境，即赤字不能随着时间的推移，即不是靠周期性经济高涨、经济增长或者通货膨胀，来实现自我校正。

在1981年之前，周期性赤字在经济复苏的过程中很快得到了校正，经济增长的趋势导致收入比支出增长得更快，从而产生了人们所说的财政拖累。此外，没有其他作用。

出现这种令人惊诧的转折，有几个原因。第一个原因当然是，一方面大幅度地增加国防支出，一方面又同时削减税收，结果造成了巨大的收支差额。这一点在前面已有所论述。第二个原因是，津贴支出与人口增长密切相关，而生产率的增长却逐渐放慢。第三，长期的财政前景，极容易受到货币-财政政策组合的影响，政策组合也正是本文的中心论题。现行的处于两个极端的政策组合，使美国经济的前景变得越来越糟。请让我来做一些必要的解释。

为什么经济复苏不能消灭赤字呢？〔在1982财政年度里，在1110亿美元的联邦赤字总额中，大部分是周期性赤字。如果失业率为6%——这是计算高就业赤字，或者说是结构性赤字的时候采用的参考标准数字——那么，联邦赤字就只有350亿美元。但在1987财政年度及随后的财政年度里，按照官方的估算，结构性的赤字大约为2000亿美元。当然，在1982年，里根总统提议的增加国防支出和削减税收的方案，还没有完全生效实施。不过，这还不是事情的全部后果。〕一个很重要的原因是，联邦债务的利息支出预期会不断增大，根据目前的政策来看，在这10年期间，利息的增长额至少要占国民生产总值的1%，占联邦预算的4%。因而，在一段较长的过量失业时期，周期性赤字将使债务日益积累起来，并且，由于债务利息支出增加，周期性赤字还会变成结构性赤字。这种违背意愿的影响到底有多么强烈，当然要取决于利率的水平，后者转而又取决于政策组合本身。

现在，联邦赤字、债务与利率的动态变化情况第一次预示着，联邦债务占国民生产总值的比率会出现一种普遍的上升倾向。对这种状况的分析，请参看表14.2，该表比表14.1更加神秘。表14.2中列出了一些有关美国历史上几个战后时期的联邦赤字和债务的基本数字，以及对80年代的预计数字。在第二次世界大战结束时，美国联邦政府的债务占国民生产总值的比率是120%。随后，这个比率逐渐下降到大约25%。然而，在这10年里，它将重新上升到50%，或许还更高一些。而且，可以说，只要货币-财政政策组合不改变，那就没有任何事情能够阻止这个比率继续提高。

表14.2中第2排列出了我所说的基本赤字或盈余占国民生产总值的百分比。基本赤字就是指，当未偿清的公共债务为零时出现的预算赤字。它没有包括债务利息支出，以及对这部分利息计征税收的收入。在表14.2中的前两个时期，直到1966年，平均来看，我们的预算出现了基本盈余；在其后的三个时期，直到1981年，虽然出现了基本赤字，但却较小。而现在，由于上述种种原因，基本赤字已经很大，并且还将继续增加。在基本赤字上，还必须加上利息成本，其中要扣除对利息计征的税收收入。货币政策以两种相互关联的方式影响利息成本。其一，中央银行要把一部分联邦债务和赤字货币化，这部分债务和赤字不受名义利率的约束。（在美国，联邦储备系统持有的政府债券获得的利息，全部都返交给联邦财政部。）在表14.2中的第3和第4排，列出了这些方面的数字。在80年代，它们显然比以前更小，主要是因为，债务和赤字在国民生产总值中所占的比例比较大；部分地也是因为，货币政策更紧。其二，中央银行可以影响政府债务中非货币化债务的利率（第7和第8排）。

表 14.2 1952～1987 年美国的财政与货币政策及联邦债务的动态

时期：财政年度（年数）	1952～1957 (6)	1958～1966 (9)	1967～1974 (8)	1975～1979 (5)	1980～1981 (2)	1982～1987 (6) 国会预算局的底线
1. 联邦债务占 GNP 的百分比（基期和末期）	64.8～48.5	48.5～35.7	35.7～23.4	23.4～26.5	26.5～27.6	27.6～38.0
2. 联邦赤字(+)或盈余(−)平均占 GNP 的百分比（不含利息）	−0.58	−0.47	+0.28	+1.38	+0.80	+2.58
3. 债务被货币化的比例（百分比）	10.5～11.3	10.7～16.6	16.6～24.0	24.0～18.1	18.1～15.7	15.7～8.0
4. 赤字（含利息）货币化的比例（平均百分比）	0	50	46	12	6	2.6
5. 实际 GNP 的增长（每年平均百分比）	2.8	3.4	3.8	3.5	0.9	3.1
6. GNP 缩减指数的膨胀（每年平均百分比）	2.2	1.9	5.2	7.2	9.1	6.4
7. 财政部九十天国库券的利率（每年平均百分比）	2.1	3.2	5.8	6.7	12.8	10.4
8. 债务的实际净利率（每年平均百分比）	−0.7	−0.7	−2.8	−2.8	−0.1	1.7
9. 实际 GNP 增长率减去实际净利率	3.5	4.1	6.6	6.3	1.0	1.4

续表

时期：财政年度（年数）	1952～1957 (6)	1958～1966 (9)	1967～1974 (8)	1975～1979 (5)	1980～1981 (2)	1982～1987 (6) 国会预算局的底线
10. 假设的均衡的债务占GNP的百分比债务占GNP的比率的增势	−16.6	−11.5	+4.2	+21.9	+80.0	+184.3
11. 基期的实际数	64.8	48.5	35.7	23.4	26.5	27.6
12. 五年以后	51.9	37.6	27.1	23.0	29.1	38.1
13. 十年以后	41.1	28.6	20.8	22.7	31.6	48.0

说明：1. 财政年度末由联邦储备系统非联邦所有者持有的债务（票面价值），相对于同期名义国民生产总值的比例，从该时期前一个财政年度到最后一个财政年度。

2. 国民收入账户的赤字总额和减去该时期从联邦储备系统向财政部的支付，一栏减去联邦储备系统向财政部的支付。这个比率分母与第一行相同，是货币化的债务加上联邦政府以外的所有者持有的债务。在估算税收入时扣除了这些支出，估计在25%左右。

3. 货币化的债务是指由联邦储备系统持有的数量。

4. 用基期到期末的货币化债务的增量，除以总债务（定义同第1行）的增量。

8. [第7行×0.75×(100−第4行)/100]−第6行。给定该时期的条件和政策，每个时期财政部短期国库券的利率，被看成是筹借新债和偿还旧债的成本。用0.75去相乘，是基于这样的假设：财政部从税收中扣除了约25%的名义利息支出。第三个因数减去了"铸币税"的持有利息成本，即联邦储备系统使货币化的债务的净成本。减去第6行以后，就把债务的净利率转变成实际利率。

9. 第5行减去第8行。

10. (第2行)/(第9行)。负数意味着假设的均衡的债务占国民生产总值的比率是负的，也就是，政府将是私人部门的一个净出贷者。

12. 13. (第10行−第11行)×[(100+第9行)/100]^n+第10行，令n=5,10。见正文。

债务占国民生产总值的比率称为 d，它的动态变化是简单的：[1]
$$d = x + d(r-g) \tag{14.1}$$
这里，x 是基本赤字相对于国民生产总值的比例；r 是债务的实际利率，在计算时考虑到了通货膨胀对利息计征的税收以及货币化的影响；g 是实际国民生产总值的增长率。方程式(14.1)的稳态解是：
$$d^* = x/(g-r) \tag{14.2}$$
在表 14.2 中第 10 排列出了根据每个时期的参数计算出的 d^* 值。把(14.1)与(14.2)合并，可以得到：
$$d = (d-d^*) \times (r-g) \tag{14.3}$$
这个方程式常被用于计算表 14.2 中第 12 和第 13 排的数字。比率 d 的稳定性，要求债务的实际净利率低于经济的实际增长率，或者同样意义地要求名义净利率低于国民生产总值的名义增长率。虽然在第 6 栏里这个条件也得到了满足，但是，两者的差距要比 1980 年之前小得多。很有可能，这一栏第 8 排预计的利率，实在太乐观了。无论如何，我们非常接近于违反稳定性条件。即使稳定性条件得以满足，联邦债务占国民生产总值的稳态比率是正的，预示的 d^* 也是如此之高，以至于债务占国民生产总值的比率，在今后 10 年会迅速增大，在更长的时期，还会进一步提高。〔随后，由国会预算局做出的预测，甚至比表 14.2 第 5 栏中的数字更加悲观。〕

随着公众和国会日益理解，并看清了这种前景，十有八九，政策将会发生变化。当然，公众和国会恐怕不大可能深刻地领会到：

---

[1] 请参看本书第 18 篇文章。

货币政策和财政政策,都是造成目前困境的罪魁祸首,因而,他们都必须致力于解决目前的难题。

十、转变政策的必要性

1982年开始实施的极端政策组合,似乎并没有产生足够的刺激,以支持一次强劲的和持久的经济复苏。既然实际利率这么高,我们就只能看到一次不完全的经济复苏,或者,可能间歇性地出现一些短暂的衰退小插曲,就像1981年年底的衰退。有时候,问题被描述为货币政策与财政政策的一场拔河比赛,两种政策分别要把经济拉向完全相反的方向。如果是这样的话,到目前为止,还是货币政策更强有力。不过,很可惜,那种描述,最好也只是一知半解。我在前面讨论表14.1的时候就指出,现行的货币政策限制名义需求的扩张,不管扩张的起因是政府支出和削减税收,还是私人支出和货币流通速度同时大幅度提高。真正严重威胁着经济持续复苏的,就是货币目标与需求扩张之间的矛盾,而不论矛盾的根源是什么。根本的问题不单是货币政策与财政政策的不和谐。

由于国防支出的大量增加,再加上削减一些税收,预算将给经济带来日益增强的刺激。根据我多年来所学的和所教的宏观经济学,这些政策将会增强,而不是淡化经济复苏的前景。基于同样的原因,它们也会增大通货膨胀的风险,或许,特别是,会增大与国防有关的工业部门中价格和工资增长的风险。但是,不管按经济周期的时间,还是按日历时间来看,经济普遍过热,似乎都是相当遥远的事。

促进资本形成是一个普遍予以赞同的经济目标,在里根政府政策的"供应学派"理论基础中,也强调了这个方面,同时,在供应学派的怀疑论者和反对派中,有许多人竟然也赞成这一点。如果(且当)复苏使经济达到了价格加速的最高限度,那么,国民储蓄将成为对实际投资的有效约束。有人担心,国民储蓄被联邦赤字吸走之后,会挤掉投资,这种担心将被证明是有道理的。目前还为时过早,因为目前,实际利率很高——可以归因于货币政策,生产能力过剩而盈利率低——都可以归因于经济衰退,这两种因素限制了投资需求。两种消极因素的副作用,完全淹没了《经济复苏税收法》给商业投资提供的大幅度刺激。

下面附带作一点评论:不顾一切地强调在工厂和设备上的商业投资,其实是使人误入歧途。一种偏向投资的政策,其潜在理论基础是,社会履行它的义务不是为了后代人。可是,我们有多种方式为未来作准备。其一是国外投资(是经常账户上的剩余转化的),它对现行政策组合的打击特别大。其二是公共民用投资,大部分由州政府和地方政府实施。它对利率很敏感,对于这些国家的政府编制的周期性波动预算,同样也很敏感。由政府提供的"基础设施"损坏严重,公众对此抱怨不休;人力资本的形成要依赖于公共教育、培训以及在职的工作经验,这些方面也在退化,人们同样怨声载道。高利率和经济衰退,使商业投资变成了一个灾难性的投资领域,甚至连马丁·费尔德斯坦也不得不承认这种现实。

现有的传统智慧把高利率的罪责归咎于现有的和预期的联邦赤字太高。联邦储备委员会主席保罗·沃尔克反反复复地指出,降低利率的关键,其实很简单,那就是紧缩预算。大部分评论家和政治家，都随声附和他的观点。但实际上，他的看法，只有一半是正确的。收紧预算将降低利率；对收紧预算的预期，则将降低长期利率。更多的储蓄潜在地可用以投资。可是，保罗·沃尔克也必须做他应该做的事。没有一种宽松的货币政策，就不能保证投资需求会大大扩张，足以充分运用联邦政府放弃不用的储蓄。没有一种宽松的货币政策，大部分潜在的储蓄就会消失不见，在高失业和更大的经济衰退中浪费掉。一种防止"挤出"效应的政策，它的目的不是靠削弱经济来降低利率，而是要在不削弱经济的前提下降低利率。这就要求用等量的货币刺激来取代财政刺激。

〔如前所述，1982年下半年，联邦储备系统的政策变化，确实使美国经济调转了航向。当时，预算计划正变得使人更加惊恐和烦恼，即使在这种情况下，联邦储备系统也坚决采取行动，降低利率，包括短期利率和长期利率、名义利率和实际利率。由于1981年的《经济复苏税收法》规定的第二期和第三期削减个人所得税付诸实施，同时，国防支出开始增加，结果，大大地刺激了消费者的支出，从而推动经济在整个1983年里，都以一种预料之外的高速度迅速复苏了。一些人原先担心联邦赤字会"阻碍经济复苏"，事实证明，就像标准的宏观经济学预言的那样，这种担心是没有根据的。如今，时常还能听到这种担心，但在资深经济学家的圈子里，它已经让位于另一种更浅显易懂的担心：预算的刺激已经过头了。当前，依然有必要改变政策组合，其必要性甚至比以前更加迫切。〕

我希望我已经清楚地、有说服力地阐明了，美国目前的货币-财政政策组合，确实需要有一个显著的变化。要实现这个转变是很不容易的，因为在美国，准独立的中央银行即联邦储备系统、国会以及行政当局,这三者的宏观经济职责一直混淆不清。何况,国会本身也被分成了敌对的两个部分:民主党控制着众议院,而共和党则主宰参议院。预算和税收的许诺,与联邦储备系统的许诺——实施较松的监督——并不一致。政府当局创制它自己的预算和税收提案,然后提交给国会讨论,它与联邦储备系统只有工作上的关系,没有隶属关系。但是,政府的决策者们也被分成了三派,一派是供应学派的倡导者,一派是货币主义者,一派是过时的财政正统教条的卫道士。我个人的提案是1982年的和解协议(Accord)——这个标签的用意是,让人们回想起1951年达成的协议,那一次的三方协议,使货币政策摆脱了它在战争时期的义务,即必须维持政府债券的票面价格。在1982年初,我以一种异乎寻常的方式提出了我的建议方案。看到《纽约时报》的报道,我沉浸在美梦之中,我以为可以预见到一次新的协议。我把这篇报道重印在这里,作为一个附录,同时重印了它的一个必然的次优结局,这是《纽约时报》第二天刊载的一篇文章。〔不用说,这个美妙的梦想没有实现。〕

在美国的宏观经济政策决策者们之间达成一种协议,并不是为了建立一个经济复苏和繁荣的新阶段所必需的唯一协议。我认为,至少还需要其他两种一致协议,在本文中,我只打算简略地提一下。一种协议涉及私人部门(还有政府部门)的劳动力及其管理。它的目的是,保证在经济复苏期间,工资和价格都是适度的。另一种协议则是国际性的。美国在选择它的宏观经济政策组合的时候,没有认真考虑到政策组合将会造成的国际影响——我担心,有人会认为,这是对国际影响的一种异乎寻常地、不恰当地、有意识地不在乎。我们的高利率是欧洲、日本以及整个世界的经济复苏和增长的一种障碍。当今的 7 个经济最发达国家,其中包括加拿大,应该对它们的宏观经济货币和财政政策,达成一种协调一致的看法。现在,我们已经肯定地知道,浮动汇率制度不论有哪些优点,都不能代替各国政策的国际协调。

附录:以梦想的形式提出的一份建议及其必然的结局

政府、国会、联邦储备系统就
货币预算达成重大协议
(华盛顿,1982 年 6 月 12 日)

联邦政府、联邦储备系统与国会中两党领袖之间,达成了一项具有历史意义的《经济复苏协议》,昨天在华盛顿予以公布。这项协议为今后两年的经济发展,设计出了新的财政和货币政策。政府新闻发言人宣称,自从 1951 年联邦财政部与联邦储备系统达成协议以来,这是美国联邦经济政策的各个决策机构之间达成的最重大的一致意见。1951 年的协议恢复了联邦储备系统在政策取向上的自由,允许联邦储备系统根据现实经济状况制定货币政策,而不再是确保联邦政府债券的价格不低于某个既定的水平。这次新复苏政策的设计目的是,降低今年以来已经高达 9% ~ 10% 的失业率和 18% ~ 20% 的长期利率。

根据 1982 年协议的内容,总统同意暂停实施 1981 年通过的第三期个人所得税减税方案,按原定计划,从 1983 年 1 月起,个人所得税削减10%。从1985年起实行税级指数化，并豁免某些设备投资的税收。这项中止令，加上联邦收入和支出的其他变化，将把1983和1984这两个财政年度的预算赤字，降低到800亿美元，只有原先预计的财政赤字数的一半。

至于联邦储备系统，也要做出相应的努力。它将放宽"紧货币"政策，这项政策在过去3年的大部分时间里，甚至在经济衰退期间，已经把利率抬上特别高的水平。在昨天的特别会议结束后，联邦储备委员会主席保罗·沃尔克，代表联邦公开市场委员会表示，联邦储备系统将尽最大努力，为名义国民生产总值的增长，提供一个良好的货币和金融环境，以确保在今后4个季度里，名义国民生产总值增长11%～13%，在随后的一年里增长9%～12%。通货膨胀已经有所下降，按照计划，今后12个月里将下降到8%。在随后一年里进一步下降到7%。沃尔克解释说，国民生产总值的增长目标留有一定的余地，即在这段时间里，实际产量（经过对通货膨胀进行校正以后的产量）每年大约增长4%，这就是说，在今后两年的复苏期间，预期失业率会下降2个百分点。

沃尔克主席强调指出，联邦储备系统仍然坚定地致力于降低通货膨胀率，在过去的10年里，通货膨胀一直困扰着美国经济。根据沃尔克主席的说法，要采取有效的措施，显著地改善预算的前景，联邦储备系统的意愿，也就是指，联邦储备系统在今后一段时期是否愿意配合名义国民生产总值的增长，是一个重要的前提条件。政府和国会的领导人都赞同这种看法。沃尔克指出："联邦赤字预期可能会下降，这对于我们正在进行的消灭通货膨胀的战斗，是一个极大的鼓舞；它使联邦储备系统能够超越它自己原先宣布的货币总量增长率目标——如果这样做对于配合预计的经济复苏而言确实有必要的话。"

沃尔克解释说，新达成的协议应该会带来较低的利率。他指出："我们一直认为，以前计划的高赤字，导致利率水平太高。现在，联邦政府不再从国民储蓄中拿走如此之大的份额了，因而，可以预料，利率将有所下降。我们联邦储备系统预料会看到，实际利率会下降到足够低的水平，把政府放弃不再要求使用的那一部分储蓄，引入生产性商业投资，用作商业资本和住宅建设。"

新协议的一个必然结果是，联邦储备系统放弃货币总量增长率这个目标。近年来，这类目标中最重要的是 M_1 和 M_2，它们是联邦储备系统采取行动的主要指导方针。沃尔克表示，金融制度和规章方面过去出现的和预期会出现的创新，改变并且混淆了任何一个特定货币总量概念的含义。他说："我们的基本目标，当然总是降低通货膨胀率和失业率，实现稳定的、没有通货膨胀性的经济增长。为了达到这个目的，货币总量目标是一种手段，但是现在，它已经陈旧到了没有用处的地步。我们仍然要实现同样的目的，不过，我们不想再僵化地固定任何一个数量目标了，不管是货币总量目标，还是利率目标。"

关于财政方面，旨在减少赤字的预算调整，除了暂时停止执行个人所得税减税方案以外，还有几个项目。如国防支出预算每年削减100亿美元；取消对天然气的控制后，获得巨大的额外利益，增加100亿美元的税收；然后，对税收法规进行多方面的调整，堵塞漏洞，再增加税收100亿美元。除此之外，由于达成了新的协议，预计利率会下降，这又将节省一部分预算支出。不过，联邦财政部和联邦储备系统，目前都不打算具体估算节省下来的支出数额，也不打算把它们纳入经济和财政计算中。

总统否认达成货币-财政政策协议，宣布仍坚信供应学派的策略

（加利福尼亚，圣巴巴拉，1982年6月13日）

今天，里根总统在他的加利福尼亚牧场里举行了一次临时记者招待会。记者问及星期五在华盛顿宣布的货币与财政协议一事，里根总统予以否认，他说，他还没有表示同意这个协议。今天早上，里根总统与国会议员杰克·肯普（纽约州共和党议员）交换了意见。总统在记者招待会上再次声明，他仍然坚信1981年确定的"供应学派"减税策略。他说："我们不会改变我们的路线。我们曾经许下诺言，要减轻美国人民的税收负担，他们也有充分的权力期望减税。我们不会让他们失望。我们也不会在美国急需增加国防费用的时候，削减国防支出的增长额。我们的经济策略一定能够很好地发挥作用，我也呼吁国会以及私人部门共同努力，使它发挥作用。我已经要求削减除国防支出以外的各项支出预算，以便改善赤字的前景；如果在今后几年里，我们的赤字依然很高的话，我相信，大家都会知道，谁应该对此负责。"记者招待会结束后，里根总统又说，他的看法与其他方面的观点，包括政府其他高级官员、昨天参加协议会议的联邦储备系统负责人，以及参与此事的参议员和众议员的观点，都没有根本的分歧，尽管协议最终夭折了。里根总统承认，大家显然对经济策略有些误解。记者问，财政部长里甘（Regan）、行政管理与预算局局长戴维·斯托克曼以及联邦储备委员会主席保罗·沃尔克是否会继续留任，总统回答说："当然。"

15　里根经济学的遗产[*]

罗纳德·里根总统宣称,他将使美国经济走上繁荣之路。这话值得信赖吗?依我看,恐怕不那么值得相信,尽管比声称要获得美国奥林匹克奖章和提高大学入学考试的录取分数,略微可信一些。里根总统和美国都很有运气,把严重的问题推给了后代人。

里根总统1981财政年度的财政计划是,大量削减税收,同时大幅度增加国防支出,它碰巧发挥了积极的作用:正当美国经济迫切需要刺激,以促进经济从1981～1982年的严重衰退中走向复苏的时候,里根总统的预算恰好向美国经济注入了购买力。相反,西欧各国政府采取了宽松的、慷慨的财政政策,它们的经济,至今仍毫无生机。

选民们都是健忘的、短视的。给他们留下深刻印象的,只是大选年份里出现的经济高涨;他们对于经济成绩所处的相对水平、最近的历史经历以及未来的潜在困难,都不怎么在意。

虽然这次的经济复苏还像两年前那次复苏一样强劲有力,可是,它仍然没能把失业率和过剩的生产能力,降低到正常的繁荣

---

[*]　1984年10月,发表在1984年10月26日的《玛里埃塔时报》(俄亥俄州)上,同年11月20日又发表在《波士顿环球报》上。

水平上。在里根总统主政的4年里,实际收入、生产量和就业量的成绩,肯定不会超过当年吉米·卡特总统达到的水平(请看图15.1)。

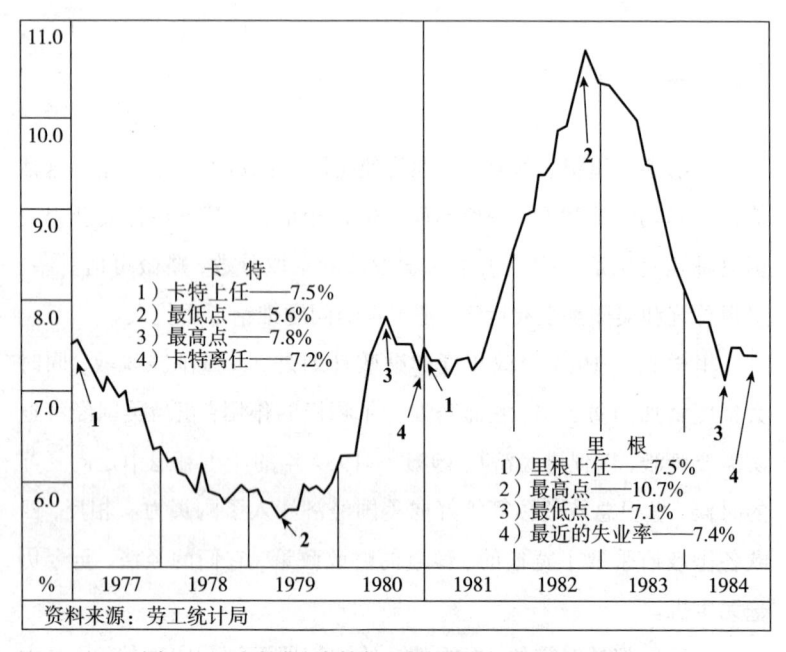

图 15.1 失业率:卡特与里根(国内劳动力的失业率,针对不同季节进行了调整)

卡特
1) 卡特上任——7.5%
2) 最低点——5.6%
3) 最高点——7.8%
4) 卡特离任——7.2%

里根
1) 里根上任——7.5%
2) 最高点——10.7%
3) 最低点——7.1%
4) 最近的失业率——7.4%

资料来源:劳工统计局

实际上,这两方面的事件,在更大的程度上,应该归功或归罪于另一位更有权力的联邦官员,他就是保罗·沃尔克。他从1979年起担任联邦储备委员会主席。里根总统面临的经济衰退,可能在他举行就职典礼之前就已经开始了,因为联邦储备系统早就决定,要摆出一副反通货膨胀的姿态。在1982年后期,沃尔克突然变得宽厚起来,重新提高货币增长率,促使美国经济调转了方向。正在这个时候，里根总统的财政刺激抓住了机会。

运气往往比聪明能干更重要！1981年里根政府预测说，在今后两年内不会出现经济衰退，因而，不需要提供需求刺激。大幅度增加国防支出，只是为了恐吓苏联人。削减税收的方案，则按照预定的时间表分期实施，根据政府的说法，这些都属于供应学派的刺激。政府的意图是增加储蓄，而不是增加支出；是加快美国经济的生产能力的增长速度，而不是为经济的现有生产能力提供市场。

事实上，政府的预算旨在从需求方面促进经济发展。政府当局既然鄙弃约翰·梅纳德·凯恩斯，转而崇拜阿瑟·拉弗，这就说明，胜过凯恩斯主义的政策在起作用。削减税收没有使人们更加节俭，也没有加速生产率的提高，由此带来的联邦收入的增长，也远远低于预期的水平。

关于通货膨胀，沃尔克的药方承担了这项工作任务。但是，并没有出现供应学派的奇迹，把我们从经济衰退或其他痛苦的副作用中挽救出来。

由于我们实行了"紧货币-松财政"这种稀奇古怪的政策组合，美国的实际利率依然很高，导致我们从世界各地吸引资金，转换成美元，使外国货币和进口产品更便宜。美元定值过高，有助于暂时地压低价格。可是，正因为美元定价太高，它将使美国的工、农业产品失去竞争力，从而把美国农民和制造商挤出世界市场。

人们曾经普遍地指责吉米·卡特和国会中的民主党议员，应当对70年代里所有令人失望之处承担责任，这时候，人们都把石油输出国组织以及霍梅尼遗忘到九霄云外了。但是，不管怎样，石油输出国组织和霍梅尼仍然是造成70年代的通货膨胀和滞胀的真正罪魁。现在,里根总统和美国又一次碰上了好运气,部分是由于70年代里美国采取的石油储备措施,结果,目前美国的石油市场上供大于求。

里根总统的预算对经济复苏确实也有所帮助,但它首先带来的是麻烦和忧虑。在里根就任总统之前,联邦债务占国民生产总值的比率,已经从第二次世界大战结束时的120%下降到1980年的25%左右。目前,这个比率又上升到36%。在今后4年多的时间里,至少还要再增加10个百分点,重新加快了增长速度,而且,从目前看,还没有停止下来的迹象。

认为经济繁荣和增长将平衡预算,或者,甚至会稳定债务占国民生产总值的比率,这纯粹是黑暗中吹口哨,自壮胆子。高利率与联邦债务纠缠在一起,相互推波助澜。债务在公共储蓄中所占的比重越大,它挤出的生产性资源就越多,从而逐渐地影响美国经济生产能力的增长。这里所说的生产性资源,包括建筑的和工业的、国内的和国外的、私人的和公共的资源。

一个新任政府在经济上的当务之急,应该是纠正我们现行的"紧货币-松财政"政策组合,并且降低利率。我们完全可以在不引发通货膨胀或者经济衰退的情况下,完成上述任务。这对于美国经济和世界经济的健康发展,都是十分必要的。

沃尔克将被迫强有力地予以支持。(其实,他可能不得不很快就采取行动,促进美国经济迅速复苏,同时,失业率和过剩生产能力都高得多。)财政上的调整,则属于总统和国会的职权。

不增加税收,就无法抑制联邦债务的爆炸性增长。任何人只要看一看政府的预算表,都会明白这一点。对此,华尔街上的人都知道,民主党总统候选人沃尔特·蒙代尔明白,国会中负有责任的两党议员们也都很明白。

但是,里根总统却不知道。相反,总统还在大谈特谈如何削减支出。可是,国防支出和社会保障支出却不在削减之列。同时,政府也无法控制债务的利率。行政管理与预算局局长斯托克曼已经冷酷无情地抡起了大斧,削减那些"可以相机决定的"社会支出。他清楚地知道——假若他的老板即总统真的不知道的话——在胡萝卜中已经没有多少汁可榨了。

3年前的10月,即1981年10月,我曾经指出并写道:

"里根的经济计划曾经大肆宣传,要医治通货膨胀和失业的顽疾,重新复兴生产率和投资,促使人们努力工作,厉行节约。实际上,它恐怕不能赢得这些令人羡慕的结果。它肯定能做到的是,把财富、权力和机会,重新分配给那些已经十分富有和大权在握的人们及其继承人。"

这就是里根经济学的遗产。

第三部分

财政政策

导　言

在这一部分的各章里，我的基本目的是为财政政策确定一些普遍使用的宏观经济原则；同时，不可避免地要继续讨论里根的财政革命。我要强调并且阐明下述几个重要观点：

(1)区分就业不足与失业这两种情形。只要货币政策予以配合，增加公共支出以及削减税收，就能使闲置的劳动力和资本得到有效的使用。但是，如果资源已经得到了充分的利用，财政需求刺激，将会"挤出"国民产出的其他用途，特别是对利率十分敏感的资本投资，以及在浮动汇率条件下的出口净额。

(2)区分实际预算赤字与结构性预算赤字。预算执行的实际结果，对于经济的周期性状况非常敏感，在经济衰退时，赤字显然更大。结构性赤字则是按照一个标准的参考失业率计算出来的，它也是一种衡量尺度，用于衡量在标准失业率水平上，赤字将吸收多少私人储蓄。在第16篇文章里，我曾指出，它不是一个完美的衡量尺度，应当根据不同的预算项目对储蓄产生的不同影响，进行调整。预算出现有计划的变化，例如新增加的支出或者削减税收的措施，将会增加结构性赤字。周期性经济衰退却不会产生这种后果，除非由此产生的赤字增加了未来的利息支出。

(3)区分消极的赤字与积极的赤字。周期性赤字不会扩大总需求。一些收入具有反周期的敏感性,而某些支出却具有适应周期的敏感性,这些收入与支出只能适当地减轻、而不能制止或者反转商业波动。有必要采取一些积极的政策,克服产生周期性不稳定性的其他根源,它也将改变结构性赤字。

(4)区分基本赤字与债务还本付息。假若经济中没有未偿清的债务,如果其他基本的交易活动中存在着赤字,那么,债务就会增大。如果这些交易处于收支平衡,尚未偿付的债务的净利息,也会增大债务本身。

(5)注重公共债务相对于国民生产总值的规模。这是一个很恰当的测度手段,用于衡量一国经济有多大的能力支付税收和储蓄。债务占国民生产总值的比率很高,而且在不断提高,就只能给经济中的生产性资本,留下越来越狭小的余地。1946～1981年,联邦债务的增长速度慢于国民生产总值的增长,原因在于,结构性基本赤字几乎接近于零,债务的利率也明显地低于经济增长率。在80年代,这些条件完全颠倒过来了,直接威胁到债务占国民生产总值的比率,使其失去控制地上升,从而产生比以往任何时候都更严重的"挤出"效应。

(6)预期的未来财政政策,会影响到目前的经济状况。在第18篇文章里,我通过分析表明,如果现在就降低长期利率,并且扩大目前的总需求,那么,人们对于今后降低结构性赤字会产生什么预期。假若金融市场也反映出:放松货币政策确实会伴随着更紧的财政政策,预期就会变成现实。

(7)宪法性或法令性预算规则,造成了严重的经济和政治风险。在第20和第21篇文章,我详细地论证了:这些规则将使经济更加不稳定。在前面第 3 篇文章里，也涉及这个问题。选民们及其代表完全有自由、也有责任抓住预算，改变国家的优先重点和处境。但那些规则却剥夺了他们的这种自由和责任。

16 财政政策重要吗?*

最近以来,在宏观经济学的评论中,各种千奇百怪的论调都已经不足为奇了;这个世界好像完全颠倒过来了。在今后的几个财政年度里,联邦政府打算按照每年9%的增长速度增加实际国防支出;同时,在今明两年,计划把个人所得税的税率降低10%,并且准备分阶段地大幅度降低对投资于设备和建筑的商业投资的征税。在过去,像这样的预算总是会促进经济更加繁荣,创造更多的就业岗位,加速生产的增长,增加利润。举例来说,1940～1941年,1950～1952年,1966～1969年,都是这样。

然而,这一次却截然相反。人们普遍认为,预算的前景出现了一个不祥的预兆。如果修改1983和1984这两个财政年度的预算,削减支出或增加税收,或者两者并举,那么,许多预测机构,不管它们有没有正式的预测模型,都会在目前经济衰退的基础上,提高对经济复苏的强度和时间长度的估算结果。他们的预测肯定会更乐观,不仅对价格和利率,而且对就业和实际经济活动的预测,都会更振奋人心。

这是一个难解之谜。假设有一则消息说,美国最大的100家

---

* 1982年5月,斯坦福大学经济政策研究中心。未公开发表。

公司，正准备比原计划多贷款并且花费1000亿美元，投资于一个新开发的项目，在该项目上的研究与开发取得了突破性进展。我们说，这将被看成是经济前景会更差一些吗？然后，我们再假设，这100家公司又同时全部宣告放弃这项投资计划，那么，这就可以看成经济前景会更好一些吗？

决策者、政治家和权威的评论家、商人、银行家和经纪人等，针对联邦赤字的后果及其危险性，发表了各种各样的"高见"。经济学家们也各抒己见。争论的声音不绝于耳：有人说，赤字和公共债务是造成通货膨胀的嫌疑犯。有人说，不！它们不是——它们本身并不是通货膨胀性的，除非它们被货币化了。中央银行能够、也应该坚决地抵制要求把赤字和公共债务货币化的种种政治压力。有人说，政府的借债提高了利率，优先占用了国民储蓄，如果政府不占用的话，这些储蓄便可以用来资助私人资本形成。又有人说，不！不是这样——理性的纳税人将多储蓄一些钱，购买政府债券，作为对付未来的税收或通货膨胀的一种手段。政府的实际负担是它占用国家的资源，不管它是以什么方式获得资金的。有人说，削减税收意味着出现更大的赤字，但也刺激了总需求、就业和产出量。马上有人抢着说，不！它只能是通货膨胀性的。不！它只不过提高了利率。不！它什么作用也没有。不！如果设计得很好的话，它会产生非常强烈的"供应学派"刺激，足以导致税收收入在实际上有所增长。

闯入这场混乱喧闹的争论中，确实有些莽撞。不过，现在正要求我这样做。

一、财政刺激、货币政策和"挤出"效应

财政政策重要吗？我想联系到宏观经济结果，如产出量和失业率、价格和通货膨胀、投资与经济增长，来回答这个问题。显而易见，政府的预算是一个重要的决定因素，它决定一个国家的资源怎样分配到各种用途上，怎样分配财富、收入和消费。可是，有人声称，纯粹的财政政策，没有明显的和系统的短期宏观经济后果。这里，"纯粹"一词的含义是，政府的支出和税收收入的变化，完全被非货币的债务所吸纳。与此同时，财政政策可能会影响产出量在消费与资本形成之间的分配；而这次分配，对于未来的经济增长和经济的生产能力而言，是极其重要的。

我们常常听到有人说，政府利用一些资源购买的商品和服务，是一个真实的和充分的测度手段，用于测度政府对经济的影响，以及给经济造成的负担。政府利用的那些资源，也可以被私人用于达到其他目的。政府的影响到底是什么，达到什么程度时它是一种负担？这显然要取决于政府活动的性质，即政府提供的投资品的公共消费。在各级政府，包括联邦政府、州政府和地方政府，这些都属于非常棘手的政治议事日程。在本文中，我不准备深入探讨这个问题，我只想指出：目前流行的观点是错误的，但却不幸地得到了一些经济学家的支持。这种观点是，不考虑政府承担的职能以及当今的现实环境，就能够理性地探讨和辩论清楚，政府的规模相对于经济规模而言，是大了还是小了。经济计算并没有显示出，明显地需要增加国防支出，或者有必要做出全国性的决定，对老年人和婴幼儿的健康

照顾实行社会化，其费用必须完全靠从其他公共支出上挤出来。

关键的问题是，如何为一项特定的公共支出计划提供资金。在一个极端，是李嘉图-巴罗的等价定理（Ricardo-Barro equivalence theorem），该定理指出，税收与政府借债之间的混合没有什么关系。也就是说，不管政府的预算赤字有多大，利率、价格、现期消费、投资、就业和产出量等，总是一样的。私人经济行为者认为，债务问题简单地就是延期征税，他们不关心这种延期，只是简单地购买政府债券，这是一种没有任何风险的方式，预备为未来的纳税义务提供资金。根据等价定理，赤字开支是无效的——因为在经济萧条和存在过量失业工人的时候，它不能吸收储蓄；同时它还是有害的——因为新增加的政府债券供给量产生了它自己的需求。它不会提高利率，或者挤出私人对资源或储蓄的任何需求。新增的政府购买力，可以直接和间接地使用一些原本闲置的资源，或者，对于正在使用的资源来说，可以取代资源的其他使用方式。但是，上述种种影响，都与它们的资金筹措方式没有关系。

我在其他著作里，也曾经讨论过这个论断。[①] 尽管在"等价定理"中确实含有一点真理的成分，但它却不足以作为决策者们制定政策的依据。目前为止，也没有看到令人信服的经验例证表明，国民储蓄的利率与政府储蓄的数量无关；这种看法与丹尼森定律（Denison's Law），与戴维（David）和斯卡丁（Scadding）的研究结论：私人储蓄总是占国民收入的一个固定的份额，都是相矛盾的。

另一种极端的情形是，用政府借债代替税收，对于价格与通货

---

① 托宾：《资产积累与经济活动》，牛津：布莱克韦尔图书公司1980年版，第3章。

膨胀，或者对产出量与就业，一律没有影响。简单地说，它对总需求毫无影响——但是，它改变国民产出的构成，一般而言，会提高实际利率。在这一点上，政府的借债吸收了私人储蓄，这就足以解释，为什么它会彻底地"挤出"其他经济行为者对储蓄的要求。实现100%的挤出，有两个方案，它们可能恰好是一致的。其一是货币挤出。产出量的路径是由货币政策独立决定的，不管闲置的资源能不能为一个更高的路径所利用。其二是资源挤出。不论采取哪种货币政策，假若经济正在按照它的生产能力满负荷地组织生产，那么，只有取消其他需求，才能满足那些从削减税收或转移支付中大获其利者对商品和服务的需求。假如货币政策不予配合，那么，替代机制就是实际利率。目前看来，既然货币政策是积极协作的，那么，这一机制可能是由于通货膨胀而强迫实现的储蓄。

挤出的程度，以及替代需求的种类，要取决于削减税收或者增加的转移支付——它们导致了政府借债——具有什么性质。与巴罗和李嘉图所说的情形相反，目前的减税有利于纳税人，因而是有差别的，在这样的现实世界里，它几乎不可避免地要造成消费的某些增加。但是，"供应学派"的减税可能倾向于投资。不管在什么情况下，实际利率的提高，主要会挤出投资。其结果是，用得益于税收刺激的那类投资，取代其他类型的投资，比如说，商业设备和建筑投资，都得益于住宅投资的加速成本回收，或者州政府和地方政府的资本项目。在实行浮动汇率制度的地方，国家的经常账户有盈余，它的国外资产的净积累额，则是挤出效应的一个基本的牺牲品。在美国刚刚过去的两年里，发挥作用的机制明显是：国内利率高，会吸引外国的资金，使本国的货币升值，从而导致本国的出口产品缺乏竞争力，而外国的进口品却更有吸引力。

可以想象，我们能够根据实际产出量和就业量的一条目标路径，来制定货币政策，中央银行不断调整它的政策工具的搭配，引导经济走上这条路径。如果人们认为，这条路径是神圣不可侵犯的，并且与财政政策决策者的经济目标没有关系，那么，即使在许多观察者看来，有一些资源可以用来满足政府及其受益者的需求，而不必取代其他任何需求，结果，也会出现彻底的挤出。或者，换言之，从储蓄上来看，由于扩大生产量和就业量而产生的收入，可用于为公共借债提供资金。如果货币当局配合经济扩张的话，那就根本不需要提高实际利率，也不会产生挤出效应。这就是1929年凯恩斯与英国财政部的观点发生争论的实质所在。那场争论，如今又掺杂了过去的所有误解和混淆，一次又一次地重新出现。事到如今，似乎很难精确地要求联邦预算，对高实际利率以及大量"挤出"的威胁担负起责任。相反，货币政策导致实际利率很高，从而挤出了私人投资。由此造成的经济衰退又将使预算赤字再加上600亿～750亿美元，以吸纳一部分可能替代投资的货币储蓄。大部分储蓄则根本没有出现，而是随着经济衰退过程中损失的工资和利润一同消失了。

一般说来，货币政策不会把一种实际产出量路径作为目标，相反，倒是一些名义的数量目标被认为更易于受联邦储备系统的管理和控制。当联邦储备系统完全地信赖 M_1 目标时，它可能会准备出现许多种结果——产出、价格及利率的轨迹——而不改变 M_1 目标。很难相信，联邦储备系统会预期或者期望今天的失业率达到9.5%，或实际利率高达9.5%；或者说，如果失业率意外地降低到8.5%，联邦储备系统的目标和准备金供给将会明显地不同。联邦储备系统不愿意去做任何能够改善实际经济成就的事情,它只是静静地希望,货币流通速度会遇上好运气。

这样一来,考察财政刺激给联邦储备系统的货币流通量目标造成的影响,就是很有意义的。标准教科书的答案是,或者说过去常常是,产出量、价格和实际利率的路径,都会更高。我不知道,这个答案现在是否仍然正确。如果联邦税收没有增加,国防支出的增长速度没有放慢,预测者应该看到,1983年会出现强劲的经济复苏,就像他们遇到另一种情形一样:当他们听说《财富》杂志排出的500强企业突然信心大增,准备在证券市场上比原定的计划多筹集500亿美元的资金,投资到新的工厂和设备上。在这种情况下,也会出现经济复苏。在上述两种情况下,一阶的影响都是,在商品和服务上花费更多的货币。二阶的制动器都是,银行储备的供给量的限制。(实际上,由政府购买活动推动的扩张,略微不那么依赖于货币的配合,因为联邦现金平衡没有包括在 M_1 之中。)

M_1 曲线会比以前更陡,这可能是真的。由于名义利率是如此之高,而且持续的时间又如此之长,以至于进一步提高利率所诱致的现金管理上的边际节约额,就会非常小。计息的可转让提款单账户的广泛使用,却在向另一个方向发挥作用,该账户被包括在 M_1 中。更重要的是,人们所说的阿克洛夫-米尔本效应(Akerlof-Milbourne effect)的含义是:在短期,货币需求关于交易量的弹性非常低。当商业活动重新振作起来时,它就易于管理了。随后再调整到更适宜的现金、流动性和债务的状况,则会提高利率。

更长时期的 LM 曲线(即流动性偏好-货币数量曲线),实际上会不会在向错误的方向倾斜?几年以前,有人抱怨说,教科书中分析财政刺激的时候，忽视了财富和证券资产可能产生的影响，即反复不断地增加债务；这似乎隐含着上述问题。他们争辩指出，随着时间的流逝，这些影响会逐渐地把短期流动性偏好-货币数量曲线向左移动，最终压倒财政政策产生的支出效应。这种观点的麻烦之处在于，我们很难搞清楚，如果收入没有增加，但利率却提高了，那么，为什么货币需求是如此之高呢？利率上升会诱导人们更多地购买政府债券，以债券的形式持有财富，可是，为什么他们也需要更多的货币呢？

二、预算的宏观经济影响的测度

人们通常把预算赤字或盈余，当成是衡量财政刺激的一种恰如其分的测度手段，甚至连一些专业经济学家也这样做——最近以来，针对1983财政年度及随后年份的预算展开的争论，就是一个很好的证明。

为达到目的，对于一个财政年度的预算方案，我们想知道的第一件事就是，它是怎样影响对商品和服务的过量需求（$E-Y$）的。现在，过量需求已经不是一个数，而是一个表。总需求E是Y的一个函数，也是描述财政方案的变量f以及其他变量x的函数。其中，x包括利率、价格、资产存量和预期。把一项财政方案f_1与另一项财政方案f_2进行相关的比较，就是过量需求表的移动，即$E(Y, f_1, x) - E(Y, f_2, x)$。这里的另一项财政方案，可以是先前的财政年度预算，也可以是即将到来的财政年度的预算。在图16.1中表明了这种比较，图中把x忽略不计，或者被视为常数。E_1和E_2分别是两个财政方案f_1与f_2的总需求函数。它们与45°线（$E=Y$）的离差，便构成过量需求表，不论离差值是正的，还是负的。政府赤字也是同一些变量的一个函数 $D(Y, f, x)$，两个财政方案 f_1 与 f_2 中分别包含的赤字数，在图 16.1 中也有所表示。

是不是有一个数字能够告诉我们，把 f_1 与 f_2 相比较，它们的宏观经济影响会怎样？比如说，在图 16.1 中，Y_1 和 Y_2 是从事后需求

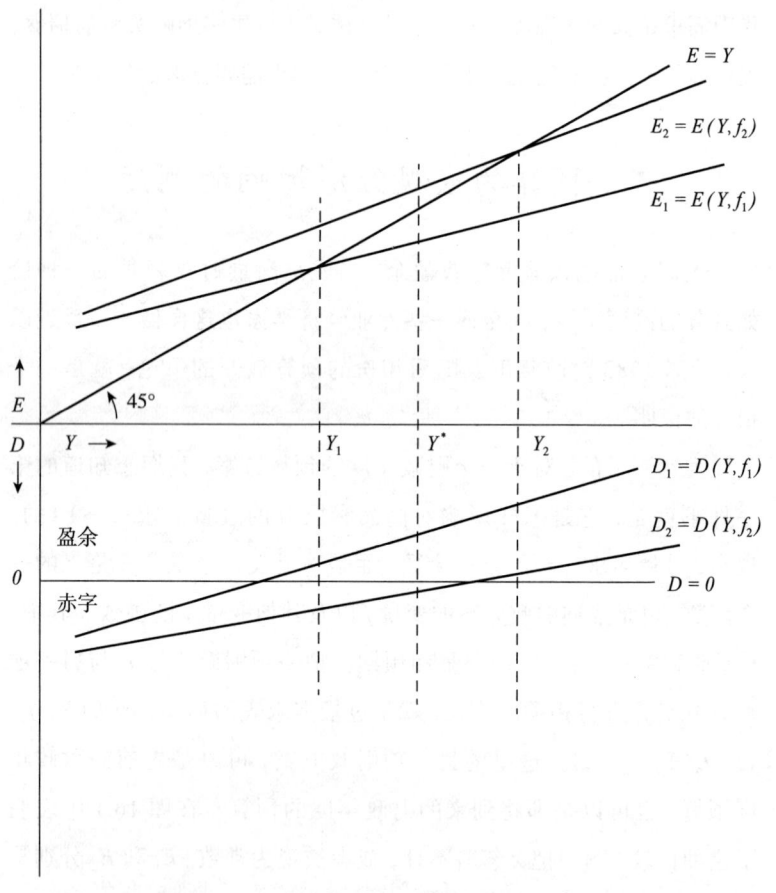

图 16.1　两种预算方案的过量需求和赤字计划

$E=Y$ 中预测出来的收入,但是,$D(Y_2, f_2)-D(Y_1, f_1)$ 并没有向我们提供任何有关利率的信息。如果由于 x 而不是 f 的差别导致过量需求产生了表明的移动,比如从一年移至下一年,特别是,如果这些差别对赤字函数 D 没有影响,或者影响很小,那就更是真实的。

10 年以前,为了消除赤字对 Y 的内生反应,人们创造出了"高就业赤字"(HED)这个概念。在图 16.1 中,Y^* 是假定的 Y 的高就业水平。$D(Y^*, f_1)$ 和 $D(Y^*, f_2)$ 则分别是相应的高就业赤字。实际上,在正常经验范围内的任何一个参考值 Y^*,都可以达到目的,而不论与之相应的就业率或失业率有多高。"高就业"或"充分就业"这些修饰词,可能使政治家和公众分辨不清,并且引起他们的怀疑。有人认为,预算应该在 Y^* 上达到平衡;也有人认为,预算没有必要,而且永远也不应该在 $Y<Y^*$ 的条件下达到平衡。这些观点都完全可以与校正内生性的分析目的区分开来。无论如何,要比较不同时间的预算方案,或许,参考值 Y^* 应该按照经济的趋势不断增长,高就业赤字也应该表述为 Y^* 的一个部分。

尽管高就业赤字已经根据赤字对 Y 的内生性进行了调整,但它却不是预算方案中对过量需求 $E-Y$ 的贡献。在图 16.1 中,这种比较表现在上半部分中,即 $E(Y^*, f_2)-E(Y^*, f_1)$,像比较 f_1 与 f_2 一样。一般说来,它们与 $D(Y^*, f_2)-D(Y^*, f_1)$ 呈正相关关系,尽管如此,它们毕竟不是一回事。不过,正是 E^*-Y^*,而不是 D^*,告诉了我们,当 Y^* 与财政方案一同实现时,我们应该通过非财政的政策(就是指影响投资和储蓄的货币政策措施)或者事件,来增加或削减多少支出。所以,对于到处都在讨论的热门问题"挤出"效应,真正密切相关的是 E^*-Y^*。

当然，这种比较也会产生差异。这是因为，几种不同的财政手段，对于总需求和赤字产生的影响各有不同。举一个例子来说，它关系到著名的平衡预算乘数定理。政府用新增加的一美元税收，多购买价值一美元的商品和服务，这样将使赤字 D^*，其实是整个赤字表 D 保持不变。但是，这将增大过量需求 E^*，过量需求表 E 也相应地增加 $(1-b)$ 美元，其中，b 是纳税人的边际消费倾向。从绝对价值来看，政府自己购买商品和服务与税收相比，会有一个更大的乘数。

更一般地看，在预算表的两边出现的各种预算项目，各自分别有不同的乘数。这些项目包括：不同商品和服务的购买量，不同类型的税收，给不同受益人的转移支付。削减税收或者转移支付，有利于受到流动性约束的低收入居民，它们与直接购买完全是等价的，与此同时，高收入的受益人将把很大一部分收入储蓄起来。州政府和地方政府的财政补贴（在某种程度上说，两者是可替代的）只能诱致部分支出，得到援助的政府将增加他们的剩余，降低本级政府的税收。

上述这些考虑，建议我们运用一种经过调整的赤字（更严格地说，是一种调整的高就业赤字，其中，不同类型的支出和收入分别给定与其乘数成比例的权数），根据政府直接购买商品和服务的乘数，使之标准化。重要的是，我们不能运用高就业赤字（不管是否经过了调整），来达到错误的目的。当一项新预算方案开始实施的时候，如果经济不是处于 Y^* 处，而是处于 Y_1 处，要测度财政刺激，一个预测者所需要的是 $E(Y_1, f_2) - E(Y_1, f_1)$，而不是 $E(Y^*, f_2) - E(Y^*, f_1)$。如果经济处于充分就业状态，一项减税方案的减税总额若为 1000 亿美元，它只会对一个衰退中的经济产生 500 亿美元的刺激。在图16.1中,这一点十分明显,但是,某些对财政和货币政策的功效所进行的简化形式的检验,把高就业赤字作为衡量财政刺激的一种尺度。运用加权的衡量尺度要比运用高就业赤字D^*,更加逼近E^*-Y^*。很早以前,在爱德华·格拉姆利克(Edward Gramlich)的博士论文里,已经指出了进行这类检验需要进行的调整和遵循的程序[①]。可惜,它们还没有在官方的预算文件中加以运用,也没有成为公众讨论财政政策时的一个主题。

三、未来的联邦债务：当前的讨论

怎样估算今后几年里预期的联邦赤字所产生的潜在"挤出"效应,加权调整的方法至关重要。为了分析这场已经混淆不清,而且越来越混乱的讨论,把它们区分为两个问题,将有助于提高分析的清晰度。一个问题是,在今后几年里,经济将会或者应当遵从的实际产出Y的路径是什么？另一个问题是,它是怎样依赖于财政与货币政策的？这是一个更为重要的问题。

我现在就着手分析第二个问题。假定Y的路径是给定的,然后问,财政方案将为非联邦投资留下多大的活动余地？这个问题是针对高就业赤字分析而提出来的,对不同的预算方案,都可以提出并且解答这个问题,还可以把它们的答案加以比较。为避免造成误解,我先强调说明,在这个问题上,我们不进行深入讨论,只是假

[①] 爱德华·格拉姆利克：《美国联邦预算的特性与适度》,载《耶鲁经济论文》,1986年春季号,第6卷第1期,第98～159页。

定，私人投资的数量正好填满为它留下的余地，而不管今后几年的私人投资能否填满以及是怎样填满的。

对"挤出"效应的杞人忧天者看到，巨大的联邦债务正涌向证券市场，占用了储蓄，否则的话，这些储蓄将流向公司、其他企业、农民、住房购买者、州政府和地方政府以及其他债务人。他们看到的预期的赤字数额，是未经调整的，而且还包括了预算以外的债务和政府代理机构的借债。政府当局正确地指出，他们那些危言耸听的说法，是没有充分事实根据的，因为他们忽视了一点，即这些政策既会导致预算出现赤字，也会产生其他的"副作用"，比如增加储蓄，扩大资金的供给，用于购买证券或者取代借债。行政当局虽然在精神上同情供应学派的理论，即降低税率会对经济和课税基础产生有利的影响，但是，政府从来都没有从字面上承认这样一种看法：美国经济已经处在拉弗曲线的无效率的斜率上。而联邦财政部却极力主张，削减税收产生的储蓄，足以用来购买债券，并且会超过由此造成的预算赤字。这种主张设想，供应学派的税收刺激，会把美国经济推上一条更高的产出路径。可以为"税收加储蓄"设计出一条拉弗曲线（请参看本书第 11 篇文章），美国经济根本不可能处在拉弗曲线的最顶端，或者处于错误的斜率上。一些局外的观察者，比如说，艾伯特·沃伊尼洛尔（Albert Woinilower）也同意这个观点。他指出，一项削减赤字的建议将会减少资本市场上储蓄的供给，减少的数额与它降低总需求的数额，几乎一样大。总而言之，如前所述，真正应当关注的是 $(E-Y)$，而不是 D。从这个意义上说，联邦预算和预期的联邦债务需求所具备的几个特征，都值得进行认真的探讨。

1. 现金交易与预算外借债

在国民收入与国民产出的账户中,预算会计基本上没有包括现金交易以及各种预算外借债项目。出售更多的石油租约会增加现金收入,除非购买者受到了流动性的约束,否则的话,这笔交易就不会降低$(E^* - Y^*)$。购买者要维持其对商品和服务的需求,他们实际上将从没有政府参与的市场上借债。他们可能会因投资开发新的租赁项目,而增加借债和需求。

许多分析家把各种预算外债务净额,也加到财政预算赤字上。虽然这样做的人不少,但是,这样做的确夸大了"挤出"效应。在这方面,政府扮演的角色是一个中介机构,把资金转贷给政府部门以外的合格的借贷者,于是,享受到了这种优待的借贷者,就不会到正规的资本市场上去了。当然,从另一个角度来看,其中的有些借贷者,本来可能就不打算到资本市场上去,或者即使去了,借贷的数额也很低。政府实际上是在按照低于私人出贷者的利率,向借贷者提供资金。中介活动增加了市场上的净需求,但是这只占它们承担的联邦借债总额的一部分。

2. 商业投资刺激

加速成本回收和其他形式的税收减让,增加了工商企业的现金流量。政府要借的,企业并不需要。只有当股票持有者享受增加的红利或资本收益并增加其消费时,才会破坏和恶化总需求与总供给之间的平衡状况。

债务的利息支出,已经成了一个主要的预算支出项目,它已经超过了预算支出总额的10%,占国民生产总值的2%～3%。随着利率超过了预期的水平，净利息支出不断地向上调整，从而明显地恶化了预算的前景。显然，这绝不等于说，对于利息支出是不是会与（比如说）国防购买产生相同的刺激或者"挤出"效应，我们心中已经很清楚了。一些靠领取养老金为生的人，不管他们的养老金收入能获得多高的利率，都要花费掉养老金。在另一个极端，一些年轻的储蓄者，又不假思索地把钱存入不能立即变现的老年保障账户（retirement account），根本不考虑会得到多少利息收入。有些经济学家认为，较高的实际利率对储蓄产生的刺激效应，决定着它的收入效应。不应该仅仅因为这些利率会造成更多的支出，就认定一项政府预算是扩张性的。

1982年的总统经济咨文呼应了其他许多经济学家的呼声，他们要求在联邦预算中运用通货膨胀会计，消除利息支出，这些利息支出仅仅给债权人提供通货膨胀补偿。如果储蓄者理性地并自动地购买足够多的联邦债券，以保持他们持有的资产的实际价值不变——其实是让资产价值按照与经济增长率相同的速度增加，那么，在计算刺激效应和挤出效应的时候，这样做就是恰当的。令人失望的是，最近这些年来，似乎还没有看到过这类理性行为的明显例证。居民户好像是听任财产实际价值的绝对下降，或者相对于实际收入而言的不断下降，没有多少迹象表明，他们会增加储蓄，以补偿过去遭受的实际资本损失。

关于更长时期的预算前景，一个重要的事实是，如果联邦预算的参数不改变的话，联邦债务的增长速度就会超过经济的增长率，这是自第二次世界大战以来第一次出现的突破。（关于联邦债务的动态变化，请看本书第14篇文章。）目前，人们对挤出效应的担忧，在实际工作中还没有多大意义，但是，在今后经济更繁荣的年份里，这种担忧将变得非常重要。

17 创造就业机会，削减财政赤字*

1200万人的失业大军！2000亿美元的预算赤字！面对这些庞大的数字，国会不知所措。增加税收？或者削减税收？增加支出？或者削减支出？严酷的事实是，没有什么财政措施既能创造就业机会，又能削减财政赤字。增加税收和削减支出，不论是社会支出还是国防支出，都会恶化就业状况。削减税收，增加公共部门和基础设施的开支，又会扩大财政赤字。对预算既没有积极作用，也没有消极影响的中立措施，比如，用汽油税的收入为修筑公路提供资金，它对于就业的影响，也是完全中立的，不好也不坏。

然而，传统的观点把财政赤字归罪于经济萧条，因而迫切要求实行财政紧缩，以降低利率，促进经济复苏。在30年代，这些观点已经被证明是没有根据的，在今天，它仍然是站不住脚的。美国经济正在经历着痛苦的衰退，商品和服务的市场疲软无力。在这种情况下，削减任何需求，包括政府需求，以及各个纳税人的需求，都是反生产性的。利率可能会降低，从而恢复一些对汽车和住房的需求。但是，由于降低利率而诱致的需求增长，是不是一定能够补偿

---

* 1983年2月8日，《纽约时报》。版权：1983年，纽约时报公司。经允许，在此重印。

由于降低支出或提高税收而造成的需求损失呢？如果能够补偿的话，这些需求不是又会推动利率不断上升，甚至提高到比最初的利率还要高的水平上吗？正是这个矛盾，暴露了传统观点的缺陷。历史的经验也否定了上面这种看法：1982年，在利率降低的同时，实际的和预计的财政赤字却迅速膨胀起来。

处于惊慌之中的行政当局和国会却固执己见，坚持错误的诊断和处方。在经济困难的时候增加税收，显然有悖常情，甚至连大部分民主党人都忘却了这条教训。里根总统虽然吸取了这个教训——这是值得赞扬的，可是，他却响应了那些正统派批评家们的要求，即剧烈地削减支出。共和党和民主党的领袖们，应该欢迎一种能够同时恢复经济繁荣、实现财政稳定的策略。

这种策略是现成的。货币刺激既能使整个国家的经济重新走上正常发展的轨道，同时，又能把联邦赤字限制在可以控制的规模上。没有其他任何策略，能够同时实现这些目标。

经济复苏和长期的财政稳定，都要求降低实际利率。联邦储备系统，也只有联邦储备系统，才能把利率降低到必要的水平，即可以维持1946年以来的大部分时间里实现的经济复苏的利率水平。短期国库券的实际利率，一般来说低于2%，在经济衰退的低谷时期，甚至可能是负的。去年夏天，联邦储备系统有些怀疑它自己对货币流通量施加的限制。利率显著地下降，挫败了货币主义者发出的警告：宽松的政策将会提高利率。我认为，利率还应该进一步下降，以刺激美国经济从这种难以对付的、陷入混乱的衰退中走向复苏。经济特别迫切地需要得到保证：联邦储备系统的宽松政策不是暂时的、技术性的。

创造就业机会？强劲的经济复苏是绝对必需的。如果劳动力和生产率的名义增长率是确定的，那么，实际国民生产总值每年至少必须增长 2.5%～3%，才能阻止失业率的上升。在今后 4 年中，要把失业率降低到 7%——这个失业率目标实际上略微偏低一点，那就要求实际国民生产总值平均每年增长 4.5%～5%。行政当局制定的缓慢复苏方案，是一个将会造成经济长期疲软无力的处方。

降低联邦赤字？令人吃惊的赤字数额，主要反映出经济的微弱无力，不管是实际赤字额，还是预计的未来赤字，只能意味着降低收入以及大量的安全网支出。由货币驱动的经济复苏，要使失业率每降低 1 个百分点，就必须增加 300 亿美元的联邦赤字。降低利率还可以降低债务利息成本，从而直接地缓解预算的困境，目前，债务利息成本已占预算支出的 10% 以上。一个合理的财政目标是，稳定债务占国民生产总值的比率。只是在第二次世界大战结束时，联邦债务总额曾经超过了一年的国民生产总值。在 70 年代初期，联邦债务已经逐渐下降到只占国民生产总值的 25%。目前，这个比率还在上升，但是，如果能够实现下面两个条件，我们就可以把债务占国民生产总值的比率稳定在 1/3 左右——比 50 年代和 60 年代的繁荣时期还要低一些。其中，一个条件是：从交易活动上，而不是从债务还本付息上，降低"基本赤字"，从 1983 年预计基本赤字占国民生产总值的 4% 降低到 0.5%。只有经济出现了强劲有力的复苏，这个条件才有可能满足。国会可以把它确定下来，具体措施是，现在就通过实施预拟的社会保障许诺以及其他的预算校正，这些校正必须依恢复经济繁荣的情况而定，不是根据延长经济停滞造成的赤字兆头来确定的。第二个条件是，使联邦债务的实际税后利率远低于经济的增长率。否则的话，单是利息成本这一项，就会导致联邦债务和赤字的增长速度快于国民生产总值的增长。因而，低利率的货币策略对于经济复苏来说，是十分必要的，而且，它也会带来财政的稳定。

对这种策略的激烈反对意见是，"它是通货膨胀性的"。这实际上是反对经济复苏本身。任何经济复苏，不管是由联邦储备系统推动的，还是由特殊的好运气造成的，都将带来价格的某些上涨。经济复苏带来的通货膨胀风险，不可避免地要大于延长经济萧条的通货膨胀风险。但是，在失业率高达11%，闲置生产能力达到33%的情况下，整个经济对需求扩张的主要反应，将是更多的生产，而不是更高的价格。联邦储备系统有足够的机会抵制未来的通货膨胀压力。现在正是一个极好的时机，联邦储备系统可以在它与通货膨胀的战斗中取得巨大的胜利，恢复人们对它的信任，并且，在美国经济和预算遭受无可挽救的损失之前集中力量，重建美国经济。

18 失业、利率、赤字与货币*

一、引言：当前的争论

这次会议的名称，叫作"利率的两难困境"。坦率地说，我不敢肯定自己准确地知道，这种两难困境到底是什么。"两难困境"这个词，似乎涉及两种明确的选择，但要从中做出抉择却很困难。我认为，利率面临的两难困境，是当今美国的一个主要问题。这种困境就是，降低利率究竟应该是财政和预算政策的职责，还是联邦储备系统货币政策的职责呢？

下面，我想首先对这场争论的发展和现状，提供一些背景材料。最近以来，这场争论在公共领域里非常引人注目。1983年1月26日，也就是里根总统发表国情咨文演讲的同一天，在全美国的各大主要报纸上，同时刊发了一份长达两页的被称为"两党联合请愿书"的公告。这是由一个委员会发起的，该委员会由前商务部长彼

---

* 1983年3月，"利率的两难困境讨论会"，杜克大学。载特里·桑福德（Terry Sanford）编的《利率的两难困境》，第1～25页，纽约：KCG出版公司1983年版。最后一部分是另一篇论文"预算赤字、联邦债务与通货膨胀：短期与长期"中的材料，该论文是提交给会议委员会（Conference Board）1983年12月在华盛顿举行的"公共政策研究计划讨论会"的，并发表在会议论文集《重建联邦预算》中，纽约：会议委员会1983年版，第51～59页。本文的标题略有改变，增加了"赤字"一词。

得·皮特森（Peter Peterson）领导，主要成员包括联邦财政部和其他几个部门的 5 位前任部长，他们分别属于民主党和共和党。这份请愿书已经得到了 500 位显赫人物的签名支持，这是一份名副其实的《美国名人录》，一些不大尊敬他们的人，把这些社会名流称之为"幕后统治集团"——其中包括世界著名大企业的总经理、金融界领导人、大学校长和前政府重要官员。这份请愿书在第二天的报纸上再次原样重印。

请愿书中提出的要求是：为了降低利率，我们必须采取措施，把令人惊恐的预算赤字削减下来。否则的话，我们就无法实现经济复苏，因为高额赤字会不断地提高利率，挤占私人投资。至少，在 1985 年和以后的年份里，会是这样。请愿书呼吁：要采取强有力的、严厉的财政措施，包括增加税收及削减各项支出，并使这些措施在 1985 年以及随后的年份里有效地发挥积极作用。

在请愿书的通篇文字中，只有一处隐含地提到了"货币"这个词。据说，一些参加签名的人，除了赞同请愿书里的意见，他们自己还有许多其他的建议：例如，研究与开发、社会保障、出口政策和货币政策等。连一个仔细的读者都会从中得出下面的看法：货币政策几乎是毫不相关的，利率才是财政紧缩造成的唯一值得争论的问题。

请愿书第一次公开见报以后，我写了一篇短文，发表在 1983 年 2 月 8 日的《纽约时报》上，其中论述了，在未来几年里，为什么要采用一项货币方法来解决高利率的问题（见本书第 17 篇文章），同时指出，在 80 年代的后半期，降低结构性赤字，将会起到积极作用。在 1983 年 2 月 27 日的《时代》周刊上，弗雷德·伯格斯滕和弗雷德·卡恩（Fred Bergsten and Fred Kahn）肯定了他们对请愿书的支持,并且说,所有通情达理的人都应该加入他们的行列。表18.1 中系统地列出了他们的政策建议以及我的观点。

表 18.1 的上部分,描述了两党联合请愿书的作者们提出的建议,他们要改变当前预期的和计划的政策。零表示没有改变的建议;正号(+)表示建议提供更多的刺激,它的含义是,只要考虑预算,就是花费更多的钱,或者降低税收。负号(−)的含义是,只要考虑预算,就是建议采用紧缩措施——与现行计划相比,削减支出

表 18.1

	1983 年	1984 年	1985 年	1986 年	1987 年	1988 年
两党联合请愿书:						
财政政策	0	0	−	−	−	−
货币政策	0	0	0	0	0	0
总剂量	0	0	−	−	−	−
托宾:						
财政政策	0	0	−	−	−	−
货币政策	+	+	+	+	+	+
总剂量	+	+	+	0	0	0
零剂量的失业率预测:						
行政当局(行政管理和预算局)	10.7	9.9	8.9	8.1	7.3	6.5
数据资源公司(丹佛研究所)	10.7	9.6	8.5	n.a.	n.a.	n.a.

说明:n.a. 表示没有资料。

或增加税收。就货币政策而言,零的含义不变——仍旧照现行政策走,不管现行政策是什么,都不改变。负号表示,建议实行一项更紧的政策——削减银行储备和货币流通量的供给。正号表示,建议实行更宽松的政策——提供更多的银行储备,并且可能提供更多的 M_1、M_2 等。按照我的理解,这些就是那 500 位显赫人物(包括卡恩和伯格斯滕)与我的区别所在。

简而言之,关于两党联合请愿书,我的问题是,它并没有建议,通过货币政策或者财政政策,向美国经济中注入更大剂量的刺激。实际上,请愿书反而建议,从 1985 年开始,财政政策更加偏紧一些。依我看,请愿书中建议的政策,根本没有考虑到,如何促使美国经济从目前的萧条中复苏起来。[我现在使用"萧条"这个词,是因为乔治·施蒂格勒(George Stigler)已经这样用过。他是一位诺贝尔经济学奖得主,是一位享有崇高的保守主义者声誉的经济学家。就是在白宫里的这个地方,他告诉新闻界说,目前美国正处在一种萧条之中。所以,我觉得这个词是对经济现状的一种合法的描述。]

两党联合请愿书中说,现在确实太晚了,对于 1983 和 1984 财政年度,几乎没有什么事情好做了,但在此之后,要大大地限制预算刺激。我认为,目前应该做的倒是,在今后 3 年里,依靠一种更具有刺激性的货币政策,实现更强劲的经济复苏。至于 1985 年以后,用令人讨厌的预算术语来说,就是预算期满后的年份(out years),再计划安排一些财政校正措施。但是,我们要用货币刺激来抵消它们,以维持总的刺激剂量,使财政限制不至于阻碍经济发展。也就是说,我们需要改变货币政策与财政政策的组合。在表 18.1 的底部,我给出了有关年份失业率的预测数字,既有政府的行政管理和预算局的预测,也有数据资源公司的预测。1985年的失业率高达8.9%或者8.5%,在我看来,这算不上是繁荣的一年。我们通常都认为,高失业率是深度衰退,或者可能是萧条的象征,而不是繁荣的象征,面对这种繁荣,应该刹车或转向。

二、实际利率及其不同含义

利率确实太高了。这可能是当前关于财政和货币政策的论战中,唯一获得普遍一致的看法。为什么利率太高了?怎样才能够降低利率?对于这些问题,争论非常激烈。正统的观点——就像两党联合请愿书中的观点——指责1985财政年度及此后预期会出现的联邦财政赤字。请愿书中强烈要求:大幅度地削减支出,增加税收,以图降低赤字。其他的观点,包括我的看法,则强调联邦储备系统的作用,并且要求采取刺激性货币政策。有些经济学家不赞成对利率这么重视,他们坚信,只要推行合理的政策去追求其他目标,市场自然会把利率确定在正确的水平上。

人们总说利率太高,这究竟指的是什么?长期以来,经济学家们一直都在强调名义利率与实际利率之间的区别,目前,这种区别已经得到了广泛的理解和关注。对于经济复苏和资本形成而言——正是这两个目标诱发了人们对利率的忧虑,真正的关心焦点,应该是实际利率。当然,仅仅因为名义利率反映出现实的和预期的高通货膨胀,也可以认为名义利率太高了;但在这种情况下,关心焦点就应该是反通货膨胀政策。

不幸的是,实际利率是不可观察的。实际利率从概念上就模糊不清。它们取决于主观的价格预期，而任何一个人都有可能不适当地定义价格预期，并且，不同的人对价格预期也各不相同。更深入地看，其未来路径确实相关的某种特定的价格，以及相关的时间段，都要取决于个人预期进行的交易。普遍盛行的名义利率，将会怎样影响一个人的决策，也取决于他的纳税状况，他的资产平衡表以及其他许多个人特征。我觉得，有必要指出这些明显又烦人的限制条件，因为人们太容易滑到错误的习惯上，那就是，把预期变量看成是客观的、单值的。

现在，我们来进行更具体和更切题的分析。一位企业管理人员考虑原材料存货的储存量时，要把他从银行获得商业贷款的名义利率，与这些原材料价格的预期上涨幅度进行比较，然后，再根据两者对他的应纳税额产生的影响，加以调整。他的实际利率，与一对夫妇购买一幢房屋的实际利率，并不相同。这对夫妇感兴趣的是，把税后名义抵押率，与他们对房产价值和劳动力价值的未来折旧所做的估算进行比较。在现期消费与明年再消费之间的边际上，一个消费者（或储蓄者）关心的是，把他消费的那些商品在特定市场上的价格的预期上涨，与货币市场账户的名义税后收益进行比较。他的实际利率，不一定就是公司为筹资建设一座新工厂，而准备发行的债券和股票的实际利率。在70年代，两次突然爆发的通货膨胀和预期的通货膨胀，都与石油进口价格和能源价格有关。这些就造成下述一类消费者—储蓄者的实际利率较低：他们偏好现期消费，而宁愿牺牲稍后一段时期的消费。但是，根据消费者物价指数进行调整后的低利率，并不是一个反映国内大多数工业资本投资环境良好的指标。通货膨胀体现在它们的经营成本上，而不是它们的销售价格上。

当通货膨胀和通货膨胀心理大范围地反复摆动的时候,上述那些差别并没有多大意义。不过,在像目前这样的时刻,即当未来的前景混沌不清,储蓄者、商业投资者、借贷者和出贷者对未来前景的看法存在着非常显著的差别时,上述那些差别就是不容忽视的了。

人们抱怨当前的实际利率太高,这有多种含义:

(1)实际利率太高了,以至于在经济繁荣时期,也就是在失业率和生产能力利用率能够代表一种妥协,即通货膨胀与失业之间的一种可行的社会妥协的时候,难以使国民储蓄与投资达到平衡。在哪一点上达成妥协的,则是不确定的和意见不一的。总统经济顾问委员会认为,是在失业率为6%~7%,而行政当局宣称的目标是,1988年达到6.5%。无论如何,很少有人会否认,"繁荣"意味着失业率水平比我们目前忍受的失业状况要低得多。如果失业率降低4个百分点,国民储蓄就会高得多。有了更高的收入,居民和厂商就会储蓄得更多,政府的借债就会减少。而且,失业率降低4个百分点,本身就会使实际国民生产总值增长10%~12%(在1982年,就等于3000亿~3600亿美元),其中的40%~50%将变成储蓄(在1982年就等于1200亿~1800亿美元,显著地高于当年实现的净国民储蓄)。当然,经济复苏也将增加投资需求,但增加量低于可测算出的数量,目前,投资需求受到了过度生产能力的抑制。问题在于,实际利率是不是太高了,以至于难以诱导足够的投资,以便吸收更高的储蓄流量。如果是这样的话,假定的经济复苏就将中途失败,因为在繁荣期的失业率和生产能力利用率水平上,经济中生产出的产品和服务缺乏充分的市场。表18.2中提供了一些对以前经济繁荣时期的实际利率的估算结果。

表18.2 低失业年份实际利率

	1956年三季度到1957年二季度	1965年	1972年四季度到1973年三季度	1978年
按国民生产总值缩减指数计算：				
短期国库券	0.7	1.0	−0.9	−1.7
长期国库券	0.7	1.3	−1.0	−0.8
公司债券	1.0	1.6	0.7	0.3
市政债券	−0.3	−0.3	−1.8	−2.7
银行优惠贷款	1.1	1.5	−0.4	0
按消费者价格指数计算：				
短期国库券	−0.1	1.5	−2.2	−1.9
市政债券	0	0.9	−3.0	−3.5
按生产者价格指数计算：				
银行优惠贷款	1.7	0.9	−8.3	−0.6
按非住宅固定投资缩减指数计算：				
公司债券	0.1	2.0	1.9	1.1
按住宅固定投资缩减指数计算：				
抵押收益	4.3	2.4	−1.0	−1.6

说明：一年中每个季度的利率，是按照表18.3的说明里描述的方法计算的。本表中的数值都是每年四个季度的估算值的简单平均数。

(2) 另一个相关但有明显区别的问题是，目前的实际利率是不是太高了，以至于难以实现持续的经济复苏。目前所需要的利率，可能比繁荣时期达成储蓄-投资均衡所需要的利率更低。究其原因是，由于过度的生产能力，流动性不足以及对经济前景的悲观主义估价，目前的投资需求受到了压抑。而且，对金融环境的改善做出反应，也需要时间。表 18.3 提供了对经济衰退的低谷时期的实际利率，所做的一些估算结果，包括目前的衰退。

(3) 困扰两党联合请愿书的作者们的危险是，实际利率已经或者将会变得太高，以致难以支持资本，特别是商业性工厂和设备投资的形成，而这正是美国的长期经济增长所需要的。按照这种观点，经济繁荣时期的问题将是，相对于投资需求而言，国民储蓄不足——这恰好与前述第一项含义中暴露出的问题相反。其实，在任何人预期不论什么地方会出现完全的经济复苏之前，请愿书的作者们就预期，早在 1985 财政年度就会出现这个问题。他们担心，联邦政府将会对国家的财政资源和私人储蓄，产生非常强烈的需求，以致联邦赤字将"挤出"私人投资。挤出的作用过程将是，由于联邦政府的赤字筹资，造成实际利率很高。

(4) 最后一种含义是，实际利率目前可能太高了，而且，在将来还要与联邦赤字和债务联系在一起（参看本书第四部分以及第 14 篇文章）。利率可能太高了，以致难以保证债务占国民生产总值的比率保持稳定。为了看清楚这一点，设想"基本赤字"为零，也就是说，除了抵消来自联邦储备系统的收入，以及联邦债券利息收益的税收之外的偿债净额，联邦预算是平衡的。这样的话，债务每年的增长额，就是当年的净利息支出。如果债务利率高于国民生产总值的增长率，债务就会比国民生产总值增长得更快，结果，将会出现赤字。当然，如果基本赤字是正数，那么，债务占国民生产总值的比率就会加速提高。债务占国民生产总值的比率长期增大，就产生了"挤出"的危险。全国私人财富的存量中越来越多的部分，将从实际资本转变成为联邦债务，同样的，私人储蓄的流量中越来越多的部分，将被

表 18.3 在周期性波谷的实际利率

	1954 年二季度	1958 年二季度	1961 年一季度	1970 年四季度	1975 年一季度	1980 年三季度	1983 年一季度
按国民生产总值缩减指数计算：							
短期国库券	0.3	−1.0	0.6	0.2	0.4	−2.0	3.8
长期国库券	1.8	1.0	2.2	0.9	0.6	−0.2	6.5
公司债券	2.2	1.6	2.9	3.4	3.1	1.5	7.2
市政债券	1.8	0.9	1.7	0.7	0.7	−1.8	5.4
银行优惠贷款	2.3	1.7	2.8	1.8	4.0	1.5	6.7
按消费者价格指数计算：							
短期国库券	1.3	0.9	2.1	2.4	−1.3	−1.9	5.4
市政债券	2.7	2.7	2.3	2.9	−1.0	−1.9	7.1
按生产者价格指数计算：							
银行优惠贷款	5.3	4.5	6.6	3.0	5.6	−3.5	6.8
按非住宅固定投资缩减指数计算：							
公司债券	1.3	0.6	3.8	3.6	1.4	5.3	8.5
按住宅固定投资缩减指数计算：							
抵押收益	2.5	5.1	6.0	1.4	4.6	6.2	12.1

说明：表中的利率是每季初期的名义利率，但根据随后 6 个月里的通货膨胀进行了校正。（其中，没有考虑更长期资产的价格可能出现的增值或贬值，或者征税。）当然，在根据随后两个季度的通货膨胀率外推到可能得到的数字，或抵押品确定价格时的通货膨胀预期，可能与价格实际实现的时候不同。1983 年第一季度的数字，只能根据近期的通货膨胀率外推到的将来进行预测。

吸纳到联邦赤字中。财政的稳定性，从保持债务占国民生产总值的比率恒定不变的意义上说，要求联邦债务的实际净利率，低于经济的实际趋势增长率。1946～1980年，正是因为这个条件几乎一直得到了满足，加上基本赤字占国民生产总值的比例非常小，所以，债务占国民生产总值的比率，实际上从高于100%的水平，下降到25%左右。现在的问题是，在今后10年里，将会出现什么结果。

你真正关心的焦点到底是哪一种实际利率，取决于你认为利率已经或将要变得太高的含义，究竟指的是上述四种含义中的哪一种。如果指的是第一种或第二种含义，或者两者都指，那么，你主要担忧的是与实际投资决策相关的利率。经济复苏以及资本形成的主要制约因素是投资需求，而不是储蓄。如果指的是第三种含义，即挤出，那么，你主要担忧的是与私人储蓄决策相关的利率，因为你预见到储蓄将会不足。如果指的是第四种含义，即财政稳定性，它当然就是联邦债务的净利息成本。

三、实际利率是政策力所不及的吗？

在进一步深入讨论降低实际利率的宏观经济政策措施以前，我要花一点时间分析几种不同的论断，这些论断宣称，实际利率是政策力所不及的。

第一，据说，金融市场和资本市场都是国际性的。在不同国境及不同货币之间，储蓄和投资，都是灵活可变的。因此，任何一个国家的利率，都不可能脱离世界市场上的利率。对于一个小国家的货币和财政政策来说，这是一个决定性的抑制因素。但是，对于像美国这样在世界市场上起着决定作用的国家来说，却不是这样。我们的市场和政策，影响着世界的利率，资本的流动性不会那么完全，不可能消除我国的利率与其他国家的利率之间的可变离差。1979年以来的紧货币政策导致通货紧缩和经济衰退的机制，由于美元的利率相对地高于其他货币的利率，已经吸引了大量资金变成美元资产。由此造成的后果是美元的贬值，从而减少了美国的出口，增加了美国的进口。

第二，据说，即使在一个封闭的经济中，实际利率对于不同的政策而言，都是一定的。它们反映出了消费者-储蓄者的时间偏好，以及资本边际生产率的全国均衡。有时候，它们被认为是如此稳定的参数，以致消费与投资在不同时期的相互替代，可以保持实际利率接近于一个相当恒定的自然水平。即使它们随着时间而变化，均衡的实际利率也能够不受制于政府的政策。例如，私人经济行为者和纳税人，可以调整他们的储蓄水平，以补偿政府债务的变化；然后，利用赤字筹资，拖延征税，就不会影响利率，"挤出"永远都不会成为一个问题。类似地，货币政策的变化，完全可以按照使利率不受影响的方式，由价格、预期的未来价格以及名义利率加以吸收消化。从理论上说，这两个论断也剥夺了政府的政策影响其他实际结果（如产出量、就业量和相对价格等）的权力。不过，用这些理论解释人们观察到的实际利率、产出量和就业量的波动，特别是最近出现的大幅度波动，则面临着很大的困难。既然如此，我认为，没有必要在这里重新考察反对这些论断的全部理论根据。

对货币政策能够影响到实际利率的怀疑主义态度，得到了新古典经济学里一个根深蒂固的传统的支持，这就是货币中性论。它认为，不论货币流通量是大是小，也不论货币流通量的增长是快是慢，实际结果都是一样的。货币流通量的变化，只能改变绝对价格，而保持相对价格不变，当然也包括实际利率。这种理论得到了一个明显事实的证实：一场"货币改革"只改变货币单位，比如说，货币单位从 1 美元变为 0.5 美元，结果，货币流通量增加了 1 倍，但对于经济并没有任何实际影响。不过，中央银行的货币业务，并不是改变货币单位。他们改变货币流通量，在相反的方向上，改变其他一些允诺在未来支付货币的有价票证的流量，并且，保持让大部分契约原封不动地支付或收到美元。它们是不是中性的，并不能简单地由下面的事实来决定，即经济行为是由实际量而不是名义量促动的。

四、货币政策、实际利率与经济复苏

毫无疑问，增加银行准备金的供给，降低中央银行的放贷率，其直接影响就是，在货币市场上降低名义利率，包括银行按照较低的利率提供贷款，抬高证券的价格。银行并不喜欢持有闲置的现金。短期利率的下降，将会波及长期资产，除非市场预期联邦储备系统的做法在不远的将来会完全颠倒过来。这些将会降低实际利率，从而刺激借债和消费支出。1982 年联邦储备系统放松限制之后，确实就出现了这种情况。

怎么会出现这种错误呢？一种可以想象的情况是，价格会迅速上涨，直到按照实际购买力条件计算的增大的名义准备金、存款和银行资产的流通量，不高于它们的原始价值。利率同样也回复到它们较高的原始水平。在一个像美国这样拥有大量闲置劳动力和生产能力的经济中，这种情况最不可能出现。

另一种可能的情况是,联邦储备系统今年的扩张性政策诱导人们产生这样的预期,明年或随后年份里会出现更高的通货膨胀,更高的名义短期利率。这些预期提高了今天的长期利率,抑制了长期投资。公正地说,担心出现这种情况的后果,正是压抑联邦储备系统促进复苏意愿的主要制约因素。

这种方案及其假定的预期是否具有合理性,是值得怀疑的,主要原因在于:第一,货币扩张以促进经济复苏,并适应对存款和银行准备金的需求的增长(这种增长是由于通货紧缩,以及取消对存款利率的管制而引起的),都绝不意味着持久地转向更快地增加准备金和货币。只有后者,才能证明上述预期,即联邦储备系统已经转向膨胀性政策。就像在1982年,"金融市场"应该能够分清这两种情况。

第二,很有可能,"债券市场"对经济复苏本身确实起了疑心,不管这是由联邦储备系统增加货币流通量引起的,还是由于投资者和消费者同时热情高涨起来,加速了货币流通速度而引起的。一些匿名的空谈家们持有这种市场观点,他们倾向于保持整个经济萎靡不振,借此使通货膨胀的风险最小化。毫无疑问,经济复苏带来的价格上涨和加速通货膨胀的风险,要比继续衰退带来的风险更大。但是,正如前文所指出的,在一个拥有大量失业劳动力和闲置生产能力的经济里,在几年内,这种风险都不大。

第三,与财经专栏里述说的神话相反,放贷者不能单方面地提高长期利率,以适应他们的最坏预期和担忧。市场上肯定有两个方面。借贷者显然不会具有通货膨胀预期。(如果他们也有这种预期,名义长期利率就会提高,不过,长期实际利率不会有所提高,也不会抑制投资。)根据这种情况,借贷者也不会预期可能出现相应的销售额和收入额，从而使他们愿意支付上述利率，而放贷者则希望如此。更进一步，有关通货膨胀和经济复苏的同样的不确定性，以及同样的风险规避——它促使放贷者为长期出贷寻找一个正的利息，使借贷者为长期借贷寻找一个负的利息。唯一明显的结果是，不论是借贷者，还是放贷者，都力求缩短偿还期，由于假定的银行储备金的扩大，会出现新增借贷净额。或者，他们将转而采用具有可变利率的长期契约。

即使放贷者顽固地坚持非理性的预期，联邦储备系统的扩张性运动，也将使实际利率有所下降。长期或短期净利率究竟是否会提高，似乎还不清楚；这取决于借贷者或放贷者是否准备好，要针对利率的差别做出反应，转向更短的偿还期。联邦财政部可以从中帮忙，当利率不受欢迎的时候，禁止长期借贷。不大可能出现的最糟糕的方案是，有关组织机构——养老金基金和保险公司——在利率不能保护它们，消除它们的不利预期和担忧的时候，就会抛光它们现有的存款。这样的话，低的短期利率将推动经济复苏，直到它们改变主意。

货币紧缩是造成实际利率高的根本原因，而高实际利率又带来了严重的经济衰退，因此，货币刺激是降低利率和促进经济复苏的有效手段。幸运的是，联邦储备系统在现实经济付出了沉重代价，并且实现了相当程度的通货紧缩之后，现在开始把经济复苏放到了优先位置上。同样幸运的是，联邦储备系统不再认为，自己应局限于货币总量的增长目标，由于取消管制、制度创新以及新金融技术的不断涌现，货币总量增长速度这个目标，已经失去了意义，不管它以前曾经有过何种含义。最后，还有一点幸运的是，联邦储备系统公布了它的新重点之后，头一年以及头一个月的市场反应已经表明，联邦储备系统在市场上的信誉也不再受制于这些货币增长目标。但是，对于经济复苏来说，实际利率仍然显得太高了。而且，仍然还不清楚，联邦储备系统是否会进一步积极地降低利率；或者，是否它只是在经济得到其他来源的推动后已经开始复苏的时候，准备简单地予以配合。

五、财政政策、实际利率与经济复苏

财政紧缩绝不是经济复苏的一服灵丹妙药。美国经济正在遭受对商品和服务的需求十分疲软之苦，高失业率以及大量的过剩生产能力，都是显而易见的症状。即使经济现在开始复苏，这些状况也将持续好几年，或许是这十年的大部分年份。削减政府对商品和服务的支出，主要是军费或者民用支出，最直接的影响是减少需求。同样的，削减政府的转移支付，也减少了其受益者的消费需求，增加税收，则减少了纳税人的支出。削减需求绝不是增加需求的有效方法。

毫无疑问，财政紧缩会降低利率，当然指实际利率。这样，联邦政府用于弥补赤字的借债额会有所下降。降低利率也将重新引起一些对利率十分敏感的支出，比如住房、耐用消费品、商业性工厂和设备，甚至还包括联邦政府和地方政府资本项目的支出。但是，对总需求产生的这些积极的负效应，不可能超过消极的直接影响。如果联邦以外的借债高于偿还的联邦债务额，那么，利率将停止上升，而不是下降。然而，如果那样的话，就不会存在任何诱因，促使联邦以外的借债有所增长！这正好揭示了，最近以来极具有权威性的不断重复的推理，其实只是一种谬误。很有可能，负效应要小于最初的需求下降额。实际利率将会降低，但这本身并不是一种结果。这场游戏的名义是，把降低利率作为实现繁荣和经济复苏的一种手段，而不是靠削弱经济来降低利率。

财政紧缩可以用货币刺激加以补充。其实，只要有充足的货币刺激，净结果就可能是需求的扩张。不过，无论如何，联邦储备系统当然都要能管理好同样的刺激，即使没有财政措施，也能获得更大的产出量、就业量和普遍的经济复苏。财政措施的论据，可能是心理上的。"债券市场"的看法吓坏了联邦储备系统，它们可能更加宽容。联邦储备委员会主席沃尔克和他的同事们如果看到了具体的信号，表明预算都"处在控制之中"，那么，他们可能更愿意加大货币的油门。

转变财政-货币政策组合，把国民产出的构成，从私人和公共消费转向资本投资，这肯定是值得期望的。不过，当前更为紧迫的任务，或许应该是提高总产出，而不是改变它的构成，也就是要增大财政-货币刺激的总剂量，而不是改变药方中各成分的构成。在一个萧条的经济中，存在着过量的生产能力，经济前景又是悲观的，要想大幅度增加投资，使之足以抵消从财政上诱致的消费下降额，无疑是一个非常困难而又危险的策略。无论如何，私人消费都要占国民总支出额的2/3，而私人投资额只占国民投资总额的1/7。

担心财政赤字会产生"挤出"效应，使我们在经济充分复苏并实现繁荣的时刻考虑总产出的构成，变得很有意义。在这十年的后半期，人们的高赤字预期与趋于增长的投资需求相冲突，并会带来足够高的实际利率，来抑制这种需求，从而能够在目前和经济复苏的早期阶段，提高长期利率。请注意，这种利率预期与先前讨论的预期并不相同，后者是指未来的通货膨胀及其在名义利率上的反映。这里的预期是关于未来实际利率的，并且假定成功地实现了经济复苏，而不是延长滞胀。经济扩张都被通货膨胀消耗了。如果借贷者和放贷者都这样预期，那么，这种预期就会减缓投资需求的复兴，对于经济复苏的初期，这是一个至关重要的不利因素。

政府曾经建议，根据经济的发展情况，在必要的时候增加税收，并建议预算从1986财政年度开始。这项建议的理论基础是，实现经济繁荣的时候，要限制"挤出"，并且克服这种挤出的预期在以前产生的副作用。遗憾的是，国会并没有很好地理解上述理论依据，结果，这个建议被国会否决了。国会几乎从来都没有令人高兴地看待，把未来国会对税收的控制特权交给行政当局，或者法定的程序，这种态度具有合法的政治和宪法基础。而且，除了开征新的税收所要求具备的其他条件之外，政府当局又增加了一个很难让国会接受的条件，这就是通过由政府提出的削减联邦民用开支的建议。然而，未来的财政紧缩可能具有建设性，但目前的紧缩却是反生产性的，这种观点，在某种意义上，是国会和行政当局的一种稳妥的指南。举例来说，从宏观经济的观点来看，比较好的办法应该是，按预定时间削减今后的国防支出，而不是依靠延期支付费用，以及少花钱多办事的节约措施，来改善现行预算状况。

同样重要的是，在实际上以及在预想中，要把未来的财政政策与未来的货币政策结合在一起。没有人现在就能肯定，在1986年和随后的年份里，财政紧缩本身就是恰当的宏观经济政策。政府的官方预测，并没有设想在1988年之前会出现全面的经济复苏。财政紧缩将会减弱需求，它可能出现得过早，不受欢迎，正如当前的情形一样。而且，人们形成了减弱需求的预期后，又会对今天的、以未来为导向的投资和消费支出，产生负面影响。这些都与财政紧缩预期会对实际利率产生的有利影响，起着相反的作用。但是，如

18 失业、利率、赤字与货币

果联邦储备系统准备坚持下去,并且被察觉要坚持己见,去抵消上述消极影响,那么,进一步的财政紧缩,则毫无疑问会有助于今年和明年的经济复苏。换句话说,我们需要做的只是,改变未来的财政-货币政策的组合,从而保证:一方面,在经济繁荣的年份里,联邦政府从潜在的私人储蓄中取用较小的份额;另一方面,政府没有占用而节省下来的那部分储蓄,确实被引导用于资本形成。前面已经指出,我们不可能预期,重新为储蓄开辟投资渠道会自动发生,它需要得到联邦储备系统的积极支持。

在座的听众里,有许多人都是经济学家,或者是学习经济学的学生。他们能够深入分析一幅图形,这幅图使他们很乐于学习经济学课程。所以,我在这里也要提供一幅图。听众中还有不少人与经济研究没有什么关系——就是说,在过去25年里没有学过宏观经济学方面的课程,或者没有在一所进行这种经济分析的大学里工作过,你们可以休息几分钟,跳过下面的分析。

在图18.1中,有两个时期。第二时期是指80年代的后五年,第一时期至少是指1983年和1984年,我认为,还应该包括1985年,其理由在本文开头已有所论及。IS 曲线表示在第二时期里储蓄与投资的平衡,LM 曲线则表示货币的供给与需求的平衡,当然是在目前计划的财政与货币政策条件下。两条曲线的著名的均衡点,是在第二时期的 a 点。现在,我们来看一看政府当局、国会以及两党联合请愿书的想法,我们每个人都同意这样一种财政计划,在第二时期的各年份里削减赤字,增加税收,减少支出。标准的曲线移动理论认为,IS 曲线向左移动,所以,我们把 LM 曲线向下滑动到均衡点 b,这条曲线是联邦储备系统在第二时期里计划给我们的。

现在，按照正确的预期，这种滑动对于第一时期里商品和服务的需求，会产生什么影响。

我认为存在着两种影响，从图中你至少可以看出两种影响。其中，一种影响是通过预期短期实际利率的变化而发生的；另一种影响，则是通过预期实际产出量水平的变化而发生的。在图 18.1 中，我们可以分别把这些影响表示为，E_{1r} 是 r_2 的函数，E_{1y} 是 Y_2 的函数。利率越低，通过利率转移到第一时期的需求影响就越大。第二时期的产出量越低，通过销售额、利润额和其他收入的预期，转移到第一时期的需求影响也越小。但问题是，对第一时期的需求产生的这两种影响，哪一种处于支配地位呢？其答案或许是，哪一种都有可能。这要取决于 LM 曲线本身的斜率。如果是货币主义者操纵着政策，它将是垂直的。这样的话，可能就不会存在任何产量效应，因为第二时期的产出量，即使发生了财政方面的变化之后，也将是并且将预期是同样的。结果，我们就只能看到利率效应。如果 LM 曲线相当平稳，产量效应则将大于利率效应。现在请看图 18.1 的下半部分，即第一时期的图示。它展示的是乐观主义的可能前景，按照这种想法，预期的财政紧缩使第一时期的 IS 曲线向上移动，并提高第一时期的产出量，尽管也提高了短期利率。第一时期的均衡点从 a 移到 b。但是，IS 曲线也可能以其他的方式移动。如果我们想要确定它不会以错误的方式移动，那么，我们可以采取我在前面推荐的政策。让联邦储备系统去抵消第二时期的财政紧缩，以维持产量水平不变。移动 LM_2 到均衡点 c，就可以做到这一点。在这种情况下，我们只能得到有利的预期利率效应，它甚至比图中第一时期显示出的利率效应更强大。

18 失业、利率、赤字与货币

第二时期

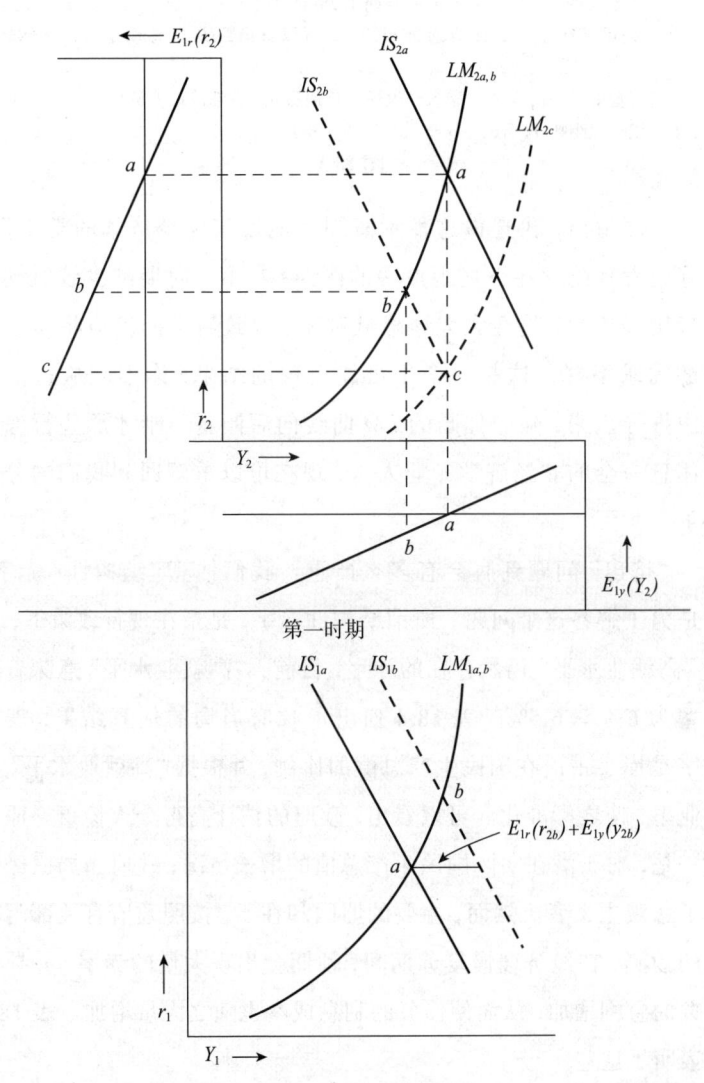

第一时期

收集第二时期的预算,将从 a 到 b 移动 IS_2,降低 Y_2r_2,$E_{2r}(r_2)$ 和 $E_{2y}(Y_2)$ 都是在第

一时期对总需求的影响(它们在 a 点均为零)。

它们在 b 点的和,就是下图第一时期里 IS_2 的水平移动。它把 $Y_1 r_1$ 从 a 升高到 b。设想有一条更平缓的 LM_2 曲线通过 a_1,你就可以看出,IS_1 的移动是怎样被倒转回去的。

为了避免对第一时期的总需求产生任何负面影响,联邦储备委员会只需要移动 LM 到 LM_{2c},就可以维持 Y_{2a} 不变。

图 18.1

顺便指出,我觉得这种示意图还能使宏观经济学的学生们,更好地发现隐含在下述观点中的谬误:在第一时期减少政府支出或者增加税收,将会大大地降低利率,以致需求的反应将超过最初的需求下降。这是一个不可能出现的结果,你不能从这些曲线中推导出来,除非你画的 LM 曲线向后倾斜。刚才那些暂停下来休息一会的非经济学专业人士,现在可以重新回到我们的分析中了。

"挤出"问题到底会有多么严重?我们估算"结构性"赤字,就是为了解答这个问题。所谓结构性赤字,是指在现行政策下,维持"高就业水平"仍然存在的赤字,目前,"高就业水平"意味着失业率为 6%~6.5%。表 18.4 列出了政府当局的估算结果,表中数字是赤字占潜在国民生产总值的比例,并根据"高就业水平"的失业率,使之标准化。可以看出,政府的估计高得令人惊讶。原因之一是,对于潜在实际国民生产总值的增长情况,政府当局已经变成了悲观主义者。然而,主要的原因却在于,按照政府有关部门目前的预测,在经济缓慢复苏期间,预期会出现大量的赤字,并导致债务的急剧增加,从而使债务的利息成本也随之大量增加。表 18.4 也表明了这些。

表18.4 1983～1986年联邦赤字和债务
（基本赤字、结构性赤字和总赤字，进行和未进行
通货膨胀校正，以政府当局即管理与预算局的预测为基础）

	财政年度			
	1983	1984	1985	1986
1. 债务占国民生产总值的百分比（每个财政年度平均值）	31.9	35.8	39.5	42.8
2. 利息支出：				
占国民生产总值的百分比	3.5	3.7	3.9	3.9
占债务的百分比	11.0	10.3	9.8	9.2
3. 通货膨胀会计校正：				
占国民生产总值的百分比	1.6	1.6	1.7	1.8
占债务的百分比	5.0	4.5	4.4	4.1
4. 基本赤字占国民生产总值的百分比	3.4	3.3	3.0	2.8
5. 行政管理与预算局的总赤字占国民生产总值的百分比	6.9	7.0	6.9	6.7
6. 校正后的总赤字占国民生产总值的百分比	5.3	5.4	5.2	4.9
7. 结构性基本赤字占潜在国民生产总值的百分比	1.2	1.3	1.4	1.8
8. 行政管理与预算局的结构性总赤字占潜在国民生产总值的百分比	4.3	4.7	5.1	5.5
9. 校正后的结构性总赤字占潜在国民生产总值的百分比	2.7	3.1	3.4	3.7

说明：全部计算都是以美国政府1984财政年度预算中的经济和财政预测为基础。

第1行，在财政年度的初期和末期，由政府以外的所有者持有的债务（包括联邦储备系统持有的债务）的平均值，除以该财政年度预测的国民生产总值。

第2行，预测的财政年度利息支付，除以预测的国民生产总值或平均未清偿债务。利息支付是联邦储备系统付还给财政部的净额。这里，没有考虑其他债务持有者的利息支付的联邦税收。

第3行，校正的办法是，以预测的财政年度里国民生产总值价格缩减指数的增长，乘以年初的债务。

第4行，基本赤字中不包括第2行中描述的利息支付。

第7、8、9行，结构性赤字是行政管理与预算局按6.1%的失业率估算的，潜在的国民生产总值也是由该局按相同的失业率估算的。

目前，公共债务的利息已经超过了联邦支出的10%。不论是在实际的或计划的赤字中，还是在周期性的或结构性赤字中，公债的利息支出都是一个重要的因素。在高失业率的时期，实际的赤字和预期发售的公债，会增大今后各年份计划的结构性赤字。在目前的经济预测中，这10年的大部分年份，都属于高失业率时期。这些计划对于假定的利率也是敏感的。我认为，与联邦债务利息支出紧密相关的财政和经济问题，不同于其他的预算业务所带来的问题。有鉴于此，我在表18.4中也列出了自己估算出的赤字，我在估算中对公债利息支出的处理，不同于传统的预算会计。

一种变体是，只把实际利息当成一项净联邦支出，见表18.4中第6行和第9行。具体来说，要用名义利息支出额，减去未偿债务实际价值的下降额，由于当年的通货膨胀计划，未偿债务的实际价值肯定会逐渐降低，请看表18.4中第3行。像这样运用"通货膨胀会计"，依据的是下面的逻辑：理性的财产所有者并不会把他们收到的全部名义利息，都看成是收入，其中的一部分，是对美元计价的证券具有的购买力的贬值给予的补偿，实际上是本金的折旧报酬。于是，他们将"储蓄"，以维持他们的财富的实际价值完整无损。包括了全部名义利息支出在内的赤字，夸大了联邦政府对私人储蓄的要求，高估了"挤出"。当然，可以肯定地说，没有任何人能够保证，所有的财产所有者都将按照这种理性的方式，采取一致的行动。但是，同样的逻辑认为，名义利率包括了通货膨胀溢价部分，从而指示我们关注实际利率，这种逻辑又支持我们进行校正，特别是进行长期预测。

其次，在表18.4中第4行和第7行，我分别列出了实际的和结构性基本赤字。其计算方法是,从结构性赤字中消除利率的影响,再消除1983财政年度以后计划的实际赤字造成的累积债务的影响。进行这种分离的理由是,赤字的这两个组成部分,即基本赤字和偿债,在债务的变化过程中起着不同的作用。

六、赤字和债务的简单动态

现在,我想提出一个简单的框架,用以探讨赤字和债务的长期动态,其中,特别涉及美国目前的有关状况。我所关心的焦点是,赤字和债务相对于国民生产总值的比例。与国民生产总值相比较,可以大体上衡量出,相对于整个经济产生储蓄和税收的能力而言,赤字和债务到底具有多大规模。而且,社会对人以外的财富的总需求,与社会每年从工作中获得的持久收入,大体上是成比例的。如果其他条件保持不变,随着经济的增长,可以预期,联邦债务(包括货币的和非货币的)市场也会有所扩大。当然,这里所说的"其他条件"有许许多多,包括联邦债务和其他价值贮藏手段的预期实际报酬。

有几个相关的数字,有助于说明我们研究的问题。在1981年底,非联邦持有者拥有的联邦债务,包括货币的和非货币的(均按账面价值计算),占国民生产总值的27%,到1983财政年度,这个比例计划要达到30%。非联邦财产净值总额,大约是国民生产总值的4倍。因而,联邦债务是非联邦财产额的7%~8%。在一个稳定状态下,要维持这些比例,假定实际国民生产总值每年增长2.5%,联邦债务的增长最多只能吸收国民生产总值的0.75%,同时,非联邦净储蓄总额将达到国民生产总值的10%。

在什么条件下，债务总额将比国民生产总值增长得更快，或者更慢？假设 x 是基本赤字占名义国民生产总值 Y 的一个比例，i 是非货币债务征收联邦税后的名义利率，D 是未偿债务总额，d 是未偿债务占国民生产总值的比例，即 $d=\dfrac{D}{Y}$；再假设 γ 是非货币形态的债务占债务总额的比例。那么，赤字 $\dot D$ 就由下式决定（以美元为单位）：

$$\dot D = xY + i\gamma D \tag{18.1}$$

债务的比例增长率是：

$$\dot D/D = xY/D + i\gamma \tag{18.2}$$

假设名义国民生产总值的增长率是 n。那么，债务占国民生产总值的比例 d 的增长率就是

$$\dot d/d = \dot D/D - \dot Y/Y = x/d + i\gamma - n \tag{18.3}$$

举例来说，以1984财政年度的计划情况为例，按照国会预算局九月修正案为准，我的计算结果是，基本赤字占国民生产总值的1.7%，以前的未偿债务总额占国民生产总值的30%，非货币债务占86%，承担了8%的税后利率。债务每年将增长12.5%，同时，根据国会预算局的计划，名义国民生产总值每年将增长9.8%。方程式(18.3)告诉我们，债务占国民生产总值的比率每年将提高2.7%，也就是，在一年时间内从0.30增加到大约0.31。

如果把利率和增长率的实际影响与通货膨胀影响区分开来，方程式(18.3)还可以提供更多的信息，与这一节讨论的主题也有更紧密的联系。这样的话，利率 i 可以被写成实际利率 γ 加上通货膨胀率 π，增长率 n 也可以类似地分解为实际增长率 g 和通货膨胀率 π。结果变成

18 失业、利率、赤字与货币

$$\dot{d}/d = x/d + [r\gamma - \pi(1-\gamma)] - g \tag{18.4}$$

请注意，括号中的表达式是债务的平均实际利率，记为 r_D。它是非货币债务的实际利率 r 按其所占比例 γ 加权，与货币债务的实际利率 $-\pi$ 按其所占比例 $(1-\gamma)$ 加权后的两者之和。假如像国会预算局9月份预测的那样，国民生产总值"缩减指数"的膨胀速度，在1984财政年度是6.1%，那么，债务的实际利率就只有0.8%，同期实际国民生产总值的增长率会更高一些，达到3.7%。

把 r_D 与 g 相比较有什么重要意义呢？这就是：假设方程式(18.4)中的可变参数都保持不变，例如，在1984财政年度里假定的一些数字。在这种情况下，难道债务占国民生产总值的比率，会永远不发生变化——在前面的论述中，变化就意味着提高；如果是这样的话，它会停留在哪个数值上？在方程式(18.4)中，假设 $\dot{d}/d=0$，我们就可以计算出 d 的假定的稳态值，称之为 d^*：

$$d^* = x/(g-r_D) \tag{18.5}$$

在这个例子中，d^* 是 $0.017/0.029 = 0.61$。就等于说，如果且当债务占国民生产总值的比例达到61%的时候，这个比例将会停止下来，不再提高。利用(18.5)，我们可以把(18.4)重新写成

$$\dot{d} = (g-r_D)(d^*-d) \tag{18.6}$$

由此，可以清楚地看到，只要 $(g-r_D)$ 是正值，d 就会沿着 d^* 的方向运动；当 $(g-r_D)$ 为负数时，则移离 d^*。前一种情形是稳定的，后一种情形是不稳定的。我们举例的情形，也是稳定的。前面指出的，d 从1984财政年度末的0.31提高到0.61将是非常缓慢的过程。经过10年之后，d 才会达到0.385。

图18.2总结了此前提出的概念构架。横轴用于量度 r_D，即债

务的实际利率。如前所述，经济的实际增长率 g 是 r_D 的一个基本的分界线。纵轴则用于量度 d，即债务占国民生产总值的比率。d 的稳态值 d^*，在方程式(18.5)中已有表述，它沿着西北象限里的双曲线下降，或者，沿着东南象限里的双曲线上升。正如箭头所指示的，西北双曲线上的点都是稳定的，而东南双曲线上的点都是不稳定的。(在其他两个象限里的双曲线，没有专门画出来。它们对应于基本盈余，即 x 的负值。)

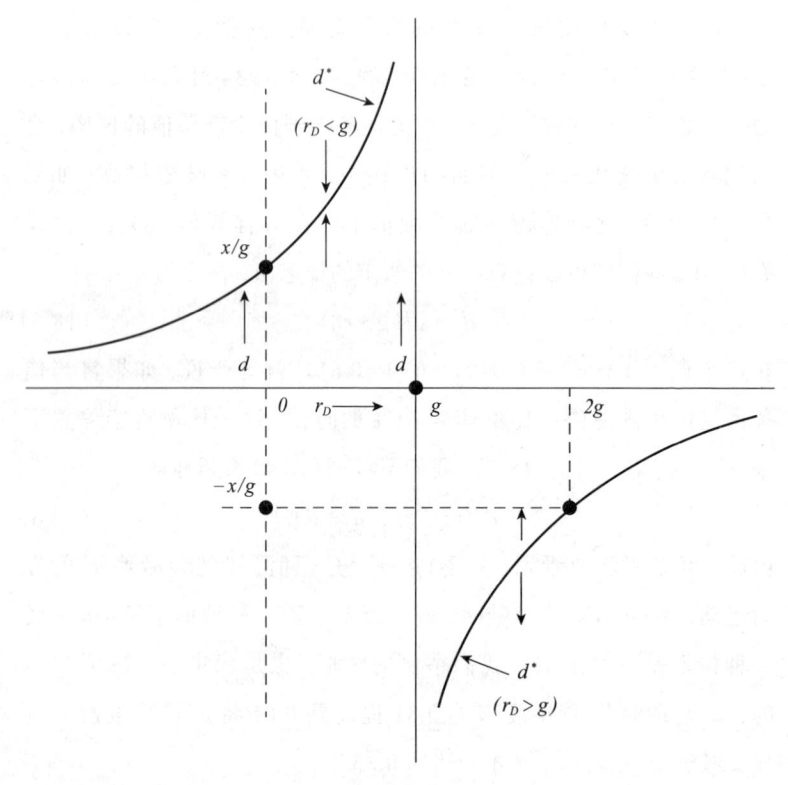

图 18.2　稳态的债务比率与利率

如果 r_D 正好等于 g，又会怎样呢？其结果是，沿着纵轴下降，并通过 g_0 方程式（18.4）表明，在这种情况下，就会有 $d=x$。在前述例子中，d 将无限期地上升，每年提高 1.7 个百分点，10 年后达到 0.48。要想使它停止上升，就必须使 x 等于零。给定这个条件，即基本预算是平衡的，那么，纵轴上高于 g 的任何一点，都是一个稳定的 d^*。

在众多可能的 d^* 中，哪一个是经济的长期均衡点？r_D 的稳态值是怎样确定的？这是一件非常复杂的事情，我不能在这里进行分析。[1] 其结果取决于经济对财富的长期需求，也取决于财产所有者希望怎样把他们的财富在资本、非货币公共债务和货币债务之间进行分配。基本赤字 x 的增加，将把西北象限的双曲线向上移动（东南象限的双曲线则向下移动），但是，没有详细说明的储蓄和资产组合行为，我们就不能确定，这是否会提高或者降低稳态的 r_D，以及它的组成成分 r 和 π。

像上述例子中进行的这些计算，对于假定的参数非常敏感。实际增长率达到 3.7%，如果是从深度经济衰退中复苏过来，这个增长率就很恰当；但如果要无限期地维持下去，这个增长率就太高了。对于 g 的值，2.5% 是一个较好的推测。虽然以前的赤字中，平均来说已有 14% 货币化了，但是，目前的联邦储备政策却意味着，目前的赤字只有 5% 能够货币化。通货膨胀率可能比国会预算局的计划低一点，如果不是在 1984 年，就是在随后的年份。我们不难设计出一些令人惊讶的方案，其中的 r_D 等于或者大于 g。不过，在下一

---

[1] 参看我写的论文："货币－财政政策组合：长期的含义"，载《美国经济评论》1986 年 5 月号，第 213～218 页。

部分里，我要为一种更乐观的看法辩护。

表 18.5 中列出了一些计算结论，该表是表 14.2 的重复，目的是方便读者。表中的计算是以本节里提供的框架为基础的，并把 1952～1981 年的 30 年，分成 5 个时期进行计算。至少到 1979 年，财政政策看起来一直相当温和。平均来看，在前两个时期，即到 1966 年为止，基本赤字是负数，迅速的实际增长与负的 r_D 结合起来，促使从第二次世界大战中继承下来的、债务占国民生产总值的高比率，也迅速下降了。即使在基本赤字转为正值之后，实际利率也还是十分有利的。因此，债务占国民生产总值的比率，依然远低于它在 50 年代和 60 年代的水平。确实，通货膨胀在一定程度上促成了 70 年代的后果。而那些抑制通货膨胀的政策，却在朝着相反的方向发挥作用，使失业者增多，平均基本赤字不断提高。

七、实现财政稳定和非通货膨胀性繁荣的根本出路

在 80 年代的今后几年里，美国经济能否找到一条非通货膨胀性增长的出路，同时，使联邦债务占国民生产总值的比率稳定下来，并且与现在的值相差不远呢？我相信，只要采取适宜的财政和货币政策，这是可能的。我提出的处方包括：(1) 降低基本赤字，主要通过经济复苏，使劳动力和工厂的生产能力都达到正常的利用率；(2) 把联邦债务的实际利率降低到它们在历史上的正常范围以内，大约是税后 1%；(3) 相对于国民生产总值而言，充分地扩大货币基础，以配合 (1) 和 (2)，并且满足由于通货膨胀和名义利率的下降而造成的货币需求的增长。

表 18.5 1952～1987 年美国的财政与货币政策及联邦债务的动态

时期：财政年度（年数）	1952～1957 (6)	1958～1966 (9)	1967～1974 (8)	1975～1979 (5)	1980～1981 (2)	1982～1987 (6) 国会预算局的底线
1. 联邦债务占GNP的百分数（基期和末期）	64.8～48.5	48.5～35.7	35.7～23.4	23.4～26.5	26.5～27.6	27.6～38.0
2. 联邦赤字(+)或盈余(-)平均占GNP的百分比（不含利息）	-0.58	-0.47	+0.28	+1.38	+0.80	+2.58
3. 债务被货币化的比例（百分比）	10.5～11.3	10.7～16.6	16.6～24.0	24.0～18.1	18.1～15.7	15.7～8.0
4. 赤字（含利息）货币化的比例（平均的百分比）	0	50	46	12	6	2.6
5. 实际GNP增长（每年平均百分比）	2.8	3.4	3.8	3.5	0.9	3.1
6. GNP缩减指数的膨胀（每年平均百分比）	2.2	1.9	5.2	7.2	9.1	6.4
7. 财政部九十天国库券的利率（每年平均的百分比）	2.1	3.2	5.8	6.7	12.8	10.4
8. 债务的实际净利率（每年平均百分比）	-0.7	-0.7	-2.8	-2.8	-0.1	1.7
9. 实际GNP增长率减去实际净利率	3.5	4.1	6.6	6.3	1.0	1.4

续表

时期：财政年度 （年数）	1952～1957 (6)	1958～1966 (9)	1967～1974 (8)	1975～1979 (5)	1980～1981 (2)	1982～1987 (6)国会预算 局的底线
10.假设的均衡的债务占GNP的百分比债务占GNP的比率的趋势	-16.6	-11.5	+4.2	+21.9	+80.0	+184.3
11. 基期实际数	64.8	48.5	35.7	23.4	26.5	27.6
12. 五年以后	51.9	37.6	27.1	23.0	29.1	38.1
13. 十年以后	41.1	28.6	20.8	22.7	31.6	48.0

说明：1. 财政年度末由联邦储备系统和非联邦所有持有的债务（票面价值），相对于该财政年度名义国民生产总值的比例，从该时期的前一个财政年度到最后一个财政年度。

2. 国民收入账户中减去该时期的盈余总和赤字或盈余额。在计算赤字或盈余时，不包括债务利息支出（从预算中"净利息"一栏减去联邦储备系统向财政部的支付），估计在25%左右。

3. 货币化的债务是指由联邦储备系统所持有的数量。

4. 用基期到期末的货币化债务的增量，除以总债务（定义同第1行）的增量。

5. 这个比率的分母与第一行相同，是货币化的债务加上联邦政府以外的所有者持有的债务。

8. [(第7行×0.75×(100-第4行)/100]-第6行。给定该时期的条件和政策，每个时期财政部短期国库券的利息。被看成是筹借新债和偿还旧债的持有成本。用0.75去相乘，是基于这样的假设：财政部从税收中扣除了约占25%的名义利息支出。第三个因素减去了"铸币税"的净利息成本，即联邦储备系统使债务货币化的部分。减去第6行以后，就把债务的净名义利率变成实际利率。

9. 第5行减去第8行。

10. (第2行)/(第9行)。负数意味着，假设的均衡的债务占国民生产总值的比率是负的，也就是，政府将是私人部门的一个净出贷者。

12、13. (第10行-第11行)×[(100+第9行)/100]ⁿ+第10行，令n=5,10。见正文。

18 失业、利率、赤字与货币

由于对经济以及利率做出的暗淡预测，形成了令人惊恐的赤字计划，对此，我不能过分强烈地予以强调。虽然国会预算局的9月修正案里估算，在1984财政年度，赤字占国民生产总值的4.2%，但是，前面已经指出，计划的基本赤字只占国民生产总值的1.7%，这是按假定失业率为8.2%计算出来的。失业率每提高1个百分点，就会增加当年的赤字，增加额大约是国民生产总值的0.8%。因此，假若失业率能够降低2个百分点，那就几乎没有什么基本赤字了。即使是不会产生通货膨胀的失业率，目前视为7%——我本人不打算接受这一点，在这个失业率水平上，基本赤字将只占国民生产总值的0.75%。按照现行法律，这个数额大约相当于联邦税收收入的4%。随着经济的实际增长，即使按照可以维持的，而不是周期性复苏的速度增长，这个数额还会进一步降低，因为，经济增长将使收入比支出增加得更快。适当的"收入增长"，加上国防开支的增长速度减缓，都将加快基本赤字的下降。

有了相当好的经济复苏，主要的长期财政问题就是，保持债务的实际利率低于经济的趋势增长率，自从第二次世界大战以来的整个时期，都是这样。这个目标与恢复低利率的必要性恰好一致，低利率有利于鼓励联邦以外的资本形成，以便吸收政府没有借用的那部分储蓄。这既是联邦储备系统的货币政策的责任，至少，同样也是财政政策的责任。我想特别强调的是，真正事关重要的是实际利率。名义利率与通货紧缩以相同的比例下降，既不能改善财政动态，也不能增强投资刺激。

具体来说，假设非货币债务的税后实际利率需要达到1%，这个数字比战后到1979年期间大多数年份的实际值都要低一些。再假设，2%的价格增长率（1952～1966年期间就是这样）已经相当低，足以宣告反通货膨胀的战斗大获全胜了，我有些怀疑，任何更低的价格增长率，都将很难实现一个动态经济中所必需的相对工资和物价的调整，尤其是在一个易受外部价格冲击影响的经济中，更是如此。因而，名义税后利率就不得不降低到大约3%，大体上降低了60%。假定货币需求的利率弹性为0.2，就必须使货币基础一次性地增加12%。这将把它占国民生产总值的比例，由5.6%提高到6.3%，仍然低于60年代8%的水平。同时，又要求联邦储备系统持有的联邦债务增加15%，它占国民生产总值的比例也相应地从4.6%提高到5.2%。（我假定，货币基础中的其他组成成分，主要是黄金和特别提款权，都保持不变。）

我认为，财政的目标应该是，把联邦债务占国民生产总值的比率稳定在30%。完成了必需的货币注入（monetary injection）以后，联邦储备系统将把债务和未来赤字的17%货币化，这个比例比现行的政策更接近于以前的历史经验。这项计算的底线是，债务的名义利息成本将是$0.83 \times 1\%$，同时，名义国民生产总值将增长4.5%（2.5%的实际增长，再加上2%的通货膨胀），比利息成本高2个百分点。请回想一下方程式(18.5)，它表明，$(g-r_D)d^* = x$。我们的$(g-r_D)$是0.02，我们期望的d^*是0.30。于是，x就等于0.006。即基本赤字必须保持在国民生产总值的0.6%。正如前面指出的，基本赤字比国民生产总值低1%，属于能够控制的范围之内，即使按照保守的失业目标，没有显著的紧缩性财政政策，也是可控的。

上述这些考虑，为本文开头提出的关于高实际利率的第四种含义提供了基础，这个含义是，要把债务占国民生产总值的比例，长期稳定在一个离现行比率相差不远的水平上，实际利率确实太高了。债务的净实际利息成本，必须低于经济的可以维持的增长率，按照目前的估算，大约是每年增长2.5%。从这一点来看，一种旨在实现经济复苏和资本投资复兴的货币策略，还具有另一个优点：它将有助于实现长期的财政稳定。当然，把结构性基本赤字保持在占国民生产总值的一个很低的比例上，或许要低于1%，也是非常必要的。为什么在80年代的今后几年里需要进行有效的预算校正，其原因正在于此。

八、结论

现在，我们来总结一下本文得出的结论。在本文开头区分出的四种含义上说，实际利率从现实和预期来看，都太高了：对于经济复苏来说，它太高了；一旦实现繁荣，对于维持繁荣来说，它太高了；对于长期经济增长所需的资本形成来说，它也太高了；最后，对于财政稳定来说，它同样太高了。要降低实际利率，就需要同时采取财政与货币措施。目前以及在不远的将来，这个球已经被踢到了联邦储备系统。经济实现繁荣以后，为了把储蓄引向资本形成，降低联邦赤字将是有益的。同时，联邦储备委员会还需要继续采取进一步的行动，把实际利率保持在足够低的水平上，从而确保降低赤字释放出来的储蓄，确实会用于投资。在未来的财政-货币政策组合中，预期会出现上述改进，将有助于经济从目前的衰退中走向复苏。这张处方也将促进联邦债务占国民生产总值的比率，在更长时期内的稳定性，它要求有一项很低的"基本赤字"，还要求有一个较低的债务利率，这个利率必须低于经济的可以维持的实际增长率。

19 谁挤出了什么?*

政府机关里的经济官僚们,对美国工业中即将出现资本短缺大为恐慌,已经是众所周知的,这种担忧,在那些有发言权的金融界和工商界领导人,以及专栏作家们中间,也引起了普遍的共鸣。据他们说,目前,在工厂和设备上的私人投资率比较低,预计以后也不会高,都不足以维持美国的经济增长,特别是,美国当前迫切需要更多的资本用于环境保护、能源储备和开发。政府各方面正在准备一场协调一致的运动,向每一个美国人兜售这种观点。

这种 担忧再一次吸引人们把注意力集中到下述事实上:增长速度很快的经济,像日本和西欧国家,据说都从国民生产总值中拿出一个比较大的份额,用于资本形成,它们的份额比美国更大。以此为根据,忧心忡忡的人们推论出了美国经济政策的两条重大教训。第一条教训是,必须增加储蓄的供给,这些储蓄可用于商业投资;必须削减联邦赤字,或者把它反转过来,变成盈余,从而使政府的借债尽可能少地吸收储蓄,而是把储蓄留给私人使用。1975年公众针对经济问题展开了激烈的争论,有人声称,大规模的赤字开支将"挤出"私人借债者和投资者,它正是引起这场争论的智力

---

* 1975年11月,载《挑战》杂志,1975年11月、12月合刊,第56～57页。

上的主要刺激因素。

这场运动的第二个教训是,必须大大提高税后利润,既为资本膨胀提供刺激,又要为它准备资金,美国目前迫切需要扩大资本。他们要求更大的持久的投资税收优惠和更快的成本折旧,削减或者取消公司所得税,并对资本收益进一步减免税收,这个教训就是他们的理论基础。

在美国工业生产能力的利用率只有70%的情况下,一位财政部长仅仅会提出资本短缺的警告,就很像一位饭店经理,在他的饭店有30%的客房长期空闲的情况下,他却在为没有足够财力扩大饭店规模而烦恼不已。从1974年第二季度以来,工厂和设备投资,按照实物量来计算,已经下降了17%,这确实令人灰心丧气。资本占用情况、投资意向调查以及各种取消公告都表明,投资的势头依然微弱。

但是,问题不在于储蓄的供给。目前,美国经济中的生产能力利用不足,新的投资通过人们十分熟悉的凯恩斯过程,将产生储蓄与之配合。假如失业率为5%,国民生产总值每年将增长1500亿美元,从而多提供大约750亿美元的私人储蓄,或者减少财政赤字,为私人投资(包括住房、存货以及商业设备上的投资)提供资金。但是,我们的现实失业率与5%相距甚远,由于经济衰退和停滞而损失的潜在储蓄和投资,可能永远也不会真正实现了。

充分就业的储蓄水平就是适当的吗?各方面的估算有所不同,但是,即使是布鲁金斯学会的研究中进行的谨慎乐观的估计,也要求政府,避免在充分就业时出现预算赤字。于是,挤出就将成为一件合法的事情。然而,在1980年以前,美国政府当局不打算让美国经济在5%的失业率水平上前进，它实质上是在浪费国家的储蓄潜力，同时却又抱怨储蓄水平太低。

目前的投资需求不旺，这很容易解释。其主要原因是，过量的生产能力；人们对销售量和利润复苏的强度及持续的时间所抱的怀疑态度；借债和发行证券筹资的成本很高，等等。最后这个原因，并不是一种象征，表明实际储蓄短缺，或者表明一个挥霍无度的政府，不惜以牺牲私人经营为代价，抢先占用生产性资源。其实，根本就不存在这种短缺。紧货币反映出了联邦储备系统的孤注一掷的政策，它决心不惜以减缓经济复苏的速度和高失业率为代价，与通货膨胀战斗。联邦储备委员会主席伯恩斯（Burns）帮助造成了资本短缺，同时又跟着痛惜资本不足。

现行的联邦财政与货币政策出现的主要错误是，它们不能促成一种迅速的和全面的经济复苏。现在，美国经济需要更多的刺激，不论是财政刺激，还是货币刺激。它还有一种次要的缺点，对于所有关注资本形成和生产率增长的人们来说，却是重要的。目前的政策组合中，紧货币肯定抑制了财政刺激，过分强调了公共和私人消费。如果国务卿西蒙（Simon）打算改变重点，转而强调投资的话，他就应该去找联邦储备委员会主席伯恩斯以及国会领导人交换意见。

同时，目前的商业投资不旺，这一点应该成为永久性地对营业税和财产收入税实行豁免的一种借口（除了对应纳税收入的通货膨胀性增大进行校正以外）。有时候，某些人提倡豁免，是把它作为增加储蓄的手段。但是，倡导者们却忘记了，既然受益者将会消费掉他们收入的一部分，那么，税收收入以及政府储蓄的损失，将会超过由此诱致的额外私人储蓄。刺激投资的理由，要比刺激储蓄的理由更加充分，也更加有力。不过，以减税优惠和加速折旧的形式提供大量的刺激，已经深深地植根于美国的税收制度之中。真正失败的，并不是这些方面。宏观经济政策才是造成目前投资环境冷淡的根本原因，所以，改变宏观经济政策才是对症下药的疗方。

20 反对平衡预算和税收
   限制修正案*

去年8月4日由参议院提出的宪法修正案（即参议院联合决议案第58号），主要有两个目的。一个目的，迫使今后的每一届国会平衡每年的联邦预算。另一个目的，虽然同样重要，但却没有引起广泛的重视，那就是限制联邦收入和支出的增长。我们来看一看参议院第58号联合决议案中包含的有关条款。

第一，它要求国会，在每一个财政年度之前明确地选择决定，联邦收入与支出是实现平衡，还是略有节余。对此，有两条出路。只有在宣布的战争状态进入生效时期，或者，在和平时期须经国会两院全体成员的3/4以上投票赞成，才可以选择一种赤字预算。

第二，它要求总统和国会，通过立法"确保"实际支出不超过预算中的支出额。这表明，如果由于收入不足，允许出现实际的赤字。但是，该修正案的第6条，却堵死了这条出路。这一条款是两位议员阿姆斯特朗-博伦（Armstrong-Boren）在最后的一分钟加到原始的联合决议案上的。

第三，这样一来，根据参议院第58号联合决议案的第6条，公

---

* 1982年12月。税收基金会第34次全国会议，纽约市。刊载于这次会议的文件汇编：《联邦财政的两难困境：还有解决办法吗？》，1983年，第21～24页。

共债务的限额不得提高，除非国会两院的全体成员有 3/4 以上投票赞成，并且须经总统签署，方能生效。这与其他的 3/4 赞成票还不一样。由此产生的后果之一是，不管什么时候，也不论是由于支出超额，还是收入不足，只要产生了计划以外的赤字，就需要国会中有 3/4 以上的赞成票。

第四，预算收入的增长，不得快于前一个基期里"国民收入"的增长速度。这一条，即联合决议案第 2 条的最初意图是，死死盯住修正案的第二个目的，冻结联邦预算相对于整个经济的规模。在这方面，出路仍然是，在国会两院拥有 3/4 以上的赞成票。即需要得到大多数议员的赞同，并经总统签署。在参议院第 58 号联合决议案中，基期并没有固定死；这与原始提案众议院第 350 号联合决议案[1]不同。因此，比较灵活的国会还可以选择基期，从而在一定程度上放宽这一条款的严格约束。

在我看来，在目前的状况下，如果还有人认真看待这项议案，那真是不可思议的讽刺。这一任总统和本届国会，不可能实现预算平衡，甚至在长期，也不可能。该修正案的每一位创议者——总统、参议员、众议员和其他支持者——应该更具体地说明，如果这项修正案在 1984 或 1985 财政年度付诸实施，他或她到底怎样才能遵守它的规定。

---

[1] 美国国会的联合决议案分为两种，即参议院联合决议案（Senate Joint Resolution，简写为 SJ Res）和众议院联合决议案（House Joint Resolution，简写为 HJ Res）。联合决议案与普通法案没有实质上的区别，它也是由参议院或众议院提出、经另一院通过，并且一般也要由总统签署后成为法律。但联合决议案一般只用于处理有限的事项，如某种特定目标，申请单项拨款等，同时，联合决议案也用于提出宪法修正案。——译注

根据国会预算局9月份的最新资料，1984财政年度的预算支出，预计将达到8440亿美元。同期的预算收入比1983财政年度预算收入的增长幅度，不允许超过前一个基期中国民收入的增长率。作为一个具体的例子，我们按照众议院第350号联合决议案中提供的基期，来计算增长幅度的最高限度，即前一个日历年度里国民生产总值的增长率。在我们的例子中，1982年国民生产总值不超过1981年国民生产总值的4.5%（均指日历年度）。根据国会预算局9月份的计划，1983财政年度的预算收入是6330亿美元。这个数字已经是比较乐观的，不过，我们还是接受它吧。这样，按照修正案的要求，1984财政年度的预算收入，将被限制在6330亿美元的104.5%以内，也就是6610亿美元。于是，修正案就要求国会，把预算支出从目前预计的8440亿美元中，削减1830亿美元。怎样才能把预计的支出砍掉22%呢？削减哪些项目的支出？是国防开支？还是社会保险开支？

假如总统和国会中支持这项修正案的议员们准备采取这些严酷的行动，目前来说，宪法中还没有任何条款能够阻止他们这样做。当然，这对经济产生的影响将是灾难性的，使目前的萧条变成更大的萧条。

由于种种原因，在我上面假设的情形中，最有可能出现的实际结果是，将会打开不同的出路。国会两院可能以必需的3/4以上的多数票表示赞成，允许预算收入超过计算上限，允许选择一种不平衡的预算，提高公共债务的限额。必要的总统签署，主要指上述第一和第三种情形，也将勉强地签字。但是，所有这些，只有在经过了漫长的政治交锋和议会斗争以后才能实现。国会两院里的少数派都可以拖延预算，比如开会时缺席，并且，以预算和政府的正常运行为条件，要求接受他们偏爱的条款，不论这些条款是多么无关。总统也可以玩同样的把戏。

1984财政年度的例子，同样也适用于1985财政年度。它看起来可能有些极端化，但诸如此类的情况可能经常出现。每当一次经济衰退降低了联邦收入以及基期国民收入增长率的时候，就会出现这种情况。经常不断地求助于预留的出路，则无疑会否定修正案的精神实质和目的，同时，也使预算程序变得更令人讨厌，更政治化，并且比目前拖的时间更长。

采用装点门面的会计方法，可能是一种现实的诱惑。在宪法修正案中，"支出""收入"和"国民收入"等词的含义非常模糊，不论是概念上，还是统计上，都不清楚。它们都可以重新定义，更有利于人们表面上遵守修正案的规定。根据目前的预算实践，一些收入可以被看成是负的支出，预算的规模及其增长速度，取决于设下的这种圈套有多少。一些可能会增大预算的计划项目，则可以不通过税收支出来实现，比如，建立预算外的公共公司或半公共公司；委托州政府和地方政府管理某些活动（在修正案的最初建议稿中，专门有一个禁止这一出路的条款，但最后被取消了）；或者，制定规章，强迫私人行动和私人支出。为了把政府的表面规模保持在限定的范围内，国会可能试图利用军事人员，而不是向志愿人员支付市场工资。

词义的含混不清，也打开了争议的大门。纳税的公民们可能声称，向他们强制征收的一些税收没有宪法基础，或者，联邦支出应该冻结，因为联邦支出超过了宪法规定的限额，或者，总统和国会没有很好地履行职责,即没有"确保"实际支出不超过预算的支出。

我觉得,我前面计算的1984财政年度的预算,可能把宪法修正案的一些倡导者的动机戏剧化了。他们的目的是,把1981年的减税固定下来,或者是把1982年收入增长之后留下的结果固定化,迫使未来的国会,不仅削减相机决定的社会计划和福利项目,而且削减退休金支出以及医疗补贴、失业保险金等。不过,即使宪法修正案生效实施几个财政年度以后,这也仍然只是直接转移问题。顺便指出,请读者注意,修正案禁止在社会保障系统出现财政困难的时候,采取征税的解决办法,不论是提高人头税,还是把上述社会支出和福利支出的一半作为应税个人收入。我和其他许多经济学家都偏爱后一种办法。这些办法的实施,可能不利于修正案中对财政收入增长水平的限制。

我反对这个修正案,不过,我不想把反对的理由立足于,写进宪法的条款是虚伪的和无效的,这些条款的目的,将会由于经常地利用3/4赞成票的出路,或者是灵活巧妙的预算和会计方法,而趋于被否定。我认为,如果修正案的目的得以完全实现,而且,没有出路或规避方法可以利用,那才会出现最糟糕的后果。下面,我来作出解释。

首先,我想清楚地说明,虽然我相信,并且还要继续争辩,在某些情况下,联邦赤字从经济上看是有道理的;但是,我也认为,在许多情况下,在许多财政年度里,预算实现平衡或者有盈余,正是适当的政策带来的结果。直到前不久,联邦债务相对于国民生产总值的比例,一直在不断下降,甚至从第二次世界大战以来,都在下降。由于经济衰退、高利率,1981年的减税和国防支出的急剧上涨，现在看来，我相信，联邦债务占国民生产总值的比例会稳定下来，或出现下降趋势。不过，针对现行的货币政策和财政政策的这些个人观点，不是今天的主题。

像反对修正案的其他人一样，我常常遭人质问，在财力方面，其他的经济行为者，居民、厂商、州政府和地方政府等，必须遵守一些生存的要求，那么，联邦政府为什么不应该服从同样的要求呢？对此，最初的回答是，宪法对联邦政府的约束，要比其他大部分经济行为者受到的限制，更加严格得多。一方面，其他行为者增加他们的收入，一般来说，不存在法律的限制。另一方面，更重要的是，人们一般不一定必须使每一年的支出，都限定在当年收入水平之内。如果宪法的要求也适用于居民，那么，在每一年里，每个家庭都不允许使支出超过当年的收入，不允许靠借债来购买一幢房屋、一辆汽车或者是大学教育。每个企业也不允许出售证券，不允许在工厂和设备上的投资超过未分配的盈余。州政府和地方政府也不得不利用现期税收收入，来筹集资本和用于现期支出。很明显，在这一点上，存在着广泛的语义上的误解。

然而，这还不是关键之处。中央政府确实不同于其他的经济行为者。它被赋予最终的征税权力和货币权力，并对整个社会承担责任。它的眼界跨越不同代人。它能够也应该使它的财政和金融政策，致力于满足国家和整个经济的需要。

把联邦赤字看成是违反宪法的，将会增加经济的不稳定性。它将迫使政府在不适当的时候削减支出，或者增加税收，1984财政年度就是一个例子。这些行动则促使经济衰退变得更糟。从总体上来看，联邦预算在过去35年里，已经产生了一种稳定的影响，尽管它并非总是如此。联邦支出相当稳定,针对经济周期发生了适度的逆向变动。税收收入则具有反周期的敏感性,在经济衰弱的时候,它维持私人支出;在经济繁荣时,则限制私人支出。这些稳定化特征都是自动的,已经建立在预算和税收制度的结构中。除此以外,为了对付经济衰退和通货膨胀,各级政府的预算和税收计划,都发生了相应的变化。在这两种方式中,为什么目前的经济周期远不像第二次世界大战以前那么严重,预算就是一个主要原因。所以,抛弃这个必不可少的平衡车轮,无疑是愚蠢的、轻率的。

显而易见,许多人恰好还没有认识到,预算结果对于经济的运行状态是多么敏感。失业率是一个周期性的指标,失业率每增加1个百分点,按照1983财政年度来计算,将会使赤字增加250亿～300亿美元,大约占国民生产总值的0.75%。赤字的后果,以及目前引起了惊恐的赤字计划,在很大程度上,正是经济成就不佳造成的,计划的和实际的经济成就都比较差,迫使国会削减支出或者增加税收,以抵消周期性的赤字,将会促使经济进一步萧条。赤字在吸收储蓄方面发挥了有益的作用,否则的话,储蓄将被浪费在失业、过剩的生产能力以及较低的生产量中。赤字的周期敏感性,不仅来自于税收收入方面,而且来自于支出方面,其中,主要是失业补偿和福利支出。无论如何,即使经济遇到了麻烦,该修正案也要求总统和国会,必须把支出限定在预算支出的范围内。

联邦借债"挤出"了私人投资,在经济繁荣时期,这是一种合理的关系,为什么这时期预算应该实现平衡或有结余,它也是一个很好的理由。预算具有的自然的周期敏感性,正是朝这个方向发挥作用。适时地增加税收,不论是自动的还是相机决定的,都有利于反通货膨胀,避免"挤出",但实际上,修正案却禁止这样做。

没有财政结构和财政政策对经济稳定化的作用,经济稳定的全部重任就落在联邦储备系统的货币政策上了。很难保证,联邦储备委员会将会,或者,甚至能够消除来自于私人部门或外国的不稳定冲击,修正案中要求做出的不稳定的财政反应,又加剧了经济的不稳定性。可以肯定的是,利率的变化要比以前,至少比1979年以前,更加反复无常。考虑到最近以来利率的无常变化对经济,以及对联邦预算产生的影响,我很有些怀疑,这项修正案产生的后果会是健康的?

这项提案的基础,是对过去10年来我国经济取得的令人失望的成就进行的一项没有充分事实根据的和值得怀疑的诊断。正是日益增长的联邦支出、税收、赤字和债务,应该对滞胀负责。我们过去的财政政策肯定并不总是最好的,但是,上述诊断则是对事实情况的一种严重的和简单化的误解。

无论是我们过去几十年的历史,还是国际上可以比较的经验,都不会支持这种诊断。在70年代里,经济的运行确实没有取得像以前的25年那么大的成功,但是,早期的成功,从高增长趋势和适度的周期性波动两方面来看,都是一个史无前例的和举世传奇的史话。相对于历史上任何跨度相近的一段时期而言,战后时期都非常突出,即使扩展到整个70年代,也还是这样。在70年代里,政府所做的大部分事情,仍是战后的实践和趋势的延续,而且,保守主义者在过去20年、30年、40年、50年里,一直都在指责。这些政策显然是成功的,最坏的评价也是无害的,但是,为什么它们突然失效了,并且损害了美国经济?显而易见,还存在着其他原因,特别是史无前例的供给和价格冲击，即 1973～1974 年和 1979 年石油输出国组织的打击。

问题也还存在着另一面。在第二次世界大战以前，联邦政府的规模很小，支出很少，征税也很少，一般都可以保持预算收支平衡。政府也不考虑私人经营和筹资，没有试图制服经济周期，对于老年人、病人和穷人，也没有承担任何责任。整个经济也是相当不稳定的，即使在经济大萧条以前。

从国际角度来看，在发达的民主资本主义国家里，美国是政府最小的国家之一。与西欧的民主国家（包括联邦德国，它经常被当成资本主义进步和稳定的一个榜样）相比较，美国的政府部门还是比较小的——尽管我们承担的军事防卫责任要大得多。美国也是一个福利较小的国家。而且，我们的公共部门也不像其他发达国家增长得那么迅速，包括日本。有的外国人看到关于我国政府的规模和增长速度的统计数字以后，他们认为，作为修正案的基本依据的论点，对于美国来说，是十分可笑的。

我们的联邦政府，难道是一个贪吃的庞然大物？对国家的资源有非常贪婪的食欲。难道历史的记录，就是一种花费连着花费、征税接着征税、借债跟着借债的状况？统计资料并没有支持这种描述。毫无疑问，政府目前比 1940 年以前，显然是经济中的一个更重要的因素。国防支出是联邦的一个大项目，它的变化范围很大，在 50 年代占国民生产总值的 11%，在和平时期，这是个很高的比例。前些年里，国防支出只占国民生产总值的 5.5%，目前，按照里根总统的计划，这个比例将提高到 8%。这大概是联邦政府购买商品、服务和劳动力的唯一目的。自从第二次世界大战以来，政府的民用购买量开始增加，不过，增长的主要是州政府和地方政府的购买——学校、道路、街道、下水道、公园等，同时也得到联邦政府的一些援助。总起来看，大约有20%的国民生产总值被用于政府购买、集体消费或公共投资。大约25年以来，这个比例一直相当稳定。

在同一时期里，政府支出总额从大约占国民生产总值的1/4增长到1/3左右。税收收入总额也以相同的数量增长。增长的部分主要是转移支付。但是，我们没有分析上的正当理由，要求通过计算出包括转移支付或者为其提供资金的税收收入在内的政府支出占国民生产总值的比例，来表明政府的规模及其增长速度。这样一种比例的分子和分母是不可比的，就像苹果与橘子一样。国民生产总值是商品和服务的总量，转移支付并没有吸收商品和服务供政府而不是私人利用。转移只是把商品和服务从某些私人或者非联邦代理机构那里，重新分配到其他私人和代理机构手中。税收转移过程并没有吸收实际资源，因为征税并进行转移的方式，只是扭曲了刺激，造成了无效率。但是，这些无谓损失（deadweight losses）不是转移数量的100%，它们其实要小得多。再分配是一个传统的政治问题，可是，政府的收入或支出（包括转移支付）占国民生产总值的比例，却不是对此进行分析或辩论的正确方法。重要的是，用宪法修正案来冻结这个比例，更不是解决问题的办法。

自从60年代中期以来，由于社会保险费用的增加，联邦支出相对于国民生产总值的比例上升了3个百分点，这其中主要是因为，在1966年，联邦政府和州政府的健康保险计划开始实施了，即国家对低收入家庭的医疗补助制度和对老年及残疾人的医疗补助制度。不论在什么地方，不论医疗服务是由私人付费还是公家支付的，健康支出变成了国家支出中的一个比较大的份额。在转移支付的增长部分，传统意义上的"福利"（有时是贬义的）所占的比例极小，其余绝大部分都属于庞大的中产阶级的利益。可以肯定地说，我们的社会保险体系确实存在着严重的财务问题，但是，没有修正案，我们也能解决这个问题；有了修正案，对于解决问题也不会有多大帮助。

赤字和债务？我在前面已经说过，或许会令一些读者大吃一惊的是，直到70年代中期，美国的联邦债务占国民生产总值的比例一直在不断下降，具体来说，债务占国民生产总值的比例从100%以上，降低到25%，只是占国民生产总值的1/4。从那以后，这个比例一直都相当稳定，虽然近年来有所上升，到这个财政年度结束时，将上升到大约30%。美国的赤字占国民生产总值的比例，比其他主要国家，包括德国和日本，都要低得多。总起来说，国际比较的结果显示出，赤字与通货膨胀之间，或者赤字与经济增长之间，并没有直接的相关关系。

我在本文的开头就强调修正案的税收限制条款。设计这些条款的目的是，冻结预算相对于整个经济的规模。在政治经济学里，没有任何正当的理由要求，不管什么时候都冻结这个典型统计量，而根本不考虑政府支出的性质和成本，不考虑经济环境，或者州和地方政府的活动，也不考虑众所周知的国家的优先重点。例如，目前，总统和国会都赞同，和平时期的国防支出应该暂时地比国民生产总值增长得快一些。没有任何经济学原理或者公平原则表明，迫切需要的资源必须从其他联邦项目上，或者从社会保障和其他转移支付的受益人那里，而不是从纳税人的个人消费中，转向国防事业。

在一个民主社会中，我们选举出代表，正是要让他们针对这种有关优先重点和负担分配的问题做出国家的决策。

为我们的国家制定了宪法的那些伟大而富有智慧的人们，也是这么认为的。他们设计出一种权利和程序的基本框架，这个框架已经经受了历史的考验。他们小心谨慎地拒绝进行实体立法。他们并没有在不可预见的情况下，过早地对后代人的选择做出判断。他们写出了一部优美而且简明的宪章，没有被烦琐小事搞得混乱不堪，肯定也没有被经济学和簿记的束缚所拖累。我不相信，这项修正案的倡导者们会比他们更有智慧。

21 一位学究式作家的批评
——评《赤字中的民主》[*]

辩论家们一般都更乐于写作和阅读,而不太喜欢分析。布坎南-瓦格纳(Buchanam-Wagner)从理论和实践两个方面,对凯恩斯主义经济学展开的抨击,将被列入许多阅读书目的目录中。有时候,辩论式争论更加突出并阐明了问题,但是,他们两人的争论,似乎不可能属于这种情况。他们把自己的满腔义愤,都抛向了自己的同事们,甚至达到了令人无法容忍的极端:他们说,凯恩斯主义经济学是不民主的和精英治国论的,而且,最终造成了"美国版的'国家资本主义'"(见《赤字中的民主》,第73页)。1964年的减税,一直是凯恩斯主义经济学的实际运用中引以自豪的事例,但布坎南-瓦格纳却认为,它导致了"伟大社会——60年代后期越南战争支出的膨胀"(第35页)。因此,就像左派的琼·罗宾逊一样,布坎南-瓦格纳指责美国的凯恩斯主义要对越南战争负责。他们还指责民主党的繁荣岁月的经济学,应该对尼克松-福特当政时期的种种灾难负责,包括通货膨胀、经济衰退、政府膨胀、投资不足、工资

---

[*] 1978年,詹姆斯·M. 布坎南(James M. Buchanan)和理查德·E. 瓦格纳(Richard E. Wagner)的著作:《赤字中的民主:凯恩斯爵士的政治遗产》研讨会。这篇书评载于《货币经济学杂志》,1978年第4期。第617～625页。

和物价管制、美元贬值、预算赤字,等等。"难道我们能够宽恕那些学究式拙劣作家们应当承担的罪责吗?"(第35页)。

他们所指的拙劣作家大都没有直接点名、引用或者举例,不过,无论如何,位置肯定是给他们留下的。除了凯恩斯本人以外,阿巴·勒纳承担"功能财政"的罪责,攻击的主要目标是美国的凯恩斯主义者,他们在1961年把"新经济学"带入了华盛顿,根据布坎南-瓦格纳的观点,他们还摧毁了政治家们的禁锢,即不允许赤字开支,因而,也打开了永久灾难的防洪闸门。现在看来,由赫勒-戈登-托宾(Heller-Cordon-Tobin)三人组成的总统经济顾问委员会组织起草,在索洛、奥肯(Okan)、舒尔茨、萨缪尔森、佩奇曼(Pechman)和其他工作人员、顾问们的协助下形成的《1962年总统经济报告》,肯定是对布坎南-瓦格纳所攻击的经济学家们的教条进行的一次最完全、最权威的表述。但在布坎南和瓦格纳的著作中,却只引用了一次[①]。被布坎南-瓦格纳引以为凯恩斯主义特征的那些见解,在这份总统经济报告中却很少见到,而且,在许多问题上,该报告的观点正好相反。

现在,我还是来说说我自己。我首先必须指出,作为肯尼迪总统经济顾问委员会的成员之一,我肯定是布坎南-瓦格纳所攻击的"凯恩斯主义者"之一,他们在书中顺便也提到了我(第80页和84页),肯定包含着这种想法。或许,这也正是会议主持者邀请我参加这次研讨会的原因。毫无疑问,我从凯恩斯那里,也从其他一些

[①] 这是在一个偏离主题的问题上引用的,涉及4%的失业率目标和"奥肯定理"。见布坎南-瓦格纳的上引书,第162页。

伟大的经济学家们那里，受到了很多启发。我已经写过一些文章批评凯恩斯的观点，在某些方面，已经显著地修改了《就业、利息和货币通论》中的宏观经济学。当然，在分析、经验调查和提出政策建议等方面，我也犯过一些错误，并愿意承担责任。我的许多观点，常常与朋友和同事们的看法不一致，包括布坎南和瓦格纳攻击的那些伙伴们。我认为，我不过是一位经济学家，像布坎南和瓦格纳在他们更加清醒的时候一样，一直都在努力地了解，经济是怎样运行的，或者，怎样才能使它运行得更好一点。争论和合理的辩论是这个过程的一部分，但是，贴上"学派"的标签则不是。布坎南和瓦格纳的著作是一种象征，它表明，最近这些年来，经济学领域里越来越教条化，而且，意识形态也日益极端化。

除了其他方面以外，布坎南和瓦格纳把下列观点归之于"凯恩斯主义者"：债务筹资把政府支出的负担从一代人转移给后代人的不可能性；充分就业的预算平衡的最优性；降低税收将会降低赤字的可能性；加尔布雷思主义者的观点，即公共部门系统的、长期的营养不良；货币性与非货币性赤字筹资的无差别性；没有适当地考虑到高就业和高增长的通货膨胀危险。显然，我并没有赞成这些观点，1962年《总统经济报告》的作者们也不拥有这些看法。

"智慧上已经犯下了巨大的错误。必须对此承担重大责任的学究式拙劣作家，正是凯恩斯爵士本人，他的思想被权威的美国经济学不加批判地接受了"（第4页）。这完全是无稽之谈。如果具有正常智力水平的成年人，在60年代里出现了分析和政策上的错误，如果他们怀疑自己对1936年那本著作的内容和相关性做出的批评性判断，这绝不是那本书的作者的责任，何况，他早在1946年就已经逝去了。同样，赫勒和他在60年代的同事们，也不用对其他人的观点负责。布坎南和瓦格纳给这些人贴上了"凯恩斯主义者"的标签，当然，这些人肯定不包括延揽凯恩斯的英国财政部长休·道尔顿（Hugh Dalton）（第9页），甚至不包括阿巴·勒纳或者凯恩斯本人。

智慧上的巨大错误？布坎南和瓦格纳的著作非常积极地宣称这一点，并表示痛惜，但是，却很少提出站得住脚的理论或经验论据。在当今的宏观经济学讨论中处于中心地位的一些主要问题，他们却几乎没有论述。[①] 这些问题，大部分也是凯恩斯与他的正统派对手们辩论的主题。其中包括：经济最好理解成一种移动的均衡，劳动力市场和产品市场都持续不断地结清，或者，经济服从一种长期的不均衡，过量的供给或需求只能通过工资和价格调整而逐步地消除？针对外在冲击，经济是否具有内在稳定性，不需要政策的帮助就可以进行迅捷的调整？政策对经济状况的反应是不稳定的？一旦理解了就无用了？政策是通货膨胀性的？菲利普斯曲线对于货币或财政刺激实质上是垂直的，不管在实施刺激的时候失业率是多高？从经验方面来看，怎样解释自第二次世界大战以来美国和世界经济成就的普遍改善呢？70年代里放弃了在货币和财政政策方面的"微调"，是否带来了更好的和更稳定的经济结果？布坎南和瓦格纳对于这些基本的问题，都没有进行认真的讨论。

他们的主要分析抱怨的是公债无负担的"凯恩斯主义"理论。

---

① 对这个问题的概述，请看我的另一篇论文："凯恩斯是怎样死的？"，载《经济探索》，1977年10月，第459～468页。

根据布坎南和瓦格纳的观点,学究式的拙劣作家们自己确信,并且也说服了政治家们相信,承担利息的公债既不会增加当代人的负担,也不会造成后代人的负担。对于当代美国经济学家们来说,负担实际上是虚假的,这些经济学家在60年代里产生的有害影响,正是他们这本著作的主题。①

正如布坎南和瓦格纳指出的,这些经济学家们大部分都属于萨缪尔森所说的一种"新古典综合派"。他们关于公共债务的教条是什么?也可以肯定,它区分了国内债务与国外债务。也可以肯定,它不是李嘉图主义者的观点在理性预期的旗帜下又卷土重来,认为借债筹资和征税筹资,本质上是一样的,因为理性的纳税人的行为,不会由于推迟了他们的税收而改变。布坎南和瓦格纳也反对这种观点,但他们的依据是,赤字筹资既是无效的,也是有害的。我认为,标准的美国凯恩斯主义教条是,整个经济范围内给后代人的负担,如果有的话,其衡量的尺度将是遗留给他们的物质资本和人力资本存量的下降。在未来的纳税义务上,政府的义务与个人义务,在流动性、不确定性、公民之间的分配等方面存在着差别。而且,

---

① 布坎南和瓦格纳在书中把休·道尔顿和阿巴·勒纳,作为凯恩斯主义公共债务理论的代表性人物。他们在第33页的脚注⑪中指出,针对公共债务理论展开的激烈争论,发生在50年代后期和60年代初期,而且是由布坎南的著作《公共债务的公共原则》引起的。他们引用了詹姆斯·M.弗格森编辑的《公共债务和后代人》一书,北卡罗来纳大学出版社1964年版。这本书里包含了许多凯恩斯主义者的文章,他们并不赞成道尔顿或者早期的勒纳,例如,莫迪利亚尼(Modigliani)、马斯格雷夫(Musgrave)、米香(Mishan)等人的文章。在一篇评论弗格森(Ferguson)著作的书评文章里(该文载《财政杂志》,1965年12月,第679～682页),我转引了这些凯恩斯主义者的"资本存量"方法,在本文下面一段中将予以概述。布坎南和瓦格纳可能还不知道,他们正在攻击的,不过是一个稻草人。

税收也不是一次性征收的,个人未来的纳税义务,部分地取决于他自己的行为。由于这些原因,公共债务吸收了一些储蓄,在长期,这些储蓄本来可能变成生产性资本。基于同样的原因,在短期的就业不足的环境中,赤字也能吸收一些储蓄,否则这部分储蓄就会消失在更低的收入和更低的就业量中。

这种教条显然不是他们所说的"否认债务筹资实现了不同时期的转移",或者认为"累积的财政挥霍机会的存在……是不可能的,(因为)对未来的纳税人,不一定必然存在着不利的后果"(第19页)。布坎南和瓦格纳说兜售借债筹资无支出负担的神话,是实现卡米洛特之梦(第34～35页)的"必要的第一步"(第19页),他们恰好错了。我想再一次请布坎南和瓦格纳,还有他们的读者们去读一下1962年的《总统经济报告》。在这份报告中,他们会看到,不论在充分就业,还是在利用率不足的时候,报告的作者们都花费了相当大的注意力,从政府购买、私人消费和私人投资之中做出选择。他们还会看到,作者们对于这样一类政策和政策组合——它们旨在通过资本形成,给后代人带来利益——赋予了很高的优先权,不管资本形成是私人的,还是公共的。他们甚至还会看到,报告中关于机会成本的概念,竟然与布坎南和瓦格纳的观点类似的。[1]

---

[1] 关于这些财政问题,特别请参看布坎南和瓦格纳的著作第81页,第85～86页,第130～131页,第138～139页,第142～143页。我在1960年写的一篇文章"通过征税实现增长"中,曾经提出建议,把高就业的预算盈余作为一种手段,用于产生额外的储蓄,以促进私人资本形成和经济增长(该文载《新共和》杂志,1960年7月)。既然人们的记忆是短暂的,或许应当提醒一下读者,投资税收优惠就是在肯尼迪政府的建议下,于1962年付诸实施的。

这本书中另一个主要的分析论点,就像公共债务的讨论一样,也是作者原有著作的衍生物。这一点涉及公共选择。布坎南和瓦格纳坚持认为,赤字筹资低估了政府计划项目的价格,因而,会诱使社会公众和政治家们过量地"购买"政府项目(第104页,第141～144页)①。只有当政府项目的边际税收成本正好等于,并且可以察觉到等于平均税收成本的时候,上述观点才能站得住脚。根据对总统和立法者的态度做出的经验判断,这个条件是不可能的。平衡预算的规矩,仍然比布坎南和瓦格纳所认为的要严得多。在出现赤字的时候,新的开支提案在行政管理和预算局,在白宫,在国会两院,都会遇到顽强的抵制,即使赤字反映的只是周期性的经济衰退的结果,而高就业的预算仍有盈余,也是这样。在另一方面,当预算平衡,或者预算有实际盈余或预期盈余的时候,开支提案的审查筛选,就不那么严格。这种模型是布坎南和瓦格纳反对的,它也是保守主义者们常用的论据,他们赞成在任何时候提出的减税,赞成实行指数化和其他改革,否认政府的收入从通货膨胀和经济增长中自动地有所增长。

应该指出,新的国会预算程序要求国会确定一个总体预算,包括一个计划的赤字或盈余。一旦确定了总预算,新提出的开支和税收提案,对赤字产生的影响必须是中性的。因此,不管计划的预算是平衡的,还是有赤字,一项新增加项目的可察觉的边际成本,都是一样的。其实,按照这个程序,在萧条的经济中,边际成本实际

---

① 而且还有:"在1964年减税以后,公共品和服务的'价格'似乎下降了。但是,难道我们没有预见到人们愿意'购买'更多商品的内在动因吗?难道我们没有预见到60年代后期出现的伟大社会——越南战争的开支大爆炸吗?"(第50页)

上比在充分就业的经济中更高,因为当经济萧条时,税基会降低,要征收 1 美元的收入,就必须采用更高的税率。

在过去 10 年里,社会保险支出(包括令人惊奇的失业补偿)已经增加了 1000 亿美元以上。它们在布坎南和瓦格纳所痛惜的联邦支出"大爆炸"中,大约占 42%。社会保障税和分摊额已经增加了 750 亿美元,由于经济衰退,它们要低于票面额,而且,新增的相当大一部分被用于保证储备基金有盈余。国会感到了强大的压力,要求使社会保障预算在保险统计上是平衡的。如果保险赔偿费增长得太快了,那不会是因为国会自欺欺人,或者公众认识到了税收成本。

虽然布坎南和瓦格纳认为,凯恩斯主义理论是错误的经济学,但是,他们的批评却主要指向凯恩斯主义理论的政治含义及其后果。他们的著作选择的副标题就是:"凯恩斯爵士的政治遗产"。他们指出,直到 1960 年为止,平衡预算的准则一直把联邦支出和赤字保持在可以控制的水平上。赤字的禁忌是唯一的财政原则。即使这条禁忌在各种不同的经济环境中不一定都是合理的,经济学家们也不应该把这个危险的信息告诉政治家们,因为政治家们拥有充分的动机,去错误地理解和运用这个信息。

因而,布坎南和瓦格纳在这里又提出了一个很有趣的问题:在一个民主国家里,谁是经济学家们的听众?布坎南和瓦格纳似乎认为,理性的政策建议,只能提供给精英人物以及权威主义的政府,他们以为,我对民主政治学一无所知。我认为,我们的听众就是社会大众,以及在国会、白宫、联邦储备系统和其他机构中的公务人员。我们的责任是,尽我们的最大所能,尽可能精确地描述经济的结构，各项政策就是在这个结构内发挥作用的；描述不同的行动路线对于整个国家及其选民们会产生什么后果，并且客观地指出我们考虑到的不确定性范围。我们没有责任，也没有权利仅仅因为我们认为有些事情不应该告诉社会大众和他们的代表，就故意隐瞒我们所知道的信息。难道布坎南和瓦格纳打算审查各种专业报刊和大众传播媒介，让它们都不要把具有潜在危险的信息和思想，告诉投票人、政治家和决策者吗？

在提供政策建议的经济分析中，把决策看成是外生的，是比较适宜的。作为实证的社会科学家，我们也热切渴望一种纯粹描述性的政治经济学，在其中，政治家们是内生因素，他们的决策则有待解释。布坎南、瓦格纳和他们的同事们，为了完成这个任务做出了很大的贡献。但是，一个封闭的模型，作为一种政策指南，并没有多大的作用。告诉投票人、国会议员们或者总统说，"不要这样做，因为我们的实证性模型说，你不会这样做，而且随后你会那样做"，这确实没有什么道理。

现在，我们转向作者的主要指责，那就是，在1961年的伊甸园里，沃尔特·赫勒就是阴险狡猾的蛇，他诱使无辜的人偷吃了财政知识中的禁果——这正是后来发生的各种错误和灾难的根源所在。

1961～1965年期间的经济复苏，得到了1962年和1964～1965年的两次减税的支持，加之采取了支持性货币政策，结果，把失业率降低到肯尼迪政府制定的目标，即4%，同时却没有出现通货膨胀。布坎南和瓦格纳并没有对这段历史记录提出质疑。不过，他们坚决主张，1966～1969年的过度需求型通货膨胀，正是其不可避免的政治、经济和智力的后果。

21 一位学究式作家的批评

他们知道,约翰逊总统的经济顾问们极力劝告总统在1966年1月增加税收。他们说,经济学家们从一开始就应该认识到,政治家们只会在一个方向上秉承凯恩斯主义的财政观念。难道内科医生永远都不要建议人们吃阿司匹林——在任何情况下,甚至没有处方都可以得到这种药——因为有些父母可能会对自己和他们的孩子们用药过量?

约翰逊总统使越南战争迅速升级,不论从哪个角度来看,都肯定是一场灾难。他决定不求助于增加税收为战争筹集资金,则是一个重大的经济失误。难道凯恩斯主义经济学应当受到指责吗?难道肯尼迪总统和约翰逊总统的经济顾问们也应当负责任吗?他们甚至在预测到军费激增的速度和程度之前,就提出了增加税收的建议。难道他们以前向总统灌输凯恩斯主义财政教条,都做得太好了?总统的头脑里还有许多非经济的考虑因素:新军备订购的全部景象,只是逐渐显露出来的;总统还要保护他的国内项目不被国会两院砍下去。假如总统从未遇到过赫勒、阿克利(Ackley)和奥肯的话,难道他就不知道用赤字筹资取代更高的税收?直到1936年,或者说到1961年的整个历史过程中,战争都是靠借债或印制货币来筹集资金的。难道这说明凯恩斯主义派的经济顾问们,总是让政治家们沉湎于通货膨胀筹资?亨利·杜鲁门总统听从了他的顾问经济学家们的建议——这些顾问就像约翰逊总统的经济顾问们一样,也是凯恩斯主义者,他勇敢并且成功地坚持,要靠税收来为朝鲜战争筹集资金。难道布坎南和瓦格纳提出的宪法修正建议要求每年度的预算平衡,就能够阻止越南战争的灾难或者财政错误?很可能,它将会促使总统在战争升级的早期阶段,更加坦率地与公众和国会打交道。但是,一届国会既然能投票赞成东京湾决议(Tonkin Gulf resolution),*它同样也会宣布一次全国紧急状态,以逃避财政约束。更为恰当的处方已经部分地、有些迟缓地被国会接受了,那就是,严格执行现有的宣布战争的宪法条款。

不论是政府内部,还是政府以外的经济学家,不论是凯恩斯主义者,还是非凯恩斯主义者,都反对约翰逊总统对战争进行赤字筹资,然而,却很少有人——如果说有的话——能够预见到越南战争的通货膨胀的持久性和剧烈程度。布坎南和瓦格纳错误地认为,由于采取了审慎的宏观经济政策,促使整个经济把菲利普斯曲线推上3%的失业率水平。不过,作为约翰逊总统为战争筹资的副产品,经济确实达到了这个水平。高生产和低失业率都带来了预期的好处,特别是,对于穷人和社会地位低下的人,更有好处。但是,面临的通货膨胀交替却比预期的情况更糟糕。单就我个人来说,在那时和现在,我都是局外人,我认为,对于通货膨胀交替,我可能是过分乐观了,而对于加速论者的警告,却抱有太多的疑问。

然而,我们不可夸大其词。在1969～1970年期间,行政当局、总统经济顾问以及联邦储备委员会主席都换了人。但价格膨胀率达到每年5%,工资膨胀率达到6.6%。随后的历史在货币主义者和其他反凯恩斯主义者之中产生的挫折和智慧上的谦卑,至少会像布坎南和瓦格纳所称的凯恩斯主义目标一样多。当过量的需求压力消失之后,紧接着就是1970～1971年故意造成的经济衰退,结

---

* 1964年8月5日,应约翰逊总统要求,美国国会通过该决议,授权总统采取一切必要措施阻止进一步的侵略。该决议为美国全面卷入越南战争铺平了道路,也使美国在越战中越陷越深。——译注

果是通货膨胀迅速加速。在1973～1974年，通货膨胀发展到一种与财政刺激和货币刺激不相称的程度。到1975年，石油输出国组织和商品短缺的冲击被吸收之后，通货膨胀减轻了，但在三年的缓慢复苏期间，它仍然顽固地对劳动力市场和产品市场的萧条反应迟钝。

布坎南和瓦格纳对于1960年以来政府支出的增长以及几乎从未间断的联邦预算赤字，感到非常吃惊。他们指责60年代的"新经济学"应该对这段历史承担责任。他们说，政府支出占国民收入的百分比从1960年的32.8%，上升到1975年的43.5%，而且，政府支出的增长部分几乎"吸收了"国民收入新增部分的一半（第17页）。他们抱怨说，1961～1976年，累积的赤字已经超过2300亿美元。对这些数字，有必要进行认真的分析。

1. 政府支出既包括商品和服务的购买，也包括转移支付。只有"购买"才使用资源，并且"吸收"国民收入。进一步看，购买是按照市场价格进行的，而国民收入是按生产要素价格计算的，两者不应该直接相比较。1960年各级政府的总购买量占国民生产总值的19.8%，到1975年提高到22.4%。但是，1975年的数字，显然由于那一年的深度经济衰退而夸大了。如果按照实现充分就业的国民生产总值来计算，1960年的比例是18.9%，1975年是20.2%，这里，充分就业的国民生产总值，是由福特总统的经济顾问委员会估算的。即使是后面两个较低的比例数字，也包含了政府购买的相对价格日益提高的因素，考虑到这个因素，它们会更低。按照1972年的美元价值计算，政府支出所占的份额就从 22.4% 下降到 19.8%。在 1960 年，州政府和地方政府的支出占全部政府支出的 46%，但到 1975 年已上升到 63%。当然，联邦政府向州政府和地方政府的转移支付，也应占其中的一部分。在 1965～1976 年期间，政府购买量"吸收了"同期新增国民生产总值的 21%。

2. 在 1960～1975 年期间，其他转移支付（除了政府之间的转移支付以外）的实际数量增加了两倍，同期充分就业的国民生产总值增长了 70%。在同一时期，转移支付占个人收入的比例从 6.8% 上升到 13.5%，其中，实际增长的部分中，有 3/4 发生在 1969 年以后。为实现这种再分配所需要的现行税收或未来税收，会给经济带来一些扭曲和效率损失，但是，这种负担肯定比转移支付的总量要小得多。

3. 1961～1976 年的累计联邦赤字额是 2380 亿美元，其中，只有 574 亿美元发生在 1970 年以前，大部分都发生在前面讨论的越南战争时期。其中有将近一半，具体说是 1116 亿美元，发生在最后两个财政年度，这主要是严重的经济衰退的结果。有些赤字是由于审慎地增加支出和削减税收造成的，有些赤字是由于征集税收的周期性变化以及立法授权的支出造成的。布坎南和瓦格纳却没有区分这两类赤字。1961～1976 年期间，累积的充分就业赤字（即失业率为 5% 时的赤字）是 916 亿美元。在 1975 和 1976 两个财政年度里，充分就业赤字为 267 亿美元。

从这些考察来看，靠债务筹集经费的公共部门的扩张，似乎远不像布坎南和瓦格纳所宣扬的那样令人惊恐。而且，导致他们撰写这本书的导火索，是1975和1976两个财政年度的赤字，造成这些赤字的主要原因，正是1974～1975年的深度经济衰退，而经济衰退，又是由于石油输出国组织的冲击与阿瑟·伯恩斯的货币政策的非线性组合造成的，肯定与沃尔特·赫勒等人在60年代初期所说的话和所做的事，没有什么关系。

布坎南和瓦格纳之所以反对赤字，主要是因为，赤字既是政府膨胀的原因，又是它的病症。他们还有其他的理由。其中之一，当然是债务筹资的通货膨胀效应。这个理由，对1966～1969年的情形很有道理，对1973年的情形也有些道理，对1974～1976年的情形，却没有什么道理。布坎南和瓦格纳对货币主义抱有一种矛盾心理。他们喜欢货币主义者的反干预主义者立场，但他们却又不喜欢货币主义的结论：赤字不具有通货膨胀性，除非赤字被货币化了。他们争辩说，当赤字比较大的时候，政治压力就会迫使联邦储备系统，把更多的公共债务货币化。为了支持这个理论，他们提供了一个统计表（第115页），但这个表并没有多大的说服力。它更像"随风倒"，一个适当的反周期性货币政策，使货币增长与赤字的相互关系比较松弛、非因果性的。无论如何，这种弗里德曼式的主张与作者的警告并不一致，他们警告说，赤字提高了利率，从而"挤出"了私人投资。如果联邦储备委员会像布坎南和瓦格纳所主张的那样采取行动，那么，投资就不会被政府债券置换出来。

像他们这样来考察"赤字中的民主"，得出的最后结果是，提出两项宪法修正案。第一项是要求在计划的联邦预算中每年——为什么不是每季度、每个月或者每天呢？——都达到收支平衡。"一旦证明计划有错误,并且预算赤字超过了特定的限度,在这种情况下,应当在三个月以内自动地向下调整联邦支出,以恢复预定的预算平衡"(第180页)。在五年的转型期内,同一项法令还强制要求每年削减赤字20%。转型期间和永久性条款的唯一出路是,宣布全国处于紧急状态,时间为一年,需要参众两院各2/3以上多数票通过,并且经过总统签署,方为有效。第二项修正案将把货币基础的增长,限制在"一个大体上等于国民经济实际产出的增长率的速度上"(第182页)。

但是,在用词上倒是留下了不少漏洞。支出怎样才能"自动地"向下调整呢?调整哪一项支出?是社会保障支出?还是联邦的工资和薪金支出?或者是军事采购合同上的支出?谁来决定,怎样决定呢?货币基础是("大体上")随着现实产出还是潜在产出而增长呢?如此等等,疑问丛生。在这些建议案准备好并且提交给国会和国务院之前,还需要在经济的和法律的制图板上多待几天,或者是几年。

他们的主要目的是想宣布,相机抉择的宏观经济政策是违法的,包括财政政策和货币政策。要求每年预算平衡,则起到了重大的作用。它把内在稳定器赶出了财政制度。例如,1974～1975年的经济衰退,导致1975财政年度的赤字突然增加了240亿美元。布坎南和瓦格纳的宪法修正案强制要求,在1975年的第三季度或者第四季度,把联邦支出降低240亿美元,而这时候,经济复苏几乎还没有开始,失业率高达8.9%,生产能力的利用率也在80%以下。(1975年相机决定的退税和减税100亿美元,没有包括在上述计算之内,或许,它根本就不应该出现。因为,否则的话,又需要额外地削减支出来予以配合。)其结果肯定是更深、更长的经济衰退。

除了其他方法以外,还有陈旧过时的乘数方法,经济对于总需求冲击的敏感性,像1974年进口石油成本的上升。把政府支出与税收收入挂起钩来,将会提高乘数。其实,在有些情况下——比如,把现期销售和利润看成是未来的一种强烈的指示,因而,投资就会对同时发生的商业活动做出反应——预算平衡规则将使乘数过程变成不稳定的[1]。

按照布坎南和瓦格纳的第二项宪法修正案,货币政策将无力发挥任何积极作用。即使我们宽宏大量地假定,作者所说的货币规则中,指的是潜在的而不是现实的产出量,也仍然是这样。如果向下的需求冲击,正好也是一种向上的价格冲击,比如1974年的情形,那么,这个货币规则将会自动地缩减实际货币基础。

在消除了相机抉择政策和内在财政稳定器之后,作者只得把经济稳定的全部重担,都放在了价格、工资和利率的市场调整上。同样,他们也没有提供任何论据或例证,以证明这些调整将比他们所斥责的机制更令人满意地发挥作用,或者根本不如那种机制。很有可能,他们的新经济宪章,将会比现行制度下观察到的情况,诱导出更多更敏感的价格和工资弹性,不过,那也是他们的信仰。

---

[1] 设 b 代表非联邦的边际支出倾向,t 代表边际净税收占国民收入的比例,h 代表边际进口倾向。如果是稳定的政府支出,则乘数是 $[1-b(1-t)+h]^{-1}$。如果严格遵守预算平衡规则,乘数则是 $[(1-b)(1-t)+h]^{-1}$。假设 $t=0.3$,$h=0.1$,$b=0.86$,则第一个乘数是2,第二个乘数是5。如果其他数字不变,而 $b=1.21$,则第一个乘数是4,第二个乘数是负数,表明一种负的冲击造成的下降没有中止点。

无论如何,布坎南和瓦格纳实际关心的不是经济结果。至关重要的是过程,而不是结果(第171页)。作者喜欢的是这样一种过程,在其中,政府做得越少越好,并且按照简单的、可预见的财政和货币规则来行事,这些规则不受经济事件反馈的影响。作为公共选择的现实主义学者,布坎南和瓦格纳必须明白,我们自己国家的人民以及世界各国的人民,将要根据我们的实际成就,对我们的民主资本主义社会做出自己的判断。

第四部分

货币和金融政策

导　言

本书前面几个部分里，已经讨论了货币政策，特别是最近几年在美国推行的极端的"紧货币-松财政"政策组合。在这一部分里，我想着重更具体地探讨货币政策的管理。

在第22和第24篇文章里，我阐述了反对货币主义的理由，并且赞成引导货币政策实现预期的经济成就，而不是要求货币政策死死盯住 M_1 目标数字，或者其他货币总量目标。在第24篇文章里，我还指出，联邦储备系统可以采取许多行动，朝这个方向努力。不过，前不久我又发现，联邦储备系统对于它的宏观经济成就目标，尤其是失业率目标，显得过分谨慎，在前面第3篇文章里，我已经指出了这一点。

技术创新、制度变化和取消管制，使中央银行的任务变得更加复杂。第23篇文章论述了这种情况。我相信，货币当局能够保持控制，但是，它们的行为方式必须适应它们面临的新环境。同时，我也提出了一些措施，包括非强制性100%准备金的存款，用以保护支付体系，不要迫使中央银行和其他政府代理机构，为粗心大意的或者不走运的银行及其所有存款人做担保人。

在第25篇文章里，我则针对一种流行的谬误提出了警告。这种谬误认为，名义利率不过是登记预期的通货膨胀而已。在第18

篇文章里，我已经发出过这类警告。在这篇文章里，我要着重说明，"q"怎样变成了资本投资的金融气候的晴雨表，其中，q是证券市场的价值占商业资本存量的重置成本的比率。如果q降低，不管现行通货膨胀率发生什么变化，实际利率都很可能有所提高，实际利率直接关系到投资决策。

最后，在第26篇文章里，我抱着怀疑的态度，从总体上考察了我国高度发达的金融制度和金融市场，到底对我们的经济做出了多大贡献。凯恩斯在他的著名巨著《就业、利息和货币通论》第12章里，对此也抱有怀疑态度。所以，这篇文章同样也是属于凯恩斯主义类型的。

22　不确定世界的货币政策[*]

权力总是吸引着忠告和批评。最近几年以来,中央银行在经济戏剧中成了最强有力的角色。对美国领导人的民意测验中,保罗·沃尔克被排为美国的第二号最有权力的人物。除了军事和外交方面的事务以外,联邦储备委员会主席沃尔克,可能起着比总统本人更具有决定性的作用。所以,如果中央银行的官员们从一般社会大众,特别是经济学家们那里,得到了更多的又相互矛盾的忠告,这正好验证了,他们的权力已经得到了公认。而且,如果各种不同观点的评论家们提出的建议相互抵消的话,就像这次会议甚至是今天的分组讨论会上将要出现的情形,那么,中央银行的官员们又可以问心无愧地,继续去做他们无论如何都要做的那些事情了。

这次会议开得非常及时,主要理由有三点。

第一,世界经济在今年,即1983年,才刚刚从30年代以来最糟糕的经济萧条中开始复苏起来。一种强有力的持续的经济复苏,还依然难以确信。拥有最重要经济力量的那些国家的货币当局,即

---

[*] 1983年6月,基调论文,货币与经济研究协会第一届国际会议,东京,日本银行。刊登于日本银行的刊物《货币与经济研究》,1983年10月,第一卷,第二期。并且编入艾伯特·安多(Albert. Ando)等人编辑的著作:《当代货币政策》,坎布里奇,马萨诸塞:麻省理工学院出版社,1985年,第29～42页。

美国、日本和欧洲共同体,对于经济萧条承担了近似的责任,经济萧条是严酷的反通货膨胀措施带来的副产品,而这些正是上述货币当局在70年代后期被迫采取的措施。当前的现实问题是,在配合或促进经济复苏方面,货币政策究竟应该起到什么作用?

第二,宏观经济学中的智力发展,集中在现实世界的各种事件上,目前提出了一些有关货币政策管理的基本问题。货币主义在70年代里,曾经赢得了许多经济学家和中央银行官员们的信仰,但是,现在可能正在失去一些信徒和影响力——部分是因为经济萧条,部分是因为各种规章、制度和技术的变化,已经非常明显地改变了货币总量的含义和流通速度。去年的夏天和秋天,联邦储备委员会主席沃尔克和他的同事们已经怀疑他们的货币主义者目标了,几乎使人们得到了普遍的宽慰。但是,还没有完整的货币控制哲学,没有系统的策略来取代它。在这10年的经济复苏中,中央银行应该承担起什么责任?这正是一个普遍问题中的一个具体实例。这个问题是,在货币政策的决策过程中,实际宏观经济成就究竟应该占有多大分量。目前,一种颇有影响的观点是,货币政策能够、也应该以名义结果,而不是实际结果,作为唯一的目标。

第三,最近的经验和当代的理论,都强调了货币政策的国际影响。最近在美国发生的事件,已经在相当准确的程度上,结束了教科书中对一个浮动汇率制度的世界里,紧缩性货币政策产生的影响所做的分析方式。高利率把资金吸引到美元资产上,使国内货币增殖;恶化了美国的贸易平衡状况,是最终需求下降的主要原因。其他国家也不欢迎我们的高利率对他们的利率、汇率和价格产生的影响。在凡尔赛和威廉斯堡(Williamsburg)召开的七国集团首脑会议的文件中，已经认识到了我们的经济和金融市场的相互依赖性，并意识到各国的宏观经济和货币策略需要协调一致，但是却没有看到什么具体的进步。不管是一致的还是不一致的，主要国家的中央银行可以一起决定国际货币环境，以及整个世界的一般利率水平。世界经济的三个"火车头"中，没有一个敢于宣称自己太小了，不能影响世界经济。如果在我的发言中，有人发现我陷入了美国经济学家的老习惯，即只考察一个封闭的经济，其中只有一个货币当局，那就请立即打断我，提醒我把经济合作与发展组织当成一个整体，把几个主要发达国家的中央银行当成一个集团。

我的评论可以分成三个部分。第一部分研究上面所说的基本问题，即实际经济目标在制定货币政策的过程中起着什么作用。我的论述反对下面的论断：中央银行只应该关注名义变量。第二部分讨论最终目标、中间目标的层次以及采取的措施，这些措施直接关系到货币政策的制定者在不同水平上面临的不确定性。第三部分讨论当前的一些政策问题，这些政策都关系到世界经济从萧条中复苏起来。

一、货币政策的目标：实际变量与名义变量

货币当局在制定政策的时候，是否应该考虑到所在国家或国家集团的实际经济成就呢？他们的政策目标是否应该包括那些具有全国性和国际重要性的实际结果——就业量、贸易量、生产量和资本形成？是否还应该包括一些名义变量——价格、名义收入、货币

总量？

今天，许多经济学家和中央银行的官员们的回答都是："不"。他们认为，货币当局的能力和责任，只能涉及名义变量。归根到底，货币当局只拥有名义工具。他们宣称，让这些工具致力于实际目标，不仅不会改善，反而可能恶化实际经济成就，同时，还会引起价格的波动和通货膨胀。由于过去15年里滞胀的惩戒，中央银行应该满足于提供一种稳定的、可靠的和可预测的非通货膨胀性名义路径，沿着这条路径，不管出现什么实际结果，货币当局都应该接受。新古典宏观经济学的信徒们使我们确信，这些结果将是最优的。私人经济行为者们知道，中央银行既不会迷惑他们，也不会把他们从轻率的工资和价格上涨的后果中解救出来，因而，私人经济行为者和自由市场，将获得实际变量的自然均衡值，其中，实际变量包括各种数量和相对价格。

问题仍然是一个老问题，但是，中央银行的历史却使答案变得犹豫不决。在30年代大萧条之前，就已经很好地确立了名义目标的首要地位。中央银行和政府的任务中，保卫本国货币与黄金（或外国货币）的固定平价，要优先于国内经济成就。今天，仍有许多经济学家、政治家和评论家，由于遭受了过去10年来汇率不稳定的挫折，还在提倡恢复一种国际金本位制。他们相信，黄金的可兑换性戒律，将会产生并且维持反通货膨胀的预期心理和行为。

货币主义者赞同这个目标，但他们更偏好货币规则戒律，而不是黄金戒律。他们要求中央银行永远地、公开地紧紧钉住名义收入货币总量的一个具体的增长率数字。有些人则希望，通过立法或者宪法授权，来实施这种货币规则。其目的与效果，与金本位制的倡导者们的意图完全相同。货币运作将会也确实会看到，它会独立于现实的经济状况，特别是与经济道路或现实的结果无关。

我认为，纯粹的货币名目论者(nominalist)的货币策略，既是行不通的，也是不值得期望的。其原因如下：

第一个原因是政治上的。在民主社会的政治中，中央政府对实际经济成绩负有责任，这是一种普遍接受的观念。至少从30年代的大萧条以来，特别是第二次世界大战以后，事实就是如此。例如，在美国，1946年的《就业法》和1978年的《充分就业和平衡增长法》(即汉弗莱-霍金斯法)，都要求联邦政府，包括联邦储备系统，努力实现实际经济目标。在现实中，更重要的是失业率、实际经济增长率和相关的变量，在公众意见和选举时的竞选活动中，这些都是举足轻重的因素。

对于整个社会都很看重的目标，中央银行不可能敬而远之，它毕竟是为社会服务的。中央银行的官员们以及他们的选民们，经常不认真考虑民选官员们优先考虑的问题，比如减少失业人数，认为它是"政治性的"，因而不值得重视。这种价值判断的合法性，就像它的福利经济学一样，是大有疑问的。

一种纯粹名义的货币政策立场，故意蒙上双眼，无视实际发展状况，它不太可能让人信任。一个民主政体中的中央银行，或迟或早，总是要把经济从一种固定的货币名目主义路线产生的最糟糕的、非故意的实际副产品中解救出来，保罗·沃尔克在去年夏天就是这样做的。预期这种结果将会出现，必定会削弱这样一些政策的基础，这些政策的有效性取决于公众普遍相信，上述结果从来都不会出现。

第二个原因是经济上的。把政策操作分成实际的和名义的两类,这种二分法不论在理论上,还是在实践中,都是站不住脚的。按照这种分类方法,货币措施被列入纯粹是名义的一类。

名义价格和工资路径的变化都是缓慢的,其中,有些路径的变化则显得更加呆滞。受到管理的或者谈判达成的价格和工资,比金融资产价格和在拍卖市场上交易的商品的价格,变化得更缓慢,更不容易。正是由于这种惰性,货币运作造成的名义总支出的波动,在相当长的短期,会产生重大的实际后果。1980～1983年期间的经济衰退和萧条,再一次证实了这个显而易见的事实。它也不局限于经济下降的时期。由于货币扩张而刺激或者(至少是)配合经济的周期性复苏,同样会产生实际的和名义的收益。如果中央银行的官员们以为,他们的行动,对于实际利率、失业率和社会公众普遍关心的其他变量,不会产生什么影响的话,我们至少可以说,他们是不诚实的。

既然货币政策必须依赖名义工具,于是,有人宣称,货币政策只会产生名义影响,这是在利用一种类推,即改变货币流通量与调换计算单位,两者是类似的。每个人都会同意,把计算单位由1美元变成0.5美元,确实没有什么实际的后果。为什么不应该采取其他类似的中性措施,使美元的流通量增加一倍呢？这个类推是荒谬的。实际的中央银行业务,并没有以相同的比例改变所有名义资产的公共流量,而调换计算单位却会这样做。实行的业务操作,影响到某些资产与其他资产的交换比例,也影响到通常是需要随时支付现金的证券,与未来支付现金的证券的交换。既然未来的货币不是现行货币的一个完全的替代品,那么,这些交换就不是中性的。它们一般都会影响到实际利率、实际汇率、储蓄、投资和其他实际变量。价格的变化会影响私人财富及其分配。通货膨胀率以及价格预期的分布发生变化，必定会改变货币以及获得固定名义利率的其他资产的实际报酬率，从而，就会影响到资产价格和报酬的整个结构。

在长期的稳定状态里，上述影响中有一部分原则上会消失，但其他影响仍旧存在。时间将会消除价格和工资调整的惰性。然而，实际上并不存在长期的稳定状态，在其中，财产与它们经历的路径没有什么关系。比如说，经济萧条和实际利率很高，会不可逆转地阻碍物质资本和人力资本的积累。

有人认为，反周期性货币和财政政策已经彻底失败了。依我看来，历史并没有支持这种论断。今天，人们指责这些政策造成了70年代的通货膨胀和滞胀，导致了这10年里出现了波幅更大的经济波动。这是目前对历史做出的非常流行的解释，我想针对这种解释，谈两点看法：

其一，十分有必要进行更长时期的历史考察。在30年代的大萧条以后，政府就承担了宏观经济稳定化的责任；自从第二次世界大战以后，就开始实施反周期性货币和财政政策。与以前的任何一段长度大致相同的历史时期相比较的话，过去的35年，当然，特别是1970年以前的那段时期，不论从它们的高实际增长趋势，还是从周期性波动的轻微程度来看，都是一段非常好的历史时期。或许，这其中没有因果联系。不过，也没有非常确凿的经验证据，仅仅根据最近几年遭受的挫折，就要彻底摒弃这些政策。

其二，我们应该谨慎一些，不要从70年代吸取错误的教训。

在1965年以后，共出现了三次大的通货膨胀风潮，每一次风潮之后，都紧跟着经济衰退，而衰退则是反通货膨胀的货币政策故意造成的。第一次通货膨胀加速，直接与越南战争有关，这是一段古典的需求拉动插曲。约翰逊总统与他的经济学家顾问们提出的忠告背道而驰，他没有增加税收，而是把增加战争支出的重担，压在了已经满负荷运行的经济上。而且，联邦储备委员会又配合得过了头。70年代里第二次通货膨胀大爆发，与举世关注的供给和价格冲击有关，首先是1973～1974年的赎罪日战争，造成石油禁运，结果，石油输出国组织乘机把石油的美元价格提高了4倍。接着又是1978～1980年的伊朗革命，限制了中东地区的石油供应，使石油输出国组织的石油价格进一步上涨了3倍。这些事件碰巧发生在周期性经济复苏的后期阶段，美国和其他国家采取的有意识的刺激和配合政策，对于复苏，也起到了一定的作用。

一些空谈家和决策者们，从这些历史经验中共同吸取的教训是，经济复苏是危险的，特别是，如果是由政策促成的复苏，则更危险。有鉴于此，中央银行现在非常不愿意采取扩张性政策，即使本国经济像目前这样陷入了严重的萧条之中，也不愿意。可是，如果说令人惊恐的通货膨胀风潮不是由于经济复苏本身，也不是由于促进复苏的政策，而是由于特有的外部冲击而造成的，那么，他们吸取的上述教训，显然就是错误的。越南战争、石油输出国组织提高油价、阿亚图拉·霍梅尼的伊朗革命，都不是正常的、政策助成的经济周期性复苏的内生结果。我们不能因为担心类似的事件再次重现，就使政府和中央银行瘫痪无力，使我们的经济长期停滞下去。

我已经强调指出，货币当局不应该、其实也不能逃避它对实际宏观经济结果承担的责任。为了避免误解，我想特别声明，我绝不是提倡它们不要考虑名义结果，如价格水平和通货膨胀率。弗里德曼教授在15年前的一次会长演说中，曾经告诉我说，货币政策不可能钉住实际变量，诸如失业和实际利率，也不应该试图这样做。如果说"钉住"就意味着企图永远保持一个不变的具体数字，那么，我想，任何人都未打算或未曾打算钉住。永久地钉住失业率是一回事，考虑到劳动力市场的状况，则完全是另一回事。试图在某些情况下降低失业，在其他情况下增加失业，这不是钉住。

二、任务、目标和运行规则

我刚才已经说过，中央银行的官员们不能期望，他们能够轻松自如地实施机械的规则，这些规则与现实的和未来预期的经济状况都没有关系。最终，没有任何模式能够代替经济的随机动态模型，后者把政策工具与现时的和未来的经济后果联系起来。决策者们至少隐含地运用了他们关于现实世界运行方式的模型——明确地运用模型，无疑更好。他们能够，而且应该定期地考虑和评价与"现行政策"参照的路径出现的各种可能的偏离。关于外生变量、随机扰动和结构方程式的信息，总是会源源不断地产生。新的观察会表明，现行的一套政策工具，是否产生了它们原来打算的和预期的影响。决策者必须定期考虑，他们的政策是否在可能的程度上实现了基本经济目标的预期组合。

政策工具的设置和中间变量的目标，不是永远锁住不变的。重要的是，它们应该从属于人们普遍认为更基本的任务和目标。为了简化一个复杂的决策过程，帮助社会公众更好地理解，中央银行可以采取一种分层结构。举例来说，今后几年的任务可以描述为银行努力实现的基本经济变量结果的一个范围，这些变量包括失业、实际国民生产总值、价格和资本形成等。对于今后一年，像名义国民生产总值的增长率这样的中期目标，将表明银行怎样允许价格和生产性冲击影响产量和就业量，同时，允许完全自由地抵消资金周转率与货币供给量。至于更短的时间，如一个月到两个季度，银行可以提出一些有关中间货币流通量、银行储备和短期利率的目标或运行规则。在每一段时期内，目标范围或者运行规则保持不变。因而，决策者只是决定并且宣布，如果发生变化的话，政策工具将怎样针对这期间出现的意外情况做出反应。

很显然，货币政策和财政政策应该结合起来，在它们的假设和目标上协调一致。同样，非共产主义世界里几个主要的经济大国之间，很有必要使宏观经济政策协调起来，至少，应该及时地相互交换关于宏观经济政策的信息。

决策者们的模型也将表明，不能直接和立即观察到的各种随机干扰，将会怎样在观察到的变量中产生出人意料的变化，怎样使经济运行轨道偏离它预期的和期望的路径。货币政策的干扰可能是多种形式的：实际总需求——消费、投资、净出口——的突然变化；资产组合的改变，特别是这样一类资产，它们影响到对货币基础或银行储备的需求，以及对外国货币资产的需求；供给-价格冲击，比如说，名义工资或劳动生产率，或者进口价格等，发生了预料之外的变动。

经济的结构与引导政策工具本身的规则相结合，可以决定这些冲击是怎样转变成为可观察到的宏观经济后果的，就是说，怎样使这些变量偏离它们的预期路径的。吸纳了上述冲击的观察到的变量，包括实际国民收入、就业量、利率、外汇汇率以及货币总量。模型的一种必不可少的功能，就是估算这些联系，并且预计，它们面对不同的运行目标和规则，会产生怎样的变化。

不同的结构和运行规则，在不同的宏观经济变量中分布的冲击也截然不同。例如，正如著名的威廉·普尔（William Poole）的分析所指出的[1]，钉住名义利率，会把实际需求冲击转变成预料之外的或许是不受欢迎的产出量和（或者）价格水平的偏差，但是却阻止了由这种影响引起的纯粹的资产组合转移。相比之下，钉住非借贷准备金，将会使实际产量和价格对于资产组合转移（流通速度冲击），变得相当脆弱，但对于实际需求的干扰却相对地不受影响，这种干扰大部分将被利率和汇率所吸收。在这些方面，货币主义的特征是，它断言，实际需求的干扰很有可能比金融突变更容易发生。如果真是这样的话，一种超货币主义者规则（ultramonetarist rule）——降低储备金或货币供给量，以对正的利率突变做出反应——在逻辑上看，将优于钉住这些数量，除非货币需求对于利率的变化一点儿也不敏感。

当然，在很久以后的长期，中央银行不必钉住任何目标。我们的联邦公开市场委员会每个月都要召集会议，并且知道，在两次会

---

[1] 见威廉·普尔："一个简单随机宏观模型中货币政策工具的最优选择"，载《经济学季刊》，第84卷，第2期，1970年5月，第197～256页。

议之间怎样用电话联系。一旦某种冲击的性质被认定之后，中央银行就会知道怎样改变钉住的目标，不论是利率还是货币数量，以使经济重新走上正轨。同时，证据可能是含糊不清的。由于实际需求的冲击，或者因为纯粹的金融转移、名义利率、净借贷储备金和货币总量，都有可能上升或下降。在这段含糊期间，适当的操作规则，就依赖于各种不同的冲击出现的可能性。用一个公式把准备金供给与名义利率相比较，并考虑到上述可能性，一般而言，要比钉住这两个变量中的任何一个都要好一些。这种比较关系的结果可能是正的，即"随风而动"；或者，也可能是负的，即"逆风而动"，就像前述的超货币主义者的例子。观察到的利率偏差，反映的是资产组合的转移，而不是实际需求的冲击，这种可能性越大，临时规则就应该更加配合。不过，一旦干扰的性质可以诊断出来，就不必遵循任何这样的规则了。

把货币总量确定为目标，相当于确立了一个规则，当 M_1（以 M_1 为例）超出了预期的路径时，它要求限制准备金；当 M_1 短缺时，它又要求扩大。像利率的偏差一样，M_1 的偏差有时候反映了名义收入出现了不合需要的强势或弱态，有时却反映了货币需求或者中介（intermediation）出现了无关紧要的转移。在前一种情况下，应该予以反对。在后一种情况下，则应当予以配合。我们很难证明，M_1 会像最优中期规则显示的那样固定不变。我们甚至更难以搞清楚，面对随后出现的有关干扰性质的例证，为什么还要维持 M_1 的目标。利率可以更迅速、更准确地传递完全相同的信息呀！实际上，关于扰动根源的例证，可以与可靠的 M_1 统计资料一样迅速地获得，或者甚至更迅速。关于个人收入、商品零售额、工业生产量、失业率和价格指数,每个月都有序列统计,可以提前一个季度,预期报告实际的和名义的国民生产总值。中央银行处于一个重要地位,它可以非常迅速地掌握大量信息,说明 M_1 变动的纯金融原因。中央银行要决定在多大程度上予以配合,就需要依靠这种信息。货币总量究竟有多大用处,取决于它们的信息含量,而不是取决于它们的语义学货币特征。中央银行应该要求它们的研究人员付出更大的努力,以充分获取和利用其他备选的和补充的信息。

你们当中的有些人,喜欢看美国的一些财经报刊,这些人一定很熟悉那些周末新闻中关于最新的、过去两周里的 M 数字,实在是太熟悉了。这些专栏的作者们感到,有一种职业上的义务,向不了解这些专栏的天真读者解释清楚,为什么这些数字具有如此的重要性。今天,标准的公式是,M_1"衡量准备好用于开支的货币",这个公式可能是联邦储备系统自己的时事评论家们提供的。我们经济学家都知道,这完全是一句废话。M_1 没有衡量这样一些基金,这些基金可以流通,并且随时可用于购买商品和服务的支出。M_1 的增加可能显示出,或者预示着支出的增长,或者相反。

确定一个名义国民生产总值或者 MV(货币流通量乘以它的收入流通速度)目标,在几个季度的时期内,足以使中央银行有时间察觉并抵消货币流通速度的突变,可能更有道理。这正是联邦储备系统过去几年里暗中探索的,它把偏离货币总量目标解释为,对衡量尺度的"含义"发生的可视为一致的变化进行校正,衡量尺度就是与名义收入的关系。一个名义国民生产总值目标,意味着在其适用期内,在价格与数量之间的一对一交替。一种向上的供给价格冲击,将意味着相应的较小的实际国民生产总值增长。这些贸易条件，可能与国家的优先考虑并不一致，价格和数量的单独分类，可能允许一些额外的自由度。不过，一个名义国民生产总值目标分类，则更容易理解。无论如何，考虑到价格和工资的变化、失业和过剩的生产能力，估计到可以维持的实际增长率，以及其他环境因素，每年都可以重新确定目标。

最近几年里，人们固守货币增长率目标，而联邦储备系统感到，这个目标的可靠性还有疑问，从而阻止了联邦储备系统针对货币需求发生的某些变化，及时地和充分地予以配合。按照前述的普尔主义者的原则，一旦搞清了冲击的根源所在，就应该立即配合这些变化。我所指的是，基于预防动机，流动性偏好增大，这种动机是经济萧条培育起来的。它指的是，把放贷业务从公开市场转入金融中介机构，从而进入了货币总量统计。指的是取消某些管制，这些管制使存款变成了比以前更具有吸引力的、孳生利息的资产。

与此同时，结构性变化正在使整个体系的配合，变得比过去更缺乏自动性。取消管制，允许向存款支付市场利率，从而使流通速度对利率水平变得比以前更不敏感。结果，采取相同的货币主义政策规则，国民经济对于实际需求和价格冲击，变得不那么脆弱，而对于纯粹的金融冲击，却变得更脆弱。另一个与此相关的后果是，利率和汇率变得更加反复无常。很有可能，面对货币需求和准备金需求的金融冲击，这种可能性也增大了。这些结果可能都是无意中造成的。人们主要是基于标准的微观经济学原因来进行改革的。但是，在考察目的、目标和规则的层次时，应该明确地考虑到宏观经济效果。由于结构上的变化，以前曾经是最优的任何运行规则，都不再是最优的了，而且应该被一种更加适应的规则所取代。

三、货币政策与世界经济复苏

时至今日,并不是每个人都认为,经济复苏是一个好主意。有些人认为,现在谈经济复苏为时太早,因为控制通货膨胀的战斗还没有取得完全的胜利。他们将继续推进残酷无情的通货紧缩进程,不惜付出高失业和延长滞胀的代价,直到核心通货膨胀率可靠地降低到零为止。这恐怕还需要好几年的时间。这确实是一个有条有理的真实看法,不管人们对于这种看法隐含的成本-效益计算抱什么态度。

我想,除了英国以外,这种看法在任何地方都不是普遍流行的观点。大部分政府官员和中央银行官员,大部分企业家和金融家,肯定还有大多数普通公众,都会欢迎经济复苏。问题在于,如果需要的话,应该采取哪些宏观经济政策,特别是货币政策,来引致经济复苏。许多人虽然欢迎一种自发产生的经济复苏——例如,由于商业投资出现了奇迹般的突然增长而引发的经济复苏,但是,却害怕由于货币膨胀而带来的,或者甚至是配合形成的经济复苏。在他们看来,由于货币流通速度的突然加快而发动的复苏,是令人愉快的。由于货币流通量的同量增加而促成的经济复苏,却是危险的。

由于货币刺激而形成的经济复苏,比由于其他具有相同形式和推动力的因素促发的经济复苏,更具有通货膨胀性,这种论断并不是我所理解的那种。标准的宏观经济学理论指出,由于一种夸大的初步近似,价格和产量路径,依赖于总支出流量、名义国民生产总值或者 MV,及整个经济生产商品和服务的能力这三种因素的相互作用。在价格与产量之间、在工资与就业之间的需求刺激的划分，则取决于工资和价格膨胀的惯性模式，取决于未充分利用的生产资源的数量和构成，取决于整个社会里决定工资和价格的制度。与此相关的需求变量是 MV，而 M 和 V 之间的因素划分，却没有什么意义。价格并不是直接取决于政策工具，不管是货币政策还是财政政策。宏观政策的影响是间接的，它必须通过上面列举的决定因素，主要是通过总需求，来发挥作用。我注意到，这种标准的教条必须符合一些限制条件，不过，他们都是次要的。

一般来说，那些反对货币刺激的人，实际上并不反对经济复苏本身，从这种意义上讲，他们心目中真正关心的是，对货币膨胀的预期反应。他们宣称，一旦人们感觉到膨胀性政策，就将导致社会公众预期会产生通货膨胀。有了这种预期以后，企业主和工人们马上就会提高物价和工资，而产出量和就业量并没有什么增长。结果，这种预期就会实现。没有货币的配合，这样一种膨胀性预期，就不能阻止一种自我启动和自我发展的经济复苏。如果是一种自发产生的经济复苏，失业和过剩的生产能力会约束工资和物价。如果是一场由货币发动的经济复苏，就不会产生这些约束作用。这种观点，其实站不住脚。它肯定违反了理性预期的准则，特别是，如果上文概括的标准模型是正确的。假如对货币紧缩的分析没有错误的话，类似的自我实现的预期，就会迅速地、毫无代价地解开 1970～1980 年的通货膨胀。

另一种不那么极端的分析，则把注意力集中到通货膨胀预期对实际利率、而不是对现实价格和工资的影响上。人们同样也是由于感觉到膨胀性货币政策，而产生通货膨胀预期的。如果不是现在的话，那么，在未来，"金融市场"上就会预期通货膨胀。由此造成的长期高利率，将会阻碍经济复苏。

这种心理的一个根源是货币主义者的习惯，即按照货币总量的增长率，来定义货币政策。结果，导致人们不加区别地判断当时宣布的一个季度或一年的货币目标，或者推测偏离目标的程度。在美国，联邦储备委员会主席沃尔克现在又奉命连任，他需要说服那些紧张不安的金融选民们，让他们确信，整个经济需要、而且也能够安全地吸收货币流通量水平的一定变化，这绝不意味着持久的、较高的增长率。货币流通量水平确实需要发生变化，原因有三点。第一，经济复苏本身需要更大的货币流通量，以弥补过去3年里的限制，并使实际利率降低到与经济复苏和持续繁荣相一致的水平上；第二，通货紧缩本身就使货币资产变得更有吸引力；第三，前文已经指出，向存款支付由市场决定的利率，也增加了对货币的需求。自从1982年联邦储备系统采取了更实用主义的态度以后，种种事件都为乐观主义提供了依据。货币增长确实加速了，但是，与货币主义者们反复提出的警告截然相反，利率，不论是长期利率还是短期利率，都有所下降，而不是上升。

贷出方的预期和担心，并不能单方面地决定利率。每一种市场，即使是债券市场，都存在着买卖双方。如果贷出方和借贷方同样都抱有通货膨胀预期，从而使长期利率有所提高，那么，实际利率就不会上升。而且，高名义利率也不会成为现期投资和经济复苏的一种障碍因素。很有可能，贷出方和借贷方对风险的预期和计算各不相同。长期利率高得足以补偿贷出方对于通货膨胀的担忧，对于借贷方来说，这一高实际利率，相对于他们目前对未来收益的估价，肯定还是高的。期限结构上的这些不对称现象产生的影响，是模糊不清的。可以预见到的结果是，借贷双方都转向短偿还期，或者是带有可变的短期利率的长期契约。在短期市场上，中央银行提供基础货币，是利率的决定性因素，根据假设，基础货币不断扩大。无论是银行，还是其他贷出者，都不会搁置闲置的现金。

中央银行不应该由于惧怕债券市场的心理而气馁。他们必须用语言、行动和经验教育广大公众。要降低失业率，要提高工业生产能力的利用率，要产生长期经济发展所需的储蓄和资本形成，同样重要的是，要为第三世界提供市场和出口收入——从而可以解决它们面临的基本财政困难，总之，要实现上述目标，世界经济复苏是必需的前提条件，并且要在几年内，使生产的实际增长率，超过长期可持续的增长速度。高实际利率，尤其是在美国，是世界经济复苏面临的一个主要障碍。未来的结构性预算赤字，确实是问题的一部分，尽管目前的周期性赤字和下一个财政年度的赤字，还不成问题。不过，无论未来的财政校正能够发挥多大的作用，没有货币政策的大力支持，利率就不可能降低。要降低利率，在美国和其他几个经济大国里，就需要有一段货币超过正常速度增长的时期。有人提出假设：即使在货币紧缩导致经济萧条了几年之后，货币政策也不能扩张实际经济活动。如果依据这种假设来确定货币政策，我们就注定启动了一个向下转动的棘轮，或者是一种不利于资本形成的财政政策与货币政策的组合。

每一个人都会赞同，在这次经济复苏中，重要的是避免通货膨胀的不断加速，在70年代的前两次经济复苏的后期，都出现了类似的通货膨胀加速。我在前面已经指出，依据这样的假设——在70

年代以来出现的异乎寻常的供给价格冲击,很可能再次发生——来制定政策,那确实是过分保守了。不过,依然存在着严重的问题;为了防止出现另一次通货膨胀加速,作为一种保险措施,需要维持多大的失业量和普遍的经济停滞?作为一个总结,我希望简要地强调这个问题,把它看成是不确定性条件下的一个决策问题。

今天,严重的宏观经济政策问题正是,作为避免再次出现另一次通货膨胀加速的一种保险手段,需要维持多大的失业量和普遍经济停滞。根据一个普遍接受的通货膨胀模型,在任意一个时间里都存在着一个最低失业率,它与非加速通货膨胀(non-acceleration of inflation)相一致,有时候称为自然失业率,或者,更中立地说,是非加速通货膨胀失业率(简写为 NAIRU)。这里,失业率是普遍经济停滞,及总需求对生产能力的总体压力的一个晴雨表。但令人遗憾的是,没有人能知道非加速通货膨胀失业率到底是多少。目前,人们对美国进行的估算结果差异很大,从 8% 到 5% 不等。对于决策者来说,这种疑问,又与人们对于政策工具通过总需求转变成失业的不确定性,混合在一起了。考虑到这些不确定性,决策问题就是,使失业的代价和损失的生产,与通货膨胀加速的风险和代价达成平衡。为了消除加速通货膨胀的新增部分,需要付出一定的失业代价。因此,计算出超过必要水平的额外失业,就可以为上述代价和风险提供补偿。

一种保守的解决办法是,使预期的失业最小化,同时服从下面的约束条件:违背非加速通货膨胀失业率的临界值并加速通货膨胀的概率,不超过某个小的正数,或者甚至是零。因而,如果存在着任何值得引起注意的概率,使得设计的政策,把预期的失业率降低到比如说9%，就会造成通货膨胀加速——不管是因为非加速通货膨胀失业率至少是那么高，还是因为政策实际上可能会带来一个更低的失业率——那么，保守的决策者们，将试图把失业率保持在高于9%的水平上。这种解决办法，正是当今颇为流行的宏观经济策略的精神实质，它也是医治滞胀的一个秘方和理论基础。

一种最优的解决办法，不会如此绝对地运用上述约束条件。当且反当降低失业率的预期收益，超过了加速通货膨胀造成的预期损失的时候，一定的边际剂量的刺激，才能被证明是合理的。预期损失就是，失业校正的代价乘以可能进行这种校正的概率，即可能突破非加速通货膨胀失业率的临界值的概率。举例来说，如果非加速通货膨胀失业率临界值每突破1个百分点，进行校正时就需要付出2个百分点的失业率代价，那么，对非加速通货膨胀失业率进行的中位数估算，就是适当的政策目标。一个比较高的校正代价，意味着一个更高的失业率目标；一个比较低的代价估算，意味着一个更有雄心的失业率目标。

长期的高失业和过剩的生产能力，是一种代价很昂贵的保险，在长期很可能会弄巧成拙，自招失败。其目的仍然是，为了在较低的产出量和就业量水平上，再次使价格稳定与经济繁荣保持一致。收入政策虽然存在着分配上的无效率，但它仍是一种代价低得多的保险方式。不过，在此讨论收入政策的话，非货币性的备择方案则将使我偏离正题，并且占用我的时间。

我已经争辩指出，只要人们认为，两位数的通货膨胀是无情的后果，70年代的经济复苏，并不是80年代里经济复苏的适当模式。如果不加批评地予以接受，那么，历史的经验又会使我们的经济，在这10年中再次陷入滞胀之中。一个更恰当的类比应该是，1961～1965年期间的经济复苏。就像在1983年一样，在1961年也是由于对通货膨胀的担心，说服了政府内部和政府之外的许多有影响的人们相信，在美国必须长期地维持较高的失业率和较低的增长。也正是在那个时候，前后紧接着的两次衰退，付出了相当大的社会代价，才减轻了通货膨胀和通货膨胀心理。根据这样的基础，扩张性的财政和货币政策——以工资-物价界标的形式，得到了一项非正式收入政策的支持——成功地促成了经济复苏。实现了当时的失业率目标，即4%，而通货膨胀只有微不足道的上涨。当时，甚至采取了供应学派政策，其中，最显著的是投资税收优惠，目的就是加速投资和长期增长。随后的历史发展，否定了最初的看法，驱散了最初的悲观主义情绪，而且，股票市场迅速上扬。

23 金融创新与取消管制[*]

最近以来，基于在其他论著中论述的相同理由——自由竞争会带来明显的、微观经济效率上的好处，取消对金融业的管制变得颇为流行起来。无论如何，银行以及其他存款机构，确实不同于其他行业。他们供给的产品，是国民经济的大量交易中使用的交换媒介。它们属于这样一种组织，中央银行通过它们实施货币控制，并传递到国民经济的各个方面。我们需要考虑的是，为了保护和培育支付体系，维护货币控制的有效性，我们到底需要实行多大程度的管制，实行哪种管制？

技术和制度上的创新，正在改变着金融业内的成本、机会和竞争关系，正是在这种时候，就会产生上述问题。过去实施的某些管制措施，已经被废弃了，原因仅仅是，它们不再是可以强制服从的，或者是，它们妨碍了发挥明显优点的新机会。

最近出现的一些重要的倾向是：

(1) 各种交易，不论是金融资产的还是商品的交易，花费

---

[*] 1985 年 5 月，东京：日本银行货币与经济研究协会第二次国际会议，基调论文。载入日本银行主办的刊物《货币与经济研究》，1985 年 9 月，第三卷，第 2 期，第 19～29 页。

的时间和资源都愈来愈少。电子支付网络使人们可以通过计算机,即刻完成从一个账户到另一个账户的支付。

(2)债券的发行已经不限于政府、商业银行以及受到政府管制的其他存款机构,这类债券在需要时可以兑现,也可以通过支票或者电信,转让给第三者。

(3)可以向存款支付的最高利率的法定限制正在消失。

(4)金融超级市场和大公司正变得模糊不清,或者说,正在逐渐消除银行、其他存款机构、共同基金、经纪人、保险公司、投资银行家、证券交易商,以及其他金融代理机构之间的区别。

一、私人货币的幻想

把一般自由市场原理,运用到货币理论中的当代经济学文献都表明,竞争性私人企业能够为国民经济提供"货币"。我必须指出,对于这种理论进展,我并不感到吃惊。我感到迷惑不解的是,货币主义与"看不见的手"的教条密切结合起来,并且显示出,总有一天,规定政府有责任限制货币供给的例外规则,会受到有力的挑战。我不知道,另一位做基调报告的人(也是我的同胞米尔顿·弗里德曼先生),面对这种挑战,是不是比我更愉快些。

通货(currency)是由主权国家确定的货币记账单位的物质体现。通货是记账单位中可靠的和完全流动性的价值贮藏手段。它是法定的偿付手段,用于支付税款,用于偿还那些可由法院强制用记账单位偿清的私人债务。因此,在日常支付中,它普遍被人们所接受。

我认为，我们很难设想一种制度，在其中，没有政府发行的任何记账单位的价值贮藏手段。某些文献中，在讨论"私人货币"的时候似乎建议，政府可以确定"美元"作为记账单位，而同时无需印制和发行一个美元的通货。私人经济行为者许下诺言支付美元，这样就会循环起来。可是，他们许诺支付的到底是什么？如果政府准许一家特定银行，或私人企业，或个人发行，接受人们用它支付税款，并且赋予它法定的清偿手段的地位，那么，毫无疑问，他们发行的就是货币。拥有主权者将把它的职权，委托给它信赖的私人组织。历史的经验证明，这样一个组织最终将被国有化，并承担起政治上的责任。在我看来，一种不具实际形体的法定记账单位，加上由私人经济行为者自由地和竞争性地提供的记账单位，纯粹是一幕童话。

就商品货币来说，私人货币发行，可能还更有意义。政府可以根据金或银，或者胶合板或小麦，或者一些商品的组合，来定义一个美元。经验表明，整个社会将会发现，允许支付作为价值标准的商品来进行各种交易，要比直接用商品本身进行交易方便得多。但是，谁来许诺？就是那些相互竞争的私人经济行为者吗？是那些不受管制的经济行为者？同样地，政府再一次难以回避这个问题，即在支付税款和其他债务的时候，政府究竟从公民们手中接收哪种借据？或者回避决定谁的借据将被看成是清偿私人债务的。而且，对于这种借据的私人发行者们实现其诺言的能力，政府也不能采取一种自由放任的态度。特别是，如果政府赋予它们法定货币的地位和可接受性的话，更是如此。

自由市场的热衷者们可能会说，私人经济行为者的判断，将会给每一位发行者的借据标出价格,也就是,按照各种借据的质量及其回收能力,给它们打折扣。完全理性的市场定价,即使从概念上说,也是行不通的,因为它包含了自我实现的预言。当普遍存在着"信任"的时候,准备金比例是足够的;但在不存在"信任"的时候,准备金就远远不够了。无论如何,一种支付体系,就像其他任何联络网一样,其效率只能来自于它的普遍性、标准化和可预见性。仅仅拥有多种相互竞争的货币,且各种货币的交换比例又互不相同,这是远远不够的。

一些作者还设想出商品货币,且不需要持有商品存货来回收这些货币,不论是私人的,还是政府的。他们求助于记账单位与度量单位的类比:既然"一码"是标准局里某种条状物的一定长度,那么,根据定义,美元常常就是一定重量的黄金或白银,同样也可以类似地按照其他商品重新定义。这是一个不够恰当的比喻。一些人许诺,在需要时支付像这样定义的"美元",他们手中就必须要有一定的存货,使他们能够履行自己的诺言。要保证两种定义是等价的,这就是唯一的方法。

我的结论是,一种货币记账单位必须有价值贮藏体现,基本上说,它将由、也应该由中央政府指定,并提供给公众。一旦完成了这个任务,私人的创造力就会产生各种各样的诺言,即时(on demand)和在未来某个时刻支付基础货币。问题是,对于私人的创造力,政府应该进行多大程度的管制,怎样进行干预?我有一种令人忧虑的怀疑:对取消管制的普遍热情,可能使我们正处在一种重新确立种种条件和问题的危险之中,正是这些条件和问题,首先会导致金融管制。

二、银行存款作为内部货币

纸币和硬币还不是非常方便的交易媒介，除非用于小额消费项目、售货机器，以及完全是陌生人之间的一些交易。在一些大笔交易中也可能使用现金，但那是出于一种不正当的原因，即逃避征税或者是犯罪。对于合法的大宗交易来说，货币确实又太笨重了。主要是因为，它只有几种票面金额，而且很容易丢失或者被偷盗，又不便于通过邮件汇寄。事实上，如果按照交易的价值量来衡量，用货币进行的交易只能占一个很小的比例。不论货币和硬币作为法定货币，还是政府许诺在需要时予以支付的、用于定义货币单位的商品，都是如此。

有些学者抱怨政府垄断了货币的供给。可是，不管支付体系是多么缺乏效率，允许私人发行纸币和硬币，都肯定不会明显地消除这种无效率。或许，一些银行发行的货币，可能比政府的货币，具有更多也更方便的票面金额。但在另一方面，出现各种不同的纸币和硬币，又难以管理和分类。有得也有失。

活期存款，即银行许诺一经请求或按要求就向第三方支付货币，则比货币本身更方便。从历史上看，商业银行充分利用了这个机会获取资金，以满足借贷者对商业贷款的需求。对他们的刺激因素，是存款与贷款之间的利息差额，存款要与不产生利息的通货竞争。许多存款就来自那些不时向银行贷款的企业。商业银行作为一种中介组织，为企业服务，把一些暂时有盈余的企业的资金集聚起来，不管是季节性的或是周期性的盈余，借贷给暂时缺乏资金的企业。借贷的存款者和借贷者不断地变换角色。商业银行管理着这类存款与借贷的循环。除此以外,它们还把居民存款户的储蓄,转给工商企业和公共部门。

银行通过活期存款,获得可以贷出的资金,它们借入的期限短,而贷出的期限比较长;它们借入的是流动性资金,而贷出的却是呆滞的资金。这种中介服务的风险,并不是完全由银行的管理人员和股东们承担,它们的杠杆作用(leverage)非常大。即使银行管理人员按照正常的敏锐性、并一心为了股东们的利益而行事,即使个人利益的各种诱惑都受到抑制,纯粹是机遇因素,也将带来一些失误——由于借贷者的过失,或者其他资产上的资本损失,造成了银行无力偿还债务。或者,虽然银行资本足以抵债,但如果资产的现值不能立即实现,银行就无力满足存款者的提款要求。因为存款者对银行的信任不够稳定,上述无力偿债的概率,又被放大了。有人抽回存款的消息,会引发更多的储户提取存款,能抽走的都抽走,有时是在同一家银行,有时还波及其他银行。正是由于这些原因,银行业没有完全留给自由的市场竞争,而是受到了明显的管制,主要包括:

(1)从法律上明确规定了,针对存款必须持有的最低货币或其他流动性资产的准备金。最初的目的是保护存款者的利益,特别是阻止银行之间为竞争而轻率地降低准备金比率。多少有些矛盾的是,一旦准备金是法定要求的,它就不能用于支付存款者的取款要求了。法定准备金已经变成了中央银行实行货币控制的一种手段。①

(2) 中央银行作为"最后的贷款者"(lender of last resort),就承担了一种职责,即保护各家银行和存款者,不会陷入无法兑付的困境。联邦储备系统曾经向一家陷入困境的银行,即伊利诺伊大陆银行,提供了70亿美元的贷款,以此证明它是十分认真地承担这一职责的。不管怎么看,这笔贷款都是一个不小的数额,回顾以往,联邦储备系统向整个银行体系提供的正常贷款,很少有超过10亿美元的。由此可见,最后贷款者的职责,会严重地扭曲中央银行为实行货币控制而采取的习惯性手段。在前述的高额贷款的例子中,联邦储备系统通过在公开市场业务中出售数量相当的证券,抵消了它发放的额外贷款。

(3) 各种管理规章控制着投资、会计核算、资产组合、债务类型、存款利率、所有权的变化,以及其他经营活动和金融企业的利率。这些规章通过定期的报告、检查和审计来实施。新的企业只有得到了政府部门的特许之后,才能进入金融业。许多批评家以竞争和效率为依据,要求放宽或者取消的,正是这些规章。

(4) 政府的存款保险显然已经成为防止银行倒闭的最有效

---

① 1980年3月美国国会通过了一项影响深远的金融法律,即《存款机构放松管制和货币控制法》。该法修改了联邦储备系统会员银行的权利和义务。其中规定:联邦储备委员会颁布的准备金比率适用于所有参加联邦存款保险公司保险业务的商业银行,而不论它是不是联邦储备系统的会员。同样地,参加保险业务的非会员银行也同会员银行一样,享有在联邦储备银行的贴现窗口进行贴现、借款等优待。这一法律大大地加强了联邦储备委员会的货币控制能力,因为绝大多数(甚至达到98%)的商业银行都参加了联邦存款保险公司的存款保险业务。——译注

手段。在美国,它完全消除了动荡不定,即具有传染性的恐慌的经营。不过,在银行和其他金融企业里,从国际范围来看,这个办法有时也不一定能获得成功,特别是近些年来竞争日益加剧。最近几年的另一个特征就是,经济活动、价格、利率和外汇汇率,都发生了严重的螺旋式波动。美国政府有关部门已经看出,很有必要把保险担保扩展到大银行的各种存款,至少,法定的保护要包括每一个存款账户中的前10000美元。

与其他管理规章一样,也有人以效率为依据,对存款保险提出批评。它削弱了对被保险的金融机构自身积极评估和限制风险的刺激,把更大的负担抛给了管理者的官僚主义监管,而后者又是通过保险代理机构本身来实施的。它同时也削弱了对存款者的刺激,存款者本身就应该认真估测,他存款的银行具有多大的风险。更进一步看,存款保险也是政府货币法令的大规模扩展和体现——就好比是一张空白支票,在某些紧急情况下,它可能是一笔巨大的债务。联邦存款保险代理机构的实际准备金,还达不到它所担保的存款总额的百分之一。任何一家大银行倒闭的话,就会把准备金全部吃掉,并要求国会拨给额外的资金。

为各种经济行为者提供一种便利的替代品来代替货币,它可以在支付过程中使用,并且是一种无风险的价值贮藏手段,这无疑是重要的。保护整个社会的支付体系不会由于银行的倒闭而陷入中断和崩溃的困境,这也是重要的。但问题是,依靠不受任何限制的竞相争夺可用支票提取的活期存款和贷款,不可能完成这类提供和保护的任务。银行存款是内生货币,它具有一种宏观经济上的优势,即在它的积累过程中,没有冻结住任何净国民储蓄。不管怎样,促使基本的交换媒介成为内生货币的那些历史的偶然意外,也会使交换媒介很容易受到下述这类事件的不利影响,这些事件会损害货币背后的资产具有的价值和流动性。要在竞争的效率与存款者的保护之间实现一种平衡,似乎越来越困难,也越来越代价高昂。或许,解决这个问题的其他一些方法,值得我们认真考虑。

三、存款通货

或许,我们需要的是类似于货币的支付手段,但它同时却没有货币的缺点。存款通货——100%的准备金的存款——在需要时可以用纸币或硬币支付,可以按照要求转让给第三方,没有丢失或被偷窃的风险,它将是记账单位中一种十分完美的价值贮藏手段。提供这种存款货币的一个办法是,允许个人在中央银行或其分支机构中建立存款账户,设立分支机构就是为了这个目的,可能设在邮政局里。或者,凡是有资格在中央银行持有存款的任何一家银行或者存款机构,都能向顾客提供存款通货账户。当然,这就会产生一个问题,即怎样支付管理这类账户的成本?如果是私人零售,政府可以提供补贴,向100%的准备金支付一些利息。这样做的依据可能是,支付体系是一种公共品,一般纳税人应当提供这种物品,或者,可以向使用者征收费用。归根到底,在交易中使用普通货币的成本,大部分都由个人承担了,为了更便于用支票存款,个人也有能力付出某些东西。

可以争辩认为，对这些存款不应该支付任何利息，就像没有人向普通货币支付利息一样。银行和其他存款机构可以从成本和服务方面，针对这些存款展开竞争。在另一方面，政府可以向银行支付一笔低利率，或许与短期国库券的利率实行指数挂钩。这样的话，各个银行就可以从支付给存款者的利息以及服务质量、服务收费等方面，针对这项业务展开竞争。既然生息存款将变得更加普遍流行，那么，财政部只要使它们能够实行，就可以节省纳税人的钱。无论在什么情况下，在满足一定的服务和便利标准之前，在加入一个共同的全国清算网络之前，任何机构都不得被特许，可以用存款的形式零售货币。

四、银行与专项基金

美国目前的存款保险，不仅保护支付手段的存款，而且保护所有合格的机构中的其他各种存款，包括不可用支票提取的储蓄账户和定期存款。类似的共同基金债务和未被包含在存款保险之中的其他债务人，却没有得到保证。我们还不清楚，为什么被包含在内的机构的各种债务，都应该得到保险，除非有的资产是如此的混合，以至于抽回非保险的存款债务，将会危害被保险的存款。其实，也就是说，为什么保险担保实质上被扩展到超过法定的限度之外。

这个问题其实可以避免，只要把对应于某种特定类型债务的资产分离开来，指定专门用途，并且允许一个存款者有效地购买一种基金，该基金不会受到存款机构资产平衡表上其他方面发生的困难的损害。在这方面，一家银行将变得更像一家公司，它提供各种各样的共同基金，就像这些公司——它们是没有保险的——正变得越来越像银行一样。前面提到的百分之百准备金的存款，就是这样的一种基金，不过，还有其他类型。举例来说，许多居民户只有适量的资产和较少的金融意识，他们需要储蓄账户，并且是记账单位中安全的价值贮藏。一种基金只要按照不同的偿还期投资于国库券，就可以毫无风险地提供这类账户。可以使它们的赎回价值随着净资产的价值而波动，或者对一个固定的价值计入一种浮动的利率，从而把它们作为随时支付的债务。这些选择权不需要替换，但能够补充标准的、被保险的储蓄存款和定期存单。不论是在什么地方的存款，对某个特定个人（根据社会保障号码或税收识别号码进行确认）提供保险的总数额，按照现行的立法规定，将被严格限制在100000美元以内。

或许，在资产单上还应该再加上一个更重要的项目，特别是对于小规模和单纯的储蓄者而言，就是与生活费用指数挂钩的储蓄账户或存款单。指数中应当清除贸易条件的影响和间接税，以及整个国家都无法得到保险的紧急意外事件。这项改革应当适用于所有公共的或经公共机构批准的指数化。为了使金融中介机构能够以安全、便利和灵活的方式提供指数化的债务，政府就必须发行一些指数化的债券。

这种"专项基金"的方法具有的优点是，它限制了必须依靠存款保险予以保护的中介机构债务的范围，基于同样的原因，它也限制了必须同时受到检核和监管的中介机构资产的范围。如果在这两种中介机构活动之间，确有一条明确、清晰的分界线，那么，"买方负责"就能适用于没有保险的和受到较少监管的业务活动，在这些业务中，银行和存款机构互相之间，以及与其他市场参与者之间，就会展开强有力的竞争。如果他们之中的有些机构在竞争过程中偶尔失败了，这也不会损害他们管理的专项基金的价值，或者甚至不会损害基金的流动性。我们可以预料，经营各种债务、存款和类似的票据，以及寻找有利可图的贷款机会等业务活动，仍将继续吸引着银行和其他金融企业，充分发挥它们的管理技能和企业家才能。但是，每当一个大储户对一家大银行充满疑虑的时候，我们不一定每次都要经历一场货币危机，或者把这些储户或者银行，从错误（或不幸）带来的后果中拯救出来。

五、新交易技术与货币政策

从任意一个活期账户上，都可以相当容易地提取款项，拨付给第三者，而且，没有什么理由要限制这种方便之处。一些活期账户将成为"存款通货"，或者其他专项基金。其他一些活期账户则不是。当然，有些活期账户是被保险的，而其他一些却没有保险。有些活期账户会有固定的记账单位价值，其他一些活期账户却没有固定的价值。在一个由电子计算机操作的美好的新世界里，所有这些都能够在一个电子计算机支付网络中联结起来。

根据付款方的意见和建议，可以在购买或结算的时候支付，或者在预先确定的未来某个时候再行支付。他们将在结算站里进行支付，这些结算站都与银行和中央银行联网，有的就在银行里，也有的设在百货商场里、办公室里以及家里。我猜想会利用塑料卡，就像目前在一些相互联网的出纳点里一样。当他们进行支付的时候，付款方和收款方在他们的银行里或其他金融中介机构里的账户，将分别记入借方和贷方，该银行在中央银行里的账户，也同样如此。不论是对存款人，还是对银行来说，都不会有任何未达账，也没有留下任何像 E. F. 赫顿(Hutton)最近所进行的冒险性空头支票兑现的机会。这是欧洲邮政转账服务体系的一个大大加速的翻版，一个比支票体系更加有效的信息流动方式。

在这种支付体系中，银行自然地、几乎是不可避免地将会允许透支到确定的信贷限额，就像目前的银行信用卡所确定的限额。广泛地利用透支，可能正是美国新金融制度中最主要的货币创新。一笔交易，只有在它造成的透支额不超过预先确定的限度的情况下，才会完成。同样，中央银行也需要针对透支制定一些规则，因为银行与其他组织之间的交易活动，必须在中央银行的计算机化的账簿上进行清结。

在这种情况下，人们很可能广泛地利用透支手段，这就使我们有必要重新修正目前计算银行法定准备金的基础。很明显，仅仅针对债务严格要求法定准备金，将是行不通的。如果建立了"存款通货"账户，对于这类账户，当然就会有百分之百的法定准备金。但是，其他类型的存款，通过这个网络，也是可以转移的，在这些账户中，也将允许透支。我建议，将法定准备金与相应的银行资产挂起钩来，包括透支的款项。资本负债包含的资产，将被免除法定准备金要求，那些既没有保险、又不适宜通过这个网络进行转移的债务所包含的资产，也将免除准备金。任何金融机构或企业，要想利用这个网络转移它的债务或者股本的所有权，就必须变成一家"银行"，并且遵守准备金的检验和有关的管理规定。

在新体制中，中央银行仍将实施有效的货币控制。在美国及其他许多国家的货币制度里，货币控制的支点就是准备金检验。通过准备金检验，实行货币控制，只有在政府通过中央银行垄断并且控制了适宜的准备金资产（即货币基础）的总供给时，才是真正有效的。中央银行依靠公开市场业务，在借贷准备金给各家银行时，确定利率和其他条件，就可以进行上述控制。当然，我也假定，那些必须遵守准备金检验的"银行"，从总体上看，在金融市场和资本市场上，都是有足够影响的参与者，因而，中央银行的操作能够影响到数量、价格和利率——它们都是在金融市场和资本市场上决定的。

据我所知，我在前文概要提出的未来体制中，没有什么因素能够使上述通过准备金检验实现有效控制的条件变得无效。由于同样的原因，即存款将不会完全适宜于作为法定准备金的基础，所以，货币总量也将不会是非常有意义的统计数字。它们也不会是有用的目标。但是联邦储备系统的工具，即公开市场业务和贴现率，也将影响到货币基础，而且还将波及具有重要意义的宏观经济变量。

六、有息货币

在另外一篇文章里，[①] 我曾经提出，向存款支付由市场决定的利率，会降低货币需求对名义市场利率水平的敏感程度。按照已经陈

---

① "金融结构与货币规则"，载《信贷与资本》杂志，1983年第16卷，第155～171页。

旧过时的教科书的术语来说，它将使"*LM*"曲线变得更陡。如果中央银行从它的贷款上收到的利率，以及它向银行存储的准备金支付的利率，也与市场利率实行指数化，那么，也将使"货币乘数"变得对利率不那么敏感。结果，中央银行的货币工具的变化对国民收入产生的影响，将比先前的金融制度更大。在以前的体制中，这些名义利率是通过立法，或者行政当局的决定来确定的。对公众存款的需求以及银行的准备金需求出现的动荡，也会带来更大的影响。而且，我认为，在新体制中，这些需求将是更容易变化的。当精明的现金管理不能带来多大好处的时候，人们就会接受他们的现金余额出现大的波动，而不需要即期的校正。

从货币政策的导向方面，我得到的经验教训是，在新的体制中，货币政策应该更加适应和配合。也就是说，准备金的供给，应该更容易对利率的变化做出反应。这样的话，中央银行的配合，将取代目前依靠控制存款利率、控制准备金和中央银行贷款的利率，而深深地陷入了金融体制之中的配合。从宏观经济理由来看，这种取代是适宜的；而从微观经济的效率上看，放弃利率控制，也已经被证明是完全合理的。

24 货币主义：一种正在衰退的潮流？*

在60年代后期至70年代，货币主义变成了颇有影响的信条。经济学家、财经报刊的评论家、中央银行的官员和立法者们，对于凯恩斯经济学与新古典经济学的折中主义综合派大失所望，这种综合派自第二次世界大战以来，已经变成了主流宏观经济学。他们转而纷纷投奔到货币主义的旗帜下。通货膨胀取代失业，成为最突出的经济祸害。凯恩斯主义理论和政策受到指责，人们普遍认为，它造成了令人失望的滞胀，不管是不是得到了证实。货币主义指出了摆脱困境的出路。于是，局面就这样扭转过来。由于当时的正统观念，包括没有贴上标签的货币主义的要点，30年代的凯恩斯革命取得了成功，但是，对于大萧条造成的大规模失业，它似乎既没有做出解释，又没有提出医治的疗方。

目前，通货膨胀已经减缓，在大部分经济发达的民主国家里，失业率却一个劲儿地猛增，在这种情况下，是否会出现另一次转折呢？货币主义给这10年和今后10年的经济信条和政策，留下的遗产是什么？现在似乎太早了，难以得出答案。但是，这些问题却提供了一个背景，让我们对货币主义的现状做出评价。

---

* 1985年4月，《经济学家》，伦敦，1985年4月27日，第23～26页。

货币主义有几种含义，货币主义的不同信徒，分别强调它的不同意义。

一、"财政主义"的替代选择

"货币主义"一词是60年代里作为"财政主义"的对立面而创造出来的。米尔顿·弗里德曼教授长期以来一直在与某些人持有的怀疑主义做斗争，这些人怀疑货币政策的功效，他们的怀疑态度是从大萧条中继承而来的，并且，由于某些凯恩斯主义者的坚持，使这种怀疑长期存在。特别是在英国，认为货币和金融市场对于主要的宏观经济状况而言，只是一个独立的枝节问题，这种观点早在很久以前就一直居于支配地位。美国的主流派凯恩斯主义者，并没有对弗里德曼的论点"货币至关重要"提出疑问。但是，我们也倡导并且实际推行了总需求的财政管理政策。我们对于普遍流行的货币主义-财政主义的两分法，感到不满。我们反对弗里德曼教授的更激烈的论点：即货币就是问题的全部，而财政政策，只能对诸如实际国民生产总值、就业量和价格等宏观经济结果，产生微不足道的影响。

就像凯恩斯本人一样，我们认为，总起来说，货币政策与财政政策都能发挥作用。货币政策与财政政策的各种组合，留待人们选择，有些组合要比其他一些组合更好一些。非货币主义者的政策组合理论，在今天是十分恰当的。美国则已经误入歧途，陷入了一种稀奇古怪的极端的组合，这对美国本身以及对世界经济的繁荣，都是有害的。

说到货币手段与财政手段的功效,以及在需求管理为先决条件下它们的适当组合,它们从技术上和政治上当然是可以分开的。如果非货币的政府债务缺乏市场,或者缺乏政治意愿去推行一种独立的货币政策,中央银行自动地为政府赤字提供资金,那么,货币政策与财政政策在本质上是一回事。关于财政手段的功效的争论,只涉及纯财政政策,且预算赤字没有被中央银行货币化。

在理论上,这种争论已经转向下述问题,即财政刺激能否有规则地提高货币的流通速度?我们这些凯恩斯主义者说,能,只要提高利率,并且诱导企业和居民持有较少的现金来从事他们的交易活动。不管是理论,还是经验例证,都支持这种看法;而货币主义者却把基础转移到更基本的命题上,下面还要评论这个命题。

1983～1984年期间,美国的财政刺激在促进经济复苏方面取得的明显成功,又增强了这场古老争论的凯恩斯主义者一边(见图24.1),这又使人联想起30年代早期,实行紧缩性财政政策造成欧洲经济的滞胀,也起到了同样的作用。当然,里根先生的赤字,如果不进行校正的话,则预示着,从此以后10年或20年,经济会陷入严重的困难。如果说,在需要把经济拉出衰退泥潭的时候,赤字会吸收储蓄,刺激支出;或者说,当储蓄和产出受到生产能力的限制的时候,赤字会挤出国内和外国的生产性投资。这两种看法的逻辑是相同的。主流派的凯恩斯主义者认为,实行另一种不同的政策组合,即较紧的预算和较松的货币,美国完全能够——应该能够——获得同样的经济复苏,得到较低的利率和不那么昂贵的美元。

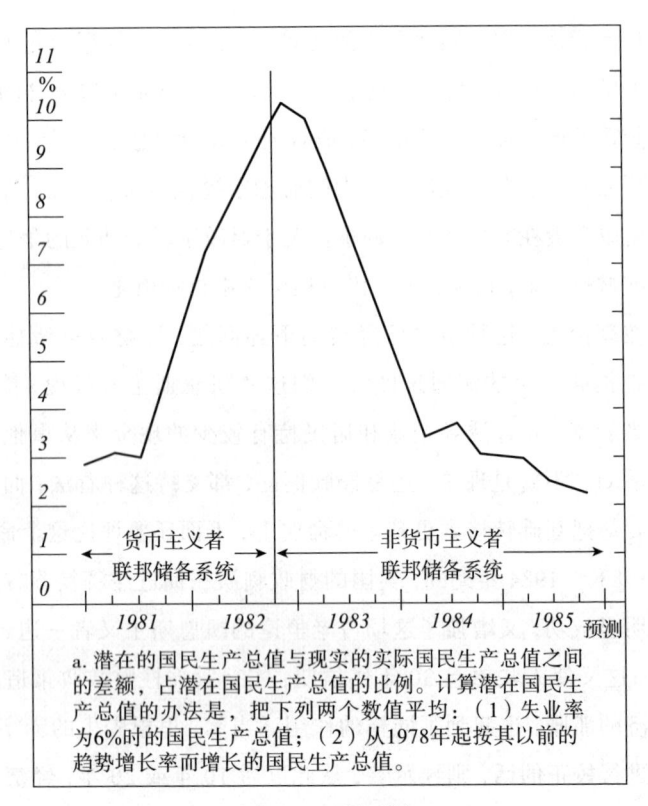

图 24.1 吸纳萧条

a. 潜在的国民生产总值与现实的实际国民生产总值之间的差额，占潜在国民生产总值的比例。计算潜在国民生产总值的办法是，把下列两个数值平均：（1）失业率为6%时的国民生产总值；（2）从1978年起按其以前的趋势增长率而增长的国民生产总值。

二、货币目标

在整个70年代，货币主义者极力说服了大部分重要的中央银行，把它们的工作紧紧盯住公开宣布的一种或多种中期货币总量。"中期"这个词是指一个变量，货币当局只能通过它们的市场干预行为对银行和一般社会公众行为产生的影响，来间接地和不完全地控制这个变量。

24 货币主义：一种正在衰退的潮流？

与此同时，一个中期目标的经济和社会重要性，不是内在具有的，而是完全从它与那些真正至关重要的宏观经济成就衡量指标的指示性关系，或因果关系中推导出来的。这些指标包括：生产量、就业量和价格。

选用中期货币目标，无疑会降低中央银行对于利率、"信贷环境"、国际储备、外汇比价以及其他各种金融和经济信息的关注程度。对于这些信息，中央银行以前都谨慎地、不确定地做出反应。

在美国，国会要求联邦储备委员会每年两次向参、众两院的有关委员会报告货币目标。联邦储备系统负责盯住三个货币目标 M_S，一个流动性目标 L 和一个债务总额目标 D。它的货币控制机制，迫于货币主义者的压力而发生了变化。1979 年 10 月，联邦储备系统完全停止了以利率为目标，放弃了原先的做法，就是为在联邦公开市场委员会两次会议之间的五周或六周的时间里，为"联邦基金（Federal Funds）"利率确定一个狭窄的波动范围。取而代之的是，联储系统坐在纽约办公桌前的交易员们接到指令，提供一定数量的银行准备金，而让利率随其所欲地变动。

货币目标和定量化的操作程序，阻止了中央银行对商品和服务的需求出现的预料之外和不受欢迎的冲击予以干预。与这种优点相对应的，还有一个缺点，即一旦同样的目标和规则程序，阻止了货币当局对货币流通速度发生的预料之外的冲击予以干预，那么，它就会带来不受欢迎的经济繁荣或衰退。

一般来说，中央银行不能分清到底是商品需求还是货币需求的冲击，才是对利率施加向上或向下压力的真正根源。因而，它的最好办法是，在下述两种措施之间做出一种折中选择：(a)紧紧抓住一个货币流通量目标；(b)把利率保持在货币目标预期暗示的水平上。在前货币主义者的时代里，联邦储备系统采取的"随风而动"的含糊政策，就是一种大体的折中。

原则上说，如果利率的意外是来自于对商品需求、而不是货币需求的冲击，这种可能性越大，针对利率意外做出反应而进行的局部干预，其干预程度就越小。货币主义者坚信不疑的一个观点是，发生商品需求冲击的可能性，要比发生货币需求冲击的可能性大得多。非货币主义者没有断然得出完全相反的结论，但是，人们普遍观察到的货币流通速度的不稳定性（见图24.2和图24.3），已经证明，他们对货币主义者的观点所抱的怀疑态度是正确的。

随着金融行业里技术变革、制度和管理变化的步伐日益加快，最近几年来，货币需求的冲击已经变得特别令人忧虑。联邦储备系统也不得不一次又一次地重新定义货币总量，并相应地重新解释它的货币目标。即便如此，1982年也是一个灾难性的年份。货币流通速度不仅降低到远远低于其预期的增长趋势，而且，它实际上是有所下降了（见图24.2）。货币流通量目标支持的名义国民生产总值，要比联邦储备系统预期的数字低得多（见图24.1）。在绝望之中，联邦储备系统开始怀疑它的货币增长目标，允许货币创造突然有较大增加，把利率降低了三个百分点；从而使美国经济改变了航向，把整个世界从金融灾难中拯救出来。1979年10月起推行的严格的货币主义管理制度，正好只维持了三年时间（见图24.1）。

把中期货币总量作为目标，这样做的理论基础从来都没有令人信服。其中，最流行的货币总量，即M_1，获得了语义学的吸引力，称之为"交易货币"，意思是可以直接用于购买商品和服务。不过，它从来也没有意味着，固定M_1的总供应量对于控制总支出而言，

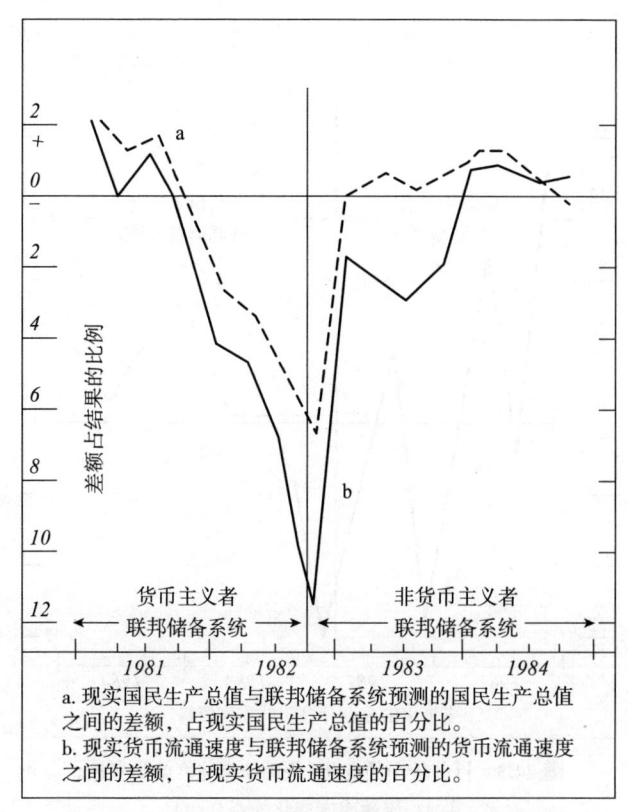

24 货币主义：一种正在衰退的潮流？

a. 现实国民生产总值与联邦储备系统预测的国民生产总值之间的差额，占现实国民生产总值的百分比。
b. 现实货币流通速度与联邦储备系统预测的货币流通速度之间的差额，占现实货币流通速度的百分比。

图 24.2　较小的差异（国民生产总值和货币流通速度实际值与预测值的差异）

不是必需的，就是充分的。M_1 的周转速度是变化无常的。能够迅速且很容易转换成 M_1 现金的各种准货币非常之多，而用现代技术武装起来的金融企业家们的创造性，又是永无止境的。M_1 和其他货币目标 M_S 的不同理论基础则在于，它们预先提供了有关国民生产总值和其他真正重要的变量信息。至今还没有任何有经验的预言家，

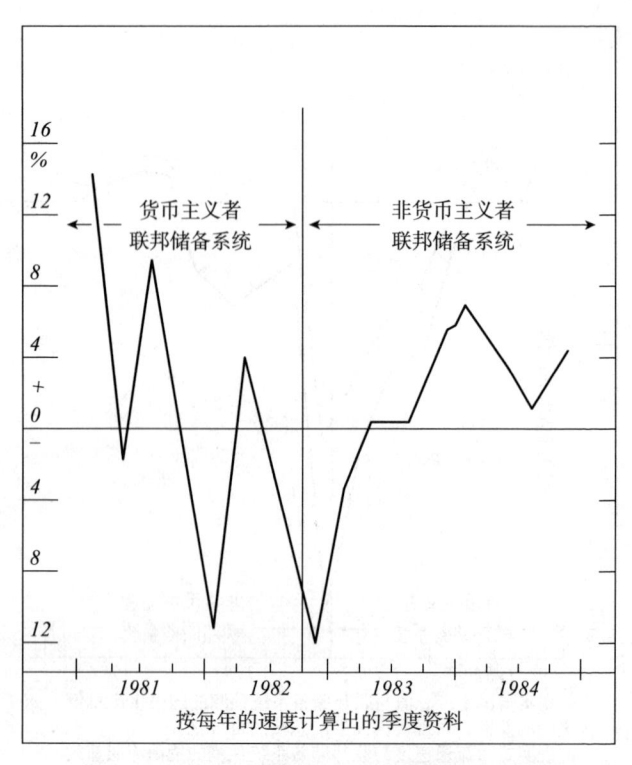

图 24.3　目前较小的变化（货币流通速度的易变性，占 M_1 流通速度变化的百分比）

资料来源：联邦储备系统。

能够找到更好的先导指标。

然而，美国最近的改革却企图认定 M 更加接近于"交易货币"，并且增强了联邦储备系统控制按此定义的 M_1 的技术能力。（具体办法是，对所有的存款机构，强加统一的、同时发生的准备金要求，但只对那些一经请求即可以用支票或电信进行转移的债务，强加上述要求。)具有讽刺意义的是,正当它们的目的(更接近地控制 M_1)在联邦储备系统内部和外部都失去了人们的偏爱时,这些技术却发生了变化。

至此,前面就出现了两条道路。一条是走向更接近于中央银行直接控制下的手段——中央银行债务、基础货币,或者银行储备。这个方向,显然是弗里德曼先生和其他货币主义者们最不喜欢的;另一条路是,以名义收入的增长,或者产出量和价格的增长的某些组合作为目标,明确地指出各种目标,从逻辑上指导确定中期目标,不管是以何种方式。这两种方法都可以采用:今后一年或者两年的宏观经济目标,以及与这些目标相一致的、今后一个月到三个月的手段目标。中期目标,既不是鱼,也不是家禽,最好也只是多余的,最差则是破坏性的。

三、反通货膨胀目标的优先重点

在 1979～1980 年期间,伴随着第二次石油冲击,价格的剧烈变动又激起主要国家的政府和中央银行,一致地开始了一场全心全意的反通货膨胀战役,并且主宰了 80 年代早期的世界经济舞台。这场战役在阻止通货膨胀回潮方面,肯定获得了成功,但是,在生产、就业和投资方面却付出了巨大的代价,除北美以外,经济合作与发展组织的大部分成员国,几乎都没有减轻这些代价。1982 年 10 月,美国在反通货膨胀战斗中打乱了队形,尽管通货膨胀率仍然在 4% 以上,却宣布这场战斗取得了胜利。或许,联邦储备委员会主席保罗·沃尔克先生注意到了前参议员乔治·阿特肯(George Atken)对越南战争的明智建议:宣布胜利,然后撤军。

1980～1982年期间的经济衰退，是对现代货币主义者"可信的威胁"策略的一个打击。他们的想法是，一种坚决的货币紧缩政策，伴随着下述警告：有关当局决不会大发慈悲，去拯救工作岗位和企业。这样就会促成比较迅速的、不那么令人痛苦的工资和价格紧缩，预期比先前一轮紧货币政策的后果要好。这一回，他们断定，工人和企业主们都不会再等待政府实行通货再膨胀。在撒切尔夫人和沃尔克先生领导下的经验，却没能证实和实现这种期望。

四、结束反周期管理

1979年致力于实行通货紧缩，实际上举例说明了货币主义者的政策方法。积极主动地改变财政和货币政策工具，以图抑制经济周期，仍然是禁忌。反周期的需求管理，被人们嘲笑为"微调"，并被指责道，它们造成了70年代的灾难。结果，需求管理被取代，转而坚持要让这些工具保持稳定，并且坚信，这样一来，经济也将保持稳定。各种规则取代了决策者的相机抉择——而且是非常盲目的规则，根本不会针对每一周、每一次委员会会议，或者国会的每一次会议上出现的新信息或者重新考虑，做出相应的改变。

弗里德曼教授总是对中央银行的官员和政治家们的智慧、动机和坚定性抱有疑问，并且，他怀疑，即使是他们之中最聪明、最公正无私和最坚定的人，也不能猜透和改善自然状态。他说，更好的选择是，依赖于经济针对冲击进行调整，并且适应可以预言的稳定政策的能力。在1967年美国经济学会的年会上，弗里德曼先生做了非常著名的会长演讲，他在演讲中警告说，不要让货币政策致力于实现任何失业目标。失业目标可能会定得太低，结果会造成螺旋式上升的通货膨胀。如果不是这样的话——那很好，经济将会趋向于它的"自然失业率"，而无需中央银行或政府预算的帮助。

尽管弗里德曼先生的建议反对需求管理，但是，他的理论并没有完全关死大门。当失业率确实异常高的情况下，刺激性的措施会促进经济返回到自然率，而不会带来额外的通货膨胀。

新一代的货币主义者，则使劲地关上了大门，他们比国王还像保皇主义者。他们的理论又得到了"理性预期"逻辑的支持，在他们的理论中，货币政策从来都不能改变失业率——除非在中央银行的变动出人意料、社会公众分辨不清的时候，它会暂时地改变失业率。一旦任何一种货币政策得到了普遍的理解和预期，它就根本不会产生任何实际效果；它将正好被价格所吸收。

目前，这些思想和处方在大部分西欧国家里都成了正统观念。政策的设计者们，可能并没有读到卢卡斯、萨金特（Sargent）、巴罗和新古典宏观经济学的其他热心倡导者们的著作，这些新一代货币主义者们，都不是像弗里德曼教授那样家喻户晓的福音传教士。但是，他们的思想精神，还是悬而未决的。政策是由各种规则来决定的；平衡预算，把货币增长固定在一个非通货膨胀的数字上；无视经济状况，特别是失业率状况如何。

国务卿和中央银行的官员，坐以等待和观看他们的经济做出调整，实现复苏和繁荣。他们已经等待和观看了五年的时间，他们的选民们都具有非凡的耐心。然而，高失业率每持续一个月，就会使得对新正统观念的挑战更加严峻。

相反，在美国，新货币主义的教条和政策尽管在经济学的学术圈子里颇为流行，但它们却失去了在实践中的影响。自从1982年10月份以来，联邦储备系统的政策转而以宏观经济成就为导向，要对实际的和计划的经济状况做出反应，目的是引导经济在自然失业率的水平上"软着陆"（见图24.4）。联邦储备系统愿意鼓励和资助能够降低失业的周期性增长，只要增长不是太迅猛，通货膨胀没有上涨。确实，他们是在进行"微调"。

1985年9月2日联邦储备委员会向国会作报告时，证实了这种政策。他们开始像关注货币供应量一样，关注货币流通速度。虽然1985年M_1目标范围的上限，要比1984年低1个百分点，但是，联邦储备系统清楚地表明了它的意图，即在他们的目标范围内，调

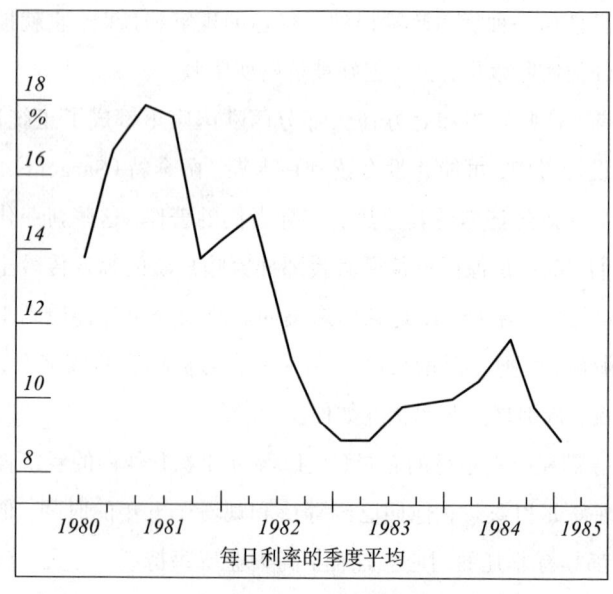

图24.4 发生变化以后：联邦基金的利率

资料来源：《经济学家》，1985年4月27日。

整货币流通量，以便抵消货币流通速度的意外变化。人们可以推断说，如果必要的话，调整时也可以超出目标范围。

实际上，联邦储备系统是以"针对货币流通速度进行调整后的"货币总量作为目标的。据此，又确定了名义国民生产总值的目标。于是，定期地把联邦储备委员会的七位理事和12个联邦储备银行的总裁，对于国民生产总值、价格、失业的"计划数"汇总起来，就起到了非常重要的作用。这些计划是指1985年第四季度的计划，也遵循了"软着陆"的经济复苏思路，它们报告的"中间趋势"是，从1984年第四季度起，名义国民生产总值增长7.5%～8%，比较适度的通货膨胀率3.5%～4%，实际国民生产总值增长3.5%～4%，与这些数字相一致，失业率为7%，或者略低一点。这些"计划"，很可能正是联邦储备系统政策的真正目标。总起来说，沃尔克先生已经公开宣布，联邦储备系统将继续支持经济复苏，但是，要比过去的两年更加谨慎。

联邦储备系统曾经在美国经济受到大规模财政刺激的时候，推行过这种政策策略，它在创造需求方面，并没有因为贴上了"供应学派"的标签而失去作用。结果，为了走上接近于他们期望的路径，联邦储备系统不得不过分剧烈地让经济刹车，并且把利率和美元的外汇价值保持在较高的水平上，如果在里根总统上任前的适度财政政策仍然发挥作用的话，利率和汇率就不会那么高。在这个关键性的问题上——财政-货币政策的组合及其校正——不论是新的，还是老的货币主义者，都毫无助益。

在过去的20年里，按照其不同的含义和信条来说，货币主义已经对经济思想和政府政策产生了重大的影响。其中大部分影响是持久的。中央银行的职责是阻止社会中的通货膨胀性制度和倾向,这种观点已经得到了广泛的理解和接受。但是,这项职责也允许在各种备择的运作程序、目标和短期目标中,留有较大的选择余地。它肯定没有排除反周期的需求管理。

机械的货币主义强调中期货币总量目标,它在经济学专业领域里,以及在中央银行的实践中,特别是在美国,已经处在衰退期。自从1979年以后的历史,对于货币主义者的稳定政策处方,并没有显示出任何偏好,这种政策根本不考虑现实事件和新的信息。在美国,联邦储备系统似乎有一些从属的货币目标和规则,促使它月复一月的决定都以宏观经济成绩为导向。尽管联邦储备系统对于通货膨胀并没有变得更宽容,但是,它们似乎准备要进一步启动经济复苏,只要不会威胁到价格的加速上涨。欧洲国家的政府和中央银行,仍然固执地死守不干预主义。由此造成的滞胀,必须算作是货币主义留下的一份不幸的遗产。

25 通货膨胀、利率和股票价值[*]

最近这些日子里,"通货膨胀"成了各种经济灾难的包罗一切的替罪羊,这些灾难包括能源危机、爱迪生联合公司的麻烦、世界食品短缺,甚至还有经济衰退和失业。而且,人们也普遍地把高利率和股票价格的低落归罪于它。

事实上,确实主要是由于两位数的通货膨胀,把利率推上了两位数的高水平吗?或者说,利率上涨的主要原因,应归因于联邦储备政策吗?相对于在住宅、工厂和设备、存货方面投资的现实机会而言,联邦储备委员会主席阿瑟·伯恩斯先生已经紧缩信贷了吗?

大体上说,我认为,可以从紧缩性货币政策中找到答案。其实,我想争辩指出的是,今年以来股票市场上的表现证实了:最近的利率上涨,不只是通货膨胀泡沫,而且还有实际内容。

证券市场上的表现显然是一种例证,它表明,在美国,资本投资的金融环境更加恶化了。自从1966年以来,公司证券(包括债券和股票)的市场总价值,一直赶不上公司存货和固定资本的重置成本。图25.1中显示出了1951～1973年期间,美国非金融公司证券的市场价值与这些公司有形资本的重置成本的比率值。这个比

---

[*] 1974年7月,《摩根保证概况》,纽约,第4～7页。

率值比较高就意味着,市场认为,资本资产获得收益的能力很强,以及(或者)对未来的收益所打的折扣较小。这个比率值较低则意味着,市场对未来的利润抱有悲观的态度,以及(或者)对未来收益大打折扣。

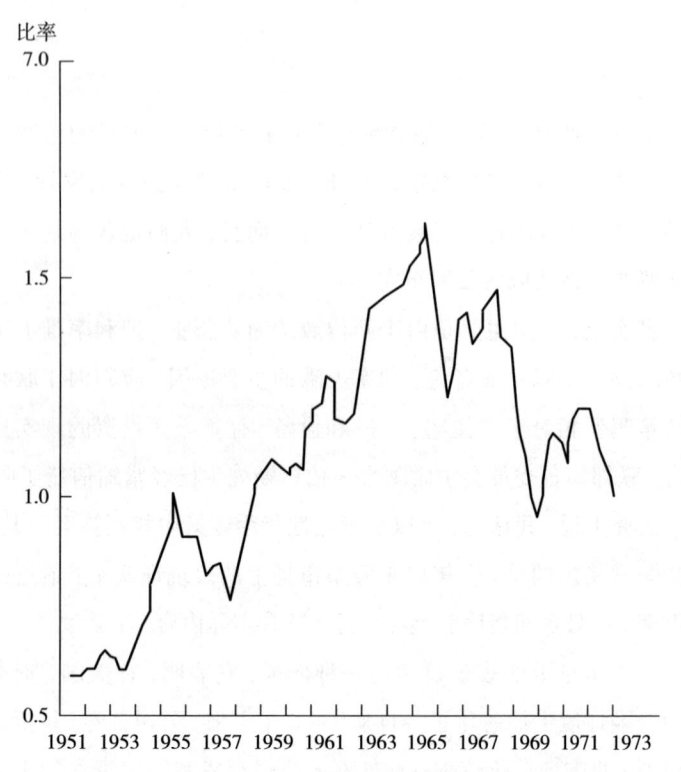

图 25.1　反映商业资本投资的金融气候变化状况的指标

注:图中的比率是美国非金融公司发行的债券和股票与公司有形资本重置成本的比率。我要感谢纽约联邦储备银行的杰克·奇科洛(Jack Ciccolo)先生进行了这些计算。

在整个50年代和60年代早期,这个比率普遍是不断上升的。对于公司来说,这表明,它很容易得到资金,用于扩大生产和投资;同时也意味着,管理也普遍地给公司股东带来了好处,即再投资的利润。自从1966年以后,这个比率开始下降,这表明,企业资本投资的金融环境在逐渐恶化。非常明显,到了1974年,股票筹资已经变成了一个可笑的主意,内部资金已很少见,企业只得承担高额的固定利息债务,拿股东们的未来利益来冒险。

毫无疑问,金融环境日益恶化的原因之一,就是众所周知的利润缩减。据耶鲁大学经济学教授威廉·诺德豪斯(William Nordhaus)的估算,各类公司重置成本的税后报酬率,已经从1965年和1966年的10%,降低到1973年的5.4%。为了维持同样的投资和增长环境,实际税后利率——即对通货膨胀预期进行校正后的市场利率水平——的相应下降,是十分必要的。但是,它并没有发生。

实际上,通货膨胀与利润缩减也有一定的联系。由于虚假的存货收益,加上按照历史成本计算折旧,结果,使应税利润大大膨胀了。因而,在税法中就出现了越来越多的有利于企业的折旧处理条款,部分地正是对变幻莫测的通货膨胀税收惩罚做出的反应。然而,尽管提供了这些出路,但按照诺德豪斯的估算,对真实经济收入的实际税率,从1965年和1966年的38%,上升到1972年的42%,到1973年几乎达到49%。不过,值得注意的是,实际税率的上升,只能部分地解释自从60年代中期以后税后报酬率的急剧下降。假如实际税率的上升没有发生,重置成本的税后报酬率到1973年应该是6.5%,而不是5.4%。因而,报酬率下降的主要因素依然存在。

在最近的经济衰退和"滞胀"年月里,税前利润也降低了。呆滞的经济环境,并不是通货膨胀的自动或天然结果。相反,它是由华盛顿那些控制通货膨胀的决策者们故意造成的。

况且,盈利水平的下降,也超过了根据周期性变化做出的预期。其他的一些可能的解释包括:价格控制;外国的竞争;从国外进口的材料,或者从美国经济中非工业部门购买的材料,其相对成本不断提高;环境污染的控制;生产率增长速度缓慢;1946～1966年长期投资激增形成的大量资本积累的报酬递减。

主要的观点在于,轻易地和自鸣得意地断言,通货膨胀是造成股票市场创伤的罪魁祸首。这是一种危险的夸张。之所以说它是危险的,是因为它给人们留下这样的印象:采取紧缩性货币政策来征服通货膨胀,对于恢复股票市场的生气,既是必要的,也是充分的。它是危险的,不是因为市场的强度是一个内在的目标,而是因为,市场的虚弱就表明了,一个普遍的金融环境不利于经济复苏和增长所需要的投资。而且,说它是危险的,也是因为它转移了注意力,没有注意到现行货币政策和利率,在把这种不利的环境永久化的过程中所起的作用。

新的传统智慧中,一个相关的分支是这样一种理论,即市场利率完全地反映了通货膨胀预期。人们通常认为,如果利率不超过同时期的通货膨胀率的话,在任何实际意义上说,利率都不高。自从1965年以后,为什么商业票据利率从5%上升到12%?一个普遍接受的解释是,价格指数目前每年上升10%,而在当时,它每年上升不到3%。

早在1896年,欧文·费雪(Irving Fisher)在他的著作《增值与利率》中，就把一种理论公式化，即名义利率（美元获得的美元），就是实际利率（商品获得的商品）加上预期的通货膨胀率。费雪的远见卓识被长期忽视了，但在60年代里却引人注意地复活了。特别是货币主义者抓住通货膨胀预期，作为名义利率发生变动的基本原因，包括战后利率的上升趋势以及更短期的波动。其前提就是，实际利率变动很小，且很缓慢。这个前提通常是不言而喻的。因此，结论就是，名义利率的上升，简单地反映了提高的通货膨胀预期是中性的，从任何实际经济意义上说，它都不是一种有意义的利率上升。

把这两种理论，即通货膨胀要对股票市场的下降承担责任，而利率的上升是对通货膨胀的中性反应，一起运用到当前的美国经济状况中，它们在逻辑上是相互矛盾的。如果人们看到的市场利率的提高，仅仅是简单地反映了普遍的通货膨胀预期，那么，为什么股票价值会下降？

一种被正确预期到的普遍通货膨胀中性地体现在利率中，它将不会改变股票的价值。利率考虑到普遍通货膨胀而向上调整，不会从股票市场上流失货币，它只会维持债券相对于股票的吸引力。证券的实际价值，将会反映实际经济状况，与价格水平和通货膨胀率没有什么关系。随着时间和通货膨胀按照预期来变化，股票的价格将会与商品的价格同步提高。在图25.1中描绘出的统计资料，公司证券的市场价值，与其有形资本的重置成本之比率，仍是稳定的。当账面债权（paper claims）与资本货物的比率值下降，而商品本身的价格却上涨的时候，就像最近几年的情况，那么，我们只能得出结论说，实际的和预期的通货膨胀，是对金融市场和资本市场上出现的各种事件的一个很不恰当的解释。

这些市场上的一个主要的关心焦点是,对未来的政府政策做出预期:货币政策、财政政策、工资-价格控制。为什么这些天来,通货膨胀的消息却是通货紧缩性的?不是因为通货膨胀本身的影响,而是因为联邦政府预期的反通货膨胀反应。1971年以来的历史经验已经告诉我们,政府的这些反应,可能包括价格冻结和控制。可能也包括一些新的税收,这些税收则限制消费者的需求和企业的利润。或许,还包括对国外贸易和资本运动的限制,或者是新的汇率政策。

但是,市场的最一致的关心焦点,或许是联邦储备系统对通货膨胀的发展做出的反应。市场很清楚,阿瑟·伯恩斯,这位公开宣布的、坚定的通货膨胀的仇敌,也要看报纸。更高的通货膨胀消息,就是作为一种信号,它表明,联邦储备系统将会进一步和更长期地限制经济的增长。这样做对通货膨胀产生什么影响很难确定,但它显然会损害美国企业的实际收入前景。提高利率的消息——市场对此已经变得非常敏感了——则是另一种信号,它表明,联邦储备系统事实上在推行一种强烈的紧缩政策。

一、造风

股票市场对利率的强烈敏感性,只是最近才出现的现象。在1966年以前,股票与债券的价格,常常向着相反的方向变动。繁荣以及对繁荣的预期,都推动股票的价格上涨,但同时提高了利率;经济衰退则向着另一个方向起作用。利率的坚挺,就是经济繁荣即将来临的一个信号,它反映了工商贷款的需求强度,超过了信贷供给的限制。联邦储备系统的做法,普遍认为是"随风而动"。在经济繁荣的时候，联邦储备系统一般并不会强烈地收紧信贷，以便抵消收入和投资环境的改善。它们也不会剧烈地放松信贷，以便战胜由于经济衰退而造成的对利润的悲观态度。然而，目前的股票和债券价格却一起变动。利率的变动推动着股票市场，因为美元面额的资产会获得高收益，从而吸引资金；同时也因为，它们显示出了有关当局准备造风（make the wind）的意图，恰恰不是随风而动。这种市场行为是一个强有力的例证，它表明，我们经历的利率变化，确实具有实质含义，它们绝不仅仅是对预期的通货膨胀做出的费雪式调整。

表 25.1

	1951年第二季度到1965年第四季度	1966年第一季度到1973年第四季度
标准-普尔500种股票的价格和（新发行的AA级）公司债券	+0.11	−0.43
股票价格（同上）与优惠利率	−0.04	−0.53
标准-普尔500种股票的股息率和公司债券利率	−0.06	+0.49
股息率与优惠利率	+0.21	+0.57

为了把这一点具体化，表25.1中列出了一些校正系数，它们都是根据指示性变量的季度变化计算出来的[①]。

[①] 标准-普尔500种股票价格指数，也译为斯坦达德-普尔500种股票价格指数。是美国最大的证券研究机构标准-普尔公司计算并发表的一个股票价格指数。它是500家上市公司（其中：工商企业400家，运输企业20家，公用事业40家，金融企业40家）的普通股股票价格的加权平均数，从1923年开始编制。它是根据纽约证券交易所的大约90%的普通股股票价格计算出来的，因此，比我国读者比较熟悉的道·琼斯股票指数具有更好的代表性，在严肃的学术研究中多采用这个指数。——译注

现行的利率同时既是低的，又是高的，这其实并不令人吃惊——它比同时期一般价格指数的膨胀率要低，但相对于实际投资机会而言，又比较高。对此，解释也是双重的。其一，最近的价格指数中，包含了燃料、食品和国际贸易商品价格出现的一次性暴涨，国际贸易商品涨价的部分原因，则是1971年以来美元不断贬值。理性的投资者，不会预期重新出现同样规模的冲击。其二，大部分创纪录的通货膨胀，尤其是消费者价格的上涨，都发生在以下项目上，对它们进行投机性净投资是不可能的，或是代价高昂的，如服务、易腐商品、进口、税收，甚至利率。近年来的许多次价格上涨，都增加了公司的成本，而不是增加公司的收入。在1974年经济减速期间，尽管工商信贷的需求旺盛，但是，它似乎更多地反映了企业拼命争夺流动资金，以便在更高的价格水平上，实现原有的各种承诺和计划；而不是反映了实际经济扩展的筹资。1973～1974年期间的通货膨胀，对各种资产的价值产生了不同的影响。对于某些类别的可再生资产，它只不过顺流而过。但它更有利于不可再生的资产——矿物储备、农用土地、贵金属、古钱币、古玩器皿。可是，美国经济的繁荣和进步，却取决于对积累可再生的生产性资本提供充分的金融刺激。

二、过分的自鸣得意

我认为，联邦储备系统以及工商界和金融界的清晰呼声，对于今天的两位数利率过分的自鸣得意了，原因就在于此。当然，联邦储备系统不应对那些困扰美国的、非常现实的经济困难承担责任，这些困难包括，食品、燃料和原料短缺；资本投资的生产率明显有所下降；国际货币体系的紧张；对政治和经济制度的信任危机。不过，这些问题只靠紧货币政策无法医治，只会加剧困难。股票市场的疲弱、住房建设的衰退以及整个经济的普遍呆滞，都是一种警告，预示着我们现行的策略面临着危险！我清楚地认识到，政策的目标就是，足够强烈、足够长时间地削弱总需求，以图显著地降低通货膨胀率。我认为，过去的经验不会证明这种政策取得成功的前景是乐观的，不过，我在这里不作争辩。我只是试图指明，这项政策，实际上要比人们从表面上比较利率与通货膨胀时所认为的，包含着更多的伤痛、更高的成本和更大的风险。

26 论金融体系的效率*

美国拥有世界上最大、最精巧且最复杂的金融业,它适宜于世界上主要的资本主义经济。只有伦敦,才能与纽约相匹敌;由于它长期积累起来的国际关系和经验,伦敦维持了重要的金融地位,这与英国在世界贸易和生产中的地位日益下降,不太相称。而且,金融业也是美国迅速增长的部门之一。

就在昨天,《纽约时报》上公布了46位收入最高的工商界高级管理人员的名单,1983年他们的报酬(即工资加上奖金,不包括原先得到的股票优先购买权的兑现),都超过了100万美元。其中,真正令我感兴趣的是,这些精英人才的名单中,竟有16位是金融公司的管理人员。[1]因此,我在耶鲁大学所教的研究生们,都把金融业当成最优选择的工作目标,也就不足为奇了! 1983年耶鲁大

---

* 1984年5月,纪念弗雷德·赫希演讲,纽约。发表在《劳埃德银行评论》第153期上,1984年7月,第1～15页。

[1] 见《纽约时报》,1984年5月2日。在统计过程中,每家公司只被要求公布其最高收入的五位管理人员的报酬,否则的话,金融行业的代表可能还会更多。据1984年5月21日的《华尔街日报》估计,除了被列入名单的五位管理人员以外,菲布罗-萨洛蒙公司(Phibro-Salomon)还有15位到20位管理人员有资格列入名单。而且,华尔街的大部分企业都是合伙企业或私人企业,都没有参与统计。该报报道说,可以断定,几家主要企业的资深管理人员或合伙人应属于该名单之中,而且很可能处于前几位。

学组织与管理学院的毕业生中,40%都在金融行业里就业。[1]他们的起点工资,就是四口之家的收入贫困线水平的四倍。所有的大学教育工作者都知道,金融业吸引了这个国家里最有能力的青年男女中的一个很大的而且是越来越大的部分。在这篇演讲的后文中,我还将进一步提供有关我国金融行业经济规模的信息。

弗雷德·赫希(Fred Hirsch),这位天才的经济学家和社会批评家,把所有的组织,包括私人组织和公共组织,都当成公平竞赛进行分析和评价。他不愿意单凭信仰或根据原则就假定,"市场"会得到最好的结果,或者,仅仅把扭曲的结果,归罪于政府的干预或管制。他同样也不抱有这样的幻想,即立法者和官僚阶层会尽力获得最好的结果。按照同样的思想观点,我决定利用你们为我提供的这个演讲台,进行赫希演讲,对我们庞大的金融市场和组织体系的效率,提出一些怀疑的观点。这些观点与现行的思想潮流针锋相对,现行潮流,不仅是指人们普遍地热衷于取消管制和自由自在的竞争,而且包括我的专业领域里知识分子普遍赞赏金融市场的效率。金融理论本身,在学术界就是一种迅速发展的活动,不论在管理学院,还是在经济系里,都占据着越来越多的教职员职位、学生的学分、杂志的封面以及计算机打印时间。而且,正如报纸上已经报道的,金融学的教授们正在走上大街。[2]

---

[1] 有关工作安置的数据资料,来源于耶鲁大学组织与管理学院的职业计划与安置办公室。工作的岗位是由作者进行分类的。

[2] 最近见诸报端的名字,包括威廉·西尔伯(William Silber)和费希尔·布莱克(Fisher Black),他们分别离开了纽约大学和麻省理工学院。许多其他学者还没有彻底完成这种跳跃,只是当顾问。他们不仅在假期提供顾问服务,而且在商学院的标准学期里,也抽出一天、一周的空闲去做顾问工作。

一、效率

效率一词有几种不同的含义。第一，如果一个市场上平均来说，不可能从依据普遍可以利用的公共信息所进行的交易中获利的话，这个市场就是"有效率的"。在有效的市场上，无论如何都是只有内部的人才能赚钱。无论你我知道的什么市场，都已经是"贴现的"。披露出来的标准的轶事是这样的：金融学教授和他的研究助手一起在大学校园里散步，助手说："教授，我看见在人行道边有一张20美元的钞票，我是否应该把它捡起来？"教授断然回答说："不！当然不，如果真的有20美元，那它早就已经被拣走了。"这种意义上的效率，我称之为信息套利效率。

第二种，也更深刻的效率含义是：在金融资产中，如果一个市场的估价精确地反映了对资产的未来支付，用目前颇为流行的行话来说，如果资产的价格是基于这些支付的"理性预期"，那么，这个市场就是有效率的。我把这种效率，称为基本估价效率。

第三种，一个金融市场体系，如果能够使经济行为者，为他们在未来各种意外情形中交付商品和服务提供保险（不管是通过现在就放弃他们拥有的某些资产，还是签订契约的方式，在未来出现特定的意外情形时交付），那么，它就是有效率的。特定商品在特定的"自然状态下"的契约，在经济理论中被称为阿罗-德布鲁契约。肯尼思·阿罗和杰拉德·德布鲁非常严密地证明了，[①]为了保证存

---

① 他们合写的开创性论文是："竞争经济中均衡的存在性"，《计量经济学》，1954年第22卷，第256～290页。也可参看德布鲁的著作：《价值理论：经济均衡的公理分析》，纽约：威利出版公司1959年版。

在一种具有最优性质的均衡（其最优性质是由亚当·斯密以及后继的自由市场理论家们直观地发现的），这种竞争市场的完全集是必要的，给定一些其他条件，它也是充分的，这种阿罗-德布鲁意义上的效率，我称之为完全保险效率。

第四个概念更具体地关系到金融行业的经济功能。金融业并不能提供一些能够直接为生产者或消费者利用的服务。这是一种夸张的表述，因为有些人本性上喜欢赌博，偏爱证券市场，而不是娱乐场和体育跑道。但是，人们普遍以其他理由来证明，用于金融服务的资源是合理的。这些理由包括；共同承担风险，并把风险分摊给最有能力和最愿意承担风险的人；按照刚才讨论的阿罗-德布鲁的观点，它具有一种普遍的保险功能；提供支付机制和支付网络，促进交易的便利；有利于动员储蓄用于投资，包括物质资本和人力资本投资、国内和国外投资、私人和公共投资，并且把储蓄分配到从社会来看最具有生产性的用途上。我把这方面的效率，称为功能效率。

在我们按照这四个效率标准，来讨论美国的金融体系之前，我想首先指出，这个体系的服务并不便宜。在其中，发生了大量的活动，并且使用了相当多的资源。在此，我想提醒读者注意几个有关的数据。

之一：美国商务部的分类，金融和保险业生产了国民生产总值的 4.5%～5%，雇员的报酬占全国的 5.5%，雇用的劳动力大约占全国的 5%。它们获得了全国 7.5% 的税后公司利润。根据商务部的计算，全国大约 3% 的个人消费属于金融服务。这些数字中还不包括律师业。律师业大约占经济的 1%，其业务中，有相当一部分实际上是金融业的。[①]

之二：上面提供的计算结果，并没有说出全部的事实。它们仅仅包含了直接使用的资本和劳动力的附加值。如果把从其他工业中购买的商品和服务投入都包括在内，金融和保险业大约使用了国民生产总值的9%。[②]

之三：1983年转手的股票达30亿股，价值高达上万亿美元。周转量是发行在外的现有股票的60%。因而，平均持有期大约是19个月。按照保守的假设，成本占美元价值总量的1.5%，那么，交易者就支付了140亿美元。事实上，1982年纽约股票交易所的会员企业的支出和税后利润是220亿美元，占交易总价值量的3.3%。证券行业雇用了232000人，其中包括61000名销售代理，不包括将近5000名销售职员。

美国的股票周转率比其他任何国家都更大。其最接近的竞争者是日本，达到35%，德国达到24%，英国是16%。

与股票相反，我国债券的二级市场却很不活跃。在纽约证券交易所，每年的交易量是72亿美元，还不到上市债券票面价值或市场价值的1%。再进行另一项比较，看一看独户住宅。其年销售额大约相当于现有股票价值的4.5%，其中，1/6是新建的住宅。[③]

---

① 数字取之于美国国民收入与产品账户表，见《当前商业概况》，美国商务部，1983年7月。

② 得出9%的结果是根据美国经济1972年投入产出表的估算，假定在劳动和资本的直接和间接支出之间，是同比例分摊的。见"1972年美国经济的投入-产出结构"，以及"1972年美国投入-产出研究的美元价值表"，两文分别载《当前商业概况》，1979年2月和4月。

③ 数据资料来源于美国证券与交易委员会《每月评论》上的统计报告，以及纽约证券交易所1983年《大事记》。

之四：股票和债券，绝不是有组织的市场上进行交易的唯一工具。《华尔街日报》的有关版面上，对市场的各种选择报道是：475种普通股票进行买卖的4000种合同，其到期日和价格都有很大差距；15种股票指数进行买卖的100份合同；5种外国货币进行交易的60份合同；3种利率进行交易的11种合同。此外，还有大约500种期货合约，其到期日各不相同，涉及400种商品、5种外汇汇率、10种利率和债券的价格，以及6种股票指数。甚至还有100种"期货选择权"合约。在所有这些市场上，交易量是巨大的，但是，却很难按照与基础证券交易可比的口径，进行计算和比较。

之五：我们的15000家商业银行在60000个办公室里开展业务活动，每家银行有3800人。1982年商业银行的营业费用是610亿美元。其中，100亿是每年的"房屋使用费用"，每间办公室约为170000美元，[1] 此外，还有4250家储蓄机构的25750家办公室的营业费用140亿美元。[2]

二、信息套利效率

在这种意义上，证券市场是不是有效率的？在经济学和金融学的学术圈子里，几乎所有的学者长期以来的判断是，是的，它是有效率的。第一项得出这个结论的研究，是由阿尔弗雷德·考尔斯先生（Alfred Cowles）进行的，他是考尔斯委员会的创始人，该委员会设在

---

[1] 数字来源：1983年7月《联邦储备公报》，表A1，第501页。
[2] 数字取自美国储蓄机构协会的《1983年储蓄与贷款资料集》，以及全美互助储蓄银行协会的《1982年储蓄银行大事记》。

耶鲁大学内,现已改为考尔斯基金会。考尔斯本人是一位投资顾问,受 1928～1933 年期间股票市场反复回旋的磨炼,他从统计上证明了,每位投资者在随机地选择股票方面,至少和专业顾问的建议做得一样好。[①] 他的结论曾经以不同的方式,被多次加以证实。从统计上看,积极管理的证券组合,考虑到交易费用的话,并没有战胜市场。价格与过去的历史之间的相互联系实在太微弱了,根本不能利用价格与历史的联系来获利,从这种意义上说,价格是随机游动的。[②] 这些观点与"技术"分析的主张,是相互矛盾的。它们都表明,对于经纪人和投资顾问的顾客们,对于共同基金的所有者来说,从用于积极的证券组合管理中的资源上获得报酬的数学期望值为零。

以信息为基础的套利效率,也不会免费获得。它也需要套利者、专家和市场创造者投入一定的资源。当然,随机游动并不意味着价格不对新的信息做出反应。恰好相反,它意味着,价格会迅速地、充分地做出反应——而且可以想象到,它只带有很少的交易,或是根本没有交易。

三、基本估价效率

现在我回到第二种效率上,即市场估价反映基础状况的精确

[①] 阿尔弗雷德·考尔斯:"股票市场的预测者能够预测吗?",载《计量经济学》,1933年第一卷,第 309～324 页。阿尔弗雷德·考尔斯和赫伯特·E. 琼斯(Herbert E. Jones):"股票市场行动的一个后验概率",载《计量经济学》,1937 年第五卷,第 280～294 页。

[②] 伯顿·马尔基尔(Burton G. Malkiel):《随机游动华尔街》,纽约:诺顿出版公司 1973 年版。约翰·格里格(John G. Gragg)和伯顿·马尔基:《预期与股票价格的结构》,芝加哥,芝加哥大学出版社 1982 年版(全国经济研究局的一部专题著作)。

度。在这种意义上的效率,绝不是指刚才讨论的技术效率。我们有很好的理由对此抱有怀疑态度。一种股票的基础,是预期未来得到的红利或其他支付,或者是预期的未来收益,这在数量上大体是相等的。股票的价值是这类收益打了折扣的现值。偶然的观察表明,市场向上和向下波动的幅度,要比由理性预期证明是适当的,或用其折扣率计算的变化幅度大得多。这种怀疑,已经由我的同事罗伯特·希利尔(Robert Shiller)先生进行了严密的论证。[1] 很明显,市场投机把红利和收益的基础可变性扩大了好几倍。

对于债券市场,希利尔先生也证明了类似的经验论断。[2] 原则上,长期债券的收益,是从现在到债券到期日之间预期会顺次流行的各种短期利率的一种平均。债券价格的波动,要比能够证明是适当的短期利率的可变性大得多。斯蒂芬·戈卢布(Stephen Golub)和其他学者早就指出,相对于贸易平衡状况的波动而言,外汇汇率是过分易变了。[3]

在过去10年里,证券的价格不断降低,甚至远低于基础的资本资产的重置价值,以及这些资产预期获得的收益的现值,这已经成了一个不解之谜。[4] 在各种假设中,最有说服力的是由莫迪利亚

---

[1] 罗伯特·J. 希利尔:"随后的红利变化能证明股票价格的大波动是适当的吗?"《美国经济评论》,1981年第71卷,第421~436页。

[2] 罗伯特·J. 希利尔:"长期利率的可变性与期限曲线的预期模型",《政治经济学杂志》,1979年第87卷,第1190~1219页。

[3] 斯蒂芬·戈卢布:"汇率的可变性:太过分了吗?"是他未公开出版的博士论文《国际金融市场、石油价格和汇率》的第四章,耶鲁大学1983年。

[4] 威廉·布雷纳德(William Brainard)、J. B. 肖维恩(Shoven)和L. 韦斯(Weiss):"资本报酬的金融估价",载《布鲁金斯经济活动论文集》,1981年,第2卷,第453~502页。

尼和科恩（Cohn）共同提出的：市场没有考虑到收益和红利的通货膨胀影响，而是根据利率，对实际获得的收入打折扣。这个利率中，包含了对预期的通货膨胀的大量溢价。[1]对于这种非理性的向下偏向，作者提出了一份令人信服的统计论据，并且用那些显示出误解的专业市场顾问们的引文加以证实。莫迪利亚尼-科恩的理论也引起了争论，它可能不完全符合现实情况。不论严重过低估价的根源是什么，套利显然不能，或者不会采取任何办法予以校正。

由于异乎寻常的过分低估而造成的并购企业的狂热，是在这个基本的效率估价标准上出现市场失灵的证据。并购可以动员足够的资本，把目标股票的价格，提高到一个更加接近基础资产（比如海湾的石油储备）的基本估价水平上。一般投资者也察觉到同样的过低估价，但他们不能期望从中获利，除非其他的普通投资者都赞同——或者一次接收使之成为事实。如果企业并购能够使价格更接近于基本估值，它就发挥了一种有效的作用。但是，市场本身没能达到目的，这个事实是对市场效率的一次严重控诉。

约翰·梅纳德·凯恩斯曾经把股票市场——他特别指的是美国的股票市场——比喻为"一些报纸的选美竞赛，每个竞争者都必须从一百幅照片里，为报纸挑选出六幅最漂亮的插图，哪一位竞争者的选择，最接近于全部竞争者作为一个整体的平均偏好结果，他就得到了奖励。这样一来，每位竞争者实际挑选出来的，并不是他本人觉得最漂亮的照片，而是他认为最能迎合其他竞争者想象力的照

---

[1] 佛朗哥·莫迪利亚尼和R.科恩："通货膨胀、理性估价与市场"，芝加哥大学《商业杂志》，第35卷，第24～44页。

片，结果，所有的竞争者都以同样的观点来看待这个问题……（我们）已经到达了第三层级，我们要开动脑筋去推测，按照一般人的普遍看法，一般人的意见会是什么。而且，我觉得，肯定还有一些人达到了第四、第五，甚至更高层级"。[1]

针对其他投机者的投机行为进行投机——其他投机者也在做同样的事，这就是"泡沫"。当然，它们决定着一些资产的定价，这些资产在消费或生产中，只有微不足道的基础报酬，或者为零，或者是含糊的，还或者是不可转移的报酬。举例来说，黄金以及其他可以收藏的东西之所以具有较高价值，几乎完全来自于人们对未来投机者的看法的猜测。但是，正如凯恩斯看到的，泡沫也是股票市场、长期债券市场、外汇市场、商品期货市场和不动产市场上的普遍现象。

凯恩斯本人就是一位积极的和有经验的市场参与者，他对于"以真正的长期预期为基础的投资"感到绝望。他说："经验中并没有清楚的例证表明，对社会有益的投资政策，与最有利可图的投资政策，是完全一致的"。他指出，那些针对长期基础而打赌的所谓专家们，企图"在普通大众将会怎样行动这个问题上，比普通人猜测得更准确"，而其他人则致力于短期操作，那么，这些专家就会面临更大的风险。这也是对超常规的、轻率的投资行为提出的批评。如果凯恩斯今天还能够看到，专业的证券组合管理人员是怎样从短期股市业绩的评论中，寻找安全投资策略的，而短期业绩又是与他们的

---

[1] 这些引文以及随后几段中的引文，都引自于凯恩斯的《就业、利息和货币通论》，纽约：哈考特-布雷斯（Harcourt-Brace）出版公司1936年版，第156～160页。本书的第12章"长期预期状况"，值得每一位对这方面问题感兴趣的读者反复阅读。

竞争对手和市场指数相对应的,那么,他的观点在今天仍会被证实。

凯恩斯对证券市场的长期理性所持的悲观主义态度,促使他认为,这些市场提供的流动性,是一种混杂的赐福。"那种景象……有时候甚至促使我得出这样的结论,购买一种持久的和不能分离的投资,就像结婚(原文如此!),本身可能就是一种有用的处方,除非遇到死亡或其他重大原因……"不过,他还推断出,缺乏流动性将是更糟糕的不幸,因为它会促使储蓄者倾向于囤积货币。今天,这种不利状况似乎不像凯恩斯潜心著述的时候,即大萧条时期那样严重。无论如何,他提出了一种折中的措施,"计征大笔的……证券交易税(transfer tax)……,以便减轻美国企业的过分投机"。基于同样的理由,我也曾经提出,应对不同货币之间的交易,计征一笔国际证券交易税。[1]

四、完全保险效率

我的第三个概念来自于最抽象的经济理论。阿罗和德布鲁设想出一个完整的市场体系,在其中,各种商品不仅根据它们的物质特征,而且按照它们交换的日期和有关的意外情形,来加以定义。这里的意外情形是指"自然状态"。举一个例子来说,这样一个市场使我现在就能够约定:在1990年举行哈佛大学与耶鲁大学足球赛的那一天,如果当天正好下雨,而且是一位共和党总统主政白

---

[1] 詹姆斯·托宾:"国际货币改革的建议",《东部经济杂志》,1978年,第4卷,第153~159页。重印于我的《经济学论文集》第3卷:《理论与政策》第20章。

官的话，我就会得到一把雨伞。作为交换，我可出售一种许诺：在1994年，如果我那时身体依然健康，而且失业率超过8%的话，我就在纽约市举行一次经济学演讲。在这种市场上确定的价格，能够预先结清各种诸如此类的商品的供给与需求，只是每个参与者都要受到他或她的预算的约束，每个人的许诺，不能超过他或她的能力所及。阿罗和德布鲁指出，这个市场体系，将会实现整个经济领域的效率和竞争市场的最优性要求。

我们可以进一步证明，证券市场和保险市场也能够模拟阿罗-德布鲁体系，只要有效证券的名单能够"跨越""自然状态"的空间就行了。[1]也就是说，有多少种自然状态，就必须有同样多的、不同的独立证券才行。在1990年举行哈佛大学与耶鲁大学足球赛的那一天，我可以用一种证券的收益来购买雨伞，如果在那天出现某些特定的意外情形，这种证券就可以通过交换获得收益。作为一种代价，我将针对这些风险进行投保。

不过，我们的现实组织却远远不能满足阿罗-德布鲁的幻想。这是有充分理由的。市场需要资源才能运行。即使不考虑市场运行的成本，建立一个完全的市场集，也是缺乏效率的。其中，许多市场无论如何都太冷清了，根本不可能是竞争性的。而且，"自然状态"又很难定义和观察。在契约中规定的具体意外情形是不是出现了？为了解决这类纷争，已经忙得焦头烂额的律师和法官们，甚至会更忙。许多相关的意外情形，与参与者的行动也有关系，比如，

---

[1] 罗伊·拉德纳（Roy Radner）："不确定性条件下的竞争均衡"，《计量经济学》，1968年，第36卷，第31～58页。

承保人都知道,"道德风险"就是一个实际问题。

但是,阿罗-德布鲁的想象,为观察我们的现实组织和市场,提供了一个有用的方法。这个体系在某些方面,比如,人寿保险和伤残保险,甚至包括健康保险方面,能够很好地发挥作用。它使个人和家庭能够用他们生产时期获得的收入,换取他们退休和老年时期的消费。期货市场允许企业和农场主们,针对一些事件进行套期保值,这些事件,可能会改变他们将要购买或销售的商品的现货价格。资本市场能够把工商企业的基本风险,交给那些爱冒险的人来承担。而回避风险者满足于获得较低的平均报酬,他们也得到保护,避免许多可能的损失。我们的金融体系,允许个人和居民根据他们的需要和偏好,相当方便地改变他们的支出和消费的时间模式,而不是盲目地一味遵守他们获得收入的时间顺序。不过,它还能够做得更好。

举例来说,长期支付的抵押是一大创举。但是,如果有一些抵押手段,其支付更严格地遵守典型的收入时间顺序,而且偿还期比较灵活,则将有助于年轻的家庭,特别是在通货膨胀时期。类似地,一些年长居民在住宅上的财产价值,占其全部净财富的主要部分,他们将会发现,在继续保留住宅的居住权和所有权的情况下,他们实际上很难消费这些财富。要设计出相应的工具,来满足他们的需求,我想不会太难吧!消费信贷也允许居民在时间和年龄上提前消费,尽管信贷的利率似乎太高了。用未来的收入或用人力资本作交换来借贷,比用可转让的金融资产或物质资产作交换来借贷,肯定要更困难。没有政府的担保和补贴,教育贷款一般都难以利用。我认为,教育贷款的期限可以更长一些,偿还期限,甚至包括偿还额,都可以根据借债人的实际收入来决定。

我们的制度中仍然没有涉及的、明显的重大意外事件，就是通货膨胀。25年以前，我们都以为，股票是对付通货膨胀的一个良好的套期保值手段，因为，它毕竟是实际资本货物以及使用这些资本货物获得的实际报酬的所有权凭证。但是，随后的经验证明，事实完全是另一回事，部分原因是，我们受到的通货膨胀打击，都是由一些像石油输出国组织卡特尔这类完全出乎预料的原因引起的；部分原因则是，那些旨在控制通货膨胀的政策不但降低了利润水平，而且提高了利率。短期名义利率与通货膨胀的关系更加紧密。结果，可变利率工具给债务方和债权方都提供了大体的保护。不过，两者的相关性是不完全的。我们至今还不太清楚，为什么私人金融机构不进一步为储蓄者和借贷者双方，提供价格指数化的工具呢！这些私人机构比一般社会大众处于更有利的地位，更能承担利率偏离通货膨胀率带来的风险。当然，如果联邦政府发行指数化的债券——英王陛下的政府已经这样做了——那么，金融中介机构将比较容易提供指数化的资产，这些资产的偿还期和票面价值，都是根据小规模储蓄者的需求设定的。

设计一种比现行的消费者价格指数更为恰当的价格指数，将会推动指数化金融工具的发展，不论政府是不是带头倡导这种发展。新的价格指数将排除一个国家的外部贸易条件发生变化造成的影响，不论变化的根源是石油或其他进口品的价格冲击，还是货币的外汇价值的变动。同时，还要排除间接税的变化。这些消费者价格指数变动，对于整个国家来说，实质上是不可保险的。对于工资合同以及社会保险福利，对于新的金融工具，一个排除了上述变动的指数，显然更可取。

在过去10年里，新的金融市场和金融工具激增，或许可以认为，扩大了的金融工具名单现在已经跨越了更多的自然状态，使我们更加接近于阿罗-德布鲁的想象。不过，我想可能还不是十分接近。新的选择权合同和期货合同，并没有扩展到非常远期的未来。它们的主要作用是，允许短期投机者和套期保值者有更大的杠杆作用利益，并且限制在一个方向或另一个方向上的损失。笼统地看，它们包含了不少多余的东西。每一个金融市场都要吸收私人资源来运行，需要政府的资源来管理。我们的国家没有能力支撑起热心的人们梦想到的各种各样的市场。有关管理部门在决定是否批准提议的贸易合同时，应该考虑到，它们实际上是否填补了名单的缺口，是否增大了阿罗-德布鲁保险的机会，而不仅仅是增大了投机和金融套利的机会。

五、功能效率

最后，我要转向我所说的功能效率，即金融行业为整个经济提供的服务。

只有小部分的证券交易是出售新发行的证券。在1983年，它们的交易额只有1000亿美元，占金融企业本身发行证券总额的1/3。[①]在非金融公司发行的证券中，一个比较大的比例，将是偿还和重新调整债务和证券，而不是为新的实际投资筹集资金。即使在最近的高投资年份里，即1978～1979年期间，非金融公司的资本支出总

---

① 关于新发行证券的数字，取之于证券交易委员会的《每月评论》。

额中，有86%是由内部资金、留存的税后收益和折旧费来筹资的。从总量上看，留存的收益足以弥补资本消费支出投资净额的2/3。在最近的经济衰退中，内部资金超过了资本支出。[1]

这些总量数字确实低估了资本市场的作用。一些企业的内部资金满足自身的投资需求以后还有剩余，其他一些企业则有赤字，有盈余的企业直接地通过购买其证券，或者更经常的是，间接地通过金融中介机构，为赤字企业筹集资金。这种活动究竟有多大数量的资金，目前还缺乏统计资料。不过，假设非金融公司新发行的证券中，有一半用于为赤字公司的资本支出提供资金——这似乎是一个相当保守的高比例。那么，在1978～1979年的资本支出总额中，只有2/3是靠内部资金形成的，而不是前述的86%；只有1/6的净资本支出是靠留存收益，而不是前述的2/3。这些计算中包含了银行贷款和短期票据作为外部资金，在总额中占68%，是企业在证券市场和抵押市场上筹集资金的两倍。在投资方面，它们还包含了公司拥有的住宅建筑和存货。

很清楚，按照市场活动量的大小来衡量的话，证券业所起的作用，与筹集任何直接方式的实际投资，几乎没有多大关系。同样地，从总体上看，这些市场与怎样把居民的储蓄转换成为公司的商业投资，也没有多大关系。这个转换过程，主要是在市场以外发生的，因为收益的留存会逐渐地、无规律地增大股票的价值。资本市场和金融中介组织促进了盈余公司向赤字公司的资金转移，从而加速了

---

[1] 有关"非农业、非金融公司的资金来源和使用"的数字，来源于联邦储备委员会，这些数字除在其他地方公开发表外，还见之于《1984年总统经济咨文》，华盛顿：美国政府出版局，表B-87，第320页。

这个过程。

当然，金融市场在为州政府和地方政府的公共资本投资，以及为弥补政府的赤字而筹集资金方面所起的作用要大得多。通过金融市场，政府的债券找到了出路，纳入了个人以及（更重要的）金融中介机构的证券组合。

商业银行的传统作用是，加速企业之间的资金流通，把某些企业暂时的季节性和短期资金盈余，引入那些暂时出现资金赤字的企业。这种流通，与制成品、原材料和在制品的存货，以及不同企业之间应收账款和应付账款的积累和消化的不同速度，存在着密切的联系。一些盈余企业在银行的存款，几乎自动地超过了它们从银行的贷款；同时，赤字企业的银行存款却不断减少，它们会更加充分地使用其信贷限额。

银行在不同企业之间的居间调停，与银行从其他类型的经济行为者——居民、政府和外国人那里借贷和出贷给它们，两者是混在一起的。由于银行业务已经变得越来越普遍化了，"商业"这个词已经变得不那么恰当了。同样，其他的金融企业和金融机构，新的信贷市场，甚至有一些非金融公司，都已经侵入了银行的传统商业媒介业务的两个方面。

我在前面已经指出，居民储蓄转入商业投资的总计净额是很小的。其实，大部分居民储蓄，都流入了居民在住宅和耐用消费品上的投资。商业银行、储蓄机构、保险公司和养老基金，都是资金流动的渠道，把某些居民的盈余资金，流动到其他一些入不敷出的居民手中。现实生活中，主要是通过抵押贷款和消费信贷，来实现上述流动的。特别是，既然购买住房超出了绝大部分人的能力所及，只有一小部分家庭有能力靠当时的或以前积累的储蓄购得住房,那么,在盈余家庭与赤字家庭之间的资金流动,对于整个经济来说,就是一项很大的贡献。

传统的商业银行业务还有一个副产品,那就是提供了一种支付机制。在现代经济中,支票活期存款(checkable demand deposits)变成了主要支付手段。这一功能,目前也越来越多地与其他金融机构和金融企业共同承担了。在商业银行业务,提供货币,与推动一种支付机制的运行之间的联系,更多的是一种历史演变的结果,而不是一种有计划的安排。从逻辑上讲,我们有可能想象出各种不同的安排,从一个极端,即在这种公共物品的供应方面实行公共垄断,到另一个极端,即完全取消管制,实行自由放任。我们很可能要处在上边两个极端的中间,并且正在向取消管制的方向前进。

存款账户——支票结算、电汇制度等——的贷方总计数额,每年要超过100万亿美元。每一个美元的活期存款,平均每天周转一次。维持支付机制运行的银行做了大量的工作。全美国有40%以上的结算工作都是在纽约市进行的,从这个事实中我们可以推断出,一半以上的支票支付是用于前述的金融交易活动——可以说,是它们的另一面。其中,直接涉及商品和服务的流动的交易量,不超过贷方总计数的1/4。①

我们的金融中介机构是分散化的和竞争性的。但是,它们几乎都不能适合教科书上的纯粹竞争模型,在这种模型里,所有的企业

---

① 关于银行贷款和存款的周转量的统计资料,每月都在《联邦储备公报》中的表1.20里予以公布。

都太小了,根本不能在提供同质产品时影响价格竞争。比较适用的模型,是 50 年前由爱德华·张伯伦(Edward Chamberlin)提出的垄断竞争。[①]就像张伯伦所说的企业那样,银行和其他金融中介机构也积极地努力使它们的产品有所差别,并努力提供更有吸引力的利率和存贷款条件,以便吸引存款者和贷款者成为它们的顾客。产品的差别可以有多种形式,其中包括地理位置便利、舒适的办事场所、个人的吸引力,以及包装和广告等。

垄断竞争的征兆几乎是显而易见的。就像聚集在同一个十字街口的众多加油站一样,相互竞争的银行业务办公室,也是相互紧挨着的。就像那些加油站提供的产品一样,各个金融业务机构的产品,也只有十分细微的差别。为了说服我们相信它们的产品确有差别,垄断竞争的企业都求助于大量的广告。1981 年银行和储蓄机构共花费了 1.58 亿美元,用于在地方电视台做广告。在 64 个城市的报纸上,金融业的广告费用达到 3.87 亿美元,占其他各行业广告费用总额的 5.5%。[②]另一个征兆是,以行业中居领先地位的大企业为基准的传统定价模式的普遍流行——最低利率(Prime rate)[③]就正是一个恰如其分的明显例子。

许多乐观主义的倡导者提出,要取消对金融业的管制,他们把"垄断竞争的浪费"——这是张伯伦的措辞——归咎于对存款利率施加的法定最高额限制。他们正确地看到了,银行和其他中介机构被引导,通过广告和非价格竞争,来填补贷款利率与最高利率限额

[①] 爱德华·张伯伦:《垄断竞争理论》,坎布里奇:哈佛大学出版社 1933 年版。
[②] 见《美国统计摘要》(1982~1983 年版),第 567~568 页,表 966、967、968。
[③] 也译作优惠利率。——译注

之间的有利可图的差额。他们预言,只要取消法定最高利率,就会消除浪费型的竞争。对此,我表示怀疑,因为即使没有对存款利率的管制,整个金融体系依然是垄断竞争的;而且还因为,取消管制本身就极大地增加了产品差别化的机会。管制带来的一个副产品是,使各家银行提供的存款工具达到标准化。既然非标准化金融产品的激增会带来很高的成本,那么,超过了一定的点之后,对于公共消费而言,就不再是一项必不可少的服务了。

在其他一些国家,银行和其他金融企业的分立和合并,都不受限制,金融行业是高度集中的。美国可能正在坚定不移地朝着这个方向前进。不同企业的数量(尽管不是具体办公场所的数量),将会急剧地减少。竞争将是寡头垄断竞争,而不是张伯伦所说的垄断竞争。在支付机制的运行过程中,将存在着一定的规模经济,在小银行的管理方面,也可以进行某些改进,这些小银行受到《反分支机构法》(Anti-branching Law)的保护,非常舒适地享受着对本地的业务垄断。但是,它们也会遭受某些损失。本地的商业银行家非常熟悉他所在的社区的情况。从最好的方面说,他是本地每个人和每家企业的风险状况的一个很好的裁判员。那些全国性大银行设在各地的分支机构,仍然遵循官僚化的办事原则,它们极有可能根本不给新出现的小企业家们贷款,与此同时,它们的总部机构却把巨额的美元借贷给外国企业和有名的企业主,承担了巨大的风险。

六、结论

对我们的金融体系的效率进行的任何评价,都只能得出一种模棱两可的和不确定的判断。在本文里我已经说明，在许多方面，金融体系确实为我们个人和整个社会提供了良好的服务。但是，我同时也力图说明，不论是在金融行业本身，还是在经济学和金融学的学术领域里，它都不值得自鸣得意和自我庆贺。金融体系的缺点，也不能完全归罪于政府的管制，不会随着政府迅速取消管制而完全消失。在这方面与其他方面一样，许多管制措施都是反生产性的。不过，取消管制的过程，既不能看成是例行常规地运用自由市场哲学，也不能看成是协商处理相互冲突的部门利益。相反，应该用清醒的实用主义考虑，即我们能够合乎情理地预期：金融体系可以实现什么目标，需要付出多大代价，来指导取消管制的过程。我今天的演讲提出了其中的某些问题，但是，很抱歉，我没能提出任何具有特效的解决办法。

我坦白地承认，自己抱有一种忧心忡忡的重农主义者的怀疑态度，在学术界里可能是不相称的，那就是：我们正在把越来越多的资源，包括广大年轻人的梦想，投入到一些远远脱离了商品和服务的生产过程的金融活动中，投入到一些能够带来很高的、与其社会生产率不相适应的个人报酬的金融活动中。我怀疑，计算机的巨大力量可能正被用于这种"虚拟经济（paper economy）"，不是用于更经济地完成同样的交易，而是用于急剧地扩大金融交易的品种和交易量。或许，正是由于这些原因，到目前为止，高技术在提高整个经济的生产率方面获得的结果一直令人失望。我担心，要实现金融工具的流动性和可转让性的优势，我们必须付出代价，那就是促进过度投机，而这种投机是短视的和无效率的。即使在今天，凯恩斯也会看清这一点。

在5月12日（星期天）的《纽约时报》上，约翰·特雷恩（John Train）先生发表了一篇关于商品期货市场的富有创见的批评性论文，其主题就是我们的金融市场的赌博性问题。作者本人也参与了投资业务，他指出，在这些合约上进行的投机，对于普通大众来说，只能是一场负和游戏（negative-sum），因为经纪人才是大赢家，估计他们每年能获得数十亿美元的收益。只有5%的合约交易实际进行了商品交割。特雷恩先生严厉指责经纪行（brokerage house）错误地诱导业余的顾客，投入到这种特殊的赌博中。

这种情况，提醒我们注意到普遍的两难困境。商品期货合约，对于那些与该商品具有商业利益的交易者来说，就承担了一种重要的阿罗－德布鲁功能；既然套期保值很少能够使供给与需求达到平衡，那么，在市场上，也确实需要一些风险承担者，即投机者。但是，阿罗和德布鲁并没有考虑到连续不断的交易过程。如果交易一直持续下去的话，它就会吸引一些短线的投机者和中间商，从而扭曲或冲淡基本因素对价格的影响。凯恩斯早就指出过这种可能性。我觉得，凯恩斯的观点可能是正确的，他建议，对于暂时性持有金融工具，我们应该设置更大的障碍；而对于长期投资者，则应提供更大的报偿。

第五部分

通货膨胀、滞胀、失业与收入政策

导　言

通货膨胀和滞胀,是 70 年代里遭受的最突出的经济恶果和最令人失望的挫折。人们早就认识到,价格稳定与充分就业之间存在着明显的不可兼容性,这是现代资本主义民主国家面临的最重要的宏观经济两难选择。在 70 年代里,通货膨胀的新根源,即外部供给的戏剧性变化所带来的冲击,其中最引人关注的是,石油输出国组织卡特尔煽动起来的石油价格剧烈上涨,又严重地加剧了这个古老的难题。中央银行依然习惯性地紧缩货币和信贷,试图以此控制住通货膨胀,结果,反而造成了 1974～1975 年和 1979～1982 年间的两次深度经济衰退。"滞胀"一词是新创造出来的,用于描述前所未有的高通货膨胀、高失业与低经济增长的混合存在。

怎样使高就业与可以忍受的低通货膨胀协调一致,并且解决像 70 年代里发生的那种供给冲击带来的特殊问题,这是长期存在的难题。这一部分的各篇文章都是研究这些难题的。在第 27、28 和 29 篇文章里,我想寻找出通货膨胀的各种根源,并且针对不同的原因,简要地阐述不同的解决办法。有一种颇为流行的看法认为,通货膨胀总是需求过旺的一种不祥之兆,因而,它总是采取紧缩性财政和货币政策的一个诱因。在这一部分,特别是第 30 篇文章里,我针对反通货膨胀政策,提出了一种成本-收益方法,因为紧缩性需求管理一般都要付出很大的代价，即失业率升高，生产量下降。

1979～1980年间，世界主要经济大国的中央银行和政府采取的反通货膨胀性货币政策，确实明显地降低了通货膨胀，但同时也付出了沉重的代价。我在第35篇文章里坚持指出，有些国家，特别是西欧国家，至今仍然在付出这种代价。第31和第32篇文章论述了各种反通货膨胀策略及其后果。我提倡采用收入政策，制定工资和物价上涨的界标，依靠奖励或惩罚措施，诱导企业主们遵从这些界标。应当把它作为一种措施，以取得反通货膨胀的效果，同时，在就业和实际经济增长方面，只需付出较小的代价。

我认为，实际上，应该把某些类型的收入政策，作为长期的宏观经济政策，用来阻止失业率不断上升的令人不安的趋势。决策者们显然认为，为了避免出现新通货膨胀风潮的风险，这种趋势是完全必要的。在本书中，我一直没有把通货膨胀看成一个严重的问题，这或许是因为，失业率和过剩的生产能力都依然很高。收入政策，以及为了降低使价格保持稳定需要付出的实际代价而采取的其他一些措施，在当今的政治气候和思想意识环境下，很难被广泛地加以采用。但尽管如此，在这一部分的各篇文章里，我还是要陈述我的看法和理由。令人忧虑的两难选择很可能再次出现，我们应该做好充分的准备来对付它。

这是不是也属于一种凯恩斯主义方式？我以为是这样，因为凯恩斯本人不论是在《通论》中，还是在其他一些著述中，都强调货币工资率的稳定。他认为，在政府制定政策的议事日程上，应当把工资作为一个恰当的而且是重要的题目。

27 通货膨胀[*]

一般来说，通货膨胀意味着商品和服务的货币价格普遍的不断上涨。要很好地理解什么是、什么不是通货膨胀，需要详细地分析上述定义。

商品和服务——这个概念不是指各种股票、债券或者其他金融资产，而是指经济行为者生产出来，并且相互出售的有形的和无形的商品。是指被消费掉的或者保持下来供以后使用的商品，例如，食物、理发、避难所、住房、医疗保健、上学、汽车、拖拉机、机床等。

货币价格——这是指每个商品单位的货币数量，例如，每磅黄油、每加仑汽油、每次理发、每次乘公共汽车、每度电，或者每台柴油机值多少货币。在美国，货币数量就是指美元和美分。与此相反，我们可以想象易货价格，按照易货价格，一种商品可以用来交换另一种商品。例如，3加仑汽油交换1小时的劳动，两张公共汽车票交换1磅黄油，一次理发费用交换100度电。根据任意两种商品的货币价格，可以计算出它们的隐含易货价格，用经济学家们的话来说，就是它们的相对价格。通货膨胀不是指相对价格的变动，

---

[*] 1982年，载入道格拉斯·格林伍德（Douglas Greenwald）主编的《经济学百科全书》，纽约：麦格劳希尔图书公司1982年版，第510～523页。1982年版权归麦格劳希尔图书公司所有。经允许，在此重印。

而是指绝对价格的变动,也就是货币价格的变动。

　　不断上涨——这并不意味着"高"。根据某些指标计算,到1978年底,美国的货币价格高达1967年的两倍。因而,在这段时间内,每年的平均通货膨胀率是5.8%。(如果在1967年存入银行1美元获得这个利率,并且连续地计算复利,那么,在12年之后就会变成2美元)。如果出现了某种奇迹,价格突然停止上涨,到1979年底,价格水平与12个月以前完全一样,那么,对于1979年这一年来说,通货膨胀率就是零。但是,在1979年,1美元能够购买到的产品和服务,也只有1967年的一半;要获得1美元,需要出售的产品和服务也是1967年的一半。

　　普遍地——通货膨胀是指各种货币价格普遍地、广泛地上升。单一种商品的价格不断上升,即使这种商品是牛肉或石油,它本质上也不是通货膨胀,就像袖珍计算器或电子表的价格不断下跌,并不代表通货紧缩一样。

一、通货膨胀的量度

　　为了测度一个月内,或一年内或十年内的通货膨胀,必须把成千上万种特定价格发生的多种多样的变化,平均起来计算。这是很不容易的,也倾向于是随意的。如果所有的价格都按比例一起变动,那么,价格水平发生变化的数量和方向,就是一清二楚的。可是,价格的变化并不是如此,相对价格总是在经常变化。实际工作中,通常都是由政府代理机构中的统计学家们计算价格指数。在这些指数中,是按照各种商品在消费者预算中或在国民生产总值中,或者在其他总量指标中的重要性,进行加权平均的。依据不同的概念,或者不同的基础数据,进行加权后计算出的指数,往往会得出不同的结果。

平均和加权并不是面临的唯一问题。产品的设计和质量都在经常变化,可能变得更好,也可能更糟。一辆载重卡车,一台计算机,一副雪橇,乘一次地铁等,与一年前都不会完全一样,更不用说同十年前相比。新产品不断涌现,一些老产品则逐渐消失。美国的消费物价指数显示,1978年的价格是1940年的465%。但是,在1940年,不论支付多高的价格,也买不到电视机,而现在也买不到1940年生产的新福特牌轿车。内科医生在一个小时内为病人提供的服务,比以前可能更多,或者更少,可是,统计学家们却不能测度保健的具体内容,因而,只能把病人每次看病的费用上升记入指数中。

通货膨胀的量度肯定不够准确,这是难以避免的。尽管如此,标准的价格指数值仍然包含了重大的变化。例如,1974~1978年期间,国民生产总值的价格指数平均每年上升6.8%,而1965~1969年期间平均每年上升1.8%,两段时间显然有很大区别。

二、货币与通货膨胀

按照定义,通货膨胀是一种货币现象,是每一个货币记账单位能购买的商品的价值在下降,在美国,货币记账单位就是美元。通货紧缩也是一种货币现象,它是每单位货币的商品价值和商品成本的上升(举个例子来说,1929~1933年,价格平均每年下降6.7%)。

由此可见，为了更好地理解通货膨胀和通货紧缩，很有必要考察货币在经济生活中的作用。如果一国经济中的各种商品和服务总是直接互相交换的，这个国家就不会出现通货膨胀和通货紧缩。但是，它同时也是非常缺乏效率的。或许，村里的皮匠会用皮鞋去交换农民们的鸡蛋，甚至许诺用明天制作出来的皮鞋，去换今天的鸡蛋。不过，再设想一下，如果钢铁厂不得不用钢锭支付工人的报酬，或者，用钢锭去交换鸡蛋、皮鞋以及工人们更喜欢的其他商品，那该有多困难！没有货币，就必须花费更多的时间和精力，到处去寻找并且实施对双方都有好处的直接交易，就必须花费更多的资本用于存货。为了避免这些无效率的浪费，即使是原始社会的人也会同意，在他们之间应该有一种共同的交易商品，一种货币，利用它进行相互间的交易。

一个社会里的货币，主要是作为一种共同接受的交易中介，一种记账和核算的单位。商品和服务可以通过货币进行交易，而不必直接地与其他商品和服务进行交换。皮匠可以出售皮鞋，得到货币，以后再用货币购买鸡蛋，也可以购买皮革，钉子，以及支付学徒的服务费。钢铁厂可以出售钢锭，换取货币，用货币给工人们发工资，工人则可以用货币去购买他们个人需要的任何东西。价格可以用货币单位标示出来，并用货币单位计算其价值。不妨设想一下，要把每一对可能的商品交换之间的易货贸易价格，全部记录下来，会遇到多么大的困难！

这些都是货币的功能。可是，用什么东西做货币呢？这无论怎样都要由整个社会集体地、根据惯例和传统来确定，在现代国家里，则要根据法律来确定。被选择出来作为货币的东西，一直是很不相同的，包括牲畜、土地、石块、银块、金块和印刷的纸币等。有一些所谓的法定货币，其除了以货币的功能用于流通以外，本身并没有什么价值。另一些作为货币的东西，则是某些商品，它们本身就具有一定的消费价值（例如，在战俘们之间交易的香烟）或者生产价值。即使是商品货币，由于这些商品具有货币的功能，所以，与其他商品和服务相比，这些商品的价值往往会高于它们本身所具有的价值。有些商品比其他商品更适宜作为货币，但对于整个社会来说，不论用什么东西作为货币，只要人们普遍公认它是交换和核算的通用媒介，货币就会给社会带来好处。在这个方面，货币和语言类似，也是一种由社会约定俗成的产物。就货币和语言而言，它们对于社会的合作和交流能起多大作用，则取决于它们选择的中介能否普遍通用，而不管选择的中介是什么。

货币还是一种价值贮藏手段，个人可以储蓄货币并持有财富，以备将来使用。否则的话，货币作为交换手段，就会是没有用处的。农民愿意用鸡蛋换取皮匠手中的货币，完全是因为农民预期，他在明天、下个星期或者明年要用货币购买鞋子、种子或者围栅栏的铁丝时，别人也会接受他手中的货币。任何一个人接受了不兑现的纸币——或者接受超过其消费需求量的商品货币，比如香烟或银块等——都期望将来别人也会接受它。

然而，货币当然也不是储蓄者和财产所有者们可以利用的唯一的价值贮藏手段，或者，也不是财富的基本形式。甚至在原始社会里，土地、家畜和其他一些商品，也是财富的更重要的表现形式。在现代经济中依然是这样，不过，不动产的最终所有权常常是间接的，通过一种债权关系的网络显示出来。

在一个现代国家的经济中,有许多资产和债务都是以货币记账单位来衡量的。这些资产和债务中,有些是交换媒介,但大多数都不是。举例来说,在美国,美元的基本实物表现形式,是由联邦政府法定发行的通货——纸币和硬币。联邦政府也有一些尚未清偿的债务,需要支付一定数量的这类美元来清偿债务,其中,有些债务是一经请求随时即付的(最引人注意的是各商业银行在联邦储备银行的存款);有些债务却是在预先确定的未来某个时间支付的(政府发行的短期国库券、中期国库券和长期国库券)。货币和活期存款不需要承担利息,而定期债务需要支付利息。此外,除联邦政府以外的债务人,也发行了大量的、各种各样以美元计量的债务票据,其中有些是活期的,随时偿付;另外一些则是在将来一定时间偿还。这类债务人包括银行、储蓄机构、州政府及地方政府、各种企业、个人(房屋所有者、汽车购买者、百货商店的顾客等)以及外国人。这些借据中,大多数都要支付利息,但随时即付的债务(例如银行的支票账户)一般不计利息。

除了通货本身之外,一些承诺见票即付的票据,一般的或者经常的也是可以接受作为支付手段的。这样的票据不仅包括银行和储蓄机构里的存款支票,而且包括公司信用卡、公司旅行支票以及某些共同基金的债务票据。

一旦出现通货膨胀或通货紧缩改变了美元的价值,就会影响所有美元票据的实际价值,不论这些票据是私人的,还是政府的;是活期的,还是定期的;也不论这些票据是否作为支付手段。由于这个原因,美元作为记账单位,其价值发生变化的原因以及造成的后果,都远远超过了政府发行的基础美元通货,也超过了银行提供的美元支付手段。

在整个历史进程中,货币作为价值贮藏手段的重要性,是反复变化而又不可预测的。我们只要考虑到货币的性质,这一点也就不足为奇了。有一种观点认为,价格具有稳定性或可预测性,这是自然的、正常的;而通货膨胀和通货紧缩,则是由病理引起的异常状态。这种观点只是一种没有什么现实基础的理论抽象。人们之所以储蓄,是为了将来的消费,为了他们老年生活有保障,或者是为了他们的子女。但是,不管他们积累的财富是什么形式,他们从来也不能准确地肯定,当他们或者他们的继承人真正需要财富的时候,这些财富的价值到底有多大。因为,人们不可能恰如其分地贮藏他们需要消费的各种商品,所以,他们总是要依赖于其他人准备为他们的财产付出多少钱。对于土地、房屋、个人技能(人力资本)、机器工具和普通股票来说,确实是这样;对于货币来说,肯定也是如此,货币的价值并不取决于它在消费或生产过程中具有的内在效用,而总是取决于其他人预期这种货币的价值将是多少。一方面是商品和商品的所有权,另一方面是货币及货币的所有权,投资者们总是要针对它们两者之间的相对价值进行投机。金融体制在贸易和劳动分工方面给社会带来了高效率,而货币价值的波动,则是社会为此付出的代价。问题就是,如何保持这种波动不要太剧烈了,以至于不会抵消上述效率上的贡献。

三、预期到的和未预期到的通货膨胀

假定通货膨胀都是完全预料到的,在这种情况下,每一个人都能够正确地预见到未来每一种商品货币价格的变化情况。在决定要借入或贷出多少美元、借期多长、利率多高的时候，每个人都可以正确地计算出，相对于人们消费和生产的商品而言，美元的贬值数额是多少。借出人如果预期到会有较大的通货膨胀，就会要求更高的利率作为补偿；而借入者如果预期将来会用贬了值的美元来偿还债务，他也能够并且愿意支付较高的利率。正如欧文·费雪早在60年前就指出的，在这种情况下，市场上的利率将会一点一点地根据预期的通货膨胀进行调整，以保证各种实际利率不变（这意味着，今天用一个单位的商品，在未来预期可以直接或间接购买到的每种商品的数量不变）。现实经济的发展进程——相对价格，实物量——就不会受到预期通货膨胀率的影响。通货膨胀也不会造成任何差别，不会给任何人造成损害或带来好处。

这种理论概括包含着一个很有价值的实际教训。一国的经济越是能够全面地调整，并适应一种不断发展的通货膨胀，通货膨胀所带来的不利后果也就越少。

可是，有许多经济组织针对现实的和预期的通货膨胀变化，还在很缓慢地进行调整，有的甚至根本未作调整。一个至关紧要的难点是，基础货币、通货及其等价物的名义利率为零。法定的或者传统的利率限制，经常施用于活期存款、储蓄存款，以及贷款和抵押贷款，尽管这些利率的最高限额每隔一段时间就可能改变，而且，实际上也已经有所变化。利率的最高限额，阻止了名义利率针对预期的通货膨胀而进行的费雪式调整。通货膨胀率越高，人们持有通货所获得的实际报酬率就越低（越是负数）。由于财富的所有者会寻求用其他资产代替货币，所以，实际报酬率降低也会波及他们身上。既然预期的通货膨胀会改变实际报酬率的水平和结构，那么，它也就不是中立的。较高的预期通货膨胀产生的影响之一是，促使人们在现金管理中尽量少持有现金。持有现金的时间更短，货币的周转更快，发生的费用也更多。而且，为了避免由于利息不足而造成的资产贬值损失，人们尽可能把现金换成其他资源。付出这些社会成本，社会可能获得的收益是更大的资本形成。在某些情况下，除非通货膨胀的预期能够大大削弱持有货币资产的吸引力，否则，就不可能把实际利率降得很低，使之足以鼓励生产资本的积累达到社会所期望的水平。

未预期到的通货膨胀却截然不同。人们根据自己对未来价格的预期做出货币承诺，但事实却证明，这个预期是错误的。这类承诺的例子很多，比如：几个星期的贷款，一年到三年的工资合同，人寿保险和退休保险合同，30年期的抵押贷款，还有长期债券与租约等。一国经济总是肩负着沉重的合同包袱，这些合同是过去不同时期签定的，每份合同中对当今和未来的价格变化做出的预期，也各不相同。现实的通货膨胀率与人们过去的预期相背离，将给某些人带来资本收益，给另一些人带来资本损失。每一位学习历史的人都知道，未预期到的通货膨胀对债务人很有利，因为他借钱时利率低，但对他们的债权人显然十分不利。基于同样的道理，农民债务人曾经反抗1879～1896年和1926～1933年期间的通货紧缩，因为在谷物价格长期持续下降的情况下，农民根本不可能为贷款支付6%的利息。养老金领取者和政府公务员曾因通货紧缩而获得好处，但在战争期间以及战后发生的通货膨胀中，他们却遭受了损失。

这种再分配对于遭受损失者来说是痛苦的和令人失望的，而

且,常常可能是灾难性的打击。但是,在另一方面,我们也应该记住下面几点:

(1)既有受损失者,也有受益者。对于整个国家来说,除非该国的外债数额变得出乎意料的巨大,或者它的对外贷款获得的实际报酬令人大失所望;否则,是没有损失的。

(2)无论什么时候,只有在签订合同和做出承诺后,而现实事件却没能证明人们的预期是正确的时候,才会真正出现收益和损失,显然,这些损失和收益并不是通货膨胀本身造成的。真正的罪魁祸首可能是通货紧缩,或者是实际价格向上或向下偏离了人们先前预期的变化轨迹。比如说,在 70 年代里,许多公司按照两位数的利率借债,因为它们预期,通货膨胀率会以每年 8%～10% 的速度持续下去。许多居民户也根据他们对工资和不动产价值的通货膨胀速度做出的预期,按照他们预期可以支付的利率,举借了抵押贷款。如果通货膨胀在 80 年代里被戏剧性地控制住了,那么,这些债务人将会陷入困境。

(3)通货膨胀和通货紧缩绝不是预料之外的收入再分配的唯一根源。大多数资本损失和收益,都与人们对相对价格和实际经济现象的预测出现错误和意外有关。举例来说,我们考虑一下,在 60 年代和 70 年代里,当时已退休或即将退休者,都企图通过投资于普通股票而不是价格固定的证券,来保护自己不受通货膨胀的危害。再考虑一下,正当石油输出国组织努力提高价格的时候,一些公司却在兴建玻璃办公大楼,或是大量购买那些油耗很高的汽车。还有,在 60 年代和 70 年代里,一些年轻人献身于教育事业,但后来却发现,教育行业是一个日渐衰退的行业。

四、通货膨胀与货币数量

　　作为一种交换手段，通货从一个人手中流动到另一个人手中，从一个账户转入另一个账户来结算支票余额。无论如何，在任意一个时点，处于流通中的货币的每一个美元，都握在某个人的手中，或者某个人的账户上。在每一个营业日结束时，原则上说，完全可以统计出每个人持有的货币量，从而得出货币总量，实际上，这是非常困难的。在下一个营业日结束时，同样的统计，即使货币总量完全保持不变，但还是会发现一个不同的分布结果。

　　一个国家究竟需要多大数量的货币总量，才能正常处理经营活动呢？除了其他因素之外，其答案显然要取决于价格有多高。如果所有的价格都一律减半，那么，难道不能用原来一半的货币总量来从事同样规模的贸易吗？如果所有的价格都翻一倍，那么，从事同样规模的实际贸易，难道不需要有两倍的货币流通量吗？肯定的答案似乎是有道理的，而且，它也是一个古老而又重要的学说的理论核心。尽管该学说普遍地被称作货币数量论，不过，一个更能说明问题实质的标签却是，价格的货币数量论。

　　这个学说至少可以追溯到大卫·休谟（David Hume），它的现代形式是货币主义，货币主义的主要倡导者是米尔顿·弗里德曼。按照其最严格的形式，该学说的结论是，价格水平与货币数量成正比。例如，假设美元的货币流通量增加一倍，这样，居民户和企业手中的货币，就超过了按照现行价格处理交易活动所需要的数量，他们都将设法购买更多的商品和服务，以便把手中多余的钱抛出手。但是，过量的货币不会消失，只不过转移到其他居民户和企业手中，而这些居民和企业也会采取同样的行动。在这个过程中，商品和服务的货币价格就被人们哄抬起来了，直到价格高得足以使货币流通量不再过剩为止。当价格翻了一倍的时候，就会发生这种情况。总而言之，社会需要有一定数量的购买力，并且以货币的形式持有它。不管名义货币或美元的货币流通量是多少，价格都会做出调整，直到这个货币流通量的购买力达到了社会需要和期望的数量。由此可以推论，货币数量理论认为，通货膨胀率取决于名义货币流通量的增长率。

历史至少对此提供了一些初步的证明。正如休谟所看到的，在16世纪和17世纪里，欧洲的通货膨胀，显然与新大陆（New World）的黄金发现、黄金的进口、黄金的货币化有关系。在19世纪后期，黄金的短缺造成了欧洲和北美国家的通货紧缩。随后，在世纪之交时，新技术和新发现使得整个世界到处充满了南非的黄金，通货紧缩反过来变成了通货膨胀。由于过量滥发法定货币而造成通货膨胀，历史上，这样的事例举不胜举。例如，由反叛的美洲殖民地发行的大陆纸币，美国国内南北战争期间发行的美钞，1923年发生极度恶性通货膨胀时的德国马克，以及几乎每一个拉丁美洲国家一次又一次发行的货币。

但是，货币数量论对于20世纪后期发达资本主义民主国家里的通货膨胀，却不能做出全面的解释。这些国家发生通货膨胀的原因，要比货币数量论所说的更加复杂、更多样化。医治通货膨胀的疗方，也不像理论所表明的那样明显可见，那么肯定。

对通货膨胀所作的一个颇为流行的简单解释是，"太多的货币追逐太少的商品"。其实,货币的追逐,或者用英国货币经济学家罗伯逊(Robertson)的术语来说,是正在流动的货币(money on the wing),与正在休息的货币(money at rest)是不同的。在前面假设的货币流通量的统计中,货币流通量是指每个营业日结束时,停留在人们的口袋里、钱柜里和账户上的"正在休息的货币"。当货币在营业日内周转流动,伴随着商品的买卖和其他交易活动,从一个持有者手中转移到另一个持有者手中,这时候的货币,就可以说在追逐或者正在流动。欧文·费雪则用流通速度或者周转速度的概念,来表述货币流通与货币存置的关系,即在一定的时间内每一个美元流动周转的平均次数。(对于支票账户,则可以用开出支票的美元总值与借债方账户中的平均余额之比率加以测度。在1978年,全美国总体来看,这个比率是每个月平均达到12,如果单就纽约的银行来说,则高达45。)不过,这些交易中大部分不是用于购买最终商品和服务,最终商品和服务计入了国民生产总值,它们的价格直接与通货膨胀相联系。另一个更严格的概念,即国民生产总值流动速度,则表明了:在一年时间内,每一个美元的货币用于购买国民生产总值中的商品和服务的平均次数。(用所谓的狭义货币数量的概念 M_1 来说,1978年这个数字是5.9。货币数量 M_1 只包括由公众持有的通货以及活期存款。)

五、交易方程式

费雪对此提供了一个分析构架,即交换方程式。为便于目前的分析,交易方程式可以写成 $MV=PQ=Y$,其中,M 是货币数量,V

是其每年的流通速度，P 是国民生产总值价格指数，Q 是每年的实际国民生产总值（即固定价格的国民生产总值），Y 是以美元计算的每年的国民生产总值。既然 V 只能用按美元计算的每年国民生产总值（PQ）除以 M，才能计算出来，所以，这个方程式实际上是一个恒等式。在这个分析构架内，如果 V 和 Q 是恒定不变的，不论 M 和 P 取何值，货币数量论都能够成立。这样的话，P 就必须随着 M 的变化而做相同比例的运动。但是，对于货币数量论的两个前提——不论是理论推理，还是经验证据——都提出了疑问，至少，在经济活动出现短期的周期性波动期间是这样的。

交易方程式也可以按照每年的增长率重新改写，下面的式子就是非常近似的表示方法（其中各增长率均以百分比表示）：

$$M\text{ 的增长率} + V\text{ 的增长率} = P\text{ 的增长率} + Q\text{ 的增长率}$$
$$= \text{按美元计算的国民生产总值的增长率} \quad (27.1)$$
$$\frac{\Delta M}{M} + \frac{\Delta V}{V} = \frac{\Delta P}{P} + \frac{\Delta Q}{Q} = \frac{\Delta Y}{Y}$$

我们可以把 1978 年的情况同 1977 年加以对比，作为方程式 (27.1) 的一个例证。1978 年按美元计算的国民生产总值 Y 比 1977 年增长了 12%，由 19000 亿美元提高到 21280 亿美元。但是，真正生产出来的商品和服务的实际数量 Q，却只增长了 4.4%。两者之间的差额，就是通货膨胀率，即 7.6%。在上述方程式的左边，货币数量增加了 7.3%，从 1977 年的平均 3350 亿美元，增加到 1978 年的 3600 亿美元。货币流通速度从 5.7 次提高到 5.9 次，仅仅提高了 4%。

如果货币流通速度 $\frac{\Delta V}{V}$ 以及实际产出量 $\frac{\Delta Q}{Q}$ 的变化是恒定的,与方程式(27.1)中的其他各项无关,那么,通货膨胀 $\frac{\Delta P}{P}$ 与货币增长 $\frac{\Delta M}{M}$ 就会一起变化。在这种动态形式中,货币数量论并不要求货币流通速度 V 和产出量 Q 一直保持不变——它们可能有非零形态的趋势,并且围绕它们发生不规则的变动。产出量 Q 的变化趋势,要受到劳动力和劳动生产率变动趋势的制约,而劳动力和生产率的变动却是缓慢的和渐进的。在美国,自从第二次世界大战以后,这些变化趋势,已经促使实际国民生产总值每年平均增长 3%~4%。结果,平均通货膨胀率已经比 Y 的平均增长速度,低 3~4 个百分点,Y 是花费在国民生产总值上的美元总额。在经济周期的短期内,在实际出现的波动与这种趋势之间,存在着相当大的偏差;每年的 $\frac{\Delta Q}{Q}$ 值在 -2%~8% 之间变动。在经济周期内,Y 和 $\frac{\Delta Y}{Y}$ 的波动,一般表现在产出量 Q 和 $\frac{\Delta Q}{Q}$ 的变动上,至少和它表现在价格 P 和 $\frac{\Delta P}{P}$ 的变动一样多。

货币流通速度 V 不是货币的一种机械属性,而是成千上万的个体做出的决策及其行动产生的后果。解释货币流通速度 V 的一个方法是,注意到 V 的倒数即 $\frac{1}{V}$,它大体上是一个人在两次交易之间持有一个美元的平均时间长度。(就此而论,测度货币流通速度的恰当方法是,考虑到全部的交易,而不仅是国民生产总值的购买和销售。前面给出的数字意味着,在美国,货币持有时间是 2.5 天,单就纽约市来说,只有 2/3 天。)但是,持有时间属于经济决策。在必要的交易之间,可以从现金中拿出一部分资金,投入到能够获得利息的资产上。其刺激力量就是获得的利息收入。为了获得利息收益，就要反复不断地把资金转入、转出其他形式的资产，以保持手中的现金余额较少，这样，也就必须承受由此带来的不便、费用和风险等。如果利率较高，这种刺激力量就相对强一些。在最近的几十年里，利率和通货膨胀率不断升高，而货币流通速度却呈现出下降的趋势。再加上货币流通速度和利率的超前周期性运动，都是该推论的经验证明。通货膨胀本身就强化了刺激力量，促使人们尽量减少手中的现金持有量，缩短持有现金的时间，以便获得那些价格不断上涨的实际资产，或者带有利息的金融资产，其利率反映通货膨胀。利率也反映了货币政策。在经济周期的短期内，如果其他条件都相同，对货币增长率的积极限制，就直接与紧缩的信用市场和高利率联系在一起，从而也和较高的货币流通速度联系起来了。除了这些有系统的影响，还要加上流动性偏好和预期的更反复无常的变化，以及在金融市场、金融组织和金融技术方面的各种创新。

本文下面几节，将深入讨论一些实行民主和资本主义制度的工业化国家，在20世纪后期发生通货膨胀的某些根源。货币因素总是至关重要的，尽管在某些情况下，货币因素的作用只是配合，而不是发动力。无论在什么情况下，我们总是很有必要问一下，假如说现代政府和中央银行完全有能力阻止通货膨胀，那么，为什么还会出现货币膨胀？其答案可能是，政府发现，印发钞票以及随后出现的通货膨胀是政府为了实现战争或其他目的而动员社会资源的一种简便的办法。或者答案也可能是，政府认为，严厉的反通货膨胀性货币政策带来的经济后果，以及它的政治、社会副产品，比通货膨胀更为糟糕。

六、过量需求型通货膨胀

在古典的通货膨胀戏剧里，政府一直是主要演员和反面角色。政府需要更多的商品和更多的劳动力，典型的目的是用于战争。国民经济已经在接近其正常生产能力的水平上运行了，如果政府要购买得更多，公民大众就只得购买得少一些。计征较高的税收，是实现这种转移的一种直截了当的方法，但是，政府不能或是不愿向民众征税。取而代之的是，政府的统治者们干脆直接印制它们所需要的货币，或者，至少印发足够的新货币，以便能够便宜地借到所需的其余资金。私人的需求没有减少，却又加上了新的政府需求，经济不可能使两方面需求都得到满足。根据前述的交易方程式，美元支出的增长速度加快，只会造成国民生产总值的微小增长，但却促成了更高的通货膨胀。政府得到了它所需要的东西，但价格的上涨，却榨取了大吃一惊的公民大众的血汗，特别是那些依靠固定的美元收入和美元财产的人们。因而，通货膨胀也被人们视为最残酷的税收而臭名昭著。

像在其他国家一样，在美国的整个历史发展过程中，这样的通货膨胀戏剧已经上演过许多次。最近的一次，是伴随着越南战争而上演的，尽管它要比以前战时的大部分通货膨胀都更缓和一些。1966 年，约翰逊总统与他的经济顾问们提出的建议背道而驰，没有要求国会增加税收，用来应对战争升级的需要。到 1968 年，国防支出已经增加了 50% 以上，结果，在失业率低于政府的目标 (4%) 时，却使联邦预算出现了 120 亿美元的赤字。在这四年的大部分时间里，美国经济都处于过热状态，通货膨胀率由每年的2%上升到5%。把1968年和1965年相比，货币供应量的增长率已从4.7%上升到8.1%，国民生产总值的货币流通速度从4.1%提高到4.5%。

过量的需求可能不像战争时期那样令人惊奇，也不一定需要由政府支出，来启动用美元计算的国民生产总值的加速增长。正在追逐商品的一个美元，还是一美元，而不管是谁支出这一美元的。商业投资或住宅建设，或者耐用消费品的购买出现过度的兴旺，都可能会超出整个经济的生产能力。在1973年，世界范围内普遍发生的个人投机性囤积原材料的行为，正是产生通货膨胀的一个主要因素；在1950年朝鲜战争开始的时候，情况也是这样。（从那时以后，杜鲁门总统一直坚持服用征税这剂苦药，来为朝鲜战争筹集军费，从而使朝鲜战争期间未发生通货膨胀。）

宽松的货币和信贷政策，可能是产生过量需求的根源。人们完全有机会以较低的利率借贷，利率低于美元的或使用美元的预期报酬率，这可能会对商业投资、住宅建设、购买汽车和其他家用电器以及存货的增加等，产生过分的刺激。这种政策的外部表现之一将是，货币增长率$\frac{\Delta M}{M}$会变得更高。1972～1973年之间的时间，是人们广为引用的范例。1972年的货币增长率是9.1%。以美元计算的国民生产总值增长10.1%，实际国民生产总值增长5.7%。在随后的1973年里，通货膨胀不断加速，达到6%，是自1948年以来最高的年度通货膨胀率。

七、没有过量需求的通货膨胀:"滞胀"

过量需求并不是造成通货膨胀的唯一因素。在整个70年代的大部分时间里,困扰着世界经济的却是,同时出现了通货膨胀和过量的供给。供给过剩主要表现在,劳动力的失业率高得异乎寻常,生产能力严重利用不足。举例说,1975年美国劳动者的平均失业率高达8.5%,而在此前五年的平均失业率只有5.4%。1975年美国工业生产能力的利用率是74%,而1970~1974年的平均利用率却达到了83%。根据国民生产总值价格指数,1975年的通货膨胀率是9.7%,这似乎没有多少理由可以归罪于当时出现了过量需求。

滞胀以及先前的通货膨胀经历得出的教训是,从下面几种意义上看,通货膨胀具有其自身的生命力:

(1)历史上,工资和价格增长的模式,在供给过剩期间都有较强的增长势头。它们缓慢地、反复无常地对经济环境做出反应;经济环境主要反映在货币支出、失业率、过剩的生产能力、国民生产总值的增长等方面。

(2)现代经济似乎有一种通货膨胀倾向。过量的需求会很容易、很迅速地引起通货膨胀率升高,而过量的供给,却只能缓慢地引起通货膨胀率下降。

(3)偶然的意外事件也可能发生。一些事件与现实经济状况,或与货币、财政政策都没有直接联系,但也会改变价格水平和相对价格，从而，至少会暂时地影响通货膨胀率。最近十多年的例子有：1970～1971年期间工会推动提高工资，1973年的世界性食品短缺，1976年的农产品大丰收，当然，还有1973年石油输出国组织提高石油价格。

由于通货膨胀本身的惯性，也由于它变得习以为常，并在人们预料之中了，所以，惯性的通货膨胀会持续下去。工人们，不管是加入工会的还是未加入工会的，都紧盯着那些和他们处于同等地位的人们的工资收入，并且努力要与他们达到同样的收入水平，或者更高一些。他们还企图努力使其收入的增长赶上和超过生活费用的上涨，在这一点上，按生活费用调整工资的有关条款会帮助他们达到目的。雇主们会接受在他们的劳动力市场上和所在行业里形成的工资增长模式，并支付更高的工资，因为他们知道，这样做并不会危害到他的竞争地位。工业定价主要是以成本为依据的。如果每小时的劳动成本每年增加9%，劳动生产率提高2%，那么，平均来看，工业品价格将上涨7%，并将反映在工人们的生活费用上。就像在60年代初期那样，如果工资膨胀达到4%，价格上升2%，便会出现同样的实际结果。只有在美元工资率的上涨，平均来看不快于劳动生产率的增长时，价格水平才会稳定下来。然而，一种较高的工资模式一旦建立之后，是很难降下来的。

工资的模式也是可以改变的，不管是变得更好，还是更糟。工资的增长对于经济状况，也不是完全没有反应的。计量经济学估算的结果是，如果有两个年度的失业率分别是7%和6%，则其差异是0.25～0.5个百分点的通货膨胀率。即使按照更乐观的估计，要想把通货膨胀率降低3个百分点,必须维持较高的失业率达6年之久。正是由于这个令人懊丧的估算结果,才使得美国政府以及其他一些国家的政府,努力寻求更直接的办法——实行工资和物价管制,或者,对私人工资谈判和价格决策,进行比较温和、强制性比较弱的政府干预。

通货膨胀倾向是指工资和价格对需求压力的反应,要快于对供给过剩的反应。一些不断壮大的企业和行业,在紧张的劳动力市场上,为了得到所需要的劳动力,它们情愿支付高于现行工资水平的工资额。但是,在不那么繁荣的行业和地区里,雇主们支付的工资额要想低于普遍流行的工资水平,显然就不那么容易了。在工厂大门外排队寻找工作的人们愿意进厂工作而领取比在职工人更低的工资,但他们几乎没有力量迫使工资迅速地下降。现有的在职工人们,即使不受工会合同的保护,也拥有相当大的集体力量;只有当雇主在财务上的困境,确实对雇员们的工作岗位形成了一种确切的威胁时,雇员们才会放弃现行的工资水平。法定的最低工资限额以及失业保险救济,都限制了工资的下降。类似地,某些工业企业的产品需求很旺的时候,企业就提高价格;而当他们的产品需求疲软的时候,企业却不愿意依靠降低价格来展开竞争。

缺乏弹性以及通货膨胀倾向,似乎是工业资本主义与社会民主在20世纪的混合体的新发展。在19世纪里,英国和美国的价格和货币工资,都自由地上涨和下跌。通货紧缩时期并不是繁荣时期,尤其是对于身陷债务之中的农民来说,更是如此,但是,当时的产出量却在持续增长。即使到了1919年,尽管战后美国商品价格的急剧膨胀带动货币工资上涨,但是,价格和工资随后又以同样急剧的速度下降了，而且，产出量和就业量倒退得不多，持续时间也短。可是，到了20年代和30年代，虽然大量失业和闲置生产能力延续了较长时间，但在美国和英国，工资和非农产品价格的紧缩却进行得非常缓慢。实际发生的紧缩，似乎也没有改善经济状况。

这些观察结果促使约翰·梅纳德·凯恩斯向正统的经济学观点提出了挑战。正统观点认为，工资和价格的弹性，将会在货币的或非货币的扰动之后，恢复充分就业均衡。凯恩斯的挑战至今还是击中要害的，尽管抵制竞争压力的，除了工资和价格的实际水平，可能还有工资和价格增长的通货膨胀模式。

现代经济的运行，绝不像在一个由小商店、小农场和无组织的工人进行小规模竞争的世界里那样。确实，价格既有"固定"的成分，也有"可变"的成分。并非每一个销售者都可以自行决定商品的价格。在农业和矿产采掘业里，有许许多多的生产者都在生产同一种产品，产品的价格是在非个人的拍卖市场上决定的。但是，相对于整个经济来看，可变价格的成分已经相对地缩小了。不管怎样，农场主们和其他一些竞争性的生产者，都获得了政府支持的最低保护价格，结果，也使他们的产品价格更容易上涨，而不容易下降。

在这些情况下，单个价格的大幅度上涨，就成了整个经济中发生通货膨胀的根源。由于气候不调造成食品价格上涨。由于石油输出国组织的行动，造成石油价格上涨。由于国家对低收入家庭实行医疗补助，医疗服务的价格也上涨了。诸如此类的事件，都要改变相对价格：稀缺的商品自然会变得更加昂贵。在一个实行可变价格的世界里，可能会在整个经济的价格指数不升高的情况下，出现上述结果。其他商品的美元价格将会下降，一直降到足以抵消食物、能源、医疗补助等价格的上升。在我们这个现实世界里，上述情况不会发生。取而代之的是，一些重要商品的价格大幅度地向上调整，带来了两位数的通货膨胀，在1973～1974年和1978～1979年期间，就发生了这种情况。

八、失业与通货膨胀的权衡

A. W. 菲利普斯（A.W. Phillips）先生在1958年发表的一份引人注目的经验研究报告中指出，在英国，1861～1957年期间，各工会会员中的失业率与货币工资的增长率呈现出负相关关系。这种关系呈曲线形：工资的膨胀速度对于失业率变化的敏感程度，在低失业率时比高失业率时要敏感得多。这种曲线形状表现出了倾向于通货膨胀的不对称性。菲利普斯曲线也适用于其他国家，而且，现代统计资料也得出了同样的结论。除此以外，菲利普斯曲线展现出的这种关系，既描述了价格的膨胀，也描述了工资的膨胀；如果价格实质上由劳动成本构成的话，我们也可以预期出现上述结果。

宏观经济理论家们热情地接受了菲利普斯曲线，其原因是多方面的。凯恩斯主义经济学基本上没有包含通货膨胀理论，除了这样一种例外情形：即一国经济在充分就业并伴有过量需求的情况下运行。根据凯恩斯的杰作《就业、利息和货币通论》中的模型，当经济在低于充分就业的生产能力上运行的时候，就不会有持续不断的通货膨胀。凯恩斯认为，在和平时期，这是十分常见的。针对这种情况，凯恩斯还提出了一种价格水平理论（随着就业量和产出量的增长，价格水平会向上移动），但它不是一种通货膨胀理论（如果就业量和产出量是稳定的，价格水平也应该是稳定的，或者可能有所下降）。不过，现实经济中也有许多例外情形，特别是在第二次世界大战以后，尽管就业和衡量资源利用情况的其他项目都是稳定的，或是不断下降的，但通货膨胀还是持续不停。在和平时期，充分就业这个概念本身，就很难定义清楚。难道通货膨胀的发生，就意味着整个经济的资源都被充分利用了！即使按照失业率和其他统计资料来看并没有达到充分就业，也是如此？菲利普斯曲线似乎解决了，或者说利用技巧解决了这些问题，它的技巧就是把通货膨胀率而不是价格水平，作为就业量和生产能力利用率的一个递增函数，同时，又把充分就业看成是一件程度高低的事情，而不是一种或是或否的条件。

除了从一种经验性的分布图，提高到一种函数型的宏观经济关系之外，菲利普斯曲线还意味着，货币和财政政策的制定者们，面临着一种必要的权衡，即以较高的通货膨胀率为代价，来换取较低的失业率；反过来也可以。是不是有一些国家的政府明确地以此为基础进行决策，目前还有疑问。不过，权衡的概念肯定已经产生了间接的影响。

在1967年和1968年，埃德蒙·菲尔普斯（Edmund Phelps）和米尔顿·弗里德曼各自独立地对菲利普斯曲线，以及把菲利普斯权衡作为制定政策的基础具有的可靠性，提出了严重的理论问题。他们争辩说，理性的工人、工会和企业在决定工资和价格的时候，将会把通货膨胀和预期的通货膨胀都考虑在内，所以，只有现实情况与预期趋势的离差，才会与失业率直接相联系。这样的话，失业减少最终造成的通货膨胀影响,要比最初的影响大得多。1966年以后的情况,也支持了这种观点。当时,在失业率低,而且稳定的情况下,通货膨胀率却不断升高。

根据菲尔普斯和弗里德曼的看法,原则上只有一种失业率,即弗里德曼的自然失业率,在这个失业率水平上,工资和价格将沿着它们的预期路径运行,而不管通货膨胀率的含义是什么。(因此,充分就业又以新的姿态重新出现,但却遗留下一个相当神秘的疑问:为什么它会包括如此之多的失业?)如果政府的政策把失业率控制在自然失业率以下,那么,通货膨胀将会不断加速。相反,如果失业率保持在自然失业率之上,通货膨胀就会减速,最终将会造成不断加速的通货紧缩。从经验角度看,后一命题的含义似乎还有疑问。但是。理论并没有完全排除下述这种可能性:即向下的调整,要比向上的调整更加缓慢。

一种常见的综合分析方法是,把短期的菲利普斯曲线与自然失业率结合在一起进行分析。即使可能根本就不存在长期的权衡,短期的关系也会告诉我们,要让经济在失业率高于自然失业率的情况下运行一段时间,并以此来降低现有的惯性通货膨胀,将是多么困难或多么容易。一旦人们这样做了,一旦人们的价格预期转向下降,或者通货膨胀将会消除,那么,经济就能够回到自然失业率水平上,而不会重新引发先前的通货膨胀。

可是,决策者们怎样才能知道自然失业率是多少呢?新古典宏观经济学家们,像罗伯特·卢卡斯、托马斯·萨金特以及其他一些人都回答说,他们不知道,也不想设法搞清楚。这些理论家们把古老的菲尔普斯-弗里德曼论点,又向前推进了一大步。他们认为,经济(包括劳动力市场)总是处于均衡之中,既没有过剩的供给,也没有过量的需求。各种价格和工资会调整到可以使市场结清的状态,这里,要根据经济行为者依照自己拥有的信息做出的预期进行调整。从这种意义上说,经济总是处在它的自然失业率水平上,但是,这个自然失业率本身却在不断变化。未来的政策是产生经济预期的一个重要方面。所以,决策者们究竟是具有预见性的,还是反复无常的,对于经济的稳定或多变,具有基本的决定意义。对此,人们提出的建议是,货币政策的决策者只需要简单地宣布,并且严格遵守一个非通货膨胀性的货币增长率,工人们和企业主们便会产生零通货膨胀的预期,并据此采取行动。然后,经济很快就会被吸引到运用正确信息得出的自然失业率水平上。换句话说,不管它达到的失业率水平是多高,这个失业率也就是自然失业率。

九、货币干预

惯性通货膨胀以及某些重要商品价格的上涨,使中央银行和政府面临着非常痛苦的困难抉择。它们究竟是否应该干预这些价格变动呢?也就是说,它们是否应该允许货币支出 Y 的不断增长,足以在价格不断上涨的情况下,维持产出量和就业量的正常增长呢?如果他们这样做的话,他们在制止通货膨胀方面就没有做任何事情,实际上,从某种意义上说,他们是在批准那些将会使经济偏向通货膨胀的行为和制度安排。(顺便指出,伴随而来的是,正如货币数量论所表明的,$\frac{\Delta M}{M}$ 与 $\frac{\Delta P}{P}$ 可能是正相关关系;但是,因果关系却呈反向变化，价格是原因，货币量是结果。）在另一方面，假如他们不加干预，就像在1974年和1975年那样，他们将降低产出量和就业量，而反通货膨胀的效果，最好也是不确定的，进展缓慢的。

在民主国家里，货币政策与财政政策的决策者们，总是在努力寻求政治上可以接受的妥协。他们的自然倾向是，反对当时出现的邪恶之风，当人们普遍地抱怨通货膨胀时，他们就向通货膨胀开战。当衰退和失业成为人们最为关心的问题时，他们就与衰退和失业做斗争。结果，由于停停走走的政策交替，导致了经济周期。一些经济观察家认为，坚定不移地和不可逆转地奉行一种不干预政策，比起以前采取反周期政策和半干预政策表现出的结果，反而能够更加迅速地医治惯性通货膨胀这个顽疾。另一些观察家却认为，只有在降低产出量和失业量方面付出巨大而长期的代价之后，不干预政策才有可能消除通货膨胀，而且，也很有可能，根本就消除不了通货膨胀。他们不得不承认，要么是生活在通货膨胀之中，而且，很可能是不断加速的通货膨胀；要么是直接采取某些正规的控制措施，限制工资和价格的上涨。

十、通货膨胀是一种征兆

前文中已经反复强调过，通货膨胀是一种货币现象。但是，通货膨胀也可能是一些现实的经济、社会和政治困难的征兆。货币当局可能会选择调和政策，因为它相信，通货膨胀是潜在灾难的不那么痛苦的表现形式之一。

对于某个社会来说，打一场战争无疑是一种经济上的负担，而且一般说来，总是要失败的。通货膨胀也许不是分配这种负担最适当、最公平的办法。但是，采取其他方法来分配负担，也不能避免基本的社会代价，即生产性资源的转移或损失。第一次世界大战之后，获得了胜利的协约国把惩罚性的赔偿负担，强加到德国人民的头上。德国政府错误地企图依靠印刷马克，并且在外汇市场上用印制的马克购买法郎和英镑来支付赔偿，付款给战胜国。随着马克在外汇市场上不断贬值，德国政府不得不印刷越来越多的货币，其结果，就是历史上最为臭名昭著的恶性通货膨胀。与通货膨胀具有同样灾难性的，仍然是最初强加给德国经济的赔偿负担，德国必须以这种或那种方式来承担这些负担。在 70 年代里，石油输出国组织卡特尔使石油进口国遭受了沉重的社会损失，石油进口国的居民们为了购买一桶石油，就必须工作得更辛苦、时间更长。这是实实在在、无法避免的代价。石油输出国组织的石油价格暴涨，也造成了美国价格指数的上升，不过，这只是实际收入减少的征兆，而不是原因所在。即使工资下降到足够低的水平，并被经济吸收消化了，以此来阻止价格指数的上升，美国公民仍然承受了石油输出国组织给其造成的损失。

另一种更令人忧虑的可能性是，通货膨胀其实只是几个重要的经济集团之间形成的根深蒂固的社会、经济矛盾和冲突的征兆，这些集团都坚持要从整个国家的大馅饼中分得更大的一块，而他们的要求加在一起，却大大地超过了馅饼本身。只要他们的要求是用名义项目表示出来的，通货膨胀就是使他们的要求暂时得到妥协的方法。但是，只要现实要求与实际能力之间的基本矛盾依然存在，通货膨胀就将继续下去,而且,实际上会不断加速。

对于 70 年代的冲突型通货膨胀,人们有几种可能的解释。一个比较通行的说法是,一系列不幸事件的共同作用,大大降低了潜在产出量、实际工资以及资本投资的实际报酬。这些不幸事件包括:石油输出国组织大幅度提高石油价格、长期的能源短缺、环境的危害及其代价。不过,这些事件,既没有降低实际收入增长的标准,就业的工人们对这种标准已经习以为常了;也没有降低经理人员和股票持有者们预期的利润率。70 年代中期发生的相对价格冲击,正是严重而持久的冲突的根源所在,而不仅仅是通货膨胀统计数字暂时突然增高的原因。

参 考 文 献

1. 欧文·费雪:《货币的购买力》,纽约:麦克米伦出版公司 1926 年修订版。
2. 米尔顿·弗里德曼和安娜·施瓦茨(Anna Schwartz):《美国货币史》,全国经济研究局,新泽西,普林斯顿:普林斯顿大学出版社 1963 年版。
3. 米尔顿·弗里德曼:"货币政策的作用",《美国经济评论》,1968 年 3 月,第 58 卷第 1 期,第 1～17 页。
4. 大卫·休谟:"论货币",选入 T. H. 格林(T.H. Green)和 T. H. 格罗斯(T.H. Grose)合编的《道德、政治与文学论文集》,1977 年第一卷,纽约和伦敦:朗曼出版公司 1912 年版。
5. 约翰·梅纳德·凯恩斯:《就业、利息和货币通论》,伦敦和纽约:

麦克米伦出版公司 1936 年版。

6. 罗伯特·卢卡斯和托马斯·萨金特:"凯恩斯主义以后的宏观经济学",载入《菲利普斯曲线以后》,波士顿联邦储备银行会议文件第 19 号,波士顿联邦储备银行,1978 年,第 49～83 页。

7. 埃德蒙·S. 菲尔普斯:"不同时期的菲利普斯曲线、通货膨胀预期和最优就业水平",《计量经济学》,1967 年 8 月,第 34 卷,第 254～281 页。

8. A. W. 菲利普斯:"1861～1957 年期间英国的失业与货币工资变化率之间的关系",《计量经济学》,1958 年 11 月,第 25 卷,第 283～299 页。

9. 丹尼斯·A. 罗宾逊:《货币》,修订第四版,芝加哥:芝加哥大学出版社 1959 年版。

28 通货膨胀有三种类型，
  我们有两种[*]

过去30年的经验告诉我们，通货膨胀是现代工业化国家里特有的现象。不过，令人安慰的是，年复一年，这些国家的公民们明显地日益富裕起来。可是，一些人对通货膨胀歇斯底里的恐惧，可能会促使政府采取政策，使经济进步的速度远远低于它应有的速度。

1973～1974年美国经济发生的通货膨胀，属于一种复杂的、困难的例子，在我们的历史上是前所未有的。一般来说，我们可以区分出三种类型的通货膨胀。(a)过量需求型通货膨胀，比较流行的看法是，把它概括为"过多的货币追逐过少的商品"。(b)工资-物价-工资螺旋式上涨型通货膨胀。(c)重要商品短缺和价格上涨引起的通货膨胀。我们目前面临的通货膨胀，是上述(a)和(b)两种类型通货膨胀的混合。但是，一般公众在讨论的时候，常常忽视了这些区别，把所有的通货膨胀，包括美国目前面临的通货膨胀，都看成是一样的，归结为古典类型的通货膨胀，即(a)类。根据这些特征，我觉得，按照古典的处方和陈旧过时的信条，实行紧货币政策和财政紧缩政策来限制总需求，是完全错误的。

---

[*] 1974年9月。《纽约时报》，1974年9月6日。版权：1974年，《纽约时报》公司。经允许，在此重印。

经过一些过分的简化后，我们可以说，1966年美国经济遭遇了一次过量需求型通货膨胀，当时，美国经济已经在接近其最大生产能力的水平上运行，而约翰逊总统和国防部长罗伯特·麦克纳马拉(Robert McNamara)又把战争的需求挤入了美国经济，同时对经济学家们提出的增税建议置若罔闻。1968年出现的少量过量需求，加强了通货膨胀的压力，致使1966年爆发的通货膨胀，转变为令人吃惊的，而且更加棘手的(b)型通货膨胀，即工资-物价-工资螺旋式上涨。这种通货膨胀一旦获得了启动力之后，首先加速，然后，由于1969～1971年期间谨慎地采取了衰退性政策，加上1971年8月份采取的第一阶段和第二阶段的控制，通货膨胀终于有所减轻。到1972年底，仍在不断上升的工资-物价动态，导致总体通货膨胀每年上升3.5%，但是，比起1969年和1970年的5%，已经明显降低了。不过，后来的事实证明，有些改善只是暂时地粉饰门面，不足以对经济放松管制，使经济从衰退走向复苏。

有些学者认为，1973年美国经济的扩张，是过量需求型通货膨胀的又一个例子，并且指责联邦储备委员会和尼克松总统的预算，再次使美国经济出现过热。可是，在另一方面，失业率从未降低到4.6%以下，政府在下半年相当迅速地把经济冷却下来。尽管如此，在1973年底，潜在的工资-物价-工资动态逐渐明显化，工资上升了7%～8%，按照正常的生产率增长速度来看，它意味着，价格的膨胀率达到每年5%左右。

但是，在同时，美国经济正遭受着一次严重的(c)型通货膨胀的打击，商品的价格以惊人的速度上涨。自从朝鲜战争以后，外部事件第一次剧烈地提高了美国的生产者和消费者面临的物价。这些外部事件是人所共知的，那就是，世界食品和能源短缺，而盛产石油的国家又采取了掠夺性的新政策，它们每年都强制性地从美国的石油消费者身上，有效地抽走了1000万～1500万美元的货物税。人们可能还不太理解的是，从1970年起，美元的外汇价值贬值16%会产生什么影响？与政策的设计者们所希望的完全一样，美元贬值使美国每年进口的货物要比过去多支付1000万美元。当时，正赶上欧洲和日本经济繁荣时期，美元贬值也增加了外国对美国产品的需求，特别是基本农产品和工业产品，外国对美国出口产品的需求很旺盛，又造成了美国国内市场的商品短缺，对国内购买者来说，价格肯定上升了。

在(b)类和(c)类通货膨胀之间，实际上存在着两个重要的差别。其一，工资-物价-工资螺旋完全靠它本身的力量不断上升。工资的增长很快被物价上涨淹没了，随后，再根据过去的工资模式和当时的价格膨胀率，重新确定工资。在(c)类通货膨胀中，商品价格的上涨是对新的供求状况所做的一次性调整：这些价格不一定会下降，要控制通货膨胀，唯一要做的事情是，制止价格的上涨。其二，工资-物价-工资螺旋式上升出现后，它本身不会对整个国家，或者对经济中的城市非农业部门，造成任何集体损失。一个人的价格就是另一个人的收入。购买者支付的钱越多，卖者得到的收入也越多。通货膨胀可能会不平衡地发展，使一些劳动者、消费者和财产所有者遭受损失，而另外一些人却得到了更多的好处。这样一种相对的、分配上的变化，不管是不是发生通货膨胀，它都会出现。可见，有些人认为——更不必说经济学家、政治家、银行家和新闻工作者们不断地重复学舌——一种国内独立的通货膨胀，本身会造成全民的总体经济福利的损失，这完全是一句无知的废话。

但是，商品价格的上涨却完全是另一回事。它是实际国民经济遭受损失的一种征兆，尤其是城市里的工薪阶层和消费者，会遭受更大的损失。在目前的情况下，我们购买石油和进口产品的时候，必须支付得更多。我们不仅要付出更多的美元，还要付出更多的劳动和资源。根据我们的新外汇汇率政策，我们不再用纸币美元借据来购买外国的商品。另外，我们还要向本国农民支付更多的美元，每年总计大约多支付2500万美元。实际工资创纪录地下降，是痛苦而又不可避免的后果。不加区别地把它们一概归咎于通货膨胀，既是肤浅的，也会令人误解。

目前，美国经济正处于衰退之中，它的前景只能是，产出量十分缓慢地增长，失业率上升。联邦储备委员会正在施用古典处方，因为这是它掌握的唯一处方；而这个处方是治疗过量需求型通货膨胀的。联邦储备委员会的一些代言人、它的支持者，甚至批评者都认为，每一次通货膨胀都属于过量需求型，这几乎是不言自明的。他们的根据就是，不管通货膨胀的直接近因是什么，都可以通过果断地、充分地限制总需求予以避免。这种思想就等于说，只要造成了足够的经济衰退——大量的闲置资源，大量的失业——那么，工资-物价-工资螺旋式上升就不会启动。一些极端信仰过时教条的倡导者甚至会争辩说，坚决地反对需求的膨胀，可以促成其他商品和服务的价格大幅度下降，下降的幅度甚至足以抵消，或者拉低最近以来食品、燃料和基本原材料价格的上涨。

这张药方的麻烦之处在于，如果没有多年的经济滞胀、高失业、产出量显著下降，药方就不会见效。更不用说，这样做对实际经济福利会产生更严重的恶果，甚至比通货膨胀本身还要糟糕。经验表明，工资-物价-工资螺旋式上升，对于失业、经济衰退和经济停滞，具有特殊的抵抗力。在我们的生活中，一个不那么令人愉快的事实就是，在美国经济以及其他每一个非共产党国家的经济中，决定工资和价格的制度都倾向于通货膨胀。当需求旺盛的时候，以及在需求旺盛的地方，工资和价格很快就会上涨；当需求疲软的时候，以及在需求不旺的地方，工资和价格却缓慢地下降。虽然施用古典药方曾经阻止了越南战争时期通货膨胀的大爆发，但是，要战胜目前已经深深渗入美国经济之中的工资-物价-工资螺旋式上升型通货膨胀，如果再次施用这张药方，将要花费更长的时间；而且，造成的痛苦比"主治医生们"许诺的要大得多。今年以来，主要的通货膨胀威胁是，暂时性的(c)类通货膨胀，可能会持久地渗入正在不断前进的工资-物价-工资螺旋式上升之中。食品、燃料和其他商品的价格上涨，相对地反映了实际工资的下降，这实际上难以颠倒过来。一般人试图通过逐步提高结算工资，来赶上价格的上涨，这只能得到价格加速膨胀的回击。所以，华盛顿对今年的工资结算拉响警报，显然是有道理的。

但是，即使联邦储备委员会敢于发动一场足够充分的经济衰退，对于解决上述问题所起的作用也非常小。工资清算工作已经开始，它更多地取决于最近几年里工资和价格变化的历史状况，而不是取决于当前对劳动力需求的强弱程度。行政当局和国会里制定预算的决策者们，也处于差不多相同的地位。他们也会高尚地、果断地严峻起来，宣称他们正在同一种古典的过量需求型通货膨胀做斗争。而削减预算的结果，却将按照失业率降低和生产率增长的统计数字来衡量,并非按照工资和价格来衡量。目前,歇斯底里地反通货膨胀,很可能会促使政府采取一些将使我们陷入最糟糕的困境的政策。是不是还有希望更大而代价更小的其他方法,能够战胜1974年面临的前所未有的通货膨胀呢?如果确实有一个大好时机,可以采取欧洲人所说的"收入政策"的话,那么,现在就正是时候!也许,尼克松总统进行的工资和物价管制试验,从来都不是一个好主意,停停走走地分阶段选择,肯定也不会有什么助益。但在另一方面,今年4月份就彻底地放弃了法律上的和日常采用的限制,也是令人难以想象的和不合时宜的。

我们真正需要的是总统的领导能力,制定出切合实际的工资和物价界标,在实际执行的过程中,能得到工商界、广大劳工、农业劳动者和消费者的正确理解。此外,我们的经济还需要有一些新的社会契约,它们必须服从下列原则:(1)货币政策与财政政策协调一致,其目的不是增加失业,而是确保失业率不再上升。不是挫败而是促进生产率每年增长4%,我们的经济完全能够达到这个增长水平。(2)削减社会保障工薪税,使这种税收的结构更公平、更累进,以保证工人们实际得到的工资不断增加。这样削减税收,也将提供一些需求制约,它正是实施第(1)条原则所需要的。(3)劳动者也尽自己的职责,同意接受一个全国通行的工资界标,大约8%或者9%。这样,华盛顿可以期望,工商界和农产品价格的确定将是严格可比的、适当的。尽管现在采取这些措施为时已晚,但是,长期以来困扰着美国人民的噩梦也已经过去了。我们的新总统赢得了美国人民的信赖,并且肩负着美国人民的美好愿望。如果说他今天面临的问题是前所未有的,那么,他同样也拥有一个前所未有的大好时机,去寻找新的方向。

29 通货膨胀：货币与结构原因及其疗方[*]

一、是的，通货膨胀是一种货币现象

通货膨胀总是而且在任何地方都是一种货币现象，米尔顿·弗里德曼教授一直这么说。为了避免可能造成的误解，我在本文一开始就首先声明，我是同意这种看法的。按照定义，通货膨胀就是货币记账单位的购买力下降了。我们说通货膨胀是一种货币现象，并不等于说，过度的货币膨胀总是造成通货膨胀的唯一的或者最首要的原因。我想要指出的是，实际上有好几种变相形式的通货膨胀。人们在不同时间和不同地点看到的通货膨胀，其根源、后果及其医治的疗方，往往各不相同。每一种通货膨胀的货币特性并不意味着，只要关上货币发行的龙头，就总是能够很容易地紧缩通货。

通货膨胀具有不变的货币特性，而我的理论却认为，不同类型的通货膨胀，具有不同的根源和疗方。不过，把这两方面协调一致，其实并不困难。要使两者协调起来，必须注意两点。第一点，货币

---

[*] 1980年3月。通货膨胀讨论会，布鲁克林学院。编入内森·施穆克勒和爱德华·马库斯（Nathan Schmukler and Edward Marcus）合编的著作：《当代通货膨胀思想：经济的、社会的、心理的和历史的方面》，纽约：布鲁克林学院和哥伦比亚大学出版社1983年版，第3～16页。

总量的流通速度是可变的,有弹性的,不论它是怎样定义的,也不管是从 M_0、M_1、M_A 或 M_B、M_2、M_3 这些概念中选择哪一个。这样的话,相应的结论就是,造成通货膨胀的有些原因,是通过提高货币流通速度,而不是增加货币数量来发挥作用的。第二点,也是更重要的一点,即必须得到货币当局的配合。中央银行不再作为货币供给量的通货膨胀性增长的发起者和原动机,而是对价格的上升运动做出反应,提供货币来支持价格的进一步上涨。当然,没有任何一家中央银行是因为喜欢通货膨胀而这样做的。货币政策的制定者一般都会配合不断前进的通货膨胀趋势(通常都是不情愿的、勉强的),在他们看来,不管这种配合是对还是错,不配合的后果将是更大的灾难。

举例来说,最近几年以来,美国花费在最终消费品和服务上的美元支出总额,也就是名义国民生产总值,每年大约增长 $11\% \sim 12\%$。为了达到这个增长率而提供资金支持的货币基础——联邦储备系统公开发行的货币和银行准备金存款——每年只增长了 8%,而 M_1 的增长率甚至更低,M_1 是衡量交易中货币数量的最常用尺度。这些数字显示出,货币流通速度增加得很快。

货币流通速度的上升趋势,部分的是对名义利率的上升趋势做出的理性反应,利率太高,诱使整个经济更多地陷入现金管理;部分的也是金融技术不断创新的结果,不管怎样诱导,即使利率可能降低,而且正在下降的时候,金融技术仍然要继续创新。认真地考察货币总量与最终消费品和服务上的支出之间季复一季、年复一年的相互关系,就不难看出,货币流通速度及其增长率是有很大变化的。它们的可变性一部分是随机的,比如说,现金管理的创新没有顺利实现；另一方面，可变性也体现出了对利率的短期变化做出的有规律的反应。

无论如何，名义国民生产总值每年增长 11%～12%，这明显地超过了美国经济可以维持的实际产出量的增长速度，后者大约是每年 3%。即使在典型的周期性经济复苏时期，实际产出量的增长率高达 5%，也仍然明显地低于名义增长率。可见，从这种意义上说，名义国民生产总值的高增长率，显然具有通货膨胀性。但是，并不能由此得出结论认为，支持这种增长率的货币基础，或者交易中的货币总量的增长，就是伴随而生的通货膨胀的自发性原因。可以推测，货币当局最终能够降低消费品和服务支出的增长率，不管引起增长的原因是货币流通速度的提高，还是货币总量的增加。其实，联邦储备系统今年（即 1980 年）已经这样做了。两年前它没有这样做，那是因为它们估计到，对当时存在的通货膨胀，如果不予配合，将会付出非常高的代价。

于是，这就把我们引到了本文的基本论点上。降低货币总量的膨胀率，是反通货膨胀的一个必要条件，但不是充分条件。把必要条件与充分条件混为一谈，是经济学领域里造成混淆的一个久已存在的原因，就像在国家生活和个人生活的其他许多方面一样。在长期，假若某国经济经历着一个没有通货膨胀的时期，那么，我们将会看到，花费在商品和服务上的名义支出的增长率，就等于实际产出量的增长率。因此，假如是在美国，我们将会看到这样一种趋势：即名义国民生产总值和实际产出量每年都增长 3% 左右。不过，这个显而易见的事实，并不足以使任何人相信，只要货币当局采取适当的措施，把名义国民生产总值（即货币支出总额）的增长率突然地从11%下降到3%,那么,美国经济便会在明天,或者今年内,甚或明年内,彻底消除通货膨胀。

可以肯定,货币支出总额的下降,必然要有一部分反映在生产量上,而不是完全反映在价格上。我想说明的是,产出量的收缩一般都将占有更大的比例。不论是美国的联邦储备系统,还是其他任何国家的中央银行,谁也没有力量按照自己喜欢的比例,把它的政策产生的影响在价格与产出量之间进行分配。只有经济中的各种机构,如工商企业和工会等,才能决定这些比例。这一次,我们的联邦储备系统取得了成功,它剧烈地缩减了货币总量和货币支出总额的增长。但它带来的结果,就像1974年一样,造成了剧烈的经济衰退,生产量和就业量急剧下降。然后,联邦储备系统被迫选择予以配合,这是因为,如果它不予配合,其后果就不是价格紧缩,而是使实际经济活动出现重大的、代价很高的倒退。

这段导言的主要意思是,在我们这类学者中,有些人在研究通货膨胀问题的时候,只看到现实事件和非货币机构,这绝不只是信奉了一个普遍流行的谬误。我们都知道,通货膨胀是一种货币现象,只要我们更深入地探究一下,为什么会发生货币膨胀?为什么它又能继续膨胀下去?我们就可以使分析更深入一层。

二、通货膨胀的不同类型

我希望,即使是货币主义者,也允许我继续详细地列举通货膨胀的三种具体形式:(1)过量需求型通货膨胀;(2)惯性的通货膨胀;(3)利益冲突型通货膨胀。

1. 过量需求型通货膨胀

关于过量需求型通货膨胀，我指的是古典的说法，经常被通俗地描述为："太多的货币追逐太少的商品"。更准确地说，它是指，按照现行价格而言，由于总需求远远超过了整个经济生产商品和服务的能力，从而引起的通货膨胀。战争期间的许多插曲，以及战后的许多次通货膨胀，都符合这种描述。每当整个经济已经在接近其最大生产能力的情况下运行的时候，政府却又要向经济中挤入它对资源的大量需求；每当政府以印制货币或者借债为手段，而不是靠征税的办法，来为政府的购买活动提供资金的时候；经常就会产生过量的需求，当然不一定总是这样。就美国来说，最近的例子是越南战争时期，即1966～1969年。正统的政策处方——限制货币和信贷，增加税收，降低公共支出（以便使政府的预算保持收支平衡）——正好是内科医生为医治通货膨胀开出的药方。

2. 惯性通货膨胀

第(2)种类型的通货膨胀，我称之为惯性通货膨胀，它不存在过度的需求。70年代又为它创造出了一个新名词，即滞胀。惯性通货膨胀具有以下特征：

首先，惯性通货膨胀的名称本身就意味着，它是从过去继承下来的，常常是承袭过度需求型通货膨胀而形成的。在美国，越南战争时期留下了一个惯性通货膨胀的遗产，我们看到，在70年代里很难消灭它。

第二，由于各种契约和许诺，特别是有关工资上涨的诺言，使惯性通货膨胀可能永久地存在。在美国，货币工资率的决定是分散化决策的。不管是工会与雇主谈判的时候，还是在无组织的劳工市场上，由单个企业主定期地做出行政决定，都可以确定工人的工资额。这些谈判和个别企业主确定工资的时间各不相同，而不是步调一致、同时发生的。工资契约一般时间较长，经常是三年。没有加入工会的雇主们，通常是每年调整一次工资标准。除了正式的工资契约和工资标准以外，不论是有组织的，还是无组织的工人们，都隐含的自信和预期，他们的雇主在工资上将给自己一些优待。在诸如美国这样的现代工业化经济中，工资水平要受到另外一个因素的很大影响，这就是，工人们非常关心自己与其他工人相比所处的相对地位。他们的首要目标是，与他们自以为具有可比性的那些工人们相比，要努力使自己的工资保持应有的相对地位。可能的话，最好能超过别的工人。

第三，上述这种系统的支持，导致了工资的惯性，而生产企业的定价传统，既按照生产成本加上毛利润来制定价格，又支持了工资的惯性。每单位标准产品的劳动成本和原材料成本，是工业产品定价的主要依据。产品的毛利润随着需求的强弱而变化，但这绝不是说，它足以避免对产出量和就业量进行显著的调整。把这些因素放在一起考虑，就会导致工资和价格在面临经济萧条和过量供给的时候，反应很迟钝。我们对于萧条和过量供给已经十分熟悉了。这些惯性工资和定价模式是内在相互一致的。也就是说，只要每一位雇主都遵从现行的工资增长模式，工人们就会发现，他们的相对地位可以维持住，而雇主们也能够保持自己的竞争地位不变，不仅在他们的劳动力市场上，而且在他们的产品市场上，都没有掉队。只要他们按照现行的工资增长率提高产品的价格,他们就不会失去市场。然后,产品价格的提高又反馈到工人们的生活费用上,转而强化了工资增长模式本身。至此,一轮循环暂告结束。

第四,上述这个自相一致、牢不可破的工资和价格增长模式,可以被描述成预期的确立和实现。预期肯定十分重要。某个雇主可以预期:其他企业会遵从同一个模式。正是这种预期,引导该雇主也遵从这种工资增长模式。一些工人可能预期:这种工资模式会提高价格,其他工人会接受类似的工资增长。正是这个预期,引导他们提出要求,并且接受工资增长模式。这确实是事实,不过,这种现象仅是一个预期的问题。确定工资和价格的各种契约、制度和传统,在调整的时候,都存在着固有的时滞。这就导致工资和价格针对经济萧条进行调整的时候,即使预期已经变化了,调整也必然会产生惯性。

第五,在 70 年代里,由于价格和供给的冲击,惯性通货膨胀又出现了新的、更令人烦恼的形式。对于美国和其他发达国家的工业化经济来说,这些冲击都是外部的。主要的例子是石油输出国组织操纵的两次石油大涨价,一次发生在 1973～1974 年,一次是 1978～1979 年。我们的通货膨胀是按照消费者价格指数来衡量的,它是工资-物价上涨的内在核心与其他一些更容易变化的因素的混合物。这些易变因素是进口价格,包括从外国进口以及从我国经济中价格易变部门进口的价格。最近几年,美国已经遭受了好几次令人吃惊的大涨价,食物和基本原材料的价格,当然也包括石油的价格,都普遍地上涨。这些冲击在经济中扩散,并且被吸收消化之后,不仅提高了实际通货膨胀率,而且助长了工资需求和重新确定工资,从而加速了惯性通货膨胀。按照生活费用指数,把工资和其他价格自动地实行指数化,将会推动基本通货膨胀率的进一步提高。不过,在美国,这种效应不像在欧洲国家里那么严重。实际上,在美国,靠工资为生的人们已经忍受了实际工资的明显下降。

个别商品的价格相对于工资和其他价格而言发生变动,也会影响一般通货通胀率,典型的货币主义者否认这一点。他们强调特定的相对价格与实际现象、整个经济范围内的绝对价格与货币现象这样一种两分法。答案和解决办法仍然是,相互配合和惯性。如果工资和价格具有较高的弹性,相对价格的冲击确实不会影响,甚至不会暂时地影响整个经济范围的通货膨胀率。在这样一个经济中,我们可以想象,某种特定商品的相对价格可能会上涨,部分的原因是,其他所有商品和服务的绝对货币价格下降了。我们也可以设想,这些价格会下降到足够的程度,致使平均价格水平,比如说消费者价格总指数,仍然保持不受其影响。在这样的经济中,像1973～1974年和1978～1979年那样由石油输出国组织发起的冲击,就不会把通货膨胀率推上两位数的台阶了。取而代之的是,贸易条件发生不利的变化,主要反映在国内工业的工资和价格不断下降。不言而喻,我们并没有生活在这样一种经济之中。在我们真正生活其中的美国经济里,货币当局正面临着十分烦恼的选择:或者配合外部的价格冲击,或者强制推行货币紧缩政策。其结果不是直接地反通货膨胀,而是造成衰退和失业。由此可见,70年代里频繁出现的、令人讨厌的价格冲击,已经显示出了惯性通货膨胀造成的困难。

3. 利益冲突型通货膨胀

第三种类型的通货膨胀，我称之为利益冲突型通货膨胀。这类通货膨胀是社会的基本冲突的一种征兆。整个社会对于怎样来分配馅饼，达不成一致意见。不论是竞争市场机制，还是政治程序，都没有足够的权威使社会中各个经济利益集团达成一致，都赞同社会给予他们的经济活动或者不活动以奖励。有选举权的经济和社会集团都提出要求说，他们应该分得的馅饼要比他们实际得到的更大一些。进一步看，在政治上或经济上，每个社会集团都拥有一定的讨价还价能力，来提高他们的货币收入。一些社会集团之间存在着利益冲突，它们则依次采取行动，努力获得更多的货币收入，要求从社会的大馅饼中分到更大的份额。这样一来，最终的结果，只能是通货膨胀。

当然，没有货币当局的认可和配合，这个过程就不可能持续下去。但在另一方面，只要各利益集团还没有达成一致意见，只要关于如何分配实际收入和财富的基本冲突依然存在，货币紧缩就不可能解决问题，它不能消除通货膨胀，只能导致实际经济活动的减少。这个结果与惯性通货膨胀一样。因而，货币紧缩只会使社会的馅饼变得更小，也就是社会总产品量减少，不同社会集团正是为了争夺更多的馅饼才相互斗争的。目前还不清楚，如果正在瓜分的馅饼不断缩小的话，究竟会缓和冲突，还是会减轻利益冲突型通货膨胀的病症。

由于实际国民收入的损失，比如向石油输出国组织"进贡"的支出，也由于生产率的增长速度下降，比如我们最近经历的情形，结果，分配上的利益冲突很可能进一步加剧。即使一个国家以前对于分配问题具有相当和谐的一致意见,可能至少也会暂时地经历利益冲突型通货膨胀。产生通货膨胀的导火索是,对于如何分摊贸易条件和生产率的全国性倒退付出的代价,不同集团之间意见不一致。由此看来,70年代里发生的相对价格冲击,已经导致了利益冲突型通货膨胀。

三、反通货膨胀的代价和收获

经济学家们研究公共政策问题的天然方法,就是权衡它的成本和收益。就像这种分析方法在其他方面的运用一样,分析通货膨胀问题,最首要的是必须务实地考虑,还有没有其他现实的选择。这就是说,实际上,我们不能抽象地对"通货膨胀"进行成本-收益评价,好像我们能够自由地选择是不是要通货膨胀。反通货膨胀不是一件十全十美的好事,为什么这样说呢?我曾经提出过几个原因。其实,它的原因,就深藏在像美国这样的现代资本主义民主国家确定工资和价格的制度之中。通货膨胀的代价和烦恼,并不总是一样的,而且,这些代价和烦恼在不同个人、不同集团之间的分布也不相同。通货膨胀的性质和根源不同,其后果也各有差别。许多教科书在这个问题上的概括都是错误的——例如,通货膨胀几乎总是打击靠工资收入为生的人,总是伤害债权人,总是给债务人带来好处,总是帮助企业主。我们所经历的和观察到的通货膨胀,如果是由许多原因造成的,在不同时间和不同地点也不相同,那么,我们就不能做出上面这样的概括。而且,假想的通货膨胀的代价,又与一些实际经济事件和政治事件的代价深深地纠缠在一起,而通货膨胀,不过是这些事件的一个共同征兆。这些代价通常都是不可避免的，无论如何，采取通常的反通货膨胀的宏观经济政策措施，就无法避免这些代价。即使有可能采取某种措施，来消除或者抑制住一些基本原因的通货膨胀性征兆，这些代价也是不可避免的。

最近几年里，在美国和其他一些国家，"通货膨胀"已经成了一只替罪羊，成了经济状况的倒退和各种令人失望结果的一种普遍的简单解释。在公共意见的调查过程中，当人们回答说，"通货膨胀是他们面临的头号问题，也是整个国家面临的最重要问题"的时候，他们的真正含义可能是说，他们对于自己的实际收入下降感到失望，至少，相对于他们先前的趋势和预期而言，实际收入相对地下降了。他们用了"通货膨胀"这个词，来体现这些损失和失望。

石油输出国组织提高了石油的成本，这给一个进口石油的国家造成的实际损失是，他们必须工作得更辛苦，工作时间更长。为了购买一桶石油，我们必须付出更多的产品和辛劳。即使我们能够把国内工资和价格降到足够低的水平上，足以避免石油输出国组织的冲击可能造成的总体通货膨胀影响，但贸易条件方面的损失也依然存在。因而，把我们进口石油必须付出更多的代价，归咎于通货膨胀的影响，无疑是一种糊涂的认识。一些经济统计学家致力于从70年代的历史记录中，为通货膨胀造成的国家的、国际的、部门的和分配的负担，寻找出能够普遍适用的思路。这些学者正献身于一种从一开始就注定要失败的研究工作。在我们评价通货膨胀政策的时候，应该清楚地认识到，我国的货币政策与财政政策的决策者们可以采用的措施中，不包括迫使石油输出国降低石油价格，让我们重新返回到1973年以前的快乐日子里。

我所指出的基本论点，甚至适用于古典的过量需求型通货膨胀。从历史上看，发生这类通货膨胀，大都与战争紧密相关——就我们美国来说，在过去半个世纪里出现了第二次世界大战、朝鲜战争和越南战争。战争不可避免地要强制地造成巨大的实际代价。战争要消耗资源，而且是实际资源。因此，我们没有权利把战争的代价，强加到"通货膨胀"身上。经济学的方法是，把通货膨胀性筹资，与动员社会资源、满足战争需要的其他办法加以比较。或许，甚至很有可能，通货膨胀是能够用来实现筹资目标的"最残酷的税收"，不过，这个结论还是需要证明的。如果说反通货膨胀性筹资政策会有什么收获的话，那就是它所带来的社会产出量和消费量，以及收入和财富的分配等后果，与明确的征税方法的筹资后果不同。

另一个例子是1932年德国发生的那场臭名昭著的超级恶性通货膨胀。我们每个人都听说了这次通货膨胀造成的严重的经济和社会代价。与此同时，我们必须记住，强加给德国人民的根本负担，正是支付战争赔偿。这些赔偿——就像石油输出国组织强加给外国石油消费者的税收负担一样，德国人民必须以这样或那样方法予以支付。也许，当时的魏玛共和国努力向战胜的协约国支付战争赔偿的方式是愚蠢的，对社会具有破坏性。不过，真正的比较应当是，把这种办法与其他征税方法和机制相比较，这些方法和机制同样使德国能够向协约国支付条约中规定的赔偿。

简而言之，最优税收理论是检验反通货膨胀政策是否值得期望的恰当方法，正如E. S. 菲尔普斯教授多次指出的。即使在今天，我们可能也会注意到，在美国，如果通货膨胀率达到10%，联邦政府每年从扩大的货币基础上，就可以得到150亿美元的等价收入。纳税人也从联邦实际债务的下降中得益不少，因为在这种情况下，偿还债务大部分是偿还本金。这些因素对联邦财政的影响，必须与其他税收的成本加以平衡，这些税收能够并且将被用于支付政府的债券。

1. 预期到的通货膨胀

为了估计反通货膨胀政策的成本和收益，我们需要区分出预期到的和未预期到的通货膨胀。所谓预期到的通货膨胀，我指的是私人经济已经做出了调整的通货膨胀率。预期到的通货膨胀的代价是什么？也就是说，降低这种通货膨胀的收益是什么？经济学家们已经发现的主要成本，是人们所谓的尽量少持有交易货币的"鞋底(shoe-leather)"成本，就是指支付手段与其他能够带来利息的资产之间频繁交易的成本，这种频繁交易的目的在于避免大量持有闲置现金造成的利息损失。目前，要使皮鞋成本显得非常大，并降低这种成本给经济带来很大的收益，确实是困难的。在美国，全国的居民和企业使用的交易现金余额大约是4000亿美元。如果我们假定通货膨胀率达到10%，同时名义利率也增长10个百分点，那么，我国10%的通货膨胀，就意味着400亿美元的皮鞋成本，这个数字是国民生产总值的1/60。进一步看，假定现金余额关于利率的需求弹性是1/2，这个估计显然偏大。这样，通货膨胀率增加1个百分点，将使总成本提高20亿美元，也就是国民生产总值的1/1200。

马丁·费尔德斯坦争辩说，即使是每年这么小的成本，也有一个非常大的、可能是无限的现值。他提出的理由是，随着经济的增长，通货膨胀和预期到的通货膨胀的皮鞋成本，也将按照经济的自然增长率而提高。他进一步指出，美国的居民们显示出的对未来消费的折扣率，要低于经济的增长率。因此，他发现，降低皮鞋成本的收益有一个无穷的现值。

这种争辩不那么令人信服。如果对未来的有效折扣率实际上低于经济的增长率，那么，各种各样的投资，不管在最初是多么费用高昂，只要它们产生的收益随着经济的增长速度而增加，就将被证明是合理的。这样，人们实际上根本不能利用发散积分进行福利经济学的论辩。

更进一步看，还有必要考虑预期到的通货膨胀可能对资本形成产生的刺激作用。预期到的通货膨胀具有一种补偿特征，在实际生产性资产上的投资比在货币储蓄上的投资，更具有吸引力。而且，这可能会抵消它的皮鞋成本。换句话来说，一个发达的资本主义经济中，安全的资产需要的实际利率可能会接近于零，有时候甚至是负数。正像凯恩斯指出的，在没有通货膨胀的情况下，是很难产生上述结果的，因为基础货币的最低利率是零。

核心的问题在于，为维持足够的失业并持续足够长的时间而进行的社会投资，把通货膨胀率降下来之后，能否由随后的长期低通货膨胀带来的实际利益予以补偿？用于实行通货紧缩的投资降低了当时的实际产量和就业量，而且，理所当然地会降低资本形成。失去的资本形成，本来会给经济带来一种不断增长的利益，这种利益可以抵消通货膨胀造成的不断增加的皮鞋成本。此外，在公共财政中，可以用明确的资本税代替通货膨胀。费尔德斯坦在另一篇文章中，曾把资本税看成是一种投资障碍。我们不能确信，我们已经

29 通货膨胀：货币与结构原因及其疗方

选择了通货膨胀税与所得税的最优组合。

人们常常提起的、预期到的通货膨胀的另一种成本，就是在价格更经常地不断变化的情况下，反复计算和计划所带来的成本。当然，这也是通货紧缩的一种成本，而不仅是通货膨胀的成本。对此，很难进行数量化——我们不知道，更高的通货膨胀率会给某些公司多带来多大的麻烦，这些公司必须为他们待售的商品确定价格单或价格目录表。我们也不知道，由于一般价格水平的不断上涨，在相对价格与绝对价格之间会造成多大的混乱。请记住，相对价格总是在变化的，即使在价格指数相当稳定的时候，也是这样。把单个价格完全确定和稳定的一种理想状况，与相对价格总在变化的现实状况加以比较，并且把它们的差别全都归因于通货膨胀，显然是不恰当的。从经验上看，我们已经观察到，当通货膨胀的一般水平比较高的时候，通货膨胀率的变异也比较大。其中的一个原因是，不断变化的价格目录表是费用较高的。如果价格的变化是按照不同步的时间表进行离散的跳跃，相对价格的变化就与现实价格不相符合，通货膨胀率越高，两者就越不相符。价格变动的过程中出现较高的变异性，会给计划和计算带来更大的困难。但是，在我们观察到的价格变异与平均通货膨胀率之间的相关关系中，还存在着一个严重的识别（identification）问题。我在前文中已经指出，造成更高通货膨胀的一个可能的根源，是相对价格发生特别的变动，其中，石油输出国组织的冲击就是一个例子。这种起因向着相反的方向发挥作用，当然，还有我们的制度偏向，也是如此。我们的制度倾向于依靠某种价格的上涨、而不是另一种价格的下跌，来进行相对价格的调整。相对价格出现相当大的可变性的时期，就将是通货膨胀较高的时期，而且，也将是通货膨胀出现较大的可变性的时期。

最后，预期到的通货膨胀之所以成为一个问题，是因为人们觉得它是一个问题。它的社会负效用来自于人们的不满情绪，即使他们的不满可能反映了人们的错误理解和错误观念。无论如何，他们的不满是我们必须正视的一个事实。

2. 未预期到的通货膨胀

至于未预期到的通货膨胀，其成本是众所周知的。它们与收入和财富的分配密切相关。关于通货膨胀造成的再分配后果，已经有了许多古老的陈词滥调，但是，却没有被系统地、有规律地加以运用。通货膨胀也不都是完全一样的。因此，经常与战争联系在一起的过量需求型通货膨胀，和70年代出现的滞胀，它们造成的再分配后果也是不一样的。如今，我们不能再说，通货膨胀事实上伤害了老年人、退休人员，以及所谓的获得固定货币收入的人。目前，社会保障福利已经完全指数化了。在我们最近出现的这类通货膨胀中，社会保险的受益者们比年轻的工人们得到了更好的保护。实际上，现在已经没有多少人只获得固定的收入了。公务员，甚至教师，都已经不再属于这类人了。利率则根据通货膨胀进行调整，对于那些为了应对通货膨胀而储蓄生息资产的人们给予补偿。我们这些人中，有的人投资于普通股票，这些人，比起最近十年来把他们的钱投入到短期生息美元债权的那些人，承受了更多的苦处。而以前，人们却认为，普通股票是对付通货膨胀的天然手段。总起来看，我们可以看到，收入和财富规模的分布，或者说劳动与财产的比例，只发生了很小的变化。在整个战后时期，不管是在通货膨胀时期，还是在价格相对稳定时期，它们都基本上保持不变。

经济生活总是充满风险的，总是产生资本收益和资本损失，总是在单个工人、储蓄者和投资者的经济福利中出现令人吃惊的变化。人们总是很容易忘掉这些。主要是由于相对价格和相对工资的变化，会使一些人得到、而另一些人失去大量财富。如果以为一种非通货膨胀的环境就是这样的：在其中，人们能够感到他们的职业生涯和他们的投资是安全的，那只是一种幻觉。最近几年的主要损失，可以追溯到实际的起因，而不是通货膨胀过程本身。请考虑一下耗油量大的汽车、能源密集型的设备、玻璃建筑物，以及电热雪上小屋等的所有者。再考虑一下我们学术圈子里的一些人，他们还是经济学学生的时候选择了教师这个职业，当时，他们错误地理解了教师的供给和需求前景。以上这些人面临的困境，实际上不是由于通货膨胀造成的。

在权衡失业及其成本与通货膨胀及其成本的时候，我们不应该忘记，失业既具有全面影响，又会产生分配效应。受损失的人中，许多人集中在人口中的一个很小的部分。滞胀和失业的分配效应，应该被加到整个经济范围内的生产损失上，就像通货膨胀被指控造成了社会成本和分配上的不平等。我们还应该记住，并且提醒我们的学生们和一般听众，预料之外的通货紧缩也会殃及许多人。考虑一下这样一些债务人，他们按照很高的名义利率借下了长期债务。因此，造成预料之外的资本收益和资本损失的，不仅仅是未预料到的通货膨胀。意外的惊奇来自于各种各样未预期到的发展变化。请记住——至少我们当中的一些人能够牢记住——由于过去的通货紧缩，最引人注目的是30年代的大萧条所造成的再分配后果。

我建议，在计算通货膨胀的成本时运用某些观点。我还建议，我们运用常见的方法，即成本-收益分析法，来评价反通货膨胀政策，但我不想被人们误解。我完全同意下面的观点：政府故意运用通货膨胀的办法来筹集资金，是社会和政治失败的一个象征，它说明，对于怎样分担政府活动的负担，全社会没能达成明确的一致意见。不过，我同样也痛惜通货膨胀性筹资造成的分配效应。如果说通货膨胀不是最残酷的税收，至少，它是一种随意的和随机的税收，其后果并没有得到立法机关的审慎辩论和评估。与此同时，如果我们的通货膨胀不是赤字筹资和过量需求的结果，而是过去的各种事件和冲击的延迟后果，或者，如果通货膨胀是暂时的或持久的社会冲突造成的后果，在这种情况下，我认为，在推荐古典疗方的时候，我们必须小心谨慎。正如我在前面指出的，人们对通货膨胀的普遍不满情绪，可能反映了人们对实际工资和实际生活标准的进步感到失望。具有讽刺意义的是，这种不满情绪应该是政府政策的民意基础，而这种政策又将进一步降低收入和生活标准。

四、当今的政策选择

现在，我转向我们当今面临的各种选择。实际上，我们只有三种选择，这些选择都比较痛苦，正像面临着令人不快的事实。我们面临的可行的选择，没有一个是令人愉快的。一个国家及其政府的成熟，就像一个人的成熟一样，意味着愿意勇敢地面对预算的约束。

三种可行的选择是，第一，"混过去（muddling through）"，就像我们正在做的，至少到最近为止是这样；第二，严厉的通货膨胀性货币和财政政策；第三，把货币紧缩与一种有效的收入政策结合起来，直接降低工资和价格的增长率。

1. 正统的货币紧缩

第二种选择，即只实行货币紧缩，是我们最近正着手施行的政策。我在前面曾经指出，货币紧缩只是成功地实现紧缩的一个必要的条件，但很不幸，却不是一个充分的条件。假设我们把名义国民生产总值的增长率从11%或12%，降低到4%或5%，这个数字与1%或2%的通货膨胀相一致，也与正常可以维持的实际生产的增长率相一致。但是，出乎每一个人的意料之外，那将不会带来期望的结果。联邦储备委员会主席沃尔克，卡特总统或里根总统或安德森总统，以及国会，都不能控制名义收入的增长率在价格膨胀和产出量增长之间如何进行分配。过去的经验表明，我们的经济中的种种制度，将把1/10的名义支出划分给价格，9/10的名义支出划归产出量的增长。也就是说，把名义支出的增长率降低1个百分点，将会把当年的通货膨胀降低1个百分点的1/10。用另一种方法来说明这一点：失业率每增加1个百分点，持续一年时间，最多只能使惯性通货膨胀的内在核心降低半个百分点。而且，在外部冲击（例如，石油输出国组织的冲击）朝着相反的方向发挥作用的情况下，失业率一年增加1个百分点，降低通货膨胀的作用还不会有那么大。在这些情形下，如果我们选择了并且维持一种货币紧缩政策的话，我们面临的前景将是一段长时期的滞胀，即一种深度衰退并伴有高失业率和低产出量，在降低核心通货膨胀率方面能否获得成功，还很难确定。

有些经济学家认为，如果政府清楚地表明，它将坚持施用这种严厉的疗方，并且不会使人们产生误解的话，其代价将会更小，这种疗方也会更迅速地见效，带来的痛苦也少一些。他们说，在过去，尽管实行货币紧缩，但通货膨胀率依然是难以对付的，这方面的统计例证可能会使人误入歧途，因为人们的反应是以下述预期为条件的，即人们普遍预期：政府很快就会转变航向，并且拯救那些受到经济衰退损害的企业和工人们。他们还说，如果政府彻底地断然放弃过去习以为常的补偿性反衰退措施，工资和价格模式就会较快地消化。在一个民主国家里，难道这种"可信的威胁"是可能的？难道我们的中央银行和政府能够确信无疑地说，它们对于任何一次石油输出国组织的冲击，都将不予配合？它们也不会选择任何反周期性政策——不管有关失业率、生产量和利润的消息是多么糟糕？即使政府选择了并且不屈不挠地推行这种疗方，它能够发挥作用吗？我在前面已经指出，在我们国家里，工资和价格的决策是高度分散化的。工资谈判按照一种摇摆不定的时间表进行，工资合同一般在3年内有效。

我们很难肯定地说，一种全面的宏观经济威胁，在地区市场上，在部门的劳资谈判中，特别是在企业里，对于确定工资和物价的变化进程会有实际意义。在这些微观的水平上，企业主和雇员们关心的是，其他的工会和其他企业以前是怎么做的？现在正在干什么？将来打算干什么？他们不能肯定，他们的竞争对手和他们的参照集团，对于政府的威胁（即冷酷无情地推行紧缩性宏观经济政策）做出的反应，将是实行紧缩。如果一个集团听从了威胁，而另一个集团却没有听从，那么，前一个集团将会失去相对地位。相反，如果该集团没有听从威胁,其他企业却听从了,那么,该集团则将获得相对地位。这是一种(n+1)个人的博弈,n个经济行为者,1个决策者,其结局是无法预言的。

在其他国家里,劳资谈判服从同期的年度时间表,而且更加集中化,在宏观经济需求政策与管理阶层和工会的工资、价格决策之间,也更加协调一致。比如说,在德国,劳工联合会的领导人与雇主集团的代表,中央银行和政府的代表相聚在一起,讨论总体的宏观经济构架,其中包括中央银行和政府在未来一年里将要采取的政策。不论是企业还是工会,显然都很清楚,工资和价格的变化如果与货币当局的意图相矛盾,其后果将是什么。威胁也是一种允诺——只要工资和价格是适当的,就业量和销售额也将是有利的。我们缺乏类似的机制,因而不敢确切地断定,坚定不移地宣布并实施限制性需求管理政策,将会加快工资和价格的紧缩。但是,如果我们的决策者打算沿着这条紧缩路线前进,他们就应该使这条路线在整个经济中都变得更加明显,让人们都知道它。目前,私人经济中的任何一个人,实际上都很难理解联邦储备公报中,以及在总统与国会讨论联邦预算时传递出来的各种深奥难懂的信号和目标。

2. 收入政策的作用

我认为,更重要的是,显然需要一种收入政策——是的,以便实行某种控制——补充任何一种需求管理,它坚定地导向紧缩。对于今后几年里降低工资和物价增长的界标,达成一个一致赞同的时间表,将会限制可能造成的损害。如果逐渐降低货币总量需求,就将造成这些损害。我们已经有了工资和价格行为的标准,但却没有强有力的措施强制地执行。其实，目前我们脆弱的收入政策制度，正在放松这些标准。即使在货币和财政政策的枪口对准了当前的通货膨胀的时候，核心通货膨胀率可能还会上升。一边是由联邦储备系统、总统和国会中的预算决策者们引导的紧缩货币需求，另一边是由工会和管理阶层期待的工资和价格的加速倾向，而且，这种倾向也被工资和价格稳定委员会接受了；这两者之间的冲突正在日益逼近。如果我们严肃认真地期望，伴随着紧缩不要出现长期的滞胀，那么，这两种政策之间必须协调一致。

要想使标准真正有效实施，我们就应该创造一些诱导因素，引导人们遵守标准。诱因既可以是"胡萝卜"，也可以是"大棒"；既可以对遵守界标的雇主和经济单位中的雇员提供奖励，也可以对不遵守界标者予以惩罚。奖励和处罚将体现在税收制度中。当然，不管实行任何一种工资和价格控制，即使是前面提到的灵活可变的价格，都是要付出一定成本的。训练有素的经济学家们的本能是，反对实行各种控制——只要这些控制可能会改变由市场抬起来的相对价格，也反对干预由此而形成的资源配置。在这方面，我们再一次需要成本-收益分析计算的观点及其说服力。针对人们反复重复的控制的成本，来分析控制带来的某些收益。如果没有实行控制，我们就面临着非常沉重的宏观经济损失，这些损失，同样也违背了最优性和效率的要求。实际上，我认为，单是需求管理造成的通货紧缩带来的潜在损失，从数量上看，就要大于几年的转型期间可能造成的分配扭曲，在转型期间实行灵活的、以税收为基础的反通货膨胀性界标计划。

可惜，我们只有不那么令人愉快的选择。或许，我们正在进行的选择，不管是有意识的还是无意识的，正是我前面讲到的三种选择中的第一个，即混过去。或许，整个社会都不愿意实行一种通货紧缩。或许，反对通货膨胀的种种批评言论，大部分只不过都是花言巧语，不会导致任何建设性的行动。不幸的是，它倒可能带来一些破坏性的行动——又一次深度的和长期的经济衰退，给我们经济的未来造成持久的损害，由于忍受较长期的生产不足和就业不足，会造成物质资本和人力资本的损失，从而造成了持久的损害。

对于目前正折磨着世界各国的通货膨胀和滞胀，我们不那么容易搞清楚它们的性质，指出它们究竟是属于惯性的，还是利益冲突型的。无论在哪种情况下，采用那种适合于过量需求型通货膨胀的疗方，是不是一种建设性的解决办法都有疑问。一般人的本能无疑是正确的：肯定还有比经济衰退和失业更为理性的解决办法。如果是一位经济学家，他还能加上一句，肯定还有代价更小的方式节省能源，它比阻止全球的经济进步肯定更好。更好的方式需要社会的和政治上的一致赞同，这转而又取决于政府的领导能力，政府将勇敢地正视基本的经济现实，摆脱不了的通货膨胀性病症，把人们的注意力从现实转移过去了。为了以一种有组织的方式，逐步消除我们的惯性通货膨胀，我们需要收入政策，即得到各个主要经济利益集团的理解和赞同的政策。要解决这些集团的要求之间可能存在的冲突，我们也需要同样的政策，得到普遍的理解和赞同。人们常常说，甚至太经常了：要征服通货膨胀，需要我们大家都做出牺牲，这话只有一半是正确的。如果我们实现了一致赞同，允许没有滞胀的通货紧缩，那么，我们的实际收入和消费的可能性就不会减少。实际上，这些可能性将会更大。我们可以肯定，这项任务对于民主制度而言，是一场严峻的考验，不过，赌注是很高的。

30 控制通货膨胀是整个社会的首要任务[*]

一、皇帝的新装？

美国总统在向欣然欢呼的华尔街听众们发表讲演的时候,非常清楚地说明了他对国事安排的优先顺序。他说:"归根到底,失业只是影响到全国 8% 的人,而通货膨胀却要影响到全美国的每一个人。"1974 年,美国经济刚刚勉强地从 30 年代以来最可怕的经济衰退中挣扎出来,正是在这个时候,由于当年价格增长率超过了"两位数",促使政府采取的政策,又故意地发动了一次经济下降运动。

对于许多或许是大部分美国人来说——不仅是指总统的直接听众中的证券分析家,也包括占全国劳工总数 8% 的失业工人——总统的声明是一个斩钉截铁的事实。对于一般公民来说,通货膨胀意味着他们购买产品的价格不断上涨,特别是在汽油、燃料油和食物的价格猛烈上涨的时候,感觉得更明显。他们的实际收入确实下降了。美元贬值,石油输出国组织的冲击,以及世界性食物短缺等,改变了贸易条件,使美国国内靠工资为生的人和城市居民,显然处

---

[*] 1976 年 10 月,"开放经济中失业与通货膨胀的政治经济学"讨论会上的发言,希腊,雅典。本文用希伯来语发表于《经济学季刊》,第 24 卷,1977 年 4 月。

于不利地位。这些事件反映在价格指数的历史记录上,导致通货膨胀的统计数字暂时地猛升。所有这些问题都被归罪于"通货膨胀",并且成了政府实行反通货膨胀性货币和财政政策的正当理由。这是一种没有说服力的理由,人们并不喜欢降低实际收入。

几乎每个人都认为,反通货膨胀性宏观经济政策不可能恢复有利的贸易条件。几乎每个人都承认,如果这些政策真的能够降低他们购买的产品的价格,那么,同时肯定也会降低他们出售的劳动和其他产品的价格。总统以及其他政府官员们带头赞成,并且要求广大民众支持反通货膨胀政策,虽然声称这些政策预期会提高实际收入,但是,几乎每一个人心里都清楚,至少在一个较长的转型期内,实际收入实际上肯定会下降。——当然,里根总统、联邦储备委员会主席、他们的经济学家顾问以及为数极少的其他几位经济学家,则不承认这些。

当前,美国经济复苏进展缓慢,而且还是摇摇晃晃的。官方的信条是,经济复苏得越慢越好。这个观点,在工商界和金融业的圈子里,在出版界的评论中,几乎得到了普遍的应声附和。他们的理由总是认为,加快经济复苏,会重新加速通货膨胀,从而造成另一次,或许甚至是更严重的经济衰退。这个正统的教条,源于对最近的历史所做的三种广为接受的解释:其一,1972～1973年过分扩张的政策和过分强劲的繁荣,带来了1973～1974年两位数的通货膨胀;其二,这种通货膨胀本身又把经济拖入了衰退之中;其三,随后采取的谨慎的财政和货币政策,使通货膨胀率下降了5%,并且促使经济开始复苏。

针对这些标准的解释,可以提供下面几点说明。第一,正是贸易条件的剧烈恶化，把通货膨胀推上了两位数；第二，正是反通货膨胀的货币政策，导致了经济衰退；第三，通货膨胀率之所以下降，主要是因为，1973～1974年发生的强大价格冲击，从本质上看，这不是经常发生的。

依我之见，在美国，社会公众之所以普遍地支持反通货膨胀性财政和货币政策，是基于一种重大的误解。如果把大量失业和过剩的工业生产能力造成的国民生产总值的损失累积起来，这可能是一种价值5000亿美元的误解！

二、权衡成本和收益

现在，我可能应该为上面的简要引言向读者道歉。上述看法是眼光狭隘的。我知道得比较多的，只是美国的现实情况。这些看法可能有些武断，这是故意引人激动的。下面，我希望提出一些严肃的、具有普遍性的观点。

中央银行或者其他决策部门，根本就不应该把控制通货膨胀——限制它，或者把通货膨胀率降为零，或是其他许多较低的数字——当成一个绝对优先的目标，并且坚定地推行这类政策，而不考虑会造成什么不利后果。不论在什么时候，一国经济前进的道路总是有限的，必然要受到本国的资源、制度和历史，以及它所面临的国内和国际环境的制约，决策者在这些道路中做出的选择，进一步限制了它所采取的措施的效能。假设有几种政策选择都能行得通，那么，如果第一条道路中包含的通货膨胀率比第二条道路更低，把整个社会作为一个整体来看，以及从各个社会集团内部来看，这两条道路上实际收入的差异，不管是即期的、还是更长远的未来时期的收入差异，在做出选择的时候，都是无关紧要的经济因素。"通货膨胀"的一般化成本，不是反对选择第二条道路的一个充分的理由，除非有理由为第一条道路辩护，即第一条道路已经避免了这些成本；同时，相对于第二条道路而言，也没有出现其他具有同样（或更）大的社会重要性的损失。当然，这个观点对于两条道路是同样适用的。扩张性宏观经济政策的倡导者们没有权利声称，实际产出量的高速增长的普遍功效应当归功于他们。因为在这种情况下，他们的政策实际上不会产生上述功效，相反，只会带来通货膨胀。

这个观点其实没有太大的价值，之所以值得在此强调和详细论述，仅仅是因为它常常被忽视。经济学家们以及普通大众在讨论"通货膨胀的代价"的时候，通常都会犯下一个基本的错误，那就是，人们隐含地假设，如果其他条件保持不变，社会——它的代表就是中央银行和立法机构——就可以自由选择，是要通货膨胀，还是不要通货膨胀。这是通常讨论和评价分配造成的损害时的一个前提，传统上，一直都把这种损害归罪于"通货膨胀"，其中包括养老金领取者、货币价值固定的资产的投资者、靠工资为生的工薪阶层等遭受的收入和资本的损失，以及债务人、土地投机商和一些纳税人获得的利益。同样，在计算由于通货膨胀诱使人们尽快花掉手持现金而造成的无效率时，在计算传递和接收价格上涨的信息所花费的成本时，也是以上述假设为前提的。

在引言里，我间接地提到一个最近的戏剧性例子，它是一种相当常见的现象。产品的相对稀缺性的变化，或者产品生产者和消费者的相对市场力量发生变化，决定着相对价格的变化。至少在起初，由于一些商品的相对价格在不断上升，它的名义价格有所提高，便会出现这种情况。作为一种副产品，一般价格指数上涨得比以前更快，暂时产生了一个更高的通货膨胀率。可能会有人对这种短暂的插曲，进行严肃的统计研究，并且把它归咎于相对价格的"通货膨胀"不稳定性，以及预料之外的收入和财富的再分配。我不想看到这类研究，不过，我敢肯定我会看到的。

经济学家和决策者们永远不要忘记，对通货膨胀的代价和后果进行评价，只有直接关系到在各种备择政策之间进行切实可行的选择的时候，才真正有作用。一般来说，只要涉及中央银行，这些选择几乎总是与宏观经济的总需求管理有关。采用的措施都是一般性的——货币供给量、利率、公共债务管理、政府开支、税收、汇率等。这些措施没有提供机会，用来改变相对稀缺性和讨价还价能力的条件，它们影响着相对价格；或者用来阻止这些条件发生变化，或是把已经发生的变化颠倒过来——即使这种变化是值得期望的。就可行的需求管理措施来看，不论国际上或地区间的贸易条件发生的变化可能会造成什么样的损害，都是不相关的。世界性的经济衰退，并不是战胜石油输出国组织卡特尔的一种代价很小的方法。

三、政策工具与最终目标

在指导经济的各种政策的分类层次中，控制和降低通货膨胀，从逻辑上看，处在这个系列中的政策工具末端。经济活动给个人和社会的报偿，是实际的而不是名义的数量。基本上说，给予的报偿

30 控制通货膨胀是整个社会的首要任务

主要就是当前以及未来消费的商品和服务，还有休闲。用美元或者希腊货币单位德拉克马（drachmas）表示的价格以及它们的变化率，都不在效用函数或社会福利函数的自变量之列。实际上，乘坐一次公共汽车需要花费多少代币券，或者，甚至于需要多少硬币来购买代币券，都是无关紧要的。真正有意义的是，这次旅行需要花费多长时间的劳动，或者多少品脱牛奶。

因此，证明控制通货膨胀确属正当的理由必然是间接的。从现在到1980年期间，6%的通货膨胀并不一定天然地比12%的通货膨胀更好，或者说，2%的通货膨胀并非必定比6%的通货膨胀更好。任何人如果认为，较低的通货膨胀率一定更好，他就必须证明，低通货膨胀会带来社会偏好的实际后果，并且具体指出，这些有利的后果究竟是什么。当然，他不能把采取政策行动降低通货膨胀带来的后果，作为反对较高通货膨胀率的理由，因为这样做只是一种循环论证——就像以大麻是有害的为理由，并且把制止大麻的危险列为有害影响之一，来反对使大麻合法化一样。

在美国，人们经常引用一个不愉快指数（discomfort index）作为总体经济状况的一个衡量标准，该指数就是失业率与通货膨胀率之和。其中隐含的社会交替选择是，为了使通货膨胀率降低1个百分点，失业率额外增加1个百分点总是值得的。然而，在惯性的、预期到的通货膨胀与非惯性的、未预期到的通货膨胀之间，肯定是有一定差别的。1个百分点的通货膨胀，每年造成的产出量损失，其实是很小的。比如说，稳定的、预期到的通货膨胀多增加1个百分点，将使名义利率提高20%，例如，从5%提高到6%。国民生产总值的1/6被公众以活期存款和通货的形式持有，对这部分存款和通货，不需要支付任何名义利率——这是一个惯例性的事实，但不是永远不变的。对这些资产的需求的利率弹性不会低于 –0.5。因而，由于通货膨胀多增加 1 个百分点，每一年为节约货币而付出的额外努力，最多也只相当于国民生产总值的 1/1200，也就是原始成本的 1/10，原始成本大约是 1/6 国民生产总值的 5%。在另一方面，按照保守的估计，由于 1 个百分点的失业造成的损失，大约是国民生产总值的 1%。显然，两者的损失完全是无法相比的。或许，由于更经常地确定、改变并且宣布名义利率，会带来一些成本，从而使两种损失的差别变得更小一些。不过，到目前为止，我还没有看到过诸如此类的估算。

像其他错误的预期一样，未预期到的通货膨胀会产生不受人们欢迎的分配和资源配置后果。可是，未预期到的通货紧缩，或者出乎预料地把通货膨胀率降低到经济要调整的水平，也会造成同样的结果。而且，失业除了给生产带来普遍的无谓损失以外，也还会带来同样的后果。在美国，1975 年的经济衰退把 250 多万人推入了穷困之中，也就是指收入水平低于官方公布的实际收入标准。当然，伊朗国王不在其中。他们大部分是抚恤金领取者、退休的老人、寡妇、失去父母的孤儿，这些人难以依赖过去的那些固定货币价值的投资而生活，因为投资的利息收入，远远低估了通货膨胀率。就像 50 年代和 60 年代的许多投资者一样，他们是在拿自己的未来打赌，全部依赖于各种证券，期望证券成为一种对付通货膨胀的保值措施，但却没有认识到，反通货膨胀的货币政策，将会剧烈地损害证券的实际价值。

由此得到的教训是，不论是不愉快指数，还是运用通货膨胀和失业的统计资料进行简单加权总计而得出的其他任何指数，都不是制定政策的一个有意义的指导。除了前面指出的处方，实际上别无其他更好的替代品。这个处方是，把各种行得通的备择路径可能造成的分配上的和总体的后果进行对比。在这样一种比较中，常见的典型情况是，低通货膨胀性的路径，在短期会有所损失，必须用后来获得的收益来证明这些损失是合理的。在这一点上，人们过去常常断言，通货膨胀阻止了储蓄，尽管还没有找到具有说服力的经验证据。今天，传统的智慧正好相反，但它可能同样也缺乏基础。一些人要求整个社会目前牺牲更多的投资，以便在以后换来持久的利益，那么，他们显然应该具体地说明并且估算出这些长期利益。

1. 疾病与病症

我猜想，通货膨胀的反对派实际上常常指的是社会疾病的突变，在其中，通货膨胀只是一种病症。在一个国家里，工会和其他有组织的社会集团都具有经济的和政治上的权力，向他们的雇主和雇员及政府施加压力，提出过高的实际收入要求，这样的国家肯定会陷入麻烦之中。任何一个社会都不能找出适当的方法，来满足各种相互矛盾的要求，这种无能为力肯定正在发出警报，对此毫无疑问。（在我们美国，纽约市就是一个例子和一种警告。）这种混乱比通货膨胀更深刻，通货膨胀可能有助于造成混乱。其实，即使把货币变成一种商品组合标准——按照定义，在这种情况下不可能出现通货膨胀——问题还会依然存在。尽管在实行必需的基本结构改革的时候，货币政策无疑会起一些促进作用，但是，这不是一种单靠中央银行就能医好的疾病。如果没有实行这种改革，通货紧缩性宏观经济政策,常常都会因为贪婪的、有权有势者的罪过,而去处罚那些天真的、无权无势的弱者。

2. 通货膨胀性公共财政

从前面的论述中可以清楚地看出,我认为,在现代世界里,存在着许多可能造成通货膨胀的根源。我非常清楚地知道,通货膨胀是一种货币现象——毕竟,它是指货币记账单位的购买力发生的变化——因此,我也认识到,在任何一次不断发展的通货膨胀中,不管引发通货膨胀的根源是什么,也不管它是愿意还是不愿意,中央银行都是一个帮凶。我可以肯定地说,几乎没有一家中央银行能够自由地选择:是要较高的,还是较低的通货膨胀。真正的问题是:中央银行是配合,还是不配合?当出现价格和收入变动时,变动不是由中央银行最初引发的,而且中央银行持否定态度,因为它将会、至少是暂时地给生产和就业造成损失;在这种情况下,中央银行是否应该为这种变动提供资金支持呢?正是面对这样一种两难困境,我在前文中推荐了一种精确而又实用的成本-收益计算方法。

通货膨胀总是并且在处处都是一种货币现象,这句名言常常是一个比较强有力的命题。也就是说,通货膨胀的存在,或者肯定包括加速通货膨胀的存在,本身就是存在着过量的实际总需求的例证。如果是这样的话,反通货膨胀政策就总是不用付出任何代价的,因为它是在恢复实际均衡。我觉得,这个命题最差也是一句同义反复——把均衡定义为,没有通货膨胀压力——但最好也只是一句未被证明的和含糊其词的断言。不论物价统计的结果是怎样的,8%的失业率以及25%的过量生产能力,无论如何也不会有均衡的感觉。不过，我肯定不会否认，过量需求的通货膨胀倒是时有发生。在美国，最值得引人关注的明显例子，是1966年为了给越南战争筹集军费而诱发的通货膨胀。

即使在这种情况下，成本-收益计算也仍然是一种适当的方法，用于在各种可行的筹资方式中进行选择。假设经济在接近其最大生产能力上运行，再假定政府要增加支出就必须靠筹资。政府现在要在增加税收或者赤字筹资这两者之间做出选择。赤字筹资一部分靠发行付息债券，一部分靠印制货币或者向中央银行借款。明确的征税将为政府提供它所需要的实际资源，同时，却又诱使或迫使纳税人削减他们自己的消费和投资。实行赤字筹资如果是人们预料之外的，它就将主要依靠强制的通货膨胀，降低一部分人的购买力，来为政府提供资源。这部分人的收入或支出预算做出的反应非常慢，或者，他们手中持有的货币以及以货币标明票面金额的资产，其实际价值和收益被侵蚀了。如果实行赤字筹资是预料之中的，那么，赤字的开支将会通过价格的上涨，释放出需要的资源。但涨价又会降低货币余额的实际价值，并且提高实际利率，后者则将阻碍投资和消费。

上述两种筹资的方法，都会使经济承受无谓的损失。目前还没有任何一种明确的税收不会造成刺激的扭曲。未预期到的通货膨胀扭曲了消费者和生产者的资源配置。预期到的通货膨胀以及实际利率的提高，则诱致社会为了减少现金余额和利息固定的其他资产，不必要地支出了一些资源。两种筹集资金的方法都对收入与财富进行再分配，当然是朝着不同的方向。所以，面临的选择不是白的就是黑的。用政治术语来说，通货膨胀是"最残酷的税收"，但是，人们能够想象出那些更加残酷的税收。

无论如何，对于通货膨胀性公共财政，我不会赞成并为之辩护。就个人观点来讲，我倒是倾向于认为，在上述情况下，政府应当公平地和明确地对待它的支出负担，对于出售一些提供错误信息的储蓄债券中的欺骗行为，我感到生气，这些债券得到的实际利率，并没有它诱导购买者预期的那么高。不过，基本的论点依然成立：政策选择不仅涉及把一项行动的各种成本加总起来，而且，要把这些成本与其他类似行动的成本加以权衡比较。

3. 收入政策

假设一个社会从过去继承了一个持久的高通货膨胀率，这个社会现在决定，要降低或者消除高通货膨胀。宏观经济的需求管理就可以实现这个目标，其代价是，造成延缓的滞胀，并且给生产、就业和资本形成造成显著的损失。这就难怪为什么政治家们、政客们和一般社会公众都拒绝相信：没有其他的解决办法了。美国人民不喜欢通货膨胀，可是，他们的本能是直接地控制价格和工资。这种本能在各种民意调查中已经反复表现出来了。

然而，在经济学和金融圈子里，最坚决地反对通货膨胀的学者，也是收入政策的最坚定的反对者。[按照传统上难以捉摸的概念，我这里所说的"收入政策"，包括全面的工资和物价管制，工资-价格界标和联邦储备委员会的公告操作（open mouth operations）等无需经立法批准的措施等各种手段。]反对的意见，往往都是一种原则或意识形态。我们很难绝对地进行争辩，但是，大多数公民都不会同意，这个原则必须坚持下去，而根本不考虑付出多大的代价。

一个更实用的方法，可能是按照这篇论文的精神实质而设计的：把降低通货膨胀的某一条道路的成本，与其他道路的成本进行比较。毫无疑问，有效的管制，不论是强制性的还是说服性的，都会扭曲资源的配置，造成不平等。不过，宏观经济滞胀的代价是巨大的，要把大量的配置和分配上的损失全部加总在一起，才能与之相等。需要有一大堆哈伯格三角（Harberger triangles），才能填满一个奥肯缺口（Okun gap）。

当然，如果收入政策根本就不起任何作用，也就没有什么争论了。实行收入政策的有利时机，不是存在过量需求的时期，因为这时候，它们会遇到一种不可压制的高潮。有利的时机是在通货膨胀获得燃料的时候，提供燃料的不是同期的需求压力，而是它本身的经历和预期产生的力量。实行肯尼迪-约翰逊的界标以及指导性的总统干预，就出现了五年的经济复苏，随之出现了价格水平或其变化率的微小增长。今天的滞胀，可能提供了一个类似的大好时机。现在，不管是政府还是私人部门，似乎都被下述可能性吓得不敢行动了，这些可能性是，经济复苏最终会打击某些瓶颈，引起某些价格上涨。

为了打破已经牢固扎根的工资和价格增长模式，许多学者也提出了一些"诀窍"建议，但却没有得到多少支持。联邦储备委员会理事沃利奇和宾夕法尼亚大学教授温特劳布（Wallich and Weintraub）各自独立地提出建议，开征一项公司利润附加税，其税率等于该公司每小时平均工资超过官方界标的部分每年增长的百分点。奥肯则建议用"胡萝卜"代替"大棒"，对于那些自愿遵守界标的工人和雇主们，实行税收折扣优惠。他还提出了一项保险计划；为了对尊重界标的人予以补偿，凡遵从界标的工人，可以享受所得税折扣，折扣的幅度就是实际的通货膨胀超出界标的比例。阿瑟·伯恩斯公开表示，他赞成提出这样的要求，即任何重要的工资契约和价格上涨，在实际发生之前，必须公示，并等待一段时间。

除了紧缩预算和限制性货币政策的古典处方以外，反通货膨胀的战士们普遍地忽视或者谴责其他的疗方。就像过去的内科医生一样，人们常说的一句话似乎正是这些战士们所想的：良药苦口利于病。

31 通货紧缩之后又怎么办?*

在经济史的教科书中,70年代将是滞胀的年代,而80年代很可能成为通货紧缩的年代。目前,在整个民主的资本主义世界里,各国经济政策的首要任务,都是征服从前10年里继承下来的、难以应对的通货膨胀。英国在玛格丽特·撒切尔夫人的领导下,美国在联邦储备委员会主席保罗·沃尔克的领导下,还有西欧的其他发达国家和日本,都毫不留情地紧缩货币和宏观经济政策,正在逐步地压低全世界的通货膨胀率。

我相信,这些努力最终将会获得成功。只是它们需要更长的时间,付出更大的代价,比它们的积极倡导者们预期的或许诺的时间更长、代价更大。但是,社会公众,即使是紧缩政策造成的深度经济衰退的受害者,他们的忍耐力也仍是相当强的。对70年代后期的通货膨胀的普遍厌恶,已经深深地扎根于人们的心目中,以致即使目前的领导人都被取代了,新领导人要想急剧地把方向反转过来,也是不可能的。

实行通货紧缩取得成功的关键是,工资增长的规模要低于劳动

---

* 1982年10月,基拉姆演讲,达尔豪斯(Dalhousie)大学,哈利法克斯。选入约翰·康沃尔(John Cornwall)编:《滞胀之后:经济衰退的另一种选择》,牛津:布莱克韦尔(Blackwell)出版公司1984年版,第20~40页。

生产率增长的趋势。目前使用的武器是严重的经济萧条，劳动力失业和过剩的工业生产能力，这种状况将会一直延长下去，直到企业主、工人和工会在面临绝境（经常是枉费心机地试图削减就业岗位和防止破产）后，被迫放弃工资和物价要求时为止。这种策略会起作用，对此，我们一点也不感到奇怪。而且，只要经济衰退持续下去还有较大的空间，即使1981～1982年的衰退到此结束，这种策略仍将继续起作用。

即便如此，我们仍然还有相当多的工作要做。在北美、西欧的主要发达国家和日本，目前的通货膨胀率仍然是较高的一位数。反通货膨胀战役的通货膨胀率目标，如果不是实际上为零的话，也远低于5%。无论如何，在石油输出国组织卡特尔的冲击把通货膨胀率推上两位数以前，控制通货膨胀就是经济政策主要关心的一个目标。在美国，比如说5%的通货膨胀，无论是在50年代中期，还是在越南战争时期，都引起了极度的恐慌。按照目前的情况和可以预见到的进度来看，控制通货膨胀的战斗要取得胜利，至少也需要两年以上的时间，如果中东事件导致了第三次石油供给和价格冲击的话，就需要更长的时间。

不过，我倒认为，思考一下我们期盼的反通货膨胀战斗取胜的那一天，思考一下经济前景将会怎样，想一想我们从此会走向何方，现在为时并不早。像其他任何一场取得胜利的战争一样，紧跟着这场反通货膨胀战斗之后而来的，就是各种难以应对的问题和十分重要的政策课题。我们现在就必须着手解决这些问题了。而且，认真地考虑取得胜利之后的经济前景，也直接关系到一些现实的问题，即我们到底有多大决心，依靠哪些武器来进行这场战斗。

一、通货紧缩之后的经济景象

再继续实行两年或更长时间的货币紧缩之后,我们的经济将会受到非常严重的损害。即使经济从衰退中转向了适度的复苏,与50年代、60年代和70年代的正常标准相比,失业率和过量的生产能力都依然比较高。具体来说,在当今的美国,连续两年里每年实际增长率达到4.5%——预测者会认为,这个增长率是极端乐观的估计,很少能够足以把失业率从10%降低到8%——这个数字比1975年以前经济周期的低潮时期的失业率还要高。持久的高失业率会破坏人力资本,特别是少年和青年人,在他们性格形成的关键时期,他们不大相信在职的培训和经验。类似地,持久的过量生产能力会抑制物质资本的形成。工商企业缺乏实际的和预期的利润,进而使他们缺乏从事新的投资的兴趣和能力。经济衰退和滞胀也将压缩公共部门的预算。在美国,由联邦政府和地方政府提供的间接资本——如道路、街道、污水处理系统、公园、学校等——甚至得不到维护和更新,很少能够有所扩展以满足将来的要求。

在征服通货膨胀的战斗中,美国造成了上亿美元的生产损失,上述那些损害,不过是附在巨大的生产损失上的一些不可改变的和持久的代价。我们的经济只贮备了较少的资本和现代技术,即使经济繁荣使劳动力和其他资源的利用率恢复到正常的水平,我国经济也只有较低的生产性。

这些社会成本也伴随着金融灾难的征兆,金融灾难将使成千上万的企业和上亿的居民陷入痛苦之中。个人和公司的破产是传染性的，就连国家也不得不乞求"重新调整"它们的债务。由于连锁反应，银行和其他金融机构，还有其他出借者，也都受到了威胁。这些困难部分地是通货紧缩所固有的。有些人借入了长期债务，只有在他们的工资或利润，或者他们的财产价值，按照高通货膨胀率的美元价值不断增加的情况下，他们才能够承担起借债的利息支出。一旦通货膨胀出乎意料地减弱，这些人就会陷入困境。假如债务人的工资每年提高10%，而他的住房价值每年增加15%，那么，15%的抵押就是一笔赚钱的生意，抵押贷款的利息支出可以从应纳税收入中扣减；假如他的工资每年只能提高5%，而不动产的价格保持稳定，那么，15%的抵押贷款就变成了一项沉重的负担。再比如，由于存在通货膨胀，一家公司的销售收入或一座城市的税收收入会有规律地膨胀，该公司或城市则寄希望于用膨胀的收入，来支付债券的高利息，其中的道理是一样的。

结果是造成了收入和财富的转移，并且是反方向的转移，收益转向债务人，同时，那些未预料到的通货膨胀的出借者则成了牺牲品。我们正在认识到，或者重新认识到，这种转移是向着两个方向发生的，不管出现哪个方向的转移，都会造成严重的社会紧张。经济学家们易于轻率地说，这些金融冲击"很少有"进行再分配的。工厂、住房和农场这些东西，即使它们的所有权发生了变化，而且，它们产生的收益也按其他不同的方式进行瓜分，但这些东西依然都还在那里。可是，调整常常是要付出代价的。更深入地看，目前的困难要比预料之外的通货紧缩更加复杂，通货紧缩使那些签订了契约并许诺支付高利息的债务人加重了负担。大多数债务人也受到了通货紧缩的实际副产品的打击。失业的汽车工人，不管是布兰尼夫国际航空公司(Braniff)的,或是国际收割机公司的,还是墨西哥的,都失去了他们的市场。由此造成的金融灾难,正是前述的实际社会成本的一种征兆;由于生产资源的闲置,导致实际收入的巨大损失。

二、完全复苏的模糊前景

我在前面已经指出,当反通货膨胀的战斗取得胜利的时候,世界上发达资本主义经济中,仍将存在相当程度的经济萧条。与先前的繁荣年份相比,失业率仍将更高,过剩的资本生产能力也依然存在。一旦生产能力利用率恢复到正常的水平上,将会出现何种景象? 具体来说,假设在美国,通货膨胀连续下降两到三年,从目前的水平降低到2%或者3%,同时,失业率仍保持在8%或者更高。在这种情况下,难道我们就可以预期把失业率降低到6%? 这是1978～1979年时的水平。针对英国,人们也可以提出一个类似的问题:假如说撒切尔夫人的坚定紧缩政策成功地降低了通货膨胀,那么,失业率也会随之下降吗?

对于这些问题,我做出的是悲观的回答。下面,我要提出几条理由。反通货膨胀战斗的取胜之日,只是一种修辞用法,而且是一种可能有些令人误解的修辞。没有任何一个人,也包括获胜的将军们,能够肯定地说,这场战斗已经彻底结束了,并且取得了最后的胜利。没有一个敌军指挥官会主动地放下武器,解除部下的武装,在投降文件上签字。有的只是价格统计资料,以及价格随着时间推移的变化情况。或许在下个月、下个季度或者明年,会再一次带来坏消息。反通货膨胀的参战者将会特别小心谨慎。无论如何，他们都会告诫自己，并告诉我们说，我们已经为这场战斗的胜利付出了沉重的代价，现在请不要轻易地放弃它。他们还会提醒我们说，我们以前早就这样做过，1957～1960年、1970～1971年以及1974～1975年期间战胜了通货膨胀，在随后扩大胜利成果的时候却遭受了损失。这一回，我们千万不要再次煽起通货膨胀心理。进一步的经济复苏，倾向于提高某些敏感的商品价格，并遇到国内供给和世界供给中的某些瓶颈。如果经济繁荣太快、太多地扩大了世界的能源需求，石油价格就有可能再次暴涨，况且，人们永远也说不清楚，什么时候会出现石油供给的政治混乱。再进一步说，我国经济中的某些非常重要的、以成本为基础的价格，还在过分地上涨，这部分地因为，它们仍然在吸收先前的通货膨胀造成的成本上扬——公用事业费用和医疗费用的上扬，就是两个主要的例证。

这样推理的话，决策者们将会满足于让经济重新开始一种正常可以维持的生产增长。也就是，要保持经济萧条的幅度大体上不变，其中，用失业水平和过剩的生产能力来衡量萧条程度。实际国民生产总值的增长，将会达到劳动力增加和劳动生产率提高所允许的水平，但却不足以，甚至不能暂时地吸纳剩余的萧条程度。长期存在的较高失业水平（在北美至少可能要达到8%），将是一种保险措施，以防重新引发通货膨胀。

三、货币主义的遗产

中央银行致力于货币主义者的目标，更增强了这种方案的可能性。在通货紧缩的征战中,他们的策略是,逐步地降低货币总量的增长率,直到它仅仅足以为可持续的增长提供资金为止。这里所说的增长,是指在稳定价格下实际国民生产总值的可持续增长。比如说,在美国,自从 1977 年以来,联邦储备系统就逐渐降低了交易货币 M_1 每一年的增长幅度,M_1 是它们的基本目标。并且,自从 1979 年 10 月公开宣布改变运作程序以后,它们又着重强调了坚决推行这种策略的决心。里根政府很快就在 1981 年接掌了政权,新政府认可了这项政策,并且要求,到 1985 年把 M_1 的增长目标砍掉一半,也就是要降低到每年大约 2%。这个削减过程的最后结果可能是零,因为金融技术的不断创新促使交易货币的流通速度不断提高,这可能足以保证国民生产总值实现可持续的、没有通货膨胀的增长,即每年增长 2.5%～3%。

货币主义者看待美国和其他地方的基本政策,都强调预期的关键作用。逐渐下降、最终稳定的货币增长,加上实际经济成就,证实了政府公开宣布的意图,这对于冷却人们的通货膨胀心理,并阻止它重新激发起来,被认为是必不可少的。树立和保持"信用(credibility)"就是他们的格言,信用被认为更多地与货币总量、而不是与价格和名义收入联系在一起的。为什么中央银行甚至在通货膨胀已经减轻的时候,也不情愿让货币增长率突破界限(即使突破只是暂时的,是支持经济复苏、减轻萧条所需要的)?这就是另一个重要的原因。

从一种货币主义者的通货紧缩策略,转向一种货币主义者的稳定增长处方,其中还包含着另一个可能更加难以捉摸的困难。成功的通货紧缩,本身也会增加对货币的需求,如果货币的购买力没有逐渐下降的话，货币本身就将变成一种更有吸引力的资产。换句话来说，随着实行通货紧缩，可以替代货币的其他资产——定期存款、国库券和商业票据——的名义利率就会下降，从而降低对于尽量减少手中持有的交易货币、通货和支票账户平衡的机会成本的刺激。给定对 M_1 需求的利率弹性，按照保守的估计，绝对值为 0.15。那么，由于通货紧缩造成名义利率下降 67%，将会使货币需求提高 10%。不管采用什么方法，中央银行都不得不配合这种一次性的、不会反复出现的需求，提供资金正好用以保证没有通货膨胀的、可维持的增长，根本不用说，支持任何异乎寻常的实际增长，其目的是减少失业人数。但是，用暂时提高货币增长目标的办法——在今后两年里，每年增加到 5% 以上，或者今后三年里每年达到 3% 以上——又会损害中央银行好不容易才树立起来的信用。

在美国，这个问题甚至会进一步加剧，因为对存款利率施加的法定最高限额正在逐步被取消。在近几年内，我们可以预期，计入 M_1 中的活期存款，将会承担由市场决定的利率，它与其他可替代资产的利率之间的区别，只有中间服务和交易服务的成本。这项改革同样也会增大对 M_1 的需求，因为可转让储蓄存款（可转让提款单账户）的受管制的利息已经支付了，也因为可转让货币市场基金已经普遍流行起来，它们并没有计入 M_1 之中。联邦储备委员会认识到，利用这种渠道来提供额外的货币需求，是无害的、合适的，甚至是值得期望的。到目前为止，该委员会一直在努力这样做，但是不能超过它每一年的货币目标。在将来，这样做或许就是不可能的，因此，信用的两难困境再一次隐隐出现。无论采取什么办法，联邦储备委员会都必须说服他们的选民们，向上偏离它的紧缩性货币增长路径是健康的，这并不表明他们从基本的反通货膨胀立场上向后退却。[1]

可以肯定，确实存在着一种方法，能够使前述的各种原因产生的额外货币需求，原则上都得到满足。并且，不论在形式上还是本质上，都不会偏离公开宣布的货币主义者战略和战术。这就是延长和扩大通货紧缩性转型期，使它包括一个实际的紧缩通货时期。在这样的时期里，价格水平将被迫降低，直到足以配合额外的货币需求。读者中有些人——特别是那些像我一样牢记30年代紧缩通货的人们——可能会发现，这样一种方案，即使经过了深思熟虑，也难以令人置信。不过请大家记住，在货币主义的理论中，名义工资和价格的下降，就像它们上升一样容易；把通货膨胀率从1%降低到-1%，就像从8%降低到6%一样容易。

如果这些叙述使任何一位读者感到，中央银行用它们的信用来赌货币总量目标（货币总量的流通速度和含义，既会有规律地、又会随机地变化），实在是愚蠢的和危险的，那么，我会很高兴，而且一点也不吃惊。在另外几篇文章里，我还为同样的结论提出了其他论据，这里不再重复[2]。无论如何，货币当局，至少是联邦储备系统，

---

[1] 从1982年夏末开始，联邦储备系统对它的货币总量目标，特别是 M_1 产生了怀疑，其原因在前文中已经指出过。1983年7月，联邦储备委员会公布了1983年和1984年货币增长的新目标，不那么强调 M_1 了，并且明确指出，在前两个季度里，他们不打算做出任何努力，去消除超过 M_1 目标以上的增长部分，以此重新确定了 M_1 目标的基础。金融市场从容地应对了这些实用主义的调整。

[2] J. 托宾："十年后的稳定政策"，载《布鲁金斯经济活动论文集》，1980年第一卷，第50～52页。"金融结构与货币规则"，载《信贷与资本》，1983年第16卷，第二期，第155～171页。"不稳定世界的货币政策"，载《日本银行货币与经济研究》，1983年第一、二期，第15～28页。"货币政策：规则、目标与流通量"，载《货币、信贷与银行杂志》，1983年第四期，第506～518页。

总有一天不得不从他们为自己设下的货币主义陷阱里,自我解救出来。最好的解救时机就是现在,正是一段反通货膨胀的转型时期。

四、"自然失业率"的向上浮动

在反通货膨胀的战斗取胜以后,宏观经济政策的一个基本问题就是,"自然失业率",或者,有时候更自然地称之为"非加速通货膨胀失业率"会发生什么变化?如果自然失业率是4%、5%或6%,决策者们就不应该满足于稳定的可维持的增长,同时,失业率却高达8%。但是,他们可能会认为,自然失业率现在就是8%,没有更小的失业率数字,能够与价格稳定,或者与任何稳定的、不会升高的通货膨胀率和谐共存。没有人能够肯定这一点。比如说,决策者可能估计,自然失业率的预期值是6%,但也考虑到了出现更低和更高数值的可能性。然后,他们可能把目标定在8%,因为他们考虑到,把失业降低到自然失业率水平以下带来的通货膨胀的成本,会超过坚定地让经济在"自然的"高失业水平上运行所带来的成本。

借助于宏观经济政策的作用,一国经济到底能够把失业率降低到多么低的水平,并且能够维持经济运行呢?在过去的30年里,经济学家和决策者们的看法变得更加悲观,这几乎是单一不变的。在1952～1953年间,继朝鲜战争抬高了价格并引发了通货膨胀之后,价格实现了稳定,而失业率却只有3%。但是,在50年代中期,4%以上的通货膨胀率,似乎得到了4%以上的失业率的进一步加热,从而引发了相应的货币和财政政策,结果造成了前后相继的两次经济衰退,把通货膨胀率降低到1%～2%的范围内。肯尼迪-约翰逊政府公布的官方失业率目标是4%，1965年他们实现了这个目标，同时只付出了微不足道的通货膨胀代价。约翰逊总统没有听从他的经济顾问们的建议，他决定要为他的越南战争冒险支付军费，但却不增加税收。于是，引发了一场过量需求型通货膨胀，把失业率降低到3%，同时，通货膨胀率上升到5%。1969～1971年出现的反通货膨胀衰退，得到了令人失望的结果，此后，尼克松总统强制实施了工资和价格管制，宏观经济政策又转向扩张。这一次，政府采取的紧缩政策审慎地制止了经济扩张，失业率达到5%，由于国际商品市场紧缺，以及石油输出国组织的石油价格暴涨，使通货膨胀加速，达到了令人惊恐的程度。美国经济的又一次复苏，即1975～1979年期间，同样也是由于石油输出国组织的第二次石油价格冲击，造成了一场令人惊恐的通货膨胀大爆发。结果，经济扩张又被审慎地制止了，失业率达到6%左右。

"自然"失业率达到了显著的高水平，并且长期以来在不断提高，其原因究竟是什么？如果统计的失业不是凯恩斯主义的非自愿失业——这种失业能够通过需求扩张予以消除，同时又不会释放出提高实际工资的压力，那么，它到底是什么？其他的形容词还有：摩擦性的、寻找性的、自愿的和古典的。它们之间相互也有交叠。

摩擦性失业是有工作岗位空缺与之对应的。美国目前还没有关于工作岗位空缺的统计资料能够与失业统计进行比较。但是，有两个结论会得到人们的普遍接受。一个结论是：即使在经济景气的时候，具有实际意义的工作岗位空缺总量，也根本赶不上失业人员总数。另一个结论是：在美国，相对于失业率来说，空缺率长期以来都在上升。这与其他有工作岗位空缺统计资料的国家是一样的。

美国招工广告指数的变化趋势也表明了这一点。

摩擦性失业可能也体现出了失业工人积极地自愿地在各种工作岗位之间进行寻找,特别是年轻人。在60年代和70年代里,劳动力的人口统计学构成就是在向这个方向移动,尽管现在它正在向相反的方向移动。失业保险,以及失业者可以得到的其他转移津贴,都在鼓励自愿失业,不管是不是为了有选择地寻找其他工作。随着这些津贴变得更加慷慨大方——其实,这部分地是对失业率较高做出的反应——他们可能只得到了十分乏力的刺激,来促使他们继续在岗工作,寻找和接受新的工作岗位。

"古典的"失业可能归因于行业的限制(它把实际工资固定在太高的水平上)、工会的垄断,或者最低工资立法。这些限制能够造成单个工人的非自愿失业。但是,解决问题的处方应该是在劳动力市场上实行更有效的竞争,而不是需求刺激。

五、失业与通货膨胀交替:可供选择的诊断

从这段历史经历中,可以吸取几个截然不同的教训,它们又分别具有从根本上相互冲突的政策含义。正统的结论,也是被接受并支撑着现行政策的结论认为,非加速通货膨胀失业率被长期地和过分乐观地高估了,因而,政策也相应地错向了通货膨胀一边。非加速通货膨胀失业率已经逐渐地上升了,所以,试图把失业率恢复到先前繁荣时期的水平,就会爆发通货膨胀。失业率也许是太高了,但这是微观结构性政策的问题,而不是宏观需求管理的问题。

这种主张的一个变体,也是古典经济教条的一个现代翻版,则认为在失业方面就像在其他变量上一样,市场经济自己就会找到它的均衡位置。在稳定政策下,就像前述的货币主义规则,不管经济的运行把失业率推到什么水平上,它都将是均衡的、自然的和非加速通货膨胀的失业率。经济学家和决策者们不知道具体数字是多少,不应该把任何特定的失业率数字,或者任何其他的实际经济变量作为目标。这些诊断和处方对失业都抱着悲观主义态度,把失业看成是不能用作为财政和货币手段的宏观需求管理来解决的问题。

如何看待最近的历史经验,还有另一种观点,因为需要有一个更好的词语,我们把它称为一种新凯恩斯主义分析。在一种意义上说,它更乐观;但从另一种意义上说,它又更悲观。70年代的滞胀,特别是在两次经济景气的顶峰出现的两位数的通货膨胀,都不是某个国家特有的。它们都是前所未有的、极其严重的供给和价格冲击的结果。从1966年越南战争逐步升级,经过伊朗革命,历史已经给我们遗留下一个高通货膨胀率。利用货币手段来控制和征服通货膨胀,又导致了高失业率。虽然通货膨胀在起源上是偶然的,在幅度上是任意的,但它已经牢牢植入了习惯、模式和预期之中,它自身也获得了一种难以控制的上升势头。为什么反通货膨胀需要这么长时间,就业和生产要付出巨大的代价,这就是原因所在。

但是,一旦这个过程彻底完成了,确立了新的、比较低的工资和价格增长模式,如果没有新的和连续的极端冲击,就像过去16年里出现的冲击,它们也将倾向于持续下去。恢复到1961年那样的初始条件,我们能够享受到1961～1965年期间的经济繁荣和没有通货膨胀的经济扩展。或许,目前的非加速通货膨胀失业率,只比4%高1个百分点或者更多一点,尽管这不能用1973年或1979年的实际经历加以证明。在某种程度上,非加速通货膨胀失业率在追赶实际经历的失业率。因而,70年代里的高失业暂时地提高了非加速通货膨胀失业率,它破坏了人力资本,阻碍了投资。相对于人们的失业而言,也减少了过量的资本生产能力。基于同样的原因,深谋远虑的扩张性政策,既能降低实际失业率,又会降低"自然失业率"。

与此同时,在这种美国新凯恩斯主义传统中,还包含着一个更悲观的部分。早在70年代的滞胀之前,实际上早在40年代里,它的追随者们就发现,在现代资本主义确定工资和价格的制度中,存在着一种通货膨胀偏向。他们观察到,工资和毛利(mark-ups)对于需求刺激做出的上涨反应,要比它们对于需求减少做出的下降反应,更为容易。结果,需求和商业活动在行业内部和区域内部的转移,总起来看,就倾向于是通货膨胀性的。类似地,周期性的波动会比稳定增长产生更高的通货膨胀倾向。在"自然的"劳动力市场均衡的意义上,很难把价格稳定与充分就业结合起来。从任何均衡或福利意义上说,非加速通货膨胀失业率都不是充分就业。一定幅度的非自愿失业,对于控制通货膨胀而言是必要的。在70年代面临供给和价格冲击时,这种偏向特别严重,经济被迫付出了过分的萧条代价,压低非能源成本和价格,用以补偿石油价格的大幅度上涨。

这样一种世界观,促使它的一些倡导者提倡收入政策。在平静的60年代早期,实行了非正式的工资-物价界标,以保证实现没有通货膨胀的经济扩张；人们可以说，是要使非加速通货膨胀失业率与充分就业一致起来。最近，新凯恩斯主义者又在提倡收入政策，比如说，实行税收奖励或处罚，引导人们遵从界标，以便加速反通货膨胀，并限制它对于生产和就业的损害。可以想象，收入政策能够像1961～1965年那样，用来作为一种保险措施，以防止从目前的反通货膨胀性萧条中复苏的时候，再次引发通货膨胀。它可以取代另一种保险，即维持一种持久的、较大幅度的剩余生产能力。

第三种观点，有时也称为后凯恩斯主义，它对现代资本主义确定工资和价格的机制抱着更悲观的态度。这种机制远远偏离了竞争的市场，它反映了拥有重要政治和经济权力的各个不同集团之间的相互冲突。它们各自想从国民收入中索取的份额的总和，比总的国民收入还要大。没有任何自然的市场过程能够解决这个根本性的矛盾。通货膨胀只是这种未解决的冲突的一个症候。但是，通过货币和财政政策实行宏观经济紧缩，既不能解除冲突的顽疾，也不能消除它的通货膨胀性症候。它只会缩小馅饼的规模，结果，也不会使馅饼与各个集团索要的份额总和相符，更准确地说，没有使各个集团索要的份额之和有所减少。从这种观点来看，英国的撒切尔夫人推行的政策，在较低的程度上，也包括里根总统的政策，其基本实质就是要削弱工会的权力，当然是相对于其他社会集团而言的。在美国，典型的后凯恩斯主义建议是，对主要的公司和工会，强制实施长期的价格和工资管制，J. K. 加尔布雷思很早以前就在倡导这个办法。

六、改善通货膨胀与失业交替的政策

尽管这些观点之间的分歧很大,但有一点却是大家一致赞同的:反通货膨胀之战取胜的日子,只能得到一两声喝彩。滞胀这个词中,"膨胀"两个字将被征服,但"停滞"却仍将存在。和先前一样,要把一种可以忍受的货币价值的稳定趋势,与令人满意的生产和就业成就这两者协调一致起来,仍是一个令人生畏和极富有挑战性的任务。而且,依靠宏观管理的传统财政与货币手段,根本就不能解决这个问题。辅助性的措施很可能是必要的,至少是慎重的。即使是货币主义者和新古典经济学家也普遍赞同,要实行微观经济改革,以改善市场的效率,并且在这个过程中降低失业率。这些新古典经济学家们自鸣得意地坚信,竞争的市场完全能够找到均衡的就业和生产水平。

下面,我想简要地概括提出主要的建议。在一个极端,是结构性改革,设计的目的是促使市场更有竞争性,与古典模型更加一致。在另一个极端,是持久的工资和价格管制,它的倡导者们把经济权力的集中化,看成是现代资本主义的一个根深蒂固的特征。在这两个极端之间,则是实用主义的建议,它们明确反对教条的或意识形态的分门别类。在讨论这类建议的时候,我将把着重点放在至关重要的宏观经济两难选择上,即失业与通货膨胀,而不是放在各种不同的建议涉及的所有问题上。下面的分析将主要集中在劳动力市场和工资决定上,原因也正在于此。

七、集中的和同时进行的集体谈判

决定工资的制度,以及企业主、工人和工会的行为,决定着非加速通货膨胀自然失业率的高低,也决定着货币工资水平对于货币需求的扩张和收缩,及对于价格变动做出何种反应。是否存在着一些结构性的和制度上的变化,能够改善失业与通货膨胀之间的交替呢?在北美,名义工资对于失业和价格变动做出的反应,都比大部分欧洲国家要慢一些。我们能否,或者应该使这些反应更快一些吗?我们面临的某些问题,显然是由于短期反应的不对称而引起的;工资、价格以及它们的变化率,上升起来很容易,而下降起来比较难。我们能否制造出更大的对称性,或者,甚至把那种不对称性完全颠倒过来?难道我们的集体谈判制度使宏观经济稳定更加困难吗?这些制度与其他国家的集体谈判制度也是不相同的!

在美国和加拿大,工资决定是分散的。没有全国性的谈判,甚至没有一个由全国劳工联合会、雇主联合会与政府协商后一致同意提出的劝告性指导意见。集中谈判制度的优点是,参与谈判的各方能够更好地理解整个国家的宏观经济状况、政府采取的货币和财政政策,大家都清楚地知道,决定较高和较低的工资额会带来什么后果。协商谈判可以成为一条双向通行的道路,在其中,参与者也可以影响宏观政策。在分散的地方性谈判中,遥远的整个经济范围内的考虑,并不是主要考虑的因素。但是,如果谈判各方的权力和利益之间存在着不可调和的冲突,全国性的谈判就无法起作用,还有可能带来危险的爆炸性后果。如果参加谈判的联合会缺乏,或失去了对其选民们的影响,全国性谈判也不起作用。在美国,并没有一个得到法律确认的全国性组织,也没有在国际竞争中的利益共同体。在更小和更开放的经济中,这些共同体促进了意见一致。在北美,工资决定仍将是分散的,可能有一些全国性的"界标",工业界和劳工界的领导人是否对这些"界标"给予道义上的支持,则取决于政府的创造性,也就是收入政策。

在我国经济中,工资的确定不仅是分散的,而且也不是同时进行的。集体谈判合同中的有效期各有不同,从一年到三年不等。重新谈判的日期,也是毫无规律的,并且是交错的。由雇主支配的工资额度,一般每年调整一次,但却是在每一年的不同日子里进行。一种集权的制度必然要求更加同步地进行工资决定,即都集中在一年的某一个季节里,每年统一地重新签订工资契约。人们普遍认为,美国的体制,在面临经济活动和失业的波动时,则有助于保持名义工资和价格的停滞。签订多年有效的合同,可以向这个方向发挥作用。交错进行的工资决定,也能发挥同样的作用;它着重强调行为的竞争模式,这些行为的目的是维持相对工资——要赶上或超过其他行业和工会确定的工资水平。

因此,有些观察者建议,通过立法,迫使我们的分散决定制度更加同步地进行工资决定,禁止有效期超过一年的工资合同,或者甚至规定统一的日期。这种建议是想让工资对当时的经济现实和劳动力市场状况,做出更迅速的反应。与这方面的大部分建议一样,这个建议也是一把双刃剑。在像目前这样的时期,不那么呆滞的和更加敏感的名义工资,从宏观经济上看,显然是有利的。经济衰退会更迅速地履行它的反通货膨胀职责,而生产和就业收缩得不那么厉害。然而，周期性的经济高涨，可能会更快地带来更高的通货膨胀。况且，与大部分欧洲国家的情况相反，在美国，名义工资的呆滞，有利于实际工资针对70年代的石油价格冲击进行调整。实际上，已按照纯粹凯恩斯主义的方式完成了这类调整，即使是在就业和经济活动不断增加的时候，货币工资趋势也落在了生活费用膨胀速度后面。在欧洲，实际工资具有更大的刚性，这正是1974年以后欧洲的经济复苏既微弱乏力又缓慢的一个主要原因。

当然，同时进行工资谈判的建议，也有一些缺点，主要是，它干预到"自由的"集体谈判中的工资决定，甚至干预到雇主支配的工资决定。采用多年有效期的合同，就为合同双方提供了更大的、针对工人停工斗争的保障，在制订未来计划时有更大的确定性，更多地从谈判费用中解脱出来。我想在这里指出，我认为，对于这种缺点，应该实用主义地加以评判，而不能想当然地加以接受。对于工会和集体谈判，政府通过一套复杂的权利和程序规则予以保护和进行管理。相应地，政府也有权为了公共利益，对谈判的过程和签订的合同进行管理。

八、指数化

指数化是一个与此相关，但又可以分开的问题，它同样也是一把双刃剑。当宏观经济政策和事件被引入通货紧缩的时候，当灵活的商品价格变化迟钝，甚至不断下降的时候，当汇率升值降低了国际性贸易商品的国内价格的时候，工资的指数化就会加速通货紧缩的过程，并限制它损害实际的结果。在相反的情况下，它会加速通货膨胀,并限制实际经济扩张。在1974年及此后,欧洲普遍实行全面的指数化,是妨碍经济对石油冲击做出调整的一个障碍;而美国实行不完全的工资指数化,则有利于实际工资进行前述的调整。

不对称的指数化,比如说,不限制向上,但限制向下的变动,会得到上述两种情况下的最糟结果。即使在基础工资协议经常重新进行协商的情况下,指数化的潮流也会带来反常的不对称性,造成实际工资不可想象的向下调整。考虑到不对称性,就可以得到一个理由,禁止在集体谈判的合同中把工资指数化。如果没有极端的情况,政府可以不批准,因而也不能执行合同中不对称的指数化条款。无论如何,政府都应该设定并且公布、推荐,或者甚至需要有一个适当的价格指数。我们从70年代里学到的一条教训就是,通常的消费价格指数并不恰当。它包含了这样一些项目:对于它们的价格上涨,政府或雇主都不会为工人或其他公民提供保险——最明显的是,外部贸易条件的逆向转移和间接税。据我所知,澳大利亚和瑞典已经在工资协议和转移支付时使用的指数中,清除了这类项目。在美国,错误的技术规程,夸大了名义利率的上涨对于住宅抵押贷款和住宅不动产价格的影响,从而,也扭曲了消费者价格指数的短期变动。

九、收益分享?

最近以来,日本成了令人羡慕的经济样板,西方的观察者自然会感到惊奇,为什么我们不仿效这种劳工关系制度?它显然能够把低失业与低通货膨胀结合在一起。日本工业中把相当一部分劳动报酬作为年度奖金,而不是按照合同或预先确定的工资水平,支付给工人的，这部分报酬又是根据企业的销售和收入状况的好坏来决定的。因而，日本工业的工资成本就获得了很大的灵活性。加利福尼亚大学洛杉矶分校的丹尼尔·米切尔（Daniel Mitchell）先生也为美国设想出了一种类似的制度——他本人称为"收益分享"，不过，这部分根据企业状况来决定的劳动报酬，要按照事先确定的方案加以详细的说明，而不是留待雇主自主地相机决定。[①] 这项建议更多的是提给工会和管理阶层，而不是给立法者的，尽管可能需要一些税收刺激作为鼓励措施，至少在起初会需要。美国的税收法典已经鼓励利润分享，但是，不论是在管理阶层（经理人员除外）中，还是在有组织的劳工中，利润分享从来都没有流行起来。这种奖金制度比较适合于日本工业中包揽一切的家长式统治和职工终身雇用制度，而不太适合于美国的劳工与管理人员关系中严格的等级观念。不过，我们将会看到，一旦达到极端的水平，许多美国企业和工人自己就会发现，由于日本同行的竞争，米切尔的建议可能有相当大的吸引力。

十、工会的权力

许多经济学家志趣一致的改革措施，将会削弱或打破工会的讨价还价权力，他们认为，这种权力是在政府的支持下对交易实行的垄断限制。但是，这些经济学家中的不少人，也否认劳动力的垄断会带来任何重大的宏观经济后果，至多同产品垄断一样。我却怀

[①] D. J. B. 米切尔："收益分享：一项反通货膨胀改革"，载《挑战》，1982年第3期，第18～25页。

疑，如果仅仅因为受管理和谈判达成的工资和价格，造成前述的工资和价格调整的黏性和滞缓，它就会产生重要的宏观经济后果。无论如何，实际情况是，在美国，这种现象在劳工组织普遍成立及制定法律鼓励和保护它之前，就已经存在了。

工会的权力通过另一种渠道，即不断提高非加速通货膨胀失业率，也会产生宏观经济影响。具体过程如下：在有工会组织的行业中，当工会强制要求的工资高于市场结清的工资水平时，一些工人就被推入了竞争的部门，从而降低了那里的市场结清的实际工资。但是，通过立法或者习惯来保证实施的最低工资要求，可能会阻止这部分工人的就业。或者是，他们能够得到的工资减少了，可能使失业变得反而更有吸引力，好等待和寻找一份高工资的工作，特别是那些可以得到失业津贴的工作。

有时候，人们也指责工会发动了"成本推动型"通货膨胀，尽管它推迟利用手中掌握的任何权力，似乎是不合理的。1970～1971年发生的世界性工资爆炸，就很像是工资推动，因为人们很难用以前的工资或价格膨胀，或者用同时出现的劳动力市场紧张状况，加以解释。或许，为了力争保持相对工资地位而付出的努力，有时变成动态的不稳定的局面——至少，最近几年美国建筑业里出现了这种情况。工会的竞争有利于推动上述努力。在70年代后期，美国工会工人的工资，比非工会工人高得多，这可能表明了另一种推动。

最后，在一个完全工联化的社会里，集体的工会力量狮子大开口索要国民收入，是一个远比它的通货膨胀性病症严重得多的宏观经济问题。我不想把加拿大和美国列入这一类存在着令人绝望的社会冲突的国家中。

我认为，在我们国家里，问题在于，失业者，尤其是那些从未就业的和未加入工会的失业者，在决定工资、在各地方和全国性的工资与就业岗位交替选择中，几乎没有发言的权利。局内的人，即那些已经就业的工人，特别是资历较深的工人们，控制着工会的政策；实际上，即使在没有组织工会的企业里，他们也对雇主产生最重大的影响。那些挤在工厂大门口等待着，愿意拿较低的工资来取代大门里边工人的人们，对工资几乎没有什么直接影响。经济衰退和萧条产生了失业，但是，对工资的主要影响却来自于金融和市场的压力，损害了雇主们支付工资的能力和信心。当雇主面临破产，通过大规模持久的停业，肯定会威胁到年长工人失去工作岗位和退休金的时候，也会导致重大的工资让步。最近几年，在汽车工业中，我们就看到了这种情况。通过新产品、新技术、新企业、新兴地区和外国的竞争，廉价劳动力最终会约束老资格工人的工资。如果失业工人对工资的约束更直接和更迅速，我们的经济，无论是微观经济上还是宏观经济上，都会运行得更好。

16年以前，我在讨论这些问题的时候，曾经写道：

"……工会的这种讨价还价权力，在相当大的程度上是由联邦立法赋予的。依我之见，作为这些特权的交换条件，公众可以要求工会更有效地打开大门，接纳新成员和新工人。其中，特别重要的是，要消除工人进入的种族歧视障碍。"[①]

[①] J. 托宾："失业与通货膨胀：残酷的两难选择"，选入阿尔梅里恩·菲利普斯（Almarin Phillips）编：《价格问题；理论、实践与政策》，宾城：宾夕法尼亚大学出版社1967年版，第101～107页。在我的《经济学文集》第二卷里，作为第25章予以重印。见阿姆斯特丹：北荷兰出版公司1975年版，第3～10页。

时至今日，这种观点似乎仍是合情合理的，其实是最低限度的要求。毫无疑问，联邦政府不应该通过不恰当的措施，来增强和扩大工会的权力，这些措施要求，在直接或间接的、部分的和全部由联邦政府资助的项目上，必须向工人们甚至包括在没有实行工会标准工资的地方未加入工会的工人，全都支付工会制定的标准工资。在人们的记忆中，名声昭著的《戴维斯-培根法》（Davis-Bacon Act），禁止向公共工程项目的工人支付低于现行工资标准的工资，在每一届总统经济顾问委员会和国会预算局里，都被列入了受打击的名单。

十一、最低工资与失业保险

最低工资立法可能会提高非加速通货膨胀的自然失业率，特别是会增加年轻人的失业。不过，经验例证表明，在保守主义的辩论中，它的影响被过分地夸大了。美国的法律允许有许多例外与豁免。既然最低工资在70年代里并没有提高，不管是实际工资，还是相对于中位数工资而言都没有上升，那么，人们就很难指责它造成了失业的增加。无疑，它确实提高了非加速通货膨胀自然失业率，符合条件的标准、受益的时间，以及它们与流行工资相比的规模等越是慷慨大方，这种作用就越大。从数量上来分析，这种影响相对于观察到的失业而言，是很小的。况且，70年代期间的自由化运动，最多只能解释1个百分点失业的1/10。许多自由化是对1974～1975年经济衰退期间高失业做出的反应。最近，失业救济金也计入纳税人的收入，如果纳税人的全部收入超过了20000美元，就需要纳税。下一步，很有可能在不损害失业保险制度提供的

"安全网"的情况下,推行进一步的改革。其中包括,强化一位雇主的贡献比例与他解雇职工的权利之间的联系。目前,雇主与雇员之间,特别是在季节性经营活动中,可以心照不宣地达成共谋,或以其他方式串通一气,把雇员的年工资转移到其他纳税人名下。

十二、人力政策

前面我谈到摩擦性失业的增加,工作岗位空缺相对于失业来说不断增多,就表明了这种现象。采取一些措施,使失业和延长寻找工作的时间变得不那么具有吸引力,会减轻它对非加速通货膨胀自然失业率的不利影响。所以,就会有一系列的劳工市场政策,其中有些政策,至少已经试验过20多年,并没有产生明显的效果。这些政策包括,改善工作岗位与待业工人之间的信息交流,对在职工人和离职工人进行培训和再培训,帮助重新安置失业工人等。马丁·贝利(Martin Baily)和我曾经阐明了,政府的计划项目为低工资和缺乏技能的职工创造出就业岗位,不管是通过直接就业还是靠提供补贴,都会在短期"欺骗"菲利普斯曲线,而在长期降低非加速通货膨胀失业率。[1]

十三、其他结构性改革

关于劳动力市场和工会,我已经说得太多了。此外,还有其他

---

[1] M. 贝利和 J. 托宾:"某些公共就业和工资补贴的宏观经济影响",《布鲁金斯经济活动文集》,1977年第2卷,第511～541页。

的结构改革目标。政府对农业的价格支持,又向宏观经济中引入了另一种反向的不对称性:当需求-供给条件有利的时候,农产品价格毫无障碍地上涨;但是,当供求条件出现不利情况时,价格支持政策却阻碍着农产品价格的下跌。当商人们的销售额、生产量和就业量逐渐下降的时候,他们会提高价格。司法部里的反托拉斯律师们应该注意到这一点。在华盛顿、加拿大的渥太华和其他一些国家的首都,有见识的经济学家们都有一个众所周知的"神圣的母牛"名单,如一些增强通货膨胀和降低经济效率的法律和规章,它们都得到了不容置疑的政治支持。不幸的是,这种力量造成的经济灾难的一个后果就是,越来越多地要求免除竞争、予以保护的呼声(包括外国的和国内的呼声),在国会或议会里都变成了不可抗拒的要求。

十四、收入政策

具体地说明各种结构性改革是比较容易的,但是,很难确信这些改革大部分会付诸实施,或者它们将使现实状况大有改观。这就是为什么诸如此类的讨论,最终总是以收入政策作为结尾的原因。这些收入政策从肯尼迪-约翰逊的界标——张着大口却没有牙齿的政策,到尼克松主义或加尔布雷思主义的全面价格管制接连不断。其中包括经济学家们尤其偏爱的政策,如阿巴·勒纳提出的可协商的工资率,法律上要求企业对不断提高他们的平均工资予以担保;还有以税收为基础的收入政策,是由一群风格各异的学者温特劳布、沃利克和奥肯首先提出来的,依靠税收奖励或惩罚,诱导企业和工人们遵守界标。[①] 这些政策同样也是我偏爱的。如果可能的话，我还要给通常的、以税收为基础的收入政策建议略加一点装饰，即对于那些在就业量和生产量都有所下降的时候却增加工资或毛利的企业，给予特殊的处罚。

就像1961年的情形一样，现在重要的是，要为经济从滞胀的时代走上一种非通货膨胀性复苏铺平道路。目前，不论在私人行为者，还是在决策者们中间，对重新引发通货膨胀的忐忑不安都要比20年前更加严重。因而，现在的界标就比肯尼迪时代的界标需要有更多的"牙齿"，就像以税收为基础的收入政策中提供的奖励或处罚。而且，它们还需要工商业和劳工界领导人的理解和支持。用货币和财政政策推动经济实现真正的全面复苏的期望，将是一个强有力的动因和一种值得欢迎的变化，即从含糊地威胁说不在乎，到私营部门的工资和价格行为的变化。如果没有强有力的总统和总理的领导能力，就不可能营造出或维持住成功地推行收入政策所必需的舆论环境。

收入政策已经得到了一个不太好的名声，因为它们难以实施管理，也因为它们不可避免地会扭曲资源的市场配置。以税收为基础的收入政策，其设计目的，就是使上述无效率最小化，并允许有一定的灵活性。当市场信号很强的时候，企业可以超过界标，企业及其雇员们可以放弃一些奖励，或者承受某些处罚。这些成本可以用外部性证明是合理的，在整个社会赋予避免通货膨胀的社会价值

---

① 对这些建议的全面考察和批评，请看 A. M. 奥肯和 G. L. 佩里合编的著作：《医治长期通货膨胀》，华盛顿：布鲁金斯学会，1978年。

上，就附带着这类外部性。收入政策在整个经济领域内的成本，可以用力图避免通货膨胀的宏观经济政策造成的社会成本，加以比较和衡量，后一类政策迫使经济长期低速度运行。依我看来，这些社会成本可能会更大一些。当然，我也要强调指出，千万不要打算运用收入政策，来控制和阻止过量需求型通货膨胀。我们从经验中已经得知，你不可能总让壶盖放在沸腾的壶上。目的倒是要确保，即使当经济正在充分就业的界限内和正常的开工率水平上运行时，也不要重新引起一种通货膨胀性的增长动态，不管是由于经济的结构性偏向，还是由于成本推动，或者是由于预期而引起的。

我担心的倒是，目前反通货膨胀的纯货币策略以及此后的通货膨胀控制，会把我国经济拖入长期的过量失业和持久的衰弱境地。其实，我不会等待战胜通货膨胀的那一天能发动一场经济复苏，倒是倾向于依靠收入政策，来保证持续的通货紧缩。自从第二次世界大战以后，在北美、西欧和日本，我们的资本主义与民主的实用主义混合物，已经引人关注地反驳了反对者的指控和预言。如果我们现在从思想上和行动上都被迫承认，没有一大批失业的产业工人后备大军，我们的制度就不能正常运行，那将是十分具有讽刺意义的，或许还是致命的。

十五、跋

自从我写完这篇演讲稿以来的 14 个月里，北美的主要宏观经济事件，已经变成经济活动的日益高涨。1982 年 11 月到 12 月，美国的经济衰退到达了谷底。在整个1983年里,生产和就业生机勃勃地复苏了。发生这种转变是因为在1982年夏末和秋季,联邦储备系统的政策出现了审慎的变化。由于在美国和其他地方出现的严重经济下降,进一步的下跌就很难再反转过来了,加上国内外金融资不抵债的威胁,联邦储备委员会主席沃尔克和他的同事们变得温和了。尽管它不是战胜通货膨胀的那一天,但是,用综合性"国民生产总值缩减指数"的价格指数表示的通货膨胀率,每年低于4%,比1979年和1980年都低6个百分点。带动1983年经济复苏的因素,不是紧随着放松货币政策之后出现的利率下降,而是1982年7月和1983年7月实施的减税以及军需订单等产生的财政刺激。由于令人啼笑皆非的偶然,1981年在"供应学派"经济学的国家安全考虑的推动下而采取的预算政策,被证明是及时的反周期性需求管理。

不过,联邦储备委员会对于经济复苏的步伐,以及带来新的通货膨胀后果的可能性,依然满心忧虑。实际利率照旧很高,联邦储备系统很显然地准备放慢复苏,或者停止经济复苏。不管什么时候,只要工资和价格看起来在不断加速,即使失业率比70年代的两次经济复苏时高出1~3个百分点,它也会这样做。何况,欧洲和日本并没有分享1983年的复苏。这些国家的政府没有采用积极的扩张性货币政策,而它们的财政政策又是极其紧缩的。在自由经济的绝大部分国家里,失业和其他经济萧条指标仍在升高。收入政策仍然受到谴责。正文中描述的令人忧郁的前景——由于通货膨胀风险,加上缺乏其他任何手段为这种风险提供保险措施,从而造成滞胀——仍然是极有可能出现的。

32　反通货膨胀的策略
——兼评费尔纳的文章"货币政策的现状"[*]

一、工资紧缩是价格紧缩的一个必要条件

美国的通货膨胀不可能持久地降低到 1961～1965 年期间的 2%，除非先把货币工资膨胀速度从目前每年 10% 降低 6 个或 7 个百分点。工资每年增长 3%～4%，估计劳动生产率增长趋势为 2%～3%，部分地被一种相反的趋势所抵消，按照美国国内生产的或进口的农产品和矿产品的贸易条件来说，可能达到每年 1%。

请读者们理解，我并没有把 70 年代的通货膨胀归罪于全国的劳动者。我知道，最近几年里，货币工资甚至没有赶上消费者价格指数的上升。我只是想指出一个活生生的事实：没有工资紧缩，就不可能出现持久的价格紧缩。

实行通货紧缩的另一个必要条件是，降低对商品和服务的货币需求（用美元计算的国民生产总值，等于 MV，即货币总量乘以它每

---

[*] 1981 年 6 月，经济政策选择专题讨论会，华盛顿。载入《会议论文集》，1981 年，第 54～57 页。

年的周转速度)。美国经济研究局的费尔纳(Fellner)先生为国民生产总值美元值确定的目标是每年5%,其中包含2%的通货膨胀,加上估算的可以维持的实际增长率3%,后者则来自于劳动力的增加和劳动生产率的提高。

不论工资紧缩还是货币紧缩,都是必要的。但是,如果没有货币总需求的紧缩,工资的紧缩就不能把价格降下来,工资紧缩本身也不会持续很长时间。一些企业主得到的毛利和利润额在不断增加,他们会提高货币工资。如果没有工资紧缩,花费在商品和服务上的美元支出增长率的下降,就会消失在产出量的低增长率或负增长率上,消失在日益增加的劳动力失业和资本闲置上。

我所强调的是,征服通货膨胀,要求在我国经济的中心工业部门里,必须把工资收益和价格的增长速度降下来。食品、原材料和石油的价格更加反复无常。正像这些商品的价格一样,加上国内筹资的成本,使得15~18个月以前的通货膨胀统计数字,变得令人惊慌失措。但现在,它们却带来了好消息。这类暂时的停止涨价,只是短暂的。考虑到自然稀缺性,很可能出现的趋势还是与此相反。

类似地,外汇汇率的变化过程,有时候会使短期的通货膨胀统计变得更糟,有时却变得更好,比如最近几个月就是这样。由于我们的利率与外国的利率相比更高一些,所以,美元有所升值。不过,它不可能成为减轻通货膨胀的一个长期的原动力。

没有任何供应学派的奇迹,能够把劳动生产率提高到足以使工资每年增长10%,或者其他相近的,而且是非通货膨胀性的目标。劳动生产率本身会反弹回去,几年以后政府当局的刺激政策,会造成一些可以察觉到的差别。我是有些怀疑的,不过,它并不影响我目前的观点。即使是最狂热的供应学派乐观主义者也不能预期,劳动生产率每年都会提高1个百分点以上。它与目前的工资膨胀可不是一回事。

二、所有通货紧缩策略都是收入政策

上面的论述使我得出了下面的论断,即所有的通货紧缩政策都是一种收入政策,特别是一种工资政策。就需求管理,尤其是货币政策而言,不论它是否得到了直接措施的配合,都是如此。这些措施就是要直接压缩工资,以及与工资紧密联系在一起的价格。

根据这种想法,我区分出了四类策略:

(1) 单独实行货币紧缩。

(2) 实行货币紧缩,并配之以广而告之的"可信的威胁"。

(3) 与逐渐降低工资和价格界标协调一致地逐步实行货币紧缩,并提供税收优惠,促使企业和工人遵守界标。

(4) 突然地实行货币紧缩,并协调一致地、突然地按比率降低现有的各种对未来支付美元的承诺和权利。

单独实行货币紧缩会怎样发挥应有的作用?这里,我所说的货币紧缩,就是指费尔纳所说的"带有可察觉速度的渐进主义",每年把名义国民生产总值的增长速度降低1个百分点,连续下降4年或5年,直到增长速度降低到5%为止。我想顺便指出,这并不是里根政府公开表达的政策,政府的经济方案中设想的却是,连续几年名义国民生产总值的增长率都高达两位数。这样一个预测结果,只有货币流通速度出现了前所未有的、不大可能的突然大幅度提高，才可能和联邦储备系统的货币量目标相一致。

货币紧缩会造成大量的工人失业、生产能力闲置和陷入债务危机的企业，从而使现行的工资-价格膨胀模式被迫放弃，结果带来工资、成本和价格的紧缩。在工厂的大门口外边挤着许多失业工人，愿意获得较低的工资以取代工厂里的工人。但经验告诉我们，这些失业工人本身几乎没有什么影响力。不过，企业破产，工厂关闭，工人长期失业的幽灵，最终还是具有说服力的。费尔纳先生认为，这将需要4年时间，整整一个经济周期。是的，这也正是一个总统任期。归根到底，他也并不比我们这些人乐观，他批评我们推断出了这样的结论，即先前的"停停走走"周期中短暂的"停"阶段，会带来令人失望的结果。正如他所说的，如果商人们、工会领导人和工人们都能充分地理解，这次不打败通货膨胀绝不罢休，那么，做出反应就应该比经济衰退和下降时更加迅速。

这个观点又把我带到了前面列出的第二个策略。费尔纳先生在这篇论文中，甚至更多的是在他以前的著述中，强调了可信性在成功地推行货币紧缩过程中的重要意义。按照他的观点，决策者们必须表明他们"愿意把经济暴露在转型时期的困难面前"。用更通俗易懂的话来说，他们必须使确定或谈判决定价格的企业主、工人和工会领导人确信，除非他们都接受紧缩，否则就会失去销售额和利润、工作岗位和工资。他们必须使工资和价格的决定者确信，政府决不会再次实行反衰退的货币和财政刺激，把他们从灾难中拯救出来。费尔纳先生认识到，即使是一项"坚定的和可信的需求紧缩政策"，也需要一定的时间，因为需要时间确立可信性，放松那些已经深深植入过去的通货膨胀性模式中并且持久化的契约和承诺。

公开宣布的货币紧缩,与相应的威胁和许诺结合在一起,即不管给失业和生产造成什么后果,都要坚持到底。这显然是一项收入政策。这正是玛格丽特·撒切尔夫人在英国推行的策略。她是否能够真正实现通货紧缩,同时又不会给英国经济造成严重的和持久的损害,现在要做出判断,确实为时太早。无论如何,这不是里根总统的策略。里根总统没有威胁美国的工人和企业,相反,他告诉我们,只要我们接受他的预算,我们这些社会大众,通常还有企业,就将实行没有眼泪的通货紧缩。

政府当局坚持这样一种观点,即价格只是货币供给量的一个机械的、算术的结果,联邦储备系统只要愿意的话,它就能够控制货币总量。里根总统的经济方案,暗中损害了联邦储备系统的自身目标中内含的威胁,联储的目标是,逐渐降低货币总量的增长速度,每年降低 0.5 个百分点。即使政府当局赞同甚至授权执行这些目标,也会损害它们。保罗·沃尔克的货币供给量 M_{1B} 计划,对于一些企业家和劳工领导人而言,没有什么意义,他们很少听到沃尔克的声音,也不理解货币总量的复杂性,肯定也没有什么办法把这些目标转换成他们自己的销售额和工作岗位的前景。

我们已经失去了一个非常宝贵的机会,去采取可信的威胁策略。里根总统可以把他就职典礼时的威望,作为一种撒切尔夫人式策略的后盾,但是,他没有这样做。相反,他把联邦储备系统推上前台,让它单靠货币武器与通货膨胀战斗,得不到精神上的支持,而这些支持能够加快取胜的步伐,并减少损失。对于里根总统的立场,我的解释是,政府当局把它的资源配置和收入分配目标——缩减联邦政府的经济规模和权力，拆除"伟大的社会"——放在更加优先得多的地位，对于战胜通货膨胀却不那么重视。

三、需要采取直接的收入政策

其他两种策略都涉及对私人行为者的工资和价格决策进行直接的干预。在费尔纳的论文里，对这两种策略都作了论述。

这两种策略都是总需求紧缩的一个替代品，稍后我会加以说明。两种策略都是货币紧缩的补充，也是可信的威胁的补充。两种策略都像可信的威胁一样，目的都在于加速转型和限制损害。

直接的收入政策以下述观点为前提：价格和工资紧缩的最主要障碍是，每一个经济集团——工人、工会、企业、行业等——都担心，自己单方面实行紧缩，其他人可能不会配合。因而，工人们坚持拒绝偏离标准的模式，因为其他一些在上个月刚确定工资的工人们工资增长得很多，工人们怀疑，那些将在下个月确定工资的工人们会增长得更多。企业和产业则抵制单方面实行价格减让，因为它们担心，他们购买的投入物的价格，将会按照惯常的步伐继续上涨。实行一种有组织的、协同一致的通货紧缩，通过多方面而不是单方面地解除戒备心理，就能够打破这种僵局。两种政策中，一种是渐进主义者的，另一种是突然冲击疗法。

我所提倡的具体的渐进主义机制，包含下列各主要组成部分：(1) 预先公布今后5年里工资增长的界标，逐年有所下降，下降的幅度与公布的货币紧缩幅度相一致；(2) 以"毛利的百分比应当稳定"的原则为基础，确定价格界标；(3) 遵守界标完全靠雇主自愿，对于遵守界标的雇主及其雇员，均给予税收折扣以资奖励，同时，雇主做得比界标还要好的话，按照低于界标的幅度发给奖金；(4)在税收申报单中明确提出愿意遵守界标，要求享受税收折扣，并且服从税务机关的日常监管；(5)在转型期结束时终止这一计划，到那时，货币政策以及在界标下不断变化的工资和价格增长，都将与目标，比如说2%的通货膨胀率相一致。

这种以税收为基础的收入政策，力图避免过去的错误，正是这些错误使工资-价格控制背上了坏名声。收入政策不会使经济陷入束缚之中，而是让经济具有灵活性。举例来说，有些企业不断扩大，需要劳动力，因而希望提高工资，那么，它们就可以提高。尽管它们因此会失去一些税收上的好处，但这种扭曲，可以用通货紧缩中共同的全民利益证明是有道理的。这些政策不会是需求管理的一种替代品：它们不打算把壶盖强制地按在被过量需求烧得滚开的壶上。它们不会是持久的，直到预期和承诺的通货膨胀遗产被界标的经验消除之后，才能取消这些政策。应当避免这些特征的迅速恢复，1974年在不恰当的时间放松控制后，就曾出现了过快的恢复。

突然冲击的策略，与突然的货币紧缩紧密联系在一起，将会一下子消除人们现有的各种承诺支付和授权获得美元的约定中能预期到的通货膨胀成分。这样做的具体办法是，通过紧急立法，按比例地降低各种支付，这些支付将会偿清以前存在的、在未来用美元支付的债务。费尔纳先生提出了另一个不那么像外科手术的选择，在其中，重新谈判是自愿的，但是却得到强烈刺激的鼓励。对此，他没有做出详细的描述。在我看来，更激进和更普遍的冲击疗法，也更可靠。无论是哪种情况下，转型都是迅速的。对于随后的契约不会再有什么限制。不过,签订契约的各方应该清楚,已经事先存在的契约必须针对非通货膨胀性的未来,重新进行衡量,需求管理政策正是坚定地面向这样一个未来。

要实现政治的、社会的和经济上的一致性,以支持上述这些收入政策,坚强的和有说服力的总统领导能力是必不可少的。里根总统显然有,或者说曾经拥有个人吸引力和威望,来成功地推行这次重大的行动。可是,这个好机会可能也已经失去了,至少失去了几年的时间。

四、联邦储备系统的目标应该是名义国民生产总值,而不是货币总量

我在前面讨论的这些问题,在费尔纳先生的论文中第一部分里也曾予以强调,这些问题,要比货币总量的技术细节及货币总量的控制更加重要得多。我相信,费尔纳先生也会同意这种看法。

我想十分直率地表达我的观点。联邦储备系统的长期目标,应该表述为一条名义国民生产总值路径,即商品和服务上的支出流量的年增长率。既然财政政策以及货币政策都会影响这条路径,那就应该在与政府当局和国会协调一致的情况下,选择和公布这类目标。这些目标应当凌驾于任何短期的货币总量或利率等工具目标之上。应当清楚地表明,不论是联邦储备系统的工具,还是这些中间目标,都将不断变化,以保持名义国民生产总值在正确的轨道上运行——当然,不是月复一月地或季复一季地随时变化,而是平均每年的变化。

既然需求管理的真正目标是美元支出的路径，那么，不论过去和现在，把信用浪费在实现一些纯粹只有指导性和工具意义的目标的技术问题上，显然是极其愚蠢的。随着利率的反复变化，加上金融技术、规章和制度的改变，货币总量的流通速度，也在以可以预测的和不可预测的方式无常地变化。目前，人们在 M_{1B} 上的混乱，就是一个很有教育意义的例子。考虑到 M_{1B} 与名义国民生产总值之间松散的、不可预测的和不可控制的联系，目前被过分渲染的争论，即联邦储备系统是依靠各种技术上的修修补补，以及一个短期的控制过程，还是采取其他方法，才能把 M_{1B} 控制在目标以内？其实，这根本就是不着边际的。

在一个通货紧缩的转型时期里，以联邦储备系统的信用作为赌注，在一个货币总量上，而不是在名义国民生产总值上打赌，是特别不明智的。如果其他条件保持不变，通货紧缩政策取得极大的成功，将会降低交易货币的流通速度。用购买力来衡量的话，它会增加货币的需求，因为货币余额将会不太迅速地贬值，而其他各种资产将有一种小的利率优势。联邦储备系统配合这种需求的增长，不仅是适当的，而且是必要的。但是，假如联邦储备系统企图推行一个机械的计划来降低 M_{1B} 的增长速度，那么，如果不引起人们对它推行计划的坚定性的怀疑，它就不可能进行配合。

33 收入政策的例证*

一、宏观经济学理论基础

要使美国经济出现一次强劲的复苏,并且把失业率降低到6%——这是最近两次出现反通货膨胀性衰退之前(即1978～1979年)的失业率,实现这个目标面临的最大障碍是,担心这样一次充分的经济复苏又会点燃新一轮通货膨胀之火。这种担忧并不新鲜。在过去的40年里,宏观经济政策的主要问题就是,很难在就业目标与价格目标之间达成一致。当然,在整个70年代的滞胀时期,它们之间的矛盾变得更加尖锐。

有些人认为,爆发不断加速的通货膨胀,本身就是一个充分的信号。它表明,经济正处在或者低于它的自然失业率水平,也就是充分就业的失业率水平,它与瓦尔拉的劳动力市场均衡相一致。这些人根本就不承认会存在什么两难困境。在他们看来,唯一的问题是决策者们的错误倾向,在政治家和凯恩斯主义经济学家们的教唆下,决策者们倾向于把政策目标放在非自然的低失业率水平上。

---

* 1983年7月,西部经济协会专题讨论会,西雅图。编入"收入政策专题论文集",载《挑战》杂志,1984年3～4月份,第49～57页。

我认为，把不断加速的通货膨胀与过度充分的就业联系在一起，乃是宏观经济政策的一个非常糟糕的指南，原因主要在于：

(1) 在我们的经济中，价格和工资并不是在完全竞争的拍卖市场上确定的。相反，大部分价格和工资是受到管理或者协商谈判的。工资和价格对于过量需求做出反应时，其上涨的幅度，要比它们面临同样数量的过量供给时下降的幅度更大。从这个意义上说，决定工资和价格的制度是有偏向的，在不同的市场、不同的经济部门里是如此，把整个经济作为一个总体来看，在不同的时间里也是如此。

(2) 把自然失业率定义为没有价格加速上涨时的失业率，依此进行的经验估算肯定太高了，不足以作为劳动力市场均衡的一个可以信赖的指标。在人口普查中，有些失业者虽然对调查人员回答说，他们正在寻找工作，但实际上，他们是自愿寻找或者偏好休闲。这种现象可以解释，为什么说自然失业率太高了；同时，也可以部分地归因于"摩擦性失业"、错误地分配了工作岗位，以及懒惰的工人们。在有些人宣称的"自然"失业率水平上，有充分的证据表明，工作岗位是稀缺的。

(3) 随着可变商品价格的重新恢复，加上各家厂商重又获得了在经济衰退时期失去的毛利润，有些商品的价格在经济周期的波动中总是在上升。在70年代，这些名义的周期性价格上涨，都被两次周期性经济复苏的末期出现的、巨大的外部石油价格冲击所淹没了。不论是内在还是外在的，一旦出现价格上涨，都会形成更高的通货膨胀率。经济分析工作者和决策者们很难搞清楚，他们所看到的，究竟是一次性事件和通货膨胀的短时期爆发，还是持久的更高的通货膨胀率的一种信号。

(4) 对于当前的自然失业率，不论是计量经济学估算，还是决策者们的看法，都被过去10年里的失业记录所歪曲了。不过，关于美国经济中通货膨胀与劳动力失业率和资本闲置率之间的关系，这段经历并没有给我们提供多少启示。世界性的商品稀缺、中东战争和伊朗革命，以及石油卡特尔，对于美国的菲利普斯曲线而言，都不是固有的。

(5) 当今的决策者们对通货膨胀极其担心，他们很可能把失业率目标定在高于自然失业率的统计预期1个、2个或者3个百分点的水平上，以此来解决自然失业率的不确定性问题。

使失业率额外增加1个或几个百分点，是针对加速通货膨胀的一种代价极高的保险措施。按照这个失业率运行的话，将使国民总产出量额外损失几个百分点，奥肯定理早就这样告诉过我们。收入政策的宏观经济作用是，提供另一种代价要低得多的保险措施。任何一种收入政策强加的微观经济成本，都是经济学家们众所周知的，我们的职业习惯更喜欢告诉人们说，会造成分配的扭曲。这样做显然是不够的。我们很难想象，也很难从经验上争辩说，实施收入政策的成本，与接受持久的过量失业作为对付通货膨胀的保险措施相比，两者的代价是十分接近的。

二、界标与刺激

控制通货膨胀是一种公共品,就像通货膨胀是公共灾难一样,在民意测验和政治学中都是这样记录的,并且得到了验证。一些企业主和工会通过自己的定价和工资行为,推动通货膨胀,它们给社会的其他成员强加了成本。这些都是标准的福利经济学里的外部效应,其治疗方法也是人所共知的——采取措施迫使或诱导经济行为者把社会成本内在化。

因此,诸如全国经济研究局的威廉·维克里(William Vickrey)以及后来的阿巴·勒纳这样一些享有盛名的福利经济学家,也提出了可协商的配额制度,就不足为奇了。实质上,政府可以向企业主们发放凭单,允许每一位工人每小时的工资,以及(或者)新增的每单位产出量的美元价值按照指定的幅度上涨,这样一来,每一年或几年期间发出的凭单总量,就可以计算出来,并进行调整,从而,就可以使价格在总体上按照期望的路径发生变化。但是,凭单可以买卖,一些企业如果由于更强烈的宏观经济理由,需要提高价格和工资,它们可以向其他企业购买凭单。

可谈判的配额能起到什么作用,依靠税收和补贴,大体上也能发挥同样的作用,事情常常正是这样。一种以税收为基础的收入政策,比起维克里-勒纳的配额制,从管理上看,可能更行得通;从政治上看,可能更容易得到理解。在经济中的某些部门里,希克斯称之为"固定价格部门",每年都宣布工资和物价界标,遵守界标不是靠强制,而是靠奖励和惩罚,予以鼓励和引导。温特劳布和沃利克建议,对超过工资界标者,计征额外的公司税。阿瑟·奥肯和其他一些学者却建议,对遵守界标的企业给予奖励。

胡萝卜很可能要比大棒更能让人接受。举例来说,一家企业的企业主和雇员只要遵守了工资界标,都可以得到税收减免,以资鼓励。就像所得税法典中的其他税收减免和个人扣除一样,凡是自认为符合税收减免条件的企业和个人必须公开声明,雇员的申明则以雇主出具的证明书为准。对雇主的奖励,则依据他是否遵从毛利界标而定。没有这一条,工人们就不愿意支持这个计划。税务局实施这些措施,与实施税法中的其他条款是类似的。雇主必须随时准备证明,他的公开声明是站得住脚的。

这类收入政策有两个目的。一个是降低与任何失业率水平联系在一起的价格上涨幅度——使凯恩斯主义的总供给曲线降低到(p, Y)空间,并使短期菲利普斯曲线降低到$(\Delta p/p, Y)$空间。另一个目的是,在加速通货膨胀出现之初,能降低失业率:许多工人的税后边际劳动生产率提高了。这些政策并不打算达到某些结果。它不能制服过量需求型的通货膨胀,也不能在拍卖市场上决定价格,或者回避国际贸易的现实条件发生变化所带来的直接后果。

收入政策之所以常常被置之不理,是因为人们都有一种普遍的肤浅看法,认为这种政策在过去从来都没有真正发挥作用。确实,当它们被过度的需求压倒的时候,当它们被过分强烈的外部冲击淹没的时候,在没有驯服通货膨胀心理之前就采取这些收入政策的话,收入政策肯定是失败的。但是,朝鲜战争期间实行的物价和工资管制,在适宜的财政政策的支持下,也确实取得了令人羡慕的成功。肯尼迪总统推行的工资和物价界标并没有法律上的强制力量，尽管它们促使总统及其政府班子用通货膨胀性后果，来对付重要的工资谈判和相关的价格决策。回想起来，如果说这对于1961～1965年期间出现了没有通货膨胀的经济复苏发挥了积极的作用，似乎一点也不过分。这次经济复苏把失业率从7%降低到4%。当然，它们没能顶住随之而来的过量需求，当时，约翰逊总统使越南战争逐步升级，同时却没有相应的增加税收。在1971～1973年的经济复苏期间，尼克松总统的工资-价格管制，尽管执行得不够坚决，出现过反复，却减缓了工资和物价的上涨。世界性的商品激增，以及石油输出国组织卡特尔，都超出了物价管制力所能及的范围，于是，政府在1974年，可能是最糟糕的时候，取消了工资-价格管制。即使是卡特总统的收入政策，在1975～1978年的经济复苏期间，也发挥了积极作用。不幸的是，由于卡特总统早在伊朗革命和第二次石油冲击之前，就与美国劳工联合会-产业工人联合会（AFL-CIO）达成了政治协议，总统被迫放弃了收入政策。因此，导致物价出现新一轮加速上涨。表33.1中用数字显示了美国1961～1982年期间工资和价格膨胀的历史状况。

一种收入政策要取得成功，有赖于达成全民的一致赞同，这就需要总统的领导能力，来创造出全民的一致认识。当今的经济环境十分有利，由于受到了10年的滞胀和经济萧条的惩罚，不管是企业主还是广大劳工，都渴望恢复没有通货膨胀的繁荣和经济增长。他们应当准备好达成一种社会契约，在其中，所有的人都同意限制工资和物价的上涨，以此创造出更多的就业和更大的市场。

表 33.1 1961～1982 年美国的价格和工资膨胀

	国民生产总值缩减指数	消费物价指数	每小时收入	失业率 (%)	国民生产总值缩减指数	消费物价指数	每小时收入	失业率 (变化，百分点)
	(每年增长，%)				(通货膨胀增量，百分点)			
1961 年	0.9	1.0	3.0	6.7				
1965 年	2.2	1.7	3.6	4.5				
1961～1965 年：复苏和界标					+1.3	+0.7	+0.6	-2.2
1969 年	5.1	5.4	6.7	3.5				
1965～1969 年：越南战争的繁荣					+2.9	+3.7	+3.1	-1.0
1971 年	5.0	4.3	7.2	5.9				
1967～1971 年：衰退					-0.1	-1.1	+0.5	+2.4
1973 年	5.8	6.2	6.2	4.9				
1971～1973 年：复苏和管制					+0.8	+1.9	-1.0	-1.0
1975 年	9.3	9.1[a]	8.4	8.5				
1973～1975 年：石油输出国组织第一次冲击取消管制衰退					+3.5 +2.9[a]	+2.2 +3.6		

续表

	国民生产总值缩减指数	消费物价指数	每小时收入	失业率(%)	国民生产总值缩减指数	消费物价指数	每小时收入	失业率(变化,百分点)
	(每年增长，%)				(通货膨胀增量,百分点)			
1978年	7.4	7.7	8.1	6.1				
1975～1978年:复苏和界标					−1.9	−1.4	−0.3	−2.4
1980年	9.3	13.5	9.0	7.1				
1978～1980年:石油输出国组织第二次冲击					+1.9	+5.8	+0.9	+1.0
1982年	6.0	3.6	6.8	9.7				
1980～1982年:衰退					−3.3	−9.9	−2.2	+2.6
1961～1982年	av.5.4	av.5.7	av.6.3	av.5.9	+5.1	+2.6	+3.8	+3.0
1961～1982年:除去石油输出国组织冲击的时期					−0.3	−6.1	+0.7	
1969～1980年	av.6.8	av.7.6	av.7.5	av.6.1	+4.2	+8.1	+0.1	+3.6
1969～1980年:除去石油输出国组织冲击的时期					+1.2	−0.7	−3.0	

注：a 为波峰年，是1974年，达11.0%，比1973年高4.8个百分点。 av 是指平均数。

1980～1982年期间,联邦储备委员会采取的紧缩性货币政策,也是一种隐含的收入政策。该委员会宣布,它将致力于让货币的增长速度逐渐地但却是毫不留情地下降,其目的是威胁工会以及管理阶层:如果他们不相当迅速地实行紧缩,就会面临失业和破产。它的理论依据是,"可信的威胁"本身将代替"有威胁的事件的真正发生"。不过,事情并没有像设想的那样发展——货币紧缩造成严重的实际后果,从先前的政策体制经历的周期性变化中,就可以预料到这些后果。

之所以会如此,可能有两个原因。其一,企业的管理人员和劳工领袖们,可能没有很好地理解联邦储备委员会的威胁。保罗·沃尔克发出的威胁,在金融圈子里都知道了,但是,还应该促使总统让全国各地的生产者们都知道。其二,可以说,没有一个社会集团真正相信:其他社会集团会重视这个信息。我们迫切需要的是,全体人民共同确信的通货紧缩。但是,我们所缺乏的,正是共同相信。比起其他威胁,比如说,交通干线上的警察对驾车人的威胁:"如果公路上汽车的平均速度继续超过每小时55公里的话,我就关闭这条公路",联邦储备委员会的威胁不会更有效。一种明确的收入政策具有的战略优势,就是形成一种必不可缺的共同确信。这一点,对于在经济复苏时期防止出现通货膨胀,就像对于1979年以后限制货币紧缩造成的实际损害一样,具有同样的重要意义。

当然,我也充分地认识到,目前,让总统研究实施一项收入政策,并且全体一致地支持它,显然是不太可能的,因为它与官方的意识形态恰好相反。人们对尼克松总统实行的工资-价格管制留下了令人不快的记忆,也支持了官方的思想。同时,它也与目前的基调恰好相反,目前,人们普遍认为,通货膨胀已在控制之中了。既然现在没有下雨,何必要修理房顶呢?

可是,美国人民实际上从来都没有相信,失业是阻止或治疗通货膨胀的良方。他们本能地认为,肯定还有更好的方法;的确,他们是对的。收入政策就是一种更好的方法,而且,现在正是推行收入政策的时候。

34　以激励为基础的收入
　　　政策：序言[*]

我们的经济似乎反反复复地在走钢丝，充满危险地从螺旋式通货膨胀与失业率之间的一条狭小的夹缝中走过来。有时候，两者之间的最佳分界线被称为非加速通货膨胀失业率，简称为NAIRU。这个词就像它的条件一样缺乏吸引力，它提出的物理上的比拟也是不恰当的。然而，它已经变成了宏观经济学家们的专业术语之一。

没有人能够确切可靠地预测到非加速通货膨胀的失业率将会怎样波动。为了降低失业率而促使经济扩张，几乎总是要带来风险，即可能产生加速的通货膨胀。现实的失业率越低，这种风险就越大。不过，人们很难对此进行数量上的估算。这种可能性到底有多大？专家们的意见也是众说纷纭，莫衷一是。经济学家们，还有政治家和社会公众，对于两者究竟谁居于优先地位？为了降低失业率，愿意接受多大的非加速通货膨胀风险？同样是意见纷纷。

决策者们正努力在这两种危险之间，驾驶着经济之舟小心地向前行进，我们这些经济学家应该怎样向他们提出建议。在《以激励

---

[*]　1984年，经济问题座谈会，佛蒙特州，米德尔布里学院（Middlebury College）。编入戴维斯·科兰德（Davis Colander）编：《以激励为基础的收入政策：以税收为基础的收入政策与市场反通货膨胀计划的最新进展》，马萨诸塞，坎布里奇：巴林杰出版公司1986年版。版权：1986年，巴林杰出版公司。经允许重印。

为基础的收入政策》一书中,大部分作者都认为,传统的宏观经济政策造成的尴尬处境是难以忍受的。我们相信,使失业率额外再提高2个或3个百分点,也就是说,使美国经济在每年7%或8%的失业率水平上,而不是在4%或5%的失业率水平上运行,从而确保经济不超过非加速通货膨胀的失业率,防止引发不断加速的通货膨胀,这个办法确实是一种代价高昂的办法。

我们的另一种选择非常简单。我们必须寻找到一种代价更小的保险政策,这项政策能够在低失业率水平上,大大降低发生加速通货膨胀的风险。当然,对于我们这些人的普遍一致意见,可能有人会有不同看法,甚至在这次会上就有。

在我看来,关于非加速通货膨胀的失业率,没有什么是最优的。其实,正是"自然"这个词中所包含的最优性含义,使我用首字母的缩略词来代替"自然失业率"这个词语。不管用什么名称,听起来都不像瓦尔拉均衡那样叫人舒服。它不是边际劳动生产率与劳动力供给曲线相交叉而得出的结果。不管你称它为均衡,还是非均衡,它都不表示这样一种状态:在其中,市场已经通过价格完全结清了。相反,它表示的是另一种状态:在其中,劳动力的过度供给以及生产能力的过剩持续存在。

我们的经济被许多非瓦尔拉主义的制度所支配。许多工资和价格都属于决策变量,它们都是通过谈判协商或者行政管理部门的选择来决定的,根本就不是在匿名的拍卖市场上确定的。集体谈判并不是瓦尔拉或者阿罗和德布鲁所期望的处理方法。即使没有工会,失业工人在谈判中对于工资的影响也非常小。但是,在竞争的市场上,他们应该也能够对工资产生一定的影响。

在1984～1985学年秋季那个学期里，我所在的大学被一场劳资纠纷搅得天昏地暗，这是学校行政部门与一个新组建的办事员和技术工人的工会组织之间的一场纠纷。作为一名亲眼看到了这场纠纷的经济学家，我认为，值得关注的是纠纷的双方，或者是他们在教员、学生和本地居民中的支持者，几乎没有人提到过相关的劳动力市场上目前的供给-需求平衡问题。学校提出这个问题，将是一个"不恰当的问题"；而工会提出这个问题，则将是不明智的。如果按照当时普遍盛行的工资、补贴和工作条件来看，似乎存在着潜在的雇员过度供给。在一种瓦尔拉型的世界里，这将会导致工资下降。在现实世界里，过度供给却与工资毫不相关。在职的雇员们已经获得了权力，可以置这种竞争于不顾，大学校园里到处都在争论，他们要求从大学的总资源中多拿走一部分是不是"公平"，工会同样也置若罔闻。这个例子是十分典型的。

美国现行的决定工资和价格的制度，对于微观的和宏观的冲击，做出了不对称的反应。价格和工资的上涨，要比降下来时走得更快，这不仅是指绝对数字，甚至相对于它们变动的惯性倾向来讲，也是这样。而且，这种不对称性，对于时间和地点的变化都是适用的。需求和供给的部分转移，比如，70年代里令人沮丧的滞胀时期出现的能源冲击，平均起来看，也是通货膨胀性的，因为在需求过度的部门里，它造成的价格以及（或者）工资的上涨速度，也比供给过剩的市场上价格以及（或者）工资的下降速度更快一些。

除了可能带来上述结果的制度以外，个人决定提高价格或工资，也损害了第三方。因为这类决定使社会承受了更高的代价，价格的制定者或者工资谈判中，都没有考虑到这种代价。有些人污染了空气和水,市场应该让这些人承担他们的行为所造成的社会成本。同样的道理,通货膨胀的污染也是一种外部影响,企业主和工会既没有消化掉,也没有考虑到这种污染。对于损害自然环境的行为,我们要寻求公共干预,使其社会成本内在化,同样的道理,我们也要设法使分散的价格和工资决策所造成的宏观经济成本内在化。这同样也需要政府干预。

政府进行干预的常用策略有两种。一种是使世界更像瓦尔拉情形,产生更多的竞争。我们可以朝着普尔(Poole)说下面这番话时心目中的模型,改进我们的制度;普尔说:实际上,"要让经济针对货币和财政政策进行调整,而不是根据经济的运行状况来调整这些宏观政策。然后,不管这种调整过程会带来多高的失业率,都把它当作天然的结果而加以接受"。我绝不会认为,这种梦想会变成现实。不过,我肯定不会把促进竞争的改革从议事日程中排除掉。

每一届总统经济顾问委员会,不管是共和党还是民主党,都有一长串促进通货膨胀的"神圣母牛"应当屠宰,年复一年,这一长串名单几乎是相同的:《戴维斯-培根法》,农产品价格支持制度,对美国商业海运的补贴并限制其竞争,如此等等。经济学家们全都毫无异议地赞同这种改革,但是,在政治上却很难实现。

第二个方法是收入政策,它与促进竞争的改革完全一致。对于收入政策,人们的争议更大一些。这种方法的目的是创造新的制度,以抵消现行的确定工资和价格的各种制度所具有的通货膨胀偏向,并且意识到,由于多方面的原因,常常是出于良好的社会目的,使现行制度处于牢固的地位。在《以激励为基础的收入政策》这本书中,提出了以税收、市场为基础的收入政策,并且进行了深入的讨论，设计这些政策的目的，正是要限制和校正现行制度的通货膨胀偏向。

该政策的倡导者们清楚地知道，这些措施不可避免地会造成管理上的无效率和不平等，而且，它们倾向于在一定的程度上扭曲经济活动中的资源配置。不过，我们生活在一个不完全竞争的世界里，因此，我们不得不做出次优的判断。归根到底，决定性的考虑是，让美国经济在具有大量失业和闲置生产能力的水平上运行，由此造成的宏观经济损失，要高于推行收入政策带来的社会成本。

举例来说，如果运用联邦公司税和所得税法典中的一些规定，诱使企业主们遵从工资和物价上涨的界标，那么，我们就不得不预期并且忍受这些法典中的其他条款也会出现同样类型、同等程度的滑动。虽然存在着这些缺点，但是，经验告诉我们，税收激励或者税收抑制，确实在向着希望的方向发挥作用，即使是主要依靠自我申明和选择性的监督来进行管理和强制实施，也是如此。

如何设计出恰当的收入政策，对于经济设计师们的想象力和创造力，仍然是一种很有意义的挑战。我们不需要彻底地依赖税收制度，我们也应该能够深入运用其他的政府计划和法律。比如说，可以考虑提供失业补偿。一些批评者坚决主张，通过促进自愿失业来提高非加速通货膨胀的失业率水平，是有益处的。他们可能过分夸大了这些影响，但是，改革可以在不损害其利益的前提下，削弱对寻找工作和承担工作的抑制力量。对失业补偿制度进行一次更重要的、打破常规的改革，将会强化和扩大它在筹集资金方面的"绩效评定（merit rating）"特征。税收的惩罚将落到这样一些雇主的身上，他们在经济处于高失业率或是失业率正在逐步上升的时期，却把工资提高到工资界标上限的水平之上。

在目前的政治和经济环境下,要通过改革和创新来减少充分就业的通货膨胀风险,其前景不容乐观。在阳光灿烂的日子里,有谁会想到修理漏雨的房顶呢?目前,不管是通货膨胀率,还是失业率水平,都低于80年代初的水平。它们的相对改善遮住了全国人民的眼睛,使人们都没有看到这样一个事实:在50年代和60年代里,我们在这方面要做得比现在好得多!毫无疑问,没有最高层的总统领导力量的支持,我们永远也不可能真正推行有效的收入政策。在整个国家目前的意识形态基调下,我们也不能预期,收入政策在近期就会得到这样一种支持。

最令人沮丧的却正是劳工运动,劳工们从充分就业中获得的好处最多,但他们对于过去15年里宏观经济上遇到的挫折,却依然几乎一无所知。工商界人士、劳工领袖以及他们的经济学家,仍在缺乏远见地讨论收入政策,只看到他们承受的负担、损失及其分担方式。其实,放开眼界从全国的观点来看,收入政策绝不会得不偿失,整个国家将获得巨大的利益。在全国经济范围内普遍限制名义工资和价格,将不会使任何人变得处境更糟。劳动者们也会处境更佳,因为他们会有更多的工作。

《以激励为基础的收入政策》这本书对于公共政策的争论,将会起到积极的作用,特别是,如果它吸引了更多的经济学家,来研究这个非常重要又富有挑战性的课题的话,它的作用就更大了。书中收集的论文涉及了目前正在讨论的每一个主要建议,尤其是,以税收为基础的收入政策(简写为 TIP),以及市场反通货膨胀计划(简写为 MAP)。历史的经验告诉我们,知识分子、意识形态和政治潮流都在不断变化。但是,令人痛苦的失业-通货膨胀两难困境却不会消失。真正把这种两难选择当作现代资本主义的基本经济问题进行研究,并予以解决的有志之士,在有必要和有机会的时候,必须随时准备好具体的疗方。

35 80年代的失业：宏观经济学诊断与疗方[*]

一、失业与总需求

在经济合作与发展组织的 24 个国家里，劳动者的失业率已经从 1979 年的 5.5%，提高到 1983 年的 10%。失业大军的人数，同时也从 1800 万人增加到 3200 万人。在第一次石油价格暴涨的冲击发生之后的 10 年里，这次失业剧增，是第二次登上了失业的高峰。(表 35.1 中总结了非共产党统治的发达国家里最近一段时期的失业状况。)

在 80 年代剩下的几年里，要把失业率降低到 1979 年的水平，更不必说 1973 年的水平，其前景是令人失望的。对于世界经济主要发动机的国家的政府来说，显著地降低失业率，既不是它们共同的优先目标，也不是单个国家的首要任务。这些国家就是指每年出席世界经济高峰会议的那七个国家，包括加拿大、法国、联邦德国、意大利、日本、英国和美国。而且，这些民主国家的选民们，显然

---

[*] 1984 年，选入安德鲁·皮埃尔(Adrew Pierre)编：《西方经济的失业与增长》，该书其他论文的作者包括马里纳·V. N. 惠特曼(Marina V. N. Whitman)、雷蒙德·巴雷(Raymand Barre)和雪莉·威廉斯(Shirley Williams)。欧美关系研究报告，第 2 号，纽约：外交事务委员会，1984 年，第 79～112 页。

也没有把降低失业率当成人人关注的头等大事。不论是在政府官员，还是在社会公众中间，普遍盛行的态度是宿命论和自鸣得意。针对失业，没有多少事情可以做，也不需要做多少事情。大部分国家的政府都期望着，它们的财政和金融计划，都随着持久的、更高的失业率进行调整。

表35.1　经济合作与发展组织成员国的一些宏观经济数据

	(1)失业率(%)(当年平均)			(2)生产能力利用率指数		
	1973年	1979年	1983年	1973年	1979年	1983年
美国	4.8	5.8	9.5	88	86	75
日本	1.3	2.1	2.7	100	90	83
联邦德国	0.8	3.2	8.5	87	84	78
法国	2.6	5.9	8.3	85	82	77
英国	3.3	5.6	11.5	43	42	32
七个经济最发达国家	3.4	5.0	8.3			
经合组织的十五个成员国	3.3	5.1	9.0			

	(3)实际增长率(每年%)国民生产总值或国内生产总值			(4)产出量缺口：根据以下数字预测的1983年国民生产总值或国内生产总值低于1979年的百分比	
	1965~1973年	1973~1979年	1979~1983年	1973~1979年趋势	1973~1979年平均和1965~1973年趋势
美国	3.8	2.8	0.9	7.1	8.9
日本	9.8	3.7	3.6	0	11.2
联邦德国	4.1	2.4	0.5	7.5	10.4
法国	5.2	3.1	1.1	7.7	11.3
英国	3.8	1.4	0	5.3	9.8

续表

	(5)货币工资膨胀率(%)			(6)单位劳动成本(以前每年的上涨率,%)		
	1973年	1979年	1983年	1973年	1979年	1983年
美国	7.1	8.4	4.6	3.4	6.9	3.7
日本	23.4	7.4	4.5	2.3	-2.5	1.2
联邦德国	10.7	5.5	2.7	5.4	2.0	-1.2
法国	14.6	13.0	11.0	7.2	6.1	8.0
英国	12.7	15.5	8.0	5.4	12.8	1.2
经合组织成员国	13.0	9.6	6.0			
七个经济最发达国家				4.6	5.3	3.5

	(7)价格膨胀率,国民生产总值或国内生产总值缩减指数(以前每年上涨率,%)		
	1973年	1979年	1983年
美国	5.8	8.6	4.2
日本	11.9	2.6	1.0
联邦德国	6.5	4.1	3.0
法国	7.1	10.4	9.0
英国	7.1	15.1	5.2
经合组织成员国		8.4	4.7
七个经济最发达国家		7.9	5.2

说明：除美国以外，表中1983年的数字都是经济合作与发展组织根据不完全的资料进行的估算值。七个经济最发达国家还包括意大利和加拿大。十五个经合组织成员国都属于发达国家，它们的就业资料才是真正有意义的。

(1)失业率已由经合组织根据美国的定义而标准化了。

(2)是制造业生产能力利用率的估算。对日本，通商产业省的指数已经以1973年为基准而标准化了；对英国，表中数字是自报满负荷生产的企业所占的比例。

(5)对美国和联邦德国，是指制造业中每小时的收入；对日本，是指每月的收入；对英国，是每周收入；对法国，是每小时工资率。

(6)是指制造业产出量的单位劳动成本。联邦德国的数字还包括采矿业。

资料来源：经济合作与发展组织：《经济展望》，1980年7月，第27号和1983年12月，第34号。经济合作与发展组织：《主要经济指标》；国际货币基金组织：《国际金融统计》；《1984年总统经济咨文》，美国政府出版局，1984年。

对于难以对付的失业问题，欧洲人似乎比北美人更加容易放弃努力。在美国，降低失业率，使它不超过1978年和1979年的失业水平1个百分点，既是可能的，也是值得向往的。1982年下半年开始的强烈经济复苏，支持了大西洋这边的乐观主义。失业率已经从1982年12月份周期性顶峰的10.7%，下降到1984年2月的7.8%，欧洲的复苏稍晚一点，也更疲弱乏力，失业人数仍然还在增加，人们普遍预测会出现一次"复苏"，这又使没有工作的失业大军登上一个新的台阶。日本则属于一种特殊的情形。公开的失业率总是比较低，但是，从1973年到1979年，统计数字的增加，仍然也是经济萧条的范围不断扩大的征兆。欧洲和日本最近的改善，主要反映在出口需求上，这直接或间接地归功于美国的经济复苏。

半个世纪以前，世界经济活动突然出现连续4年的下降，结果造成了大量的失业。在此后到第二次世界大战爆发之前的6年时间里，失业大军中的大部分人仍然没有找到工作。第二次世界大战的爆发，使劳动力和其他任何资源都变得短缺了。1979～1983年的经济萧条远不如那么严重，而且，现在，整个社会对待失业者，也比30年代更加慷慨得多了。此外，还有一些令人忧虑的相似之处。不管是那时候还是现在，政府和中央银行都没有采取积极的措施创造就业机会，支持紧缩性财政和金融政策，从而赢得国际银行家和债券持有者的信心。他们的努力，不论是个人的还是集体的，都使经济萧条和失业状况变得更糟。最终，他们没能保持预算平衡，保护货币平价，或者阻止各家银行陷入像多米诺骨牌一样的倒闭风潮之中。[①]德国总理海因里希·布吕宁（Heinrich Brüning）就非常认真地固守着健全财政的原则，结果，在他离职还不到一年的时间，魏玛共和国就落入了希特勒的控制之中。法国作为金本位集团的领导国，最终也陷入了灾难之中，它本来想利用灾难，损害它的邻居们。在整个30年代里，法国遭到了经济冲突、政治混乱和阶级福利的打击，无法胜过纳粹德国。资本主义、民主和西方文明，几乎都没有幸免于难。

在今天看来，这样的重大危险似乎十分遥远。不过，被动地接受延长的高失业，也不是理所当然的。如果今后的10年里经济状况依然不佳，那就会逐渐损害人们特别是我们的后代人中找不到工作的年轻人，对民主的资本主义制度的信仰。宏观经济表现令人失望，也会影响对国际经济和政治秩序的支持，自从1945年以来，自由世界的安全保障和经济繁荣，正是建立在这种国际经济和政治秩序之上。我们已经在几乎每一个国家引发了自主的措施和计划，纯粹是各行其是的权宜之计，它虽然保护了某些人的工作和经营活动，但却丢掉了其他一些人的工作和业务，而且，牺牲了这个过程中有效的贸易活动带来的益处。发达的"北方"国家出现滞胀，就是对欠发达的、债务负担沉重的"南方"国家的劫掠。国际货币基金组织提出的紧缩处方，从政治上看，在许多与西方友好的国家里，都面临很大的风险性。如果我们一个一个地对待"患病"的经济，采用这种处方就是不可避免的。但是，从总体来看，这种处方就像大萧条时期采取的勒紧裤带的政策一样，只能使世界经济状况变得更

[①] 关于这段故事的精彩描述，请看查尔斯·P. 金德伯格（Charles P. Kindleberger）著：《萧条中的世界》，伯克利，加利福尼亚大学出版社，1973年。特别是第6、7、8、11章。80年代里负责经济方面工作的政治家们，都应该读一读这本书。

糟。① 更何况，既没有例子，也没有这样的效应表明，发达国家目前采取的政策和经济状况，很可能赢得第三世界国家的欢心和赞赏。

30年代的大萧条给整个世界留下的教训是，发达资本主义经济中的大规模失业，是一个宏观经济问题。这条教训的含义是多方面的。第一，当成千上万的工人突然变得无事可做的时候，不是因为他们个人的特性。他们并没有在忽然间变得懒惰、不守秩序，或是缺乏生产能力、缺乏训练。而是工作岗位不存在了。在30年代后期和40年代里，当工作岗位重新出现之后，那些失业工人很愿意并且能够找到工作岗位，随后的每一次周期性复苏阶段，都是这种情形。

第二，大规模失业不是因为缺乏资本设备、土地，或者与人类劳动互补的其他生产性资源。实际上，工业的生产能力还没有充分利用。表35.1表明，在最近10年的大部分年份里，当失业率上升的时候，生产能力的实际利用率反而下降了。

第三，失业和生产能力利用不足，都与总生产量和实际收入呈反方向变化。这种关系在表35.1中也显示出来了，可以从中看出，国内生产总值与其趋势之间的缺口，正好随着失业率的提高而扩大。

第四，生产量、就业量和生产能力利用率的短期波动，主要是对商品和服务的总需求的波动。潜在的总供给，即一国经济或一些国家组成的经济集团的总体生产能力，在一年之间不会发生太大的

---

① 关于第三世界债务问题的分析和预测，请看威廉·R. 克莱因（William R. Cline）的著作：《国际债务与世界经济的稳定性》，华盛顿特区，国际经济学研究所，1983年。克莱因指出了，偿付债务的能力是怎样依赖于出口量和贸易条件的，它们都对经济合作与发展组织成员国经济的实际增长非常敏感；同时，又是怎样依赖于在债务国的出口增长率与它们借债的利率之间恢复一种正的差幅的。

变化。当然，在比一个经济周期更长的时期里，供给是一个决定性的约束因素。生产能力的提高，无疑是生活标准长期改善的源泉。

第五，从根源上讲，大规模失业也不能归因于技术。确实，新的技术取代了某些特定的工人，给他们施加了障碍，也给整个工业和所在地区增加了困难。不过，一般而言，人类的劳动从来都还没有变得过时无用。尽管有一些可怕的科学幻想预言说，伴随着每一个高失业率时期之后，总需求的复苏创造出的工作机会的数量，总是大大地超出了悲观主义者的想象——或者，换一种方式来说，即生产力没有突然地提高到乐观主义者们想象的高度上。但是，只要有一种轻松的宏观经济环境，市场资本主义已经反复不断地证明了它具有的能力，即适应新技术、新的需求模式，以及地区性和国际贸易中竞争优势的新结构的能力。

第六，政府的货币和财政政策，是对总需求的最强有力的影响。可以采用这些政策，以便降低由于需求不足而造成的失业。在第二次世界大战以后，一个经济上比较发达的民主国家，坚决不允许再次把失业变成30年代出现的那种灾难的根源。接下去的1/4个世纪，是一个繁荣、增长和稳定的时代，在经济史上是空前的时期。比较第二次世界大战以前的经验，甚至包括30年代的大萧条时期，失业率一直比较低，而且是在一个狭小的范围内波动。货币和财政政策的运用，也有助于形成有利的宏观经济环境。像30年代初期那样具有灾难性的、违反常规的政策，此后再没有出现过，可是，现在却又出现了这样的政策。

除了宏观经济政策工具以外，一个现代民主国家管理着一个实行分权的经济，它几乎没有其他手段来对付失业问题。所谓的结构政策、人力政策，或者劳动力市场政策等，都不是新东西。几乎每一个发达国家，在过去的几十年里都推行过。这些政策能够平稳地、迅速地把技术革新和产业变化替代下来的工人们，运动到新的工作岗位上。在有些国家，这项政策已经取得了成功，特别是在瑞典。因而，上述政策能够降低摩擦性失业，在一个动态的经济中，这些失业是不可避免的。但是，除非确定有工作岗位存在，否则，上述政策就无法发挥应有的作用。由此可见，一旦宏观经济环境变得严酷起来，这些政策就是完全没有用处的。它们是那些旨在确保适当有效需求的宏观经济政策的一个有用的补充，而不是替代品。

可以肯定，我们的政府有责任教育我们的年轻人，但是，很少有人会争辩说，今天的年轻人在失业面前，比他们的父母更加脆弱，就是因为他们所受的教育比父母更少——事实恰好相反。政府的各种计划可以培训或者再培训工人们，使他们掌握那些适应现代技术和工业变化的种种技能。可是，如果这些计划使毕业生们没有地方安置，或者只是取代了已经通过了这类训练计划的其他工人的话，那就仍然是徒劳无功，甚至是令人泄气的。无论如何，经验和常识都表明，最好的培训就是在职工作经验本身。政府可以收集和散发有关招工计划和工人申请方面的信息，帮助可能工作的候选人，找到需要劳动者的工作岗位。不过，我们也没有理由认为，目前，有许多失业者都是因为在寻找工作方面缺乏效率而没有工作的。今天，总起来看，失业者要比空缺的工作岗位更多。政府可以提供强烈的刺激，如减少支付给失业者的补偿，实行其他改革等，鼓励失业者千方百计寻找工作，并且愿意接受吸引力比较小的工作岗位。有几个国家的政府，目前正在这样做。这可能会有所助益，但事实依然是，在一个相当长的时期内，低失业率与慷慨的失业补偿费并存。政府也可以鼓励或者下令缩短工作时间，以便更公平地分配可以得到的工作机会。这样做，实际上也不会减少失业人数，除非借助于统计惯例的幻觉，这些惯例甚至不会部分地考虑到那些自愿工作更短时间的个人。一个更加公平的分配负担的办法，可能会消除受到影响的工人们的痛苦，但它不会减少总体的经济浪费。

人们对于失业，还有一个非常普遍的误解，即认为，只要依靠福利国家的补助，让失业工人在相当程度上维持原有的收入水平，那么，失业的社会成本就是微不足道的。在一方面，支付给失业者的补助，并不是对被迫无奈的闲散带来的耻辱和灰心丧气的一种补偿，毕竟，在我们的社会里，获得工作是受人尊敬和自尊的一个基本根源。经济学家们错误地认为，大多数人肯定都不喜欢工作，只不过是为了那份工资而已。归根到底，工人失业和过量的资本生产能力，对于整个社会来说，付出的代价就是国内生产总值的减少。失业的产出量本来不仅可以用来增加私人消费和公共消费，而且还可以积累国民财富，包括国内的生产资本，或者是对世界上其他国家的债权。这笔损失是一笔负担，失业保险和工作分担只是对这个负担进行了重新分配，并没有完全消除它。在表35.1中显示出了这笔负担的数量很大，它就是国内生产总值与其趋势的差距的百分比。经济学家们一般用失业率作为宏观经济状况和周期性波动的一个晴雨表。从这种意义上看，失业率的下降不仅具有它本身的价值，而且也是整个经济中获得了产出和收入的一个象征。

有些人预期，结构性劳动力市场政策能够明显地降低当前的失业率，我觉得，这些人不过是在自我安慰。提出这类政策建议的许多人，可能都有意识地合乎理性地偏好于让劳动力市场继续萧条下去。为了把失业率降低到与70年代后期可比较的水平上，宏观经济激励是必要的，它可能也是充分的。结构性劳动力市场政策，只能发挥很有限的积极作用。

在所有的发达经济中，不管是采取激励政策，还是依靠其他的内部或外部动力源泉，来扩大对商品和服务的总需求，从而降低失业率，这样做面临的一个长期的制约因素是，诸如此类的经济扩张，可能会带来通货膨胀的副产品。这种通货膨胀的风险到底有多大，合乎情理的风险应该是多大，这些疑问，正是世界上几个主要经济大国的政府不愿意采用它们的宏观经济政策工具来降低失业率的根本原因，在下文里，我们将讨论这些问题。同时，也将探讨一些结构性政策，以图减少这些风险，并且放松这些风险施加于宏观经济政策上的约束。我们把这类政策与直接的劳动力市场政策明确地区别开来。

二、失业是医治通货膨胀的良方？

运用需求刺激政策，不管是货币政策还是财政政策，以降低失业率，政府面临的主要智力障碍是，担心发生通货膨胀。在70年代里，通货膨胀的突然高涨，结束了1973～1974年和1979～1980年的两次周期性复苏，从而使需求管理政策失去了信誉。这两次复苏都是由扩张性宏观经济政策发动或者予以配合的，在不同的国家，发动或配合的程度也有差异。从这个历史事件中，许多决策者、有影响的头面人物以及经济学家们吸取到的教训是，采取这个办法，如果没有难以让人接受的通货膨胀风险，就不可能医治失业病。

欧洲人要比北美人更加牢固地树立了这种观点。

将近40年来，怎样把高失业与价格稳定协调一致，一直都是发达的民主国家面临的一个长期的两难困境，这在70年代滞胀的10年里表现得最为突出。经济学家们普遍认识到，在低失业率水平上，价格和工资加速上涨现象的出现，限制了政府依靠总需求管理来降低失业率的可能性。但是，要估算这个限度在哪里，给任何国家的经济在某个特定时期找出一个没有通货膨胀的最低的失业率数字，却是非常困难的。人们隐含赞同的观点，即门槛限度——常常称为"自然失业率"，尽管不一定有什么东西是自然的；有时候也叫做"非加速通货膨胀的自然失业率"，或者是NAIRU——似乎在长期地提高，例如，在美国，60年代是4%，70年代中期上升到5%，目前则高达6%或者更高。（里根总统的经济顾问委员会宣称，80年代的自然失业率是6.5%。）一些国家的政府和中央银行把价格的稳定，至少是低通货膨胀率的稳定，当成是他们的首要任务，就业量和生产量的目标，都要附属于它，他们显然倾向于根本没有考虑到突破门槛限度的风险性。他们的这种观点，得到了新一代反凯恩斯主义经济学家们的支持，这些经济学家实质上坚信，劳动力市场总是处于均衡之中，所以，现实的失业率总是自然的失业率。

1. 吸取70年代的教训过了头

我认为，政府不考虑采取扩张性宏观经济政策，是错误地吸取了70年代事件的教训，至少是反应过度。伴随着两次外部价格冲击而发生的令人恐慌的通货膨胀，在现代和平时期的历史上，是前所未有的。赎罪日战争、石油禁运，以及石油输出国组织的第一次石油价格暴涨（也称石油输出国组织一期），都不是 1971～1973 年经济复苏，或者推动复苏的主要政策造成的内生后果。阿亚图拉·霍梅尼、伊朗与伊拉克战争，以及石油输出国组织二期，也不是 1975～1979 年经济复苏或者推动复苏的政策造成的内生后果。即使需求政策更具有限制性，而且，在它们实施之时和实施后不久，失业率也比以前更高，这两次冲击也会具有严重的通货膨胀性和滞胀性。当然，这不是要开脱需求政策对于 70 年代的通货膨胀应承担的一切责任，而只是说，这些事件的发生，对于自然失业率和 80 年代需求扩张的安全界限而言，并没有给我们提供多少教益。

由于美国宏观经济扩张，加上政府继续对国内石油价格实行管制，造成了美国的石油需求在 1974 年以后不断增长，从而推动世界的石油需求量，与石油输出国组织愿意供给的石油数量，形成了尖锐的矛盾。这一点是确实无疑的。其结果是，进一步增强了石油进口国的经济对于石油出口国设置的政治障碍，及其按预期囤积石油的脆弱性。但是，即使 70 年代末期发生的通货膨胀提供了任何关于"自然"率的教益，那也不是关于自然失业率的，而是关于当时的石油消费率的教益。

目前，石油和能源状况有了很大的改善。除了石油输出国组织以外，还有许多新的石油供应来源可以利用。不管是石油输出国组织内部，还是它们以外的石油生产者们开采石油的实际数量，都远低于他们的生产能力，也远远低于他们期望的开采速度。正因为卡特总统和里根总统取消了石油价格管制，同时，也由于政府向储备和替代石油提供了其他刺激，结果，就像其他地方的消费者一样，美国人民也显著地降低了能源的消费量，特别是石油消费。随着石油生产者和消费者不断采用能源效率更高的机器、建筑物和器具,这些改善还将继续下去。我们已经发现了比全国性、世界性经济衰退和滞胀代价更小的节约石油的方法。据估算,经济复苏将只能使美国人民自1979年以来石油消费量的降低额恢复1/4。我们不能完全排除发生第三次石油危机的可能性,但是,我们可以做好更充分的准备。我们不能由此得出结论说,仅仅是因为在这些情况下出现另一次石油危机,要比世界经济普遍繁荣时具有较低的通货膨胀性,就要使我们的经济永久地在低速度上运行。

在另外一些方面,通货膨胀的前景也是令人感到乐观的。表35.1中列出了有关的数据,表明了几个主要国家在价格和工资的紧缩方面取得的给人留下深刻印象的进步。经过4年的艰苦努力,还是收到了一些成效。所有各国的经济都存在相当程度的萧条,即使在开工率有所提高的时候,经济萧条也将继续约束工资和价格的上涨。生产率的增长又重新开始,并且会降低单位劳动成本。

2. 古典的失业诊断

在欧洲,人们对经济疾病做出的一种悲观的诊断,使得过去半个世纪里,在面临最高的失业率和最深的经济衰退时,依然采取紧缩性宏观经济政策姿态,似乎合理化了。有些人认为,经济的疾病不属于需求管理能够医治好的那一类,因而,扩张性的财政和货币刺激,只能被消耗在通货膨胀之中。实际上,通货膨胀的临界失业率,接近于目前的失业率。

具体来说,这些人的论点是这样的:用经济学的术语来说,失业是古典类型的,不是凯恩斯类型的。也就是说,罪魁祸首不是需求低，而是刚性的高实际工资。相对于企业主的产品得到的价格而言，工资率实在太高了，以致企业主不可能在有利可图的情况下扩大就业量。工会的力量捍卫了不经济的高实际工资，工会只代表已经就业的工人而行事，根本不考虑不那么幸运的失业工人的潜在竞争，这些工人被认为是非自愿失业者。提高毛利润和价格，也不会缓解利润缩减，因为货币工资率很快就会同幅度地跟着上涨。这个过程可能会，也可能不会由于实行指数化而定形。不管在哪种情况下，货币工资率应当随着生活费用的提高而上升，这种传统看法都是强有力的。在某些时候，比如发生石油价格危机或是汇率贬值的时候，生活费用指数相对于国内产品的价格在不断上涨，这种传统看法，尤其会损害利润额和就业。除非实际工资的僵局被打破了，否则，需求刺激对于提高就业量和生产量，就不起任何作用。像凯恩斯主义者那样错误地诊断和医治失业，只能引发一轮通货膨胀性工资与价格螺旋式上涨。

根据这种理论，在第一次石油危机之后，欧洲爆发的是古典类型的失业。[1] 有组织的工人们，已经习惯于石油输出国组织成立之前实际工资的增长趋势，并且坚决抵制偏离这种趋势。但是，企业主们却没有能力继续支付日益增高的工资了，随着劳动生产率的增长速度放慢，双方的"工资差距"不断扩大。诸如英国之类的国家，仍然试图恢复高就业，结果是遭受了通货膨胀之苦。另一类国家，其中最重要的例子是联邦德国，却认清了新的形势，使通货膨胀保

---

[1] 赫伯特·吉尔施(Herbert Giersch)："增长、结构变化与就业——一个熊彼特主义者的观点"；米切尔·布鲁诺(Michael Bruno)和杰弗里·萨克斯(Jeffrey Sachs)："解决滞胀问题的供给、需求方法"，载入《增长和稳定的宏观经济政策：欧洲人的观点》一书，吉尔施编，1979年专题论文集。蒂宾根，卡尔大学经济研究所，1981年。

持在控制之内。这种理论用于解释 1979 年,或者,甚至是 1980 年的状况,还是有些道理的。但用来解释随后失业率的上升,则不可轻信。在随后这段时间里,由于新技术和外国的竞争造成的结构失调,据说导致大量现有的人力资本和物质资本陈旧过时。

通过观察,我们很难说清楚,失业究竟是凯恩斯主义的,还是古典的。或者,在多大比例上是前者或是后者。我们也很难说,实际工资是不是高于一个与更低的失业率相一致的水平。即使是高了,也很难说,在一段由需求推动的经济复苏过程中,它会不会自然地降低。而且,即使所有这些疑问都解决了,且偏向悲观的、古典的一边,我们也没有理由假定,政府无力做任何事情,以修正难以对付的实际工资路径。

压缩利润额度是商业活动达到周期性低点的特征,它有时候(但不总是)反映了高实际工资。经济复苏一般都会恢复利润额度,但不一定必须降低实际工资(相对于趋势而言)。

回顾以往,没有人会怀疑,30 年代的大规模失业,肯定是凯恩斯主义类型的。但是,任何人只要看到了 1933 年的世界状况,他就会注意到一种严重的利润缩减。在德国、瑞典和英国,按照劳动产品来衡量,从 1929 年到 1932 年,实际工资也有所增加。在美国,却有所下降。在前述的三个国家里,劳动的产品份额分别上升了 38%、9% 和 16%,在美国,也上升了 11%。[1]很容易把 30 年代大

---

[1] 杰弗里·D. 萨克斯:"经济合作与发展组织成员国的实际工资与失业",载《布鲁金斯经济活动论文集》,1983 年第 1 期,华盛顿特区,布鲁金斯学会,1983 年。

希拉·邦内尔(Sheila Bonnell):"大萧条中的实际工资与就业",《经济记录》,1981 年 9 月,第 277～281 页。

萧条期间的失业,称做古典类型的。其实,大部分经济学家当时都坚决否定货币和财政的解决办法。

凯恩斯曾经指出,总需求的不足造成失业,基于同样的原因,实际工资是怎么升高的,利润又是怎样缩减的。[①] 在经济衰退和萧条时,企业主们会竞争性地削减价格,解雇工人,并削减产量,直到他们按现行工资计算的(边际)成本降低到等于他们的产品价格时为止。在通货再膨胀和经济复苏期间,他们则把上述程序颠倒过来,随着产品价格相对于工资而言不断上涨,他们首先获得了更高的利润额度,同时逐步增加生产量和就业量。工人们很高兴地接受额外的就业,即使他们的实际工资可能有所下降。凯恩斯主义者的机制设想出了,围绕相对稳定的货币工资出现的周期性价格运动。凯恩斯主义适应30年代三个欧洲国家经济复苏过程中出现的实际工资。在美国,随着生产、就业和利润的恢复,实际工资也有所增加。

几乎就是在《就业、利息和货币通论》刚刚出版之后,经验调查就对凯恩斯毫无疑问地接受了实际工资的传统观点,提出了挑战,[②] 传统的观点认为,实际工资将会反周期性地变化,因为它们必须等于边际劳动生产率。这类经验调查以及随后的许多研究都得出结论说,在周期性的高涨(upswings)期间,劳动生产率和产品工资两者更经常的是上升、而不是下降,美国在30年代的情况就是这样。古典的边际成本定价理论,对于价格和实际工资的周期性变化行为,并不是一个足可信赖的指导方针。在一个非均衡的和不完

---

① J. M. 凯恩斯:《就业、利息和货币通论》,纽约,1936年版。
② J. T. 邓洛普(Dunlop):"实际工资与货币工资的变动",《经济杂志》,1938年9月,第48期。

全竞争的经济中，只有更高的产量、递增的规模报酬，以及有效地利用间接劳动和过剩的雇员，才能免除利润缩减。随着总需求扩张把企业的产品需求曲线向外移动，一些企业主的边际报酬不变或者递减，他们将增加就业量，而不需要降低工资。

基于这些原因，人们观察到高实际工资和缩减的利润额度，这本身并不表明，失业是古典类型的，凯恩斯主义的疗方没有任何作用。在一些特定的情况下，刚性的高实际工资，可能是某些经济中产出量和就业量扩张的有效约束。最近的可以信赖的例子，是70年代的英国和瑞典，在这两个国家里，按照国际上的竞争价格，出口工业都无利可获，它们不能依靠货币贬值来展开竞争，因为他们的工资实行了指数化。由此产生的直接问题是，古典的失业理论，对于今天的"火车头"国家的经济，到底具有多大的适用性？下一节里我们再来讨论这个问题。

宏观经济理论中还有一点值得强调。对于扩大产出量和就业量而言，实际工资的下降即使是十分必要的，但也可能是不充分的。举例来说，假定全国的工人都放弃要求，在一年内不要求货币工资随着生活费用的上涨而增加，从而允许企业增大利润额度。购买力的再分配没有明显地增加总需求，而且，实际上可能降低消费量。净出口可能会带来一个积极的结果。这对于任何一个开放的经济都是有利的，同时，却以牺牲其他国家的利益作为代价。但是，把世界各国放在一起来考虑的话，这就不是一个解决办法。在一个封闭的经济中，或者把世界各国作为一个整体来看，希望只能集中在商业投资上。增大利润幅度的美好前景，是否能提供足够的激励，以克服目前的过剩生产能力和暗淡的销售景象带来的抑制效应？

如果利润的增加预期会持久的话，或许能，但也或许不能。最可靠的办法是，把持久的工资校正与配合的保证，如果必要的话，再加上刺激需求的政策，结合在一起。

3. 改进通货膨胀与失业交替的政策

为促进经济复苏、创造就业机会而实行货币和财政刺激，这样做面临的困难中最难以克服的障碍是，工资和价格重新加速增长的风险。当前，经济合作与发展组织成员国的经济都在远低于其生产能力的水平上运行。因此，上述风险似乎不存在了。但是，在任何经济周期中，经济复苏时总是要提高某些价格。在世界商品市场上交易的原材料和食品的价格，对于需求和供给都很敏感。在最近的经济衰退中，这些价格都大幅度下跌。同样，这些价格也可能灵活地上涨，在经济复苏时，它们就倾向于上升。类似地，企业界也将从困难时期被迫削减的毛利润水平，恢复到正常的盈利水平上。这些倒转只是一次性的价格增长，可是，一旦发生这类涨价，就会恶化暂时的月通货膨胀统计。而摇摆不定的决策者们不明白，这并不预示着一种更棘手的、逐步升级的通货膨胀。

中央银行和政府当局对于通货膨胀的危险性非常敏感，他们偏向于小心谨慎地处理问题，严格限制他们对于"不会引发通货膨胀的最低失业率处于哪个位置"的不确定性。他们将以额外提高失业率为代价，对可能突然爆发的通货膨胀提供保险。对于他们本国的经济和整个世界来说，这种保险都是代价昂贵的。从长期看，很可能越来越昂贵，最终只能自拆台脚。经验表明，持续的高失业率会变成"自然的"和结构性的——这是一个自我实现的预言。其机理是显而易见的：失业的工人们失去了，或者从未获得那些在实际工作经历中锻炼出来的技能和习惯。企业主们缺乏利润和美好前景这类激励他们投资于新的生产能力和技术的因素，使生产率的增长摇晃不定，在更高的失业率水平上，瓶颈限制隐约呈现出来。

显然，迫切需要的是这样的政策：它既能够降低需求扩张可能带来的通货膨胀风险，同时，又能降低没有通货膨胀的失业率。可供选择的政策，可分为略有交叠的两类：即制度改革和收入政策。不同国家的具体情况和特点，都有很大的不同。在这里，我只能指出一般性原则，并提供一些说明性的例子。

在大部分国家里，决定工资和价格的制度是偏向于向上涨的。就是说，工资和价格更容易上涨，而不容易下降。其中，不包括在拍卖市场上连续定价的商品价格。比如说，由政府支持的农产品最低保护价格、最低工资制度、不对称的指数化。再比如说，医疗费用由第三方的承保人支付——不论它是政府的还是私人的，都不受市场力量的约束，结果，医疗费用的迅猛上涨变得难以忍受了。还有，"受管制"的工业价格对于过剩生产能力的敏感性受到限制。在面临失业的情况下，谈判达成的工资水平仍具有刚性，难以降下来。一旦政府的干预对这些偏向负起责任，它们显然就是立法改革的目标，尽管从政治上对此难以理解。政府如果要特许某些私人代理机构和社会利益集团——工会和行业协会——免于竞争，那么，社会大众至少有权坚持，政府不能以导致整个社会遭受通货膨胀或失业打击的方式，授予这种特权。举一个例子来说，如果完全允许实行指数化，那就应该是对称的，使用的价格指数就应该排除生活费用的增长部分，这部分对于雇主和整个社会，以及对于工人们来说，都是负担，比如进口价格上涨和新增的销售税。

在大部分国家里，集体谈判的程序都得到了立法的授权、保护和管理。一个普遍的问题是，没有人代表失了业的或者从未就业的后备工人参加谈判。常常是，已经就业的工人们的工资额，要比就业总量优先考虑。很难找到解决这个问题的办法。或许，官方作为谈判代理机构，对于工会限制会员资格和不听取失业者的声音，可以加以否定。或许，那些在裁减职工的同时又提高工资的企业主们，或者当他们所在行业或地区符合条件的工人存在过剩时，仍在提高工资的企业主们，都应该交纳额外的罚金，并转作失业保险基金。或许，立法应该提供激励性的津贴，促使企业主和工人们都同意实行一种补偿制度，就像日本人的办法，根据企业的利润或收入，或生产率的增长情况，向工人发给一定的补偿。

收入政策则是另一个更便于实际运用的选择。实际上，几乎每一个国家都不时地以这样或那样的方式，实施过收入政策。收入政策的范围很广，从战时动员采取的全面而详细的工资和物价限额管制，到劝告性的工资和物价界标，后者的实施，取决于政府领导人进行的说服性的干预。从某种意义上说，有关货币和财政政策的威胁、妥协和条件，也属于收入政策。它们最近在美国和英国的运用，结果不那么令人鼓舞。在各方面的工资谈判同时进行，并且在很大程度上集中进行的国家里，实施收入政策能够更好地发挥作用。在这类国家里，政府官员、工会领导人，以及企业界的代表，经常在一起讨论宏观经济方面的工资和价格模式。

当人们试图在一个和平时期的过热经济中，运用收入政策抑制通货膨胀的时候；当人们在通货膨胀预期减弱之前，就取消了收入政策的时候；当收入政策没有得到或者失去了社会各方面的一致赞同的时候；当收入政策被难以控制的价格冲击（像70年代的石油危机）所淹灭的时候，显然收入政策失败了。虽然过去的失败已经使收入政策显得过时了，但是，如果没有更好的办法，收入政策仍然值得重新考虑。

今天，在几个主要的国家里，各方面的条件都是有利的。许多国家的经济处于萧条，通货膨胀和通货膨胀的预期正在逐步减弱，不论是工人还是企业主们都能看到，他们从一场持久的非通货膨胀性经济复苏中，能够得到很大的好处。在1961～1965年期间也处于类似的情况，肯尼迪与约翰逊政府采取的工资和物价界标，虽然不具有法律上的强制实施力量，但有助于保持没有通货膨胀的经济复苏。今天，我们或许应该提供刺激以强化这些措施，举起税收惩罚的大棒或者税收奖励的胡萝卜，促使企业遵守界标。以税收为基础的收入政策，是为分权化的、不同步进行的工资和物价定价制度而设计的，目的就是避免绝对控制的刚性和无效率。如果一国经济中实行全国范围内的谈判定价制度，就没有必要实行这种政策。不管采取什么样的制度和政策，总统和总理具备足够的领导能力，使全社会达成并且维持基本的一致赞同，都是必不可少的。但遗憾的是，那些奉行自由放任意识形态的政府，永远也不会具有这种领导能力，因为自由放任哲学告诉他们，自由市场经济自身会实现充分就业，而且不发生通货膨胀。

一些经济学家和银行家告诉人们说，失业是医治通货膨胀的唯一药方，一般大众从来都不相信他们。社会公众认为，总会有更好的药方。他们的看法确实是正确的。

三、欧洲和日本的需求扩张案例

在七个经济最发达的国家里，美国、联邦德国和日本是世界宏观经济舞台上的决定性角色。他们有机会、也有责任促使整个世界恢复繁荣和增长。不管愿意不愿意，加拿大必须紧跟它的南方大邻国的脚步走，扩大它的世界影响。在欧洲，联邦德国是举足轻重的国家。它的宏观经济状况和政策，为欧洲经济共同体和整个欧洲地区定下了调子。在西欧的另外三个大国中，目前只有英国还有比较大的余地，能够独立地采取行动。法国在密特朗(Mitterrand)的社会主义政府执政的头一年，就从它的贸易伙伴们的通货紧缩主义行列中脱离出来，至今仍在承受着这件事的惩罚。意大利经济太没有秩序，太难以控制，不可能成为世界经济中的一种至关重要的力量。因此，这里的讨论主要将集中在联邦德国、英国和日本。[①]

[①] 《经济合作与发展组织经济展望》系列资料，以及特定国家的《经济概况》，都是必不可缺的资料来源。本文前面引用的布鲁诺-萨克斯的论文，对于提出下面的论断，都是非常重要的。这个论断是：供给的限制和"工资的差额"，是石油输出国组织一期之后，制约经济合作与发展组织成员国(北美产外)扩大产出量的重要因素。但是，在前引萨克斯的论文中，他得出的结论是，1981年欧洲的失业，有很大一部分属于凯恩斯主义类型的，而且，1983～1984年的失业中，或许有一个更大的部分可以归罪于需求不足。R. 多恩布施(Dornbusch)、G. 巴塞维(Basevi)、O. 布兰查德(Blanchard)、W. 比特尔(Buiter)和 R. 莱亚德(Layard)五位学者为欧洲共同体经济政策研究中心进行了一项研究："欧洲共同体的宏观经济前景和政策"(1983年4月，布鲁塞尔)，他们在研究报告中主张实行协调一致的经济扩张。另一个结论是，目前联邦德国的自然失业率大约是4%。沃尔弗冈·弗朗茨(Wolfgang Franz)在题为"联邦德国的失业和稳定政策"的论文中，进行了十分细致的计量经济学分析，得出了上述结论。该文载于《欧洲经济评论》1983年第21期。在同一期刊物上，R. J. 戈登进行了一些修正，认为联邦德国目前的自然失业率是4.7%。

表 35.1 中的历史记录表明，联邦德国的通货膨胀低得令人羡慕，而且还在进一步降低，尽管联邦德国马克对美元的比价贬值，在较轻的程度上马克对日元和英镑也有所贬值，都产生了一些不利的影响。自从 1980 年以来，失业已经增加了一倍，而且还在继续增加。职位空缺几乎完全消失了。在 70 年代后期，失业率达到 3.5%～4%，每一个职位空缺，有 4 个失业人员在等着。现在，等待的人已达到 40 人！货币工资的增长也降低到每年 3.5%。如果考虑到生产率的趋势，每单位产量的劳动成本是稳定的，或是不断下降的。难道有人会非常认真地坚决主张，目前的宏观经济扩张受到了刚性的高实际工资率的阻碍吗？可以肯定，目前的失业，至少有一半是凯恩斯主义的，而不是古典类型的失业。

联邦德国经受了古典式失业的折磨，就是说，它的"自然失业率"自 1973 年以后上升了，这种观点在石油输出国组织冲击后的滞胀时期流行起来。在能源开始变得昂贵时，正好遇上了对移民的限制，即限制潜在的、可能到联邦德国工作的、作为无数失业后备大军的外籍工人。显而易见，结构恶化（structural deteriorations）的一个信号是，在过去的 10 年期间，劳动者失业人数的增长速度，快于生产能力利用不足。另外一个信号是，"工资差额"（wage gap）的增大，它是单位劳动成本相对于价格的一个衡量尺度，与某个基期年份进行比较，特别是与石油输出国组织冲击之前的繁荣时期里的一个正常年份（即 1969 年）相比较。工资差额的增大，就是利润额度的缩小。在 70 年代早期，工资差额显著地增大，或许达到了 10%。但此后，又逐步下降到 1969 年的标准。无论如何，在联邦德国，劳动成本与资本的税后净收入之比，要比在美国更低一些(在1973年和1982年,联邦德国的这个比率数值分别是3.1和3.0。同样的年份,美国的比值分别是3.6和3.4)。在石油输出国组织冲击以后,直到1979年,联邦德国的工资差额放慢了增大速度,这种论点似乎是有道理的,尽管是可以商讨的。但是,它并不是80年代失业增加的一个可信的解释。

在联邦德国,潜在的实际产出量的趋势,也就是在一个固定失业率水平上的产出量,要比1973年更低一些,但仍然超过了每年3%。其中大部分归因于生产率的增长,劳动力完全没有变化。对目前没有通货膨胀的失业率进行的一种保守的较高估算,是4%,"奥肯定理"的系数,即把实际国内生产总值下降的百分比与过量的失业相比,好像是2或2.5。因而,在9.5%的失业率水平上,国内生产总值的损失就是10%到12%。要实现这项估算,需要有五年时间国内生产总值的增长率,每年在5%左右。有这么长的时间和这么大的余地,联邦德国的联邦银行和政府就会有许多机会,如果在失业率降到充分就业时的数量之前,出现了价格加速上涨的迹象,便采取制动措施。

为什么悲观地接受古典失业理论,对于联邦德国来说是特别令人困惑的?还有另一个原因。在联邦德国,工资决定的历史基本上是一种温和的、"共同决定的"历史,而不是一种相互对抗的历史。[1]国际竞争的现实,宏观经济的权衡取舍,以及货币与财政政策,都比在其他大部分国家里,包括美国和英国,更能够成功地影响集

---

[1] R. J. 弗拉纳根(Flanagan)、D. W. 索斯凯斯(Soskice)和劳埃德·厄尔曼(Lloyd Ulman)合著:《工会主义、经济稳定和收入政策:欧洲的经验》,华盛顿特区,布鲁金斯学会,1983年,第5章。

体谈判。即使在1973年以后，工会退出了每年与企业主、中央银行、政府和经济专家委员会的代表们举行的高层会谈，情况仍是如此。工资的刚性并没有深深地植入工资决定制度之中。工资契约的生效期只有一年时间，指数化被宣布为非法的。政府、工会和企业主们都已经认识到，决定工资是一件关系国家的政治经济和经济政策的事情。联邦德国政府积极地推行收入政策，运用宏观经济政策和工资－就业，权衡取舍他们的威胁和承诺(threats and promises)。

如果就像权威的经济学家赫伯特·吉尔施所指出的那样，[1]联邦德国需要一段暂停(lohnpause, 即工资增长的暂停)，以便为宏观经济扩张扫清道路，那么，历史记录也没有表明，作为对政府许诺经济政策将会确保扩张的一种报答，就不需要协商谈判了。至少，在我这样一个外部观察者来说是如此。如果在保守主义政府的领导下，联邦德国要朝着分权化、非干预、相互冲突的方向，改革它的劳资关系制度的话，外部人看到"既然房顶没有破，就不要管它"的现象，可能也会原谅的。

英国的状况与联邦德国相类似，只有一点例外，即英国的失业率和通货膨胀率，都比联邦德国高出3个百分点左右。工资和单位劳动成本都在不断下降，与此同时，一场适度的经济复苏在两年前就已经开始了——这次复苏足以提高生产能力的利用率，但却不足以阻止失业率继续上升。当然，在战后大英帝国的整个历史上，劳

---

[1] 引自多恩布施等人的著作(见第591页注[1])。吉尔施的文章是："购买力与工资"，联邦德国联邦银行，《报刊文章摘要》，1982年11月6日。

资关系和工资行为，都是比联邦德国大得多的宏观经济困难的根源。很明显，撒切尔政府的一个重要目标是，打破工会对经济的控制。问题是，在实施通货紧缩性政策，并不断提高失业率达五年之久以后，最终是否打好了基础，能够实现经济扩张，而又不会引起工资和价格加速上涨？如果说还没有打好基础的话，什么时候能打好基础？或许，目前，甚至连英国工会领导人也准备好了牺牲工资的稳定，以换取就业岗位。

日本相当成功地吸收了70年代石油输出国组织的两次冲击，以及随后的世界性萧条，这一点举世瞩目。日本经济的实际增长，只是在1974～1975年期间出现了适度的中断。但是，在石油输出国组织第一次冲击以后，增长率则不到先前年份两位数的年增长率的一半，而且，在80年代里，日本的经济增长率进一步回落。增长速度的减缓，造成了一个较大的国民生产总值缺口，从生产能力利用率的指数上可以看出来，但却不容易从失业统计中看出来。虽然1983年的失业率只有3%，但它却是1972年的两倍。在日本，需求疲软也能被吸收，它们的吸收方法是，让富余的职工继续留在受雇人员名单上——实质上是一种私人失业保险制度，这与西方经济有很大的区别。结果，据学者们估算，日本的奥肯系数在13～25。[①]数字较小则表明，在日本，多增加1个百分点的失业所隐含的萧条程度，与美国或联邦德国多增加5个百分点的失业所预示的萧条程度，是一样的。因而，日本今天的生产水平，远远低于它的潜在

[①] 小佐滨田（Koichi Hamada）和吉夫黑坂（Yoshio Kurosaka）提交给"宏观经济学国际讨论会"的论文："日本的生产与就业的关系：奥肯定理的比较研究"，巴黎，人文科学研究院，1983年6月。

趋势。

像联邦德国一样，日本的通货膨胀率不仅低，而且在不断下降。借助于实际工资的一次性下降，日本到1978年已经克服了第一次石油危机造成的通货膨胀后果。第二次石油危机时，日本则从容地应对。日本的工会是虚弱无力的，其奖金制度使劳动成本随着企业主支付能力的变化而上升和下降——工人得以补偿，并免遭解雇，在这样的国家里，工资的压力只是个小问题。

四、经济合作与发展组织主要成员国的需求管理政策

自1979年以来世界经济活动的急剧下降，正是几乎各主要国家都共同选择审慎的限制性宏观经济政策所造成的后果。各国的共同目标是，对付伴随第二次石油危机而出现的价格加速增长。当时，由于1975～1979年的经济复苏造成石油需求增加，正好遇上了伊朗革命和伊朗与伊拉克战争开始而造成的石油供给中断。

坚定不移、毫无异议、一心一意地让宏观政策致力于征服通货膨胀，反映了1973～1974年第一次石油输出国组织冲击之后的经历。然后，紧缩性政策使整个世界经济陷入了严重的经济衰退和通货紧缩。不过，此后的经历，各国却互有差别。最为显著的差别是，美国与世界经济的另外两个火车头，即联邦德国和日本之间的区别。在美国，财政和货币政策在1975年转为激励性的或配合性的，由此带来了经济复苏，把失业率降低了3个百分点以上。而在

联邦德国和日本,宏观制动器放松得很少。在这两个国家里,其实,除北美以外,在经济合作与发展组织的其他各成员国里,失业和经济萧条仍旧比以前厉害得多。不过,更加紧缩的政府,也更多地维护了70年代中期的经济衰退带来的通货紧缩性好处,也不那么容易受到第二次石油价格冲击造成的通货膨胀的危害。美国和加拿大,以及那些长期存在高通货膨胀的欧洲国家(其中最主要的是英国、法国和意大利),也容易受到外汇市场上信用危机的打击。各国的中央银行都总结出一条经验教训,并在面临第二次石油价格冲击时加以运用,这条教训就是:迅速紧缩,剧烈紧缩,并且保持紧缩状态。

1. 美国的通货紧缩、经济衰退和复苏

在美国,联邦储备委员会主席保罗·沃尔克于1979年10月宣布了一项政策,即今后将继续无情地逐步降低货币总量的增长率,直到货币总量的增长只足以配合经济,保证国民生产总值维持没有通货膨胀的增长速度。沃尔克明确地否认它是反周期性的货币政策,这项政策显然不同于1974年年中由当时的联邦储备委员会主席阿瑟·伯恩斯及其同事们采取的紧缩性措施。这一次,联邦储备委员会不再像1975年后伯恩斯主政时所做的那样,运用持续不断的通货膨胀予以配合,把美国经济从衰退中拯救出来。在美国,如同在英国和欧洲一样,许多经济学家、金融家以及决策者都认为,由于工人们、各种工会和企业界会预期:不论他们是否在名义工资和价格上做出让步,反衰退政策都将挽救他们度过困难时期。因而,经济衰退作为治疗通货膨胀的一张药方,其效果就会打折扣,

只能暂时发挥一下作用。同样的理论还预言,如果私人部门确信,决策者们将会"坚持到底(stay the course)",一场通货紧缩性经济衰退持续的时间就会更短,它对于就业和生产的损害,也比以前的衰退更小一些。[①] 在大部分主要国家里,这种理论都影响了财政及货币政策:撒切尔政府和里根政府断然放弃了反周期性的宏观政策,就是最典型的例子。其他国家也是按照这种精神,采取相应行动的。

然而,在1982年夏末和秋季里,联邦储备委员会又变得温和了。到那时,美国的通货膨胀率已经明显地下降了。但是,它的副作用,包括失业、企业的失败、生产的损失、投资的低落等,给美国和世界经济造成的损害,却比预想的要大得多。被大肆宣扬的所谓"坚持到底"的承诺,并没有显著地加速通货紧缩,或者限制其危害。第三世界的债务国家,最突出的是墨西哥和巴西,在出口市场上也没有获得足够的硬通货,足以偿还高利率的债务;而高利率则是由于美国和其他国家采取的紧缩性货币政策造成的。这些债务国面临困难,又威胁到它们对北美和欧洲债权国的偿付能力。部分是因为,取消管制后使银行中的支票账户成为更具有吸引力的储蓄手段;部分是因为,普遍的悲观主义情绪增强了人们对安全的、政

[①] 在经济学专业里,这个理论与"新古典宏观经济学"以及"理性预期"革命,是密切联系在一起的。后来,威廉·费尔纳又独自地在他的几篇论文和一本名为《重建宏观经济学》的著作中,提出了"可信的威胁"政策,该书于1976年由美国企业协会在华盛顿特区出版。对这些思想的说明和批评,请看麦卡勒姆(McCallum)、费尔纳、托宾和奥肯等在《货币、信贷与银行杂志》1980年11月号上发表的几篇文章。针对目前的通货紧缩性衰退对这一理论进行的检验,请看乔治·佩里(George Perry)、费尔纳和菲利普·卡根(Philip Cagan)的论文,两篇论文均载于《布鲁金斯经济活动论文集》,1983年第2期,华盛顿特区,布鲁金斯学会,1983年。

府担保的流动资产的偏好，结果使美国的货币流通速度剧烈地下降了，从而促使联邦储备委员会的货币供给量目标，变得比人们预期的更加限制名义国民生产总值的增长。这些目标暂时停止了货币量的更高增长，于是，所有到期票据的利率都显著地下降，那些对利率很敏感的支出，如用于住宅建设和耐用消费品的开支，重又复活起来。到当年11月，美国经济反转过来，而且得到了通常的存货周期性波动的强有力支持，因为企业普遍停止清理库存，并开始重新进货。

美国在1982年7月和1983年7月，两次分别把个人所得税的税率降低10%，使人们的实际收入增加，在整个1983年，消费者花费这些收入，从而有力地支持了商品和服务的最终销售额（即国民生产总值减去净存货积累额）的强劲复苏。这两次减税，分别是1981年通过的《经济复苏税收法》中的三次减税计划的第二和第三步。同样地，军费开支的增加——这也是1981年的计划目标，更多地通过分发订单，而不是通过实际开支，开始创造出市场和就业岗位。

由于偶然遇见的好运气，美国政府当局在1982年下半年实施了一种古典的、恰如其分的凯恩斯主义反衰退财政政策，与货币政策的反周期性变化相互补充。实行这些增加赤字的措施，其目的不是提供一种需求刺激。在1981年，没有任何衰退危害官方规划的方案，而且，政府当局按照原则，反对反周期的需求管理。削减税收属于供应学派激励，目的是鼓励人们储蓄、工作和承担风险，而不是鼓励支出。军费增加也是为了实现国家安全和外交策略，没有任何经济目的。

不论它们的动机是什么，美国在1983年采取的扩张性财政和货币政策，确实像传统上预期的那样发挥了作用。它创造出了300万个或400万个就业机会，[①]失业率从10.7%下降到7.8%。其实，直到1982年夏天，人们对于难以对付的失业问题，全国到处都充满了悲观主义的气氛：这种感觉后来变成了，即使经济活动重新复苏，也不会创造出就业机会。国会在这种绝境中孤注一掷地试图做些什么，于是提高了汽油税，以便为额外增加的公共就业机会筹集资金。这项计划最多创造出30万个就业机会，但同时，由于私人开支中的一部分转化为支付税款，结果，可能至少失去了同样数量的就业岗位。同样的，直到1983年初，全国各地的气氛中还普遍地充满了悲惨的预测：联邦赤字将会"扼杀经济复苏"，尽管在同时，实用主义的企业预测者们都明确地知道，他们将按照完全相反的预测行事。

在1979～1982年间，美国取得了一次明显的但不够彻底地控制通货膨胀的胜利。"核心"通货膨胀率，即明显地排除了临时性价格变化的通货膨胀率，下降了4个或5个百分点，从每年9%～10%，降低到每年4%～5%。工资的增长率也类似地下降了，但工资增长会出现什么预兆，则要取决于80年代里的生产率趋势，而后者至今还不太清楚。无论如何，经济复苏直到今天也没有倒转过来，或者，甚至没有阻止美国在通货膨胀问题上逐步取得

[①] 这些数字有些含糊不清，原因是两类调查中报告的就业数量，出现了异乎寻常的大差异。其中，一类是对工人进行的住户调查，另一类是对企业主进行的企业职位调查。前一类调查得出的数字比较大。很有可能，失业的减少是一个过分夸大的估计，它过多地考虑了产出量的增加。

进展。这在一些人的预料之中,他们考虑到劳动力和生产能力利用不足的现象依然存在;但却在另外一些人的预料之外,他们预期价格将随着货币的增加而上涨,根本不用考虑经济气候的状况如何,因为联邦储备委员会允许 M_1 在 1982 年 7 月到 1983 年 6 月期间出现两位数的高增长(M_1 是指流通中的货币加上活期存款)。从此以后,M_1 的增长速度放慢到 4%,于是,就有一些货币主义者预言,会较早地出现衰退。

其实,联邦储备委员会绝没有放弃它的反通货膨胀目标。在 1982 年初次降低利率之后,联邦储备委员会便在 1983 年 6 月将利率调高了将近 100 个基点,并保持利率逐渐升高,直到目前。只要在一方面不再出现新的经济衰退苗头,在另一方面经济扩张又不会带来大的问题,那么,保罗·沃尔克和他的同事们可能会满足于这种状况。在这里,经济复苏不会带来大问题的含义,是指复苏的步伐是缓慢的、接近于可以维持的增长速度;价格和工资都不出现加速增长;失业率是安全的,高于 1978～1979 年的失业率 6%;货币总量也控制在它们的增长目标范围内,当然,1984 年的增长目标要低于 1983 年。如果缺少上述条件中的任何一条,联邦储备委员会主席沃尔克已经清楚地表明,联邦储备委员会随时都准备好拉下制动器,并且提高利率。持续的复苏也将难以保证不会出现加速通货膨胀的危险。

按照历史的标准,与现实的通货膨胀和未来通货膨胀的合理预期相比较,美国的利率仍然是很高的。这些高利率是积累国内资本面临的一个难以克服的障碍——不管是住宅资本还是非住宅资本,人力资本还是物质资本,私人资本还是公共资本,固定资本还是流动资本。它们对于美国的外国投资,甚至具有更大的破坏性。实际上,整个国家的投资将会减少,在经常性账户上会出现更大的赤字,因为美国经济会出现巨大的商业贸易赤字。经济复苏的航船还能行驶多久,公众是否抱有普遍的乐观情绪,财政刺激能否克服上述障碍,是有关经济复苏的强度和持续时间长短的两个主要的近期不确定性。

2. 美国的利率与世界经济

用美国的利率挤出国民净出口的机制正是教科书中的一个引人注目的范例,这个范例是用来分析,在当今这个实行浮动汇率制、金融市场联系紧密的国际货币环境中,宏观经济政策是怎样发挥作用的。由于有差别的高利率吸引了各种资金,将其变成以美元为票面金额的资产,美元对日元、德国马克、法郎和其他货币的比价也在升值——从1980年以来,实际上已经平均升值52%。即使考虑到在此期间不同国家通货膨胀率的差别,美元升值幅度也达到45%。美元升值阻碍了美国的出口,却鼓励了美国的进口。

1983年美国经济出现独一无二的强有力复苏,展望1984年,同样是这样,它也增加了美国的进口,但在同时,外国经济的萧条继续抑制它们对美国出口产品的需求。在另一方面,自1979年以来,美元升值使进口产品用美元计算不那么昂贵,这有助于美国紧缩通货——结果,据估算,它使美国的通货膨胀下降了1个或2个百分点。[①] 不过,这种效应只是对通货紧缩的一个暂时性的贡献。

---

① 奥托·埃克斯坦(Otto Eckstein):"通货紧缩",载《数据资料经济研究》杂志,1983年10月,第114期。

如果没有进一步的美元升值，它就不能重复发挥作用了。而且，它更有可能颠倒过来。

尽管利率的差别是外汇市场上美元坚挺的主要原因，但它还不是唯一的因素。国际政治的演变，以及对经济前景的更长期评价，可能都增强了美元作为一个安全的避风港的地位。没有任何保险可以保证，继续存在的利率差别，将会维持美元的外汇价值。为了充分利用有风险、报酬高的美元资产的优势，人们进行的资产组合的调整是无穷无尽的。其中的大部分调整，可能已经发生了。美国的经常性账户上的赤字，把财富转移给了那些偏爱他们本国货币的外国人。这些赤字也引起了人们的怀疑，美国经济是否具有长期的生存能力，能够像这样沉重地依赖外国借款，来弥补预算赤字和国内投资？

美国的高利率和美元的高外汇价值，曾经是而且仍然将是世界宏观经济环境中的重要决定因素，具体表现在几个方面。其一，由于美国在国际金融市场上所占的份额大，所以，美国的高利率将带动世界各地的利率随之升高。在这种情况下，它有助于造成普遍的世界性萧条，而且，它仍然是世界经济复苏的一个障碍。其二，它加重了第三世界债务国的负担，尤其是在通货紧缩和经济萧条时期。其三，美元升值也加剧了贸易摩擦，特别是美国和日本之间的摩擦。并且，在美国也激发起贸易保护主义措施和建议。其四，美国的利率和汇率已经限制了欧洲和日本的宏观经济政策选择，尽管不像这些国家的政府所宣称的那么严重。在下一部分，还要进一步讨论这个问题。

3. 北美以外国家的货币与财政政策

对于北美来说，1983年的经济复苏是独特无比的，它们转向扩张性宏观经济政策，同样也是独一无二的。欧洲和日本则远远落在后边，它们只从美国溢出的、对其产品的需求上获得好处，却没有采取任何行动来刺激国内需求。它们毫无疑问地确信，积极的扩张政策将是徒劳无效的，并具有通货膨胀性。现在，它们显然应该根据美国的例子，重新考虑上述观念。

如前所述，其他这些国家的货币政策，在一定程度上受到了美国利率的制约。世界上主要的外国中央银行，已经失去了对它们的利率和汇率的某些控制，但不是完全失去了控制。它们的国内货币政策越具有扩张性，它们的利率就会越低，它们的汇率贬值幅度就越大。这种货币贬值，对于本国的出口、国内的经济活动和就业，都是有利的。事实上，外国的中央银行完全能够从北美的需求扩张中，为本国的经济赢得更多的机会，甚至要比它们已经获得的机会多得多。特别是，对于大英帝国来说，这是一个现实的机会，它的国际竞争地位仍然比70年代处于更不利的位置。

这些国家并没有很好地利用这个好机会，原因是多方面的。首先，它将提高以美元标价的各种进口产品的本国价格，不仅包括美国出产的进口品，而且包括国际贸易的商品，最重要的是石油。其次，通货膨胀统计将会暂时地有所恶化。再次，中央银行向自己强加了一些货币主义者的目标，并且决定固守这些目标。对于日本来说，还有一个特殊的原因，那就是，担心这样做会增加与美国的贸易摩擦。

除北美以外，其他主要国家的财政政策又处于什么状况？依靠减税或增加政府开支进行需求刺激,不会降低利率和进一步使本国货币对美元贬值,而是将产生相反的效应。这些效应实际上会创造出很好的机会,如果货币目标进行了配合性的调整,就可以利用这个机会,在现行利率和汇率水平上,实行进一步的货币扩张。但事实上,北美以外的国家采取的财政政策,都是严重限制性的,而不是刺激性的。所有主要国家的政府都企图依靠财政上的节约和增加税收,来降低它们的预算赤字。

当然,经济萧条的本身就自动地增加了实际的预算赤字,因为它剧烈地减少了财政收入,同时又要增加失业补偿费支出和用于经济困难者的救济费支出。现代财政制度的这些特征,即在周期性经济衰退期间增加赤字,而在经济复苏和繁荣时期降低赤字,是"内在稳定器(build-in stabilizers)"。在经济下滑时,它维持收入和支出,而在经济繁荣时,却限制收入和支出。周期性的赤字是困难时期的被动结果,它们缓和需求的下降,但却不能积极地刺激需求。

为克服周期性赤字而采取的措施,是主动紧缩性的,只会加重经济衰退或者阻碍经济复苏。这个教训,恐怕早就应该接受了,比如说,在30年代初期,美国总统赫伯特·胡佛和富兰克林·D. 罗斯福进行的反生产性努力,试图平衡美国的联邦预算,都没有成功。再如,德国总理布吕宁以牺牲德国的失业工人为代价而固守财政信条,造成了灾难性的后果。在80年代里,主要欧洲国家和日本的财政政策,也同样是违反常情的,但或许还不是那么极端。

表35.2概要地列出了一些国家最近的财政行为对预算赤字产生的影响,并且把它们与最近的赤字中被动的周期性部分加以比较。这些国家包括:世界上经济最发达的七个国家,以及经济合作

与发展组织的主要成员国。该表显示出，在消除"内在稳定器"方面，取得了值得关注的"成功"。解释这些政策的另一种方法是，考察它们对"结构性的"或"高就业的"预算赤字产生的影响，这种赤字就是，假定经济活动都按照正常的增长趋势进行时出现的赤字。这些赤字正在显著地降低，在有些国家已经变成了盈余。举一个引人注目的例子，撒切尔政府已经把预算变成了较大的结构性盈余，在一段长期并且严重的经济下降期间，这是一项可歌可赞的"成就"。很明显，普遍的目标是提高失业率，降低国内生产总值，直到它们达到这样的水平为止：即能够获得长期可以接受的预算结余。换句话来说，这些政府已经降低了它们的目标，使它们的预算能够适应比原先更差得多的宏观经济表现。

几乎所有这些国家的国民储蓄倾向都比美国更高。即使在繁荣时期，私人投资需求很旺盛，也没有多大理由担心政府的赤字会产生"挤出"的后果。在最近这些经济不景气的时期，它们的储蓄是充分的，足以为公共和私人借贷者提供资金，其实，也足以获得美元债权。表35.2中也显示出了不同国家的赤字相对于国民储蓄的比例。

在欧洲各火车头经济以及日本等国家里，财政政策越来越偏紧，已经产生了严重的国际后果。财政刺激不仅会增加国内需求和就业，而且会增加进口，把有害的需求转移到世界其他地方——欧洲和亚洲的一些小国家、第三世界各国以及北美。欧洲和日本把它们的财政发动机拨到了反常的运转方向，结果，正在阻碍着整个世界的经济复苏。

顺便指出，近似的刺激性政策，在经济繁荣的时候，不会使任何国家承受高额预算赤字，因为削减税收，或者是创造就业机会的支出，可以设计在一个既定的时间结束，或者，根据经济环境的变化相机决定。它们不需要偏爱消费，不管是公共消费，还是私人消费。它们可以采取对投资实行税收刺激的形式，或者直接采取公共投资项目的形式。在长期，它们也不需要政府超出自身的愿望，维持更大的公共部门。不管一个国家的优先重点是什么，也不管它对公共和私人投资活动的作用所坚持的社会哲学是什么，它们都能与适应于宏观经济环境的财政政策协调起来。

表 35.2　经济合作与发展组织主要成员国的财政政策及其结果

	(1) 1981～1984 年期间盈余增加（赤字减少）的累计额，占国民生产总值或国内生产总值的百分比			(2)预算赤字占国民生产总值或国内生产总值及私人净储蓄的百分比	
	实际的	周期的	非周期的	1983 年	1984 年
美国	−2.5	−0.9	−1.6	3.8, 67.8	3.7, 58.3
日本	+2.0	−0.9	+2.9	3.4, 28.3	2.5, 22.2
联邦德国	+1.0	−3.7	+4.7	3.1, 37.3	2.1, 26.1
法国	−4.1	−3.8	−0.3	3.4, 47.0	3.8, 52.9
英国	+1.2	−3.4	+4.6	2.7, 54.8	2.3, 46.1
七个经济最发达国家	−1.4	−2.0	+0.6	4.1, 56.1	3.8, 48.4

资料来源：经济合作与发展组织：《经济展望》，1983 年 12 月，表 9、表 10 和表 13。
说明：由经济合作与发展组织对 1983 年和 1984 年的数字进行了计算和估算。这些数字都包含中央政府和下级政府。
(1)表中的数字是四年数字的总和。这种近似不是严格精确的，但却具有指导意义。非周期的变化是在税收和支出上的相机抉择行动。周期性的变化则是指，在确定税收立法和预算方案以后，只是被动地对经济波动做出反应。实际的变化是指它们两者之和。

美国与世界经济的其他火车头国家之间在宏观经济政策上的差别，是令人关注的。在一年半以前，为了防止经济和金融崩溃，开始推动经济复苏，美国的货币政策相当松。尽管如此，总起来说，美国正在推行一种高利率的紧货币政策。美国的财政政策是宽松的，而且，每个财政年度都变得更松。这种紧松配合，已经形成了一次充满活力的国内经济复苏，并阻止整个世界的经济下滑。但是，极端的政策配合，对于美国的未来，却预示着严重的问题；有传染性的高利率，也阻碍了其他国家的经济复苏。其他国家有权抱怨，但它们应该向美国的货币当局以及在白宫和国会里的财政政策决策者们提出抱怨。如果采取稳定不变的货币政策，美国的预算越来越紧，这将恶化而不是缓解其他国家的经济困境。与此相反，欧洲和日本正在推行紧货币与紧财政的双紧政策。它们的货币政策之所以紧，是因为美国的高利率及其自身的货币主义原则。就绝大部分国家来说，它们的财政政策是难以理解，难以证明是合理的。

联邦德国和日本，传统上都享受了，并依赖于出口导向型的需求增长，为了实现国内的或国际的目标，它们都避开了需求管理。两国政府都有很大的余地来实行扩张性的财政政策，都有愿意多储蓄的公民，政府可以向他们出售债券。这些国家的政府继续不断地实行预算紧缩，似乎有些误入歧途。两个国家都有国内需求，包括个人的和集体的需求，它们潜在的新产品可以用来满足这些需求。两个国家都有能力扩大它们对不发达国家的援助。现在正是这些不太情愿的火车头，为推动世界经济列车前进而贡献一份力量的时候了。

要在失业问题上取得进展，关键在于宏观经济扩张。当然，它肯定不能解决所有的问题。在美国，造成将近一半的年轻黑人失业的城市病，不可能依靠货币和财政政策医治好。在欧洲，日益增多的青年失业者问题，同样如此。宏观政策和普遍的繁荣，不会再次恢复美国中西部地区或联邦德国鲁尔地区的大烟囱工业中原有的高工资工作岗位了。实际上，存在着很大的余地和必要，留待明智的公共政策来处理这些困难问题。但是，除非实现了普遍的繁荣，并恢复了经济增长，否则，这些问题就毫无解决的希望。繁荣的增长，才是第一位的，具有最高的优先权。

五、宏观经济政策的国际合作：对最发达国家领导人的挑战

从国际的观点来看，不论是在美国，还是在世界经济的其他几个火车头国家里，都需要进行政策修正。这就要求国际合作。任何单个国家单独采取行动，实行货币刺激，将会扩大国内需求，同时又贬值本国货币，使之有利于本国的出口，有害于它的贸易伙伴。全球性协调一致地实行货币刺激，则将同时降低世界各国的利率，它能给整个世界经济一个大推动，扩大各个国家的出口和进口，但却不会制造出任何贸易不平衡。美国处于一种带头的地位。我们的利率和汇率是太高了，其他国家把利率降低一个较小的数量，就可以缩小利率差别，并且引发一次美元外汇价值的有秩序下降。照目前这样下去的话，说不定在什么时候，就会激起一次美元汇率的无秩序下降。

在财政政策方面，美国将转向一种更紧的预算，同时，其他国家则用一些适应本国经济状况和世界经济的扩张性政策，取代它

们的财政紧缩政策。这些货币和财政行动,应当成为下一次最发达七国首脑会议的主要议事日程。没有其他课题,值得享有更高的优先权。

世界经济的各主要动力国家,能不能有效地协调它们的宏观经济政策?根据过去的历史经验,前景不那么乐观。在第二次石油冲击之后,各国的中央银行确实都同意实行一心一意的通货紧缩性政策。1980年和1981年分别在意大利的威尼斯和加拿大的渥太华召开的最发达七国首脑会议,参加这两次会议的各国首脑,都肯定了这种政策的优先权。既然这是每个国家的部署,就不难实现各国的一致同意和同步行动。1983年,在威廉斯堡,失业和滞胀,显然是当时最急迫的宏观经济问题。这个集团所能做的,最好也只是要求各国政府着手解决它们的结构性预算赤字问题。里根总统作为这次投票的候选人,并没有真正把上述要求当作一回事。遗憾的是,他的同僚们却真当一回事了。

每年举行的七国集团首脑会议,[1] 通常把注意力集中在能源、贸易,以及与苏联东欧集团的商业关系上。然而,1978年在联邦德国波恩召开的首脑会议上,美国却成功地说服了那些不太情愿的伙伴们,启动了它们的火车头。作为交换条件,美国答应取消对国内石油价格的控制,这是一项长期延迟的改革。有几个国家的政府,许诺要提高产出量的增长速度。联邦德国和法国都同意实行一定数量的额外财政刺激,两国分别为1%和0.5%。日本和英国已经改变

---

[1] 对七国集团首脑会议进行的一项十分有用的评论,请看乔治·德梅尼(George de Menil)和安东尼·M. 所罗门(Anthony M. Solomon)合著的《七国集团首脑会议》一书,纽约,对外关系委员会,第30～34页和第78～79页。

策略,实行了扩张性的预算措施——日本是迫于在召开首脑会议之前美国施加的外交压力而改变的。美国的经济复苏已经走在其他国家的前边,它答应实行适度的财政紧缩。6个月以后,伊朗国王被废黜了。整个世界再一次受到了第二次石油危机的打击,爆发了新一轮通货膨胀和国际金融混乱。卡特政府的火车头理论失去了信誉,随之名誉扫地的,还有需求管理政策。那次打击留下的遗产,成了一只拦路虎,阻挡着任何国际性协调一致的经济复苏计划的实施,即使在当今的经济环境中,火车头理论看起来十分正确,也难以实施。

或许,一个更早期的例子能够唤醒我们的领导人。在从60年代开始的10年里,世界经济受到了一次衰退、一段令人烦恼的通货膨胀历史,以及国际货币混乱的困扰。美国遭受了两次相隔不远的经济衰退的打击,设计的目的是,降低令人难以接受的高通货膨胀率,并且保护美元。随着世界经济从衰退中开始走向复苏,经济合作与发展组织的部长理事会就宣布,该组织的成员国(其中还不包括日本)决心达到下述目标:即在这个10年的末期,该组织作为一个整体将使产出量增长50%。理事会还指出,这种增长不仅会增加各成员国的福利和实力,而且会促使更多的资源流向发展中国家。[①]尽管这种宣言只是希望和打算的一种表述,但是,各成员国政府不管是独自的,还是就特定宏观经济问题相互协商的时候,却都是认真对待的。结果,这个增长目标被充分地实现了。

---

① 据《1962年总统经济咨文》的报告,华盛顿特区:美国政府出版署,1962年,第38页。

目前的状况更为严重,也更为困难。要想把 80 年代从一个失业和滞胀的十年,转变成为一个繁荣和进步的十年;从一个在竞争和贸易的联盟中相互倾轧的时期,转变成为一个合作和互利的时期,将需要政治家的远见和富有创造性的领导能力。联盟的加强不仅要靠处理好各方的利益冲突,也要靠共同从事一些能够给各方带来巨大利益的事业。在宏观经济政策上的合作,就是一个很好的起点。

我非常感谢加布里埃尔·德科克(Gabriel de Kock)先生提供的研究协助和指导,但本文的观点和错误,完全由我个人负责。我从西尔维亚·奥斯特里(Sylvia Ostry)女士的经验中也获益匪浅,包括与她本人的私人会谈,以及她的文章:"世界经济:值得关注的时候",外交事务委员会,《美国与世界》,1983 年。

36 奥肯论宏观经济政策[*]

在他去世以后才公开出版的著作《价格与数量》的最后一页里,阿瑟·奥肯写道:

> 我预期,长期通货膨胀的时代在80年代便告终结了。不过,我还不是特别乐观,不会认为,通货膨胀时代会以一项协调一致的合作计划而告结束,这项计划把名义收入增长速度的不断下降,与成本不断降低的因素,以及对工资和价格约束的刺激结合在一起;而后者正是本书着重分析的要点。客观地看待整个世界,我倒是相信,通货膨胀时代的结束,更有可能伴随着一场深刻的、持续的经济衰退,或是一段持久的、严格实行强制性价格和工资管制的时期。我不愿意听任这种结果,而且,我希望经济学家们努力工作,以阻止出现上述结果。[①]

---

[*] 1981年9月,哥伦比亚大学、耶鲁大学、布鲁金斯学会联合举办的纪念阿瑟·M.奥肯座谈会,纽约市。本文载J.托宾编:《宏观经济学:价格与数量——纪念阿瑟·M.奥肯论文集》,布鲁金斯学会,1983年,第297~300页。

[①] 阿瑟·M.奥肯:《价格与数量:一种宏观经济分析》,布鲁金斯学会,1981年,第359页。

像英国一样,美国也已经着手通过逐渐消灭货币需求,来实行通货紧缩。像奥肯一样,我也预期,这个过程将是漫长的和代价高昂的,以深度的经济衰退、发育受阻的经济复苏,以及不断上升的高失业率为主要特征。在80年代里,外部环境很有可能比前十年更加温和,因为在70年代里,我们的经济遭受了极其严重的、在和平时期前所未有的外部冲击。在这种情况下,正统的疗方(即货币紧缩)最终可能会取得成效;至少,如果各种政治和社会组织能团结一致的话,有可能成功。

我认为,在保罗·沃尔克以及玛格丽特·撒切尔夫人的领导下,经验也将会证明,对于政府宣称的所谓"公开的威胁能够使上述过程走得更快,而且没有痛苦",奥肯和我所抱的怀疑态度是完全正确的。我们经济学界,在同样或者更大的程度上,要对人们坚定地持有下述观点负有责任。这种观点是,公开宣布坚决不可逆转地实行货币紧缩,将会如此剧烈地改变私人部门里的预期,以至于我们继承下来的工资和物价膨胀,就会像春天里灿烂阳光下的雪那样融化了。这个论断并没有建立在经验例证的基础上——几乎根本没有这类例证,而是建立在一种先验观点的基础上,这种先验看法是,只有传递错误的信息,才能阻止劳动力市场和产品市场达到结清市场的工资和价格水平。如果在过去,货币紧缩只对价格产生了令人失望的很小影响,而对产出量却产生了大的影响,那么,给出的原因就是,以战后十年的经验为基础而做出的预期:货币和财政政策会出现反周期性的反转。这些就使工人和企业都没有必要为了保护他们的就业岗位和销售额,而实行通货紧缩。尽管奥肯赞同,公众对放弃补偿性政策的理解,将会朝着人们宣称的方向发挥作用,但是,他仍然怀疑,这种转移在数量上究竟有多大意义。

对此,他有几方面的原因。

第一,他怀疑,一个民主政府抱着一种对经济的实际状况——包括失业、生产量、破产以及经济苦难的其他病症——漠不关心的态度,是不是非常可靠?为了证实这一点,我们应该注意到,与撒切尔夫人不同,里根总统没有拿他自己的威信,在"可信的威胁"这种策略上冒险。相反,他许诺的却是没有眼泪的通货紧缩,同时伴随着失业率降低、迅速而充分的经济复苏、不断加速的经济增长,以及预算的平衡。联邦储备委员会主席沃尔克是相当清楚和坚定的,但是,他发出的信息,可能没有深入到通常做出工资和价格决策的低水平。奥肯认为,一种沃尔克-撒切尔政策是站不住脚的:

"如果某地颁布一项法令,决定在一个月之内严禁消防部门对任何火警警报提供救助,以便提高人们的防火意识,那么,我从道义上将感到非常义愤。现在,不论经济衰退将会变得多么严重,都要求政府不要研究解决衰退问题,以便阻止通货膨胀,这就与上述假设非常类似。一个民主的社会,肯定还有比威胁和担忧更好的、逐渐灌输这些社会期望前景的合作方式。"[1]

---

[1] 阿瑟·M.奥肯:《价格与数量:一种宏观经济分析》,布鲁金斯学会,1981年,第358页。

第二,奥肯的整本书中都在解释,为什么存在和怎样存在着价格和工资的黏性,及需求数量上而不是在价格和工资上的引人注目的变化(至少起初的变化是这样的)的商业原因。这种现象不仅是因为提供错误信息,以及在契约中使之长久化的预测出现了错误。在奥肯的方法与卢卡斯及其同事们的方法之间,在某些方面有些偏离正题。由于各地方的微观经济原因而选择的行为规则,会影响一个分权的经济对宏观经济事件和政策的反应,当宏观经济环境发生明显变化时,这些规则确实将会得到修改。两种方法的差别在于,奥肯考虑的是垄断,而不是完全竞争。(顺便指出,令人迷惑不解又不那么幸运的是,尽管凯恩斯在进行宏观经济学革命的同时,张伯伦-罗宾逊革命也发生在微观经济学领域里,但凯恩斯还是选择了以竞争市场作为微观经济基础,向正统学说发出挑战。)在受管制的或进行工资谈判的"顾客市场"上,微观的行为规则为需求数量的调整留下了很大的余地,包括预期到的和未预期到的调整。因而,它也为控制货币需求的宏观政策留下了余地。

奥肯熟练掌握现实世界经济周期的事实,这是无人能比的。根据这些事实,他能够收集到一系列观察结果,这些结果都否定了所谓的均衡经济周期理论的含义。请看奥肯在美国企业协会举行的"理性预期座谈会"上提交的,具有惊人说服力且无可辩驳的论文,[①]这是他一生发表的最后一篇文章。时至今日,理论家们正忙于修改和精练理性预期模型,企图使之符合奥肯发现的事实。我怀疑,这

---

① "带有错觉的理性预期与经济周期理论",载《货币、信贷与银行杂志》,第12卷,1980年11月,第二部分,第817～825页。

种修正过程最终将会导致一种综合，在其中，理性行为和理性预期，与简单的由价格持续结清的竞争市场分离开来。当这种综合成长为一种新的主流理论的时候，我猜想，它将能够解释奥肯观察的结果，而且也会给补偿性的稳定政策留有余地。

第三，奥肯把征服和控制通货膨胀，看成是一个外在性的问题。举例来说，当今我们需要的是，我们共同确信通货紧缩。人们反对偏离现行的通货膨胀模式，这是因为，每一个社会集团，不管是工人还是企业主，都担心其他集团不会同时或是随后实行通货紧缩。如果这些担心是正确的，该集团就会失去实际的和相对的贸易条件，只在需求上获得很少的好处。但是，如果每个人都实行通货紧缩，每个人的贸易条件都不会遭受损失，而且，每个人都将从低通货膨胀或价格稳定上获得好处。我必须指出，奥肯对这些利益的估算，比我估计得高一些。不过，目前我们有充分的理由可以说，通货膨胀具有严重的社会代价，因为整个社会都认为，它是一种主要的社会疾病，它不断地削弱社会解决其他严重经济问题的能力。社会形成这种看法，有些理由是站得住脚的，有些理由则是站不住脚的。

在一个实行分权化、交错确定工资的经济里，协调一致地共同确信通货紧缩，是很难安排的。奥肯和我，还有其他许多学者共同倡导的、以税收为基础的收入政策，尽管有它自身的成本和扭曲，但它是一种能够实现通货紧缩，同时又不会给生产量和就业带来重大代价的公共品，从而可以证明，它确实是合理的。与此同时，必须依靠总统的领导能力，号召劳动者和管理阶层达成一种支持性的一致意见，更多地利用实际经济利益的许诺，而不是用灾难的威胁，来培养这种共识。在一个足够长的转型时期——长得足以展开以前的契约、模式的历史以及预期，必须采用适当的收入政策。当然，在转型期间，货币与财政政策不应该使经济变得过热。其实，倒是应该在过分谨慎方面犯些错误。但是，奥肯教授肯定不会赞成这样一种游戏计划，我担心，它很可能是针对通货膨胀的任何一场成功的货币战役的结果，那就是，经济将长期在转型期的高失业率水平上运行，以便避免通货膨胀复发的种种风险。

至此，我已经进行了这些评论，以重新回想起，奥肯教授在本书中探讨的科学和政策问题上是怎么想的，怎么说的。我之所以这样做，不仅是因为这本书是为纪念奥肯教授而举行的座谈会的一个成果，而且是因为，我认为，奥肯教授是明智的，也是正确的。

第六部分

政治经济学

导　言

　　本书最后一部分包括了我在政治经济学的不同方面所写的七篇论文。前两篇文章主要是继续强调本书的重点，即宏观经济策略。第37篇文章主要涉及肯尼迪和约翰逊当政时期的宏观经济政策，在这段时间的前两年，我曾经在政府中发挥了一些作用，因此，对于这段时期来说，我本人恐怕不是一位公正无偏的历史见证人。第38篇文章则比较广泛地评述了自第二次世界大战结束以后的30年来，美国采取的经济稳定政策。

　　第39和第40篇文章的重点，则转移到能源上来。70年代后期，这个问题一下子吸引了全美国的注意力。我认为，事件的发展证明，我在1974年提出的观点是完全正确的。我那时的观点是，石油危机不会导致美国人的生活发生剧烈的变化。当时，许多人都坚定地声称，这种急剧变化肯定会出现。在第40篇文章里，我强调了能源稀缺和价格上涨对宏观经济事件和政策所产生的影响。

　　在我的整个学术生涯中，迄今为止，我一直坚持认为，一个民主国家，必须努力减轻市场资本主义造成的不可避免的不平等现象。自从60年代以来，我一直提倡，在我们的收入制度中，要更多地对我们那些更贫穷的公民同胞们提供帮助。从本书的最后三篇文章里，可以看出我在这方面的学术兴趣。80年代的保守主义反革命，正在把美国的政策推向完全相反的方向。但是，天主教派的主教们发出的公开信，有助于重新唤醒我们对经济公平的严重关注，目前的民意测验表明，大多数人反对削减联邦福利支出和其他社会计划的支出。尽管主教们可能低估了实现他们的目标可能会遇到的困难，不过，我认为，他们已经及时地提醒人们，经济政策应该为真正值得发扬光大的道德价值观服务。

37 60年代的政治经济学[*]

本文主要集中地分析肯尼迪和约翰逊政府的宏观经济政策的总体设计和策略,特别是在越南战争之前的1961～1965年期间的经济政策,在这段时间里,整个国家的头等重任,就是怎样为越南战争筹集军费。我认为,这些年月的宏观经济策略,是两位总统的国内社会政策取得重大进展的必不可少的理论基础。这些政策革新正是本书的主题,因而,我在本文中,只是在最简要和最广泛的意义上论及它们。首先,我在这里要坦率地承认,我来研究这个问题确实带有一定的偏向,因为我作为一位经济学家,曾经在1961～1962年期间为肯尼迪总统的经济顾问委员会工作,而且,此后多年,我仍然与该委员会保持密切的联系。

一、肯尼迪和约翰逊的宏观经济策略

在1961～1965年这五年期间,肯尼迪和约翰逊政府发展、鼓

---

[*] 1976年9月,"肯尼迪和约翰逊政府的社会政策"讨论会,奥斯汀,得克萨斯大学林登·约翰逊公共事务学院。选入戴维·D. 沃纳(David D. Warner)编著的《迈向新的人权:肯尼迪-约翰逊政府的社会政策》,奥斯汀,得克萨斯大学出版社1977年版,第33～50页。经允许重印。

吹并且亲自推行了一种举世关注协调一致的宏观经济策略。其主要思想就是要在充分就业的水平上维持稳定的经济增长，避免经济衰退和通货膨胀的周期循环。政府当局认为，国民生产和国民收入的增长，不仅它本身就是一种结果，而且，它也是新的经济资源和财政力量的源泉，运用这些资源和力量，才能满足国民的需要。有了经济增长不断提供的新资源，就可以扩展和改进公共服务，扩大社会保险和收入援助，才能真正打一场"向贫穷开战"的战争——所有这些，都没有在税收、公共部门的规模、军费开支以及收入与财富的分配等方面，制造出新的矛盾。稳定、迅速和非周期性、非通货膨胀性的经济增长，正是伟大社会的坚强基础。

现在，我必须明确指出一个学术性的而又非常重要的区别，这是总统经济顾问委员会从1961年初的教训中学到的，当然，并不总是成功的。这个区别是整个经济生产商品和服务的生产能力的增长，与实际产出量和实际收入的短期增长之间的区别。生产能力的增长必然要受到劳动力的增长及其生产率的限制，而后者又是由人口的规模和结构的发展趋势、总人口中劳动力的比例、劳动者的技术和受教育程度，以及技术进步和资本形成的速度、土地和其他自然资源的供给状况等方面所决定的。潜在产出量的趋势增长率变化得非常缓慢，在美国，自从第二次世界大战以来，每年都在3.5%～4.25%，其中，1.25～1.5个百分点归因于劳动力投入的增长，其余部分则归功于其他各种因素提高了劳动生产率。在另一方面，在短期，如每个季度或每个年份的比较，实际产出量的增长率可能出现剧烈的变化，其增长率可能高达每年10%，也可能是负数。与此相应地，这些变化也伴随着劳动力利用率的极端变化，反映在失业率和工厂数量的急剧变动上。这些波动主要是因为，商品和服务的总需求的增长不够稳定。虽然潜在的供给增长得相当平稳，但是，现实的需求增长得很不稳定，而且，有时候还在下降。

在短期，如果经济中存在着大量的闲置力量，包括失业的劳动大军和利用不足的工厂、设备，那么，生产就会迅速地对需求的扩张做出反应，并且，生产增长得比长期趋势更加迅速。从衰退走向复苏的过程中，正好出现了这种情况。其实，除非产出量比生产能力增长得更加迅速，否则，就不会出现真正的经济复苏，因为原有的失业和过剩的生产能力，仍然不会减少。但是，产量增长比生产能力增长得更快，不可能持久地维持下去，一旦经济复苏完全实现，经济就会再次按照潜在的生产能力运行，产出量就要受到生产能力增长率的限制，在美国，大约是4%。

要深刻理解肯尼迪和约翰逊政府的宏观经济设计，分清上述区别是至关重要的。政府的设计主要有三个目标。(1)在战后第四次经济衰退的低潮时期接掌政府大权，当时的失业率高达7%，因此，肯尼迪总统经济顾问委员会自然会看到，迅速而充分的经济复苏，实际产出量的短期增长率很高，这是政府的基本目标。(2)一旦实现了前述目标，更进一步，经济顾问委员会的目标就是，保持经济按照其潜力而运行，而且，需求按照可以维持的供给增长率相当稳定地扩大。(3)不过，总统经济顾问委员会和行政当局也希望加速生产能力的增长，不是人口和劳动力的增长，而是劳动生产率即每小时工作的产出量的增长。当然，人口和劳动力的增长，又是由人口统计学和社会的趋势，以及个人的兴趣偏好来决定的。

政府为达到第一个目标，即经济复苏，而采取的手段，要比它实现其他两个目标的能力更加明显得多。对于政府来说，第二个目标可能要比第三个目标更容易实现，这是因为，前面两个目标都涉及需求的管理，在这方面，联邦政府拥有一些强有力的直接或间接手段。相反，设法影响供给，包括技术、效率、人力资本和物质资本等，过去是，将来也仍然是一件不确定性更大的事情。

1961～1965年的经济复苏策略是相当成功的，按照广为流传的看法，它甚至比实际获得的成功显得还更成功。连续五年不间断地增长，到1966年1月，终于将失业率降低到3.9%，实现了肯尼迪政府明确提出的中期目标4%。实际国民生产总值，也就是按照不变价格计算的生产值，在五年期间每年都增长5%以上，就业量每年增长2.5%。贫困人口占总人口中的比例，按照官方的计算，已经从1960年的22.4%下降到14.7%。公司的税后利润增加了80%。其他经济指标的成绩，同样也是引人注目的。与此同时，通货膨胀率仍然保持在每年2%以下。

由于前面已经指明的原因，1961～1965年期间的经济增长不可能持续下去，肯尼迪和约翰逊政府的经济学家们都清楚这一点，并且指出过。在国民生产总值的全部增长额中，大约27%属于周期性的经济复苏，与此相联系的是，失业率下降了3个百分点。其余的部分则是整个经济的生产能力的增长，可以预期，这部分的增长势头能够继续下去。1966年的宏观经济政策的目标是，降低需求的增长，使之达到可以维持生产能力增长率的水平，从而保证失业率接近4%，既避免经济衰退，又防止通货膨胀性经济过热。同时，人力和劳动市场政策，要为逐步把失业率降低到4%的目标以下而铺平道路，其他一些加速物质资本和人力资本形成的政策，及加快技术进步的政策,则着眼于缓慢地提高可以维持的增长率。

我们永远也不会知道,这是不是一个可行的方案。1965～1966年,越南战争的军费开支突然大幅度增加,同时却没有通过增加税收或削减支出加以补偿,结果,打破了稳定增长的美好前景,不仅指约翰逊政府任期内余下的几年的增长,而且包括整个70年代的增长前景。虽然在1966年1月政府圈子里和圈子外的经济学家们都已经认识到,越南战争的军费开支实行赤字筹资,是一个严重的错误,但是,却没有一位经济学家能够真正看清楚,由此产生的影响是多么深刻,多么持久。新的财政刺激把失业率降低到3%,这对于伤残劳动者和穷人的就业和收入,都产生了预料之中的积极影响。但是,它同时也诱生了预料之外的也是致命的和持久的工资和物价膨胀。不论怎样说,1966～1969年的宏观政策,与1961～1965年的政策恰好相反,对于恢复经济稳定性来说,它只是一种爬行——一种管理有序的爬行,但毕竟是一种爬行。

二、1961～1965年的经济复苏政策及其障碍

在前文中,我已经指出,肯尼迪和约翰逊政府提出了一整套宏观经济策略,但这不是在1961年总统就职日就准备好的。赫勒(Heller)领导的总统经济顾问委员会成员,以及他们在总统预算局的同僚们,对于未来面临的任务都有清醒的认识。但是,在白宫、财政部或者劳工部,这些认识并没有被广泛地接受;在联邦储备系统,在国会里,以及在有影响的公众意见方面,持有不同意见的就

更多。花费了16个～24个月，经过对经济顾问委员会的诊断和处方，在各种内部和外部讨论中进行修改之后，委员会的方案才真正变成居于支配地位的政府政策。实际上，直到1964年，新经济学的财政政策提供的方案，即减税1200万美元，才算真正付诸实施。

由此可见，1961～1965年的经济复苏要比它的经济学家设计师们预期的速度更慢，并且是在更虚弱、更不确定的时间。我之所以现在还要指出这一点，是因为1961～1965年，被广泛地引证为经济复苏的一个典范，特别是用来支持这样的观点：增长得比较慢反而更好，也更持久。事实恰好是，在1962～1963年期间里，同样也有令人忧虑的时候，不过，因为当时运气很好，加上不管什么样的财政刺激，都可以塞入保守主义预算中。不论什么样的货币支持，都能够诱导一个只认黄金的中央银行来提供，所以，才保证经济复苏没有中止。

总统经济顾问委员会的基本目标是实现充分就业，按照当时的定义，充分就业是指失业率在4%或更低。根据该委员会的估算，要让失业率降低3个百分点，必须使国民生产总值的增长率达到10%，超过了劳动力和劳动生产率的名义年增长率。后来的事态发展证明，委员会的估算是正确的，并且被称为奥肯定理，所有经济学学生人人皆知。按经济顾问委员会的看法，美国拥有充足的劳动力、技能、技术和工厂等用于生产，使生产的增长超过10%。没有充分地利用这些资源，是一种不可原谅的巨大浪费。

当然，经济顾问委员会考虑的是那些找不到工作的人们的困境。不过，失业也被看成是美国经济健康状况的一个常用的晴雨表。商业利润、政府和地方财政、农民的收入、实际工资、股票市场的价值——如果能够实现并且维持经济繁荣,所有这些方面都会更加乐观。由于1957～1958年的经济衰退,1959～1960年经济复苏的中途夭折,再加上1960～1961年的又一次经济衰退,自从1957年以后,美国经济一直没有实现4%的失业率水平,并且处于持久滞胀的危险之中。

对于肯尼迪政府的经济学家们来说,手段就像结果一样显而易见。联邦财政政策和联邦储备委员会的货币政策,应当刺激总支出,包括公共支出和私人支出,同时,与其他一些措施结合起来,如新增政府支出、削减税收,以及放松信贷和利率。

财政扩张显然就意味着更大的预算赤字,至少在短期是这样。但是,在一个就业不足的经济中,甚至引发了周期性的波动,这也是无害的,恰当的。实际上,1957年以后出现的滞胀,特别是1960年的经济衰退,原因之一就是"财政拖累"——在实现充分就业的水平上,经济的自然增长提高潜在的联邦税收的速度,要比联邦支出增长得更快。同样的,潜在的税收收入没有实现,也是因为,从私人支出上减少税收,压抑了整个经济。总统经济顾问委员会指出,不能根据经济衰退时出现的实际赤字,而应该根据实现充分就业时可能产生的赤字或盈余,来判断预算的好坏。这种观点如果不是他们最早提出的,至少也是他们特别强调的。

在一般公众的心目中,新经济学一直被看成是积极运用财政政策达到经济稳定的工具。尽管如此,经济顾问委员会也强烈地建议运用货币手段。他们要求联邦储备委员会降低利率,特别是长期债券的收益,并且放弃该系统自我强加的规则,即只对国库券的市场进行干预。他们还要求财政部,采取可以降低长期利率的债务管理措施，但是没有成功。委员会的委员们都不是货币主义者，不过，如果货币主义者和财政主义者这两个术语的含义，是把对方视为无用的话，那么，他们显然也不是"财政主义者"。经济顾问委员会充分认识到这两类宏观经济政策的作用及其重要性，不仅指对于经济复苏而言，而且，如果经济状况颠倒过来，对于抑制总需求而言，也是如此。

把公共支出、削减税收与宽松的货币政策混合在一起，作为促进经济复苏的手段，对此，在政府当局内部也存在着不同意见。J. K. 加尔布雷思的关心焦点就是壮大公共部门，他偏爱的唯一的扩张性手段，只是那些增加政府开支的措施。他反对1964年的减税，他对货币政策几乎毫无信心。我们之中的有些人相当认真地接受了公开宣布的目标，即提高整个经济的生产能力的长期增长率。我们强调在劳动者技能、技术以及物质资本上的公共投资和私人投资的重要性。鼓励资本形成，是促进经济复苏和长期增长的一个条件，它正是1962年实行投资税收减免的重要动因。基于同样的原因，我们同样也强调货币政策的重要性，这些政策可以刺激较低利率的投资。我们希望，一旦实现了充分就业，会使联邦预算出现盈余，从而增加储蓄，用于资本形成。我觉得，沃尔特·赫勒对于一种强烈导向投资的政策组合，在经济上以及政治上是否行得通，似乎怀有某种疑问。他认为，实现经济复苏的最可靠路径是，通过削减税收，诱导公共支出或私人消费，从而直接刺激经济。

不同的人强调的重点有所差别，这个问题，在很大程度上，由于实际情况对政策组合的制约而得到解决。在政治牌中，没有加尔布雷思主义者要打的牌，即大幅度增加民用开支。确实，肯尼迪政府利用这个机会增加了一些联邦支出。社会保障福利的增加超过了计划表，也超过了为之提供配套资金的人头税。在当时，完全可以做到这一点，而同时又不会从结构上损害政府的预算。没有人打算利用军费开支，作为一种刺激需求的手段。但是，1961年的柏林危机(苏联再次要求英美法从西柏林撤军，导致柏林墙的修建)只引起军费开支的适量增长，这时候，经济顾问委员会成功地堵住了许多高级政府幕僚的嘴，他们本能地强烈主张增加税收，以弥补军费开支。同时，货币政策也受到限制。由于担心美国的国际收支失去平衡，联邦储备委员会不能或不愿实行一种扩张性的宽松货币政策。作为最主要的扩张性刺激措施，对私人消费者和商业投资者实行减税，看来是唯一开放的道路。

三、通货膨胀与工资-物价界标

实行紧缩性货币和财政政策，造成了1957～1958年期间以及1960～1961年期间两次出现了经济衰退，证明这种紧缩政策似乎有道理和有必要的主要理由，就是需要把50年代中期达到的4%的通货膨胀冷却下来。通货膨胀率已经下降到每年1.5%这样一个几乎可以忽略的水平上。肯尼迪总统的经济顾问委员会认为，在经济复苏的初期，通货膨胀不可能重新高涨起来。不过，他们还是不打算冒任何风险，50年代中期，虽然失业率又重新降低到4%，却仍然出现了通货膨胀，这正是一个严重的警告。十分坦率地说，经济顾问委员会担心，价格指数的上涨，更多的不是由于价格自身的原因，而是由于它们破坏了政府圈子内部、联邦储备委员会、国会两院以及一般公众,对于完全复苏和充分就业政策的信任和接受力。习惯性地反对通货膨胀,将会更加削弱美国在世界市场上的竞争地位,恶化美国的国际贸易和收支平衡状况。

像其他大多数经济学家一样,经济顾问委员会的成员们非常清醒地认识到,在一个发达的民主的资本主义经济中,充分就业很有可能给工资和物价带来一种通货膨胀倾向。用货币政策和财政政策来管住总需求,并不能确保实现充分就业和物价稳定。这肯定不是一次新的发现。

经济顾问委员会的回答是,在1962年的经济报告中,确立了"非通货膨胀性工资和物价行为的界标"。这些界标是管理阶层和广大劳工的标准。或许更重要的是,界标同样也是政府官员们在不可避免地干预劳资纠纷的过程中需要遵守的标准。我们不希望工业在任何物价水平上静止不前。界标并没有法律上的强制力。但是,总统、经济顾问委员会成员、劳工部长以及其他内阁成员,都充分施展了他们的劝说能力,从而保证政府公布的、对于整个国家的经济至关重要的工资-物价涨幅,基本上得到了遵从。

这项政策早在1961年就开始施行,当时,总统开始极力主张对钢铁工业及其工会实行限制,这样做,主要是基于凯米特·戈登的建议,戈登是当时的总统经济顾问委员会的一位成员。不过,1962年钢铁工业举行劳资谈判时,在劳工部长戈德伯格(Goldberg)的积极参与下,达成了温和的工资协议,总统的上述主张很快告终了。肯尼迪总统与钢铁工业的对抗,成了一个经常提到的故事,当时,与工会的协议墨迹未干,几家主要的钢铁公司就马上宣布涨价。

在整个1965年经济复苏的过程中,根本没有出现通货膨胀。

靠道义上的劝告来支撑的界标政策是否真正值得信赖,尚有待争论。或许,经济中存在的萧条现象,已经足以限制工资和物价的上涨。现在看来,与随后的时期比较而言,60年代早期的稳定,确实是极其少见的例外情形。历史已经证明,经济顾问委员会的观点是正确的:采取某种收入政策,是对需求实行财政和货币管理过程中的一个必不可少的组成部分。没有收入政策,充分就业和控制通货膨胀,几乎肯定是不能相容的——当然,悲观主义者会说,即使有收入政策,也是一样。这段时期的经验还表明,当经济中还存在着萧条现象时,就应该实施收入政策;而不是在大锅已经沸腾的时候,才采用它。

界标本身的弱点在于,它不是在工商界和劳工的领袖们积极参与和配合下制定的。实际上,这些人大部分都对界标持反对的态度。之所以如此,并不是因为政府当局没有试过这样做。最初的意图是,由肯尼迪总统的劳工-管理顾问委员会与工商业主、劳工和一般公众的代表们,认真地讨论这个问题。但是,当时的情况不太有利,该委员会更喜欢在他们内部与联邦政府官员们讨论经济政策的一般性问题。经过过去10年来这段令人寒心的经历之后,我想,现在的情形会更有利得多,更便于共同制定并且支持界标。

1966年爆发的需求拉动型通货膨胀,使约翰逊政府开展的所谓"畅所欲言"活动根本不可能进行下去了。在巨大的通货膨胀压力下,即使是经过深思熟虑的控制措施,也只得被迫放弃。

四、财政保守主义与新经济学

肯尼迪总统的经济学家们设计宏观经济政策时遇到的最大障

碍就是，在政府圈子里、国会两院以及一般公众中颇为流行的保守主义财政和金融信条。当时，正处于新一届民主党政府走马上任之初，约翰·肯尼迪总统刚刚以令人尴尬的微弱票数赢得了总统竞选，而且，民主党在国会中也只占微弱的多数，工商界和金融界对新政府都抱有很大的疑虑。因此，肯尼迪总统当初并不准备为新经济学而战。计划列入赤字支出纯属大忌，特别是在经济衰退已经"走出低谷"之后。预算赤字之所以得以通过，只是因为把它归罪于前任总统艾森豪威尔，即使是后来思想更加自由化的时候，他在1958财政年度制定的120亿美元的财政赤字，仍然是最高限度。

此外，把失业率目标定为4%，也受到了来自右派和左派们的广泛挑战。联邦储备委员会主席马丁（Martin），不是把50年代里失业率上升归因于需求不足，而是归因于劳工市场上结构失调。由于多种原因，这种观点也引起了肯尼迪政府劳工部的高级领导人的关注和赞同。这种观点的倡导者，像罗伯特·西奥博尔德（Robert Theobald）之流，把失业的增加归罪于自动化，并且发现了一种趋势，即人力劳动的技术逐渐过时。在下文中，还要进一步深入讨论这些问题。

保守主义者们坚持认为，失业的人数被一些不应统计的现象过分夸大了，甚至政府可能故意夸大其数。针对这种指责，约翰·肯尼迪总统专门指定成立了一个特别委员会，来捍卫统计资料的纯洁性及其不同时期的可比性。

经过艾森豪威尔总统8年的统治之后，工商界和金融界对新一届民主党政府所持的怀疑和犹豫不定的态度，也增强了保守主义财政观点的分量。所以，我们很容易理解，当事态的发展证实了钢铁巨头们的最大担忧的时候，总统与钢铁巨头们出现了对抗局面。后来，政府当局提出投资税收减免优惠时，工业界有组织地予以反对，从而进一步增加了对政府的不信任程度。实际上，现在看来，投资税收减免受到了高度的赞誉和不容置疑的辩护。这些政治态度，更加使人们对美国工商业的前景普遍失去了信心。由于50年代后期的滞胀以及美国面临的国际性经济困难，人们对美国经济的前景本来就抱着悲观的态度。1962年的情形与1975年非常接近。不过，那时候还没有多少重要理由足以让人们灰心丧气，而且，悲观主义很快就变成了1963～1965年期间的异常欢欣。

五、美元、黄金与国际收支平衡

潜在地看，美元的外部地位以及防止美国的黄金储量不断减少的措施，都是严重制约着美国国内经济政策的重要因素。可以说，它们对需求管理政策组合的限制，要大于总体推动力，而且，它们也损害了美国在国际经济关系中传统的自由地位。

在联邦储备委员会，在政府财政部以及在私人金融圈子里，都把外国政府持有的美元可以随时兑换成黄金，看成是一种神圣不可侵犯的承诺，具有绝对的优先权。它优先于其他政策目标，似乎从来都没有疑问，甚至在内部讨论也是如此，以免在国内和国外，对于政府决定要捍卫美元的汇率平价产生怀疑；以免人们担心它会进一步诱发美元的投机。像其他国家的非保守主义政府一样——如哈罗德·威尔逊当政的前四年，就是一个众所周知、臭名昭著的例子——肯尼迪和约翰逊政府特别感到，在国际金融活动中的软弱态度和业余身份，最容易受到抨击。要表明其可靠性和坚定性的政府，又过于强烈。基于类似的政治上的原因，美国最终还是由一位共和党的总统和国务卿去打开中国的大门。所以，最终还是由尼克松（Nixon）和康纳利（Connally），来动手剪断美元与黄金的紧密联系。[①]1971年当他们去做这些事情的时候，被当成了一件举世闻名的巨大胜利而受到热烈欢呼。

在60年代早期，黄金以及国际收支平衡构成了强有力的依据，反对一切扩张性政策，但最主要的是反对扩张性货币政策。我们在欧洲的朋友们，其中，最需要指出的是，经济合作和发展组织里很有影响力的第三工人党，已经逐渐理解并接受了，美国经济出现强劲的持续复苏，对于全世界以及美国本身，都具有重要意义。他们认为，应该运用财政政策来刺激经济复苏，他们愿意接受由此产生的赤字，从而，也在一定的程度上化解了国内的反对意见和官方的犹豫态度。但是，他们支持联邦储备委员会的观点，认为美国的利率应该上升，肯定不能下降，以避免国内资金为了获得更高的收入而流向欧洲。这种态度，妨碍了肯尼迪总统的一些经济学家们偏爱的政策组合，其主要特征是宽松的货币政策，促进以长期增长为导向的高投资经济复苏。投资税收减免，调整利率结构，提高短期利

[①] 根据1944年布雷顿森林协议，美国保证美元与黄金的可兑换性。到60年代末，黄金大量外流引起了美国的担忧。1971年5月和7月连续出现两次美元危机，国际金融市场上出现抛售美元换取黄金的浪潮，各国要求美国将其货币债务兑换成黄金的压力也越来越大，终于在1971年8月15日，尼克松总统提出"新经济政策"，宣布关闭黄金窗口，即停止用美元兑换黄金；同时对进口品计征10%的附加税，以迫使其他国家接受由美国决定的新汇率。此后，黄金与美元之间的联系被剪断。康纳利是当时（1971～1972年）尼克松政府的财政部长。——译注

率，阻止国内资金外流；降低长期利率，鼓励国内投资等——尽管这些努力的效果不那么显著，但都是围绕上述政策而进行的一致努力。

一旦人们对于赤字和通货膨胀的担心成为多余的，国际收支平衡就不再是一种严重阻碍经济扩张的制约因素。其原因在于一些特定的措施：对外汇实行直接控制，限制政府和私人对外汇的需求；制定国际协定，制止美元的投机；维持美元与黄金的官方可兑换性，同时限制美元与黄金的实际兑换。

在整个这段时期里，总统经济顾问委员会一直都在争辩，黄金与美元的汇兑平价，既不应该妨碍美国国内的经济复苏和增长，也不应该损害美国在历史上的承诺，即不限制国际贸易和资本流动。但是，委员会的努力基本上是失败了。在一方面，肯尼迪和约翰逊政府炫耀性地继续推行已实行31年之久的谈判政策，依靠协商谈判，共同降低关税和其他贸易壁垒。随着越来越多的美国工业和工人们发现，按照官方确定的汇率，他们已经不再具有竞争性了，政府的这些努力在国内受到了日益强烈的抵制。有组织的工人们，特别是那些被美国公司的国外投资"出口在外"、充满愤恨的工人们，越来越多地变成了贸易保护主义者。在另一方面，政府整天忙于运用对纺织品和其他产品的进口实行官方配额制度，或坚决要求对外援助款项必须用于购买美国的产品，或者对军备采购适用差别规则（discriminatory rule）等其他措施，来维持汇率，保护美国的生产者。同样的，财政部则要限制美国银行的外国贷款、外国证券的发行，以及美国公司在国外的直接投资，从而保护美国作为国际金融中心和资本中心的地位。

经济顾问委员会的论据是，应该接受美元贬值以及汇率贬值的风险，因为，如果这种事情什么时候真正发生了，其后果可能多种多样，但绝不会是灾难性的。1971年终于出现了美元贬值，事实证明，委员会的论据是千真万确的。与此同时，经济顾问委员会还认为，美国应当更多地利用它在外交上的重要性，通过谈判，改进和完善国际贸易协定，扩大国际流动性，重新安排欧洲的国际收支盈余国家以及日本，使其适当地分担调整汇率的责任。回想起来，我们的政府在1961年没有足够的勇气和远见卓识使美元自由浮动，而是等到十年之后才这样做，确实令人非常羞愧。

六、减轻失业和贫困的政策

肯尼迪和约翰逊政府经济顾问委员会的经济学家们从一开始就坚信，只要采取扩大总需求的政策，进行适当的刺激，美国经济就能够创造出足够多的就业岗位，使失业率恢复到4%。不仅超过失业率目标水平4%的以上部分所包含的200万工人需要有工作，而且，由于人口统计学的趋势而新增加的劳动力，也要有工作。实际上，在1961～1965年的5年期间，美国经济已经创造出900万个新的工作岗位。

政府圈子里和圈子外的批评家们却认为，经济顾问委员会过分强调他们医治失业的宏观经济处方，冲淡了微观经济疗方的重要性。委员会主要关心的是，怎样驳倒当时很有影响的流行观点，即认为美国经济已经发生了根本的变化，使政府针对失业进行的宏观经济刺激变得毫无作用。我想起了当时劳工部的一位部长助理，后来升为劳工部长,他就认为,根本不存在普遍失业问题,相反,只有具体问题,有多少个失业者就存在着多少种具体问题。当然,无论什么时候,都不会有直接针对特定就业岗位和单个工人的具体计划,能够在5年时间内创造出900万个新就业岗位。

其实,经济顾问委员会一直都认识到,宏观政策是有限制的,4%的失业率,从总体上也意味着,一些年龄组的劳动力和一些地区的失业率,必然会超过4%,实现普遍繁荣,仍然要把许多人或者逐出劳动力大军——由于受歧视,丧失劳动能力,地理位置不佳,缺乏技能和教育等,甚至没有被计入失业者之内,而是被列为灰心丧气或者不能被雇用的人;或者基于相同的原因,被个别地雇用了,但是工作条件和工资都低于法定标准。总统经济顾问委员会总是支持政府的微观经济就业政策:对不发达地区像阿巴拉契亚(Appalachia)的发展提供援助;平等的就业机会;促进劳工交流,更迅速、更有效地把工人放到合适的工作岗位上;对城市学校,年轻人的就业训练,职工的在职培训和岗外培训等提供联邦援助。

对这些政策的期望是,这些计划项目最终能够使宏观政策的目标,放在把失业率降低到4%以下,十分遗憾,这个希望并没能变成现实。不管他们个人是多么成功,劳工市场的政策,整体上看是令人失望的。可以肯定,他们没有降低可行的非通货膨胀失业率。同时,人口统计学趋势却在向着相反的方向起作用,提高了工人在劳动力中的比例——年轻人、女性、有色人、单身——他们不管是受歧视,没有资格,还是个人偏好,都很容易招致失业。结构主义者们早在1961年就宣称,已经出现了这种情况。其实,他们出言太早了,实际上,在1966年以后才发生。类似地,城市中不能被雇用的人口明显增多了，具有讽刺意味的是，他们已经被抛弃在美国经济和社会的主流之外。普遍的繁荣和经济增长本身，并不能自动地解决这些问题，今天，人们对此看得比60年代更明显、更清楚了。我们不可能把经济刺激到这样的程度上，以致它甚至能够为排在劳动力大军最末尾或之外的人们，创造出就业机会，同时，又不会点燃通货膨胀之火，爆发整个社会一般都难以忍受的通货膨胀。

这些事实在60年代没能证明，现在更不能说明，应该抛弃扩张性宏观政策。贫血的经济复苏和滞胀，肯定会进一步恶化处于不利地位的工人们的困境，并且增加一批没有工作的成年人，他们之所以失业，是因为他们从来都没有找到工作。尽管过去的经历令人失望，但是，今天比15年以前，甚至更有必要采取一些具体的就业机会计划。如果宏观政策使美国经济中的失业率高达8%，或者7%，或者6%，那么，恐怕还需要举行两次或者三次大罢工，才会出现这样的具体计划。

在1959年，美国人民中大约有接近1/4的人生活在水深火热的贫穷之中，这真是一个丰裕社会里的奇耻大辱。肯尼迪和约翰逊政府的经济学家们清楚地知道，普遍的经济扩张和进步，是减轻贫困的最强大的力量。两位总统也都知道，从经济扩张的丰硕成果中援助穷人，比从现有的馅饼中明确地进行重新分配产生的矛盾可能要小得多。今天，在一个已经连续多年陷入停顿的经济中，人们对再分配计划普遍表示不欢迎，正好证实了他们的本能的合理性。肯尼迪和约翰逊两位总统也都同意沃尔特·赫勒及其同事们的观点，总体的经济复苏和增长确实是必不可少的，但它却不能足以迅速地减轻贫困。向贫穷开战体现了他们这样一种决心：让每一个美国人都能分享到美国的普遍经济繁荣。

关于向贫穷开战,我只准备提出两点评论。其一,在总体设计中,维持繁荣、充分就业,以及经济增长总是被看成是必要的,尽管不是充分的。伴随着最近几年宏观经济的转向,贫困面又有所扩大,这正好证实了维持繁荣等的必要性。其二,我要再次重复指出,约翰逊政府从来都没有支持过系统的和普遍的收入保障政策,以及以收入为条件的现金转移支付——就是指一种"负所得税"。这种改革与向贫穷开战计划并不一致,它可能在向贫穷开战快要结束的时候,才能取得胜利。为了避开这个方法——约翰逊总统任命的海涅曼委员会(Heineman Commission)拖了很久才表示赞同,政府当局把它不情愿公正地面对收入再分配问题的态度引向了极端。而且,民主党担心保守主义的强烈反应,几乎拖住了这项创新,像美元的自由浮动以及向中国做出主动表示一样,把它留给了下一届共和党政府,其具体形式就是尼克松的家庭援助计划。

七、充分就业水平上的稳定增长

肯尼迪和约翰逊政府希望永久地打破战后美国经济的周期性循环。总统经济顾问委员会坚信,对总需求实行财政和货币管理,再加上收入政策的支持,就可以保证美国经济基本上沿着充分就业的经济增长的轨道运行,偏离这个轨道的幅度也相当小。据我所知,所谓微调,并不是沃尔特·赫勒独创的词语,而是新闻工作者们的讽刺语言,但它又简明地抓住了新经济学的信条,主要是新经济学在相机抉择的宏观经济政策的功效方面,在决策者的学识和才智方面的信条。

虽然如此,但做出决策的机构却是不恰当的。就财政政策来说,国会的拨款和征税程序太慢,太分散。同时,在决策过程中也挤满了各种与经济稳定毫不相干的问题。他们很少给合理的总体财政政策增加点有益的东西,使之更完善;或者提供鼓励以及可以度量的平衡力量,来抵消私人支出的波动。1964年国会在实行减税时的长时间拖延,就是一个恰如其分的例子。

由肯尼迪和约翰逊总统提出的一个解决办法,只限于让总统拥有一定的相机决定权,可以按照事先规定的方式,暂时地改变所得税税率,或者,如果没有这样一种委托权力的话,国会应答应简化程序,以便在总统为了稳定经济而提议暂时改变税率的时候,国会能够尽快地考虑总统的建议。这些建议没有什么进展——很令人不快,在我看来确实如此。不管怎样,最终还是采取了其他办法,使财政政策对经济状况的变化更加敏感,其中,最值得一提的是,在经济衰退时扩大失业补贴面,增加补贴额。此外,新的国会预算程序以及国会预算局的新工作人员也都满口许诺,要增强联邦财政政策的合理性。

关于货币政策,相应的措施一般都是适当的,灵活的,能够做出迅速的反应。问题在于联邦储备委员会的独立性,正因为它具有独立性,联邦储备委员会有时可能会执行一套与行政当局和国会都截然不同的宏观经济政策。在肯尼迪和约翰逊当政时期,联邦储备委员会为了报答总统的提名,他们与总统、总统经济顾问委员会以及财政部的非正式关系普遍都很好。(1965年12月出现了一次重大的例外,当时,联邦储备委员会采取了限制性行动,令政府当局大吃一惊。不过,现在回想起来,联邦储备委员会当时基本上是正确的,尽管那时候我可能不这么认为。)同样也正是它的独立性,在讨论货币政策时排除了其他的经济官员,使得联邦储备委员会在决定总体政策方面,比其他政府机构处于更重要的位置上,也比外国的中央银行享有更大的权利。独立性是一个非常敏感的政治问题。肯尼迪政府甚至都没有能够促使国会,把联邦储备委员会主席的任期同总统的任期一致起来,尽管这项改革建议得到了当时的委员会主席马丁及其同事们的赞同。最近的改革尝试,已经失去了银行和财政利益集团的院外游说。但是,国会及其各委员会也使联邦储备委员会负有说明的义务。目前,国会决定财政政策都带有明确的经济目标和预测,如果联邦储备委员会的政策要推动美国经济偏离轨道,恐怕国会也不会听之任之。

肯尼迪和约翰逊政府的经济学家们所持的凯恩斯主义观点认为,相机决定政策是必要的、有功效的。这与目前可能再次流行起来的正统经济学家们的观点恰好相反,后一种教条在当今的华盛顿,肯定产生了重大的影响。这种教条就是,私人经济是内在稳定的,之所以出现了周期性和反复波动,主要反映出了政府的财政和金融政策本身的不稳定性。这些政策的各种相机变化,不管是微调,还是剧烈调整,都是毫无必要的,也是反生产性的。新的和老的正统教条的药方都是,沿着一条平稳的财政和货币轨道,不要随着经济现状和前景的变化而改变,并且坚信,经济将对固定的政策做出调整,最终,经济会稳定下来,不管它稳定在什么水平,也不论失业率是多少,它们都是最优的结果。

我指出了两者的反差,但我不想在这里辩论这个问题。我提醒大家注意下面的看法：经济的航船过去曾经、将来也会继续受到许多强烈的趋势和潮流的冲击，而不是受到舵手自己造成的风潮的冲击。糟糕的舵手可能会把航船驶进波涛滚滚的航道，但是，这并不是一个令人信服的、要求锁住航道的理由。在资本主义发展的历史进程中，没有任何事情能够表明，资本主义是内在稳定的，或者资本主义不需要管理，就能获得并维持一个可以容忍的就业水平。

八、长期经济增长

我在本文开头提到的第三个目标是，提高可以维持的生产增长率。像减轻贫困和失业一样，实现这个目标需要采取的办法仍然是一般措施与特殊措施相结合。前面已经说明，以增长和投资为导向的宏观政策的组合，由于货币政策面临的国际限制，基本上被排除了。虽然投资税收减免政策无疑加速了经济复苏过程中的资本形成，但是，却没有采取任何行动，在充分就业的水平上增加储蓄，用于资本形成。1964年的减税在朝着相反的方向起作用，当然，为弥补越南战争的军费开支而进行的赤字融资，也是如此。1968年姗姗来迟的暂时性增税，只是部分地缓解了这些副作用。于是，紧货币政策在反通货膨胀性紧缩中首当其冲，它明显地抑制投资。至于特殊的促进增长的政策，只是做出了适当的努力，加速技术和科学进步及其推广扩散，不过，我担心，在这方面不可能宣称获得明显可见的成功。农业在这方面倒可以说是一个榜样，但是，没有人知道，美国农业试验站和推广体系的成功，怎样才能移植到其他国家里。

当然，即使在最好的条件下，我们也难以真正搞清楚，在整个经济长期增长趋势的变化中，哪些是政策诱致的变化。我们讨论的是百分点的比例，度量本身就不是完美无缺的，其他一些因素可能也在发挥作用，而且，其作用可能比政策更大。目前的生产率趋势，可能与60年代完全相同。

在60年代初期，经济增长被看成是不断改善人们的物质生活条件的源泉，当今，人们对于环境、能源以及资源限制的普遍关心，使更多的人对上述看法更加明晰了。增长不再是一个广受欢迎的字眼。对许多人来说，特别是年轻人，肯尼迪和约翰逊政府那么热衷于增长，似乎是让人误入歧途，是缺乏敏感性的。这几届政府没有认真研究提出环境、能源和资源政策，肯定是一项令人伤心的重大遗漏。

60年代十分关注经济增长，这与环境和资源保护运动的兴起，出于完全相同的考虑，就是要给后代人留下公平的或者更好的机会。全面的经济停顿，是减少环境污染，保存能源，节约使用自然资源的一种十分糟糕又极其浪费的方式。问题本身属于微观经济的，不属于宏观经济的。解决问题的办法，绝不是像零经济增长的鼓吹者们所说的那样，不加区别地削减生产量和就业量。相反，科学的办法应该是，实行一系列刺激、管制和计划方案，禁止或者限制使用那些损害环境以及浪费稀缺资源的工序和产品。同时，再及时采用具体的疗方，那么，实现充分就业以及技术和生产率的全面进步的理由，就会像任何时候一样充分。国民产出的构成与过去会有差别，整个国家的生产能力可能会缓慢地有所增长，至少暂时是这样。

九、越南悲剧的经济方面

60年代初,政府许下诺言,要大大提高美国人民的生活水平,但是,在后来的越南战争中,大部分希望都落空了。经济方面的考虑可能最不重要,但经济问题相当严重。向贫穷开战逐渐失去了力量,"伟大社会"的梦想也没有实现,总体的宏观经济设计也失去了信誉。整个经济驶入了一段不稳定的航程,带有顽固的通货膨胀,在70年代还有大量的失业。

林登·约翰逊总统勇敢地把大炮和黄油结合起来,千方百计地防止他的"伟大社会"计划成为军费开支猛涨的牺牲品。在一定意义上说,他的这种做法非常正确:社会能够同时为这两件事情提供很好的支持。越南战争的开支占国民生产总值的比例一直很小,即使在最高支出水平上,总的国防预算在经济中所占的比例,仍然比50年代小一些。但在1966年,经济完全能够同时为上述两件事情提供资金,而不需要增加税收。赤字融资造成经济过热,并且开始了一个通货膨胀时期,经济不稳定依然围绕着我们。

总统的目的是,挽救他的国内计划不要被砍下去,这就肯定要求增加更多的税收,后来的经验也表明了这一点。但是,在美国的更长期政策方面,他的目标却没有实现。今天流行的标准的神话,完全忘记了那场战争及其融资,而是把通货膨胀和经济不稳定归罪于经济设计本身,归罪于"伟大社会"计划,归罪于政府支出和赤字。在我看来,这些看法都是错误的。

战争灾难性地破坏了美国社会的组织结构,割裂了公众之间以及公众与政府之间相互信任和相互理解的纽带。60年代的政治经济学也没有期望公民们都是利他主义者。但是，它假设人们普遍地相信，政府和经济本身将给每一个人、每一个社会集团，提供一种公平的机会，从经济不断增长的硕果中，分得一个公平的份额。大多数纳税人是否愿意帮助那些不够幸运的人，则要取决于这种信任态度。然而，战争及其产生的经济后果，还有水门事件以及其他一些背叛了信义和公正的事情，已经使公众的信任态度几乎荡然无存了。70年代里显示出了更多的利己主义、小集团利益，以及各种好斗行为——经济的、社会的和政治的。今天，人民热切盼望着出现新的领导层，能够重新恢复美国人民生活方式中的社区精神。

38 美国的经济稳定政策[*]

在1976年初,美国经济和世界经济的前景,看起来比它们10年前的成绩要暗淡得多。直到1966年,非共产主义世界的经济确实都发展得很好。北美、西欧和日本的生产、就业、贸易,以及生活水平,已经连续20年取得了史无前例的进步。他们已经引人注目地从第二次世界大战中复苏起来了,他们已经赶走了30年代大萧条的幽灵,他们已经制服了长期存在的经济周期——如果不是消灭了的话。进一步期望的稳定增长,则会带来比以往任何时候都更大的社会利益和物质利益,最终将会把现代技术的美好果实,广泛地分配给每一个社会集团和每一个人。

然而,各种经济冲击造成的无情后果,很快粉碎了1965年的宁静和乐观主义。这些冲击包括:

1. 越南战争

与第二次世界大战、朝鲜战争,或者,甚至冷战时期的军费预算相比较而言,越南战争并不是一次代价昂贵的冒险行动。但是,1966年战争突然升级,并且采取了赤字的方式筹集军费,结果给美

---

[*] 《当今的伟大思想,1976年卷》,大不列颠百科全书出版公司1976年版,第40～55页。

国和全世界留下了一份通货膨胀的遗产,此后,通胀也仍然持续存在。虽然不那么明显,但却更重要的可能是,战争严重地损害了全体人民的广泛信任和一致性,而这种信任和一致,对于美国国内的有效民主管理,对于美国在世界上的领导地位来说,都是必不可少的。而且,水门事件以及随后暴露出来的渎职行为,更加摧毁了广大公众的信任感。

2. 环境损害

越来越多的证据表明,一些先进的生产和消费技术损害和耗尽了自然资源,或者危害当代人和后代人的身体和生活。由于这样和那样的原因,许多人对于按照传统方式衡量的经济进步给他们自身以及给社会带来的价值产生了疑问。

3. 第三世界

欠发达国家已经表现出了日益强烈的好战精神,并且越来越倾向于把他们的不满与他们和发达国家的经济关系联系在一起。在过去1/4世纪里,第三世界与发达国家在生活水平上的鸿沟进一步扩大了,最近的倒退,又加深了更贫穷的国家里人们的挫折和反抗情绪。尽管在不发达国家里,经济进步面临的许多障碍都是当地特有的,但是,发达国家确定的许多旨在加速向第三世界的贸易、援助和投资的制度和政策,也远远没有达到它们的目标。在联合国和其他地方举行的、关于发达国家与不发达国家之间新经济关系的谈判,总算勉强开始了。对西方来说,谈判达成协议的过程中会有激烈论争,充满了政治障碍。

4. 能源短缺

1973年10月阿拉伯石油危机,以及石油输出国组织将石油价格提高到原来的4倍以后,世界上恐怕不会再次发生同样的事情了。发达国家越来越依赖能源,虽然能源的来源不会比过去更有限,但是现在,每个人都充分认识到了它的有限性。更直接的后果可能是,世界的财富和权力的分配发生重大的转移,对于许多贫困国家而言,这都是严重的障碍,它可能会导致全世界的价格突然急剧地膨胀起来。

5. 通货膨胀、经济衰退、失业

自从第二次世界大战以后,价格一直都在逐年上涨。但是,自从1965年以后,通货膨胀却急剧地加速了。人们已经认识到,越南战争、能源危机以及食物短缺,都是造成通货膨胀的原因。尽管如此,最近的通货膨胀,却把一些根本性的经济和社会导向问题,摆在了人们的面前——现代民主资本主义国家的"充分就业"和"福利国家"目标,具有多大的可行性?在1974年,美国和其他一些主要国家采取了强烈的反通货膨胀措施,结果,引发或加重了战后最令人痛苦的经济衰退,使失业率达到了自从大萧条以后从未有过的高水平。现在,即1976年,主要国家的政府又在犹豫不决,不敢刺激就业和生产的迅速复苏,因为担心触发另一次通货膨胀高潮。一些富有创见的观察者很感到纳闷:失业与通货膨胀的两难困境,又与能源、环境以及国际不平等问题交织在一起,这到底是不是确实属于社会制度面临的危机?

本文主要关心的是上述五个问题中的最后一个问题——经济稳定化。在过去10年里出现的其他难以应付的经济冲击,只要它们涉及并搞混淆了稳定化的任务,我们就将其纳入分析之中。我想特别着重于评论美国政府的失业和通货膨胀政策。对于世界经济来说,美国的政策,如果说不是决定性的,那也是战略性的。因而,困扰着美国经济稳定的这些困难、争论和两难选择,同样也困扰着世界上的每一个国家。

一、需求管理与战后的繁荣

在60年代初期的乐观主义气氛中,安德鲁·肖恩菲尔德(Andrew Shonfield)作为现代资本主义的一位富于思考的观察者,曾经惊奇地提出:"到底是什么因素促使资本主义,从30年代显示出的灾难性失败,突然转变成了战后西方世界经济繁荣的强大发动机的?"[①]他的答案是,在所有经济上很发达的民主国家里,政府都承担了全国管理经济的职责。这并不意味着,像东欧国家和中国那样,实行详细的计划和控制。但是,肖恩菲尔德本人却认为,在私人工业里实行直接的政府干预,是资本主义管理的一个必不可缺的部分。

大多数经济学家不赞成他的看法。他们以为,民主的政府可以依靠少数几种普遍的温和的政策工具——他们的预算,他们的税收,他们发行的货币以及公共债务,来指导和稳定他们的经济。这些力量都不是现在才干预到私人企业和自由市场领域的。他们都

---

① 安德鲁·肖恩菲尔德:《现代资本主义》,伦敦:牛津大学出版社1966年版。

是政府的内在和传统的职能,唯一的变化是发现了,他们可以用来实现更广泛的经济目标,也可用于政府的行政管理。我们希望获得世界各种最好的结果,掌管好我们的经济命运,而又不放弃自由企业制度;确保全面的稳定,而又不失去个人的创造性和革新精神。

需求管理是经济学中的伟大思想之一,也是现代政府最具有重要意义的新发明之一。这两方面,在很大程度上都归功于约翰·梅纳德·凯恩斯,归功于他对大萧条的诊断以及他开出的政策处方,即实现和维持充分就业。经济周期就是对商品和服务的总需求的波动,以及投入生产过程的劳动力的波动。供给方面,即经济的生产能力,只能缓慢地、平稳地变动。在经济衰退和萧条期间,需求降低到生产能力以下,工人和机器都处于闲置状态。在经济繁荣时期,失业率下降,后备工厂的生产能力利用率也提高了。

通过财政和货币政策,政府要努力使总需求与总供给保持大体上的平衡。财政政策关系到预算。政府是商品和服务的一个大买主,用于自身的目的。(在美国,1975年联邦政府的购买额,占国民生产总值全部支出的8.2%。)其他的财政措施间接地影响需求,但其影响力不一定更小。联邦政府还向州政府和地方政府,向工商业,向个人转移支付可支配的资金(1975年向个人的转移支付,占国民生产总值的15%)。同时,政府还通过征税(1975年占国民生产总值的19%)来限制工商企业和居民的支出。

货币政策则源于中央政府垄断了硬币和现钞的发行工作。今天,历史上形成的统治者的货币权力是由中央银行行使的,它控制着银行的借贷能力。在美国,商业银行必须针对它们的存款持有足够的准备金,或者是现金,或者是在联邦储备银行的存款。美国的中央银行,即联邦储备系统,控制着这种准备金的供给。在他们的日常业务中,联邦储备系统可以使准备金很充分,很容易获得信贷,利率较低;或者,也可以使准备金很短缺,信贷很紧张,利率较高。

货币控制可能从多种渠道影响对商品和服务的需求。住宅的建设对于抵押贷款的成本和难易程度,就特别敏感。商业性资本项目,对于从银行借款筹资或者公开发行债券的成本,也会做出明显的反应。当联邦储备系统促成了宽松的信贷条件的时候,消费者就会发现,他们能够更容易、更廉价地"准时"买到商品。当利率很高的时候,州政府和地方政府就会推迟或者取消一些资本项目——学校、道路的建设等。

直到 30 年代发生大萧条之前,人们一直普遍地把通货膨胀和失业,看成是自然灾害。经济周期就像季节的有规律轮换一样,都是不可避免的。正是由于出现了大萧条,出现了凯恩斯,才使总体经济状况的好坏,变成了政府的一项责任,变成了一个长期探讨的问题。

二、1965 年以前美国的需求管理

预期的革命来到美国,要比传到西欧国家更晚一些。其实,在 1946 年的《就业法》中,国会两院赞成提出具体的政策,以实现"就业量、产出量和购买力的最大化"。《就业法》是一个里程碑,在该法中,美国两个大党都决定,要努力避免大规模失业再次出现。但是,口头上的承诺并不能自动地实现。财政和货币政策,总是要对《就业法》以外的其他许多政治上和经济上的压力做出反应。实际上,在艾森豪威尔政府主政时期,即 1953 ~ 1961 年,居于支配地

位的意识形态,对于一种由政府指导和稳定经济的整个思想,都比较冷漠。在 1953～1954 年、1957～1958 年期间以及 1960 年,美国经济遭受了三次剧烈的衰退,在整个这段时期里,经济衰退时失业的增加,要超过经济复苏时失业的下降。

在接下去的五年里,新经济学——凯恩斯思想的现代美国翻版——在美国取得了巨大的胜利。肯尼迪总统开辟了新的天地,他许下诺言,新政府的联邦经济政策要实现一个具体的目标,就是把失业率降低到 4%。1961 年 1 月肯尼迪总统宣誓就职时,失业率是 7%,1960 年 5 月前一个经济周期的高峰时,失业率为 5%。但是,由于其政治基础不够稳固,肯尼迪政府只得小心谨慎地行动,促使抱有怀疑态度的国会,以及抱勉强态度的联邦储备委员会,同意实施刺激性的财政和货币政策。1962 年,当经济复苏似乎要踌躇不前的时候,肯尼迪总统决定,要求议会同意进行大幅度减税,同时,为了增加购买力、生产量和就业量,审慎地在预算中列出一定数额的联邦赤字。1964 年初,约翰逊总统使这些政策付诸实施,削减税收,同时与一项适宜的货币政策相配合,到 1965 年底,已经推动美国经济接近于实现 4% 的失业率目标。

五年连续不断的经济复苏,与 50 年代的周期性波动,形成了一个鲜明的对比,使公众都把需求管理看成是一次重大的成功。由于新经济学提出的"微调",经济周期被稳定增长的记录所取代。就业量、生产量、实际工资,以及利润等的增加,全部超过了预期水平,股票市场也欣然上扬。与原先的种种担忧恰好相反,通货膨胀率只有每年 1% 或 2%,几乎是可以忽略的。

很显然,在 30 年代里,资本主义的重大失败之处是造成了大量失业,尽管如此,美国经济政策的主要目标,却一直对准了避免通货膨胀。而且,经济学家们和政策制定者长期以来都已经认识到,充分就业与价格稳定,常常是一对相互矛盾的目标。一国经济中失业率很低,那么,它很可能是通货膨胀性的;而那些旨在减轻通货膨胀的财政和货币措施,又很可能增加失业人数。40年代后期在经济学家们中间广为流传的一句格言就是,一个民主的资本主义社会,最多只能实现下述三个目标中的两个:充分就业、价格稳定、不存在工资和物价的管制。

在第二次世界大战期间,失业率在1%~2%,工业生产正处在旺盛时期,由于实行了工资和物价管制,还有配给制,因而抑制了通货膨胀。在第二次世界大战以后,美国经历了两轮通货膨胀,一次是1947~1948年期间,当时取消了各种管制措施,战争期间被压制的需求和储蓄,都猛然地倾注到消费市场上。另一次是1950年,由于朝鲜战争,诱发了投机性的商品囤积。同样地,由于增加了税收为战争筹集资金,又暂时地实行了工资和物价的管制,所以,1952年和1953年里,美国经济中的通货膨胀微不足道,失业率也很低,只有3%。

因而,在1955~1957年和平时期的繁荣阶段,尽管失业率从没有降到4%以下,但通货膨胀却以每年4%的加速度上升,甚至更高,确实令人震惊。艾森豪威尔政府和联邦储备委员会惊恐起来,他们制定的政策,只能有助于把美国经济陷入1957~1958年的经济衰退之中,而且,1960年再次衰退。在他们看来,这几次经济衰退是完全必要的,可以消除人们的通货膨胀心理。1974年,同样的政策措施,基于相同的理论思想,再次重现了。

肯尼迪政府的经济学家们为什么要把需求管理的失业率目标定为4%，而不是一个更小的数字呢？1955～1957年期间的这段经历就是主要原因。政府十分担心，通货膨胀一旦重新复活，就会暗中损害国会和联邦储备委员会对于扩张性政策的支持，所以，政府确立了"非通货膨胀性工资和物价行为的界标"。界标本身并不具有法律上的强制力，但是，白宫利用诱导、斥责、施加明显的压力等手段，促使工会和企业遵守界标。1961～1965年期间，经济迅速扩张而没有出现明显的通货膨胀，应该在多大程度上归功于这些政策，目前还不清楚。

三、1965～1973年的需求管理和通货膨胀

在1966年里，联邦的国防采购增加了25%。约翰逊总统没有采纳他的经济学家们的忠告，也忽视了他的前任杜鲁门总统在朝鲜战争中的先例，结果，他没有要求国会相应地增加税收。1966年春天，联邦储备系统的信用危机，只是暂时地抑制了繁荣，到1968年底，已经把失业率降低到3%，而通货膨胀率却上升到5%。总统最终被迫要求暂时性地提高税收，国会终于在1968年6月批准实施。然而，它们的反通货膨胀效果却令人失望：由于过高地估计了税收附加的影响，联邦储备委员会把货币政策放得太宽松了。与此同时，在商品和劳动力短缺的压力下，工资-物价界标已经变为无效的、过时的。

经验已经证明，4%的失业率目标是正确的，尽管如此，要把

失业率降低到4%以下,由此而引发的通货膨胀上涨到这种程度,持续这么长时间,依然是一个令人不快,而且令人吃惊的结果。在1966～1969年期间,通货膨胀率又增加了3个或4个百分点,已经证明是不可能彻底摆脱的。

1969年,尼克松政府的需求管理政策试图逐渐把经济冷却下来。他们成功地发动了一次经济衰退,到1970年12月,又把失业率提高到6%,在整个1971年里一直都保持这个水平。同时,通货膨胀率继续上升。限制需求的沉重负担,主要落到了联邦储备委员会的肩上。随着60年代里社会计划的支出日益增长,达到了历史的顶峰,而总统和国会在1969年和1970年又连连降低税收,结果,财政政策也变得没有约束性了。在这期间,白宫炫耀性地放弃了任何努力,根本没有打算影响私人部门的工资谈判和价格决定过程。

随后,由于受到了"滞胀"的挫折,政府在1971年8月出其不意地采取了完全相反的行动。官方的工资和物价管制随之开始实施,货币政策则鼓励,至少是允许,在1972年全年和1973年大部分时间里,出现了一次生机勃勃的经济复苏。

到1973年1月,管制已经全部暂停下来了,但1973年6月又再次实施,然后,从1973年12月到1974年4月期间分阶段地取消,最终完全停止。虽然工资和物价管制具有时停时走的特征,但管制显然降低了工资和物价的膨胀速度。不过,管制并没有永久性地消除通货膨胀压力和通货膨胀预期。随着管制分阶段地取消,紧接着就出现了工资和物价的"追赶式"上涨。取消管制的时间表可能助长了这种结果,因为,基于其他原因,1973年和1974年的总体气候还是通货膨胀性的。

美国经济从1970～1971年的衰退中逐渐复苏起来,加速了1972年的经济增长,在1973年,失业率已经降低到5%以下,并且稳定下来。通货膨胀从1972年第四季度的4%逐渐加速,到1974年初已经突破了两位数。出现这种状况,很容易罗列出许多可能的原因,不过,究竟应当归罪于哪些因素,目前还存在着激烈的争论。人们提出的种种解释包括:

(1) 1972年的经济复苏过了头。虽然4%的失业率在1965年是非通货膨胀性的,但到70年代以后,需求管理的安全目标至少是失业率为5%,可能还更高些。在1972年末期和1973年,失业率大约为5%,但通货膨胀却在加速,这足以证明前述看法是符合实际的。

(2) 1972年的经济复苏的步骤出现了错误。随着经济运行接近于它的最大生产能力,需求也在不断地加速增长。如果需求管理早在1972年就踩住制动器,设法做到软着陆,一些瓶颈限制和短缺就可以预期到,并加以避免。一种较缓慢的经济复苏,逐步降低速度,可能具有较轻的通货膨胀性。

(3) 美国1972～1973年的扩张,正好遇上了其他工业化国家强有力的周期性膨胀,而且是不同寻常的巧合。结果,造成全世界对金属和其他基本原材料的需求,出现了前所未有的、出乎预料的猛然增长。这些需求对有限的生产能力的压力,导致了价格的急剧上涨,投机行为更加剧了价格飞涨。

(4) 从1971年8月实行"新经济政策"开始,美国审慎地降低美元对外国货币的比价。其目的是,让美国的产品在国内和国外都更具有竞争力,应该说,我们充分地实现了这个目的。但是,它带来的不可避免的副产品是,国际贸易的商品,不论是日本的照相机、德国的汽车，还是宾夕法尼亚的钢材，或者伊利诺伊的大豆，其美元价格都上涨了。

(5) 国外土地和海洋食品的供应不足，造成了1973年美国和全世界的农产品价格剧烈上涨。在那一年和随后一年，石油输出国组织把石油价格提高到原来的4倍。由于这些涨价因素扩散到整个经济中，使每年的通货膨胀率上升到了两位数。

四、1973年以后的需求管理：经济衰退成为反通货膨胀政策

自从1929年以来，联邦储备委员会似乎从来还没有面临过像1973年底那样重大的决策。历史学家和经济学家对于1973～1975年期间的需求管理政策，可能会进行长期的争论。联邦储备委员会应该"适应"原材料、食品和燃料价格的上涨吗？也就是，应该为经济提供足够的货币和流动性，用于在更高的价格上购买日益增长的产品吗？或者，联邦储备委员会应该坚定地限制货币供给量的增长，使它与两位数的通货膨胀不协调吗？在1973年最后几个月里，联邦储备委员会得到行政当局的同意后，选择了后一种策略，并且戏剧性地加以实施，结果，在1974年春天，即经济衰退开始半年以后，引发了一场信用危机，使利率上升到两位数。在这种打击下，经济迅速倒退，陷入了1930年以来最深的衰退之中，1975年失业率达到最高点，已经高达9%。美国的政策，又经过西欧国家和日本采取类似的剧烈反通货膨胀措施予以强化，结果，把失业和经济衰退扩散到了世界各国。

如果不考虑衰退的严重程度的话,应该承认,只要联邦储备委员会和其他中央银行反对采取配合政策,出现经济衰退就是不可避免的。石油输出国组织提高石油价格,实质上削减了石油进口国家的总需求,它只占石油生产国向他们强行索要的贡物的一部分,而贡物则是出口国出口需求的报偿。进一步看,货币限制既不能把某些特定价格的上涨反转过来,如原材料、食物和石油的价格,正是这些价格在通货膨胀的统计中引起了令人恐惧的暴涨;另一方面,它也不能非常迅速地强制抵消其他价格的下降。可见,货币限制根本无力直接改变价格的进程,结果,它只能限制生产和就业。最终,失业大军与机器的竞争,可能会减轻工资和物价的膨胀。但是,经验表明,这个过程十分缓慢。

审慎地利用经济衰退来反通货膨胀,并不是一项新的政策。前面已经指出,在1957年、1960年和1970年,都曾经这样做过,只是从来都没有像1974年那样具有坚定的理论基础,扩散到如此之大的范围。还需要指出的是,经济衰退并不是通货膨胀本身的后果,而是反通货膨胀政策的结果——这种看法与官方的许多解释和普遍流行的观点正好相反。

为了征服两位数的通货膨胀,这些痛苦的代价是不是必要的?按照国民生产总值价格缩减指数来计算,美国的通货膨胀率在1974年第四季度达到了顶峰,高达13.7%,到1976年初,已经回落到6.5%。这是政策带来的结果,还是无论如何都会发生的?我们永远也不会知道。政策的批评家们没有将其归功于经济衰退。他们从一开始就认为,两位数的通货膨胀会自行消化的——归根到底,石油输出国组织不会每年都把石油价格提高4倍!

对于经济复苏的速度和程度，也存在着同样的争论。在很大程度上说，正因为国会迫使本来不太情愿的行政当局削减税收，美国经济才在1975年春天开始复苏。但是，福特政府以及联邦储备委员会都赞成缓慢地，小心谨慎地扩大需求，要求在3年时间内，把失业率降低近2个百分点，经过5年的努力，把失业率恢复到经济衰退以前的水平。他们争辩指出，一些人总是把1973年商品价格的急速膨胀，与1972年的过度刺激联系起来，所以，目前哪个方面走得比较快，都会重新激起这些人的通货膨胀预期，从而会加速通货膨胀。批评家们则反辩说，如此缓慢的经济复苏是以损失几千亿美元的产值为代价的，因为那些闲置的劳动力和机器，本来是可以生产出这些产值的。造成这么大损失，只是为了在减轻通货膨胀方面取得一点可以忽略不计的成效。政府希望，到1980年把通货膨胀率降低到每年4%。（具有讽刺意义的是，正是为了避免4%的通货膨胀，联邦储备委员会引发了1958年和1960年的通货膨胀。）当然，在另一方面，也有人提倡更迅速地扩张需求、就业量和生产量。他们认为，如果施行他们提出的政策，通货膨胀率将一直保持在5%～6%的范围内。这场争论的双方都没有一个人敢于对通货膨胀做出非常确定的预期。

我们可以用图示的方法来说明这场争论，见图38.1。"失业率为5%时的潜在国民生产总值"曲线表示实际产出——按照1972年的不变价格计算出的商品和服务价值，当然，这里是指美国经济中有5%的人失业的情况下生产出的商品和服务。由于劳动力和劳动生产率的名义增长，潜在国民生产总值每年稳定地增长4%。失业超过5%，和实际国民生产总值与潜在国民生产总值的差额成正比。实际国民生产总值只显示到1975年为止,后面又补充了两个计划数字,只到1980年。"缓慢复苏"是政府计划的复苏,产出量每年增长6%。"快速复苏"是设计出的另一种替代选择,它计划到1978年把失业率恢复到5%。图中的阴影部分是两种方案的国民生产总值之间的累积差额,按1972年不变价格计算,大约是2400亿美元。在下半图中显示的,是两种方案相应的失业变化情况。

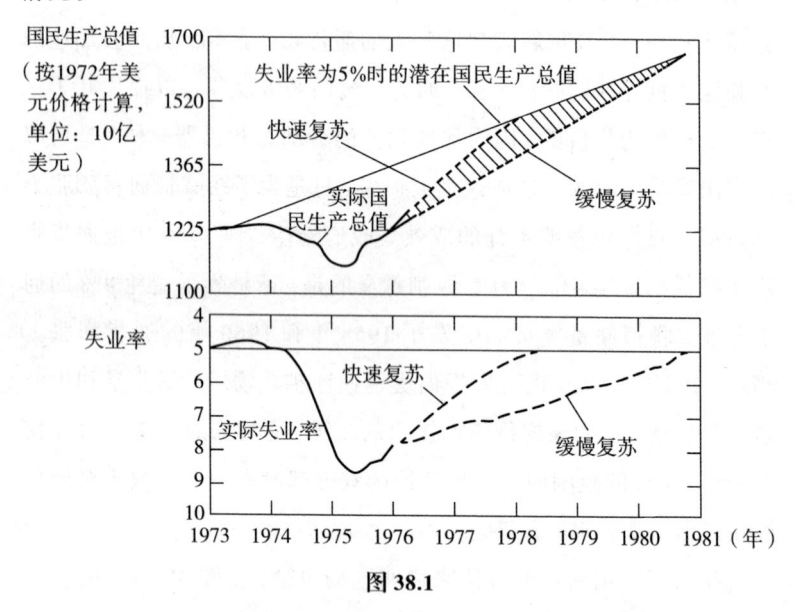

图 38.1

五、当今的需求管理政策

在70年代的今后几年里,美国国内政策面临的问题,再也没有比需求管理策略更为重大的了。具体而言,就是指,控制通货膨胀与就业和产出量的增长，哪一项任务应该放在首位。民意测验已经表明，通货膨胀和失业，是人们最普遍关心的两大问题。选民们认为，联邦政府负有责任去解决这些问题。然而，美国政府的和政治的程序，不可能为需求管理政策的决策者们，提供清晰又有效的指导。这有几个方面的原因。

第一，通货膨胀和失业的机制，以及它们同政府的财政与货币政策的关系，是很难理解的。在专家们之间的不确定性、混淆以及种种意见分歧，在政治家和投票者那里又有所扩大。没有一位政治家敢于承认一种罪恶会变好，除非另一种罪恶更加恶化了。政府的发言人说，他们的紧缩性反通货膨胀政策，在长期，是增加就业和产出量的唯一途径。民主党人倡导公共就业和工作保障。国会则坚持 3% 的失业率目标，以图避开通货膨胀问题，或者，令人难以信服地宣称，更大的生产量本身就会减轻通货膨胀。同样地，许多投票者都认为，通货膨胀和失业，是不幸事件或错误政策的孪生结果，他们以为，有了好药方，就会把两个问题一起解决了。

第二，通货膨胀和失业的性质，被人们普遍地误解了。公众之所以厌恶通货膨胀，是因为他们对支付更高的价格满怀愤恨，而不是因为接受了更高的价格。然而，A 先生支付的价格，当然又是 B 先生的收入。在一个自给自足的经济中，B 先生也要直接或间接地向 A 先生支付更高的价格，但是，两位先生却都在抱怨通货膨胀。在美国 1966～1970 年的通货膨胀中，同样的过程既抬高了物价，也提高了工资和其他收入。毫无疑问，伴随着通货膨胀，也在进行财富和实际收入的再分配。不过，它们可能是原因，而不是结果。举例来说，在 1973～1974 年，美国城市工人的实际收入有所下降，而石油生产者、外国出口商,以及美国农场主的实际收入,却都有提高。城市工人们的这些损失,总是被归罪于"通货膨胀",但是,它却是由于某种特定商品在世界上的供求状况发生了根本的变化而引起的。没有任何需求管理政策能够完全避免这些损失,不过,伴随着这些再分配过程而出现的价格上涨,肯定会大大增强反通货膨胀性需求管理的可接受性。

失业给整个国家造成的损失,有时被普遍地低估了,有时又被夸大了。之所以低估,是因为只把注意力集中到失业者身上。即使在经济衰退的时候,失业者也只是全部人口中的一个很小的部分,而且,在大多数情况下,他们个人的损失会有所减轻,因为失业者一般都能得到失业补偿金。巨大的全国产出量的损失,在图中已经标明,它们扩散到整个经济中,是间接的,看不见的。在另一方面,当经济繁荣时期,一些公开报告的失业,既不代表社会问题,也不表示经济损失。每个人的失业只是短期的,体现出个人在自愿地寻找新工作,这有利于把工人与工作岗位协调起来。

第三,联邦政策作为一个整体来看,目前还不能选择和实施一套协调一致的需求管理策略。财政政策是每年预算过程的结果。总统在每年1月份提出下一个财政年度的预算草案(目前,财政年度从每年10月1日起,以前则是每年的7月1日)。他的提案中包括了政府当局对于整个经济的总体财政政策,还包括具体的拨款和税收建议。直到1975年以前,国会一直都是一项一项地考察预算项目,没有明确地考虑到预算的总体经济影响。现在,根据1974年《预算和扣押控制法》,国会在它的会议上,开始把预算作为一个整体来考虑,并选择一种解决方案,国会的几个拨款委员会和财政委员会的行动需要在会上得到批准。这种历史性改革能够并要求国会为整个经济决定一种财政政策，接受或者修改总统的建议案。

遗漏的另一个组成部分是货币政策。按照目前的组织方式，联邦储备委员会与总统和国会的关系上，都有很大程度的独立性。到目前为止，还没有任何程序可以保证，联邦储备委员会的政策将与联邦预算对准同样的经济目标。而且，联邦储备委员会拥有最后的决定权。一旦财政政策确定下来以后，在今后的12个月到18个月里，就很难再做改变了。但是，货币政策却可以连续不断地制定和重新修正。

虽然政治过程的不合理设计难以做出清晰的决策，但是，需求管理的倾斜，毫无疑问，会对公众对失业和通货膨胀的看法做出反应，这些看法转而又影响一些具体立法问题的结果，例如，公共就业计划、给州政府和地方政府的财政补助、福利津贴，以及征税。它们甚至会影响到国会监察联邦储备委员会行动的口气，并使联邦储备委员会的独立性受到攻击。缓慢的经济复苏政策，在两年内仍使失业率保持在6%以上，在随后的两年或三年内还在5%以上，这样的政策，从政治上看就是难以维持下去的——尤其自相矛盾的是，如果这些政策在好运气的帮助下，已经成功地把通货膨胀降低到一般公众不那么在意的低水平上以后，就更难维持了。

在另一方面，如果失业和通货膨胀一直被认为是非常严重的问题，要求实行工资和物价管制的公众呼声和政治压力，可能变成不可抗拒的力量。管制在今天已经不时髦了，工商业主和工会通常都不喜欢管制，目前他们都容忍了。但是，很有可能，社会公众既不从思想意识上厌恶现行政府实行的管制，也不像许多经济学家那样对管制的无效和效率低下深感忧虑。最终，整个国家可能决定采取某种形式的管制，它可能既优于通货膨胀，又比用高失业作为医治通货膨胀的处方更好。

六、当今的需求管理与世界经济

今天，没有任何人能够像1965年以前那样确信，需求管理政策仍然能使民主的资本主义经济，沿着一条经济稳定增长的道路前进。在过去的10年里，充分就业与价格稳定，或者，甚至是充分就业与稳定的价格增长率之间，已经证明更难以协调一致，其难度几乎超出了每个人的预期。在美国，不会造成通货膨胀加速的失业率已经提高到至少5%，按照有些估算，则是6%或者更高。在这些失业率水平上，数百万人无事可做，不是因为他们是自愿地寻找更好的工作岗位，也不是因为他们喜欢休闲，而是因为没有足够的工作岗位。在年轻人、老年人、妇女、有色种族的工人们之间，失业确实是不成比例的。直到1969年（原文为1979年，疑误。——编注），高失业实际上可能促使不会产生通货膨胀的失业率进一步反向移动，因为潜在的劳动者中，越来越多的人被剥夺了就业所需要的经验，而雇主们也被迫拿出越来越多的工作岗位，用来培训职工。

需求管理不可能完全彻底地解决这个十分顽固的问题。其答案可能包括工资与物价管制，或者其他某些形式的社会认同，即全社会共同限制对日益增加的收入的索取。可能包括结构改革，目的在于增强竞争，提高产品市场和劳动力市场的价格弹性。也可能包括一些制度上的变化，如失业补偿制度、最低工资制度、农产品价格支持制度、集体谈判制度。还可能包括更大更好的公共就业和职业培训计划，比我们曾经试验过的计划都更庞大。

在过去10年里，需求管理政策本身，在几个紧要关头都走错了路。1966年财政政策的刺激过了头，1968年后期货币政策太宽松，1972年经济本来可以逐步复苏起来，1973～1974年的政策导致了经济衰退，不管政策是否都很恰当，它肯定使经济衰退走向了不必要的深度。

从这些记录以及其他国家类似的历史中，一些观察者总结出了这样的结论，即应当彻底放弃相机抉择的需求管理。他们宣称，"稳定政策"本身就是不稳定的主要根源。它们应当被一些强制性的规则所取代，例如，货币数量每年应当按照一个固定的比率增长；政府的支出和税收总是应该确定在这样的水平上：如果经济按照它的潜在产出量生产，它们将使预算达到平衡。

然而，即使这些规则在技术上、行政管理上和政治上是可行的，现实例证也没有证明这样的定论，即它们一定能带来更好的结果。外部的某些冲击，诸如越南战争、货币贬值、食品短缺，以及石油输出国组织的冲击等，都是造成经济不稳定的重要原因。尽管一项财政规则会带来较高的税收，能抵消越南战争的大部分通货膨胀影响，但是，没有理由认为，约翰逊总统要比听从顾问们的同样策略建议，更坚定地服从上述规则。可以肯定，在这些规则约束下的财政和货币政策，将会导致比1973～1975年实际发生的衰退还要糟糕的经济衰退。

至于今后几年，美国和世界经济的基本主调，很可能是一种紧缩。突然实行紧缩政策，似乎证明了环境主义者和保守主义者的警告,甚至比他们预见到的还要突然和剧烈。这似乎只是表面现象。经济机器并没有停止在不关心环境的地方。恰好相反,环境方面的支出和管理,很有可能正是造成经济衰退,并且为对付通货膨胀而采用紧缩处方的原因所在。同样,经济也没有因为缺乏燃料而停止下来。按照现行价格,可以利用的燃料是十分丰富的,至少目前是这样。经济衰退削减了对石油的需求,这是事实,但它付出了不必要的过分高的代价。其实,滞胀妨碍了我们选择理性的方法保护能源。国会之所以否决了取消对国内石油和天然气价格管制的建议,原因之一就是,从统计数字上把通货膨胀降下来,这种过分谨慎的态度是可以理解的,因为联邦储备委员会的货币政策,可能再一次把额外的通货膨胀转变成为额外的失业。经济萧条的利润率以及充满风险的资本市场,不可能产生出能源开发和保护投资所需要的资金。

或许,正像环境主义者和保守主义者们警告的那样,战后世界经济的增长速度不可能持续下去。但是,经济衰退和失业,绝不是降低经济增长速度的理性方法。正确的方法是,有选择性地而不是普遍地实行紧缩——特定的管理、税收以及价格管制,以保护环境不受某些特定技术和活动的损害,限制使用可以耗竭的自然资源。劳动者本身既不是一种稀缺的可耗尽资源,也不是环境的一种危害物。因此,劳动力不应该闲置起来,而是应该投入到那些有助于战胜或者克服环境危害和资源有限性的活动中去。

所有第三世界国家,除了拥有丰富自然禀赋和石油资源的那些国家以外,都承受着双重的打击。它们进口石油、食品、肥料和资本货物的价格已经剧烈地上涨了。发达国家的经济衰退,也限制了它们的出口市场。结果，它们在偿还债务以及从其他国家吸引私人和公共资本方面，都面临着越来越大的困难。发达国家经济的迅速复苏，为它们提供了更大的出口市场，所以，它们也可以从中获得巨大的利益。在另一方面，发达国家也有义务放松对不发达国家的金融限制，这样做，对发达国家本身也同样是有利的。

自从1971年以来，美国经济对于世界性事件——石油卡特尔、苏联的农业大丰收、商品投机、货币危机——的脆弱性或敏感性，已经强烈地显示出来了。但是，相互依存关系总是向两个方面起作用的，美国经济仍然是世界上最大的经济。像40年代和50年代一样，世界经济的健康发展，再一次取决于美国的领导作用。持续的滞胀，将会增大各个方面的压力，要求实行经济上的自给自足，保护国内工业，双边贸易，以及对贸易和资本的国际流动实行其他限制，30年代的情况就是这样。1975年11月份，在法国的朗布依埃，福特总统断然拒绝了欧洲的政治家，他们希望采取更强有力的协调一致的政策，扩大世界的需求。其他国家则担心，如果它们的扩张超过了美国的步伐，它们就会承受国际收支的赤字或者货币贬值。在1961年，正是由于担心出现国际收支赤字和黄金储备的损失，使美国的经济复苏政策受到了限制。今天的情形与1961年截然相反，国际上的考虑，更强化了在国内实行膨胀性需求管理政策的理由。

39 能源危机会危及美国的生活方式吗？*

这里，我们要讨论这样一个论断："能源上的最大危机，可能成为选择可兼顾技术和生活方式的重要问题。"我不是能源、技术或者生活方式方面的专家。最近广泛流传的一条新闻是，能源比我们想象的还要稀缺。美国经济和社会怎样适应这条新闻呢？我只想在这方面提出一些普遍性的看法。我对于上述规范性论断确实有些困惑不解，不过，按照我的理解，我的看法是否定的。生产或者保护能源的新技术，与美国的生活方式之间的相容性问题，在我看来，似乎是我们面临的最不重要的问题。只要有适当的价格刺激和合理的调整时间，美国经济和消费者，就可以在不付出重大的经济或社会代价的前提下，把能源的使用削减到目前的趋势以下。

1973年，漆黑的加油站，周末对汽油的你争我夺，寒冷的房屋，中小学和大学在冬天的临时关闭，以及1月份的节约日光时制（夏时制），都将是美国正在面临能源"危机"的永久象征。但是，这些只是让人误入歧途的和暂时的现象。油桶空空和加油排长队，并不是一个石油剧烈短缺时代的不祥之兆。它反映出了市场调节的失

---

* 1974年1月，能源问题座谈会，华盛顿，美国科学院，1974年1月30日，发表在《商业和社会评论》1974年春季号上，第60～64页。最后一段是新加的。

败，以及石油公司和政府部门计划的失误，这的确是令人震惊的失败，但还不是重大的灾难。我们可以预期，杂货商的货架上有时候没有番茄酱出售，书刊销售商的陈列架上，也不一定总是摆有加尔布雷思的最新著作。尽管如此，我从来也没有想到，加油站会卖光它从石油公司运来的汽油这种单一的均质产品。我从来也没有想到，石油公司会对加油站或者对我们这样做。毕竟，多少年来，我们给石油公司税收优惠、进口配额，还有特许开发权，以保证汽油的供应源源不断。但是，它们竟然真的这么做了，甚至在阿拉伯国家给他们提供一个借口之前就做了。

1973～1974年的戏剧，是一些特殊事件的偶然巧合：石油输出国组织的公开化、赎罪日战争、阿拉伯禁运、美国的价格管制，以及石油公司的失误，它们没有预期到石油需求的扩张，因而，没有及时修建足够的运油船、港口和石油精炼能力，这种失误难以解释。

我之所以说今年冬天的病症只是暂时的，是因为，我认为，目前，非制度性的经验，将会及时地让大多数怀疑主义者确信，像大部分商品一样，能源最好也是由价格来分配。对燃料实行高度集中的行政分配，排长队以及非正式的配给，不正当地干预燃料的供给，区域性的短缺或剩余，对家庭住房内的温度实行限制，除周日以外的消费限制，不断地呼吁公众为了不明确的民族目的而发扬爱国主义精神——这些都不是推动经济运行的正确途径，至少，就长期来看，它们不是。这些措施不能把燃料分配到最有价值的用途上；它们浪费了时间、效率，甚至还包括燃料；它们扭曲了整个社会自愿地进行自我约束与合作的能力。而且，在分配汽油方面，这些措施也不那么公平，它们把汽油分配给了那些有耐心，有空闲时间，有坚韧不拔的精神排队等候的人；或者是那些与加油站老板、汽油分配者、石油公司经理以及政治家等关系最近，能够满足他们要求的人；或者是这样一些人，他们之所以能够得到更多的汽油，是因为他们的邻居（其他人）听从了总统的呼吁。

某种商品的价格，通常就是显示其稀缺性的最好方式。消费者考虑到有一笔开支进入他的预算，他就会为自己做出决定，是在周日或周末驾车出门，还是待在家里；是否选择一种比较节约的假期旅行方式；是把住房内的温度调到65还是75华氏度；为了开动一辆履带式雪地汽车或者一艘游船，是否应在其他方面节俭一些，甚至是否减少能源消费或其他消费。不论汽油的稀缺价值究竟是什么，我们都能够按照那个价格购买汽油，而不需要事先约定，有特权身份，耐心等待，以及自感内疚。

通过价格进行分配，会有利于富人吗？他们已经比穷人消费了更多的汽油，而且毫无疑问，还将继续这样做。如果富人们选择了继续维持他们的石油消费，他们就要为自己的偏好付出更大的代价。目前以及预期的未来，在能源消费上的不平等，很好地如实反映了收入和财富上的总体不平等。这些不平等都有些过分，但是，答案不是一种双重标准，它一方面强行维持在汽油消费上的"平等"，同时，在另一方面，却又维持或者加剧在收入和其他消费项目上的不平等，比如，在食品、住房、医疗照顾、教育等方面。答案应该是，实行一种更公平，更加累进的税收制度和收入援助制度。

运用价格进行分配的偏好，并不是一种反对发票证配给的论据，而是一种赞成"白色市场"①分配的论据，在后一种分配中，配给票是可以流通的。给定汽油在抽油机里的美元价格，那么，配给票的美元价格，就会逐渐调整到使市场结清的水平。这是平衡供给与需求的一种方法，它不会使石油供应商在少许增加或根本不增加供给量的情况下，就获得意外的暴利。另一种方法是，开征消费税。如果征税的收入，按照发放配给票的相同标准分配给平民大众的话，这两种方法实质上是相同的。

所谓能源危机的持久含义是，对于当前这一代美国人来说，能源的社会成本比我们以前想象的要高，比一年前的市场价格也要高（尽管可能还不像石油输出国组织目前所要求的那么高）。有少数人已经认识到了这一点。现在，还需要由阿拉伯人向我们的大多数人传递这个信息。

是否这种信息确实是真实的，是否石油储备确实具有它们的所有者目前所声称的稀缺价值，对此，还存在一些疑问。②把全世界作为一个整体来看，这似乎取决于生产电能的"支撑（backstop）"技术的持久可用性，这种技术则不依赖于可耗尽的资源。如果核能或者太阳能变成可以利用的，即使在几十年之后，即使在劳动力和可再生资本方面付出很高的代价，它的预兆，就会限制矿物燃料目前的真实稀缺价值。当然，也有可能，阿拉伯的统治者们以及其他石油盛产国，会继续过高地估计他们的石油储量在今后几年甚至几

---

① white market（白市），与 black market（黑市）相对应，指合法的市场（交易）。——译注

② 要找一个否定的答案，请看 W. D. 诺德豪斯的文章："能源资源的配置"，载《布鲁金斯经济活动论文集》，1973年，第3卷。

十年的价值。而且，对于像美国这样的一些国家来说，保存石油储备的必要性也在增大，目的是希望在能源上自给自足，或者由于讨价还价或外交政策上的原因，决心朝自给自足的方向迈进。无论如何，在这篇文章里，我将遵从这样的假设：我们听到的坏消息，至少部分的是真实的，美国面临的不只是基本燃料的暂时性短缺，即燃料进口的供给不足，开采、运输、加工石油的能力不足，而是燃料的持久短缺——按照1973年以前的价格来看。

由此带来的一种寓意是，我们已经遭受了实际国民收入的损失。假设我们可以进口更多的石油，我们新增的石油进口费用，按1973年的价格计算，将达到100亿美元左右，占国民收入的0.5%～1%。这不是一个小数字。不过，在美国这样的庞大经济中，产出量的名义年增长率达到4%左右，周期性波动的范围很大，从零增长或负增长到年增长8%或9%，因此，上述费用本身，算不上什么大灾难。一些消费者既非石油所有者，又不是石油公司股票的持有者，他们会感到蒙受了更大的损失。1974年全国在石油产品上的支出将增加200亿～400亿美元，其中的大部分都不是国家的损失，而是内部的转移，从能源使用者转向石油和煤炭储备的所有者。我可以肯定，这其中的大部分转移收入，又可以通过征税，集中到政府手中，同时又不削弱对石油的开采、投资、研究与开发的激励。

更重要的是，能源的社会成本更高，激励我们把国民生产和消费的模式，转向能源密集程度较低的生产技术和产品，特别是从长期来看，更是如此。替代越容易，新技术越具有独创性，给整个国家造成的最终损失就越小。更高的社会成本必须转变成为价格，从而进入有关部门的计算和决策之中,进入到全国各地的能源使用者们的计划之中。

有人非常强烈地抨击美国人在能源消费方面挥霍浪费,在此,我想为那些受到攻击的美国大众辩护几句。一种能源密集型的生活方式,是对美国的生产者和消费者面临的价格做出的一种非常自然的反应。汽油的价格是20美分或30美分一加仑,而电的价格是每千瓦时1美分,在这种情况下,还能期望会出现什么其他结果呢?如果说这些价格没有反映出产品的真实稀缺价值,那可不是一般消费者,或者底特律汽车城,或者电力公司的过错。

有人认为,占世界总人口只有6%的美国,消费的能源却占全世界能源消费总量的30%,这真是一件十分可怕的事情。依我之见,如果,而且只有当我们把美国的生产率水平和生活标准远远高于世界上其他国家,看成是可怕的,这种消费才是可怕的事情。我们对世界上的穷人所尽的义务,并不比我们对国内的穷人所尽的义务多。但是,我们自己的资源和产品,包括矿物燃料以及利用矿物燃料制造的成品,都可以用于出口,事实上,也已经用于出口了。最近几年来,我们变成了一个石油净进口国家,这的确是事实;但如果说我们没有提供任何东西交换石油,这确实不符合事实。

而且,如果说这一代美国人及其前辈们完全忽视了他们的后辈人,这也不是事实。把石油、煤炭以及其他矿物留在地下,并不是为后代人提供保障的唯一方式,很显然也不是最好的方式。我们已经用更巨大并且更具有生产性的资本设备存量,用更广泛并且更精深的教育,用日益增长的科学和技术知识,来武装我们的子女以及他们的子女。我们已经探明了大量的矿物储藏,但我们并没有以放荡挥霍的生活，把它们全部挖光用尽，而不考虑后代人的需要。我们已经直接或间接地把它们转变成其他形式的社会资本。

我们把地下资本转化成为地上资本，是否做得太过分？两种资本的转化实现最优平衡的简单原则是，两种资本对社会获得相同的报酬率。把一桶石油留在地下，等到明年再抽取，它的收益就是其价格的上涨部分。所以，假如可再生的资本投资的社会报酬率是每年10%，那么，可耗尽资源的供给就应该按照这样一种速度来开发：使该资源的价格比开采前有所提高，并且，相对于其他价格而言，每年提高10%。如果这些价格已经很高，以至于它们的预期增长率会更低，那么，资源的采掘速度就应该加快。反过来也是一样——价格的预期增长速度高于其他投资的报酬率，则是另一种信号，表明资源开采的速度太快了。假如说，目前埋藏在阿拉伯大沙漠下的石油，每桶的矿区使用费定为6美元比较合适，那么，按照1973年美元的购买力来计算，矿区使用费到1983年就变成每桶15.50美元，到1993年则达到40美元一桶。这难道可能吗？

或许，我们过去低估了未来能源的稀缺性，并且过高估计了把石油和其他矿物继续深埋在地下所具有的价值。市场价格的变化过程并没有显示出这样的信号，但是，建设市场的人们可能和我们其他人一样缺乏远见。现在，阿拉伯国家、石油输出国组织的其他成员国，都已经迅速地改变了他们的看法。如前所述，他们的校正可能过了头。他们目前索要的价格，相对于其他替代品的价格而言（这些替代品在未来是经济的），确实太高了，按照现行价格，石油输出国组织的统治者们埋藏在地下的石油，获得的增殖收益就比较小，低于他们销售石油的收入。一旦石油输出国组织认识到这一点，就会有更多的石油滚滚流来，石油价格将暂时地下降，从而，使石油价格在此之后按照适当的速度增长。

但是，我们假定，同样的事情不会再一次重复出现。技术变化过程以及消费模式，都必须针对更高成本的能源，可能还要针对矿物燃料价格相对于其他价格而逐步提高等，进行相应的调整。我们的政府能够发挥的一个重要作用是，就未来的价格变化，给市场提供一些权威的指导。举例来说，如果全体国民都确切地知道，汽油的含税价格在1980年不低于每加仑1美元，到1985年不低于每加仑1.5美元，那么，底特律汽车城以及它的顾客们，就会引人注目地转向小型便宜车。市场在这方面的预测不一定都非常准确，尤其是考虑到政府在外交、税收，以及研究与开发等方面采取的行动，这本身就会对最终结果产生基本的影响。

节约能源的技术和设备，还需要一定的时间和相当大量的资本投资，才能研制出来，发挥作用。在这期间，我们仍将显著地依赖于过去形成的能源利用习惯，以及技术、设备等。我们将花大笔款项购买燃料，以便让我们那些大型高排气量的小汽车跑动起来，使我们那些隔热性能很差的住房暖和起来，在我们那些四面都装满玻璃的办公室里装上空调。如果高价格吸引了供给，不管是从阿拉伯还是其他地方的供给，消费这些供给就是完全合理的——只要我们同时进行投资并适应，最终将限制燃料消费和能源使用。要实施这个方案，政府必须向国民绝对保证，使用能源支付的费用长期保持在高于1972年的水平上。

我确实还不知道，在社会历史学家宣称发生了"生活方式"的转变之前，消费者的货币和时间预算到底要发生多大的变化。我认为，由于能源的稀缺性和更高的能源成本造成的经济节约和替代，似乎不是革命性的。本世纪里，生活方式的主要变化涉及大量乡村人口向城市转移，从农场转移到工厂和办公室里；涉及教育的广泛普及；还涉及电力、汽车、电话、收音机和电视，以及家用器具。

上述种种变化中，没有一种会反转过来。人们现在做哪些事情，将来很可能还要做相同的事情——尽管以不同的，较低能耗的方式去做。70年代后期和80年代的青少年，即使居住在城市郊区，即使得到小汽车的概率与父辈兄长相同，他们也很可能不喜欢外出旅游，不管走多远，玩几天，而他们的兄长和父辈们，则非常习惯于这类旅行。相反，这些青少年将会找到其他的运动方式，以及约会和求爱的其他形式。由此可见，其他一些现代进展，可能比能源短缺，更加显著地改变着美国人的生活方式。我在此只举出妇女解放运动、人口出生率的下降，以及家庭制度的摩擦等例子。

要适应能源的稀缺性，必须进行两类技术替代，一类是生产能源的技术，另一类是利用能源生产商品和服务的技术。在这次座谈会的前几次小组讨论会上，已经讨论过生产能源的新来源和新工艺。我看不出有什么理由它们会显著地改变美国人的生活方式，不论更好还是更糟。电力就是电力，不管它是怎样产生的；汽车就是汽车，不管它采用哪一种动力。毫无疑问，经济活动的场所，劳动者要具备的技能和职业，以及利用能源的设备的性质，都会发生相应的变化。但是，动态的资本主义经济几百年来一直在进行不断地调整，上述变化，似乎都没有超过这种调整的有效范围。

至于替代和转换的方法，有些方法可能会牺牲消费者的舒适、方便、灵活性和休闲。在许多情况下，人的潜能将取代其他来源：更少的，目的更明确地旅行；更多地打电话，步行，骑自行车；更多地徒步旅行，免费搭便车旅行，驾船航海，越野滑冰；更多地合伙使用汽车，增加变速档次，坐火车旅行；更冷、更热和更暗的房屋；更小更慢的小汽车。其他的方法使用较少的能源，并为消费者提供大体与目前相同的服务。一般来说，新的工艺技术将比旧的技术更加资本集约：更好的隔热性能，控制得更严密的暖气和冷气系统，更多的铁路货运和客运，运用更便宜的燃料驱动机车，建造更多的充分利用太阳和天气变化的住房和其他建筑物。在更加长远的未来，人们的住房和商业活动的区位配置模式，都将逐渐发生变化，以便降低运输费用和天气变化带来的成本。中心城市和温和的气候将会日益增多。

这些变化都是被迫的，但并不能因此认为，它们都是坏的变化。我这样说，并不仅仅是表达了我个人的偏好，比如，我喜欢比较慢又比较安全的行车速度；希望底特律少生产一些车体庞大的汽车，以免威胁到我的那辆进口的微型小汽车；更愿意滑雪，而不喜欢乘坐雪地汽车；喜欢航海和划船，不喜欢艇外推进机；喜欢我们以前曾经盛行的在纽黑文与华盛顿之间的火车旅行；喜欢在7月份不比1月份更冷的公共建筑物，如此等等。这些都是自以为是的。不过，一种专横的看法，认为更多的经验对美国人有益处，也同样是自以为是。实际上，存在着一种更客观、不那么个人化的观点。甚至在能源供应出现危机之前，我们就知道，市场对燃料的定价太低了。燃料的消费者没有考虑到他们使用燃料时施加给别人的成本，包括拥挤、发生事故的危险性、噪音，以及环境污染。为了校正市场的失败，更好地处理这些"外部影响"，提高燃料价格确实是一个见效比较慢的办法，但它也确实在向着正确的方向发挥作用。

在另一方面，在环境保护标准与开发新能源和节省燃料的技术之间，也存在着明显的矛盾。这是一项最重大的技术挑战——使环境的风险和新能源的成本最小化，其中，新能源包括煤、页岩油，以及核动力。并且使汽车发动机和其他地方采取的反污染措施造成的燃料损失最小化。如果一位经济学家认为，全社会在1973年已经达到了环境保护的最优程度，他就肯定会说，为了适应能源供应紧张的坏消息，应该在这方面以及其他各种界限上放宽一点。尽管在一些特殊的情形中，过分地强调了环境保护的理由，但是，总起来说，我们离环境保护的目标还有相当的距离。能源危机不是我们放弃来之不易的环境目标或收益的一个理由。可以让消费者的能源（不管是新能源还是旧能源）成本，都以"结清"的方式完全反映出生产和分配该能源的费用。为了在汽车发动机上寻求节约燃料的途径，在牺牲点火控制之前，可以让工程师和驾车人先牺牲一点汽车重量、马力、速度和自动换挡等等。

美国面临着一个极端困难的长期问题，即安排一次有计划的转移，从依赖石油转向依赖其他能源，最终依赖可再生能源。这不仅仅是一场科学和技术上的挑战。它需要有更深远的，至少要超过我们现行的政治和经济制度所显示出来的洞察力和更好的计划。这项工作不能留给私人企业和市场，尽管它们的作用十分重大。即使它们没有政府的帮助和指导，也完全有能力完成必要的研究与开发，并且筹集到所需要的大量风险资本，然而，政府在国家安全和公共安全方面肩负的不可推卸的责任，也使联邦政府要发挥中心作用。这个任务，从道义上不能与战争等同而语。它将比大部分战争花费更多的时间，它更多地需要人类的智慧和组织，而不是道德力量。与某些战争不同,它不属于这样一种努力:或者能够,或者需要激发起全体公民的爱国主义和利他主义动机。只需要让美国的能源消费者支付经济上合理的能源价格,美国人民的生活方式就会自行其是。正如我们的政治制度和经济制度一样,生活方式也是可以适应的,具有强大生命力的。

40 能源战略与宏观经济政策[*]

一、坏消息

1970年美国的石油生产量达到了最高峰,在随后的七年里,美国的石油进口量增加了2.5倍。到1977年,美国的进口石油已占全国石油消费量的46%,占全国能源使用量的23%。在1973～1974年期间,世界上的主要石油出口国,突然从国际石油公司手里夺走了它们的石油产量和价格的控制权,这可以说是现代历史上最重大的经济政变。于是,在1973～1974年期间(即石油输出国组织一期),进口石油的美元价格猛增到原来的4倍,在1979～1980年期间(即石油输出国组织二期)又上涨了3倍。这两个事件都伴随着中东地区的政治冲突和不稳定——在石油输出国组织一期,1973年10月爆发了埃及与以色列的战争。在石油输出国组织二期,爆发了伊朗的革命以及伊朗与伊拉克的军事冲突。虽然美国的通货膨胀,在一定程度上抵消了石油输出国组织石油的美元价格的上涨,但是,像这样一种基本商品的实际价格,在如此之

---

[*] 1981年1月,麦克诺顿(McNaughton)专题讨论会,锡拉丘兹(Syracuse)大学,纽约。编入《会议论文集》,第17～24页。

短的时间内迅速上升，毕竟是一个很大的冲击，在和平时期的经济历史上，很难找到一个相同的例子。在 1972 年，平均来说，美国人用低于 1 小时的劳动报酬，就可以购买一桶进口石油；但是现在，却需要超过 4 个小时劳动报酬。

这些事件给美国，当然也给其他大部分国家，带来了坏消息。坏消息不只是价格猛涨和供给减少所产生的短期影响。它包括如下各项：

1. 依赖的代价：供给暂时中断时的脆弱性

1973 年的禁运，在较小程度上还包括 1979 年的汽油短缺，这表明了，美国人的日常生活是怎样依赖于随时准备好、到处都可以买到的汽油的。暂时中断石油供应，根源在其他国家，但却不仅危及美国的国家安全，而且，还会带来令人失望的经济担忧、社会摩擦和政治不满。

2. 依赖的代价：财富和权力的转移

石油禁运、石油输出国组织的突然政变，以及伊朗事件都表明了，石油是怎样被用于达到国际政治目标的；对进口石油的依赖是怎样限制美国的对外政策。石油输出国内部的政治不稳定，又是怎样影响石油的供给和价格的。我们越来越严重地依赖于进口石油，正好使我们日益置于石油输出国组织的控制之下。

埋藏在地下的石油的价值，与其他商品相比，突然提高了 6 倍或者 7 倍，出口石油的国家以及它们的国民，突然之间变成了令人难以置信的大富翁，他们本来就已经很富裕了。自从 1974 年以来，石油输出国组织成员国的经常性收支账户上都有顺差或盈余，使它们在外国的实际资产和金融资产增加了2650亿美元。巨大的财富转移到石油丰富的国家，潜在地看，其政治含义非常重大，并且是相当不稳定的。这些国家中，有的是人口稀少的阿拉伯君主制国家或者寡头政治国家，有的是贫穷和落后的发展中国家，有的国家受革命政权和西方政权的统治，有的则是发达的资本主义民主国家，还有苏联是一个大生产国，拥有数额巨大、但目前还不清楚的石油储备。

3. 矿物燃料的可耗竭性以及向其他能源来源的长期转变

我们已经知道，世界石油和煤炭的供应量终归是有限的，但是，原来提出的这些能源将被耗尽的警告，经常被新的发现证明是错误的。现在，过去的回忆使人们更加确信，石油的年代，甚至是紧随其后的煤炭年代，不可能永远持续下去，无论如何，开采和使用矿物燃料，总要带来一定的环境成本和环境危害。我们必须以某种方式转向其他的能量来源，使用目前尚未开发出来的技术。

4. 石油和其他能源的实际价格已经且仍在增长

很明显，石油变得更加昂贵，按照人类的劳动以及其他商品和服务来衡量，石油的成本还会进一步提高。可以预期，其他替代能源，不论是现有的还是潜在的，其价格也将随之上涨，因为我们需要额外的能源供给，并且以安全的、环境可以接受的方式来使用。

美国的劳动力及其产品与进口石油进行交易，其贸易条件日益恶化，是美国经济福利的一种损失。1973年的石油进口，就猛然支出250亿美元以上。如果1972年的石油价格按照美国的膨胀率上涨,那么,1980年的石油进口的支出大约要超过750亿美元。这两个数字,分别占美国国民生产总值的1.9%和2.8%。就相当于美国的劳动生产率和资本生产率都下降相同的百分比。可以预料,贸易条件会进一步恶化——尽管不是一种平稳的趋势,结果将是,我们的实际生产率平均每年又会损失0.2%~0.4%(请看附录)。不过,有利的是,利用国内能源替代进口能源,特别是用国内的劳动力和资本替代能源,都可以减轻这些损失。

5. 国内的财富再分配

在美国国内,正在发生重大的财富再分配。按照世界价格来估算,国内的石油和天然气储备量就要增殖25000亿美元,这是一笔资本收益,随着国内能源价格取消管制,生产和销售储备能源,就会逐渐实现这笔收益。对财富再分配是否公平的关注和矛盾,使整个国家的调整变得十分复杂。同时,也出现了大量的间接资本收益和损失,最为突出的是,对于工业活动和居住来说,各地区和地点则分别具有不相同的优势。

6. 美元的外汇价值与国际货币体系

一些石油出口国得到的收入,超过了它们能够或者愿意吸收的进口的支出。结果,这些国家不仅得到了财富,也获得了金融影响力。它们购买资产的货币分配,不同于它们的石油出口获得的外汇收入,因而,从这个意义上说,它们的资产组合决策,就能够并且确实影响到汇率——例如,美元、英镑、日元、德国马克、瑞士法郎之间的汇率。它们也影响到某些特定资产的价格，特别是黄金的价格。在石油输出国组织成立之初，其资产组合偏好似乎有利于美元与其他货币的汇率，但是后来，它们的货币偏好却朝着相反的方向发挥作用。在1978年和1979年，美国毫不减退地依赖进口石油这个事实例证，正是人们针对美元进行投机性"操作"的原因之一。

7. 目前的与未来的滞胀

在1973年石油禁运以及石油输出国组织开始急剧抬高石油价格之前，人们就已经认识到滞胀是这十年所患的宏观经济疾病。但是，石油输出国组织一期，属于典型的通货膨胀性冲击。进口石油价格的提高，每年从美国的收入和支出的循环流中吸走了250亿美元。它就像是针对需求缺乏弹性的产品计征的一种庞大的消费税，只不过它是由外国政府而不是由美国政府征收的，而且，部分地由外国对美国产品的需求所抵消了。与此同时，能源价格的暴涨，以及它逐渐被其他价格所吸收，很快就把通货膨胀指数抬高到两位数。在美国，中央银行和政府面临着一个难以对付的两难困境，其他石油进口国家也同样如此。为了限制它们对于生产和就业产生的不利影响，他们究竟应该在多大程度上"适应"与能源有关的价格上涨——即接受这样一种风险：通货膨胀的升高可能会变成永久性的？不同的国家可能会有不同的拆中答案，但是，一般的后果，都是更加恶化滞胀状况——通货膨胀率和失业率比70年代石油输出国组织成立之前都更高。

美国应该怎样适应其经济环境中发生的这些显著变化呢？我们必须有一段艰难的时间去发现问题，做出判断，寻找解决办法，并达成政策上的一致意见。然而,按照我们混乱而又不完善的民主方式,我们只能缓慢地适应。国民生产总值中的每一个恒定的美元(进行通货膨胀校正后)使用的能源,终于逐渐下降了。1977年可能正是石油进口量的最高年份。下面,我想分两个小标题来讨论适应的策略。

二、石油输出国组织以后的资源再分配①

多消费一桶石油给国家带来的社会成本,不会低于世界价格,不管这桶油是从哪里来的。按照这个价格,我们进口石油,可以相信也能够出口。而且,相对于美国的工资水平和其他国内价格而言,这种价格预期在将来还会进一步提高。很可能,边际社会成本甚至更高。美国作为世界市场上的一个主要角色,会影响到这种价格。如果我们降低需求,石油价格将来会有所降低。进一步来看,减轻我们对外国石油的依赖性,还会得到金钱以外的好处。这些考虑都建议,对进口石油计征一种关税,或者是诸如此类的措施,颁发许可证,限制石油进口的配额,并拍卖出售许可证。

无论如何,有一点是所有经济学家全都赞同的,那就是,石油的社会成本,应该由国内的各类使用者"内在化",以便使他们都根据燃料的真正稀缺性,对目前以及未来的能源消费做出决定,包括

---

① 这一节里的许多材料,都来自于罗伯特·斯托博和丹尼尔·叶尔金编:《能源的未来:能源预测报告》,坝布里奇,马萨诸塞:哈佛商学院,兰登书屋1979年版。

汽油、加热用油,以及石油的其他直接和间接产品的消费。实行管制,把石油价格压低到世界价格以下,只能鼓励人们多消费石油,而国家则按照世界高价格进口石油。取消管制,则是延迟地结束了这种背道而驰的刺激。

然而,如果认为,价格是促使消费者做出社会的理性选择的唯一途径,或者,甚至是一种充分的途径,那就大错特错了。尽管经济理论学家们的职业自豪感是,确认"市场体系"就是"价格体系",但是,一般的观察告诉我们,私人市场中运用了许多非价格信号和刺激——广告、推销策略、产品设计。而且,公共干预也并不总是征税或提供补贴,而是经常采取其他形式,包括教育,提供信息,以及数量限制,或者彻底禁止。石油和能源的保护,除了制定理性的价格,也需要宣传、组织和教育。对汽车行驶规定能源消耗要求,比如每小时55公里的速度限制,以及公共场所制定温度标准,已经起到了,并且仍将起到有益的作用。

显而易见,确实存在着大量保护能源,降低国内生产和消费的能源含量的机会。有些机会完全是没有成本的:几乎不需要增加额外的投入,就可以保持生产依旧,或者,消费者的效用也不受损害(在不需要的时候,及时关掉发动机、电灯;保证燃油发动机与自动机械更协调地运行等)。即使按照石油输出国组织以前的价格,这些可以期望的措施也是经济的。不管怎样,即使由于某种奇迹恢复了以前的价格,这些措施也不会倒转过去了。大部分机会则涉及非能源资源——劳动、资本、土地——的替代。其中,有些替代可以立即进行:冬天屋里可以更凉一点,夏天可以更热一点;各种旅行可以走得慢一点,时间更短一点,更拥挤一点。有些替代需要做出改进：如防风暴的窗户，增强绝缘性能，更复杂的加热控制。但是，许多替代都需要新的资本设备，运用较少的能源：燃料利用效率更高的交通工具、太阳能住宅、同时发热发电的工厂、温泉利用等。

保护和替代能源的全部潜力，需要一个较长的时期，才能完全实现，因为，目前还存在着大量能源密集型的资本存量，需要逐渐地予以改进或重置，比如小汽车、电冰箱、住宅、商业和工业性建筑、发电厂等。渐进主义不是缺乏效率的。我们不可能一下子重置所有的东西。即使是一辆耗油量很大的小汽车，也只有在驾驶该车 1 公里的可变成本，超过了一辆新型小汽车行驶 1 公里的全部成本的时候，才应该更换。这里的全部成本包括固定成本和可变成本。

显然，那些促进能源保护和替代的价格信号和预期，同样也会鼓励开发国内能源资源——石油、煤炭，以及其他形式的能源。每一点都会有帮助，但是，国内能源供给，似乎不可能成为降低我们对进口能源的依赖性的一个主要因素。几乎看不出有什么前景，会使美国石油产量的下降趋势扭转过来。自从 1973 年以来，新开发的国内石油的价格剧烈上涨，石油的开采和勘探方面，也做出了相应的反应，然而，"尽管给予的奖赏高得出奇……美国已探明的石油储量还在继续下降"（见前引斯托博和叶尔金的著作，第 42 页。）无论如何，在今后 10 年里，强化恢复的过程和页岩的开采，都不可能弥补这个缺口。美国拥有巨大的煤炭储备，预期用煤替代油，是我们长期转变过程中的一个重要阶段，显然是有道理的。这种替代主要是，在发电和供热方面，节省燃油用于运输，在这些方面，煤具有比较优势。不过，这个过程也将是缓慢的，它不仅取决于转化的进程,也取决于安全和环境保护的公认标准。

我们的全面经济战略应该,而且现在就应该,集中在资本投资上,包括保护和替代能源的投资,以及扩大国内供给的投资。与此同时,我们还必须购买进口石油,以便保证我们现有的、目前正在逐渐废弃的资本存货继续运营。既然沙特阿拉伯和其他石油出口国实际上愿意向我们提供石油,并且用我们的出口商品进行交换,以满足他们的需求,那么,我们就应该相信,由此释放出来的资源,可以传输到我们所需要的投资上。换句话说,我们的进口余额既不应该体现为额外的消费,也不应体现为生产能力和失业劳动力的浪费。令人遗憾的是,在1974~1980年期间,我们没有推行这种战略。

美国的能源成本大有提高,总得有人支付这笔费用。大部分成本负担,必须落到高能耗资本的所有者身上,这些资本正在逐渐过时。负担也会落到它们的雇员身上,落到能源以及能源密集型产品的最终消费者身上。受到这类资本冲击的公司,不可能获得预期的利润,这里是指,公司在石油和其他能源都很廉价的时候计划实现的利润。实际上,企业无力实现预期的利润,正是一种市场信号,说明它或迟或早将要被更节约能源的计划所取代。这些投资是经济的,能够获得正常的利润,但是,如果以为能够用不经济的、将被替代的旧设备获得的收益,来为这些投资提供资金,那就错了。这种差别是对我们的资本市场的一种挑战,不过也促使我们看得更远,更加深思熟虑。除此之外,能源的成本更高,以及从劳动密集型设计向能源节约型设计的转变,很可能降低劳动的边际生产率,并减少就业量,除非实际工资以相同的幅度下降。在英国、瑞典,以及其他一些欧洲国家里,在石油输出国组织一期之后,维持实际工资水平不变,已经压低了盈利水平,妨碍了就业和投资。但是,在美国,相对于以前的趋势而言,实际工资有所下降,降幅足以抵消我们给石油输出国组织的追加资金,而且有余。

许多美国人,包括许多国会议员,都不愿意让国内的石油和天然气生产者得到世界价格,甚至更不愿意看到生产者们得到美国的关税造成的更高的世界价格。生产者们获得的收益肯定很大。但是,基于前面已经指出的种种原因,压低国内价格,使之低于世界价格,会扭曲资源的配置。这种情况正是一个鲜明的例子,它说明了,我们长期以来都难以把公平与效率恰当地协调起来。取消管制与计征暴利税(windfall tax)结合在一起,则是一种实用主义的政治妥协产物。在这里,我想着重强调两个赞成这种办法的理由。其一,至关重要的事情是,在边际上提供正确的刺激,促使人们寻找和开发新的能源供应渠道。我们不需要向边际内的能源生产者和所有者提供全部资本收益,就可以做到这一点。其二,即使边际报酬略有减少,但它们已经高得令人难以置信,以至于进一步提高只会带来很小的差别。而且,请记住,我们今天尚未发现,或者尚未开采,或者尚未生产出来的东西,仍旧埋在地下,留待我们明天使用。

三、能源、石油与宏观经济政策

在1979～1980年期间出现的事件,强调了实行有效的合理政策的重要性,政策的目标是降低能源消费总量,减轻对国外进口石油的依赖程度。如果没有这些事件,美国以及其他发达国家从1974～1975年的经济衰退中复苏过来,并且走上正常增长以后,将把石油的进口需求,提高到超过石油输出国组织愿意提供的数量,而这个数量本身,又由于伊朗革命的发生,出乎意料地下降了。在现货市场上,石油的价格扶摇直上,期货价格也紧随其后,加上货币、信贷和证券市场上的投机混乱,随着石油输出国组织二期的到来,也带来了另一次通货膨胀高峰。作为对它的反应,联邦储备系统和其他主要国家的中央银行,再次促成了一次经济衰退(或许是两次),就像它们在1974年紧随着石油输出国组织一期之后所做的那样。这两次行动中,经济衰退都抑制了石油需求。从一种非常实际的意义上说,这正是他们的真正目的和作用。

与保护和替代能源的其他具体措施比较而言,经济衰退和滞胀,则是节约能源的两种极坏的,非常浪费的措施。它们同样也"节约"了劳动力和资本,产生了失业和过剩的生产能力。而理性的资源配置,就是要更集约地利用这些资源,以补偿石油的稀缺性和高成本。我们的石油消费量,只能低于石油输出国组织愿意提供的最大数量,但我们必须寻找出一种更好的,更有区别的办法。

1974年,联邦储备委员会拒绝配合石油输出国组织的冲击,并且积极地反对它们带来的通货膨胀性副产品,1979年也同样如此。因而,紧缩性货币政策造成的降低需求效应,主要强加到那些向石油输出国组织进贡的人们身上。在1974～1975年,其结果是,造成了战后历史上最深的经济衰退,使失业率达到9%,伴随而来的,又使联邦预算赤字增加了大约500亿美元。1980～1981年的情况还不像那么糟糕,不过,事情还处在发展过程中。

在每一种情况下，通货膨胀都逐渐从它那令人惊恐的高峰上退了下来。难道为了得到这个结果，经济衰退是必要的？或者，通货膨胀减退下来，仅仅是因为在石油冲击之后，石油输出国组织石油的美元价格稳定下来，在 1975～1976 年期间，造成 1972～1973 年通货膨胀的那些商品的价格，实际上有所下降？如果把这些变化无常的因素放在一边，美国价格膨胀的移动平均数，与美元工资水平的增长率是密切联系在一起的，当然，要针对生产率的增长趋势进行校正。在石油输出国组织造成的两次油价暴涨期间，工资增长的速度比价格慢得多——在 1974 年，价格增长的原因主要是取消管制的时机不恰当，而不是石油价格的上涨。

要适应石油输出国组织的冲击，需要采取一种相当宽松的货币政策，允许现有的实际产出按照更高的价格生产出来。这就要求更低的，而不是更高的实际利率，以便把石油出口者再循环回来的资金，投入到生产过程中，以及进行适应性投资——实际利率不是根据暂时的消费者物价指数变动，而是根据现实的投资机会计算出来的。然而，联邦储备系统和其他主要国家的中央银行更优先关注的是，使这样一种风险最小化，即价格冲击可能会持久地推动通货膨胀登上更高一级台阶。

对适应冲击持反对态度的人还坚持认为，这样做可能会延误人们的实际工资和其他收入，针对能源紧缺的坏消息及时做出必要的，最终也是不可避免的调整。其实，适应性措施鼓励工人、资本家和其他社会集团获得更高的货币收入，以补偿石油输出国组织给他们造成的损失。从这种意义上说，不仅通货膨胀会持续下去，而且调整也会推迟。但在另一方面，如果预期任何一种货币政策，不管它是多么紧缩和非适应性的，都将会阻止价格指数反映出石油大冲击对特定价格的影响，那无疑只是一种美好的幻想。在石油输出国组织一期和二期，在石油价格继续攀升的情况下，非石油价格和工资的增长速度，必定会下降。

由停停走走和滞胀所决定的宏观经济环境，显然不利于节约能源、生产能源和提高生产率的物质资本和人力资本投资，这些投资正是美国所需要的。我们的货币政策与财政政策组合，也同样如此。在紧货币政策造成了经济衰退之后，又采取松财政政策刺激经济复苏。这种事情发生在1975～1977年期间，在1981～1983年期间似乎又发生过。总的后果是，使资源利用的构成转向失业，转向私人和集体消费，同时以牺牲资本形成为代价。

四、结论

我们对外国石油的依赖性，需要付出高昂的代价，值得庆幸的是，我们在减少依赖性方面取得了可喜的进展。据丹尼尔·叶尔金估计，目前，我们生产一个单位的最终产品所使用的能源，已经比1973年降低了10%，卡特总统也许下诺言说，我们永远再也不会像1977年那样进口那么多石油了，目前看来，这个诺言很有希望实现。不过，我们不应该完全相信或者确信能源使用量的下降，因为其中大约有一半，应归因于我们的经济减速和经济衰退。

取消价格管制，提供其他刺激，制定规章以图降低能源消费，增加国内能源生产。除了这些措施以外，对外国石油计征一笔关税的办法，也值得认真考虑。它可能比汽油附加税（extra gasoline taxes)更具有实际意义：我们的问题是原油紧缺，进口原油的成本很高，而不是汽油短缺。其实，汽油只是一种产品，特别难以找到非石油的替代品而已。

　　石油输出国组织已经把滞胀搞得不可收拾，而宏观经济政策又被迫去弥补我们能源战略上的不足之处。然而，宏观政策的偏见，尤其是货币政策，加上通货膨胀，却在向着反对理性能源战略的方向发挥作用，特别是，为资本投资创造出了一种严酷的环境。在通货膨胀率降低到每年 5% 或者更低之前，似乎不太可能医治这种病态的状况。取消对能源价格的管制，随后，能源价格不可避免地会上涨，从能源有效配置的角度看，都是合理的，但也使得我们征服通货膨胀变得比其他任何情况下都更加难以捉摸。依我个人的观点，对通货膨胀发起一种纯粹的货币与财政攻击，即使采取撒切尔式的解决办法，如果不造成几年的伤害和持久的经济损害，就不会取得成功。这正是为什么实用主义者不考虑不可想象的转型时期的原因，在这段时期里，收入政策与货币紧缩协调一致。

附　录

　　经济理论认为，一种可耗竭资源的所有者，将会合理地安排好未来时期里该资源的供给量，使他们推迟开采和销售资源所获得的收益率，正好等于他们投资于生产和销售过程所获得的收益。当然，这里只是大体近似的相等。如果石油储备的所有者目前生产的石油太少，那么，他们在将来就不得不按照低价格销售石油：仍旧埋藏在地下的石油，将获得低收益或者负收益。如果他们目前生产的石油太多，并且以低价格销售出去，那么，他们以后就无法按照高价格销售这些石油了。这个原理说明，石油的实际价格，将按照实际利率水平的提高速度而上涨，这里的实际利率水平，是指石油输出国组织的成员国销售石油以及投资活动中获得收益的利率，不管它们投资于自身的工业开发，还是投资于其他资产，如房地产、证券，或者黄金。

假定石油输出国组织采用了一种理性的战略，并且，它们的投资能够得到6%的收益率，那么，我们就可以预期，他们的矿区使用费价格的增长速度，大体上要比我们的通货膨胀快6%。当然，出现这种结果，可能不是平缓变化的，而是像石油输出国组织一期和二期那样，经过了一系列跳跃。美国的石油进口大约花费了国民生产总值的3.5%，因此，在贸易条件上出现这种不利的趋势，就意味着实际生产率每年将损失0.2%。如果我们假定，石油输出国组织想得到12%的实际收益率，那么，上述趋势造成的损失就是每年0.4%。这无疑是一种不容忽视的拖累，但还不是一个无法对付的大灾难。

石油输出国组织似乎没有像一个垄断卡特尔那样采取行动，但是，它的成员国，特别是石油储备量比较大的国家，主要是沙特阿拉伯，已经考虑到了它们的石油供应决策与石油价格之间的相互影响。在他们看来，正是实际边际收入，而不是价格，应该按照实际利率水平而不断增长，当然，不同的国家，比如说尼日利亚、委内瑞拉以及阿拉伯联合酋长国，其实际利率也各不相同。如果他们都预期——现实情况就是这样：随着时间推移，石油的需求会变得更具有弹性，那么，价格将会增长得比较缓慢，而开始的时候价格比较高。这种分析涉及纯矿区使用费，如果开采、运输、加工石油的成本，并不比普遍的通货膨胀增长得更快，这又是另一个原因，促使人们预期，消费者面临的石油价格不会增长得太快。不过，风险方面的考虑却背道而驰。巨大的财富集中到石油储备国手中，带来了军事上、政治上和实际的危险性，也会造成经济风险，即消费者将会发现其他更廉价的能源来源。由于这些原因，大所有者们可能正急于实现财富的多样化，以更安全的方式，来储存自己的财富。

目前，人们尚未充分认识到，就可耗尽的资源来说，垄断与竞争之间的区别不那么显著，这与教科书中列举的可以重复的情形略有差别。不管资源的所有者是卡特尔，还是竞争性的，他们都要销售相同的累计总量，并结束其业务。唯一的差别只在于，销售资源的时间表不同。从现在到永恒之间的每一个单个时期内，卡特尔不能够让它的顾客们支付的价格高于竞争价格。它们所能做的，最多也不过是，在我们的需求特别缺乏弹性的时候，来向我们敲竹杠。

41　索厄尔论种族与经济学[*]

　　60年代的民权革命(Civil Rights revolution)，大大地加强了美国的黑人和其他少数民族公民的法律地位和公民权利。一些法律因为他们的种族而否认他们的权利，并赋予其他公民享有某些特权，因而已经被废除了。国家及其法院的权力也改变了方向，转而指向，确保在许多私人交易以及公共交易中，实现机会均等和公平对待。实际上，"肯定性行动"走得更远，而且，目标是对过去的不平等进行补救。十分荒谬的是，目前，真正以宪法为根据而提出挑战的却是，有人认为，法律没有给那些不属于"少数民族"一员的人们，提供相同的保护。

　　当然，过去15年里的戏剧性发展，实际上，也并没有真正使不同的个人，或者不同的种族和种族集团，在条件或机会方面实现平等。种族偏见和种族歧视还没有完全消除。更重要的是，经济机会的分配，总起来看仍是非常不平等的，一些制约条件本来对任何种族的任何人都不利，但实际上，却主要集中在少数民族身上。既然一个人获得法律救济的难易程度，事实上要取决于他的社会地位、

---

　　* 1977年，书评文章。评托马斯·索厄尔(Thomas Sowell)的著作：《种族与经济学》，纽约：麦凯出版公司1975年版。这篇书评载于《经济文献杂志》，第15卷第4期，1977年12月，第1391～1394页。

经济状况以及受教育的水平，那么，法律上的公正，就不像它表面看起来那样真正完全实现了。

在过去15年里，黑人们获得了重大的经济利益，但是，进展之缓慢，分配之不公平，都远远没有达到民权革命以及"向贫穷开战"的预期要求。这种令人失望的结果，正是我要评论的这本著作的主题。托马斯·索厄尔以一个经济学家和历史学家的眼光来看待这些问题。他本人就是一位黑人，也必须提出自己的看法。可惜，在全书中，他都把这个事实隐含起来，并且看成是毫无关系的。

索厄尔认为，一些好斗分子，由于他们过去的战斗精神尚未实现他们的经济目标，仍在继续鼓吹更强的战斗精神，他们犯了严重的错误。一些自由主义者，因为政府以前的计划项目取得的成效令人失望，就鼓吹制订更多和更大的计划，他们同样也误入歧途。

索厄尔劝告人们要忍耐：少数民族的历史已经证明，他们的经济同化和成功，需要经过几代人才能实现，而进入美国都市生活的黑人们，最多才不过是两代人。

索厄尔劝告人们要自力更生：政治是通向经济进步的一条极不可靠的道路。犹太人和日裔美国人并没有依赖于政治力量和政府的偏爱，但他们就比爱尔兰人和黑人取得了更大也更持久的进步，爱尔兰人和黑人则以不同的方式，在不同的时期依赖于政治行动和政治影响。

索厄尔劝告人们奉行利己主义哲学：有意识地努力建立集团特征和形象，并没有给爱尔兰人和黑人带来多大好处。具有内在社会差别，在实现"美国化"方面得到的帮助很少的那些少数民族集团，比那些具有强烈的、培育起来的集团特征的少数民族集团，获得了更大的经济上的成功。即便是这样,取得成功的那些集团,仍然完全保持了民族的自豪感、文化传统和互相帮助的制度。

索厄尔劝告人们实现经济一体化:少数民族集团的成员们,不可能依靠和他们的邻居互换着洗衣服,就会获得美国人的生活标准。他们必须与更大的社会群体进行交易。要做到这一点,他们就必须有什么东西出售,出口到国外。"黑人资本主义"不可能靠意愿或者国会的行动创造出来。

索厄尔劝告人们采取现实主义态度:针对"种族主义"展开的道德和政治讨伐,对多数民族的态度产生的影响是有限的。美国已经逐渐地接受了过去的移民浪潮中出现的种族差别、国民差别和宗教差别,最终,这个国家甚至会变成不分种族肤色的国家。但是,人们之所以会接受差别,更多的是因为,这些少数民族取得的经济成就和文化的同化,受到了人们的尊敬,而不是因为普遍地呼吁宽容和公平——比如,美国的印第安人仍然处在困苦的境地。人们的接受,也不是少数民族经济进步的一个先决条件。尽管存在着歧视和敌对行动,但是,有几个少数民族——犹太人、东方人、西印度黑人,甚至还包括19世纪里自由的美国黑人——都取得了进步。特别是现在,所有的大门最近都为黑人打开了,他们的领导人由于自己的经济缺陷而轻易地原谅了白人种族主义,从而损害了他们的自己人。

索厄尔劝告人们采用严格的教育标准:学术的预期不断下降,不经考试自动升学,容忍各种破坏性行为和旷课,为非智力活动提供贷款——所有这些,都使中学和大学适应那些能力最差的学生,促使中学生看不起学业证书,并诱使大学生不惜付出过分的代价,来追求更高的学位证书,而这种代价显然超过了他们本人、他们的家庭以及整个社会的承受能力。其实，教育的内容，以及激励、预期，还有教育产生的作用，才是至关重要的——而不是教室的种族构成。作为证据，索厄尔先生反复地引用了一些黑人学校里令人惊奇的经历，特别是华盛顿特区的邓巴高级中学（Dunbar High School）的情况。（这本书文笔优美，而且很简明，或许，甚至简略得有点含义模糊，在小的方面论辩有力。但在大的方面，全书组织得不好，表现在，比如说，经常重复事实、论据和段落。）

像上面这样的应答祈祷在全书中从未出现过，实际上，索厄尔先生并没有提出多少明确的"劝告"。他的基本立足点是分析，而不是道德判断；是实证的，而不是规范的。他在本书的开头就指出，书中提出的问题，"需要根据'因果关系'进行研究"（原书序言，第5页）。至于教训，主要是留给读者自己去推论。然而，启示是很清楚的，索厄尔先生得出了下面的结论：

"或许，要提高少数民族居民的收入，最大的两难困境是，历史已经证明确有成效的那些方法——自力更生、工作技能、教育、商业经验——一直进展得十分缓慢，而那些更直接和更迅速的方法——工作岗位配额、慈善捐赠、补贴、优惠待遇——在长期，又倾向于削弱自力更生的努力和获得成就的自豪感。如果说美国少数民族集团的历史能够说明什么，那就是，态度究竟起到了多大的作用——特别是自力更生的态度。与后来移居到北方的黑人移民相比，南北战争以前的'有色自由人'取得了更大的成功。意大利裔美国人，也比爱尔兰裔美国人的成就更大，虽然后者拥有许多其他优势。尽管出现了大量的迫害运动，但日本裔美国人仍然恢复了活力。所有这些，都强调了态度因素的重要性，不论它是多么庸俗，多么不时髦！"（第238页）

索厄尔先生的这本书包含了三个部分。第一部分论述了美国奴隶制度的简要历史，以及美国黑人的经济演化过程。第二部分考察了移民和种族集团的经历。第三部分主要进行经济分析。"如果说要对黑人和白人，或者对犹太人和非犹太人采取不同种类的分析，从这种意义上讲，不存在种族的经济学。但是，如果说经济学的基本原理，可以被用来加深我们对一些围绕着种族的社会问题的理解，从这种意义上讲，就存在着一种种族经济学。"（序言，第5页）

索厄尔先生在运用这些"基本原理"的过程中坚持认为，竞争的市场并没有剥削或者歧视少数民族的工人和消费者，因为市场支付给他们的报酬并不低于他们的边际社会产品，或者，市场要求他们支付的价格并没有高于商品和服务的社会成本。如果有人企图这样做，最好的也只能获得暂时的成功，因为他获得的超额利润和不正常的盈利机会，很快就会由于竞争而消失。当然，串通共谋、垄断和寡头垄断——从合法地奴役少数民族，到限制性的工会和不动产契约——从历史上看，可能一直都存在着剥削和歧视。但是，索厄尔先生断言，严重地和持久地偏离竞争的结果，则依赖于由国家权力确立或予以保护的那些障碍因素。他还进一步争辩说，政府、非营利组织和受到管制的行业里，在雇用少数民族和为少数民族服务方面，要比一般的厂商做得还要差得多。在这些地方没有竞争，因而，允许用偏见和偏好取代利润最大化目标。于是，索厄尔先生发现，一旦公众意见和政治激励改变了"风向"，上述这些地方就正是使少数民族获得好处最多的领域，这一点儿也不令人惊奇。

根据这种分析，索厄尔先生得出结论说，黑人贫困的最关键原因，不是他们受到欺压，而是他们的边际社会产品太低。为什么会低呢？索厄尔先生坚决地否定了任何遗传学上的解释，而且否认，黑人目前的不利地位，正是奴隶制度的一种不可避免的残余。西印度的黑人，就是这两种假设的一个相反的例子。他的反对理由是令人信服的，但是，他基本上没有给读者留下肯定的解释。当然，他也认识到，黑人长期以来接受的教育和公共服务都比较少。不过，他们目前的问题，好像主要是一种历史和文化的意外。农民们长期习惯于把自然气候和命运看成是他们富裕的基本决定因素，倾向于现实的满足和自我表现，而不是对未来的计划和安排。他们总是很难，而且很缓慢地适应城市和工业生活。

索厄尔先生有充裕的时间，去处理许多黑人领导人和白人改革家所信奉的剥削和歧视的原始思想意识，以及他们赞成的其他许多补救办法，比如租金管制、最低工资，以及消灭贫民窟。

还有，对于自由市场和社会选择产生的有利后果，索厄尔先生看来也过分自信了，原因有几点。第一，纯粹竞争对于美国经济的大部分来说，并不是一个很好的模型，美国经济应该更精确地描述为垄断竞争，或者有差别的卖主寡头垄断。这些市场组织形式，强调在产品市场和生产要素市场上的非价格竞争，重视与顾客、供给商和工人们的长期关系。我们很容易看到，企业倾向于集中在公共偏好的模式上，只是使他们的产品略有差别，这就足以抓住多数市场上有利可图的份额。生产准备成本和风险，是存在的主要障碍，使厂商难以去迎合少数人的偏好，或者偏离传统的就业实践。这些障碍不一定会保护利润。不正常的高额利润，会被竞争性广告、推销和形象设计，被集团内部的雇员们吃掉。在这种经济里，绝不会像索厄尔先生假设的那么容易地给少数顾客和工人们打开大门。

第二，把受管制企业、非营利组织和政府部门的歧视，简单地归罪于他们的领导者的态度，作为漫散的公众意见的反映，肯定是十分天真的，尤其是在顽固的"因果关系"分析过程中。这些机构都要对市场的需求和压力做出反应，它们就是为市场服务的。当黑人能够找到职业的时候，他们就能进入各类职业学校。当他们能够在体面的街区购买房屋的时候，他们也能彼此互助，也可以从受管制的企业里获得抵押和保险。当他们在与一般公众交往的过程中变得被人们接受的时候，他们就会被现有的各个追求利润的厂商安置到相应的位置上，而不是由新设的企业安置，他们追求的是先前忽略的、未开发利润的不引人注意的角落。

第三，在索厄尔著作的最后，一直困扰着我们的问题仍然没有解答，这就是，市场、政府和社会学的演变，是不是能够找到一条出路，摆脱社会和经济病态的困境。目前，在美国的城市中有如此之多的黑人和其他少数民族陷入了这种困境。有一种令人畏惧的想法，认为"恶性循环"是一种均衡，是最差的、而不是最优均衡。索厄尔先生针对这种担心提出了几种原因：贫穷黑人的出生率高；一些人的"免疫性"，这些人面对正常的社会化手段——法律的惩罚、道德的约束、教育和经济刺激等——已经没有什么可以损失的；由于长时期地依赖于福利而造成的道德败坏；家庭纽带的破坏，孩子们没有建设性的成人角色榜样，特别是男孩子；还有成瘾性毒品和暴力的泛滥造成的破坏。

索厄尔认为，那些搬走的人，要比自然街区的下场要好，街区是不会搬走的，他的看法是正确的。他还指出，其他少数民族集团，在过去已经战胜了大致相同，在许多方面比现在更糟的城市境遇。

这种看法也是正确的。而且,虽然整个经济目前已经更加富裕了,但是,在有些方面,条件变得更不利了。大多数人已经对充分就业和经济增长失去了兴趣,而是显示出相当愿意让年轻人、穷人和少数民族首当其冲,承担反通货膨胀政策的主要压力。通过电视和直接的观察,豪华奢侈之风的广泛扩散,对于那些享受不到的人来说,正是一个痛苦的例证。多数人的生活方式这个陷阱是令人可怕的,它极容易吸引不受法律制裁的、渴望获得的本能。平均主义的道德观念,由于种族偏见的意识使它更加强化了,从而使人们被动地接受了贫困,或者是个人对它承担的责任,这在当今是很不自然的,而早期的城市移民,则认为是十分自然的。还有一种普遍的假设,即政府应该对它的选民们的经济富裕负有责任,也是这样。同时,较老的城市无论如何正变得逐渐废弃了,那里还有许多地方可以住人,但是,像样的工作却很少。在那挤满了没有学习动力和得不到家庭支持的学生的教育体系里,能够很好地维持合理的教学秩序,但是,在他们生活其中的社会环境里,他们很少能够成功地实现自己的实际目标。

没有任何人,包括索厄尔先生,能够为城市病找出解决办法。正如谚语所说的,在这个问题上扔钱,并不能解决问题。但完全忽视这个问题,也不会产生什么不良后果,这种看法也是错误的。索厄尔先生的著作里包含了许多智慧,揭穿了许多神话、错觉以及充满希望的想法。但是,长期的历史观点和平心静气的分析方法,似乎显得有点儿冷酷无情。作者给我们留下的,是一种难以解决的困境,却没有提出任何方案和解决办法。这本书很容易被白人以及自鸣得意的黑人们用以证明,产生自满情绪是有道理的。如果真是这样的话,那将是对一本很有价值的、富有刺激性的著作的一种悲剧性的误用。

42 关于税收与公平的思考*

一

实行一种累进所得税的理由,直到今天,仍然还像1953年布卢姆和卡尔韦恩(Blum and Kalven)研究这个问题时一样,[①]令人难以捉摸,就此而言,在任何一份建议的税率表中,提出实行比例税、累退税、"递减累进"税[②]的理由,也同样难以肯定。"恰当的"或者"最优的"税率表,既不能靠理性地争论,又不能靠经验调查来确定。虽然理性和事实可能有所助益,但是,在最后的决定性分析中,税率问题仍然是一个道德上和政治上的问题。任何一个人的答案,任何一位公民的投票,都将取决于他个人的利益和价值观念,而社会的答案,则是政治过程的结果,在这个过程中,要从各种相互冲突的利益和价值观念之中做出选择。

---

* 1976年5月,美国企业协会收入再分配讨论会,华盛顿。选入科林·D. 坎贝尔(Colin D. Campbell)编著的《收入再分配》一书,华盛顿,美国企业协会公共政策研究会,1977年,第127～134页。经允许在此重印。

① 瓦尔特·J. 布卢姆和哈里·小卡尔韦恩:《累进税的理由难以捉摸》,芝加哥:芝加哥大学出版社1958年版。

② 这是布卢姆和卡尔韦恩的说法,它指按照一种单一税率,对收入减去豁免的生活补贴的余额征税,他们显然偏爱这种税率表。

说到这里，我想有意识地简短一些，试图从基本原则中推导出经济公平的规则，像古代的帕累托或者最近的罗尔斯（Rawls）那样。[1] 例如，罗尔斯的最大化标准，并没有激发直观的感染力。我怀疑，当代社会的"富人们"会让人们确信这样的观点：在随机地确定人力资本天赋和其他财富（富人们在获得这些财富方面十分幸运）的分配之前，按照宪法要求召开一次大会的话，富人们会投票赞成实行再分配。"感谢上帝的恩赐……"这句话就是一个很好的说明，多少年来，它唤起的更多的只是口头上的谦卑，而不是物质上的慷慨捐赠。

　　布卢姆和卡尔韦恩认真追寻了其他许多公平征税的原则，在道路的尽头，总是会发现一些随意的假设。芝加哥大学的亨利·西蒙斯（Henry Simons）说过："实行急剧的累进征税的理由，必须以反对不公平为依据——基于道德的或者美学的判断，现行的财富和收入的分配体现出的不公平，已经达到了这样的程度：它显然是有害的，或者是令人厌恶的。"[2] 我不认为，我们能做得更好。

　　不过，我们还是细心一点，不要隐含地预先做出偏颇的判断，也不要随意指定证明的责任。布卢姆和卡尔韦恩的杰作以及这次座谈会的名称都表明，比例税已经得到普遍赞成，除非有人能够提出具有说服力的理由，证明累进税更好。对于比例税，我还没有看

---

[1] 约翰·罗尔斯：《正义论》，坎布里奇，马萨诸塞：哈佛大学出版社1972年版。（本书英文原名是：*A Theory of Justice*，justice 的中文含义较多，而这本书已译成中文，取名《正义论》，所以，这里沿用此书名的译法。不过，在本文里，justice 一般译为"公平""公正"，请读者注意。——译注）

[2] 亨利·西蒙斯：《个人所得税》，芝加哥：芝加哥大学出版社1938年版，第18～19页。

到任何显著的推断。人们也可以说，证明的负担应该由这样一些人承担，他们背离了方形税率表，或者背离了1975年的《收入法》。置信区间能包括零，但是，事实本身就证明，零假设是站不住脚的，它与置信区间内的其他任何参数都有矛盾。为什么税率表不应该是累进的？

而且，为什么我还要继续说下去呢？我只不过是作为一个民主社会里的一位公民，来表达我的观点，提出一些想法。我认为，并且也希望其他公民能发现，这些想法与他们的观点和投票有很大联系。在这样一种讨论中，我猜想，实际上是寄希望于共同享有——或许是广泛地共享——各种偏好和价值观念。不过，对于那些确有不同想法的听众，也没有什么好办法能够说服他们。去年秋天，我参加一个研究生小组，讨论经济不公平和再分配。其中有一个研究生却问我，是否真的相信基督教的十条戒律。对于他来说，这个问题至关重要。但对其他研究生来说，支持和赞同严格的收入平等，这几乎是不言自明的。

我至今还没有看出来，税收累进性问题与公平问题，到底有什么本质区别。累进税不是政府调节收入不平等的唯一手段。但是，可以肯定，它是一种调节手段，是一种非常重要的手段。毫无疑问，累进税的最主要目的是，使收入与财富分配的不平等程度，低于比例税。略加认真地考察一下，就会看到诸如"支付能力"，甚至还有"效益评估"之类的原则。对任何一项给定的政府购买商品和服务的计划项目，以及要求支付的净收入，实行累进征税后，将使税后收入和消费的分配，比实行比例税更加公平一些。

请注意，我说的是净收入。有一种随意性的假定，以为税收是一条单行的街道,我们千万不要无缘无故地被这个假设所束缚。政府能够,而且已经向一些公民实行了转移支付,即负所得税,这类支付可以成为累进性的一个重要根源。运用转移支付,一个小政府——按照它的实质性或者可支配的支出来衡量——完全可以像一个大政府一样发挥再分配作用。我们没有必要假定,赞成平均主义的税收,受到政府的净收入要求的限制。研究公共财政的许多早期学者,就是这样假定的。向一位公民征税,连一个美元也没有征收到;与向他转移支付一个美元,两者之间没有什么重要差别。(事实上,布卢姆和卡尔韦恩的著作的败笔,就是没有对称地处理好转移支付和正值税收。他们两人明显偏爱的"累退"制度——对超过免税额的收入,按照统一税率征税——其缺陷就是,没有设想到,怎样向低收入的公民们,支付他们的收入低于免税额的部分所隐含的税收价值。)

我猜想,我们都赞同下面的看法:关系的不平等,是一个群体内终身收入的不平等,而不是每年、每月或每天收入的不平等。不同时期的群体之间终身收入的不平等,则不违反平均主义的标准。不同代人之间的平等,确实是非常困难的问题,不过,我们最好是把它放在别处单独讨论。

我可以想象出一些理由,反对一生公平的假定,不过,我觉得它们的吸引力不大。一个论据是,宣称某些人是比其他人更好的效用机器。即使不同个人之间的效用比较是有意义的,我们也没有理由相信,效用的能力与原始禀赋是密切相关的。一些富翁们资助艺术和科学的倾向,以及他们采取的具体行动,常常被提出来当作是容忍不平等的一个原因。这个论据表明,不管谁是富人,都会造成财富的集中,从更一般的短暂消费项目上转移资源。

这个论据没有说服力。现代政府完全有能力通过税收减免和补贴,来调动必要的资源,或者增强资源在私人之间的流动性。如果没有任何税收刺激,某些财富积累的其中一部分,可能会用于维持社会价值的目的,我们不一定非要为这种可能性付出巨大的、不平等的代价。进一步来看,"富人们会很好地花钱"这种论断,和许多观察者感受到并且表示出来的、对他们的消费习惯十分厌恶,也是背道而驰。布卢姆和卡尔韦恩,还有其他许多人,都是不平等的辩护士,他们告诉我们,某些生活方式带来的粗俗行为、无聊举动和傲慢自大,与不平等和累进征税问题,其实毫不相干。他们说,我们既不应该抱怨个人的趣味偏好,也不应该从他们那里推导出任何有关消费和收入的边际效用的结论。可能是这样吧!不过,如果真是这样的话,那就让我们也不要听到什么艺术收藏、建筑风格、芭蕾舞剧吧。我们干脆把同样的原则,运用到那些居于收入高低排序表最末端的、接受福利救济的人和其他消费者身上吧!

我认为,阿巴·勒纳是对的。[①] 人类就是人类——至少,它是为我们的现代民主社会奠定基础的信仰。我们没有按照种姓,或者阶级,或者种族,来描述社会和经济状况。如何评价人们享受生活的能力,目前还没有任何其他基础。因此,我们只能假定,它是随机分布的,与其禀赋无关。这就为平等提供了一种或然性(probabilistic)假设。其他任何假设,都会遇到种种困难:一方面是

---

① 阿巴·勒纳:《管制经济学》,纽约:麦克米伦出版公司1946年版,第29~32页。

测度的不确定性，另一方面是明显的自私自利，每个人都不得不比他的邻居表现出更大的效用潜力。

二

到目前为止，如果我们同意上述分析，那么，我们就会同意，没有通过税收或其他措施，就使资源禀赋平等化，是唯一根据工具主义证明是有道理的。我们还不知道，如果不诱致一些降低税收或者逃避税收的行为，怎样才能使资源禀赋平等化，而产生上述行为，又会使整个社会和征税人丧失资源的一部分潜在生产率。如果我们能够评价每个人的天生才能，在其生产率最高的用途上会产生多大价值，并且依此为基础向他征税，那么，他就不能用到处闲逛代替工作，承担舒服的工作而不是负有责任的工作，尽量消费而不储蓄，贮藏而不承担风险，模仿他人而不愿创新。人类的禀赋，就像土地一样，将按照其生产率最高的用途来估算其价值，并且征税。不管这样做会更好还是更坏，我们都无法这样做。评估的过程中必须依赖于观察到的结果，这又需要纳税人本身的合作。其刺激结构，可能类似于越南战争期间美军征兵时的智力测验和体格检查的结构。

社会必须针对不同个人天赋的行为结果征税，而不单独针对天赋征税。很清楚，之所以出现争论，就是因为人们对这两种因素强调的重点不同。平等化的倡导者们通常把看到的不平等，主要归罪于天赋不同。持反对意见的学者则强调行为的作用。这些差别直接影响到人们针对"公平"和"社会效率"做出的判断。

我觉得，我们可以想象出一种经济，由相互独立的个人经济组成，每个人都像具有相同的身体和人力天赋的漂流到荒岛上的鲁滨孙·克鲁索（Robinson Crusoes），每个人都依靠自己的努力和独创性满足自己的各种需求，没有任何专业化，或贸易，或者合作。这样的话，向那些勤奋的和具有独创精神的人征税，则有利于懒惰的和缺乏远见的人，看起来是不公平和无效率的。其实，即使对可以估算的收入或财富计征比例税，也未必恰如其分。不管怎样，即使这些克鲁索偶然遇到好运气和不幸事件，比如说天气、健康和技术方面的运气或厄运，他们可能也希望互相参与到一个保险项目中，尽管不可避免的道德风险会造成一些无谓损失（deadweight loss）和不公平。

然而，天赋是不平等的，每个人的经济状况都不是完全独立的。就算每个人的天赋最初是平等的，但在下一代人中，天赋却不会依然保持人人平等。那些成功的、勤奋的、走运的和健康的父母生下的孩子，就已经有了一个良好的起点。只要家庭还是社会哺育孩子的基本单位，我们就没有办法避开这个事实，而且，我们肯定也没有现成的哺育孩子的其他选择。实际上，为子女和家庭创造一个良好的环境，正是人们取得经济成就的基本动机。从这种意义上说，就像马歇尔早就指出的那样，最热切、最冷酷无情地追求利润的商人们，一般来说，都是利他主义的。

这里，存在着一个重大的两难困境。我们这个没有种姓等级的民主社会里盛行的口号之一，就是机会平等，这种平等是我们为财富的不平等提供的借口和安慰。归根到底，在一场公平的比赛中，奖金的发放是不平等的。可是，如果在下一场比赛中，有人从起点上就具有优势，并且与比赛的成绩即名次密切相关，那么，机会是平等的吗？比赛实际上是公平的吗？我们只能寄希望于减轻这个问题，不论是依靠累进税的转移支付制度，还是依靠扩大公共教育。

对于一个社会来说，一种工作道德是必不可缺的。维护这样一种观点：工作会得到报偿，而懒惰和无效率就得不到报酬，对于我们来说，确实至关重要。我们无法把工作成就中的天赋因素，与个人努力区别开来；既然如此，我们就必须接受，给予天赋一定的奖励，在很大程度上是不该得到的和多余的。不过，从这种状况中获得了好处的人们，不应该自欺欺人。我在担任系主任的时候，曾经向教务长、院长和校长提出，应该提高经济学家们的工资水平，以便使我们系变成一个更富有吸引力的系，吸引更多的人才。我显然是在作利己的论争。如果全国制造业协会告我们说，为了维持资本和管理人才的供应，我们需要对高收入少征一点税收，那么，全国制造业协会也在进行对自己有利的争论。

另一方面的考虑，是现代经济生活的相互依赖性。不管怎么说，这不是一个由相互隔绝的、自给自足的农民们组成的社会。每个人获得收入的能力，都必须取决于一个相互关联的复杂网络，取决于经济、地理位置、职业的专业化以及贸易，取决于一种高度发达的法律和政治制度，它保障契约的履行，保护人的生命和财产，培育市场，取决于共同具有的文化、学识、科学和技术的积累。即使竞争的条件没有实现，市场价格可能也仍然是配置资源的一种好的方法。只要生产要素价格与边际生产率是一致的，就可以满足竞争的条件。真正没有证明其合理性的，是这样一种论断，即这些价格或边际生产率正是要丢弃的。把一部分国民收入用作一般社会间接资本，并把它作为一种平等划分的社会红利来分配，不是毫无道理的。

面对社会的经济生产率被逐渐损害的法律、社会和政治基础，一个社会究竟能承受多大程度的不平等？这些基础依赖于人们的一致赞同，赞同不仅表现在正式的集体政治行动中，也表现在个人和社会集团的非正式日常行为上。一种复杂的相互依赖的市场经济，对于人们的不满情绪是极其脆弱的。想依靠法律的强制力量，来维护经济竞争的规则——保护每个人的财产，履行每一份契约——实在是一种极大的幻觉。像韦伯（Weber）、熊彼特和其他一些富有思想的资本主义社会的分析家们早就指出过，只有依靠一种广泛的共识和内在化的道德，才能维护社会结构。这种道德不同于封建制度对不平等的解释，它不是把不同的收入和权力归因于与生俱来的权利差异。人们常常太喜欢预期，衷心地赞同比赛规则，而不太留意比赛的结果。我们不知道，正在困扰着我们各个城市的一些令人烦恼不安的问题，如犯罪、贪污腐败、道德败坏以及反社会的行为，在多大程度上应当归罪于明显可见的、强烈的机会不平等和消费差别——由于电视的作用，这些可能比以前更加明显。我们至少可以说，忽视可能存在的相互联系，而完全依靠警察和监狱，那将是非常轻率的。

三

现在，我转向累进税的平均主义收益，与计征这种税收产生的抑制作用之间交替的问题。在这个问题上,功利主义者的计算会使答案更清楚一些,这是可以想象的,尽管它从来都不是结论性的,其原因,我在本文开头已经说过。糟糕的是,关于抑制作用的强度,我们的经验知识非常贫乏。

即使一个投票人对于在收入排名表上,或者更精确地说,是在天赋的排列表上,位于他前面的那些人的效用没有赋予社会价值,一般而言,他也不会理性地赞成向那些人征税,使他们的实际收入降低到他的水平上。在收入水平上存在着一个点,超过这个点之后,更高的附加税税率只能征收到更少的税款,而不是更多。如果投票人或纳税人促使政府向更富有的公民们计征的附加税,超过了这个临界点,那么,他们也不得不向自己头上强加了更多的税收义务。这是因为,附加税的征收将诱使更富有的人们,把资源转移到休闲,或者其他不需纳税的用途上。更进一步的可能性是,这样转移资源,会降低边际生产率,以及大多数投票人的劳动力和其他资源的价值。不过,这还是不确定的:抽回去的资源,也可能是投票人的资源的替代品,而不是互补品。

在另一方面,没有人敢于武断地宣称,比例税是损失最低的方式。请暂时考虑一种不包含按人口计算的税收或者转移支付(指负的或正的财产转移)的制度。如果为了满足公众的要求,必须提高收入,则倾向于出现一些扭曲的结果。大体上说,边际税率的平均数——按照边际税率适用的那一档的总收入进行加权——必须等于要求的收入水平与税基的比例。对于任何一档的收入来说,边际税率越高,该档的纳税人愿意付出的努力和应纳税收入就越少,但是,可以从那一档和更高的收入档中(直到一定的点为止),获得更多的税收收入。同样的税率表必须适用于每个人。我们不能采取价格歧视，并针对每个人的天赋和偏好分别制定特殊的税率表，即使我们认为这样做是公平的，也不能这样做，因为天赋和偏好是很难观察到的。

确定了这些约束条件，就有利于把高边际税率放入适当的档次中：一方面，可放入劳动力供给相对缺乏弹性的那些人的收入档中，另一方面，可用来提高那些消费的边际效用相对较低的人所在档的平均税率。这是一个颇为复杂的问题，根本没有任何理由使我们相信，解决这个问题的办法，就是实行比例税。即使每个人的效用都是同样加权的，更不容置疑的是，即使属于中间收入水平的投票人或纳税人只考虑他自己的效用，也不会产生上述论断。

而且，我在前面已经指出，我们不应该把自己限定在没有财产转移（zero demogrant）的假设之内。一种统一税率的税收，再配上一种按人口计算的正值财产转移——从而保证应纳税收入为零的人们，拥有最低限额的可支配收入，这在一定意义上说，是一种累进的制度，因为对收入征税的税率，不管是负的还是正的，都随着收入的变化呈代数性地提高。如果某些人的天赋是零，或者接近于零，而且，如果消费的边际效用接近于零，那么，任何功利主义者的计算，只要计入了这部分人的效用，就会显示出一种负的财产转移。为了实现这种转移，并且以更幸运的公民们的总体纳税额为此提供资金，就将提高统一税率表中的税率，或者是可变税率表中的平均边际税率。不过，在这种计算过程中，效用的损失与低收入者的收益相抵消。

在美国，多年来，我们一直在艰难地回避这个问题，并且限制向一些公民的转移支付，可以明显看出，或者合理地推断出，这些公民的天赋为零，或者最少。限制的目的是，避免普遍的财产转移的代价。分类制度会陷入难以应对的不平等问题，以及它本身的抑制作用问题。我在其他场合已经作过一些探讨，包括上一次会议上我与艾伦·沃利斯（Allen Wallis）之间的"理性辩论"，[①] 那次会议也是由主办今天讨论会的美国企业协会举办的。我在这里只想再次指出我十分确信的观点，即实行无害处的、公平的分类差别待遇的机会是相当有限的。

税收累进性达到值得期望的程度，必须依赖于什么样的天赋特征和效用函数特征？提出一般性结论总是危险的，因为对于这个问题，可以想象出如此之多的公式和如此之多的参数值。但是，下述分析似乎是有道理的。首先，功利主义者倡导税收累进性的理由，显然依赖于"总消费量的边际效用递减"这一点，递减得越厉害，其说服力就越强。当然，不同个人的边际效用递减，可能是由观察者或投票人的个人评价强加上去的，而不管个人消费函数的形状是怎样的。其次，休闲与工作之间的替代性越弱——或者更一般地说，不需纳税而又能够带来效用的活动，与需要纳税的活动之间的替代性越弱，他们的理由就越有说服力。替代性很弱意味着，政府比较容易从天赋较高的纳税人那里征收到附加税收，并且，以财产转移或者降低边际税率的形式转移给天赋低的公民。最后，非再分

[①] 艾伦·沃利斯：《福利计划：一项经济评价》，华盛顿特区，美国企业协会公共政策研究会，1968年。

配性的收入要求越小,其说服力就越强。原因在于,在比例税制度中,高额净收入要求,已经意味着一个高边际税率。这样一来,如果要求不会带来其他的替代后果,即实际上收入更低,或者,不管在什么情况下,强加的效用损失产生的收入很少,那么,要想提高任何一档的税率,都没有多大余地。

与布卢姆和卡尔韦恩的著作中提出的前提条件恰好相反,功利主义者的最优税收方案意味着道德原则,以及不同个人之间的评价,这虽然是必要的,但却不是决定最优税率表的一般形态的充分条件。不同经济的答案各不相同,同一经济在不同时期,也会有不同的回答。这要取决于一系列行为参数和环境因素,其中的一部分可以从经验中推导出来。按照这个研究方向深入下去,经济学家们仍会在这个题目上取得更大的进展。[1]

---

[1] 在这个题目上有大量文献。比如说,J. A. 米里利斯(Mirrlees)的论文:"最优所得税理论探索",载《经济研究评论》,1971年4月,第175～208页。再如A. B. 阿特金森(Atkinson)的论文:"所得税应该怎样累进?"载入M. 帕金(Parkin)和R. 诺尔萨伊(Nolsay)合编的著作:《现代经济学论文选》,伦敦:朗曼出版公司1973年版。

43 推动经济在低失业、少贫困的轨道上运行
——评主教们关于天主教的社会教义与经济的公开信*

作为一位经济学家和普通公民,我十分欢迎主教们的公开信。主教们提出了我们的经济制度和政策的道德和伦理问题,特别是一再坚持把降低失业和减轻贫困放在优先地位,这确实为我们国家立下了一大功劳。他们写信给我们之中的一些人——这些人只是由于偶然的出身和命运,免除了失业和贫困等不幸——提醒我们认识到,我们都是一种高度相互依赖的社会、经济和技术制度的受惠者,这个制度把我们的劳动成果扩大了许多倍,大部分有才能的人获得的奖赏,比其他时代和其他国家都高得多。主教们也提醒我们注意到,我们的制度还没有为一些不走运的人提供各种机会以及我们这些人正在享受的好运气。因而,我们这些人对于他们是负有义务的。主教们确实是正确的。美国目前的公众舆论环境强调的是,每

---

* 1985年3月,向美国国会众议院经济稳定小组委员会所作的证词。美国第九十九届国会第一次会议。《小组委员会听证会》,1985年3月19日,华盛顿,政府出版署,第26~34页。

个人对于他自己的经济命运负责。这意味着，富有与贫穷都是个人正应得到的赏和罚，并且助长了一些人轻松自在、自鸣得意的安慰心理，那就是，竞争神奇地把个人的贪婪变成了社会的善行。主教们的公开信，真正是一副非常及时的解毒药。

现实的经济政策是在可行性的限制内，在各种优先考虑和价值判断之间的矛盾过程中形成的。许多经济学家以及负有一定责任的先生和女士们，都批评主教们的公开信没有正确评价我们的制度所取得的成就，没有充分考虑到它的成功运行要求具备的现实条件。对于近几年的现状，其实是对1933年以前的状况，已经有许多啦啦队长了。经济政策必须重视可行性。这句话常常被一些人出于简单的贪婪，一点也不复杂地合理化了，高喊这个口号的是那些想少纳税的人，或者是想得到更多福利的人。但是，实施主教们建议的议程表而采取的现实政策，将不得不提供一定的激励和抑制力量，这些力量可能会有利于实现他们的目标，而不是起阻碍作用。

主教们在公开信中提出的价值观念，显然是从天主教的神学中推导出来的。我不是一个天主教徒，而且，实际上还是一个顽固不化的人道主义者。但是，我却从中看到了普遍的感染力，它强烈地震动了每个人的心弦，不论他信奉哪种宗教，还是根本不信教。平等和公平的道德，吸引了许许多多的美国人，就像当今到处都在听到个人主义的道德一样。这两种道德结合起来，一般来说，都坚持机会平等的原则。

我们的经济如果真是一场竞争性的比赛，那么，所有的参赛者都应该有一个相同的起点。的确，正如许多反对再分配性税收和转移财产计划的学者指出的，机会的平等，并不意味着结果的平等——同样的起点,并不意味着同样的结果。但是,这些批评家们却恰好忘记了,今天的条件不平等,就是明天的机会不平等。不管怎样,成功的、富有的父母生下的孩子,总会有一个领先的起点;而穷人的孩子,常常在比赛开始之前就已经输了。为什么民主政治制度的政府要采取措施、也应该采取措施,来修正市场经济造成的两极分化结果?为什么我们要建立起公共教育、累进税收和社会保险制度?这正是原因所在。我们不能期望,可以确保绝对相同的起点。其实,父母亲希望给子女们提供一个更好的生活起点,这本身也具有它的道德价值。作为一种经济刺激力量,也具有重要的实际意义。但是,我们能够做得更好。一种社会和政治民主,不可能在纯粹的市场资本主义造成的极端不平等中,一直幸存下去。

主教们的公开信中,非常正确地叹惜美国的失业率不断上升的趋势,以及就业政策的决策者们的自鸣得意。在过去的35年里,在周期性的高峰和低谷时期的失业率,以及不同周期的平均失业率水平,都普遍提高了。联邦财政政策和货币政策的决策者们,特别是联邦储备委员会,已经看到,更高的失业率是抑制或降低通货膨胀的政策措施的一种必要的副产品。我们还不那么清楚的是,为了完成这些任务,为什么需要越来越高的失业率?尤其是在70年代里!

在越南战争时期,即1966～1969年期间,失业率已经下降到3%,因此,通货膨胀的突然加速,还是可以理解的。但是,1970～1971年期间,由于政策而造成的经济衰退,却没有把通货膨胀降下来,则是一个难解之谜,也是十分令人失望的。随后开始的经济复苏,到1974年就被扼杀了,当时正处在生产的周期性顶峰,失业率大约是5%，而通货膨胀却达到了两位数。接下去的下一次经济复苏，在1981年又被扼杀了。失业率已经下降到低于6%，达到它的最低水平，而通货膨胀再一次突破两位数。在这两次波动中，医治经济衰退把通货膨胀率下降到4%～5%，但是，付出的代价却是，失业率比战后的经济周期中的失业水平都要高得多。

当然，在70年代里，石油和其他商品的世界价格出现的举世瞩目的迅猛上涨，也造成了两次通货膨胀大爆发。到底应该把它归罪于哪种因素，是供给与价格的冲击，还是避免通货膨胀的失业临界点的结构性增长，存在着激烈的争论。乐观主义者看到，类似的供给冲击，在目前不会再次出现，因此，他们相信，目前完全可以把失业率降低到6%，或者更低一些。悲观主义者则更倾向于把70年代的挫折归罪于决策者的失败，是决策者们没有充分认识到，结构变化到底把失业率临界点提高了多少。因此，悲观主义者害怕把失业率降低到远低于7%的水平上——7%是1950～1960年期间在周期性的经济衰退中经历的最糟糕的失业率。

联邦储备委员会已经决定，决不允许在过去三次周期性经济复苏中伴随出现的价格加速增长，再一次出现。联邦储备委员会小心谨慎地允许目前的经济复苏继续下去，警惕地注视着价格加速膨胀的信号。不过，如果没有出现这种危险信号，他们显然愿意把失业率缓慢地降低到7%以下，或许是6%。如果在80年代里价格环境依然比较温和，也可能使失业率一直低于这个水平。

不管怎样，主教们的公开信中提出的失业率目标，和《汉弗莱-霍金斯法》（充分就业和经济平衡增长法）中的目标一样，远远低于大多数经济学家，更重要的是联邦储备委员会所发现的任何一个现实的、避免通货膨胀的失业率。它们不属于不合理的目标,但是,过去20年的经历表明,仅仅依靠宏观经济手段,也就是依靠总体的财政和货币政策,不可能实现这些目标。采用上述政策,又必须避免提高通货膨胀率的风险,显然不可能实现他们的目标。而提高通货膨胀率又普遍被认为,从社会和政治上看,都是不可接受的。

要把失业率降低到4%或者更低,需要采取结构性政策来减少和限制通货膨胀的风险。我特别强调这种需要。我们知道怎样创造更多的工作机会,保罗·沃尔克同样也知道。但是,这还不够。我们必须以不会带来剧烈的通货膨胀副产品的方式,提供工作机会。结构性的问题是双重的。在经济高涨和繁荣时期,价格和工资倾向于加速增长,而失业率水平仍然还太高。为了把通货膨胀冷却下来而故意造成了经济衰退,结果,直到失业率增加3~4个百分点之后,工资和价格的增长都一直没有减退,并且长时期保持在高失业水平上。

主教们的公开信中呼吁政府直接创造就业机会,这是很有道理的。不管是任何人,只要亲眼看到和体验到了公共设施——公园、街道、学校,如此等等——的恶化,而同时又知道,在同一个社区内还有许多人没有工作,那么,他一定就会感到很奇怪:为什么两种社会需要不能同时得到满足呢!这完全是可能的,只要把工作机会指定给那些确实需要工作的弱者,其中,主要是年轻人和其他一些人,后者的失业一点也无助于限制通货膨胀。不过,还存在着结构性问题。工会得到了《戴维斯-培根法》和类似法律的支持,他们会按照现行的工资水平,要求得到这些工作岗位,因此,我们必须说服工会。同样的,也可以对特定个人的在职培训提供补贴,只要能够说服或者强迫其他雇员和他们的工会,允许他们所认为的竞争,就能够做到这一点。

正如主教们的公开信中指出的,对于从日益衰落的工业中转移出来的工人,政府可以从职业上进行重新培训,从地理位置上进行重新配置,从而减少结构性失业。如果在迅速扩展的工业和地区没有足够的工业岗位,这样做产生的益处也是有限的。如果联邦储备委员会害怕扩展会带来更大的通货膨胀风险,那就不会产生什么益处了。

至少在过去的20年里,在上述这些领域里,美国都有专门的计划,包括联邦政府的、州政府的和地方政府的计划项目。我们不能说,从总体上看,这些计划已经显著地抑制了失业率的上升趋势。或许,最好的长期人力政策是,在改进公共教育方面普遍的、慷慨的投资,目的是确保新一代年轻人都具备工作所需要的阅读和写作能力——不需要太多的专门职业训练,他们在未来的在职训练中会获得这方面的能力,不管经济的和技术的趋势是什么。人们常常说,我们的年轻人和我们的学校必须适应当今革命性的技术变化。但是,也不是每一个人都能够或者都需要成为一名计算机专家。雇主们需要使他们的工作岗位和技术,适应我们的劳动力供给。由各级政府提供的大量投资税收减免和补贴——常常是不同州和不同地区之间相互竞争的结果;产生了强烈的激励力量,促使人们开发节约劳动力的技术。在这方面,财政部的税收改革方案中的一些中性条款,无疑是一种改进。

我担心,为了实现主教们在公开信中提出的失业率目标,我们将不得不迎面对付通货膨胀问题。大量的失业工人可以利用,他们愿意按照现行工资,或者更低的工资,投入到工作中。因此,这对于限制工资上涨所起的作用很小。而且,过量的生产能力的存在,对于放任价格上涨也起不到多大作用。那些已经有工作的人,即局内人,则拥有更加强大的力量提高工资,或者捍卫他们已经得到的工资水平和福利不至于减少,却不惜牺牲局外人,即没有工作的人们的利益。为什么实行通货紧缩会带来极端的经济灾难,导致破产和工厂关闭,这就是原因所在。个别企业和工会的工资和价格增长,就像污染一样,给其他企业,也给整个社会强加了成本。做出提价决定的企业、参加谈判要求提高工资的工会,以及从中受益的人们,都没有考虑到这样做的外部成本。解决这个问题的办法就是,采取激励措施,使他们感受到并且认真考虑到这些成本。

在这方面已经有一些可行的措施可以利用。在60年代,我们有"非通货膨胀性工资和物价行为的界标",由政府发布,并利用总统和内阁的说服力,使企业主和工会在做出具体的工资和价格决策时,采用政府的界标。这项政策取得了一定的成功,但1966年为越南战争实行通货膨胀性筹资,使许多事情都乱了套。许多持有不同经济学观点的经济学家都提倡,实行界标,加上遵从界标的激励措施,或者给予税收惩罚,或者对遵从者给予减税的奖励。另一种办法是,当某些企业主削减就业,或者,当企业主所在行业和地区的失业率很高的时候,如果企业主提高工资超过了界标,就对他计征一种额外的失业补偿税。

集体谈判受到联邦法律的管理和保护,按照联邦法律,雇主和雇员都享有一定的权利。联邦政府可以合法地关注谈判达成的协议中的内容。举例来说,如果生活津贴补助(COLAs)要求必须是对称的，那么，在经济下降期间，或者在世界商品价格正在下降的时候，工资和价格就应该更快地紧缩。类似地，竞争是一种强有力的反通货膨胀武器，不论是国外的还是国内的竞争。我们肯定应该始终坚持，受到关税或者配额保护的任何一种工业和工人，都不应该依靠膨胀工资和物价，来利用这种保护。最后一点，一些经济学家[①]也提出了新形式的工人补偿方案，即分享利润或收入，或者生产率收益。这种方案可以减缓充满痛苦的失业与通货膨胀交替。应该在税法中写入适当的条款，鼓励企业主采用这种方案。

我并没有一种神奇的解决办法，或是一套具体的一揽子措施。重要的事情是，要时时注意，把较低的失业率目标摆在我们的面前，而不是像现在这样，在我们集中精力实施反通货膨胀的宏观经济政策的时候，就把失业率目标置之脑后了。

美国的贫困问题与失业问题还是有区别的。按照官方定义的标准，许多失业者不一定是穷人，而许多穷人又不是失业者。穷人中的有些人在工作，有些人由于伤残、家庭责任、找不到工作而泄气，或者生活方式等种种原因，已经离开了劳动力大军。但是，前些年出现的贫困不断减少的趋势，目前之所以又重新颠倒过来，总体经济状况是主要原因。失业率正是总体经济状况的一个很好的晴雨表。基于同样的原因，全面的经济繁荣和增长，既能降低失业率，也会改进贫困的统计记录。

可是，宏观经济成就还不是事情的全部，或者说不是全面的疗

---

① 其中最著名的是马丁·威茨曼：《分享经济》，坎布里奇，马萨诸塞：哈佛大学出版社1984年版。

方。最近几年来，各级政府的紧缩政策，已经削减了一些需要检验的转移支付的购买力。为了增强对努力工作和对企业的激励，降低联邦税率被认为是合理的。但是，对于那些部分地依赖于福利收益、食品券和其他转移支付的人们来说，类似的激励力量反而削弱了。采取节约措施，即认定一些援助是不是"确实需要的"，就意味着，通过降低福利收益额的方式，对一部分收入计征重税，这部分收入正好足以把接受福利救济的人，划出符合救济条件的范围以外。这是60年代和70年代的政策的倒转。

任何收入转移，只要对真正需要的人提供适当的资助，就可能会提供反常的激励力量。不过，我们的各项援助计划能够设计得更好，相互配合得更协调，以便使那些仍在工作的穷人和一些超过贫困线的人，为了努力避开贫困而取得的收入，不要计征太重的税收。不同的州和不同地区，在救济限制条件和福利水平上存在的差异，仍然为一些更慷慨的辖区的援助，提供了不经济的激励。在我们的反贫困计划中，没有一项援助退休前的夫妻家庭的计划，显然是一个有缺陷的漏洞。我们需要提供一些激励，促使人们形成并且维持完整的家庭。目前，为那些有需要抚养子女的家庭提供的援助，则在朝着相反的方向发挥作用。在这个社会里，有许许多多的人没有健康保险，也没有足够的资格和条件，去享受医疗照顾和医疗补助。从技术上说，这些人不一定都属于贫困人口，但是，他们之中没有一个人能够承受灾难性疾病的治疗费用。

我们的城市中的少数民族集中居住区，是大部分美国人容易忘记的一个问题。外国人看到这些街区之后都很震惊，难以相信它们竟然存在于世界上最富有的国家之中。这些街区已经陷入了恶性循环之中,在其中,贫穷、物质环境的损坏、破碎的家庭、私生子、失败的学校、街道犯罪、暴力、吸毒、失业、疾病和功能性文盲等因素,相互助长,并使之持久存在。"在这些问题上扔钱"不能解决问题;不在这些问题上扔钱,同样也无法解决。我们必须继续努力,寻找出建设性的解决办法,并提供相应的资金。

在你们给我的邀请信中向我提问说,旨在降低失业和贫困的政策,与经济增长是不是一致的?它们肯定是一致的。不管是在经济逻辑上,还是在实践中,都没有任何理由可以使我们相信,资本主义为了成功地运行,就必然是不人道的和不公平的。在美国以及所有的民主资本主义国家里,第二次世界大战以后的1/4世纪,是一段前所未有的经济增长和繁荣时期。它同时也是一段大力扩展社会保障和经济福利方面的公共计划的时期。

致 谢

非常感谢下列单位允许我在本书中重印以前发表的文章,它们是:

美国经济学会

美国企业协会

巴林杰出版公司

日本银行

巴兹尔·布莱克韦尔图书公司

波士顿环球报社

布鲁金斯学会

布鲁克林学院出版社

剑桥大学出版社

加拿大研究中心

会议委员会

对外关系委员会

《美国经济瞭望》

《经济学家》

《大不列颠百科全书》

旧金山联邦储备银行

《哈珀》杂志

KCG 出版公司

《新共和》杂志

《纽约书评》

《纽约时报》公司

北荷兰出版公司

麦格劳-希尔图书公司

麦克米伦出版公司

摩根信托保证公司

ME·夏普出版公司

锡拉丘兹大学

税收基金会

芝加哥大学出版社

得克萨斯大学

经济学名著

第一辑书目

凯恩斯的革命	〔美〕克莱因 著
亚洲的戏剧	〔瑞典〕冈纳·缪尔达尔 著
劳动价值学说的研究	〔英〕米克 著
实证经济学论文集	〔美〕米尔顿·弗里德曼 著
从马克思到凯恩斯十大经济学家	〔美〕约瑟夫·熊彼特 著
这一切是怎么开始的	〔美〕W.W.罗斯托 著
福利经济学评述	〔英〕李特尔 著
增长和发展	〔美〕费景汉 古斯塔夫·拉尼斯 著
伦理学与经济学	〔印度〕阿马蒂亚·森 著
印度的货币与金融	〔英〕约翰·梅纳德·凯恩斯 著

第二辑书目

社会主义和资本主义的比较	〔英〕阿瑟·塞西尔·庇古 著
通俗政治经济学	〔英〕托马斯·霍吉斯金 著
农业发展：国际前景	〔日〕速水佑次郎 〔美〕弗农·拉坦 著
增长的政治经济学	〔美〕保罗·巴兰 著
政治算术	〔英〕威廉·配第 著
歧视经济学	〔美〕加里·贝克尔 著
货币和信用理论	〔奥地利〕路德维希·冯·米塞斯 著
繁荣与萧条	〔美〕欧文·费雪 著
论失业问题	〔英〕阿瑟·塞西尔·庇古 著
十年来的新经济学	〔美〕詹姆斯·托宾 著

第三辑书目

劝说集	〔英〕约翰·梅纳德·凯恩斯 著
产业经济学	〔英〕阿尔弗雷德·马歇尔 玛丽·佩利·马歇尔 著
马歇尔经济论文集	〔英〕阿尔弗雷德·马歇尔 著
经济科学的最终基础	〔奥〕路德维希·冯·米塞斯 著
消费函数理论	〔美〕米尔顿·弗里德曼 著

货币、就业和通货膨胀	〔美〕罗伯特·巴罗　赫歇尔·格罗斯曼 著
论资本用于土地	〔英〕爱德华·威斯特 著
财富的科学	〔英〕J.A.·霍布森 著
国际经济秩序的演变	〔美〕阿瑟·刘易斯 著
发达与不发达问题的政治经济学	〔美〕查尔斯·K.威尔伯 编

第四辑书目

中华帝国的专制制度	〔法〕魁奈 著
政治经济学的特征与逻辑方法	〔英〕约翰·埃利奥特·凯恩斯 著
就业与均衡	〔英〕阿瑟·塞西尔·庇古 著
大众福利	〔西德〕路德维希·艾哈德 著
外围资本主义	〔阿根廷〕劳尔·普雷维什 著
资本积累论	〔英〕琼·罗宾逊 著
凯恩斯以后	〔英〕琼·罗宾逊 编
价值问题的论战	〔英〕伊恩·斯蒂德曼　〔美〕保罗·斯威齐 等 著
现代经济周期理论	〔美〕罗伯特·巴罗 编
理性预期	〔美〕史蒂文·M.谢弗林 著

第五辑书目

宏观政策	〔英〕基思·卡思伯森 著
经济学的边际革命	〔英〕R.D.C.布莱克 A.W.科茨　克劳弗德·D.W.古德温 编
国民经济学讲义	〔瑞典〕克努特·维克塞尔 著
过去和现在的政治经济学	〔英〕L.罗宾斯 著
1914年以后的货币与外汇	〔瑞典〕古斯塔夫·卡塞尔 著
政治经济学的范围与方法	〔英〕约翰·内维尔·凯恩斯 著
政治经济学论文五篇	〔英〕马尔萨斯 著
资本和收入的性质	〔美〕欧文·费雪 著
政治经济学	〔波兰〕奥斯卡·R.兰格 著
伦巴第街	〔英〕沃尔特·白芝浩 著

第六辑书目

| 对人进行投资 | 〔美〕西奥多·舒尔茨 著 |

经济周期的规律与原因	〔美〕亨利·勒德韦尔·穆尔 著
美国经济史 上卷	〔美〕福克讷 著
美国经济史 下卷	〔美〕福克讷 著
垄断资本	〔美〕保罗·巴兰，保罗·斯威齐 著
帝国主义	〔英〕约翰·阿特金森·霍布森 著
社会主义	〔奥〕路德维希·冯·米塞斯 著
转变中的美国经济	〔美〕马丁·费尔德斯坦 编
凯恩斯经济学的危机	〔英〕约翰·希克斯 著
就业理论导论	〔英〕琼·罗宾逊 著

第七辑书目

社会科学方法论探究	〔奥〕卡尔·门格尔 著
货币与交换机制	〔英〕威廉·斯坦利·杰文斯 著
博弈论与经济模型	〔美〕戴维·M.克雷普斯 著
英国的经济组织	〔英〕威廉·詹姆斯·阿什利 著
赋税论 献给英明人士 货币略论	〔英〕威廉·配第 著
经济通史	〔德〕马克斯·韦伯 著
日本农业的发展过程	〔日〕东畑精一 著
经济思想史中的经济发展理论	〔英〕莱昂内尔·罗宾斯 著
传记集	〔英〕约翰·梅纳德·凯恩斯 著
工业与贸易	〔英〕马歇尔 著

第八辑书目

经济学说与方法史论	〔美〕约瑟夫·熊彼特 著
赫克歇尔-俄林贸易理论	〔瑞典〕伊·菲·赫克歇尔 戈特哈德·贝蒂·俄林 著
论马克思主义经济学	〔英〕琼·罗宾逊 著
政治经济学的自然体系	〔德〕弗里德里希·李斯特 著
经济表	〔法〕魁奈 著
政治经济学定义	〔英〕马尔萨斯 著
价值的尺度 论谷物法的影响 论地租的本质和过程	〔英〕马尔萨斯 著
新古典宏观经济学	〔美〕凯文·D.胡佛 著
制度的经济效应	〔瑞典〕托斯坦·佩森 〔意〕吉多·塔贝林尼 著

第九辑书目

资本积累论	〔德〕罗莎·卢森堡 著
凯恩斯、布卢姆斯伯里与《通论》	〔美〕皮耶罗·V.米尼 著
经济学的异端	〔英〕琼·罗宾逊 著
理论与历史	〔奥〕路德维希·冯·米塞斯 著
财产之起源与进化	〔法〕保罗·拉法格 著
货币数量论研究	〔美〕米尔顿·弗里德曼 编
就业利息和货币通论	〔英〕约翰·梅纳德·凯恩斯 著 徐毓枬 译
价格理论	〔美〕米尔顿·弗里德曼 著
产业革命	〔英〕阿诺德·汤因比 著
黄金与美元危机	〔美〕罗伯特·特里芬 著

第十辑书目

货币改革论	〔英〕约翰·梅纳德·凯恩斯 著
通货膨胀理论	〔奥〕赫尔穆特·弗里希 著
资本主义发展的长波	〔比〕欧内斯特·曼德尔 著
资产积累与经济活动/十年后的稳定化政策	〔美〕詹姆斯·托宾 著
旧世界 新前景	〔英〕爱德华·希思 著
货币的购买力	〔美〕欧文·费雪 著
社会科学中的自然实验设计	〔美〕萨德·邓宁 著
马克思《资本论》形成史	〔乌克兰〕罗斯多尔斯基 著
如何筹措战争费用	〔英〕约翰·梅纳德·凯恩斯 著
通向繁荣的途径	〔英〕约翰·梅纳德·凯恩斯 著

第十一辑书目

经济学的尴尬	〔英〕琼·罗宾逊 著
经济学精义	〔英〕阿尔弗雷德·马歇尔 著
更长远的观点——政治经济学批判论文集	〔美〕保罗·巴兰 著
经济变迁的演化理论	〔美〕理查德·R.纳尔逊 悉尼·G.温特 著
经济思想史	〔英〕埃里克·罗尔 著
人口增长经济学	〔美〕朱利安·L.西蒙 著
长波周期	〔俄〕尼古拉·D.康德拉季耶夫 著

自由竞争的经济政策	〔美〕亨利·西蒙斯 著
社会改革方法	〔英〕威廉·斯坦利·杰文斯 著
人类行为	〔奥〕路德维希·冯·米塞斯 著

第十二辑书目

自然的经济体系	〔美〕唐纳德·沃斯特 著
产业革命	〔美〕查尔斯·A.比尔德 著
当代经济思想	〔美〕悉尼·温特劳布 编
论机器和制造业的经济	〔英〕查尔斯·巴贝奇 著
微积分的计算	〔美〕欧文·费雪 著
和约的经济后果	〔英〕约翰·梅纳德·凯恩斯 著
国际经济政策理论（第一卷）：国际收支	〔英〕詹姆斯·爱德华·米德 著
国际经济政策理论（第二卷）：贸易与福利	〔英〕詹姆斯·爱德华·米德 著
投入产出经济学（第二版）	〔美〕沃西里·里昂惕夫 著

图书在版编目（CIP）数据

通向繁荣的政策：凯恩斯主义论文集／（美）詹姆斯·托宾著；何宝玉译. —北京：商务印书馆，2024
（经济学名著译丛）
ISBN 978−7−100−23374−3

Ⅰ.①通… Ⅱ.①詹… ②何… Ⅲ.①凯恩斯主义—文集 Ⅳ.① F091.348-53

中国国家版本馆 CIP 数据核字（2024）第 041706 号

权利保留，侵权必究。

经济学名著译丛
通向繁荣的政策
凯恩斯主义论文集
〔美〕詹姆斯·托宾 著
何宝玉 译

商务印书馆出版
（北京王府井大街36号 邮政编码100710）
商务印书馆发行
北京市艺辉印刷有限公司印刷
ISBN 978−7−100−23374−3

2024年7月第1版	开本 850×1168 1/32
2024年7月北京第1次印刷	印张 23¼

定价：116.00元